Manual de
Sociologia Jurídica

Felipe Gonçalves Silva
José Rodrigo Rodriguez

Coordenadores

Manual de **Sociologia Jurídica**

4ª edição
2023

Av. Paulista, 901, Edifício CYK, 4º andar
Bela Vista – São Paulo – SP – CEP 01310-100

SAC | sac.sets@saraivaeducacao.com.br

Diretoria executiva	Flávia Alves Bravin
Diretoria editorial	Ana Paula Santos Matos
Gerência de produção e projetos	Fernando Penteado
Gerência editorial	Thais Cassoli Reato Cézar
Novos projetos	Aline Darcy Flôr de Souza
	Dalila Costa de Oliveira
Edição	Jeferson Costa da Silva (coord.)
	Marisa Amaro dos Reis
Design e produção	Daniele Debora de Souza (coord.)
	Flavio Teixeira Quarazemin
	Camilla Felix Cianelli Chaves
	Claudirene de Moura Santos Silva
	Deborah Mattos
	Lais Soriano
	Tiago Dela Rosa
Planejamento e projetos	Cintia Aparecida dos Santos
	Daniela Maria Chaves Carvalho
	Emily Larissa Ferreira da Silva
	Kelli Priscila Pinto
Diagramação	Markelangelo Design
Revisão	Daniela Georgeto
Capa	Tiago Dela Rosa
Produção gráfica	Marli Rampim
	Sergio Luiz Pereira Lopes
Impressão e acabamento	Vox Gráfica

DADOS INTERNACIONAIS DE CATALOGAÇÃO NA PUBLICAÇÃO (CIP)
VAGNER RODOLFO DA SILVA – CRB-8/9410

S586m   Silva, Felipe Gonçalves

Manual de Sociologia Jurídica / Felipe Gonçalves Silva, José Rodrigo Rodriguez. – 4. ed. – São Paulo: SaraivaJur, 2023.
584 p.

ISBN: 978-65-5362-137-4 (Impresso)

1. Direito. 2. Sociologia Jurídica. I. Rodriguez, José Rodrigo. II. Título.

CDD 340.1
2022-3841   CDU 34(301)

Índices para catálogo sistemático:

1. Direito penal   340.1
2. Direito penal   34(301)

Data de fechamento da edição: 26-1-2023

Dúvidas? Acesse www.saraivaeducacao.com.br

Nenhuma parte desta publicação poderá ser reproduzida por qualquer meio ou forma sem a prévia autorização da Saraiva Educação. A violação dos direitos autorais é crime estabelecido na Lei n. 9.610/98 e punido pelo art. 184 do Código Penal.

CÓD. OBRA 13469   CL 607429   CAE 792089

Para Josana e Fernando.

Felipe

A meus alunos e alunas, atuais e futuros.

José Rodrigo

Participam deste projeto

Ana Carolina Chasin Professora de Sociologia Jurídica da Universidade São Judas Tadeu. Doutoranda em Sociologia pela Universidade de São Paulo, com estágio sanduíche pelo Center for the Study of Law and Society da Universidade da Califórnia – Berkeley, Estados Unidos.

Bianca Tavolari Professora de Direito do Insper, pesquisadora do CEBRAP e *principal investigator* do Maria Sibylla Merian Centre (Mecila). Professora visitante na Universidade de St. Gallen, na Suíça. Graduada em Direito e em Filosofia, Doutora e Mestre em Direito pela USP.

Carmen Fullin Doutora em Antropologia Social pela Universidade de São Paulo (USP). Pesquisadora do Núcleo de Antropologia do Direito da USP e da Cátedra de Pesquisa do Canadá em Tradições Jurídicas e Racionalidade Penal Moderna. Professora visitante da Escola de Estudos Sociológicos e Antropológicos da Universidade de Ottawa (Canadá).

Carolina Cutrupi Ferreira Mestre em Direito pela Escola de Direito de São Paulo da Fundação Getulio Vargas. Pesquisadora do Núcleo de Direito e Democracia do Centro Brasileiro de Análise e Planejamento (Cebrap) e da Escola de Direito de São Paulo da Fundação Getulio Vargas.

Daniela Feriani Doutoranda em Antropologia Social pelo Instituto de Filosofia e Ciências Humanas da Universidade Estadual de Campinas. Pesquisadora do Núcleo de Estudos de Gênero da Universidade Estadual de Campinas (Pagu).

Evorah Lusci Cardoso   Doutora em Sociologia Jurídica pela Universidade de São Paulo. Pesquisadora do Núcleo de Direito e Democracia do Centro Brasileiro de Análise e Planejamento (Cebrap) e da Sociedade Brasileira de Direito Público (SBDP).

Fabiana Luci de Oliveira   Professora da Escola de Direito da Fundação Getulio Vargas do Rio de Janeiro, onde coordena o núcleo de pesquisa do Centro de Justiça e Sociedade. Doutora em Ciências Sociais pela Universidade Federal de São Carlos, com pós-doutorado em Ciência Política pela Universidade de São Paulo.

Fabiola Fanti   Doutora em Ciências Sociais pela Universidade Estadual de Campinas. Pesquisadora do Núcleo de Direito e Democracia do Centro Brasileiro de Análise e Planejamento (Cebrap).

Felipe Gonçalves Silva   Professor do Instituto de Filosofia e Ciências Humanas da Universidade Federal do Rio Grande do Sul (IFCH/UFRGS). Pesquisador do Núcleo de Direito e Democracia do Centro Brasileiro de Análise e Planejamento (Cebrap). Realizou pesquisa de pós-doutorado na Universidade Livre de Berlim. Doutor pela Universidade Estadual de Campinas (Unicamp).

Flávio Marques Prol   Mestrando em Direito pela Universidade de São Paulo. Pesquisador do Núcleo de Direito e Democracia do Centro Brasileiro de Análise e Planejamento (Cebrap).

Frederico de Almeida   Coordenador de Graduação da DIREITO GV. Professor da Faculdade de Direito da Universidade São Judas Tadeu. Doutor em Ciência Política pela Universidade de São Paulo.

Guilherme Leite Gonçalves   Doutor em Sociologia do Direito pela Universidade de Salento – Itália. É Professor Associado de Sociologia do Direito da Universidade do Estado do Rio de Janeiro (UERJ) e Pesquisador nível 2 do CNPq. Foi professor e pesquisador visitante na Universidade Livre de Berlim, na Universidade de Bremen, na Universidade Friedrich Schiller de Jena e na Universidade de Kassel, todas na Alemanha.

Jacqueline Moraes Teixeira   Doutoranda em Antropologia Social pela Universidade de São Paulo (USP), onde também obteve seu título de mestre. É pesquisadora no Núcleo de Antropologia Urbana (NAU/USP) e no Núcleo de Religiões no Mundo Contemporâneo no Centro Brasileiro de Análise e Planejamento (Cebrap).

Jacqueline Sinhoretto   Professora adjunta do Departamento de Sociologia da Universidade Federal de São Carlos (UFSCar). Doutora em Sociologia pela Universidade de São Paulo, com pós-doutorado em Sociologia pela Université de Toulouse II – Le Mirail. Coordenadora do Grupo de Estudos sobre Violência e Administração de Conflitos da UFSCar.

João Paulo Bachur   Doutor em Ciência Política pela Universidade de São Paulo. Bolsista de pós-doutorado pela Fundação Alexander von Humboldt na Universidade Livre de Berlim.

Jonas Medeiros   Doutorando na Faculdade de Educação da Universidade Estadual de Campinas (FE/Unicamp) e pesquisador associado do Núcleo Direito e Democracia do Centro Brasileiro de Análise e Planejamento (NDD/Cebrap).

Participam deste projeto

José Rodrigo Rodriguez Coordenador do Núcleo de Direito e Democracia do Centro Brasileiro de Análise e Planejamento (Cebrap) e pesquisador permanente da mesma instituição. Editor da *Revista Direito GV*, professor de Graduação, Mestrado e Doutorado em Direito da UNISINOS. Doutor em Filosofia pela Universidade Estadual de Campinas e mestre pela Faculdade de Direito da Universidade de São Paulo.

Liana de Paula Professora adjunta do Departamento de Ciências Sociais da Universidade Federal de São Paulo. Doutora em Sociologia pela Universidade de São Paulo.

Lilian Sales Professora adjunta de Antropologia na Universidade Federal de São Paulo (Unifesp) e pesquisadora no Núcleo de Religiões no Mundo Contemporâneo no Centro Brasileiro de Análise e Planejamento (Cebrap). Possui mestrado e doutorado em Antropologia Social pela Universidade de São Paulo (USP).

Lucas P. Konzen Professor de Sociologia do Direito na Universidade Federal do Rio Grande do Sul (UFRGS). Doutor em Direito e Sociedade pela *Università degli Studi di Milano*, Itália, em cotutela com a *Lunds Universitet*, Suécia. Mestre em Sociologia do Direito pelo *Oñati International Institute for the Sociology of Law*, Espanha, e Mestre em Direito pela Universidade Federal de Santa Catarina (UFSC).

Luciana Gross Cunha Professora em tempo integral da Escola de Direito de São Paulo da Fundação Getulio Vargas e coordenadora do Mestrado Acadêmico em Direito e Desenvolvimento na mesma instituição. Doutora em Ciência Política pela Universidade de São Paulo.

Maíra Rocha Machado Professora da graduação, mestrado e doutorado da Escola de Direito de São Paulo da Fundação Getulio Vargas. Coordenadora do Núcleo de Estudos sobre o Crime e a Pena. Doutora em Filosofia e Teoria Geral do Direito pela Universidade de São Paulo, com pós-doutorado na Cátedra Canadense de Tradições Jurídicas e Racionalidade Penal (Universidade de Ottawa – Canadá).

Marcella Beraldo de Oliveira Professora adjunta de Antropologia e do Programa de Pós-Graduação em Ciências Sociais na Universidade Federal de Juiz de Fora. Doutora em Ciências Sociais pela Universidade Estadual de Campinas, com período de bolsa sanduíche no Centro Internacional de Criminologia Comparada da Universidade de Montreal – Canadá.

Márcio Alves da Fonseca Professor assistente-doutor do Departamento de Filosofia e do Programa de Estudos Pós-Graduados em Filosofia da Pontifícia Universidade Católica de São Paulo. Doutor em Filosofia do Direito pela Universidade de São Paulo, com pós-doutorado em Filosofia pela École Normale Supérieure e pela Universidade de Paris-XII, ambas na França.

Marcus Faro de Castro Professor titular da Faculdade de Direito da Universidade de Brasília. Doutor em Direito pela Universidade de Harvard – Estados Unidos.

Maria da Gloria Bonelli Professora titular do Departamento de Sociologia da Universidade Federal de São Carlos. Doutora em Ciências Sociais pela Universidade Estadual de Campinas com bolsa sanduíche na Northwestern University – Estados Unidos.

Manual de Sociologia Jurídica

Possui pós-doutorado pela American Bar Foundation – Estados Unidos –, e pelo Instituto Internacional de Sociologia Jurídica de Oñati – Espanha.

Mariana Kuhn Pós-doutoranda no Centro Brasileiro de Análise e Planejamento (Cebrap). Doutora em Filosofia e em Direito pela Universidade Federal do Rio Grande do Sul (UFRGS) com período sanduíche na Universidade da Califórnia, Berkeley.

Marta Rodriguez de Assis Machado Professora em tempo integral da Escola de Direito de São Paulo da Fundação Getulio Vargas. Pesquisadora do Núcleo de Direito e Democracia do Centro Brasileiro de Análise e Planejamento (Cebrap). Coordenadora do Núcleo de Estudos sobre o Crime e a Pena da DIREITO GV. Mestre e Doutora em Filosofia e Teoria Geral do Direito pela Universidade de São Paulo.

Nathalie Bressiani Professora do Centro de Ciências Naturais e Humanas da Universidade Federal do ABC (CCNH/UFABC). Pesquisadora do Núcleo de Direito e Democracia do Centro Brasileiro de Análise e Planejamento (Cebrap).

Paula Montero Professora titular da Universidade de São Paulo, no Programa de Pós-Graduação em Antropologia Social (PPGAS/USP). Também é coordenadora do Núcleo de Religiões no Mundo Contemporâneo no Centro Brasileiro de Análise e Planejamento (Cebrap), onde também integra a câmara de pesquisadores. Atualmente, é coordenadora adjunta da Fundação de Amparo à Pesquisa do Estado de São Paulo (Fapesp).

Raphael Neves Professor assistente do Departamento de Ciência Política da Universidade de São Paulo. Doutorando em Política pela New School for Social Research – Estados Unidos.

Raquel Weiss Professora adjunta do Departamento de Sociologia da Universidade Federal do Rio Grande do Sul (UFRGS). Doutora em Filosofia pela Universidade de São Paulo, com pós-doutorado pela UFRGS. Pesquisadora associada do British Centre for Durkheimian Studies da Universidade de Oxford e diretora do Centro Brasileiro de Estudos Durkheimianos.

Renato Sérgio de Lima Assessor técnico da Fundação SEADE. Membro do Fórum Brasileiro de Segurança Pública e editor da *Revista Brasileira de Segurança Pública*. Pós-doutor pelo Instituto de Economia da Universidade Estadual de Campinas e doutor em Sociologia pela Universidade de São Paulo.

Rúrion Melo Professor de Teoria Política do Departamento de Ciências Sociais da Escola de Filosofia, Letras e Ciências Humanas da Universidade Federal de São Paulo. Doutor em Filosofia pela Universidade de São Paulo, com pós-doutorado em Teoria das Ciências Humanas pelo Centro Brasileiro de Análise e Planejamento (Cebrap). Pesquisador do Núcleo de Direito e Democracia do Cebrap.

Samuel Rodrigues Barbosa Professor doutor da Faculdade de Direito e do Instituto de Relações Internacionais da Universidade de São Paulo. Doutor em Filosofia e Teoria Geral do Direito pela Universidade de São Paulo. Bolsista de Produtividade do CNPq. Membro do Instituto Brasileiro de História do Direito.

Nota à Quarta Edição

É mais uma vez gratificante registrar uma nova edição deste *Manual de Sociologia Jurídica*, a qual acrescenta tópicos tão importantes quanto o desenvolvimento histórico da formação jurídica no Brasil, o direito à cidade e a regulação do espaço urbano, bem como atualizações do debate contemporâneo a respeito de teorias do direito informadas pela pesquisa social.

O livro mantém, assim, o seu compromisso de apresentar a Sociologia Jurídica praticada no Brasil em sua complexidade, ou seja, tanto em sua expressão nas Faculdades de Ciências Sociais quanto nas Faculdades de Direito, onde costuma funcionar como espaço de crítica da tradição jurídica. Uma tradição que, em sua expressão mais comum, isola as categorias jurídicas da pesquisa empírica, ou seja, de seu contexto histórico e social, fazendo do estudo do direito uma atividade fechada em si mesma, insensível às transformações nascidas das demandas de uma sociedade diversa, plural e democrática. Nessa edição, portanto, o livro oferece mais elementos para que pensemos a democracia não apenas como um regime político, mas como uma maneira de ver o mundo e de conduzir trabalhos de formação e pesquisa.

Foi preservada a estrutura das edições anteriores, que segue contemplando os autores que tradicionalmente compõem os cursos de Sociologia do Direito, e inclui as principais agendas de pesquisa sociológica sobre o direito.

Reiteramos nossos agradecimentos aos autores e autoras que se engajaram neste projeto, a esta Editora, que segue publicando o trabalho, e, principalmente, aos leitores e leitoras que têm manifestado interesse pelo livro em suas reiteradas edições.

Os organizadores

Sumário

Participam deste projeto VII

Nota à Quarta Edição XI

Introdução XVII

Parte I – O Direito na Teoria Social

1 Crítica da Ideologia e Emancipação: Marx, o direito e a democracia 3
  Rúrion Melo

2 Sociologia e Direito na Teoria Durkheimiana 19
  Raquel Weiss

3 Formalismo como Conceito Sociológico: uma introdução ao conceito weberiano de direito 37
  Samuel Rodrigues Barbosa

4 Franz L. Neumann: Direito e luta de classes 47
  José Rodrigo Rodriguez e Flávio Marques Prol

5 Considerações sobre o Direito na Sociologia de Pierre Bourdieu 65
  Ana Carolina Chasin

Manual de Sociologia Jurídica

6   Michel Foucault: o direito nos jogos entre a lei e a norma 79
Márcio Alves da Fonseca

7   O Direito na Sociologia de Niklas Luhmann 97
Guilherme Leite Gonçalves e João Paulo Bachur

8   Habermas e Ambiguidade do Direito Moderno 119
Felipe Gonçalves Silva

9   Axel Honneth e a Teoria Crítica dos Conflitos Sociais 141
Nathalie Bressiani e Felipe Gonçalves Silva

Parte II – Direito, Sociedade e Estado: temas atuais

10   Pluralismo Jurídico: principais ideias e desafios 165
Marcus Faro de Castro

11   Transformações da Cidadania e Estado de Direito no Brasil 187
Raphael Neves

12   Reforma do Judiciário: entre legitimidade e eficiência 205
Jacqueline Sinhoretto e Frederico de Almeida

13   Acesso à Justiça: a construção de um problema em mutação 229
Carmen Fullin

14   Movimentos Sociais e Direito: o Poder Judiciário em disputa 249
Evorah Lusci Cardoso e Fabiola Fanti

15   Como Decidem os Juízes? Sobre a qualidade da jurisdição brasileira 267
José Rodrigo Rodriguez e Carolina Cutrupi Ferreira

16   Desempenho Judicial, o quanto a Sociedade Confia e como Avalia o
Poder Judiciário Brasileiro: a importância das medidas de confiança
nas instituições 281
Luciana Gross Cunha e Fabiana Luci de Oliveira

17   Internacionalização da Advocacia e o Perfil da Profissão no Brasil 301
Maria da Gloria Bonelli

18   Violência, Estado e Sociologia no Brasil 321
Renato Sérgio de Lima e Liana de Paula

Sumário **XV**

19 O Direito Penal é Capaz de Conter a Violência?... 339
Marta Rodriguez de Assis Machado e Maíra Rocha Machado

20 Direito, Diferenças e Desigualdades: gênero, geração, classe e raça.......... 363
Marcella Beraldo de Oliveira e Daniela Feriani

21 Pobreza e Relações Jurídicas: entre a miséria do direito e o direito do
povo pobre... 389
Lucas P. Konzen

22 As Relações entre Estado e Religião no Brasil 407
Paula Montero, Lilian Sales e Jacqueline Moraes Teixeira

23 Junho de 2013 no Brasil e Movimentos Sociais em Rede pelo Mundo........ 425
Jonas Medeiros

24 Corrupção e Jeitinho Brasileiro.. 445
José Rodrigo Rodriguez

25 A Política Jurídica da Lava-Jato.. 463
José Rodrigo Rodriguez

26 Desenvolvimento da Formação Jurídica no Brasil....................................... 479
Mariana Kuhn de Oliveira

27 O Direito na Cidade: como incorporar o espaço urbano nas análises jurídicas. 503
Bianca Tavolari

28 Para Além da Legalidade: Direito e antilegalismo na teoria crítica recente.. 517
Felipe Gonçalves Silva

29 Para uma Filosofia do Direito (Sociologicamente) Sensível: utopias institucionais e lutas por direitos 543
José Rodrigo Rodriguez

Introdução

Cara leitora, caro leitor,

É com imensa satisfação que convidamos vocês à leitura do *Manual de Sociologia Jurídica* que agora têm em mãos. Seu objetivo principal é apresentar em um mesmo volume uma sistematização abrangente dos tópicos e fundamentos mais essenciais a esta disciplina. O livro se destina prioritariamente a alunos e professores das faculdades de Direito, buscando auxiliar a preparação de aulas e seu acompanhamento por meio de textos didáticos e informativos, orientados tanto por materiais teóricos já consagrados quanto por pesquisas contemporâneas originais e relevantes. A proposta de uma escrita clara e sintética, que explicite e elucide os pressupostos conceituais utilizados, torna este manual uma ferramenta de estudo útil não somente ao público de juristas, mas a todos aqueles engajados na compreensão e crítica das instituições e práticas jurídicas contemporâneas.

A escolha dos conteúdos presentes em cada capítulo procurou contemplar não apenas os tópicos que mais tradicionalmente fazem parte dos cursos de Sociologia do Direito no País, como também importantes reflexões sobre o fenômeno jurídico desenvolvidas em outros âmbitos das Ciências Sociais, as quais não foram plenamente incorporadas entre os tópicos de nossa formação em Direito. Este manual conta com a apresentação de alguns dos mais influentes teóricos da Sociologia ao redor do mundo ao lado de artigos sobre problemas brasileiros, a maior parte deles orientados por pesquisas empíricas em curso ou recentemente concluídas.

No que se refere ao campo *teórico* da Sociologia do Direito, é bastante comum encontrarmos nos programas didáticos desta disciplina uma apresentação que se limita aos três maiores clássicos do pensamento sociológico: Karl Marx, Émile Durkheim e Max Weber. Sem negar a importância central desses autores e de seus diagnósticos acerca do direito moderno, procuramos aqui ampliar o leque de modelos teóricos incorporando alguns dos principais nomes do pensamento sociológico contemporâneo, o que nos permite tanto disponibilizar leituras alternativas a respeito das práticas e instituições jurídicas em face dos contextos modificados das sociedades atuais quanto perceber a incontestável atualidade dos referidos clássicos em suas marcantes influências sobre as novas estruturas de pensamento.

Já em relação à "aplicação" da teoria social à pesquisa jurídica – ou melhor, ao campo de consolidação de uma disciplina jurídico-sociológica específica –, não estamos sozinhos ao reconhecermos que as lacunas e limitações do pensamento jurídico podem ser sentidas aqui de modo ainda mais profundo. A exemplo do que se verifica em graus variados entre as de-

mais "disciplinas básicas" dos cursos de Direito – tais como a Filosofia Jurídica, a Teoria do Direito e a Teoria do Estado –, a Sociologia do Direito brasileira parece ter acumulado pouca reflexão sobre si mesma, o que compromete uma integração mais contundente de seus tópicos de estudo, bem como uma avaliação continuada de suas limitações e projetos de futuro.

Falta a esta disciplina tanto uma unidade suficiente a respeito de seus programas curriculares como um diálogo mais profícuo entre seus temas já tradicionais. Podemos mencionar a existência de um grande vácuo entre, de um lado, a perspectiva institucionalista que se debruça sobre o funcionamento das instâncias decisórias formais, particularmente sobre os problemas vinculados à administração da justiça, e, de outro, a perspectiva que se recusa a reduzir o direito às decisões proferidas por autoridades estatais. Em outras palavras, parecem-nos faltar *mediações* suficientes entre os importantes temas do "acesso à justiça" e do "pluralismo jurídico", as quais podem vir a ser construídas pela integração de estudos já existentes e que ampliam a percepção do fenômeno jurídico para o que acontece no tecido da sociedade. Nesse sentido, é necessária a consolidação de estudos sobre a dinâmica dos processos democráticos, as transformações da cidadania, as novas formas de atuação dos movimentos sociais, as potencialidades e desafios da prática advocatícia, o controle e a racionalização do poder estatal, entre tantos outros temas. Partimos assim da convicção, ou ao menos da esperança, de já possuirmos condições de superar esse hiato, o que apenas pode ser efetivado, entretanto, com a integração e a acessibilidade da produção acadêmica nesse campo.

Vale ressaltar que não é comum a Sociologia do Direito se preocupar com a pesquisa empírica. Ainda hoje, a maior parte das pesquisas sobre o direito brasileiro é feita por pesquisadores de Ciências Sociais e de outras áreas do saber. E, apesar das imprescindíveis contribuições a serem realizadas a partir de um "olhar externo" – capaz de descortinar e desconstruir pressupostos implícitos das práticas jurídicas, invisíveis ao olhar treinado dos especialistas –, tais pesquisas não costumam pôr seu foco na racionalidade jurídica propriamente dita. O resultado é que a Sociologia do Direito tende a ser exclusivamente ministrada com base em textos de grandes teóricos da sociologia ou em críticas totalizantes ao formalismo jurídico, sem dialogar com as matérias de dogmática jurídica ou se preocupar com a linguagem específica da reprodução do direito positivo brasileiro.

O Direito tem sido cada vez mais estudado nos campos de pesquisa sobre violência, cidadania e problemas de gênero. Nesses âmbitos, a atenção dos estudiosos costuma estar mais voltada para o impacto da atuação do Judiciário sobre as diversas esferas da sociedade e para a investigação da ideologia dos juristas. Seus importantes resultados, entretanto, costumam deixar fora de radar a maneira pela qual os juristas justificam suas decisões perante a esfera pública com fundamento no material jurídico disponível (leis, casos judiciais, princípios, costumes etc.).

Em contraste com isso, assistimos ao surgimento de uma produção crescente de estudos em Sociologia do Direito que se preocupa com a racionalidade interna do direito e sua interface com as demais esferas sociais. Tais trabalhos, diga-se, têm o potencial tanto de contribuir para a reflexão das Ciências Sociais sobre o direito quanto de renovar o estudo da dogmática jurídica, contestando o registro formalista exclusivamente preocupado com a construção de respostas normativas unívocas e autorreferenciais, sem abandonar a lógica própria e socialmente permeável do discurso jurídico. Procuramos reunir autores representativos desta última vertente, todos eles em plena atividade à frente de projetos de pesquisa de longo prazo e que já são referência para este campo de estudo. Por razões de espaço, muitos estudiosos ficaram de fora e a dinâmica do campo produzirá em breve novos estudos e pontos de vista importantes sobre os temas aqui abordados.

Nesse sentido, o conjunto de textos que compõem este manual não representa um panorama completo e definitivo acerca da Sociologia do Direito. E tampouco carrega a pretensão de solver plenamente os problemas acima apontados. Sua organização foi motivada pelo interesse de apresentar um quadro *mais representativo* do estado atual dos estudos em Sociologia do Direito no Brasil, o qual possibilite, sim, um panorama geral das conquistas já consolidadas desse campo disciplinar, mas que também reflita as principais lacunas e engessamentos de sua ainda frágil unidade. Gostaríamos, dessa forma, que este mesmo manual possa ser submetido a uma leitura crítica, a qual ajude a estabelecer uma percepção da Sociologia do Direito mais consciente de suas atuais tarefas e limitações. Além de esperarmos que o empenho em sua redação possa mostrar-se útil ao ensino e à reflexão sobre o direito no País.

Não podemos concluir essa rápida nota sem agradecer a todos aqueles que colaboraram com a redação e a editoração deste manual. Além dos nomes que assinam a autoria dos textos que nos seguem aqui, gostaríamos de agradecer a Luiz Roberto Curia, a Clarissa Boraschi Maria e, principalmente, a Bianca Tavolari, que, muito além de controlar nossos prazos e nossas pretensões exageradas, ajudou-nos de modo inestimável na seleção dos temas, na leitura atenta e nas sugestões pertinentes a cada capítulo.

Para terminar, fica aqui nossa homenagem a José Eduardo Faria e a Celso Fernandes Campilongo, nossos professores de Sociologia do Direito e responsáveis pelo interesse inaugural nos temas aqui discutidos.

Boa leitura.

Os organizadores

Parte I

O Direito na Teoria Social

Crítica da Ideologia e Emancipação

Marx, o direito e a democracia

Rúrion Melo

Introdução

Karl Marx se tornou mundialmente conhecido por suas críticas à economia capitalista e pela perspectiva revolucionária que seu pensamento legou para os movimentos socialistas e as teorias marxistas que o sucederam. No entanto, Marx não se limitou a denunciar a lógica de funcionamento do modo de produção capitalista e a diagnosticar os seus limites. Ele também criticou a ordem institucional que estruturava a organização política e jurídica da sociedade de seu tempo. Ao desmascarar o ideal do Estado de direito e a configuração histórica da república democrática, Marx expôs as contradições sociais, as injustiças materiais e os interesses de classe em jogo nas sociedades capitalistas modernas. Essa perspectiva crítica o levou a duas conclusões cheias de consequências tanto teóricas como práticas: primeiro, a emancipação social não seria possível sob as condições capitalistas existentes, de modo que a possibilidade efetiva de realização da liberdade e da igualdade passava a depender de uma transformação revolucionária do capitalismo; segundo, caberia ao direito e à democracia um papel sensivelmente reduzido e meramente funcional no processo revolucionário, cristalizando no imaginário marxista uma rígida separação entre condições emancipatórias, de um lado, e Estado democrático de direito, de outro.

Manual de Sociologia Jurídica

Certamente, há uma relação tensa e complexa entre a crítica de Marx ao Estado democrático de direito e sua perspectiva revolucionária. Afinal, até que ponto uma crítica às formas existentes de democracia significa uma crítica ao ideal do Estado democrático de direito por excelência? Criticar a democracia não poderia implicar antes o desmascaramento de suas insuficiências atuais em nome de tudo o que a democracia ainda poderia potencialmente realizar? Marx não estaria criticando a democracia *burguesa* para defender a *verdadeira* democracia, aquela que só poderia ser plenamente realizada no comunismo? Ou seria o pensamento de Marx essencialmente antidemocrático, negando de uma vez por todas qualquer institucionalização da liberdade – e correndo o risco de assumir as consequências totalitárias que, por exemplo, decorreram posteriormente da experiência histórica do socialismo realmente existente?

Essas questões apontadas introdutoriamente já foram direcionadas muitas vezes não apenas para a teoria de Marx, mas para toda a tradição marxista (LICHTHEIM, 1961; MEDEIROS, 2012). Respondê-las não é tarefa fácil. Tudo se complica ainda mais ao admitirmos que, no caso de Marx, os temas da política, do direito e da democracia receberam um tratamento muito variado no percurso de sua obra, com implicações que, dependendo do estatuto dos textos, foram ora mais positivas, ora mais negativas –

veja-se, por exemplo, a mudança considerável ocorrida entre os textos do jovem Marx e sua obra madura (COHEN, 1982; LÖWY, 2002). Por ser inviável abordar de modo tão abrangente todas essas questões no espaço do presente capítulo, optamos por circunscrever nossa apresentação às críticas que, na recepção histórica de sua teoria, tornaram-se as mais conhecidas e difundidas. Estamos nos referindo às críticas de Marx ao direito e à democracia como *formas ideológicas de dominação*, as quais são estabelecidas a partir de uma distinção entre base econômica e superestrutura político-jurídica.

É importante já ressaltar também que nossa exposição foi animada por duas considerações gerais e complementares a respeito do tema do direito e da democracia na obra de Marx. Embora pudéssemos afirmar que existe na teoria crítica de Marx uma compreensão funcionalista do Estado democrático de direito que acabaria se mostrando muito limitada, não seria correto atribuir a Marx uma posição essencialmente antidemocrática. Na verdade, o ideal da república democrática foi encoberto pelo ideal da *república do trabalho*: uma sociedade emancipada, segundo Marx, teria de ser configurada pelo modelo produtivista de uma comunidade de cooperação baseada na divisão igualitária do trabalho (MELO, 2011a). Nesse sentido, a concepção de uma plena realização da liberdade e da igualdade vinculada à utopia da sociedade do trabalho não poderia nos ajudar a entender a postura negativa de Marx diante do potencial emancipatório do direito e da democracia? Acreditamos que sim, e que essa ideia é um ponto de partida adequado para avaliar a atitude crítica de Marx sobre o tema.

Iniciaremos nossa exposição mostrando como o modelo da base/superestrutura surge no quadro de uma crítica da economia política (1.1). Em seguida, apresentaremos a interpretação que Marx faz do Estado como uma forma de dominação burguesa (1.2) e analisaremos a estrutura normativa da sociedade civil sob a perspectiva de uma crítica da ideologia (1.3). Por fim, procuraremos mostrar que o papel reduzido do direito e da democracia no processo revolucionário e na constituição do ideal comunista de uma sociedade plenamente emancipada depende do primado do paradigma da produção e da utopia de uma sociedade do trabalho (1.4).

1.1. Base e superestrutura na crítica da economia política

As considerações de Marx a respeito do direito e da democracia dependem de uma mudança de perspectiva crucial inaugurada pelo surgimento da economia política. Economistas políticos, tais como Adam Smith e David Ricardo, conceberam um novo tipo de abordagem para os estudos de teoria social. Eles tornaram possí-

vel uma análise da sociedade civil não mais centrada nas categorias do direito racional, mas sim em uma esfera de comércio e de trabalho social que seria dominada por leis autônomas. Se o direito racional forneceu o modelo normativo de construção de uma organização política, a *economia política*, por seu turno, teria o objetivo de descrever a sociedade civil com base nas relações de trabalho social organizado pela economia de mercado. Na passagem da filosofia político-jurídica moderna para a economia política, os processos de socialização, representados na forma de um contrato social estabelecido entre pessoas consideradas livres e iguais, foram substituídos pelo sistema de relações constituído pela troca de mercadorias e pelo trabalho, ou seja, pelo modo de produção da vida material em seu conjunto (MARX, 2000).

Para Marx, tal substituição provocada pelo ponto de vista da economia política traz ganhos teóricos importantes. Em primeiro lugar, permite entender que os homens entram em relações sociais que são plenamente independentes de sua própria vontade, ou seja, que em vez de se organizarem segundo mecanismos normativos de integração social (tal como aqueles presentes no direito racional moderno), os homens estão submetidos a um processo anônimo de socialização. Isso significa que o ideal normativo de cidadania livre e igual será radicalmente substituído por uma perspectiva pretensamente mais realista, em que não haverá mais espaço para uma atividade política autônoma por parte da sociedade civil: os indivíduos só poderão agir de forma *heterônoma*. E para poder explicitar tais leis heterônomas responsáveis pela organização política das sociedades modernas, a tarefa de Marx consistirá assim em dar continuidade àquilo que a economia política iniciou, ou seja, realizar uma *anatomia da sociedade civil*. Ele descobrirá que "as relações jurídicas – assim como as formas de Estado – não podem ser compreendidas por si mesmas [...], inserindo-se pelo contrário nas condições materiais de existência [...] designadas como 'sociedade civil'; por seu lado, a anatomia da sociedade civil deve ser procurada na economia política" (MARX, 2003, p. 4-5).

Em segundo lugar, Marx retira consequências críticas do fato de não serem mais as relações baseadas no direito, mas sim as relações de produção que formam o esqueleto que mantém coeso o organismo social. "Na produção social de sua existência", diz Marx, "os homens estabelecem relações determinadas, necessárias, independentes da sua vontade. [...] O conjunto destas relações de produção constitui a estrutura econômica da sociedade, a base concreta sobre a qual se eleva uma superestrutura jurídica e política e à qual correspondem determinadas formas de consciência social" (MARX, 2003, p. 5). Marx descobrirá, portanto, que o processo anô-

nimo de socialização é, na verdade, um processo de subordinação às leis que regem o modo de produção da vida material. Não podemos analisar aqui a lógica de desenvolvimento de tais leis (o que nos remeteria a discutir a lógica de reprodução do capital); precisamos entender apenas como as constrições econômicas serão determinantes para criar uma relação de subordinação entre *base material* e *superestrutura jurídica e política*.

Se a economia política forneceu um ponto de partida adequado para a teoria social de Marx, é verdade também que se mostrou incapaz de unificar com uma postura crítica seu olhar pretensamente mais realista. A economia política ainda assumia acriticamente a existência de uma *suposta* organização normativa que, embora não pudesse mais ser derivada do direito racional, estaria fundamentada agora na economia de mercado: por serem proprietários nas relações de apropriação de mercadorias, reconhecemos os indivíduos como pessoas portadoras de direitos, atribuindo-lhes seja igualdade nesse processo de troca de equivalentes, seja liberdade de perseguirem seus próprios interesses em relação ao bem trocado ou ao seu próprio trabalho empregado na produção. Nesse caso, o modelo do contrato social poderia se apoiar na evidência de que a sociedade moderna estabelecida sobre as relações de troca garantiria a cada pessoa a autonomia e a igualdade por meio da participação nesse intercâmbio meramente econômico. O reconhecimento mútuo e a aceitação das relações contratuais juridicamente asseguradas, pelas quais cada um reconhece o outro como proprietário, têm a pretensão de constituir cada um como uma pessoa livre e igual.

Contrariamente, a "anatomia da sociedade civil" precisaria ser compreendida como contendo um efeito *desmascarador* diante das concepções que compunham os princípios burgueses modernos de organização social, efeito que se encontra explicitado justamente na relação entre base e superestrutura. Logo, não seria mais suficiente seguir os economistas políticos, mas sim necessário realizar uma *crítica* da economia política. A implicação mais profunda da anatomia elaborada por Marx consistiria no fato de que sua análise desmistificaria a sociedade civil demonstrando, principalmente, que esta sociedade repousa sobre um sistema de exploração que perpassaria suas principais instituições e atingiria justamente o núcleo de sua organização normativa. Os aspectos normativos da troca de equivalentes implicavam que, na relação de troca, pressupuséssemos um *princípio de reciprocidade*, ou seja, um momento de igualdade recíproca por parte daqueles que participavam do processo de troca. Entretanto, em vez de uma sociedade civil constituída por pequenos produtores de mercadorias, a economia de mercado formou uma socie-

dade de classes caracterizada pelos que possuem propriedade e controlam a produção e os que, com o seu trabalho, criam a riqueza da sociedade (e a riqueza dos capitalistas), e que na maioria dos casos precisam vender sua força de trabalho para sobreviver (MARX, 2002).

Marx teria reconhecido, portanto, que a sociedade civil estaria estruturada de modo a produzir formas cada vez mais drásticas de desigualdade social. Ele denuncia o sistema econômico capitalista não somente por se organizar com base na produção de bens como produção de valores de troca, mas por fundar todo o conjunto de leis e princípios normativos do Estado de direito em torno do trabalho assalariado. As relações sociais desiguais do mercado de trabalho acabam sendo cristalizadas e encobertas pelo *medium* juridicamente institucionalizado das relações de troca da base material. Na verdade, a base material real que condiciona a superestrutura (isto é, todas as formas pelas quais uma sociedade não apenas se representa, mas também se regula, tais como a política, o direito, a cultura, a religião etc.) faz com que praticamente todos os modos de atividade não econômica sejam entendidos como reflexos das relações de produção. Como diz Marx, "o modo de produção da vida material condiciona o desenvolvimento da vida social, política e intelectual em geral" (MARX, 2003, p. 5). No tema em questão, as formas jurídico-políticas da sociedade civil moderna e as normas que a constituem seriam criticadas como expressão necessária das relações de troca, vale dizer, como reflexo jurídico de uma esfera de intercâmbio em que os compradores e vendedores, pretensamente livres e iguais, trocam suas mercadorias por equivalentes. A estrutura da sociedade civil revelaria o poder de um sistema que modela segundo sua própria imagem e forma a totalidade do entorno institucional.

1.2. O Estado como dominação burguesa

Se as instituições que compõem a política burguesa não são determinantes das leis do sistema econômico, mas sim determinadas por elas, então o próprio *Estado* surge da necessidade de organizar e integrar a sociedade de modo que esta pudesse perseguir seus interesses econômicos. Na verdade, todas as instituições políticas que se encontram mediadas pelo Estado moderno estariam comprometidas com a manutenção e reprodução do sistema capitalista, com a administração dos "negócios comuns de toda a classe burguesa" (ENGELS e MARX, 2002, p. 42). "À medida que os progressos da moderna indústria desenvolviam, ampliavam e aprofundavam o antagonismo de classe entre o capital e o trabalho", segundo Marx, "o poder do Estado foi adquirindo cada vez mais o caráter de poder nacional do capital sobre o trabalho,

de força pública organizada para a escravidão social, de máquina do despotismo de classe" (MARX, 1977a, p. 195).

Afirmar que o Estado deve administrar os negócios da classe burguesa significa que a própria relação entre trabalho assalariado e capital só se manteria caso o Estado pudesse assegurar certos pressupostos gerais para a continuidade da produção capitalista. A institucionalização do mercado de trabalho mostra que o Estado não seria outra coisa senão a forma de organização que a classe burguesa assume para garantir sua propriedade e seus interesses. Nas palavras de Marx e Engels: "Uma vez que o Estado é a forma sob a qual os indivíduos da classe dominante fazem valer seus interesses comuns, e na qual se resume toda a sociedade civil de uma época, deduz-se daí que todas as instituições comuns se objetivam através do Estado e adquirem a forma política através dele. Daí, também, a ilusão de que a lei se fundamenta na vontade e, ademais, na vontade desgarrada de sua base real, na vontade *livre*" (ENGELS e MARX, 2007, p. 89).

Uma vontade livre que adotasse uma forma política mediada pelo Estado se separaria do interesse social efetivo dos indivíduos e se tornaria uma comunidade política ilusória, pois "todas as lutas no interior do Estado, a luta entre democracia, aristocracia e monarquia, a luta pelo direito ao voto, etc. não são mais do que formas ilusórias nas quais as lutas reais das diferentes classes são conduzidas" (ENGELS e MARX, 2007, p. 56). "Ilusórias" porque o discurso pretensamente universal em nome de uma vontade livre capaz de representar a todos os indivíduos por igual encontrar-se-ia comprometido com uma base concreta, em que as instituições políticas e as leis do Estado seriam parciais por apoiar sempre a autovalorização do capital. A política, nesse sentido, adotaria uma forma por meio da qual os interesses dos proprietários privados se imporiam sobre os interesses de toda a sociedade. O ideal universalista seria denunciado por esconder o seu verdadeiro caráter de máscara do interesse de classe burguês. Esse, segundo Marx e Engels, seria o *dilema do universal* vivido pelos indivíduos em uma democracia, ou seja, a própria democracia seria interpretada como uma forma ilusória de comunidade, pois o interesse universal se encontraria independente e alienado dos interesses efetivos de cada um (ENGELS e MARX, 2007, p. 56).

Essa crítica de Marx ao Estado se dirige à ideia de uma sociedade civil que diz realizar igualmente todos os interesses e necessidades dos indivíduos. Sobretudo porque, em primeiro lugar, faltariam exatamente os pressupostos sociais para a efetivação da igualdade nessa sociedade, a saber, o *status* de proprietário. E como na sociedade capitalista as chances de ascensão social de assalariado para proprietário se tornam cada vez menores, a república democrática contradiz o seu próprio princípio de acessibilidade universal. O Estado não representaria algo como a "vontade geral" do povo, mas favoreceria antes a vontade *particular* de uma parcela da sociedade interessada em reforçar a dominação de classe. Como afirma Ernest Mandel, "o governo de um Estado capitalista, por mais democrático que pareça ser, está atado à burguesia" (MANDEL, 1977, p. 23). Assim, de forma alguma o Estado poderia ser um órgão de reconciliação dos conflitos de classe, porque serviria, na verdade, aos interesses dos proprietários privados, e não aos interesses da sociedade em seu todo, permanecendo, assim, uma *forma ideológica de dominação* (AVINERI, 1968).

1.3. Crítica da ideologia

Compreender e decifrar as formas de dominação é tarefa daquilo que Marx entendeu como *crítica da ideologia*. Esse tipo de crítica percorre toda a anatomia da sociedade civil elaborada em sua teoria. Mas o que significa dizer que algo domina ideologicamente? O que haveria de específico nessa forma de dominação que já não estivesse presente em outras formas históricas de dominação sociais, políticas e econômicas? Ela reside no fato de se expressar como algo verdadeiro, justo e legítimo, algo que é comumente seguido e adotado como padrão aceito de estabelecimento de regras, costumes, visões de mundo e princípios; algo que é considerado socialmente natural, necessário e também inevitável, mas que, apesar de estruturar a realidade e ser socialmente compartilhado, possui uma efetividade apenas aparente (GEUSS, 1981).

A crítica da ideologia, por sua vez, precisa *desmascarar a dominação ideológica como uma ilusão socialmente necessária*, isto é, decifrar os pretensos dados sociais, suspeitando do modo como são socialmente induzidos. Ou seja, a crítica da ideologia esclarece como a dominação ideológica, real e efetiva, é sempre ao mesmo tempo verdadeira e falsa: "Ideologias são simultaneamente 'verdadeiras e falsas' na medida em que face à 'realidade' [...] sejam ao mesmo tempo adequadas e inadequadas, apropriadas e inapropriadas. Como induzidas socialmente, elas não são simplesmente uma ilusão ou um equívoco cognitivo, mas um equívoco com um sentido claramente fundamentado, porque fundado na constituição da realidade. Ideologias, além disso, são 'simultaneamente verdadeiras e falsas' na medida em que as normas às quais elas estão vinculadas têm um conteúdo de verdade não realizado" (JAEGGI, 2008, p. 145-146).

Em relação às questões de legitimação das instituições sociais, Marx não acredita que seu desmascaramento possa ser explicado abstratamente, sem que se considere a situação histórica existente. Seu intuito é explicitar justamente a *base real das ideologias*, isto é, a ligação do Estado e do direito com as formas de propriedade e de interesses de classe que compõem as relações de produção. Os interesses da sociedade civil (e seu modo de ação como Estado) devem explicar os diferentes produtos teóricos e formas de consciência (a religião, a filosofia, a moral, o direito etc.), e isso significa explicar "as formações ideológicas sobre a base da prática material" (ENGELS e MARX, 2007, p. 61-62). Assim, a crítica da ideologia revela a prática das relações sociais reais que fundam o poder espiritual e ideológico dominante em cada época. Sempre, a classe que tem à sua disposição os meios para a produção material poderá dispor dos meios de produção espiritual: "As ideias dominantes não são outra coisa a não ser a expressão ideal das relações materiais dominantes, as mesmas relações materiais dominantes concebidas como ideias; portanto, as relações que fazem de uma determinada classe a classe dominante, ou seja, as ideias de sua dominação" (ENGELS e MARX, 2007, p. 71).

O vínculo entre a base social real e as ideias dominantes se manifesta historicamente de modos diversos. Na época em que predominou a aristocracia, imperaram as ideias de honra, de lealdade etc. Já no período de dominação da burguesia (instituído pela república democrática e pelo Estado de direito), imperaram as ideias da liberdade, da igualdade e da propriedade. Mas estas são ideias que aparecem na superfície da sociedade capitalista. A crítica da ideologia permite analisar o processo histórico segundo a composição profunda que sustenta a superfície ideológica. Por essa razão, altera-se o significado da estrutura normativa da sociedade civil (jurídica, moral e política), na medida em que a liberdade, a igualdade e a propriedade são comparadas com a realidade das relações sociais em que estão ancoradas. Marx torna aparente, portanto, a discrepância entre ideal e realidade. A estrutura normativa da sociedade é confrontada com as relações sociais existentes, sem que para isso Marx tenha de apelar para algum conjunto de normas que não seja aquele imanente à própria sociedade civil e à sua expressão jurídico-política no Estado de direito burguês.

Uma crítica imanente da ideologia parte assim do pressuposto de que, em determinados momentos do desenvolvimento das forças produtivas, passa a ser historicamente necessário um tipo de dominação em que o poder é distribuído desigualmente. É justamente isso o que a dominação burguesa permite realizar por meio do Estado e do direito. É inegável que os princípios normativos da sociedade burguesa funcionam como elemento estruturador legítimo. O mercado de trabalho é, de fato,

firmado entre pessoas juridicamente livres e iguais. Mas, para Marx, é falso afirmar que nas sociedades capitalistas – dependentes dos princípios da liberdade e da igualdade – a liberdade e a igualdade já se encontram realizadas. "A *própria* ideologia da liberdade e da igualdade", afirma Rahel Jaeggi, "é *um fator* no surgimento da compulsão e da igualdade. Isto é, ela é *produtivamente eficaz* no sentido de, em seu efeito, ela própria cooperar para a inversão das ideias nela incorporadas. Por conseguinte, não que os ideais normativos apenas ainda não estivessem totalmente realizados, eles estão *invertidos em sua realização*" (JAEGGI, 2008, p. 144). É preciso então explicitar uma contradição existente entre as ideias e as práticas sociais na medida em que toda a dominação ideológica impõe uma estrutura normativa falsa, mas que, por ser necessária para a reprodução das próprias relações sociais existentes, deve ser também assumida como necessária.

1.4. O ideal emancipatório de uma associação de homens livres

Procuramos mostrar nas seções anteriores que, sob as condições do modo de produção capitalista, a economia surgiria como um sistema que penetra todos os aspectos da sociedade e remodela todas as relações sociais segundo sua própria imagem e forma. A primazia da esfera econômica, a centralidade da produção, o modelo da base/superestrutura e a discrepância entre ideal e realidade compõem um sistema que tende a subordinar e integrar as instituições políticas, jurídicas e sociais de acordo com seu próprio esquema reprodutivo. Por essa razão, a perspectiva revolucionária desacreditou radicalmente da superestrutura, ou seja, do conjunto das instituições democráticas. Embora as formas políticas que efetuariam a transformação revolucionária da sociedade burguesa em uma sociedade comunista ainda pudessem convergir, em algum momento, com tais instituições democráticas (TEXIER, 2005; DRAPER, 1977), a *verdadeira democracia* seria caracterizada fundamentalmente em função da transformação revolucionária das relações materiais da vida, ou seja, das relações sociais entre capital e trabalho (MARX, 2002).

Se a emancipação não pode ocorrer a partir da superestrutura, então para Marx apenas a *transformação revolucionária da base material,* ou seja, o próprio âmbito do trabalho e do desenvolvimento das forças produtivas, poderia levar à emancipação. Mas o que estaria em jogo nessa transformação da base econômica? Segundo Marx, a superação das condições de opressão do proletariado sobre o trabalho heterônomo, isso é, a transformação revolucionária teria de levar em direção à realização da utopia de uma sociedade do trabalho *autônomo.* Marx definiria a autonomia

como a possibilidade de *dispor* novamente dos processos sociais que reproduzem a vida dos indivíduos, a capacidade de se reapropriar da produção e reprodução material que configuraria a base real da sociedade. O princípio democrático da autonomia seria traduzido ou mesmo substituído pela ideia de uma organização social baseada no paradigma produtivista e as expectativas utópicas se dirigiriam à esfera da produção, ou seja, à emancipação do trabalho.

Ora, a verdadeira democracia, portanto, teria de realizar a libertação do trabalho heterônomo e possibilitar a disposição comunitária das condições materiais da vida e de um novo modo de distribuição, justo e racionalmente regulado. Marx supunha que somente as relações equitativas na base econômica gerariam princípios verdadeiramente democráticos para a auto-organização dos trabalhadores. Mas, assim, uma reflexão sobre e democracia seria duplamente enfraquecida. Primeiro, devido à anatomia da sociedade civil que, como vimos anteriormente, apresentava uma subordinação da superestrutura aos imperativos do capital, justificando as críticas de Marx ao direito e à democracia existentes. Segundo, a realização da liberdade e a organização coletiva decorreriam imediatamente das condições do trabalho autônomo conquistadas na base material transformada. Salta aos olhos o fato de que, com a emergência de uma sociedade organizada por produtores associados, que passariam a se socializar de forma transparente, imediata e direta, Marx poderia inclusive abrir mão da necessidade de mediações jurídico-políticas como formas de organização da liberdade e da igualdade. O conceito de liberdade significaria apenas libertação em relação aos fetiches do capital (ou libertação das forças produtivas) e não seria formulado fundamentalmente em termos de liberdade política ou jurídica.

Com essa atitude instrumental diante das instituições políticas da república democrática, parece desaparecer da análise de Marx justamente o problema de uma auto-organização social entre pessoas livres e iguais. Preocupado em esclarecer as condições sociais e políticas a serem preenchidas para a realização da emancipação proletária, Marx refuta veementemente todos os elementos presos ao vocabulário jurídico-político burguês que ainda pudessem constar nos programas revolucionários. Os ideais do Estado de direito e da democracia constituiriam exigências políticas que não contêm nada além da "velha e surrada ladainha democrática: sufrágio universal, legislação direta, direito popular, milícia do povo etc. Elas são um mero eco dos partidos populares burgueses, das coligações pela paz e pela liberdade" (MARX, 1977b, p. 239). Em oposição à república democrática considerada vulgar, Marx defende a tese de que a sociedade comunista seria a *única* forma de realização da verdadeira democracia.

Mas, na verdadeira democracia, os direitos pretensamente iguais e universais tenderiam então a *desaparecer* com o desenvolvimento material da sociedade em direção à consolidação do comunismo? Marx é explícito nesse ponto: "Na fase superior da sociedade comunista, quando houver desaparecido a subordinação escravizadora dos indivíduos à divisão do trabalho e, com ela, o contraste entre o trabalho intelectual e o manual; quando o trabalho não for somente um meio de vida, mas a primeira necessidade vital; quando, com o desenvolvimento dos indivíduos em todos os seus aspectos, crescerem também as forças produtivas e jorrarem em caudais os mananciais da riqueza coletiva, só então será possível ultrapassar-se totalmente o estreito horizonte do direito burguês e a sociedade poderá inscrever em suas bandeiras: De cada qual, segundo sua capacidade; a cada qual, segundo suas necessidades" (MARX, 1977b, p. 232-233).

Isso significaria que o princípio normativo "De cada qual, segundo sua capacidade; a cada qual, segundo suas necessidades" se justificaria a partir das forças produtivas plenamente desenvolvidas de uma sociedade transformada, que se encontraria em condições de satisfazer materialmente as necessidades de todos e assegurar, finalmente, a liberdade e a igualdade com base na disposição coletiva da produção. Substituindo as relações jurídico-políticas que caracterizariam o direito burguês, a realização histórica do trabalho autônomo seria a condição fundamental da emancipação e do critério de justiça, ou seja, a emergência do trabalho e das forças produtivas como a base da vida social e da riqueza.

Marx reconhece que alguns poucos elementos ligados ao Estado de direito burguês ainda poderiam ser necessários para a transição do capitalismo para o comunismo: "Entre a sociedade capitalista e a sociedade comunista medeia o período de transformação revolucionária da primeira para a segunda. A este período corresponde também um período político de transição, cujo Estado não pode ser outro senão *a ditadura revolucionária do proletariado*" (MARX, 1977b, p. 239). Mas caberia ao Estado nesse período uma função meramente instrumental, pois as condições futuras de uma sociedade emancipada parecem não incluir quaisquer traços das instituições político-jurídicas que organizavam a república democrática, circunscrevendo-se à imagem produtivista de auto-organização (DRAPER, 1986, 1987).

No primeiro estágio do comunismo (justamente nesse período caracterizado pela "ditadura do proletariado"), o aparelho do Estado seria usado para o estabelecimento de um novo poder político. O proletariado poderia organizar a produção, a distribuição, o crédito, a comunicação, o transporte etc. Não se trata de forma alguma de uma abolição do trabalho, pois esse Estado comunista imporia o trabalho a todos. O importante é que, estando o proletariado com o poder nas mãos, o Estado serviria apenas como um meio para o objetivo da luta revolucionária, o qual consistiria na reapropriação coletiva dos meios de produção (MARX, 1977b, p. 239-240). Tal reapropriação não apenas definiria a principal característica de uma sociedade que se autodetermina e se emancipa das condições do trabalho heterônomo, mas que também, no final das contas, exige a *supressão* desse mesmo Estado para sua efetivação.

Se a estrutura econômica na base da sociedade sempre tem predominância na determinação da constituição social, então o uso de instituições políticas do Estado como um instrumento no período de transição tem o intuito de torná-lo, no fim das contas, *sem uso*. Em outros termos, a superestrutura política seria dissolvida nas relações socioeconômicas emancipadas da base, e assim, vale dizer, com a abolição da propriedade privada nos meios de produção e de todas as classes em nome de um interesse geral, decorreria a dissolução futura da estrutura normativa anterior. Se admitirmos, então, que as normas e instituições sociais não econômicas possuem sua "verdade" nas relações econômicas, não é difícil concluir pela rejeição dos princípios da democracia, forçando igualmente à abolição conjunta do próprio Estado de direito (DRAPER, 1977).

De acordo com o modelo de uma auto-organização espontânea dos trabalhadores, provavelmente a função social de controle e de regulação dos conflitos na sociedade socialista passaria a não mais depender de formas políticas burguesas porque provavelmente se esperaria que as leis e normas fossem internalizadas e se tornassem *hábitos*. Prescindindo das condições de institucionalização da liberdade e de uma formação igualitária da vontade, a sociedade comunista estaria limitada à representação holista de uma sociedade do trabalho associada livremente e que, após se apropriar dos meios de produção, encontraria por si mesma os meios de sua convivência. O nexo funcional entre estrutura de classe e sistema do direito implicaria, assim, pensar uma sociedade política de uma nova perspectiva, ou seja, de uma perspectiva não regulada pelas instituições políticas burguesas e que precisa, porém, organizar-se socialmente por outros meios. No caso, prescinde-se do Estado em função de uma organização política determinada como uma associação livre de trabalhadores, em que o nexo de *solidariedade* seria suficiente para a integração social em seu conjunto, para a manutenção não mais de uma sociedade constituída por fábricas, mas de uma única "fábrica da sociedade". Nessa sociedade, como mostra Marx no primeiro capítulo de *O capital*, os homens trabalham com meios de produção comuns e empregam suas forças individuais de trabalho de forma consciente como uma força coletiva de *trabalho social* (MARX, 2002, p. 100).

Essa imagem comunista de uma sociedade emancipada marcou também a interpretação feita por Marx da Comuna de Paris como uma forma de associação livre que prescinde de uma institucionalização burguesa. Segundo tal interpretação, a referência à organização política e social de uma associação de trabalhadores livres prescindia de uma compreensão mais aprofundada dos modos de funcionamento, das formas de comunicação e das condições de institucionalização da vida coletiva. Ainda assim, a Comuna de Paris representaria uma alternativa radical ao Estado burguês, pois possibilitaria a abolição do aparato estatal e, além disso, poderia ser pensada inclusive como um modelo democrático de participação direta. O desmantelamento do exército, do aparato administrativo da burocracia, da polícia e do judiciário e sua substituição pela milícia popular, um corpo eleito de protetores da comuna etc., eram algumas das medidas que seriam realizadas pela Comuna de Paris. Sua intenção era reestruturar a sociedade civil burguesa com uma organização que visava assegurar a participação dos cidadãos na vida política. Contudo, a sociedade emancipada ainda assim seria apresentada como a totalidade de uma sociedade de produtores, como a tão esperada *república do trabalho*: embora ocorresse a emancipação do trabalho heterônomo e a abolição das classes, em condições emancipadas, lembra Marx, "todo homem se converte em trabalhador" (MARX, 1977a, p. 200).

Vemos assim que Marx parece pressupor que a regulação jurídica do Estado poderia ser substituída por formas de convivência entre trabalhadores associados livremente. O sentido dessa substituição fica claro, por exemplo, no conhecido texto de Lênin sobre o papel do Estado na revolução proletária: uma vez asseguradas as bases de reprodução material da sociedade, a extinção do Estado poderá finalmente ocorrer com a superação das formas parlamentares e a supressão da democracia (LÊNIN, 1988). Ora, o tratamento instrumental do Estado não significaria mais do que apenas a dissolução de seus órgãos administrativos, mas sim da própria política? Não podemos avançar aqui nessa questão, apesar de ela ser aparentemente inevitável para quem enfrenta o tema do direito e da democracia no pensamento de Marx. De qualquer modo, a separação entre emancipação e democracia resvala na desconsideração de formas fundamentais de interação política com as quais toda teoria social crítica teria de se preocupar.

Considerações finais

De acordo com a interpretação crítica de Marx sobre o direito e a democracia exposta no presente texto, o processo de produção e reprodução do sistema econômico é responsável por submeter a estrutura normativa da ordem jurídica e política à sua própria lógica. As instituições da sociedade civil, consideradas como uma superestrutura que reflete o jogo de forças das práticas sociais reais da base econômica e material, são desmascaradas ao serem criticadas como meros reflexos do desenvolvimento das forças produtivas e das relações de produção, e essa crítica inviabilizaria em grande medida uma consideração futura do direito e da democracia na qual fosse possível lhes atribuir ainda algum potencial emancipatório legítimo.

A crítica formulada por Marx, ao denunciar as condições sociais e institucionais de manutenção do trabalho heterônomo, explicita também o ponto de vista de seu ideal emancipatório segundo a reapropriação coletiva das forças produtivas por uma associação de trabalhadores plenamente livres. Mas Marx não estaria reduzindo a institucionalização da liberdade a um papel meramente funcionalista no processo de transformação social e de efetivação de uma sociedade do trabalho autônoma? Não estaria também legando uma perspectiva emancipatória limitada à solução das contradições entre capital e trabalho, deixando em segundo plano a possibilidade de pensarmos formas plurais de emancipação ligadas às pautas das lutas jurídicas e políticas contemporâneas, tais como aquelas surgidas pela desigualdade de gênero, pelo racismo, pela exclusão de minorias etc.? É verdade que as críticas de Marx à política moderna escondem muitos enigmas sobre sua concepção abrangente do que possa ser o "político" (POGREBINSCHI, 2009). No entanto, é igualmente verdadeiro que a recepção do tema do direito e da democracia na teoria crítica contemporânea apontou para a necessidade de ampliação do conceito do político em Marx (MELO, 2009, 2011b).

Bibliografia

AVINERI, S. *The social and political thought of Karl Marx*. Cambridge/New York: Cambridge University Press, 1968.

COHEN, J. *Class and civil society*: the limits of Marxian critical theory. Amherst: University of Massachusetts Press, 1982.

DRAPER, H. *Karl Marx's theory of revolution*. New York/London: Monthly Review Press, 1977. v. I: State and bureaucracy.

DRAPER, H. *Karl Marx's theory of revolution*. New York/London: Monthly Review Press, 1986. v. III: State and bureaucracy.

DRAPER, H. *The dictatorship of the proletariat from Marx to Lenin*. New York/London: Monthly Review Press, 1987.

ENGELS, F.; MARX, K. *Manifesto comunista*. São Paulo: Boitempo, 2002.

ENGELS, F.; MARX, K. *A ideologia alemã*. Rio de Janeiro: Civilização Brasileira, 2007.

GEUSS, R. *The idea of a critical theory*. Cambridge: Cambridge University Press, 1981.

JAEGGI, R. Repensando a ideologia. *Civitas*, v. 8, 2008.

LÊNIN, V. I. O Estado e a revolução. In: *Obras escolhidas*. São Paulo: Alfa-Ômega, 1988. v. 2.

LICHTHEIM, G. *Marxism*. New York: Praeger, 1961.

LÖWY, M. *A teoria da revolução no jovem Marx*. Petrópolis: Vozes, 2002.

MANDEL, E. *Teoria marxista do Estado*. Lisboa: Antídoto, 1977.

MARX, K. A Guerra Civil na França. In: ENGELS, F.; MARX, K. *Textos*. São Paulo: Alfa-Omega, 1977a. v. 1.

MARX, K. Crítica ao programa de Gotha. In: ENGELS, F.; MARX, K. *Textos*. São Paulo: Alfa-Ômega, 1977b. v. 1.

MARX, K. *Theories of surplus value*. New York: Amherst, 2000. 3. v.

MARX, K. *O capital*. Rio de Janeiro: Civilização Brasileira, 2002. v. I.

MARX, K. *Contribuição à crítica da economia política*. São Paulo: Martins Fontes, 2003.

MEDEIROS, J. M. S. O socialismo entre a reforma e a revolução. In: FRATESCHI, Y.; MELO, R.; RAMOS, F. C. (Org.). *Manual de filosofia política*. São Paulo: Saraiva, 2012.

MELO, R. A ampliação do conceito do político: para uma outra recepção da teoria crítica de Marx. *Cadernos de Filosofia Alemã*, XIII, 2009.

MELO, R. A teoria da emancipação de Karl Marx. *Cadernos de Filosofia Alemã*, XVIII, 2011a.

MELO, R. Teoria crítica e os sentidos da emancipação. *Cadernos CRH*, v. 24, n. 62, 2011b.

POGREBINSCHI, T. *O enigma do político*: Marx contra a política moderna. Rio de Janeiro: Civilização Brasileira, 2009.

TEXIER, J. P. *Revolução e democracia em Marx e Engels*. Rio de Janeiro: UFRJ, 2005.

Sociologia e Direito na Teoria Durkheimiana

Raquel Weiss

2.1. Considerações gerais sobre a vida e a obra do autor

David Émile Durkheim nasceu em 15 de abril de 1858 em uma pequena cidade chamada Épinal, situada na região da Alsácia-Lorena, epicentro das disputas entre França e Alemanha. Primogênito de uma família de fortes raízes judaicas, desde muito cedo decidiu não seguir o destino que lhe havia sido traçado pela tradição: deixou para trás a escola de preparação para o rabinato, que deveria fazê-lo seguir os passos do pai, do avô e do bisavô, e resolveu trilhar um caminho diferente. Decidiu que queria ser professor, sem imaginar que os passos seguidos nessa nova direção acabariam por criar as condições para que viesse a se tornar o fundador de uma nova disciplina: a sociologia.

Embora o nome "sociologia" já tivesse sido criado por um de seus muitos precursores, Auguste Comte, Durkheim é comumente considerado seu fundador em virtude de três razões fundamentais. Em primeiro lugar, ele trabalhou muito para que a sociologia fosse reconhecida institucionalmente, sendo, inclusive, transformada em uma disciplina universitária (LUKES, 1975). Segundo, ele propôs um método para essa nova ciência, que deveria diferenciá-la das demais ciências existentes naquela época; para isso, precisou mostrar que ela possuía um objeto que lhe era próprio, exclusivo, justificando, assim, a sua razão de ser (BORLANDI e MUCCHIELLI, 1995; BERTHELOT, 1995). Finalmente, esse título também se deve ao fato de ter realizado numerosos trabalhos de investigação empírica sobre diversos aspectos da realidade social, em particular sobre a educação, a moral, a religião, a família, as relações no mundo do trabalho e, inclusive, o direito.

No entanto, Durkheim não é considerado apenas o fundador – ou um dos fundadores, dependendo da interpretação – da sociologia, mas também um "clássico" dessa disciplina. Um clássico é aquele autor que não tem apenas valor histórico, mas cuja obra pode ser lida e relida diversas vezes, fazendo-nos descobrir aspectos que não foram percebidos antes, e que pode ser sempre "atualizado", isto é, pode ser lido a partir de questões e problemas do mundo contemporâneo (GIDDENS, 1997). Ainda que certos elementos sejam datados e tenham sido superados, é sempre possível encontrar, numa obra clássica, ideias e argumentos que se mantêm relevantes e que instiguem o pensamento.

É a partir dessa perspectiva geral que propomos apresentar o que consideramos como as três principais contribuições de Durkheim para o campo do direito[1]: a definição do direito como um fenômeno social, a teoria sobre a pena e a concepção de crime. Porém, antes de avançar nesses três temas, será fundamental munir o leitor com alguns elementos estruturais da obra do autor e do contexto intelectual em que está inserido, de modo que seja possível compreender o significado de suas proposições.

Afinal, qualquer pessoa que já passou pela experiência de tentar compreender uma teoria sabe bem os numerosos desafios com os quais se defrontará nesse momento inicial, e a melhor maneira de superá-los é tentar responder a algumas perguntas fundamentais, como: Com quem esse autor debateu no processo de formação de sua teoria? Quais suas principais influências? Quais as principais ideias vigentes em seu momento histórico? Quais seus pressupostos ontológicos e metodológicos? O que esperava realizar com seus escritos? Embora não seja possível aqui responder a todas, são elas que nortearão as considerações a seguir.

A primeira coisa a se ter em mente em relação a Durkheim é que ele viveu em um cenário intelectual no qual a ciência triunfava como o modo mais perfeito de conhecimento: ela não apenas diria aos homens como funcionam todas as coisas,

---

[1]. Para uma análise de outros aspectos do tema do direito nesse autor, como a origem social do contrato, veja-se, por exemplo, o texto "O fenômeno jurídico em Émile Durkheim" (ALBUQUERQUE, 2011).

como ainda poderia nos ajudar a erradicar todas as coisas que nos causam sofrimento. Sua formação intelectual se deu na segunda metade do século XIX, quando a Biologia havia se transformado no grande modelo de ciência, inspirando, inclusive, o surgimento da Psicologia, da Criminologia e até mesmo de uma disciplina que acabou sendo muito contestada, a Craniologia, que, dentre outras coisas, afirmava ser possível traçar o perfil de criminosos, reais ou potenciais, a partir das medições de seus crânios (MUCCHIELLI, 1998, p. 27-41).

Era a época em que grandes figuras como Louis Pasteur mostravam como a ciência poderia trazer benefícios para a vida cotidiana, prevenindo e curando doenças cujas causas eram invisíveis aos olhos. E tudo isso seria possível graças ao que então era considerado o método científico por excelência, isto é, o método experimental fundamentado sobre o princípio indutivo. Em outros termos, passou a existir um consenso de que fazer ciência é dizer o que as coisas são, e isso só seria possível a partir da observação da realidade.

Esse ideal de ciência atraiu profundamente a atenção de Durkheim, que, ainda na época em que estudava na prestigiosa École Normale Supérieure, em Paris, criticava aquilo a que chamava de caráter demasiadamente literário e filosófico da Escola (ALPERT, 1939; DAVY, 1919). Lá ele aprendeu filosofia, literatura, história, em suma, todas as disciplinas que constituíam as chamadas "humanidades". Portanto, era esse o tipo de questão que lhe interessava: as coisas humanas, as coisas sociais. Mas não do modo como lhe eram apresentadas naquela instituição. Ele então decidiu que queria fazer uma ciência das coisas sociais e foi isso que lhe colocou no caminho da criação da "sociologia".

Para que esse projeto se tornasse possível, Durkheim acreditava que seria preciso encontrar um método que fosse realmente científico, isto é, que realmente conseguisse desvendar o funcionamento do mundo social e, ao mesmo tempo, que tivesse um objeto que fosse só dela, que fosse diferente do objeto da Biologia, da Psicologia, da Física etc. Em seu livro *As regras do método sociológico*, publicado originalmente em 1895, o autor define que esse objeto é aquilo que ele chamou de "fatos sociais", que são maneiras de agir, de pensar, de sentir compartilhadas por uma pluralidade de indivíduos e que, de certo modo, impõem-se a nós, que nos constrangem a agir, pensar e sentir dessa maneira.

Esse caráter de constrangimento, de coerção, de imposição não vem do fato de que somos coagidos pela força física, como se alguém tivesse apontado uma arma para nossa cabeça. Sentimos esse caráter coercitivo porque os fatos sociais não são criações individuais, mas criações coletivas, portanto não coincidem plenamente com nossos desejos, com nossas pulsões, com nossa imaginação singular. Mas, por que nos deixamos influenciar por essas imposições, por que simplesmente não ignoramos esse modo comum de proceder e inventamos nossa própria maneira de fazer as coisas? Para o autor que estamos discutindo, isso não ocorre porque a natureza humana é dupla: é individual e, mesmo tempo, social.

Desde o berço, moldamos a nossa personalidade a partir de um jogo de forças entre aquilo que é inerente a nosso ser biológico e psíquico e aquele modo de ser, de falar, de rir, de pensar que existe ao nosso redor. O preço de negar tudo isso que é considerado social seria ter um tipo de conduta não aceita ou não compreendida por aqueles que nos cercam, os quais, por sua vez, não nos aceitariam como membros do grupo. Isso geraria uma situação de sofrimento que o indivíduo procura evitar a todo custo, ainda que de forma inconsciente.

Conforme o indivíduo cresce, passa a interagir com grupos diferentes, com modos de pensar e agir distintos e, muitas vezes, antagônicos. O desenvolvimento de sua personalidade é o resultado da maneira como reage a essas diversas influências, rejeitando ou assimilando diferentes crenças e modos de vida, cuja síntese, em parte ativa, em parte passiva, faz com que seja

uma personalidade singular; mas, ao mesmo tempo, uma personalidade que possui em si elementos sociais de diferentes tipos. São esses elementos sociais, esses aspectos compartilhados, que são objetivados naquilo que ele chama de "representações coletivas", as quais acreditava que seriam uma das coisas que a sociologia deveria pesquisar e tentar explicar (MILLER, 2009).

Finalmente, deve-se ainda lembrar que a teoria de Durkheim foi construída em um período no qual a escola positiva italiana estava se consolidando enquanto ciência, dando origem à criminologia (DIGNEFFE, 1998). Isso explica, em grande parte, o interesse do autor pelo tema do crime e da pena, bem como as constantes referências a Lombroso e Garofalo[2] e o conhecido debate com Gabriel Tarde, especialmente em torno da explicação para o crime (DEBUYST, 1998; MUCCHIELLI, 1998). Quanto a isso, é importante notar que, motivado por essas discussões, o autor procurou atribuir a esses conceitos um significado consistente com os princípios gerais de sua sociologia.

Feitas essas considerações gerais, podemos começar a nos aproximar mais das contribuições de Durkheim para o

---

[2]. As referências mais importantes aos criminalistas italianos estão nas notas do livro *Da divisão do trabalho social*, publicado pouco tempo depois da obra *Criminologia*, de Garofalo.

campo do direito. Ora, para afirmar que o direito poderia ser também um objeto da sociologia e estudado por seus métodos particulares, ele precisou defini-lo como um fato social. Aliás, não um fato social qualquer, mas um dos mais importantes, que seria uma das principais, senão a principal, forma de objetivação dessas representações coletivas, isto é, ideias que são compartilhadas por uma pluralidade de indivíduos. É isso que veremos a seguir.

2.2. O direito como um fato social

A principal ideia que está pressuposta na tese de que o direito pode ser objeto de uma ciência particular chamada Sociologia é a de que ele também é um fato social, ou seja, é uma criação social, tem uma finalidade social e é na própria vida social que encontra sua fundamentação, sua justificativa. Portanto, para entender a concepção durkheimiana de direito, é importante notar que aqui o direito não é a expressão de qualquer forma de racionalidade[3] – nem uma racionalidade divina, como no caso da teologia, nem uma racionalidade pura prática, como no caso da filosofia kantiana –, nem a descoberta racional de uma lei natural, como em qualquer forma de jusnaturalismo. Nesse sentido,

Durkheim aproxima-se mais da tradição do direito positivo, ainda que tenha diferenças importantes em relação aos principais representantes dessa tradição, como veremos no final do texto.

Além disso, no âmbito da sociologia durkheimiana a razão de ser do direito não é a justiça, mas a continuidade da existência da vida coletiva. Evidentemente, a justiça não é um elemento desprezado, mas algo que só tem sentido enquanto um ideal social[4] nuclear, com encarnações particulares variáveis e que congrega as consciências individuais em torno de um dever-ser comum. É justamente por isso que qualquer ato que pareça ferir nossa concepção de justiça aparece a nós como algo tão grave, pois, para o autor, os ideais são ideias sagradas (DIGNEFFE, 1998), e o sagrado é aquilo que possui um valor indiscutível, acima de qualquer outra coisa, cuja transgressão provoca uma forte reação por parte da sociedade. Voltaremos a isso mais tarde, na discussão sobre a função da pena e sobre o significado do crime.

Por enquanto, vamos focar a atenção sobre algumas outras características implicadas em sua concepção de direito. Agora que já sabemos quais são, segundo Durkheim, a origem e a função mais geral do direito, é preciso compreender de que

---

[3]. Talvez poderíamos no máximo afirmar que pode vir a se tornar a expressão de algum tipo de racionalidade intersubjetiva esclarecida pela ciência, mas isso apenas em termos hipotético-ideais.

[4]. Para aprofundar o significado dos ideais sociais na teoria durkheimiana, veja-se: (DURKHEIM, 2004; WEISS, 2011 e 2012).

modo ele o define, quais as características desse fato social tão particular. O principal texto para buscar essas informações é sua tese de doutorado, que se tornou um de seus mais importantes livros: *Da divisão do trabalho social*. Ali, o direito permeia quase toda a discussão, pois o tema principal do livro é a investigação das várias formas de solidariedade social, com a intenção de mostrar que a divisão do trabalho é a principal forma de solidariedade do mundo moderno, em que existe aquilo a que o autor chama de "solidariedade orgânica", que se oporia à "solidariedade mecânica", que seria própria das solidariedades tradicionais.

Em relação a isso, o autor afirma, por exemplo, que o direito é a forma mais visível da solidariedade (DURKHEIM, 1999a, p. 31), ou ainda que, sempre que existe uma forma de vida social minimamente organizada, há também alguma forma de vida jurídica (DURKHEIM, 1999a, p. 3132), o que nos faz perceber a centralidade desse fenômeno. Para encontrar informações ainda mais precisas sobre o verdadeiro significado do direito, é necessário recorrer a uma parte da introdução desse mesmo livro que foi apresentada apenas na primeira edição e suprimida nas edições posteriores. Esse trecho foi publicado separadamente anos mais tarde (DURKHEIM, 1975) e constitui uma das peças mais cruciais para

apreender sua concepção de direito enquanto algo profundamente relacionado com o elemento mais importante da vida social: a moral.

Grosso modo, a moral é o que define o domínio do bem e do mal, do certo e do errado, do justo e do injusto, do que devemos e do que não devemos fazer. De um lado, ela é um conjunto de regras bem definidas que prescrevem a nossa conduta. É nesse sentido que, segundo Durkheim, a moral aparece a nós como um dever que constrange a nossa vontade, pois ela é um fato social.

Porém, para o autor, esse seria apenas o caráter mais exterior da moral, apenas a forma com que ela aparece para nós. Aquilo que constitui a sua verdadeira substância, a sua alma, é a moral enquanto um "bem", enquanto algo que desejamos realizar. E por quê? Como é possível desejar algo que se impõe a nossos desejos, algo que muitas vezes nos custa sacrifícios para realizar? A resposta a essas questões constitui núcleo da teoria moral durkheimiana.

Dito de maneira breve, a moral é um bem porque é expressão do ideal social que compartilhamos. Tomando de empréstimo o par conceitual proposto pelo filósofo Fichte, o dever é a "letra" da moral, é seu aspecto formal e exterior, enquanto o bem é seu "espírito", que não é apenas a parte mais interior dessa realidade, mas também sua substância, sua razão de ser. Na perspectiva durkheimiana, aderir a uma moral não é aderir a uma sociedade enquanto entidade física, mas é aderir ao ideal social que ela representa, que são aquelas representações investidas de um caráter sagrado que dizem o que desejamos ser. Portanto, aderir a uma moral não é apenas obedecer a um conjunto de regras, mas é, sobretudo, aderir a certo ideal social. É acreditar que determinado conjunto de valores são bons e desejáveis.

Mas isso não quer dizer que as regras não sejam importantes. As regras são esses ideais convertidos em prescrições de conduta. Por exemplo, ao ideal que considera a vida humana como algo inviolável corresponde à regra de não cometer homicídio, dentre numerosas outras que podem ser vinculadas a esse ideal geral, como a proibição da tortura, ou o fato de o Estado tornar-se cada vez mais responsável por garantir saúde a seus cidadãos. A regra é a forma de uniformizar as condutas na medida do possível, para garantir que o ideal social seja respeitado.

Tudo isso que vale para a moral vale para o direito. Em determinado aspecto, a moral e o direito são um mesmo fenômeno: ambos consistem em regras de conduta que servem para garantir a continuidade da existência da sociedade, não apenas de seu corpo (o conjunto dos indivíduos em interação), mas também a sua alma (os ideais coletivos). Porém, ao mesmo tempo, são fenômenos diferentes.

O ponto de partida para a identificação de ambos os fenômenos, e que também constitui o núcleo de sua diferenciação, é o conceito de sanção. *Grosso modo*, a sanção é definida como a característica que mais facilmente permite identificar um fato moral ou um fato jurídico, na medida em que consiste no efeito, positivo ou negativo, provocado por uma regra moral ou jurídica. Enquanto no mundo da natureza as consequências são sempre resultados imediatos da ação, no mundo da moral e do direito, a consequência é sempre mediada, e a sanção consiste nessa mediação; afinal "essa reação predeterminada, exercida pela sociedade sobre o agente que infringiu a regra, constitui aquilo a que chamamos de sanção" (DURKHEIM, 1975, p. 275).

Ou seja, a prescrição "não coloque o dedo na tomada" não é nem moral, nem jurídica, porque a consequência de minha desobediência, o choque, resultará imediatamente do ato. Porém, se eu cometo um assassinato, nada vai me acontecer imediatamente. As consequências que recairão sobre mim serão sempre mediadas pelas sanções morais e/ou jurídicas[5]: re-

---

5. Claro que se pode ainda mencionar a reação psíquica de culpa, que pode se fazer valer mesmo quando o ato permanece secreto. Mas, na perspectiva durkheimiana, mesmo a culpa sentida individualmente é uma expressão de um ideal

provação, exclusão do convívio social cotidiano, encarceramento etc. Para compreender a diferença entre esses dois tipos de sanção, e entre o direito e a moral, vamos recorrer às palavras do autor:

> "Nós acreditamos que esses dois domínios são muito intimamente unidos para que possam ser radicalmente separados. Há entre eles trocas contínuas; assim como há regras jurídicas que se tornam morais, há regras morais que se tornam jurídicas. Muito frequentemente o direito não se desvincula dos costumes que constituem o seu substrato, tampouco os costumes do direito que os realiza e os determina. [...] Contudo, a sanção que é vinculada às regras a que chamamos mais especialmente de morais apresenta características muito particulares que nos permite determiná-las. [...] A diferença que separa esses dois tipos de penas não diz respeito a suas características intrínsecas, mas à maneira como são administradas. Uma é aplicada por cada um e por todos, a outra por um corpo definido e bem constituído; uma é difusa, a outra é organizada" (DURKHEIM, 1975, p. 79-80).

Portanto, a principal diferença entre moral e direito não reside tanto no conteúdo da regra, nem no fato de a moral constituir o domínio da ação por respeito à lei, enquanto o direito define o domínio da ação em conformidade com a lei. A principal diferença é que a moral é um domínio mais difuso, cujas sanções não são tão bem definidas e podem ser aplicadas por qualquer membro da sociedade. Por sua vez, o direito é caracterizado por regras muito específicas, estabelecidas mediante um processo maior de deliberação entre aqueles encarregados de instituí-las, e cuja desobediência implicará uma punição estabelecida *a priori* e será imputada por um corpo de especialistas que possuem a autoridade para julgar sua ação e determinar sua punição. No próximo item, veremos com mais detalhes as várias dimensões implicadas na concepção durkheimiana de pena e de sua função social.

2.3. Os argumentos sobre a pena

Como acabamos de ver, a sanção é uma reação predeterminada a uma ação, que pode ser tanto positiva quanto negativa. A reação positiva é sempre uma reação de aprovação, que muitas vezes implica alguma forma de recompensa. Porém, a sua forma mais evidente é geralmente a sanção negativa, na medida em que consiste numa reação mais ostensiva do que a positiva. Tal sanção negativa, isto é, uma reação de desaprovação do ato que infringiu a regra, é chamada de punição ou, em termos mais técnicos, pena.

Como o tema da pena é um dos mais importantes das teorias jurídicas, é possível afirmar que os argumentos de

---

social internalizado pelo indivíduo, que faz com que ele mesmo recrimine sua ação, na medida em que ele próprio aderia a esse ideal.

Durkheim a esse respeito constituem possivelmente sua principal contribuição substantiva para a sociologia do direito.

De forma geral, a discussão sobre a pena, propriamente dita, pode ser encontrada em três contextos distintos. Em primeiro lugar, as considerações a esse respeito têm lugar em sua investigação sobre os tipos de solidariedade social, em que busca uma explicação para o fenômeno da divisão do trabalho nas sociedades modernas[6]. O autor introduz a discussão sobre a pena, ensaiando uma definição bastante peculiar a esse respeito, tendo como objetivo maior chegar à proposição de que as sociedades em que o vínculo social é estabelecido de maneira "mecânica", isto é, por similitudes, são aquelas em que o desrespeito à solidariedade constitui um "crime" e, portanto, implica uma sanção repressiva, uma "pena". Segundo o autor:

> "O vínculo de solidariedade social a que corresponde o direito repressivo é aquele cuja ruptura constitui o crime. Chamamos por esse nome todo ato que, num grau qualquer,

determina contra seu autor essa reação característica a que chamamos pena. Procurar seu vínculo é, portanto, perguntar-se qual a causa da pena, ou, mais claramente, em que consiste essencialmente o crime" (DURKHEIM, 1999a, p. 39).

Portanto, a discussão sobre a pena ocorre em função da investigação sobre os tipos de solidariedade. Para o autor, a pena é caracterizada inicialmente como uma "reação passional", o que se mostra tanto mais evidente quanto menos ilustradas são as sociedades, porque, nas sociedades mais ilustradas, o que se verifica são tentativas de dissimular essa motivação básica, afinal

> "a natureza da pena não mudou essencialmente, [mas], tudo o que se pode dizer hoje é que a necessidade de vingança está mais bem dirigida hoje do que ontem. O espírito de previdência que se despertou não deixa mais o campo tão livre à ação cega da paixão; ele a contém em certos limites, opõe-se às violências absurdas, aos estragos sem razão de ser. Mais esclarecida, ela se difunde menos casualmente; já não a vemos voltar-se contra inocentes. Ela continua sendo, porém, a alma da penalidade".

Porém, isso não quer dizer que o Direito Penal não possua qualquer razão de ser nas sociedades contemporâneas, muito ao contrário. Embora sua importância na manutenção da solidariedade social seja menor do que nas sociedades com solidariedade orgânica, ele continua a desempenhar o papel de "guardião" dos valo-

---

6. Conforme observa Françoise Digneffe (DIGNEFFE, 1998b, p. 373), a discussão apresentada nesse texto "é a mais conhecida, mas ao mesmo tempo é a mais imprecisa e a mais contestada atualmente", e suas teses fundamentais reaparecem também em *As regras do método sociológico* e no artigo que ainda não possui tradução em português, "Les Deux Lois de l`Évolution Pénale". Em contrapartida, considera que a discussão sobre o tema que aparece no livro *A educação moral* "é a menos conhecida dos criminologistas e dos juristas", mas é justamente ali que "aparecem considerações estimulantes sobre as formas que poderiam tomar a reação social aos atos considerados como indesejáveis" (DIGNEFFE, 1998b, p. 377).

res sociais mais importantes, dotados até mesmo de certa sacralidade, porque expressão da própria consciência coletiva[7]. Aliás, essa reação mais passional por parte da sociedade, e que adquire uma forma mais racionalizada no âmbito das regras jurídicas, é facilmente percebida diante de casos que geram maior comoção por parte da sociedade, precisamente porque representam uma ameaça a valores que estão dentre os mais sagrados, por exemplo, a relação de proteção e afeto que se espera que exista numa relação entre pais e filhos. Dentre os episódios relativamente recentes que provocaram uma reação de natureza explicitamente passional em nível nacional, podemos recordar o Caso Richthofen e o Caso Nardoni.

Entretanto, para Durkheim a pena não é justificada pelo seu caráter puramente retributivo, embora a necessidade de vingança e expiação esteja na base de sua motivação mais aparente, nem puramente preventivo, uma vez que a inibição de novos crimes pelo agente (por reabilitação ou por neutralização) ou pelos demais membros da sociedade (pelo medo da punição) pode até ser uma consequência da pena, mas não se trata de uma consequência necessária e, tampouco, consiste na verdadeira razão de ser da penalidade. Tendo em vista essas considerações, chegamos à seguinte concepção sobre o fundamento e a função da pena:

> "A pena não serve, ou só serve de maneira muito secundária, para corrigir o culpado ou intimidar seus possíveis imitadores; desse duplo ponto de vista, sua eficácia é justamente duvidosa e, em todo caso, medíocre. Sua verdadeira função é manter intacta a coesão social, mantendo toda a vitalidade da consciência comum. Negada de maneira tão categórica, esta perderia necessariamente parte de sua energia, se uma reação emocional da comunidade não viesse compensar essa perda, e daí resultaria um relaxamento da solidariedade social. [...] Assim, ao mesmo tempo em que é um produto necessário das causas que a geram, essa dor não é uma crueldade gratuita. É o sinal a atestar que os sentimentos são sempre coletivos, que a comunhão dos espíritos na mesma fé permanece a mesma e, com isso, repara o mal que o crime fez à sociedade"(DURKHEIM, 1999a, p. 81-82).

Em suma, no que se refere à sua função, o sentido da pena é o de restituir o respeito pela lei, é lembrar aos indivíduos que aquele ideal no qual acreditavam continua valendo, que aquele sistema não foi ameaçado e que a regra continua a ter autoridade. Serve, por exemplo, como afirmação de que a Constituição que regulamenta e protege a vida dos indivíduos no contexto de um Estado de Direito não foi descartada. A pena é o que garante que os crimes não abalem a Constituição. Em contrapartida, quando as violações não são punidas, a regra – no caso do nosso

---

[7]. Sobre o caráter "sagrado" que o autor atribui à sociedade, veja-se especialmente *As formas elementares da vida religiosa* (DURKHEIM, 2003) e *O ensino da moral na escola primária* (DURKHEIM, 2007).

exemplo, a própria Constituição – perde a sua credibilidade, implicando um enfraquecimento dos ideais sociais que ela expressa. Portanto, esse deveria ser o fundamento real da pena, e não uma expiação ou uma forma de vingança.

Esse é um elemento que aparece de forma mais explícita no segundo contexto em que esse tema figura na obra de Durkheim, isto é, em seus escritos sobre a educação, especialmente na segunda parte do livro *A educação moral*. Aqui, a discussão da pena é desvinculada do direito penal enquanto tal, uma vez que é circunscrita ao universo escolar; contudo, talvez por isso mesmo, por não estar preso a questões de fundo jurídico, o autor encontra maior liberdade para refletir sobre as características mais gerais da pena, retomando e aprofundando alguns dos argumentos apresentados em *Da divisão do trabalho*.

A questão central que o autor preocupa-se em responder é "por que é necessário punir?". Antes de apresentar sua posição, procede a uma revisão das duas teorias predominantes à época, que, de um lado, preconizavam a punição como simples meio de prevenir a inobservância da regra e, de outro, como simples expiação.

Com relação ao primeiro caso, afirma que a pena só poderia ter alguma eficácia sobre aqueles que não manifestam certa tendência para o crime, mas muito pouco sobre aqueles predispostos a isso, afinal "o castigo é o risco profissional do delinquente" (DURKHEIM, 2008, p. 121). Em relação ao segundo tipo de resposta, contestou que apenas a expiação pela simples expiação pudesse consistir em justificativa plausível para a aplicação da pena, porque "a pena, concebida como uma simples expiação, nada mais é do que uma forma apenas renovada do antigo talião; e a lei de talião, diz-se, não mais pode ser admitida pela consciência moral de nossos contemporâneos" (DURKHEIM, 2008, p. 130).

De maneira muito semelhante ao que defendera no livro anterior, Durkheim afirma que a aplicação da pena é algo necessário enquanto cumpre a função de tranquilizar as consciências de que sua fé nos valores em que acreditam continua a ter as mesmas razões de ser. Portanto, o tratamento austero em relação ao criminoso, a dor presente na punição, é apenas um reflexo da pena, mas não seu elemento essencial, é apenas sua característica mais exterior, mais visível. Na verdade, se a expiação do crime fosse a verdadeira essência da pena, essa essência se realizaria de maneira muito imperfeita, isso porque

> "nem o castigo escolar, nem a pena propriamente dita, provocam um verdadeiro sofrimento nas naturezas fundamentalmente rebeldes. Não importa; nem por isso ela deixa de conservar todas as suas razões de ser. Estabelecermos uma escala penal não é ima-

ginarmos suplícios cientificamente hierarquizados" (DURKHEIM, 2008, p. 135).

Finalmente, o terceiro contexto em que Durkheim tematiza o problema da pena é em seus escritos sobre o próprio direito. O tratamento mais extenso e sistemático sobre isso teve lugar na primeira parte de um curso que preparou, com o título de Física dos Costumes e do Direito, ministrado pela primeira vez na Universidade de Bourdeaux, entre 1896 e 1900. Essa parte inicial tratava da teoria do autor sobre a obrigação, a sanção e a moral e pretendia ser um estudo geral do direito e das práticas sociais, centrado sobre o funcionamento delas no conjunto da sociedade. Infelizmente, hoje não é possível saber com precisão o que o autor escreveu a esse respeito, pois os manuscritos dessa primeira parte do curso foram destruídos, junto com outros documentos, durante a Segunda Guerra[8].

Um artigo que se enquadra nesse mesmo contexto é *Deux lois de l`évolution pénale,* que pode ser lido como um desdobramento das pesquisas realizadas sobre o curso supramencionado. Trata-se de um estudo empírico em que o autor defende que a intensidade da pena diminui com a complexificação das sociedades e na medida em que o poder político se torna mais absoluto. Outra "lei" apreendida a partir de suas investigações postula que a privação da liberdade, e apenas da liberdade, durante períodos variáveis de tempo, tende a se tornar o tipo "normal" de repressão.

Para complementar o quadro geral das contribuições da teoria durkheimiana para a sociologia, vamos analisar brevemente o fenômeno que é a contrapartida necessária da pena, sem a qual ela sequer existiria: o crime.

2.4. O significado social do crime

Dentre as numerosas páginas dedicadas à discussão do crime em diferentes textos, talvez o mais interessante a reter seja o argumento de que a essência do crime não reside no ato em si, mas no fato de que constitui uma ofensa grave à consciência coletiva, ou seja, "não se deve dizer que um ato ofenda a consciência comum por ser criminoso, mas que é criminoso porque ofende a consciência comum" (DURKHEIM, 1999a, p. 52).

Portanto, é na própria consciência coletiva que se deve buscar as explicações para aquilo que é considerado um crime em determinada sociedade, afinal o crime é aquilo que coloca em risco a validade dessas representações que constituem

---

[8]. A este respeito, veja o artigo de Marcel Mauss (1918, p. 12). Apenas a segunda parte do manuscrito, relativa à moral prática, foi preservada, tendo sido publicada em 1950 com o título de *Lições de sociologia,* em que o tema da pena aparece apenas como pressuposto, mas não é desenvolvido.

essa consciência, que é a maior fonte de autoridade moral e a condição de possibilidade da própria sociedade. Dessa forma, segundo o autor, "o crime não é apenas a lesão de interesses, inclusive consideráveis, é uma ofensa a uma autoridade de certa forma transcendente" e, acrescenta, "experimentalmente, não há força moral superior ao indivíduo, salvo a consciência coletiva" (DURKHEIM, 1999a, p. 56).

Vejamos agora como esse tema aparece na última seção do terceiro capítulo do livro *As regras do método sociológico*, onde encontramos uma afirmação que é possivelmente a mais controversa a esse respeito, qual seja, a de que o crime é entendido como um "fato normal". Em primeiro lugar, é preciso mencionar que o autor afirma que um fato social é "normal" quando ele é o que deveria ser e é considerado patológico quando deveria ser de outro modo. Portanto, o próprio critério de normal tem seu sentido e sua validade determinados na relação com um fim – o que deveria ser – previamente estabelecido.

Que fim é este? Durkheim o apresenta diretamente a partir da famosa metáfora biológica: "Com efeito, tanto para as sociedades quanto para os indivíduos, a saúde é boa e desejável, enquanto a doença é algo ruim, que deve ser evitado" (DURKHEIM, 1999b, p. 51). Nesse sentido, a saúde da sociedade é esse fim superior que deveria servir como parâmetro para o estabelecimento do normal e do patológico.

Na verdade, há dois sentidos implicados no conceito de normal. No primeiro, o normal é aquilo que é geral na extensão de uma dada sociedade, ou que ocorre em todas as sociedades de um mesmo "tipo". No segundo, refere-se àquilo que está implicado na lógica subjacente ao real, mesmo que não seja compartilhado pela "média" dos indivíduos. Do mesmo modo, um comportamento que não corresponde ao normal pode ser patológico, quando ameaça a existência da vida social enquanto um organismo minimamente integrado, ou pode ser simplesmente desviante. Nesse caso, ele não corresponde ao comportamento "normal", mas não tem um impacto prejudicial; ao contrário, pode até ter uma função útil, na medida em que explicita essa lógica subjacente do real, que ainda não foi incorporada pela maioria dos indivíduos. Vejamos como isso se relaciona com a questão do crime.

Vamos inicialmente relembrar que Durkheim define o crime como qualquer forma de violação ou ofensa, por menor que seja, da consciência moral. Ao afirmar que se trata de um fenômeno normal, não quer dizer que o crime seja uma prática *generalizada* em todas as sociedades, pois uma prática generalizada sequer poderia ser considerada crime; mas quer antes dizer que se trata de um fato *presente* em todas as sociedades, isto é, generalizado em uma "espécie" determinada, para não dizer em todas as espécies.

Nesse sentido, o crime nos ajuda a ver a diferença entre um fato social normal qualquer e um fato social moral. O crime, dentro de determinadas taxas, faz parte do funcionamento normal da sociedade, o que o torna um fato social normal. No entanto, a própria definição de crime é a de um ato imoral, enquanto ofensa à consciência pública, o que nos faz perceber que nem tudo o que é "normal" é moral.

Mas o autor vai mais além, afirmando que o crime, ao menos certo tipo de crime, não é apenas algo inevitável, mas também desejável. Porém, como é possível que o crime possa ser um fato desejável? Ora, para Durkheim, uma sociedade sem crime, isto é, sem desvios da consciência moral média, seria uma sociedade de santos, uma sociedade impossível, baseada sobre uma consciência social absolutamente homogênea e inflexível. Não quer dizer que o crime não possa ter formas anormais, como no caso de uma taxa de criminalidade excessiva, que inviabilizaria a própria convivência social, incutindo medo e insegurança.

No entanto, a existência de alguns crimes é inevitável, enquanto a existência de outros é até mesmo profundamente desejável. Segundo o autor, o crime está ligado às condições fundamentais de toda e qualquer vida social e representa o elemento que torna possível a *dinâmica*, ou melhor, a própria evolução da moral e do direito que devem mesmo ser dinâmicos.

Esse tipo particular de crime, que antecipa a consciência moral do futuro e justamente por isso desvia daquela existente no presente, está na base de uma ideia quase paradoxal da teoria durkheimiana que pode ser resumida da seguinte maneira: aquilo que é considerado a moral normal de um determinado período em uma sociedade determinada é a moral encarnada na consciência dessa sociedade; portanto, um comportamento ou ideia que desafie essa consciência moral será sempre considerado imoral. Podemos, por exemplo, pensar no caso do divórcio, ou até mesmo das relações homoafetivas até a primeira metade do século XX. Eram comportamentos ou ideias repudiados pela ampla maioria dos indivíduos e, nesse sentido, constituíam um crime, seja ele do ponto de vista da moral, seja do ponto de vista do direito, ou de ambos.

Contudo, se esse tipo de crime for considerado um movimento de pressão por transformação da moral existente e que antecipe as mudanças que estão por vir, que estão inscritas na própria dinâmica da sociedade, a sociologia da moral e do direito deverá considerá-lo não apenas normal, como desejável. Aliás, de um ponto de vista estritamente ético, esse tipo de crime será tão ou mais desejável do que as próprias regras atualmente consideradas morais. Vejamos a seguir como Durkheim descreve essa função transformadora e desejável do crime:

> "Não é mais possível hoje contestar que não apenas a moral e o direito variam de um tipo social a outro, como também mudam em relação a um mesmo tipo, se as condições da existência coletiva se modificam. Mas, para que essas transformações sejam possíveis, é preciso que os sentimentos coletivos que estão na base da moral não sejam refratários à mudança, que tenham, portanto, apenas uma energia moderada. Se fossem demasiado fortes, deixariam de ser plásticos. Todo arranjo, com efeito, é um obstáculo para um novo arranjo, e isso tanto mais quanto mais sólido for o arranjo primitivo. [...] Ora, se não houvesse crimes, essa condição não seria preenchida; pois tal hipótese supõe que os sentimentos coletivos teriam chegado a um grau de intensidade sem exemplo na história. Nada é bom indefinidamente e sem medida. É preciso que a autoridade que a consciência moral possui não seja excessiva; caso contrário, ninguém ousaria contestá-la, e muito facilmente ela se cristalizaria numa forma imutável. Para que ela possa evoluir, é preciso que a originalidade individual possa vir à luz; ora, para que a do idealista que sonha superar seu século possa se manifestar, é preciso que a do criminoso, que está abaixo do seu século, seja possível. Uma não existe sem a outra" (DURKHEIM, 1999b, p. 71).

Portanto, talvez isso resuma uma das ideias mais intrigantes da teoria de Durkheim, que pode ser considerada uma das tarefas mais importantes da sociologia do direito de matriz durkheimiana. Ou seja, essa matriz sociológica que nos apareceu a princípio como fundamentalmente positiva mostra que é possível ser investida de uma intenção crítica, na medida em que o direito não é considerado simplesmente um epifenômeno dos costumes e a sociologia não precisa ser apenas uma descrição das regras jurídicas que sintetizam esses costumes na forma da lei.

Considerações finais

Tomadas em conjunto sua concepção sobre o direito como fato moral, sua concepção sobre o significado e a função social da pena, além da ideia do crime como um fenômeno normal em seu duplo sentido, podemos vislumbrar outras tarefas e horizontes possíveis para a sociologia do direito. Primeiro, ela deve ser capaz de perceber que há uma relação dialética entre moral e direito, na qual ambos se influenciam mutuamente, transformando-se e produzindo novas sínteses. O direito deve ser sensível às representações sociais elaboradas no seio da coletividade: muitas vezes, as transformações ocorridas nos ideais sociais têm um ritmo mais acelerado do que as transformações jurídicas, e a sociologia deveria ser capaz de mostrar quando o direito passou a ser equivocadamente conservador.

Por outro lado, muitas vezes a consciência moral de grupos que são socialmente mais numerosos legitimam prescrições que já não são coerentes com a lógica mais fundamental da sociedade em questão. Nesse caso, o direito não deve ser a expressão dessa consciência média e a sociologia deveria ser capaz de fornecer justificativas para esse descolamento. Por exemplo, a decisão do Supremo Tribunal Federal de garantir a união civil de casais formados por pessoas do mesmo sexo poderia ser rejeitada caso houvesse um plebiscito a respeito.

Não obstante, de um ponto de vista sociológico, essa decisão poderia ser justificada, na medida em que ela seria a expressão da lógica mais fundamental das sociedades pautadas pela solidariedade orgânica, ou seja, aquelas cuja existência depende não do fato de que todos os indivíduos partilhem as mesmas convicções, mas justamente do fato de que ela permite que estes sejam profundamente diferenciados. Ou seja, uma decisão que garanta a qualquer indivíduo unir-se afetivamente com quem desejar estaria plenamente de acordo com a razão de ser, com o fundamento último das sociedades contemporâneas, por mais que esses modos de vida não sejam reconhecidos por uma parcela grande da população. Nesse caso, o normal enquanto média estatística deve ser subsumido ao normal enquanto lógica do real. Ao mostrar isso, a sociologia do direito estaria realizando uma de suas mais importantes atribuições. Vemos, portanto, que há um campo de atuação imensamente amplo para essa disciplina e que, por mais que certos elementos da teoria durkheimiana tenham um caráter datado, isso não significa que não seja possível encontrar muitos outros que se mostrem relevantes no cenário atual, os quais o presente texto procurou indicar brevemente.

Bibliografia

ALBUQUERQUE, José Lindomar Coelho. O fenômeno jurídico em Émile Durkheim. In: OLIVEIRA, Márcio de; WEISS, Raquel (Org.). *David Émile Durkheim*: a atualidade de um clássico. Curitiba: Editora da UFPR, 2011. p. 163-194.

ALPERT, Harry. *Émile Durkheim and his sociology*. New York: Columbia University Press, 1939.

BERTHELOT, Jean-Michel. *1895, Durkheim*: l'avènement de la sociologie scientifique. Toulouse: Presses Universitaires du Mirail, 1995.

BORLANDI, Massimo; MUCCHIELLI, Laurent. *La sociologie et sa méthode: les Règles de Durkheim un siècle après*. Paris: L'Harmattan, 1995.

DAVY, Georges. Émile Durkheim: L'Homme. *Revue de Métaphysique et Morale*, 26, p. 181-98, 1919.

DEBUYST, Christian. L'école française dite 'du milieu social'. In: DIGNEFFE, Françoise; DEBUYST, Christian; PIRES, Alvaro P. (Org.). *Histoire des savoirs sur le crime et la peine: 2. La rationalité pénale et la naissance de la criminologie*. Paris/Bruxelles: De Boeck, 1998.

DIGNEFFE, Françoise. L'école positive italienne et le mouvement de la défense sociale. In: DIGNEFFE, Françoise; DEBUYST, Christian; PIRES, Alvaro P. (Org.). *Histoire des savoirs sur le crime et la peine: 2. La rationalité pénale et la naissance de la criminologie*. Paris/Bruxelles: De Boeck, 1998a.

DIGNEFFE, Françoise. Durkheim et les débats sur le crime et la peine. In: DIGNEFFE, Françoise; DEBUYST, Christian; PIRES, Alvaro P. (Org.). *Histoire des savoirs sur le crime et la peine: 2. La rationalité pénale et la naissance de la criminologie*. Paris/Bruxelles: De Boeck, 1998b.

DURKHEIM, Émile. Définition du fait moral. In: *Textes 2. Religion, Morale et Anomie*. Paris: Les Editions de Minuit, 1975. p. 257-288.

DURKHEIM, Émile. *Da divisão do trabalho social*. São Paulo: Martins Fontes, 1999a.

DURKHEIM, Émile. *As regras do método sociológico*. São Paulo: Martins Fontes, 1999b.

DURKHEIM, Émile. *As formas elementares da vida religiosa*. São Paulo: Martins Fontes, 2003.

DURKHEIM, Émile. *Sociologie et philosophie*. Paris: Quadrige, 2004.

DURKHEIM, Émile. O ensino da moral na escola primária. *Novos Estudos Cebrap*, n. 78, p. 61-75, 2007.

DURKHEIM, Émile. *A educação moral*. Petrópolis: Vozes, 2008.

DURKHEIM, Émile. Les deux lois de l'évolution pénale. *L'Année Sociologique* 4:65-95, 1899-1900.

GIDDENS, Anthony. *Política, sociologia e teoria social*. São Paulo: Unesp, 1997.

LUKES, Steven. *Émile Durkheim, his life and work*: a historical and critical study. Harmondsworth: Penguin, 1975.

MAUSS, Marcel. In memorian: l'oeuvre inédite de Durkheim et de ses collaborateurs. *L'Année Sociologique – nouvelle serie*, 1918.

MILLER, William Watts. Investigando o projeto de Durkheim para a constituição de uma ciência social. In: *Durkheim: 150 anos*. São Paulo: Argvumentvn, 2009. p. 39-68.

MUCCHIELLI, Laurent. *La decouverte du social*: naisance de la sociologie en France (1870-1914) (Textes a l'appui). La Decouverte, 1998.

WEISS, Raquel. From ideas to ideals: effervescence as the key to understanding morality. *Durkheim Studies* 18, 2012.

WEISS, Raquel. Émile Durkheim e a fundamentação social da moralidade. Tese (Doutorado), Universidade de São Paulo, São Paulo, 2011.

Formalismo como Conceito Sociológico
Uma introdução ao conceito weberiano de direito

Samuel Rodrigues Barbosa

Max Weber (Erfurt, 1864 – Munique, 1920) cursou direito e chegou a advogar. Mas foi como professor, e não como "praticante", que ele veio a se ocupar com o direito. As investigações jurídicas possuem uma posição-chave em sua vasta obra, não da perspectiva dogmática (ele não foi um "doutrinador"), mas a partir de outras disciplinas, como a economia, a história, a sociologia – muito embora, durante um curto período, tenha sido professor de direito comercial e cambiário[1].

Os estudos sobre o direito datam de suas duas teses, exigidas para se iniciar a carreira universitária: *Sobre a história das companhias comerciais na Idade Média. Segundo fontes sul-europeias* [*Zur Geschichte der Handelsgesellschaften im Mittelalter. Nach südeuropäischen Quellen*], de 1889, e *A história agrária romana e sua significação para o direito público e privado* [*Die römische Agrargeschichte in ihrer Bedeutung für das Staats - und Privatrecht*], de 1891[2]. Após esses trabalhos sobre a história do direito, Weber escreveu, na primeira década do século XX, alguns ensaios de teoria da ciência, vários dos quais merecem destaque para elucidar os princípios metodológicos de uma perspectiva não

---

[1] Vide a biografia de Weber escrita por sua mulher (WEBER, 2003).

[2] Do último livro, há tradução em português (WEBER, 1994).

dogmática para a conceituação do direito[3]. Um, em especial, intitula-se "Stammler e a Superação da Concepção Materialista de História" ["R. Stammlers 'Überwindung' der materialistischen Geschichtsauffassung"], de 1907, elaborado em resposta ao livro recém-publicado do jus-filósofo Rudolf Stammler. Até o final da vida, Weber se ocupou com o direito, como revela sua última obra, que permaneceu inacabada. Ela ficou conhecida como *Economia e Sociedade* [*Wirtschaft und Gesellschaft*], editada pela primeira vez por sua mulher em 1922. Nesta obra, aparecem os resultados de pesquisas anteriores, que a bem da verdade não se limitavam ao direito, a exemplo dos estudos sobre legitimidade e dominação, sobre a relação entre economia e religião. O direito aparece, em especial, na Parte I, Capítulo I – "Conceitos sociológicos fundamentais"; na Parte II, Capítulos I – "A economia e as ordens sociais" e VII – "Sociologia do direito". Em outro trabalho, comentamos as duas primeiras entradas[4]. Já neste texto, escolhemos discutir o conceito weberiano de direito formal, que é central para sua sociologia do direito.

***

O formalismo como problema de pesquisa é recorrente na teoria do direito[5].

Igualmente, há uma linhagem da teoria social que também pergunta pelo formalismo do direito; não é uma investigação centrada na "clarificação conceitual", preocupada com o que os juízes fazem quando são formalistas ou devem fazer (ou não) para sê-lo. O acento é colocado nos nexos do direito formal com a economia e a política. De Neumann a Habermas, de Selznick/Nonet a Teubner, a linhagem parte de Weber, que colocou no centro do debate sociológico o problema do formalismo[6]. Pela primeira vez, as qualidades formais do direito foram investigadas sob uma perspectiva evolucionária e comparativa. A pergunta central é a respeito da aquisição evolutiva das qualidades formais no quadro mais amplo da racionalização social e cultural típicas do Ocidente, e, com base nisso, faz-se o diagnóstico da época – as contraditórias tendências antiformais da sua época.

No capítulo "Sociologia do Direito"[7], Weber pergunta "pelo grau e tipo [*Art*] da racionalidade do direito" (WEBER, 1980, p. 395; WEBER, 1999a, p. 11). O problema do grau é estudado com a distinção racional/ irracional: podemos falar em direito mais ou menos racional; bem como pesquisar sua "direção", isto é, sua racionalização. Mas o que do direito sofre a racionalização?

[3.] Foram reunidos em uma coletânea (WEBER, 1988; e, em português, WEBER, 1993).

[4.] Ver Barbosa (2007).

[5.] Para trabalhos de duas épocas diferentes: Bobbio (1958) e Schauer (1988).

[6.] Vide, como exemplo dessa linhagem, Teubner (1983); e, no Brasil, Rodriguez (2009).

[7.] Trata-se do Capítulo 7 da segunda parte da obra póstuma *Economia e sociedade* (WEBER, 1980; WEBER, 1999a).

Esse é o problema do tipo, respondido com o par formal/material. Desse modo, é possível falar em racionalização formal ou material do direito. Os pares racional/irracional e formal/material se combinam para constituir quatro tipos-ideais de direito: formal irracional; material irracional; formal racional; e formal material.

Nosso interesse está centrado na racionalização do direito. E aqui, como alhures, "racional" pode ter muitos sentidos "dependendo das direções que toma a racionalização no desenvolvimento [*Entfaltung*] do pensamento jurídico" (WEBER, 1980, p. 395; WEBER, 1999a, p. 11). A racionalização, definida como manipulação intelectual [*Denkmanipulation*], divide-se em duas direções principais: a generalização e a sistematização. Quanto mais generalizado ou sistematizado, mais racional o direito. Sem prejuízo da redundância, vale dizer: racionalização do direito significa o trabalho de generalização ou sistematização.

Generalização designa "a redução dos fundamentos [*Gründe*] que determinam a decisão, no caso concreto, a um ou a vários 'princípios': tais são as 'proposições jurídicas' [*Rechtssätze*]"[8] (WEBER, 1980, p. 395; WEBER, 1999a, p. 11). Que a decisão seja

fundamentada significa que o julgamento não é simplesmente *ad hoc*, mas transcende a "irracionalidade do caso concreto".

Weber subdivide a generalização em "obtenção analítica de proposições jurídicas" e "trabalho sintético de construção jurídica" (WEBER, 1980, p. 395-396; WEBER, 1999a, p. 12). A analítica se fundamenta numa casuística e a fomenta (circularidade constatável no processo histórico). Em outras palavras, a partir da comparação de casos e decisões que foram colecionados, é possível generalizar uma proposição jurídica. Penso, por exemplo, na proposição "o acessório segue o principal". A generalização aqui depende da análise do conjunto de casos e decisões anteriores.

A construção sintética, por sua vez, diz respeito à consistência de um conjunto de proposições reunidas em algum "instituto jurídico" como família, propriedade etc. Nesse caso, lembro a proposição "o vendedor responde pelo perecimento da coisa antes da tradição". Em que se fundamenta essa generalização? Tal proposição faz parte de um conjunto de outras proposições: responde o vendedor, porque antes da tradição é ele o proprietário, ainda que a coisa já tenha sido vendida. Instituto jurídico significa a tipificação das características relevantes nos fatos (no exemplo, houve ou não a tradição?) e a síntese de proposições. Essas duas espécies de generalização correm paralelas, não são etapas cumulativas, ao contrário, pois a

---

[8]. "Para nossas concepções atuais", as proposições jurídicas são "deduzidas ['de normas estatuídas'] pelo trabalho do pensamento jurídico" (WEBER, 1980, p. 394; WEBER, 1999a, p. 10). Weber, pois, distingue norma de proposição. Proposições são racionalizações a partir das normas positivas e são aplicadas aos casos.

sublimação da analítica pode se combinar com construção deficiente.

O segundo grau/segunda direção da racionalização do direito é a sistematização, definida, "segundo o nosso modo atual de pensar", como:

> "o inter-relacionamento de todas as proposições jurídicas obtidas mediante a análise, que formem entre si um sistema de regras logicamente claro, internamente sem contradições e, acima de tudo, em princípio, sem lacunas" (WEBER, 1980, p. 396; WEBER, 1999a, p. 12).

Bem se vê a diferença da sistematização para a generalização (mesmo a sintética). Agora, a exigência é de consistência de *todas* as proposições, ao passo que na generalização sintética não há a exigência da consistência de todos os institutos e, portanto, de todas as proposições, mas apenas a consistência das proposições dentro de *cada* instituto. Outro aspecto é que o gabarito da passagem vem da teoria do direito da época. Na definição, aparecem os dois problemas canônicos: da consistência (ausência de contradições/antinomias) e da completude (ausência de lacunas). Isso é indicativo de como a sistematização vem a ser uma aquisição tardia. A racionalidade como sistematização não teria alcançado nem o direito romano (clássico ou do *jus commune*) nem o direito inglês[9].

***

Formal não se confunde com processual. O direito civil pode ser formal e a aplicação do direito, como o salomônico, ser material. Se empregarmos a classificação antiga entre direito substantivo e adjetivo, direito formal pode se referir tanto ao direito substantivo quanto ao adjetivo.

Distinção central é aquela entre *dois tipos de formalismo*: o sensível e o lógico. Determinada palavra foi dita, um rito previamente fixado foi seguido, uma assinatura, selo ou outra marca foi colocado – se características como essas, salientes na visibilidade mesma dos atos, definem a decisão a ser tomada, diz-se que o formalismo é sensível ou externo.

Esse formalismo sensível pode ser mais ou menos racional. O exemplo extremo de um *direito formal irracional* é o de decisões baseadas pelo emprego de meios mágicos (como as consultas a oráculos). Somente "à pergunta feita de maneira formalmente correta dão os meios mágicos a resposta certa" (WEBER, 1980, p. 446; WEBER, 1999a, p. 74). "Maneira formalmente correta" significa o estar de acordo com o rito, com fórmulas solenes etc. Uma palavra errada faz perder o processo. Diz-se que esse caso extremo é irracional: em primeiro lugar, porque não há a discutibilidade, o meio mágico não é a prova da verdade ou falsidade de um fato; em segundo lugar, porque da decisão mágica

---

9. "O que faltara em grande medida aos juristas romanos – as categorias sistemáticas puras – foi criado agora" (WEBER, 1980, p. 492; WEBER, 1999a, p. 129).

não se extrai uma proposição jurídica que possa ser aplicada a outros casos futuros. Irracionalidade, pois, no sentido de não generalizável. O ominoso é *ad hoc.*

Mas o formalismo sensível pode sofrer a racionalização por generalização. Com base em uma casuística analógica de precedentes, a prática jurídica criou "esquemas de contratos e queixas praticamente úteis, orientados nas necessidades concretas, tipicamente repetidas, dos interessados do direito" (WEBER, 1980, p. 457; WEBER, 1999a, p. 87).

No caso do formalismo lógico, as características juridicamente relevantes são descobertas pela aplicação de conceitos jurídicos abstratos. "Negócio jurídico", por exemplo, é uma abstração conceitual que não se reduz a características sensíveis. Admite-se, por exemplo, que o silêncio possa obrigar. Perde-se, com isso, a "univocidade das características externas". Saliento, ainda, que o formalismo lógico é racional naquele grau mais elevado,

> "somente a abstração interpretadora do sentido faz com que surja a tarefa especificamente sistemática: a de coordenar e racionalizar, com os meios da lógica, as regras jurídicas, cuja vigência é reconhecida num sistema, internamente consistente, de disposições jurídicas abstratas" (WEBER, 1980, p. 396; WEBER, 1999a, p. 13).

Weber chama de *direito irracional material* aquelas decisões determinadas

"por avaliações totalmente concretas de cada caso", em vez "de depender de normas gerais" (WEBER, 1980, p. 396; WEBER, 1999, p. 13) – essa é a nota de irracionalidade. O outro elemento definidor, "material", é que essas avaliações são "de natureza ética emocional ou política" (WEBER, 1980, p. 396; WEBER, 1999a, p. 13). O famoso julgamento de Salomão, considerado tipicamente, é um exemplo. Por sua vez, no direito *racional material* são aplicadas normas gerais

> "com dignidade qualitativamente diferente daquela das generalizações lógicas de interpretações abstratas do sentido: imperativos éticos ou utilitários ou de outras regras de oportunidade ou máximas políticas que rompem tanto o formalismo das características físicas quanto o da abstração lógica" (WEBER, 1980, p. 397; WEBER, 1999a, p. 13).

***

A racionalização formal e material do direito faz parte de um quadro maior. No famoso prefácio aos estudos sobre religião[10], após enumerar variadas manifestações do racionalismo ocidental, ressaltada sua peculiaridade e significado universal *vis-à-vis* outras manifestações do racionalismo, Weber salienta que por "racionalismo"

> "pode-se entender coisas muito diferentes... Cada um desses âmbitos [*v.g.*, a técnica, o trabalho científico, a guerra, o direito]

---

10. Publicado no Brasil como prefácio ao primeiro estudo dedicado à ética protestante (WEBER, 1999b).

pode, além disso, ser 'racionalizado' segundo alvos [*Zielrichtungen*] e pontos de vista últimos muito diferentes, e o que de um ponto de vista for racional poderá ser irracional de outro. Racionalizações têm existido nos mais diversos âmbitos da vida [*Lebensgebieten*] de diferente espécie em todos os círculos culturais. Para caracterizar sua diferença do ponto de vista da história da cultura, deve-se ver primeiro em que esfera e direção ocorreram" (WEBER, 1988a, p. 11-12; WEBER, 1999b, p. 11).

Sem mais, vamos fazer a sinonímia entre esferas e *esferas culturais de valor*, entendidas como o conjunto de ideias que possuem uma legalidade própria [*Eigengesetzlichkeiten*]; e, por *âmbitos da vida*, a conexão entre ideias e interesses que regulam legitimamente a posse e a distribuição de bens[11]. Podemos chamar de racionalização cultural o processo de diferenciação das esferas culturais de valor a partir do desencantamento das visões de mundo religiosas. A efetivação dos valores [*Wertverwirklichung*] ocorre nos âmbitos da vida[12]. Vejamos brevemente: (1) um exemplo de legalidade própria da esfera jurídica e sua relação com portadores da racionalização; (2) um exemplo do conflito entre as esferas jurídica e econômica acerca do ponto de vista sobre a caracterização do "racional" e a propalada correlação entre formalismo do direito e capitalismo moderno.

(1) O processo de racionalização formal ou material possui portadores (*Träger*), isto é, agentes que podem ser mais ou menos especializados. Eles formam uma legião: sábios versados em direito, sacerdotes, funcionários eleitos, escribas, jurados, notários, conselheiros legais os mais diversos.

Dois portadores são de especial importância: o advogado profissional e o bacharel; cada qual é produto de uma configuração distinta do ensino jurídico: ou "o ensino do direito por práticos"; ou "o ensino teórico do direito em escolas jurídicas especiais e na forma de um tratamento racional-sistemático" (WEBER, 1980, p. 456; WEBER 1999a, p. 86).

O exemplo lembrado para o primeiro tipo é o do ensino jurídico monopolizado por corporações de advogados. Para o segundo, a formação universitária. A diferença entre ambos está no tipo de racionalização formal: *o primeiro avança à generalização formal sensível; o segundo alcança uma sistematização formal lógica*. A diferença entre os dois tipos de formalismo é o critério para explicar a diferença de estilo entre o *common law* e o direito continental (WEBER, 1999a, p. 86-89).

---

[11]. Essas definições vêm de Habermas 1995, p. 321; Habermas, 1984, p. 234. Para uma conceituação algo diferente, cf. Schluchter (1981, p. 20). Alhures, Weber troca âmbitos da vida por ordens da vida [*Lebensordnungen*]. Valores são pretensões de validade que se tornam motivos para a ação (SCHLUCHTER, 2000, p. 23; cf. ainda SCHLUCHTER, 1981, p. 18). Cf. para o problema da diferenciação das esferas de valor, Terra (2003, p. 18).

[12]. A diferença entre racionalização cultural e societal em Habermas, 1995, p. 225-239; Habermas, 1984, p. 157-168.

Sobre o formalismo sensível ou empírico dos advogados ingleses, Weber sintetiza:

> "Este tipo de ensino jurídico produziu, por sua natureza, vinculado a precedentes e analogias, um tratamento formalista do direito. Já a especialização artesanal dos advogados impedia a visão sistemática da totalidade da matéria jurídica. [...] os conceitos, que ela formou, estavam orientados por situações, de fato materiais, palpáveis e correntes na experiência cotidiana e, nesse sentido, formais; constelações que ela delimitava convenientemente entre si segundo características externas e unívocas" (WEBER, 1980, p. 457; WEBER, 1999a, p. 87).

Se não há uma racionalidade sistemática, há racionalidade por generalização. O recurso a precedentes e a analogias são elementos destacados por Weber para definir a generalização (analítica das proposições), como vimos acima. Além disso, é um direito formal, como expressamente afirmado na passagem, mas um formalismo sensível ou empírico[13]. Até Austin, o conceito de ciência do continente mal poderia ser aplicado à jurisprudência inglesa; e a impossibilidade da codificação planejada por Bentham se explica pelo racionalismo formal característico do direito inglês (WEBER, 1999a, p. 150).

Quanto ao direito formal racional do ensino universitário moderno,

> "Os conceitos que cria têm caráter de normas abstratas que, pelo menos em princípio, são construídas de modo rigorosamente formal e racional, mediante a interpretação lógica do sentido, e delimitadas entre si. Seu caráter racional-sistemático pode conduzir o pensamento jurídico a uma considerável emancipação das necessidades cotidianas dos interessados no direito [...]. Uma vez desencadeadas as necessidades puramente lógicas da doutrina jurídica, sua força, e a da prática por elas dominada, pode ter a consequência de que as necessidades dos interessados, como força motriz da elaboração do direito, acabam quase eliminadas" (WEBER, 1980, p. 459; WEBER, 1999a, p. 89).

Sem maior aprofundamento, interessa a nós observar que, particularmente no caso continental, falar em formalismo implica "levar a sério" o papel da dogmática jurídica.

(2) A diferença entre os dois tipos de formalismo permite analisar o modo matizado como Weber relaciona direito e capitalismo moderno:

> "nesse tipo específico de logicização do direito não tinham, de modo algum, participação decisiva, como na tendência a um direito formal, necessidades da vida dos interessados burgueses num direito 'calculável'. Pois a esta necessidade, como toda experiência mostra, corresponde do mesmo modo e frequentemente até melhor um direito formal empírico, vinculado a precedentes judiciais. As consequências da construção jurídica puramente lógica comportam-se, antes pelo contrário, muitas vezes de modo totalmente irracional e disparatado em relação às expectativas dos interessados no comércio" (WEBER, 1980, p. 493; WEBER, 1999a, p. 129-131).

---

[13]. "O pensamento jurídico inglês é, ainda hoje, apesar de toda a influência pela exigência cada vez mais rigorosa de uma instrução científica, em altíssimo grau, uma arte 'empírica'" (WEBER, 1999a, p. 149).

Sem entrar na discussão de passagens conflitantes que podem ser encontradas no *corpus* weberiano[14], nessa passagem específica o direito formal sensível aparece mais adequado que o formalismo lógico ao desenvolvimento de um direito calculável para os interessados burgueses. O direito racional formal lógico, com sua legalidade própria, "emancipado das necessidades dos interessados no direito", entra em conflito "muitas vezes" com as expectativas da ação social econômica. O direito racional formal lógico, cultivado como cultura literária, como dogmática universitária, é muitas vezes *irracional* do ponto de vista econômico. Um detalhe importante é que o formalismo sensível também é calculável. Nesse sentido, há uma afinidade entre o formalismo sensível do caso inglês com o capitalismo. De todo modo, no capitalismo político (vide o mercantilismo), nem mesmo há a busca do formalismo sensível – antes o capitalista se aproveita de privilégios concedidos pelas monarquias, que é um exemplo de direito irracional material (WEBER, 1999a, p. 123-124).

***

Por fim, queremos anotar brevemente algo do diagnóstico da época. Weber discerniu várias tendências antiformalistas contraditórias. A literatura sociológica tem enfatizado aquelas tendências de "re-

materialização" do direito privado, como a previsão da boa-fé ou como a guinada para o direito social do Estado gestor. Mas Weber encontra tendências antiformais no âmbito da administração da justiça. De um lado, a "tentativa do restabelecimento de um padrão valorativo objetivo", de outro, fazer do juiz um "profeta".

Sendo cético acerca da fundamentação racional de juízos de valor, a busca de um padrão valorativo objetivo é debitado na conta do renascimento do jusnaturalismo – que é o caso típico de um direito material racional (e racional no mais alto grau, como sistema). A busca "ansiosa da ideia de um direito suprapositivo", na expressão de Weber, talvez esteja mais viva do que nunca.

Quanto ao juiz profeta, escreveu:

> "não é certo se juiz burocrático em países com direito codificado será feito um profeta jurídico simplesmente sobrecarregando-lhe a coroa de 'criador'. Em todo caso, diminuirá fortemente a precisão jurídica do trabalho, tal como se manifesta nas fundamentações dos julgamentos, quando arrazoados sociológicos e econômicos ou éticos, ocupam a posição dos conceitos jurídicos" (WEBER, 1980, p. 512; WEBER, 1999a, p. 152-153).

Weber estudou alhures o papel dos profetas do Israel Antigo na configuração do direito. Como portadores de carisma, eles revolucionavam o direito tradicional de corte sacerdotal. A hipótese de Weber é que o juiz do direito continental – um quadro da

---

[14.] Para o problema do capitalismo e do formalismo no caso inglês, ver Trubek (2007).

burocracia, isto é, recrutado por concurso, com garantias, formas de vencimento que o imunizam do controle político – não possui a legitimidade carismática. Em razão disso, aproximar o juiz de um profeta deve trazer apenas uma debilitação da racionalidade formal, sem uma autêntica revolução.

Bibliografia

BARBOSA, Samuel Rodrigues. O conceito weberiano de direito: estudo introdutório. In: PISSARRA, Maria Constança Peres; FABBRINI, Ricardo Nascimento (Org.). *Direito e filosofia*: a noção de justiça na história da filosofia. São Paulo: Atlas, 2007. p. 109-127.

BOBBIO, Norberto. Sul formalismo giuridico. *Rivista Italiana di Diritto e Procedura Penale*. Milano, n. 1, p. 977998, 1958.

HABERMAS, Jürgen. *The theory of communicative action – I*. Boston: Beacon Press, 1984.

HABERMAS, Jürgen *Theorie des kommunikativen Handelns – I*. Frankfurt am Main: Suhrkamp, 1995.

RODRIGUEZ, José Rodrigo. *Fuga do direito*. Um estudo sobre o direito contemporâneo a partir de Franz Neumann. São Paulo: Saraiva, 2009.

SCHAUER, Frederik. Formalism. *Yale Law Journal*, New Haven, v. 97, n. 4, p. 509-548, 1988.

SCHLUCHTER, Wolfgang. *The rise of western rationalism. Max Weber's developmental history*. Berkeley: University of California Press, 1981.

SCHLUCHTER, Wolfgang. Politeísmo dos valores. In: SOUZA, J. (Org.). *A atualidade de Max Weber*. Brasília: UnB, 2000. p. 13-48.

TERRA, Ricardo. Notas introdutórias sobre sistema e modernidade: Kant e Habermas. In: TERRA, Ricardo. *Passagens*: estudos sobre a filosofia de Kant. Rio de Janeiro: UFRJ, 2003. p. 17-25.

TEUBNER, Günther. 1983. Substantive and reflexive elements in modern law. *Law & Society Review*, v. 17, n. 2, p. 239-285, 1983.

TRUBEK, David. Max Weber sobre direito e ascensão do capitalismo. *Revista Direito GV*, São Paulo, v. 3, n. 1, p. 151-185, 2007.

WEBER, Marianne. *Weber*: uma biografia. Traduzido por Alda Porto e Mario Antonio Eufrasio. Niterói: Casa Jorge Editorial, 2003.

WEBER, Max. Rejeições religiosas do mundo e suas direções. In: WEBER Max. *Ensaios de sociologia e outros escritos*. São Paulo: Abril Cultural, 1974. p. 241-270.

WEBER, Max. *Wirtschaft und Gesellschaft*. 5. ed. Tübingen: Mohr Siebeck, 1980.

WEBER, Max. *Gesammelte Aufsätze zur Wissenschaftslehre*. Johannes Winckelmann (Ed.). 7. ed. Tübingen: J.C.B. Mohr (Paul Siebeck), (UTB für Wissenschaft: UniTaschenbücher, 149, 1988 [A primeira edição é de 1922, editada por Marianne Weber]).

WEBER, Max. Vorbemerkung. In: WEBER, Max. *Gesammelte Aufsätze zur Religionssoziologie I*. Tübingen: Mohr Siebeck, 1988a. p. 1-16.

WEBER, Max. Zwischenbetrachtung: Theorie der Stufen und Sinn einer rationalen Konstruktion der Weltablehnungsmotive. In: WEBER, Max. *Gesammelte Aufsätze zur Religionssoziologie I*. Tübingen: Mohr Siebeck, 1988b. p. 536-573.

WEBER, Max. *Metodologia das ciências sociais*. Introdução à edição brasileira de Maurício Tragtenberg. Traduzido por Augustin Wernet. 2. ed. Campinas: Cortez; Universidade de Campinas, 1993. 2. v.

WEBER, Max. *História agrária romana*. São Paulo: Martins Fontes, 1994 (Coleção O homem e a história).

WEBER, Max. *Economia e sociedade*. Brasília: UnB, 1999a. v. 2.

WEBER, Max. Prefácio. In: *A ética protestante e o 'espírito' do capitalismo*. 13. ed. São Paulo: Pioneira, 1999b. p. 1-15.

Franz L. Neumann
Direito e luta de classes

José Rodrigo Rodriguez
Flávio Marques Prol

4.1. Um grande autor desconhecido

Um grande autor desconhecido: talvez esta seja uma boa maneira de nos referirmos a Franz Neumann. Precursor da ciência política alemã, historiador do nazismo, funcionário do Departamento de Estado dos Estados Unidos e jurista radical, autor de textos militantes sobre direito do trabalho e direito econômico, Neumann tem sido lembrado, principalmente, por contribuições parciais a diversos ramos das ciências humanas (THORNHILL, 2000; COTTERREL, 1995) e, eventualmente, como representante da Teoria Crítica da Sociedade (HONNETH, 1999; SCHEUERMAN, 1997; JAY, 1987). Seja como for, seus escritos, dispersos em publicações variadas, ainda aguardam uma organização unitária e interpretações compreensivas[1].

Parte da culpa por essa situação é dele mesmo. No necrológio que escreveu para Neumann, Theodor W. Adorno disse nunca ter conhecido alguém tão pouco interessado em sua própria obra[2]. Segundo Adorno, Neumann parecia ficar satisfeito em investigar e compreender determinados fenômenos sem a preocupação de en-

---
[1.] As exceções são os livros de: Intelmann, 1996; Scheuerman, 1997; Thornhill, 1999, Kelly, 2003; Rodriguez, 2009; e duas coletâneas: Perels, 1984; Iser & Strecker, 2002. Ver ao final a bibliografia para os textos de Franz Neumann.

[2.] O texto aparece como apêndice à edição francesa de *Behemoth* de Franz Neumann, editada pela Payot em 1987.

contrar a melhor maneira de transmitir e organizar sua produção. Adorno, muito ao contrário, soube divulgar suas ideias com eficácia ao longo de toda a sua carreira. Ele escreveu, como Neumann, obras complexas e seminais, mas também textos curtos, que desenvolveram alguns aspectos de seu pensamento, e artigos para jornais e revistas. Além disso, ministrou cursos e aulas abertas, inclusive por meio do rádio.

Neumann, de sua parte, nunca organizou seus escritos em livros, manteve seus dois doutorados inéditos[3] e nunca escreveu um artigo sintético com o objetivo de organizar suas ideias. Cada um de seus textos aborda problemas e questões novas, sem a preocupação de organizar seu pensamento na forma de uma trajetória coerente. Eles incorporam novas questões e evoluem com elas, inclusive quanto a seu estilo de escrita e campo do saber. Por exemplo, na passagem dos anos 1930 para os anos 1940, Neumann deixa de escrever como um jurista de esquerda e passa a produzir como teórico crítico que trabalha nos marcos do assim denominado "materialismo interdisciplinar" praticado pelo Instituto de Pesquisas Sociais (RODRIGUEZ, 2009).

No entanto, ele próprio não traçou essa trajetória. Tampouco se preocupou em ligar os pontos de sua obra. É interessante notar que o único livro completo que publicou em vida, *Behemoth*, é um estudo de caso: a obra procura demonstrar a singularidade do nacional-socialismo na Alemanha e não se apresenta como ponto culminante ou conclusivo de seus escritos anteriores.

Não pretendemos fazer aqui o que Neumann, ele mesmo, não fez: conferir unidade teórica a um trabalho que se volta mais para o problema do que para o sistema, mais para as questões concretas de seu tempo do que para a filosofia[4]. Esta parece ser, na verdade, uma característica de seu modo de pensar, e não uma falha em sua carreira intelectual.

Neumann escreve sempre rente à empiria e ao mundo contemporâneo, sem perder de vista os fenômenos sociais de seu tempo. Um pouco à maneira dos psicanalistas, seus conceitos seguem muito de perto o material empírico analisado. Também ao modo dos analistas políticos e econômicos, seu interesse sempre se volta para os acontecimentos contempo-

---

[3.] O primeiro foi escrito em 1923 sob a orientação de Max Ernest Mayer, ainda na Alemanha, e permanece inédito até hoje, inclusive em alemão. Seu título é "Introdução Jusfilosófica a um Tratado sobre a Relação entre Estado e Pena" (*Rechtsphilosophische Einleitung zu einer Abhandlung über das Verhältnis von Staat und Strafe)*. O segundo doutorado foi escrito na London School of Economics, na Inglaterra, em 1936, sob a orientação de Harold Laski e se intitula "The Rule of Law: Political theory and the legal system in modern society". Foi publicado em 1980 em alemão e na língua original, o inglês, em 1986.

[4.] Para um panorama da obra do autor, ver Rodriguez, 2009.

râneos, e não para a erudição filosófica ou histórica.

Franz Neumann tinha em vista, principalmente, a singularidade dos fatos históricos de sua época. Em particular, a situação da Alemanha e seus impasses jurídicos, políticos e econômicos. Seu objetivo nunca foi construir alguma espécie de "teoria geral" capaz de abarcar fenômenos variados, separados pelo espaço e pelo tempo. Quando Neumann se refere ao direito, faz referência ao direito europeu e ocidental; quando discute política, refere-se aos problemas da Alemanha e dos EUA (país para o qual migrou em 1937), e assim por diante.

Em seus dois textos mais sistemáticos, *O império do direito* – seu segundo doutorado – e *Behemoth*, seu método fica muito claro: a discussão de todas as questões teóricas é sempre fundada em análises institucionais detalhadas dos países a que ele se refere. Não sabemos se no final da vida, caso ele tivesse sobrevivido ao acidente de carro que o matou aos 54 anos, na Suíça (em 1954), Neumann teria desenvolvido uma "teoria geral" organizada. As circunstâncias de sua vida e sua inspiração intelectual, a Teoria Crítica, que procura sempre juntar teoria e práxis, fazem supor que não.

Seja como for, Neumann procurou combinar durante toda a sua carreira as atividades de militante e professor, tanto em seus anos de estudante de direito, época em que foi militante estudantil, quanto depois de formado, em sua atuação como advogado do movimento sindical durante a República de Weimar. Em seu exílio norte-americano, não foi diferente: Neumann trabalhou para o Departamento de Estado dos EUA como chefe de um escritório cuja função era fornecer informações sobre a Alemanha, capazes de enfraquecer o regime nacional socialista e preparar a desnazificação do país após a guerra.

Além disso, atuou no Tribunal de Nuremberg para investigar a ação dos nazistas contra a Igreja católica. Quando morreu, já na condição de professor de Ciência Política da Universidade de Colúmbia, não havia abandonado suas atividades paralelas. Tal continuidade em seu modo de proceder faz supor que este era seu modo de pensar e de estar no mundo.

Para ser fiel à urgência e à atualidade do modo de pensar de Franz Neumann, vamos falar dele a partir de dois problemas centrais em sua reflexão, a saber, a entrada da classe operária no Parlamento e o advento do nazismo. A partir destas duas questões, apresentaremos algumas de suas construções teóricas e tentaremos mostrar sua utilidade, com as devidas adaptações, para pensar problemas contemporâneos.

No que diz respeito à Sociologia Jurídica, a contribuição de Neumann é conferir conteúdo de classe às categorias jurídicas para mostrar que a luta socialista por emancipação se dá também por seu intermédio. Neumann faz uma combinação criativa dos escritos de Max Weber e Karl Marx para explicitar que o debate sobre a materialização do direito, tipicamente weberiano, é um momento da luta de classes, nos termos de Marx. Além disso, Neumann mostra que, em determinados momentos históricos, ser revolucionário significa destruir o Direito. Em outras realidades e contextos, ser revolucionário implica lutar pela emancipação por meio das próprias categorias jurídicas[5]. Desse modo, ele fornece elementos para uma análise histórica e social do direito.

Os dois acontecimentos históricos a que já nos referimos – ingresso da classe operária no Parlamento e advento do nazismo – são interpretados por Neumann como rupturas de grande alcance que motivaram a rearticulação de conceitos e narrativas promovidas por seus escritos. São fatos que demandam rearticulação conceitual por desafiarem o conhecimento de então. Nesse sentido, eles podem ser equiparados a uma *crise*, categoria central para a tradição marxista.

Normalmente, a "crise" a que se refere tal tradição diz respeito ao colapso do capitalismo: a "crise final" deste sistema que, para ser figurável, exige ação prática revolucionária e rearticulação do conhecimento posto para desnaturalizar as categorias que o moldam como se fosse algo natural, uma segunda natureza.

No caso de Franz Neumann, como veremos adiante, o assunto é o colapso do estado de direito ocidental e a desnaturalização da concepção liberal-burguesa de direito por meio da articulação entre teoria e práxis. Esse colapso do direito, promovido pelo nazismo, não marca o fim do capitalismo e tem consequências tanto para a reprodução do sistema quanto para a ação revolucionária, que muda de sentido nesse processo.

A partir da avaliação de Neumann sobre cada um destes problemas e da ligação que estabelece entre ambos, será possível compreender e organizar melhor suas ideias centrais. O ponto crucial a se compreender é a transformação sofrida pelo direito liberal burguês no início do século XX. Este direito deixa de funcionar como mero instrumento de dominação de classe e passa a ser veículo para a expressão de interesses variados. Torna-se um espaço de disputa pela melhor maneira de regular a sociedade, inclusive a utilização dos meios de produção. Como veremos, este movimento do real faz com que o direito perca seu caráter ideológico e se torne um momento necessário da emancipação humana.

---

[5] Para uma análise sobre a relação na obra de Neumann entre diagnóstico de determinado momento histórico e a função do direito para se buscar a emancipação, ver Prol, 2009.

É importante esclarecer que este potencial emancipatório não foi necessariamente encarado dessa forma pela classe trabalhadora de então, tampouco assumido explicitamente em sua práxis revolucionária. Franz Neumann, como teórico crítico, identificou tal potencial e explicitou os processos sociais que criaram suas condições de possibilidade por meio de uma ampla reconstrução conceitual sobre o que é o direito para o campo marxista.

No momento histórico em que nosso autor escreveu, regimes autoritários dominavam a Europa, o que dificultava apostar na forma direito como estratégia de luta: era preciso antes derrubar, eventualmente destruir com violência, o totalitarismo. Como veremos, Neumann estava bem consciente desta necessidade. Suas afirmações sobre o caráter emancipatório do direito só se aplicam a contextos em que o direito esteja, de fato, em funcionamento, ou seja, contextos como o nosso.

4.2. A entrada da classe operária no Parlamento e a transformação do direito liberal

A entrada da classe operária no Parlamento provocou, por meio de sua participação no jogo eleitoral e parlamentar, uma mudança profunda nas estruturas do estado de direito. A face mais visível deste processo foi a criação de direitos sociais (direitos trabalhistas, direito à educação, à saúde

etc.). Tais direitos representam explicitamente uma compensação pela exploração dos trabalhadores conquistada pela classe operária a partir da luta social. Essa é a maneira pela qual eles foram justificados no contexto da racionalidade do direito.

A seguinte passagem do livro *Império do direito* é essencial para compreender o surgimento desses direitos sociais:

> "O período pós-guerra [1ª Guerra Mundial] é caracterizado pelo fato de que o movimento trabalhista se torna politicamente autoconsciente, separando-se do movimento liberal da burguesia, constituindo-se como organização política autônoma e tentando transformar toda a sociedade conforme sua própria filosofia de vida. [...] a massa da população agora tinha direitos políticos e não mais se separava passivamente da elite governante" (NEUMANN, 1986, p. 269-271).

Ou seja, a transformação do estado liberal em uma democracia de massas, com o ingresso da classe proletária no Parlamento, é fundamental para permitir que os trabalhadores aprovem leis que sejam favoráveis aos seus interesses. Neumann menciona todos os direitos fundamentais previstos na segunda parte da Constituição de Weimar como conquistas dessa transformação histórica.

Podemos compreender melhor o alcance dessa transformação institucional ao refletir sobre os direitos trabalhistas, objeto de vários estudos de Franz Neumann. Tais direitos assumem a forma técnico-jurídica de cláusulas que passam a integrar todos os contratos de trabalho celebrados num determinado território, mesmo que as partes não deliberem sobre elas e não as incluam no instrumento contratual. As partes também não podem evitar que essas cláusulas estejam presentes nos contratos. Em outras palavras, não podem decidir contratar de outra forma, pois seu papel é explicitamente diminuir a margem de exploração do trabalho com a criação de determinados benefícios. Como Neumann explica em outro texto, no qual analisa as principais características do direito do trabalho moderno:

> "A relação trabalhista se baseia em obrigações recíprocas e no poder: seres humanos estabelecem relações de dominação com outros seres humanos. Essa é a base do princípio jurídico que obriga aqueles que possuem esse poder (a despeito de serem capitalistas privados ou socialistas) a cumprir obrigações adicionais em relação ao objeto da dominação, o trabalhador. Mas isso não [...] requer do trabalhador a execução de obrigações adicionais para o empregador, além daquelas estabelecidas no contrato de trabalho" (Neumann in SCHEUERMAN, 1996, p. 235).

Ou seja: o empregador deve cumprir obrigações adicionais ao pagamento de um salário para o trabalhador sem poder exigir nada em troca, a não ser o próprio trabalho. Podemos citar como exemplos o 13º salário e as férias anuais remuneradas. É obrigatório pagar estes benefícios a todos os empregados, sem exceção. Não é permitido negociar seus termos, tampouco afastar sua incidência sobre o contrato de emprego. Note-se que, a rigor, ambos os valores são pagos sem nenhuma contraprestação por parte do empregado. A remuneração das férias é paga, por definição, sem que o empregado preste nenhum serviço adicional. Da mesma forma, o 13º salário é um valor que não está ligado a nenhuma contraprestação específica. A lógica de ambos é permitir que o trabalhador recupere suas forças durante o descanso e tenha mais dinheiro para gastar no final de cada ano. Os institutos diminuem a quantidade de mais-valia que o empregador pode extrair de seus empregados, reduzindo a margem de exploração imposta ao trabalhador.

Desse modo, é interessante notar como o direito liberal muda suas feições, ao admitir a existência de direitos trabalhistas. A existência de contratos de emprego, que antes serviam para ocultar a exploração de classe, ajuda agora a reduzir sua margem e, ponto central para esta análise, a explicitá-la na letra da lei. Ao contrário do que diz Marx em *O Capital*, o contrato de emprego não serve mais para ocultar a extração de mais-valia: ele expõe a exploração e torna-se um meio de reduzi-la[6]. Como foi possível criar o direito a fé-

---

6. Marx considerava que o contrato de trabalho, formulado nos termos de troca entre equivalentes, servia para ocultar a exploração da força de trabalho (única mercadoria que conse-

rias remuneradas e ao 13º salário, é possível criar hoje novos direitos trabalhistas, novos benefícios. Com esta mudança crucial, o direito liberal deixa de funcionar como forma alienante e ganha uma inflexão emancipatória e antiburguesa, que, ao invés de naturalizar, serve para explicitar o conflito de classes. Como afirmava Neumann no mesmo texto mencionado, escrito originalmente em 1951: "Mais agora do que antes de 1933 [ano da ascensão de Hitler ao poder na Alemanha], a proteção dos interesses e direitos do trabalhador individual em face do empregador, seja capitalista, seja socialista, deve compor o núcleo do direito do trabalho" (SCHEUERMAN, 1996, p. 235).

que produzir valor). Nesse sentido: "O comprador e o vendedor de uma mercadoria – a força de trabalho, por exemplo – são determinados apenas pela sua vontade livre. Contratam como pessoas livres, juridicamente iguais" (MARX, 1998, p. 206). Contudo, continua, antecipando algumas teses centrais apresentadas por Neumann: "Temos de confessar que nosso trabalhador sai do processo de produção de maneira diferente daquela em que nele entrou. No mercado, encontramo-lo como possuidor da mercadoria chamada força de trabalho, em face de outros possuidores de mercadorias; vendedor em face de outros vendedores. *O contrato pelo qual vendeu sua força de trabalho ao capitalista demonstra, por assim dizer, preto no branco, que ele dispõe livremente de si mesmo. Concluído o negócio, descobre-se que ele não é nenhum agente livre*, que o tempo em que está livre para vender sua força de trabalho é o tempo em que é forçado a vendê-la e que seu vampiro não o solta 'enquanto houver um músculo, um nervo, uma gota de sangue a explorar'. Para proteger-se contra 'a serpe de seus tormentos', *têm os trabalhadores de se unir e, como classe, compelir a que se promulgue uma lei que seja uma barreira social intransponível, capaz de impedi-los definitivamente de venderem a si mesmos, e à sua descendência ao capital*, mediante livre acordo que os condena à morte e à escravatura" (idem, p. 346, destaca-se). Não há espaço para desenvolver maiores comparações sobre as obras aqui.

Além do contrato de trabalho, podemos citar os efeitos desta movimentação da classe operária sobre outro instituto fundamental da ordem capitalista, a propriedade privada. A entrada da classe operária no Parlamento teve como resultado a alteração no modo de se conceber e regular este instituto. A propriedade deixou de ser o poder absoluto de deter, usar e abusar do bem e passou a ser definida de acordo com sua função social[7].

Por exemplo, tornou-se possível desapropriar imóveis que não eram utilizados pelos seus donos, estabelecer limites ao seu uso para impor o respeito à saúde do trabalhador e, mais tarde, ao meio ambiente e aos consumidores, entre outras limitações. Como diz o art. 153, § 2º, da Constituição de Weimar: "A propriedade impõe obrigações. Seu uso deve constituir, ao mesmo tempo, um serviço para o mais alto interesse comum".

Não há espaço aqui para detalhar o regime da propriedade privada sob a égide

---

[7]. Em uma perspectiva bastante inovadora para seu tempo, Neumann escreverá, no artigo "The concept of political freedom", de 1953: "As tarefas de uma teoria política preocupada com a liberdade da humanidade são analisar se a propriedade privada cumpre sua função como um instrumento eficiente da liberdade e descobrir quais mudanças institucionais são necessárias para maximizar sua efetividade" (NEUMANN in SCHEUERMAN, 1996, p. 215). A ideia que Neumann tem em mente, aqui, é a possibilidade de a sociedade democraticamente promover alterações na estrutura de propriedade existente, inclusive levando em consideração suas diferentes manifestações: "O substrato do direito de propriedade – terra, bens de consumo e bens de produção – pode requerer tratamento diferenciado" (idem, p. 214).

da função social. Para o que nos interessa, basta dizer que institutos jurídicos liberais foram transformados pela ação parlamentar da classe operária. Para permanecer com nossos dois exemplos, o contrato de emprego deixa de ocultar a exploração do trabalho e passa a funcionar como meio de proteção ao trabalhador; e a propriedade privada deixa de ser sacrossanta e individualista e ganha inflexões coletivas: seu conteúdo e sua função passam a ser disputados e definidos em razão dos interesses de toda a sociedade. Este processo de transformação deixa claro, portanto, que o direito liberal não é imutável e pode ser disputado por meio das instituições formais.

4.2.1. O direito é uma faca de dois gumes

Como resultado desse processo, a burguesia deixa de defender o estado de direito e passa a apoiar outros modelos de regulação, nitidamente mais autoritários. Afinal, o direito se revela uma faca de dois gumes. A defesa da implantação do estado de direito foi um instrumento importante para destruir os privilégios da aristocracia e impor limites ao exercício do poder pelo estado com o objetivo de proteger a propriedade privada e a liberdade de contrato. No entanto, uma vez implantado e em funcionamento, o estado de direito passou a ser utilizado pela classe trabalhadora para ameaçar o poder da burguesia, impondo limites à exploração do trabalho e ao exercí-

cio individual da propriedade privada, por exemplo. Como afirma Neumann:

> "Toda norma geral que pretende estabelecer um limite à atividade do estado, seja de direito natural ou de direito positivo, necessariamente contribui com a desintegração do *status quo*. Essa norma tem dois gumes; é uma espada de dois gumes. [...] Mais cedo ou mais tarde, o progressivo reconhecimento do Império do Direito ('Rule of Law') se torna perigoso para as posições de poder" (NEUMANN, 1986, p. 6).

No começo do século XX, o agravamento da chamada questão social com o crescimento de poder da classe operária foi levando a burguesia a adotar um ideário cada vez mais autoritário, voltado à repressão do movimento operário, ao controle das classes subalternas e ao abandono do estado de direito. Está criado o paradoxo que se resolverá nos fascismos que dominarão a Europa: a mesma classe que lutara para criar o estado de direito, um instrumento claramente racional de legitimação do poder, passa a defender formas irracionais de legitimação como o carisma do líder, a autoridade transcendente do Estado, o sangue do povo, o bem da nação[8].

---

[8]. Na continuação da passagem acima citada, Neumann escreve: "O abandono da democracia é acompanhado por uma reversão no sistema de valores da esfera filosófica. A *ratio* é desvalorizada. [...] Permanece somente a justificação carismática, que é um caso típico de atitude extrema de irracionalidade" (NEUMANN, 1986, p. 6). A referência à Hitler e ao nacional-socialismo é nítida. Para mais, ver a introdução de Franz Neumann ao seu *O império do direito* (NEUMANN, 1986).

Afinal, o direito exige que os poderosos prestem contas do que fazem, ou seja, que suas decisões sejam justificadas com fundamento em normas jurídicas. Em sua essência, o direito é justificação racional. Em formas de dominação irracionais, os poderosos podem ser arbitrários e agir sem justificação, pois a legitimidade de seu poder advém de outras fontes. Tradição, divindade, nação: diante do crescimento do poder proletário, a burguesia foge do direito para construir um espaço de ação arbitrária e neutralizar as reivindicações das classes subalternas. O objetivo central desse movimento é desarmar o mecanismo de controle do poder e evitar a formação de demandas que contrariem seus interesses.

Um breve parêntese: os Estados Unidos da América, ao menos durante o governo Bush, negou apoio a todo e qualquer mecanismo jurídico que pudesse criar entraves ao exercício unilateral do poder, como o Tribunal Penal Internacional. Além disso, impôs restrições aos direitos fundamentais para combater o terrorismo e criou um tribunal de exceção para julgar Saddam Hussein ao invés de usar as cortes iraquianas ou tribunais internacionais.

Poderíamos citar outros exemplos, como o esforço das corporações internacionais para criar padrões próprios para a regulação, longe do controle dos estados e da sociedade civil nacional, além de outras ações que têm como objetivo neutralizar a arena jurídica quando ela confere a vitória ao adversário. Em suma, o processo de *fuga do direito*, ou seja, fuga aos entraves impostos pela forma direito ao poder que se pretende autárquico, parece ser um fenômeno absolutamente atual[9].

4.2.2. O nazismo é um não estado de não direito

Mas retomemos o fio da exposição: a dissociação entre burguesia e estado de direito, o divórcio entre direito liberal e classe burguesa, mostra-se de maneira clara durante o regime nacional-socialista. No final do livro *O império do direito*, escrito por Neumann em 1936, e em *Behemoth*, de 1942, nosso autor afirma que a Alemanha, naquele momento, não era um estado e, além disso, não contava com um regime de direito no sentido ocidental da palavra. Numa fórmula sucinta, para Neumann a Alemanha era um não estado de não direito e, apesar disso, o capitalismo funcionava normalmente.

No final do livro *O império do direito*, Neumann escreveu: "O direito não mais existe na Alemanha, porque ele é hoje somente uma técnica para transformar a vontade política do Líder em realidade constitucional" (NEUMANN, 1986, p. 298).

---

[9]. Para o desenvolvimento dessas ideias, ver Rodriguez, 2009.

Antes, Neumann já havia afirmado: "Não se pode duvidar que a calculabilidade das relações comerciais ainda existe, na medida em que serve aos interesses dos monopolistas" (idem, p. 297). É exatamente nesse sentido que podemos afirmar que o nazismo eliminou o direito ao mesmo tempo em que garantiu o funcionamento do capitalismo.

Antes de continuar, façamos uma pausa para refletir sobre o alcance do que acabamos de dizer: segundo Neumann, na Alemanha nazista não havia nem estado liberal burguês nem direito liberal burguês, embora o capitalismo continuasse funcionando. Ora, para qualquer militante ou teórico socialista, a supressão dessas duas estruturas – estado liberal e direito liberal – deveria ser sinal do advento de uma sociedade socialista. No entanto, o nazismo foi capaz de suprimir ambas e manter o capitalismo. Como isso foi possível? Ou ainda: o que a continuidade do capitalismo, a despeito do direito e do estado, significa para o papel desses últimos na luta pela emancipação humana?

Para Neumann, a Alemanha era um não estado porque sua estrutura de poder deixou de se basear na tensão entre estado e sociedade e passou a ser baseada em acordos instáveis celebrados entre burguesia, burocracia, exército e partido nazista, mediados pelo Führer. Neumann intitula o livro que escreveu sobre o nazismo de *Behemoth* justamente para ressaltar essa estrutura instável, disforme e singular, a qual, segundo ele, não encontra paralelo na história ocidental e representa uma ruptura com esta tradição política. Criatura bíblica que aparece no livro de Jó, *Behemoth* é um monstro que, no Livro de Thomas Hobbes, é utilizado para representar a guerra civil inglesa, ou seja, uma situação de destruição das instituições[10].

Neumann chega a prever a implosão do nazismo em razão de sua formação instável, mas a derrota da Alemanha na guerra não permitiu verificar se tal previsão se confirmaria na prática. Seja como for, Neumann demonstra seus argumentos em mais de 480 páginas de pesquisa empírica sobre o funcionamento de todo o aparato nazista, percurso que, infelizmente, não podemos sequer tentar resumir aqui. Sigamos adiante.

---

10. Nas palavras de Neumann: "Todo sistema político pode ser caracterizado pela sua teoria política, que expressa sua estrutura e seus objetivos. Porém, nós teríamos problemas se tentássemos definir a teoria política do Nazismo. O Nazismo é antidemocrático, antiliberal e profundamente antirracional. É exatamente por conta disso que ele não pode se utilizar de nenhum pensamento político precedente. Nem mesmo a teoria política hobbesiana é aplicável. O estado Nazista não é o Leviatã. Além do *Leviatã*, Hobbes também escreveu *Behemoth, or the Long Parliament*, que foi editado em Londres pela primeira vez em 1889, por Ferdinand Tönnies, a partir do manuscrito original. *Behemoth*, que simbolizava a Inglaterra do período do *Long Parliament*, foi construído como a representação do não estado, uma situação caracterizada pela completa ausência do direito (*complete lawlessness*)" (NEUMANN, 1966, p. 459).

Como acabamos de explicar, a Alemanha nazista era um não estado. Resta explicar porque este regime também foi classificado por Neumann como de não direito. Em uma palavra: as regras que governavam a Alemanha eram produzidas sem a participação da sociedade como um todo; eram criadas unilateralmente pelos poderosos sem a participação de qualquer coisa que se possa identificar como sociedade. De fato, como diz Neumann, o Nazismo promoveu a destruição da tensão entre sociedade e estado, criando um polo de poder único que não podia sofrer nenhuma resistência.

Neumann não defende que a mera distinção entre sociedade e estado garanta, por si mesma, a emancipação. Mas, como desenvolveu em *The concept of political freedom* ("O conceito de liberdade política"), a tensão é com certeza um dos elementos constitutivos da ideia de *liberdade*:

> "Em primeiro lugar e principalmente, liberdade é a inexistência de restrições. [...] Assim compreendida, liberdade pode ser definida como negativa ou liberdade legal (*'juristic' freedom*). [...] O elemento negativo da liberdade não deve ser descartado – fazer isso conduz à aceitação do totalitarismo – mas não pode, por si mesmo, explicar adequadamente a noção de liberdade política. Traduzido em termos políticos, o aspecto negativo da liberdade necessariamente conduz à fórmula do cidadão contra o Estado. [...] O Estado não deve absorver completamente o indivíduo; o indivíduo não pode ser

entendido meramente como um animal político" (NEUMANN in SCHEUERMAN, 1996, p. 197)[11].

O sonho do poder arbitrário é suprimir a sociedade ou qualquer outro entrave que impeça seu livre exercício. O direito, ao menos em sua manifestação ocidental, impõe aos poderosos o dever de se justificarem perante a sociedade. Por isso mesmo, a supressão da tensão entre sociedade e estado destrói o direito e, consequentemente, a própria liberdade. O que havia na Alemanha não era direito, mas um conjunto de regras de natureza técnica que visavam a atender a vontade do Führer e estabilizar expectativas. Ou seja, regulavam, mas de maneira fundamentalmente autárquica.

Tais regras eram capazes de criar previsibilidade para os negócios e para os comportamentos em geral. No entanto, sua formação era autoritária e sua obediência imposta pelo terror e pela força. Qualquer oposição ou discordância, por mais

---

[11]. Mais à frente no seu texto, Neumann apontará os limites do conceito negativo de liberdade. Resumidamente, eles são: *(i)* a partir dessa definição, é impossível justificar a democracia como o melhor sistema político; *(ii)* essa fórmula pressupõe que o único inimigo da liberdade é o Estado – embora o poder social privado possa ser ainda mais danoso; *(iii)* a proteção da liberdade legal não diz nada a respeito do conteúdo das leis que a protegem, permitindo, por exemplo, que um Estado liberal brutalize seu sistema penal; *(iv)* o modo de aplicação dessas liberdades sempre permite a existência de "cláusulas de escape" (*escape clauses*) que permitem a prevalência do poder político sobre os direitos individuais. É impossível aprofundar esse tema aqui. Para mais, ver: op. cit., p. 208-210.

insignificante que fosse, era simplesmente suprimida.

Elas também desrespeitavam os preceitos básicos da ideia de império do direito (*rule of law*) existente no auge do liberalismo, no século XIX. Segundo Neumann, as regras do nazismo não eram gerais na sua formulação, tinham prescrições vagas e abstratas e poderiam retroagir. Essa estrutura de regras não pode ser fundamentada por uma concepção racional do direito. Sua legitimação depende de uma teoria que Neumann denominou "decisionista", a qual classificava como jurídicas quaisquer normas emitidas pelo poder político. Neumann apontou Carl Schmitt como um dos principais defensores dessa tradição[12].

Claro, pode-se ampliar o conceito de direito e chamar as regras nazistas de "jurídicas" ou de "direito". No entanto, ao fazer isso, perde-se justamente a especificidade do nazismo que Neumann pretendeu evidenciar.

---

[12]. Nesse sentido, a seguinte passagem do texto *The change in the function of the law in Modern Society* ("A mudança na função do direito na sociedade moderna") é essencial: "Se a lei geral é a forma fundamental do direito e se o direito não é somente *voluntas*, mas também *ratio*, então se deve afirmar que o direito do estado autoritário não possui caráter jurídico. O direito só é possível como fenômeno distinto do comando político do soberano caso se manifeste como lei geral" (NEUMANN in SCHEUERMAN, 1997, p. 138). Não há espaço para desenvolver esse importante debate aqui, que também envolve um aprofundamento sobre as próprias características da definição de império do direito, em particular na teoria alemã, que Neumann definiu como liberal-constitucionalista, e inglesa, democrático-constitucionalista. Para um aprofundamento, ver Rodriguez, 2009.

4.2.3. Direito liberal, mas não necessariamente burguês

Direito liberal e burguês: esperamos que, a esta altura da exposição, a conjuntiva já não soe tão natural como poderia soar antes. O direito liberal é necessariamente um direito burguês? O estado de direito serve necessariamente aos interesses da burguesia?

Como acabamos de dizer, a estrutura institucional singular do nazismo, ou melhor, *Behemoth*, conviveu, sem qualquer problema, com o regime capitalista. Em seu livro, Neumann mostra como o nazismo ajudou a fortalecer as grandes empresas monopolistas alemãs, destruindo sistematicamente os pequenos negócios. Mostra também como estas empresas passaram a contar com a ajuda do regime para competir na arena internacional e, por isso mesmo, como o regime adquiriu uma natureza belicosa e expansionista para conquistar cada vez mais mercados.

A supressão de qualquer oposição social aos desígnios do capitalismo garantia proteção à propriedade privada dos monopolistas e previsibilidade para os seus negócios. Um movimento sindical livre, capaz de protestar na esfera pública, organizar greves e reivindicar direitos no Parlamento é muito mais nocivo ao capitalismo e gera muito mais imprevisibilidade do que um regime autoritário. Com efeito, em seus escritos sobre a Rússia, Max Weber já revelara a afinidade existente ali entre autoritarismo e capitalismo, mostrando como as elites preferiam fazer acordos com um pequeno grupo de poderosos do que ter que lidar com as massas numa democracia e ter que negociar com uma pletora de agentes sociais. Desde que respeitada a propriedade privada, tudo andaria bem.

De qualquer forma, fica bastante claro, após a análise do regime nazista feita por Neumann, que nem o direito nem o estado liberais são, necessariamente, instituições burguesas. Ambos têm origem na revolução burguesa e serviram para destruir os privilégios da aristocracia e proteger a propriedade privada e os contratos. No entanto, o prosseguimento dos conflitos sociais conferiu a estas instituições novas inflexões.

A entrada da classe operária no Parlamento e a reivindicação de novos direitos transformaram por dentro o estado e o direito liberais, conferindo a eles características completamente distintas. A movimentação política desta classe fez com que o direito liberal se tornasse contraditório, ou seja, tornasse-se, ao mesmo tempo, meio de manutenção e de transformação da sociedade.

Nesse ponto, Neumann faz uma crítica à interpretação pessimista do diagnóstico de "materialização do direito" descrito antes por Weber. Ao invés de compreender as demandas crescentes por justiça social levadas ao direito como uma tendência antiformal ameaçadora do direito moderno, Neumann defende que, em uma sociedade democrática, elas servem justamente para favorecer as classes não privilegiadas.

Sobre a materialização do direito, Weber escrevera:

> "Surgem com o despertar dos modernos problemas de classe, exigências materiais dirigidas ao direito por uma fração dos interessados no direito (sobretudo os trabalhadores), por um lado, e pelos ideólogos do direito, por outro, que repudiam precisamente a vigência exclusiva de semelhantes critérios referentes, apenas, à ética comercial e reivindicam um direito social baseado em patéticos postulados éticos. Mas isso põe fundamentalmente em dúvida o formalismo do direito [...] pretendendo justiça material em vez de legalidade formal" (WEBER, 2004, p. 146).

Portanto, o próprio Weber interpretava a transformação pela qual passava o direito no início do século XX de modo pessimista, principalmente a partir da democratização do sistema político e da inclusão dos trabalhadores, ao imaginar que ela enfraqueceria o caráter formal do direito, desestruturando-o ("reivindicam um direito social baseado em patéticos postulados éticos")[13].

O que Neumann demonstrou, contudo, é que a destruição do estado do direito no nazismo foi antes um abandono cons-

---

[13]. Ver, ainda, o artigo de Samuel Barbosa, nesta mesma coletânea.

ciente daquele pela burguesia do que uma desestruturação jurídica oriunda da democratização e das demandas materiais. Em outras palavras, Neumann consegue articular o diagnóstico weberiano de materialização do direito, no qual demandas por justiça social e equidade são direcionadas ao direito, com a democratização do estado, por meio da atuação de uma classe política autoconsciente (o proletariado).

Assim, cada nova demanda incluída pelo direito implica a modificação de sua estrutura: ele não é mais visto como meio neutro cuja função é transmitir a vontade do poder, porque sua tessitura também está em disputa. Ela não permanece inalterada; é transformada continuamente pelas lutas sociais. Para fazer uma analogia, podemos dizer que os eventos linguísticos, quando levados em conta e incorporados pelas regras formais do idioma, resultam na transformação da gramática. Em nosso caso, da gramática institucional.

O contrato de trabalho, que era apenas meio para ocultar a exploração, torna-se instrumento de luta contra a exploração. A propriedade privada, que era um direito sacrossanto e eminentemente individualista, ganha sentido social e limites ao seu exercício, em nome do respeito ao trabalhador, ao meio ambiente, ao consumidor etc. Numa perspectiva macroscópica, o estado mínimo se transforma radicalmente e vai se tornando um estado

social, cujas estruturas tributária, administrativa e política são completamente diferentes daquelas que caracterizam o liberalismo clássico.

A possibilidade de controlar o mercado, impondo a ele um padrão racional de funcionamento, abre a perspectiva de suprimir o capitalismo por meio das instituições, e não somente a partir de sua destruição violenta. Afinal, mercado e capitalismo não são sinônimos. O capitalismo existe quando sua lógica toma conta de todas as esferas sociais. Uma das funções do direito é justamente impedir que isso ocorra. Nenhum poder, seja ele político, econômico ou social, deve suprimir a tensão entre uma esfera soberana e uma esfera de liberdade independente desta: em sua encarnação mais conhecida, a diferença entre sociedade civil e estado.

4.3. O que é uma revolução? O que é emancipação?

Parece ficar claro que este movimento teórico e real resulta na modificação do próprio sentido de revolução. Altera-se a visão da transformação social, que deixa de ser concebida como uma ruptura temporalmente rápida e violenta das instituições sociais e passa a ser pensada como um processo que se realiza na imanência delas. Parece cair por terra, portanto, a dicotomia Reforma x Revolução, clássica para a história do marxismo.

É evidente que, no que se refere à Alemanha nazista, Neumann não acreditava haver nenhuma possibilidade de resistência institucional. Afinal, o direito havia sido suprimido. A única solução para combater o nazismo seria uma vitória militar, acachapante e inequívoca, acompanhada da desnazificação das posições de poder do aparelho estatal alemão, programa que Neumann endossa explicitamente em *Behemoth* e defenderá em seu exílio norte-americano (SALTER, 2007)[14].

A possibilidade de emancipação via direito, ideia presente em especial no livro *O império do direito*, pressupõe que o direito liberal esteja em funcionamento. Apenas assim as reivindicações da sociedade podem alterar as instituições por dentro e os detentores do poder são obrigados a justificar suas ações racionalmente.

A manutenção da tensão entre esses dois polos, sociedade e estado soberano, torna-se essencial à emancipação humana. Neumann percebe que é a liberdade da sociedade diante do estado que permite às classes oprimidas formularem suas demandas de transformação e utilizarem o direito para fazer avançar a emancipação humana. O direito passa a ser não mais um mero instrumento de luta, mas parte constitutiva da sociedade emancipada. Deixemos este ponto mais claro.

Podemos identificar a emancipação, exclusivamente, com a realização dos objetivos da classe operária? Se esta fosse a posição de Neumann, seria difícil sustentar o que dissemos até agora. Como alguns marxistas, Neumann veria algo de positivo no direito apenas quando ele servisse de instrumento para determinados interesses, mas não como algo valioso em si mesmo.

Sua posição foi esta durante a república de Weimar; porém, mudou já em 1936, ano em que termina de escrever *O império do direito*. Nesse livro, Neumann retira diversas lições do regime nazista recém-implantado, criticando com veemência toda e qualquer forma de legitimação irracional do poder. O livro mostra com clareza que a tensão entre sociedade e estado é o que confere ao direito potencial emancipatório: desde que mantida a separação entre estado e sociedade, é possível organizar reivindicações, lutar por direitos e modificar por dentro as instituições.

É claro que Neumann não defende a forma direito em qualquer contexto, sob qualquer hipótese e em qualquer de suas manifestações concretas. Nenhum pensador marxista seria capaz de afirmar a validade de uma estrutura para além da história e do contexto em que se localiza.

[14.] No prefácio do livro *Behemoth*, datado de dezembro de 1941, Neumann afirma: "Uma derrota militar da Alemanha é necessária. [...] A superioridade militar das democracias e da União Soviética deve ser demonstrada ao povo alemão" (NEUMANN, 1966, p. xix).

Mesmo diante de um estado de direito em funcionamento, Neumann não se esquivou de afirmar a necessidade de rever seu desenho para além da separação de poderes em sua concepção tradicional, a seu juízo, um entrave para pensar em formas mais radicais de democracia[15]. Seria possível e necessário, sugere o autor, pensar em *outra* separação de poderes, que não promova um amálgama entre estado e sociedade, mas que distribua de maneira diferente o poder entre os diversos grupos sociais.

O que Neumann e, mais tarde, Habermas nos fazem perceber é o potencial emancipatório contido na forma direito diante de determinadas circunstâncias históricas; bem como a necessidade de transformar, por dentro, seu desenho, para radicalizar a democracia a cada momento, diante de novas demandas e de novos interesses sociais. Formulados desta maneira, estes conceitos nos permitem analisar melhor a conjuntura e pensar a práxis emancipatória de maneira mais ponderada e eficaz.

A pergunta, nesta altura, é a seguinte: diante de um estado de direito em funcionamento e da possibilidade de qualquer grupo ou indivíduo que se sinta excluído, injustiçado, desprovido de direitos, organizar-se para reivindicar seus interesses e postular mudanças nas instituições, é razoável dizer que o direito funciona como mero instrumento de dominação de classe?

Com efeito, o direito ainda hoje revela sua força quando pensamos, por exemplo, na ação de determinados estados e governos para se afastar de qualquer regra nas esferas nacional e internacional, ou seja, para fugir do controle de qualquer instância que se pareça com a sociedade civil. Também quando pensamos na estratégia de grandes empresas que buscam fugir do direito, escolhendo países com legislação social e tributária mais favorável aos seus interesses.

Fugir do direito é uma maneira eficaz de tentar construir um espaço de arbitrariedade, livre de qualquer controle social. Dito isto, insistimos na pergunta: diante de um estado de direito em funcionamento, faz sentido apostar na violência e na destruição das instituições que garantem, justamente, a possibilidade de lutar pela transformação social?

Se considerarmos que, hoje, a classe operária não é mais a única portadora da emancipação; que ela não é mais a única porta-voz dos interesses de todos os oprimidos, a importância do estado de direito cresce ainda mais. Não há tempo de detalhar este problema aqui. Mas é importante notar que Neumann escreveu antes de ele ser colocado e, portanto, não o responde inequivocamente. Em sua época, "movi-

---

[15]. Ver texto de Neumann sobre Montesquieu, prefácio a uma edição norte-americana de *O espírito das leis*, que está contido em Neumann, 1957.

mento social" era sinônimo de classe operária: a reflexão sobre os assim denominados "novos movimentos sociais" é posterior à sua morte e ganha corpo a partir dos anos 1960 e 1970.

Feministas, pacifistas, ativistas gays, ativistas *queer*, movimento negro, ecologistas, entre outros, mostraram que a luta distributiva voltada ao fim da exploração do trabalho não era a única dimensão da opressão sob o capitalismo. Estas novas demandas passam a ser dirigidas ao estado de direito, resultando em transformações nas estruturas de poder constantemente pressionadas pela proliferação de novas desigualdades, encarnadas em indivíduos, grupos e movimentos sociais em luta contra a opressão.

O estado social do pós-guerra está se transformando em algo novo, algo para o qual ainda não temos nome, mas que continua a experimentar mudanças significativas. Mais importante: é difícil identificar uma linha reta que ligue, hoje, uma determinada práxis com a sociedade emancipada do futuro. O desenho dela, aparentemente, será muito mais plural, fragmentado e dinâmico do que aquele antecipado pelo marxismo tradicional.

Num contexto plural como este, e aqui a reflexão de Habermas é central, o direito ganha importância por ser capaz de promover uma disputa entre grupos sem o uso de violência aberta. Acrescentando-se a este quadro as lições do nazismo e os fenômenos contemporâneos que podemos classificar como "fuga do direito", podemos olhar para o estado de direito hoje com olhos bastante generosos.

Na falta de uma "verdade" para as reivindicações da esquerda, de um sentido único para a emancipação humana e, ainda, diante dos perigos do arbítrio e da falta de controle sobre o poder político e o poder econômico, o direito mantém e aumenta, na atualidade, seu potencial emancipatório. Afinal, trata-se de um mecanismo capaz, desde que pressionado pelos movimentos sociais e enraizado na sociedade a ponto de abarcar seus principais conflitos, de manter aberta a luta pelo poder sem permitir que se recaia em regimes arbitrários.

Bibliografia

Textos de Franz Neumann

FRAENKEL, Ernst; KAHN-FREUND, Otto; KORSCH, Karl; NEUMANN, Franz; SINZHEIMER, Hugo. *Laboratorio Weimar*: conflitti e diritto del lavoro nella Germania prenazista. Roma: Edizione Lavoro, 1982.

KIRCHHEIMER, Otto; NEUMANN, Franz. *Social democracy and the rule of law*. Keith Tribe (Ed.). London: Allen & Unwin, 1987.

NEUMANN, Franz. *The democratic and the authoritarian state*: essays in political and legal theory. Herbert Marcuse (Ed.). Illinois: Free Press, 1957.

NEUMANN, Franz. *Behemoth*: the structure and practice of national socialism 1933-1944 (1942). New York: Harper Torchbooks, 1966.

NEUMANN, Franz. *Il diritto del lavoro fra democracia e dittadura*. Bologna: Il Mulino, 1983.

Manual de Sociologia Jurídica

NEUMANN, Franz. *The rule of law*. Political theory and the legal system in modern society. Leamington: Berg, 1986.

RAMM, Thilo (Org.). *Arbeitsrecht und Politik*. Quellentexte 1918-1933. Berlin: Neuwid, 1966.

SCHEUERMAN, William E. *The Rule of Law Under Siege*: selected essays of Franz L. Neumann and Otto Kirchheimer. Berkeley: University of California Press, 1996.

Sobre Franz Neumann (monografias, artigos e capítulos)

COTTERRELL, Roger. *Law's community*. Legal theory in sociological perspective. Oxford: Clarendon Press, 1995.

HONNETH, Axel. Teoria crítica. In: GIDDENS, Anthony (Org.). *Teoria social hoje*. São Paulo: Unesp, 1999.

HONNETH, Axel. Anxiety and politics: the strengths and weaknesses of Franz Neumann's diagnosis of a social pathology. *Constellations*, v. 10, June 2003.

INTELMANN, Peter. *Franz L. Neumann*: chancen und dilemma des politischen reformismus. Baden-Baden: Nomos Verlagsgesellschaft, 1996.

ISER, Matthias; STRECKER, David (Org.). *Kritische Theorie der Politik*. Franz L. Neumann – eine Bilanz. Baden-Baden: Nomos Verlagsgesellschaft, 2002.

JAY, Martin. *The dialectical imagination*: a history of the Frankfurt School and the Institute of Social Research. Boston: Little Brown, 1987.

KELLY, Duncan. *The State of the political*: conceptions of politics and the state in the thought of Max Weber, Carl Schmitt and Franz Neumann. New York: Oxford, 2003.

OFFE, Claus. The problem of social power in Franz L. Neumann's Thought. *Constellations*, v. 10, n. 2, 2003.

PAULSON, Stanley L. Neumanns Kelsen. In: ISER, Matthias; STRECKER, David (Org.). *Kritische Theorie der Politik*. Franz L. Neumann – eine Bilanz. Baden-Baden: Nomos Verlagsgesellschaft, 2002.

PERELS, Joachim (Ed.). *Recht, Demokratie und Kapitalismus*. Aktualität und Probleme der Theorie Franz L.

Neumanns. Baden-Baden: Nomos Verlagsgesellschaft, 1984.

PREUSS, Ulrich K. Formales und materiales Recht in Franz Neumanns Rechtstheorie. ISER, Matthias; STRECKER, David (Org.). *Kritische Theorie der Politik*. Franz L. Neumann – eine Bilanz. Baden-Baden: Nomos Verlagsgesellschaft, 2002.

PROL, Flávio Marques. "Comparação entre a função do direito nas obras *Teoria Geral do Direito e o Marxismo*, de Eugeny Pachukanis, e em *The Rule of Law*, de Franz Neumann". *Humanidades em Diálogo*, v. III, p. 191-211, 2009.

RODRIGUEZ, José Rodrigo. Franz Neumann, o direito e a teoria crítica. *Lua Nova*: Revista de Cultura e Política, São Paulo: CEDEC, v. 61, 2004.

RODRIGUEZ, José Rodrigo. Franz Neumann: o direito liberal para além de si mesmo. In: *Curso livre de teoria crítica*. Campinas: Papirus, 2008.

RODRIGUEZ, José Rodrigo. *Fuga do Direito*: um estudo sobre o direito contemporâneo a partir de Franz Neumann. São Paulo: Saraiva, 2009.

SALTER, Michael. *Nazi War Crimes, US Intelligence and Selective Prosecution at Nuremberg*: Controversies Regarding the Role of the Office of Strategic Services, London: Routledge-Cavendish, 2007.

SCHEUERMAN, William E. *Between Norm and Exception*: the Frankfurt school and the rule of law. Cambridge: MIT Press, 1997.

SÖLLNER, Alfons. *Neumnann zur Einführung*. Hannover: Soak Verlag, 1982.

THORNHILL, Chris. *Political theory in modern Germany –* an introduction. Oxford: Polity, 2000.

Outros textos

MARX, Karl. *O capital*: crítica da economia política. Rio de Janeiro: Civilização Brasileira, 1998. Livro I.

WEBER, Max. *Economia e sociedade*. Brasília: Editora da UnB, 2004. v. 2.

Considerações sobre o Direito na Sociologia de Pierre Bourdieu

Ana Carolina Chasin

Pierre Bourdieu (1930-2002) pode ser considerado um dos mais importantes sociólogos do século XX. Nasceu numa família modesta de uma vila rural situada no extremo sul da França. Não obstante, sua trajetória escolar foi bem-sucedida, tendo-lhe permitido alcançar a Escola Normal Superior (ENS), pináculo da vida intelectual francesa, onde cursou filosofia justamente no momento em que, na hierarquia acadêmica das disciplinas, ela ocupava a posição de maior prestígio.

Essa experiência de ascensão social significou uma ruptura com o meio familiar e cultural de origem que jamais seria plenamente resolvida no plano subjetivo. Apesar do mérito, nunca se sentiria um igual entre iguais (por não partilhar os códigos sociais vigentes no meio intelectual francês). Esse estado de permanente inadequação é o que ajuda a explicar por que a busca por desvelar os mecanismos simbólicos de distinção social está presente em suas mais diversas pesquisas sobre o mundo social e os campos de produção da cultura legítima. Tal preocupação é perceptível não apenas nas investigações que desenvolveu a respeito dos gostos de classe e dos estilos de vida, mas também nos diferentes âmbitos da arte, da ciência e, principalmente, do direito.

Bourdieu dedicou-se a uma variedade impressionante de empreendimentos intelectuais. Escreveu 37 livros e publicou mais de 400 artigos sobre os mais diversos temas relativos ao mundo social (WACQUANT, 2008). Mobilizou uma ampla coleção de métodos proporcionados pela tradição das ciências sociais – desde etnografia até as mais complexas técnicas quantitativas – para realizar pesquisas empíricas de objetos tão distintos quanto o sistema educacional francês, o declínio da sociedade camponesa, a dominação nas relações de gênero, a classe trabalhadora da Argélia, o mundo intelectual, a filosofia, as artes, as divisões de classe etc. Esse rol de objetos aparentemente tão desconexos pôde ser integrado a partir de um conjunto de conceitos que foi sendo elaborado ao longo dos anos e que foi conformando uma impressionante coerência à obra. A força e a consistência desse relativamente enxuto quadro conceitual talvez ajudem a explicar por que Bourdieu obteve tanto destaque em todo o mundo e nas mais diversas áreas do conhecimento, podendo ser considerado uma referência incontornável para a compreensão das sociedades contemporâneas.

5.1. Conceitos centrais para a compreensão do mundo social

Para compreender o impacto de sua contribuição aos estudos sobre o direito, é importante apresentar, mesmo que sumariamente, alguns desses conceitos principais. Como é característico de Bourdieu, esse movimento exige, de saída, situar o próprio autor no interior da tradição do pensamento sociológico. Conceitos como espaço social, capital, campo, *habitus* e *illusio*, entre outros, delineiam os contornos de uma abordagem preocupada em estabelecer mediações entre uma série de polaridades recorrentes nas análises do mundo social: indivíduo *versus* sociedade, prática *versus* estrutura, análise interna *versus* análise externa, teoria *versus* empiria. Assim como outros sociólogos contemporâneos, Bourdieu realiza uma tentativa de superação dessas antinomias.

O conceito de espaço social constitui um bom ponto de partida para a compreensão do que o autor entende por mundo social. Com existência objetiva, independente das intenções dos agentes individuais, o espaço social se caracteriza basicamente por ser multidimensional e relacional. Os agentes e grupos sociais são definidos pelas posições relativas que ocupam numa região determinada desse espaço. O espaço social não é homogêneo e indiferenciado, sendo que em seu interior ele produz campos.

O campo é justamente o lugar em que as posições dos agentes estão fixadas. É ao mesmo tempo um campo de forças e um campo de lutas, local em que se travam as disputas entre os agentes em torno dos interesses específicos que caracterizam a área em questão: riqueza, poder, verdade, beleza, justiça etc. Cada campo é relativamente autônomo e possui uma lógica de funcionamento própria, que orienta as ações dos indivíduos.

Dependendo da lógica de funcionamento de cada campo, um tipo diferente de capital é valorizado. Para Bourdieu, há diversos tipos de capital: o capital econômico, o capital cultural (títulos escolares, conhecimentos, bagagem cultural), o capital social (redes de contatos e relacionamentos) e o capital simbólico, que é uma espécie de síntese dos outros três tipos de capital, a forma percebida e reconhecida como legítima das diferentes espécies de capital.

Em cada campo social, há um polo dos dominantes e um polo dos dominados. Os dominantes são aqueles que possuem a maior quantidade do capital disputado naquele campo; são "aqueles que exprimem as forças imanentes do campo" (BOURDIEU, 2003, p. 49). O modelo referente à estruturação e ao funcionamento dos campos seria válido e aplicável a todos eles. Ele trabalha com a hipótese de que existem homologias estruturais e funcionais entre todos os campos.

A noção de espaço social é também fundamental para a compreensão da concepção de classe do autor. A classe é o conjunto de agentes que ocupam posições homólogas no espaço social. É composta por agentes que possuem quantidades e tipos de capital semelhantes e que, colocados sob as mesmas condições, tendem a apresentar as mesmas atitudes e práticas.

A dimensão simbólica assume importância significativa nessa análise. As classes sociais não se definem apenas pela posição ocupada pelos atores no processo de produção (como boa parte dos estudiosos de extração marxista consideravam), mas sim pelo posicionamento dos agentes no espaço social, que é multidimensional e, apesar de englobar também a dimensão do processo de produção, não se reduz a ela. Os processos de representação e de nomeação, bem como as lutas em torno das classificações a respeito do mundo, também são objeto de luta entre as classes. Assim, as relações de força objetivas tendem a se reproduzir nas relações de força simbólicas, nas visões do mundo social que contribuem para a permanência dessas mesmas relações de força.

Afirmar que os agentes pertencentes a uma mesma classe possuem quantidade de capital econômico ou cultural semelhante é o mesmo que dizer que suas práticas, costumes, gostos e atitudes são também similares. Nesses termos, a noção de *habitus* se destaca como uma dimensão importante para a compreensão do esquema analítico proposto por Bourdieu. Nas próprias palavras do autor, *habitus* significa:

> "O sistema de disposições duráveis, estruturas estruturadas predispostas a funcionar como estruturas estruturantes, isto é, como princípio gerador e estruturador das práticas e das representações que podem ser objetivamente 'reguladas' e 'regulares' sem ser o produto da obediência a regras, objetivamente adaptadas a seu fim sem supor a intenção consciente dos fins e o domínio expresso das operações necessárias para atingi-los e coletivamente orquestradas, sem ser o produto da ação organizadora de um regente" (BOURDIEU, 1994, p. 60-61).

O *habitus* opera, portanto, a mediação entre agente e sociedade, a ponte entre as posições objetivas de classe e suas práticas. O *habitus* é o princípio unificador e gerador de todas as práticas. São disposições de conduta padronizadas, não necessariamente reflexivas ou conscientes, incorporadas pelos agentes e que modelam suas ações e práticas. Indivíduos situados em um local homólogo do espaço social possuem *habitus* semelhantes, o que resulta em correspondências nos seus gostos e estilos de vida. O estilo de vida constitui um conjunto unitário de preferências que exprimem, na lógica específica de cada um dos subespaços simbólicos (mobília, vestimenta, alimentação, linguagem etc.), a mesma intenção expressiva. Assim, cada dimensão do estilo de vida simboliza todas as outras.

5.2. O campo do direito

Embora não tenha sido extensamente estudado pelo autor, o campo do direito foi detidamente abordado no artigo "La force du droit: pour une sociologie du champ juridique" [A força do direito: elementos para uma sociologia do campo jurídico], publicado na revista de seu grupo de pesquisa (*Actes de la recherche en sciences sociales*) em setembro de 1986. Logo no início desse texto, Bourdieu critica o que ele chama de debate científico do direito – formalismo *versus* instrumentalismo – para conceituar o que seria o campo jurídico. O formalismo, representado pelo pensamento de Hans Kelsen, compreenderia o direito como um sistema fechado, capaz de se desenvolver internamente, e que deveria ser estudado a partir do corpo de doutrina produzido. Já o instrumentalismo, representado pelos autores da tradição marxista, pecaria justamente pela visão unicamente externa do direito (interpretado como superestrutura, instrumento de dominação etc.). Para Bourdieu, nenhuma dessas escolas realiza uma interpretação historicamente situada do direito. Essa lacuna seria suprida justamente a partir da compreensão do direito como campo, tal como ele propõe:

> "Para romper com a ideologia da independência do direito e do corpo judicial, sem se cair na visão oposta, é preciso levar em linha de conta aquilo que as duas visões antagonistas, internalista e externalista, ignoram uma e outra, quer dizer, a existência de um universo social relativamente independente em relação às pressões externas, no interior do qual se produz e se exerce a autoridade jurídica, for-

ma por excelência da violência simbólica legítima cujo monopólio pertence ao Estado e que se pode combinar com o exercício da força física. As práticas e os discursos jurídicos são, com efeito, produto do funcionamento de um campo cuja lógica específica está duplamente determinada: por um lado, pelas relações de força específicas que lhe conferem a sua estrutura e que orientam as lutas de concorrência ou, mais precisamente, os conflitos de competência que nele têm lugar e, por outro lado, pela lógica interna das obras jurídicas que delimitam em cada momento o espaço dos possíveis e, deste modo, o universo das soluções propriamente jurídicas" (BOURDIEU, 1998, p. 221).

O trabalho de Bourdieu se propõe, por um lado, a explorar qual seria a lógica específica desse campo, as práticas e os discursos que nele se inscrevem; por outro, a esmiuçar de que modo e em que medida ele traduz a dominação vigente na sociedade de modo mais amplo.

O campo do direito apresenta como especificidade, como objeto de disputa, o capital jurídico, o "direito de dizer o direito"; ou seja, a separação entre quem participa desse campo e quem não participa é dada pela capacidade de interpretar o corpo de textos – consagradores de uma visão legítima e justa do mundo social – que o integram. Apenas quem detém competência social e técnica para compreender a linguagem interna do direito é que está habilitado a tomar parte em seus rituais. São considerados "profissionais", em oposição aos "profanos", desconhecedores desse funcionamento específico:

"A instituição de um 'espaço judicial' implica a imposição de uma fronteira entre os que estão preparados para entrar no jogo e os que, quando nele se acham lançados, permanecem de fato dele excluídos, por não poderem operar a conversão de todo o espaço mental – e, em particular, de toda a postura linguística – que supõe a entrada neste espaço social" (BOURDIEU, 1998, p. 225).

A linguagem técnica utilizada e compreendida unicamente pelos operadores do direito é o que melhor demarca essa fronteira, fundamental para a manutenção da relação de poder entre esses dois espaços. A escrita desempenha papel importante na construção dessa linguagem jurídica, pois garante a regularização dos procedimentos e favorece a autonomização do texto. Por vezes, a linguagem jurídica emprega as mesmas palavras que a linguagem vulgar, mas o significado atribuído ao termo é completamente diferente, o que aumenta ainda mais a distância entre os operadores do campo e os profanos.

Os operadores são agentes especializados encarregados de organizar, segundo formas codificadas, a manifestação pública dos conflitos. Atuam, assim, como mediadores (terceiros) que intermedeiam as demandas dos envolvidos:

"O campo judicial é o espaço social organizado no qual e pelo qual se opera a transmutação de um conflito direto entre partes diretamente interessadas no debate juridicamente regulado entre profissionais que atuam por procuração e que têm em comum o conhecer e o reconhecer da regra do jogo jurídico, quer dizer, as leis escritas e não escritas do campo" (BOURDIEU, 1998, p. 229).

Para o autor, a constituição de um campo jurídico ocorre justamente no momento em que há instauração do monopólio dos profissionais sobre a produção e a comercialização dos serviços jurídicos. A competência jurídica é um poder específico que permite o controle do acesso ao campo do direito (quais conflitos podem entrar e quais ficam de fora).

Dependendo do contexto, essa fronteira entre profanos e profissionais pode ser deslocada, mas ela jamais é rompida. Como exemplo, Bourdieu relata o que ocorreu na França quando o direito do trabalho estava sendo "vulgarizado", ou seja, quando sua linguagem começava a ser compreendida pelos profanos. Nesse momento, os profissionais iniciaram um movimento de aumento da "cientificidade", visando a conservação do monopólio da interpretação legítima. O mesmo acontece toda vez que há uma nova demanda por judicialização: quando novas causas começam a chegar nos espaços jurídicos (aumentando a demanda), impõe-se a criação de um novo mercado e, consequentemente, de novas competências. Um efeito circular leva ao aumento do formalismo dos procedimentos, reforçando a necessidade de contratação de serviço especializado e excluindo, novamente, os profanos.

Há, paralelamente, a permanente construção de uma racionalidade no interior do campo. O direito aparece como fundamentado na ciência e na moral, como se fosse independente das relações de força que ele consagra. Esse trabalho de racionalização permite, assim, que se ignore o arbitrário e que o veredicto seja reconhecido como legítimo, garantindo a eficácia simbólica de sua aplicação.

Com isso, tem-se a impressão de que o direito parece plenamente autônomo no espaço social. Somente os membros do campo jurídico dominam sua linguagem e são capazes de compreender sua racionalidade. Apesar das diferentes posições que eventualmente ocupem, todos os integrantes desse campo tendem a compartilhar o mesmo *habitus*, ou seja, certo estilo de vida, jeito de se vestir, de se comportar, de falar etc. Além disso, aderem à *illusio* do campo, isto é, incorporam certos pressupostos inscritos no fundamento de seu funcionamento, tais como a crença na lógica dedutivista. A *illusio* é comum a todos os membros do campo, sejam eles ocupantes de posições dominantes ou dominadas, sejam eles ortodoxos ou heréticos.

Outra especificidade do campo do direito é a atividade de formalização. Trata-se do trabalho de elaboração das leis, de redação das normas. Ao lado dos detentores do poder temporal, político ou econômico, os "agentes formalizadores" também pertencem à classe dominante, de forma que tendem a legislar em prol dos interesses dessa classe:

> "A proximidade dos interesses e, sobretudo, a afinidade dos *habitus*, ligada a formações familiares e escolares semelhantes, favorecem o parentesco das visões de mundo. Segue-se daqui que as escolhas que o corpo deve fazer, em cada momento, entre interesses, valores e visões do mundo diferentes ou antagonistas têm poucas probabilidades de desfavorecer os dominantes, de tal modo que o *ethos* dos agentes jurídicos que está na sua origem e a lógica imanente dos textos jurídicos que são invocados tanto para os justificar como para os inspirar estão adequados aos interesses, aos valores e à visão de mundo dos dominantes" (BOURDIEU, 1998, p. 242).

É essa sintonia dos *habitus* que garante a previsibilidade do texto jurídico. Bourdieu desconstrói a ideia de que a formação de precedentes (jurisprudência) leva ao desenvolvimento de uma racionalidade jurídica, responsável por garantir essa segurança. O que aparece como a aplicação de uma competência jurídica neutra deriva mais da coesão de *habitus* dos intérpretes do que de uma lógica imanente dos textos:

> "A previsibilidade e calculabilidade que [Max] Weber empresta ao 'direito racional' assentam, sem dúvida, antes de mais, na constância e na homogeneidade dos *habitus* jurídicos: as atitudes comuns, afeiçoadas, na base de experiências familiares semelhantes, por meio de estudos de direito e da prática das profissões jurídicas, funcionam como categorias de percepção e de apreciação que

estruturam a percepção e a apreciação correntes e que orientam o trabalho destinado a transformá-los em confrontações jurídicas" (BOURDIEU, 1998, p. 231).

Nessa atividade de formalização, as leis elaboradas, manifestações dos diferentes interesses específicos da classe dominante, possuem algumas uniformidades. Sua principal característica é a dissimulação dos interesses de classe: é por meio de uma aparente neutralidade e universalidade que as leis (arbitrárias e frutos dos interesses dominantes) adquirem sua legitimidade. A especificidade do funcionamento do campo jurídico está justamente nessa retórica de autonomia, neutralidade e universalidade:

> "[...] ele confere o *selo da universalidade*, fator por excelência da eficácia simbólica, a um ponto de vista sobre o mundo social que em nada de decisivo se opõe ao ponto de vista dos dominantes" (BOURDIEU, 1998, p. 245, ênfases no original).

Toda essa análise leva, assim, à construção de uma interpretação que combate a crença (presente no mundo do direito) de imparcialidade das decisões judiciais (segundo a qual o juiz nada mais faz do que aplicar a norma geral ao caso concreto). Bourdieu argumenta que o veredicto sempre envolve um trabalho de interpretação e escolhas, no qual o juiz deve optar entre diferentes direitos possíveis. Ele possui certo grau de autonomia, de forma que suas decisões irão sempre refletir uma tomada de posição. Quanto mais autonomia ele desfruta, melhor posicionado está no campo, e vice-versa. Toda sentença traduz, dessa forma, o resultado de uma luta simbólica, sendo que o vencedor dependerá da correlação de forças entre os profissionais (principalmente juiz e advogados).

O sucesso (ou insucesso) de cada profissional atuante nessa disputa está relacionado à sua capacidade de mobilizar os recursos jurídicos disponíveis (capital jurídico), o que, como indicado anteriormente, depende da posição do espaço social que ocupa. Além disso, há também uma correspondência entre a posição ocupada pelos profissionais no interior do campo jurídico (especialmente os advogados) e seus "clientes" (situados fora do campo jurídico), ou seja, aqueles que possuem interesses concretos em jogo nas disputas. Nesse sentido, Bourdieu afirma que há uma homologia (ou paralelismo) entre as diferentes categorias de produtores ou de vendedores de serviços jurídicos e as diferentes categorias de clientes. Os ocupantes das posições dominadas no campo jurídico, por exemplo, tendem a trabalhar mais para as clientelas das classes dominadas. Isso, inclusive, aumenta ainda mais a inferioridade das posições que ocupam no interior do campo jurídico, contribuindo para a perpetuação da estrutura desse campo.

Outro ponto importante na análise empreendida por Bourdieu sobre o campo do direito se refere justamente a essa "divisão do trabalho jurídico", ou seja, às oposições estruturais verificadas dentro do próprio campo. Dois polos compõem a estrutura do campo do direito: os teóricos e os práticos. Os teóricos, geralmente professores e outros acadêmicos (além dos juízes das altas cortes), interpretam os textos jurídicos a partir da elaboração de doutrinas. Já os práticos, que podem ser representados por advogados ou por juízes (a depender do contexto), afirmam-se pela prática processual e pela interpretação do direito a partir da avaliação de um caso concreto.

Conforme a tradição jurídica, e dependendo da posição social ocupada pelo campo do direito em cada sociedade, um desses polos ocupa a posição dominante, detendo o monopólio da interpretação autorizada dos textos jurídicos. Na tradição romano-germânica, são os teóricos (professores e membros da alta magistratura) que ocupam as posições de maior prestígio. Já na tradição anglo-americana, calcada no direito jurisprudencial e no primado dos procedimentos, a valorização recai, ao contrário, na prática profissional.

A posição que cada agente ocupa nesse espaço está relacionada com o grau de apropriação do capital jurídico: a obtenção de capital implica a ocupação de posição de maior vantagem em relação aos demais. Esse processo acarreta diferenciação e hierarquização interna ao campo.

Por estarem situados nos dois polos antagônicos da divisão do trabalho, os detentores dessas diferentes espécies de capital jurídico desempenham funções que podem ser consideradas complementares. É o contato com a realidade usufruído pelos práticos que permite a introdução de inovações no direito. Cabe aos juristas a incorporação dessas mudanças ao sistema jurídico, garantido, inclusive, a perpetuação de sua coerência interna.

5.3. Desdobramentos das análises de Pierre Bourdieu

Inúmeros pesquisadores contemporâneos vêm realizando estudos a partir do esquema analítico proposto por Pierre Bourdieu. No domínio específico do campo do direito, um grupo formado por seus próprios colaboradores tem trabalhado no desenvolvimento da agenda de pesquisa inaugurada com a publicação de "A força do direito". Entre eles, o sociólogo francês Yves Dezalay é quem vem obtendo maior destaque na continuidade dessa linha de pesquisas.

Um texto escrito por esse autor, em conjunto com David Trubek, ilustra muito bem o modo pelo qual a teoria dos campos pode ser utilizada para compreender transformações recentes por que passa o direito em tempos de globalização. Nesse artigo – "A reestruturação global e o direito: a internacionalização dos campos jurídicos e a criação de espaços transnacionais" –, o método é aplicado à análise específica de um caso concreto: o estudo da internacionalização dos campos jurídicos nacionais europeus ao longo do surgimento de um espaço jurídico "transnacional", fruto da criação da Comunidade Europeia.

Tal processo foi marcado pelo confronto entre a antiga tradição jurídica europeia e as novas formas fortemente influenciadas pelo modo norte-americano de produção do direito. O contraste entre esses dois modelos está relacionado à maneira pela qual a hierarquia do campo jurídico é conformada: no caso europeu, são, sobretudo, os acadêmicos que detêm o monopólio da interpretação autorizada dos textos jurídicos; no caso norte-americano, tal posição é ocupada por grandes escritórios corporativos.

A autoridade jurídica, no antigo modelo europeu, provinha da ciência do direito e da crença na imparcialidade a ela atrelada. No topo da hierarquia, estavam os líderes acadêmicos e a alta corte de juízes, todos ostentando perfil de independência e distância em relação a qualquer interesse comercial (embora os professores fossem eventualmente contratados por clientes abastados que podiam pagar os altos custos de sua opinião jurídica oficial). Esses juristas notáveis mantinham estreito vínculo com a elite econômica e social, até porque as origens sociais coincidiam. Assim, podiam manter uma distância aparente da prática jurídica e da atividade comercial. Essa aparência de autonomia dos produtores de direito era, inclusive, o que conferia legitimidade ao campo. No outro polo da divisão de trabalho e poder, estavam aqueles que praticavam o direito, que tinham contato com as realidades da vida jurídica cotidiana: os advogados. A prática estava diretamente orientada para a resolução de litígios, o que era realizado mediante atuações individuais ou de empresas de pequeno porte, especializadas em determinadas áreas do direito. Nesse modelo, orientado mais para regras e doutrinas do que para a profissão propriamente dita, as universidades mais prestigiadas não desempenhavam a função de porta de entrada na profissão, mas a de polo no qual um seleto grupo de antigos professores se empenhava nessa produção doutrinária.

Já o modelo norte-americano – denominado pelos autores de "cravathismo"[1] – tem como centro, ao contrário, a grande empresa de direito. No pico da hierarquia jurídica, estão os praticantes da advocacia corporativa (além dos juízes das altas cortes). Grandes escritórios jurídicos corporativos atuam em várias áreas diferentes, operam em escala nacional e regional, e, além do trabalho da advocacia litigiosa propriamente dita, oferecem também serviços de consultoria, preparação de legislação, regulamentação administrativa e prática de *lobby*. Os advogados são recrutados a partir de seu desempenho acadêmico nas mais prestigiosas faculdades de direito. A hierarquia da educação jurídica é muito bem definida, o que contribui para a lógica meritocrática do recrutamento. Os escritórios corporativos são entidades voltadas para o lucro e os advogados corporativos têm altos salários e identificam-se com a clientela, o que torna a relação entre hierarquia social e campo jurídico mais direta e aberta do que no caso europeu. Por outro lado, apesar dessa natureza empresarial da profissão, há um espírito de objetividade e autonomia do campo jurídico, o que advém do "cult of service to the law" ("servir e estar a serviço do direito"), ou seja, da busca pela garantia de que o sistema legal esteja a serviço de todos. Nesse sentido, advogados renomados também acumulam capital jurídico ao firmar compromissos com serviços públicos e realizar atividades de advocacia *pro bono*.

Foram diversas as formas pelas quais o modo norte-americano de produção do direito passou a influenciar o antigo direito

---

[1]. Referência à Paul Cravath, advogado em Nova Iorque entre o final do século XIX e o início do século XX, e pioneiro na fundação do modelo de escritórios de direito modernos. O termo – utilizado pelos autores por analogia ao "fordismo" – refere-se a um sistema de produção do direito centrado em grandes escritórios com orientação comercial, funcionamento gerencial e atuação em larga escala.

europeu. A criação da Comunidade Europeia, a abertura de fronteiras, a reestruturação das economias e o aumento do número de empresas que operam simultaneamente em diversos países europeus levaram ao surgimento de um novo mercado de atividades jurídicas. E esse novo "mercado de direito europeu", fortemente marcado pela incorporação de características oriundas do direito norte-americano, passou a exercer grande influência nos campos jurídicos de vários Estados nacionais. Esse cenário abre espaço para o ingresso, nesse incipiente mercado, de novos agentes, até então externos à tradição jurídica europeia: escritórios jurídicos norte-americanos [U.S. Law Firms], grandes firmas contábeis [Big Accounting Firms], assessoria jurídica interna das corporações europeias [House Counsel in European Corporations] e novos escritórios jurídicos multinacionais europeus [New European Multinational Law Firms].

O caso francês é mobilizado para ilustrar esse processo. O novo contexto impõe mudanças para um campo jurídico até então organizado seguindo fielmente a lógica do antigo direito europeu. Profissionais que exercem atividades práticas, os quais até então ocupavam posição periférica na antiga divisão europeia do trabalho jurídico, com o surgimento desse novo mercado de direito europeu passam a desfrutar de prestígio cada vez maior. Os escritórios multinacionais de advocacia começam a invadir a seara teórica, investindo no ensino jurídico e na elaboração da doutrina. Com isso, surge uma nova geração de acadêmicos capazes de, ao apresentar um duplo perfil, contestar as hierarquias até então vigentes: por um lado, estão orientados para a prática; por outro, são também capacitados para manter o tradicional privilégio professoral de dizer o direito. O "antigo clube dos sacerdotes" (professores da Faculdade de Direito de Paris que até então dominavam o campo da produção doutrinária) vai aos poucos se dissolvendo, pois os jovens estudantes que poderiam vir a ocupar seus postos acabam indo trabalhar nos grandes escritórios de advocacia ou firmas de contabilidade. Os "melhores e mais brilhantes" advogados franceses, incluindo os que já ocupavam alguma posição de professor ou tinham aspirações acadêmicas, são atraídos por essas novas oportunidades. Sua inserção acadêmica é, assim, conjugada com o trabalho aplicado e com a internacionalização do aprendizado, pois começa a se tornar frequente que esses advogados passem uma temporada estudando nos Estados Unidos. Além disso, esse novo contexto também altera a origem social dos advogados mais bem posicionados no campo, já que os processos de recrutamento vão sendo cada vez mais pautados por critérios meritocráticos.

Os desdobramentos jurídicos oriundos dessa integração econômica europeia são, assim, descritos pelos autores a partir das transformações que os campos jurídicos nacionais vão sofrendo. Não obstante, essas mudanças na organização do direito também têm o efeito de contribuir para a crescente integração das economias e o consequente surgimento de áreas jurídicas transnacionais.

Vê-se aí mais uma característica que distancia a vertente de pesquisas sobre o direito iniciada por Pierre Bourdieu da tradição do pensamento marxista. Para além do movimento de determinação unilateral do direito pela economia, deve-se considerar também a situação inversa: as influências que o próprio campo jurídico exerce tanto no espaço social como um todo quanto no campo econômico mais especificamente.

Considerações finais

As pesquisas desenvolvidas por Bourdieu têm como principal parâmetro a sociedade francesa e suas instituições. É por meio desse referente que ele introduz suas concepções teóricas e discussões conceituais. O esquema cognitivo desenvolvido a partir daí, no entanto, é passível de ser mobilizado para a análise de outros casos empíricos.

Tratando da importância relativa dos diferentes tipos de capital, por exemplo, Bourdieu assinala que, embora na sociedade francesa os capitais econômico e cultural detenham centralidade, isso pode variar confor-

me as formações sociais. Em uma conferência proferida em Berlim Oriental, em outubro de 1989, ao analisar a dinâmica das sociedades do Leste Europeu, em especial a República Democrática da Alemanha, ele mesmo aponta que a posição ocupada pelo capital econômico nas sociedades capitalistas é substituída pelo que ele chama de "capital político": aquilo que "assegura aos seus detentores uma forma de apropriação privada de bens e de serviços públicos (residências, veículos, hospitais, escolas etc.)" (BOURDIEU, 1997, p. 31). Apesar de essa sociedade ter se baseado em outra dinâmica de organização, e a importância relativa de cada forma de capital variar, o esquema de análise é mantido.

O mesmo raciocínio vale para a compreensão do direito no Brasil. O campo jurídico brasileiro não poderia ser decalcado diretamente nem do modelo francês nem do norte-americano. Embora nossa tradição jurídica tenha como origem o direito romano-germânico, a simples transposição da lógica de funcionamento do campo francês para o caso brasileiro seria insuficiente devido às nossas peculiaridades. Não se pode, por exemplo, desconsiderar tanto o caráter patrimonialista do Estado quanto a herança estamental que marca a formação da sociedade brasileira. A ressalva vale também para a hegemonia global do direito norte-americano. Não obstante sua crescente influência sobre nossas instituições, não se pode simplesmente tomar a impor-

Considerações sobre o Direito na Sociologia de Pierre Bourdieu

tação de modo automático, sendo necessário compreender os interesses dos agentes envolvidos nesse processo, bem como o sentido que os mecanismos importados assumem no contexto do direito brasileiro.

Além disso, a própria gênese de um campo do direito no Brasil deve ser investigada. O esquema desenvolvido pelas pesquisas de Pierre Bourdieu nos levaria a indagações relativas às condições de autonomização desse campo, como se constitui historicamente, quem são seus agentes, quais posições ocupam e em que instituições, o que está em disputa, quais as hierarquias vigentes, os princípios de classificação operantes e os polos de tensão que configura. Sem dúvida, essa perspectiva enfatiza dimensões que ainda estão por ser exploradas no Brasil.

Bibliografia

Textos sobre o direito em Pierre Bourdieu

BOURDIEU, Pierre. A força do direito: elementos para uma sociologia do campo jurídico. In: *O poder simbólico*. São Paulo: Bertrand Brasil, 1998. p. 209-254.

BOURDIEU, Pierre. A codificação. In: *Coisas ditas*. São Paulo: Brasiliense, 2004. p. 96-107.

Outros textos de Pierre Bourdieu

BOURDIEU, Pierre. *Questões de sociologia*. Rio de Janeiro: Marco Zero, 1983.

BOURDIEU, Pierre. Esboço de uma teoria da prática. In: ORTIZ, R. (Org.). *Pierre Bourdieu*. São Paulo: Ática, 1994 (Coleção Grandes cientistas sociais).

BOURDIEU, Pierre. *Razões práticas*: sobre a teoria da ação. Campinas: Papirus, 1997.

BOURDIEU, Pierre. *O poder simbólico*. São Paulo: Bertrand Brasil, 1998b. p. 133-161.

BOURDIEU, Pierre. *Lições da aula*. São Paulo: Ática, 2003.

BOURDIEU, Pierre. *Coisas ditas*. São Paulo: Brasiliense, 2004.

BOURDIEU, Pierre. *Esboço de autoanálise*. São Paulo: Companhia das Letras, 2005.

BOURDIEU, Pierre. *A distinção*: crítica social do julgamento. São Paulo: Edusp; Porto Alegre: Zouk, 2007.

Para saber mais sobre o pensamento de Pierre Bourdieu

CORCUFF, Philippe. *As novas sociologias*: construções da realidade social. Bauru: EDUSC, 2001.

ORTIZ, Renato. A procura de uma sociologia das práticas. In: ORTIZ, R. (Org.). *Pierre Bourdieu*. São Paulo: Ática, 1994 (Coleção Grandes cientistas sociais).

PINTO, Louis. *Pierre Bourdieu e a teoria do mundo social*. São Paulo: FGV, 2000.

WACQUANT, Loïc. Seguindo Pierre Bourdieu no campo. *Revista de Sociologia e Política*, n. 26, p. 13-29, 2006.

WACQUANT, Loïc. Pierre Bourdieu. In: STONES, Rob (Ed.). *Key sociological thinkers*. 2. ed. London and New York: Macmillan, 2008. p. 61-277; 411-414.

Textos de Yves Dezalay

DEZALAY, Yves; TRUBEK, David. A reestruturação global e o direito: a internacionalização dos campos jurídicos e a criação de espaços transnacionais. In: FARIA, José Eduardo (Org.). *Direito e globalização econômica*: implicações e perspectivas. São Paulo: Malheiros, 1998. p. 29-80.

DEZALAY, Yves; TRUBEK, David. O big-bang e o direito: internacionalização e reestruturação do espaço legal. In: FEATHERSTONE, Mike (Org.). *Cultura global*: nacionalismo, globalização e modernidade. Petrópolis: Vozes, 2000. p. 295-310.

DEZALAY, Yves; GARTH, Bryant. A dolarização técnico-profissional e do estado: processos transnacionais e questões de legitimação na transformação do Estado. *Revista Brasileira de Ciências Sociais*, v. 15, n. 43, p. 163-176, 2000.

Michel Foucault

O direito nos jogos entre a lei e a norma

Márcio Alves da Fonseca

Michel Foucault produz seus trabalhos numa região limiar entre diversos campos de saber, em especial aqueles da filosofia e da história. Sua formação em filosofia, na École Normale Supérieure, permitiu ao pensador interessar-se desde cedo também pela história das ciências e pela psicologia, assim como pelos campos da literatura e da medicina. Sua tese de doutorado, publicada em 1961 com o título *História da loucura na Idade Clássica*[1], introduziu o jovem filósofo no debate intelectual de sua geração, cuja formação tem a marca dos estudos estruturalistas, dos debates da filosofia com a psicanálise, do existencialismo e de uma releitura do marxismo que buscava então fundamentar as diversas formas da militância política.

Em seu conjunto, os escritos de Foucault não estabelecem propriamente um sistema de pensamento. Entretanto, sua coesão e sua coerência são norteadas por uma

---

[1]. FOUCAULT, M. *História da loucura na Idade Clássica*. Tradução de José Teixeira Coelho Netto. São Paulo: Perspectiva, 1978. Publicado pelas edições Gallimard, em 1961, o texto de *História da loucura* consistia na tese de doutoramento principal, orientada por Jean Hyppolite. Além deste trabalho, Foucault apresentou à banca examinadora a tese complementar, que consistiu na tradução e no comentário à *Antropologia de um ponto de vista pragmático*, de I. Kant. A tese complementar permaneceu inédita até 2008, quando foi publicada pela editora Vrin. Atualmente, encontra-se publicada também no Brasil: FOUCAULT, M. *Gênese e estrutura da antropologia de Kant*. Tradução de Márcio Alves da Fonseca e Salma Tannus Muchail. São Paulo: Loyola, 2011.

questão filosófica ampla e que se faz presente em toda a sua obra. Trata-se de empreender uma problematização do presente histórico e do sujeito moderno, compreendidos em sua singularidade e contingência. Designada por Foucault de "ontologia do presente" ou "ontologia de nós mesmos", esta problematização contínua da atualidade serve de suporte para as principais interrogações propostas pela filosofia de Foucault. No percurso de suas pesquisas, de sua atividade de ensino no Collège de France e de suas publicações, ela adquirirá diversas formas e se constituirá segundo diferentes ênfases.

Na primeira aula do penúltimo curso[2] que profere no Collège de France, em 1983, o filósofo descreverá claramente este percurso e suas principais inflexões. Primeiro, distingue seus trabalhos daquilo que considera os métodos da "história das mentalidades" e da "história das representações e dos sistemas representativos". Afirmará que, diferentemente de uma história das mentalidades – compreendida como a análise que vai dos comportamentos efetivos às expressões que podem acompanhar esses comportamentos – e, também, de uma história das representações – compreendida quer como a análise do papel das representações relativamente aos objetos representados e relativa-

mente ao sujeito que as representa, quer como a análise do valor das representações, considerado relativamente a um conhecimento (conteúdo, regra ou forma de conhecimento) tomado como critério de verdade –, seu trabalho teria consistido em elaborar uma "história do pensamento", que deveria ser compreendida como a análise de "lugares de experiência", em que se articulariam, uns sobre os outros: primeiro, as formas de um saber possível; em segundo lugar, as matrizes normativas do comportamento dos indivíduos; e, por fim, possíveis modos de constituição do sujeito ou de subjetivação[3].

Ora, trata-se aqui dos três eixos segundo os quais as interrogações de Foucault são elaboradas: o eixo que privilegia o estudo histórico de formações discursivas (saber); o eixo que privilegia o estudo das matrizes normativas de comportamento e das formas concretas de sua atuação sobre os indivíduos (poder); e, por fim, o eixo que privilegia o estudo de formas possíveis de subjetivação (ética).

Não devendo ser considerados como modos de análise independentes ou desarticulados, mas diferentes perspectivas a

---

[2.] FOUCAULT, M. *O Governo de si e dos outros*. Curso no Collège de France (1982-1983). Tradução de Eduardo Brandão. São Paulo: Martins Fontes, 2010.

[3.] Cf. FOUCAULT, M. *O Governo de si e dos outros*, cit., p. 4-5. Observamos aqui que utilizamos a expressão "lugares de experiência" em vez de "focos de experiência", como consta na tradução brasileira do curso de 1983, por entendermos equivocada a tradução. Neste sentido, segue a referência também ao texto original em francês: FOUCAULT, M. *Le gouvernement de soi et des autres*. Cours au Collège de France (1982-1983). Paris, Seuil/Gallimard, 2008, p. 4-5.

partir das quais o pensador constrói sua reflexão sobre o presente e o homem moderno, cada um desses eixos realiza deslocamentos importantes relativamente a formas de análise e a domínios de conhecimento estabelecidos com os quais o pensamento de Foucault dialogará. Desse modo, na medida em que o eixo da formação dos saberes procura estudar a experiência como matriz para a formação dos saberes de uma dada época, Foucault se distancia de uma análise do desenvolvimento ou do progresso dos conhecimentos e procura estudar as práticas discursivas que, em determinada época, puderam constituir-se como solo para certos conhecimentos. Procura estudar as regras segundo as quais estas práticas discursivas se organizaram, o jogo entre o verdadeiro e o falso que por meio delas se constituiu, enfim, procura estudar diferentes formas históricas de constituição da verdade ou de veridicção. Quanto ao eixo do poder, uma vez que pergunta pelas matrizes normativas de comportamento e pelas práticas sociais que permitiram conduzir os comportamentos dos indivíduos, Foucault distancia-se de qualquer formulação de uma teoria geral sobre o poder, fazendo sua análise deslocar-se do problema da legitimidade do poder, do significado das instituições de poder e das formas de dominação para o estudo das técnicas e dos procedimentos por meio dos quais se objetivou, em dada época, conduzir a conduta dos indivíduos e dos grupos. Finalmente, se

o eixo da ética procura estudar diferentes formas pelas quais o indivíduo foi levado a constituir a si próprio como sujeito, Foucault distancia-se da formulação de qualquer teoria do sujeito ou história da subjetividade, deslocando suas análises da questão do sujeito para o problema das formas históricas de subjetivação, consideradas precipuamente por meio das técnicas da relação consigo[4].

O tema do direito está presente nas análises que o filósofo realiza a partir desses três principais eixos de interrogação[5]. Esta presença, porém, não permite a apreensão nem de um conceito de direito nem de uma teoria sobre o direito. Apesar disso, trata-se de uma presença importante e recorrente em quase todos os seus escritos.

Proporemos, a seguir, um breve itinerário para o estudo do tema do direito em Foucault. Este itinerário, ainda que não pretenda ser exaustivo, procurará indicar alguns dos trabalhos do filósofo que consideramos fundamentais para a compreensão da forma pela qual seu pensamento toca o direito, assim como a compreensão dos usos que Foucault faz do direito para constituir importantes aspectos de sua ontologia do presente.

[4.] Cf. FOUCAULT, M. id., p. 5-7.

[5.] Remetemos o leitor ao nosso estudo aprofundado acerca do tema, no livro: FONSECA, M. A. *Michel Foucault e o direito*. 2. ed. São Paulo: Saraiva, 2011. Em grande parte, as análises constantes deste capítulo retomam sinteticamente os momentos principais desse trabalho.

6.1. O tema do direito em Foucault

A busca por um conceito de direito ou uma teoria do direito em Foucault é equivocada, pois nem este conceito nem esta suposta teoria podem ser encontrados em seus escritos. A rigor, não há mesmo um objeto preciso que possa ser chamado "direito" a ser pesquisado em Foucault, mas apenas algumas *imagens* do direito, esboçadas em função de certos *usos* daquilo a que, em Foucault, pode-se designar com a palavra "direito".

Entendemos que um caminho adequado para a pesquisa destas imagens e destes usos é considerar suas implicações com as análises do filósofo acerca da normalização. É a compreensão do problema da norma nos diversos escritos do pensador que permitirá uma apreensão clara, ainda que não evidente, de tema do direito em seus diversos trabalhos.

Em *A vontade de saber*[6], encontra-se uma das referências mais diretas que Foucault faz ao direito, quando sugere uma diferenciação entre o que considera dois modelos distintos do poder: o modelo da soberania (modelo jurídico-discursivo) e o modelo da normalização (modelo disciplinar-normalizador).

Segundo essa distinção, o direito é colocado como a referência para a caracte-rização do modelo jurídico-discursivo do poder. Para Foucault, nesse modelo, o modo de exercício do poder seria dado pelo enunciado da regra ou da lei que, estabelecendo formalmente o lícito e o ilícito, o permitido e o proibido, definiria claramente uma polaridade: de um lado, o polo que interdita, ordena e domina (denotativo da presença do poder); de outro, o polo que obedece, submete-se e é dominado (caracterizado pela ausência do poder).

Para Foucault, ainda que esta representação jurídico-discursiva do poder seja amplamente desenvolvida no âmbito da filosofia e da ciência política, ela é insuficiente para a compreensão das modalidades concretas de exercício do poder. Desse modo, para além deste modelo de poder, que funciona segundo uma clivagem de caráter jurídico, Foucault proporá o modelo da normalização, que irá comportar, em um primeiro momento, o estudo das disciplinas dos corpos e, num segundo momento, o estudo dos mecanismos de regulação biopolítica das populações.

O estudo dos mecanismos disciplinares e dos dispositivos biopolíticos de segurança, abordados por Foucault em parte significativa de seus livros e cursos, constitui a analítica (ou genealogia) do poder empreendida pelo autor. Em conjunto, os trabalhos que compõem a analítica do poder propõem uma abordagem do poder a partir da perspectiva que considera os mecanis-

---

[6] FOUCAULT, M. *A vontade de saber*. 12. ed. Rio de Janeiro: Graal, 1997, p. 79-87.

mos concretos de seu exercício, cujo resultado é a normalização das condutas e a constituição de um tipo específico de sujeito, o sujeito moderno, normalizado. Assim, os dispositivos de normalização estudados por Foucault são compreendidos como formas concretas de exercício de poder que não têm por finalidade primeira a interdição e a obediência à forma geral da lei, mas antes a produção de comportamentos e a constituição de subjetividades.

Desse modo, na distinção conceitual entre estes dois modelos de poder, o direito servirá para caracterizar justamente o modelo da soberania, distinto do modelo da normalização disciplinar e biopolítica. Deste uso do direito em Foucault, decorre uma primeira imagem do direito a ser destacada em seus escritos, a que denominamos: direito como lei. Nela, há uma clara oposição entre o direito e a norma disciplinar e biopolítica.

Porém, esta oposição entre direito e norma deve ser considerada apenas uma oposição conceitual, pois não se configura como uma oposição entre duas realidades ou dois âmbitos (o âmbito do direito e o âmbito dos mecanismos da normalização) que estariam concretamente separados. No que concerne ao campo das práticas concretas (e não ao campo estritamente conceitual), as práticas atreladas ao direito e os mecanismos da normalização não se opõem, ao contrário, colonizam-se mu-

tuamente. Trata-se de uma relação de implicação recíproca entre o que Foucault denomina direito e o que chama de norma, que consiste precisamente em um segundo uso, acompanhado de uma segunda imagem do direito, presente em seus trabalhos.

Para além de ser compreendido como lei, o direito é apreendido aqui como vetor dos mecanismos da normalização. Se a relação normalização/direito se apresenta sob a forma de uma oposição quando se trata de distinguir duas concepções de poder essencialmente diferentes (uma em que o poder aparece como restritivo das ações, e outra em que se procura pensar em seus mecanismos produtores), uma vez identificados os mecanismos do poder normalizador, trata-se de mostrar de que maneira seu funcionamento implica continuamente as práticas do direito. Assim, a normalização estabeleceria com o direito relações de implicação e de reciprocidade. Designamos esta imagem com a expressão: direito normalizado-normalizador.

Finalmente, a leitura sistemática dos trabalhos de Foucault sugere ainda um terceiro uso e uma terceira imagem do direito que pode ser ali apreendida. Enquanto a imagem do direito como lei expressa uma oposição conceitual entre os saberes e as práticas do direito e os mecanismos da normalização, enquanto a imagem do direito normalizado-normalizador exprime a colonização concreta entre os saberes e as práticas do direito e os mecanismos da norma, esta terceira imagem remete a outra forma de oposição, presente em Foucault, entre os saberes e as práticas do direito e a normalização. Diferentemente de uma oposição conceitual, esta nova oposição entre direito e norma refere-se ao campo das práticas. Trata-se de uma imagem do direito, esboçada em alguns poucos escritos do filósofo, em que este considera práticas do direito que seriam dotadas de um caráter de resistência e de contraposição aos mecanismos da normalização. O pensador falará, então, de um direito novo, sendo esta a terceira imagem do direito que identificamos em seus trabalhos.

Passaremos a apresentar, esquematicamente, cada uma destas imagens.

6.2. O direito como lei

Uma oposição conceitual entre o âmbito do legal e o âmbito do normal permite-nos apreender, em Foucault, a imagem do direito identificado àquilo a que podemos chamar de estruturas da legalidade, compreendidas como as próprias leis, os decretos, os regulamentos, os ordenamentos, o edifício consolidado da jurisprudência e, também, o aparato judiciário, integrado pela função judiciária e pelos tribunais em suas diversas instâncias.

Nessa imagem, o direito não se confunde com os mecanismos da normalização descritos por Foucault em sua analítica do poder. O direito serve, ao contrário, para denotar a particularidade das práticas da normalização relativamente ao domínio formalizado da lei. O direito é encarado, portanto, como um sistema de leis e de aparelhos, independentemente de suas implicações com a normalização.

Em *História da loucura*, por exemplo, a imagem do direito como lei tem um lugar importante. Neste livro, Foucault estuda três diferentes percepções históricas da loucura da cultura ocidental: as percepções renascentista, clássica e moderna. De maneira especial relativamente a duas delas – a percepção clássica e a moderna –, a consideração do direito enquanto lei permite a Foucault analisar o caráter de interdição inerente às medidas de internamento do louco. Na Idade Clássica, o louco, ao lado de outras figuras sociais igualmente excluídas do mundo do trabalho e da produção, é internado nos hospitais gerais, que se apresentam como estruturas de segregação social, econômica e moral. Na época moderna, o internamento do louco no asilo psiquiátrico, no interior do qual a loucura será percebida propriamente como doença mental, também se apoia no papel de interdição da lei. A estrutura própria das instituições de internamento, seja o hospital geral ou o asilo, apresenta-se como uma estrutura "semijurídica". Foucault descreverá tanto o asilo, preconizado por Pinel na França, quanto aquele idealizado por Tuke na Inglaterra como microcosmos jurídicos, com seus procedimentos de inquérito, seus julgamentos, suas penas e seus castigos.

A imagem do direito como lei também ocupará um lugar importante em *Vigiar e punir*[7]. Neste livro, a normalização disciplinar será analisada como uma tecnologia positiva de poder e seus procedimentos serão estudados em detalhe, tais como a distribuição espacial dos corpos, o controle do tempo e das atividades, a vigilância pan-óptica, a composição das forças individuais em série. A descrição destes mecanismos terá como referência o domínio institucional constituído pela prisão. Segundo as análises de Foucault, a partir do início do século XIX, o aprisionamento será o modo de punição da quase totalidade dos crimes. Ela é a instituição que lhe permitirá descrever o funcionamento do poder disciplinar, como conjunto de estratégias de controle dos corpos que vinha se constituindo lentamente durante os séculos XVII e XVIII em vários domínios. Desse modo, a forma punitiva da prisão constitui o objeto central de *Vigiar e punir*. Para bem caracterizá-lo, Foucault o oporá a duas outras formas punitivas: o suplício e a forma de punição decorrente da reforma humanista do direito penal da segunda metade do século XVIII. É no interior do estudo dessas duas formas de punição, anteriores à prisão, que a imagem do direito enquanto legalidade terá seu lugar.

No estudo das diferentes formas punitivas abordadas em *Vigiar e punir*, interessa a seu autor estudar as transformações nos modos de punição a partir de um investimento político sobre o corpo. Segundo Foucault, o que se reconhece por meio do corpo marcado ou dilacerado do supliciado é, acima de tudo, a lei. Lei que dá forma e expressa a vontade do soberano, lei que fora desrespeitada e cujo efeito deverá evidenciar, segundo intensidades diversas, a dissimetria entre o poder do soberano e aquele do súdito que a desrespeitara e que, por isso, é punido. O que está em jogo no suplício é a lei que, na forma de sentença, é executada minuciosamente diante de um público atento, principal alvo e personagem do ritual político das penas físicas. Não há expressão mais clara da imagem do direito como lei, em Foucault, que em suas análises sobre o suplício. Nesse modo de punição, revela-se a economia de poder soberano, cujo funcionamento se dá pelo confronto entre a vontade do soberano expressa pelo comando legal, a desobediência a essa vontade cometida por alguém e a imposição de uma sanção que se desenrola como resultado

---

[7] FOUCAULT, M. *Vigiar e punir*. Tradução de Raquel Ramalhete. 21. ed. Petrópolis: Vozes, 1999.

desta desobediência. Desse modo, o ritual do suplício reativa o poder soberano, na medida em que manifesta publicamente o triunfo da lei sobre qualquer desobediência a suas prescrições.

Assim como na forma punitiva do suplício, também será em referência a um quadro geral de correspondência entre lei, crime e pena que a reforma humanista do direito penal será estruturada. O ideal da reforma se formula em oposição à desumanidade do suplício corporal. Os principais reformadores – como Beccaria, Servan, Lacretelle, Duport e Target – propalam a necessidade de se estabelecer uma forma de castigo sem suplício, que respeitasse a "humanidade" do criminoso, por pior que tivesse sido seu crime.

Em sua análise da reforma humanista, Foucault explorará o fundo utilitário inspirador da reforma. Trata-se de organizar uma justiça mais ágil e desembaraçada, em face de transformações significativas nos domínios econômico, político e social da segunda metade do século XVIII. No fundo, o que se denunciava era uma justiça penal irregular, devido à multiplicidade de instâncias com poder de decisão que a compunham, e o que estava efetivamente em questão na reforma do direito penal da época era o estabelecimento de uma nova economia do poder de punir.

Para explicitar essa nova economia punitiva, Foucault utilizará a noção de "ilegalismo"[8]. Foucault introduz esta noção no curso *La société punitive*[9], por ele proferido no Collège de France em 1973, retomando-a como principal referência para as análises sobre a reforma humanista do direito penal em *Vigiar e punir*.

Por meio da noção de ilegalismo, Foucault procurará compreender o significado real da reforma, que iria estabelecer uma correspondência precisa entre os diversos tipos de crimes e as diversas formas de pena, e procurará compreender também a passagem desta forma punitiva para a pena uniforme representada pela prisão, que se afirma a partir do início do século XIX.

A noção de ilegalismo remete à ideia de um jogo entre a legalidade formalmente estabelecida e as ilegalidades efetivamente praticadas. Trata-se de considerar que certo número de ilegalidades, em determinado momento, teriam seu lugar no interior dos processos econômicos e sociais presentes em um grupo qualquer, sendo portanto aceitas ou mesmo incentivadas, e que, em outro contexto, as mesmas ilegali-

---

[8.] O termo "ilegalismo" (*illégalisme*) é empregado por Foucault em *Vigiar e punir* e em outros escritos sobre o tema da reforma humanista do direito penal. Vale observar que as traduções disponíveis de *Vigiar e punir* para o português utilizam o termo "ilegalidade" (*illégalité*) no lugar de "ilegalismo". Consideramos esta tradução inadequada, sendo que esta inadequação ficará clara no correr de nossa abordagem sobre o tema.

[9.] FOUCAULT, Michel. *La société punitive*. Cours au Collège de France: 1972-1973. Inédito. Disponível para consulta em texto datilografado. Dactylographie établie par Jacques Lagrange (213 p.), arquivos da Bibliothèque Générale du Collège de France, p. 116-144.

dades poderiam deixar de ser toleradas e passariam a ser perseguidas.

Para Foucault, entre o que é prescrito pela lei e as ilegalidades de fato praticadas, não existe um sistema punitivo neutro. Isso significa dizer que, concretamente, nem toda prática ilegal deve ser punida e nem toda lei deve ser cumprida. A punição será antes compreendida no contexto de um jogo diverso de interesses e forças, em que muitas vezes legalidade e ilegalidade não se opõem no plano efetivo das práticas socialmente aceitas.

Relativamente à reforma humanista de meados do século XVIII, por exemplo, as análises de Foucault mostrarão que haverá uma importante inversão no eixo segundo o qual os ilegalismos se organizavam. Este eixo era descrito principalmente pelas inobservâncias a direitos que, se respeitados integralmente, representariam entraves ao funcionamento geral dos diferentes grupos em relação ao crescimento econômico. Nesse contexto, é significativa a tolerância de ilegalidades como a sonegação de impostos e o contrabando. Impulsionado por esta tolerância, o crescimento econômico da burguesia, em meados do século XVIII, ao mesmo tempo em que se afirma, exigirá uma reorganização no eixo destes ilegalismos. Com o aumento geral das riquezas obtido pela burguesia e o crescimento demográfico da época, será possível então entender a mudança do alvo principal dos ilegalismos

dos direitos para os bens. Se os ilegalismos dos direitos eram necessários à economia burguesa liberal, os ilegalismos dos bens deverão ser duramente punidos, uma vez que ela tiver se estabelecido.

Paralelamente às diversas atividades que passam a ser consideradas ilícitas, será necessária uma codificação minuciosa de todas essas práticas, fundamental para o exercício de uma punição que não poderá mais ser geral e uniforme, mas que deverá ser proporcional à gravidade de cada crime. É aí que a reforma humanista encontra seu real significado.

A noção de ilegalismo, elaborada por Foucault, possibilita-nos pensar, para além da oposição legalidade-ilegalidade, na existência concreta de uma gestão de práticas consideradas ilegais, em função de um conjunto de elementos extrajurídicos (econômicos, sociais, políticos), ainda que os limites em que esta gestão se efetiva possuam como referência principal a própria lei, uma vez que esta diferenciaria previamente zonas de rigor e de abrandamento repressivos[10]. Podemos entender, portanto, que os ilegalismos circulam entre o domínio formalizado da lei e os domínios não necessariamente formalizados que constituem as práticas de ordem econômica, social e política.

---

[10]. Cf. MONOD, J.-C. *La police des conduites*. Paris: Michalon, 1997, p. 80.

A noção de ilegalismo permite a Foucault distanciar-se de uma concepção demasiadamente rígida de lei. Esse distanciamento nos ajudará a compreender, a seguir, a segunda imagem do direito presente em seus trabalhos, diferente da mera legalidade. Uma imagem que, distinta da lei e de suas estruturas formais, reporta-se fundamentalmente à normalização.

6.3. Direito e normalização

Se, no plano conceitual, a lei e a normalização puderam ser descritas como realidades separadas, em alguns dos trabalhos de Foucault, quando o autor as considera no plano das práticas, elas serão compreendidas em suas inúmeras implicações. Esboça-se, assim, uma segunda imagem do direito nos escritos do filósofo: o direito normalizado-normalizador. Nela, as estruturas da legalidade e os mecanismos da normalização se interpenetram, sendo suporte uns dos outros.

Esta imagem do direito está presente em *Vigiar e punir*, uma vez que a análise da forma punitiva consistente na prisão (terceira forma punitiva abordada no livro) terá o papel de descrever as funções e os instrumentos da normalização disciplinar. Ela se encontra também em *A vontade de saber*, livro em que Foucault introduz a análise da biopolítica. Está presente ainda em todos os cursos do Collège de

France da década de 1970[11], uma vez que, em conjunto e ao lado dos livros citados, esses cursos constituem o essencial da analítica do poder de Foucault, compreendida como a análise dos mecanismos da normalização disciplinar e da normalização biopolítica.

Para Foucault, as análises sobre o poder apoiadas exclusivamente em um modelo jurídico (que pergunta pela legitimidade do poder) ou em um modelo institucional (que pergunta pelo significado e pelo papel do Estado e de suas instituições) seriam insuficientes para elucidar as formas complexas pelas quais as relações de poder se estabelecem nas sociedades modernas. Seu esforço orienta-se, assim, tanto no sentido de apontar para os limites de uma concepção ontológica do poder quanto no sentido de deslocar o foco das análises sobre o poder para as diversas modalidades de seu exercício.

---

[11]. Os cursos são: FOUCAULT, M. *Leçons sur la volonté de savoir*. Cours au Collège de France. 1970-1971. Paris: Gallimard/Seuil, 2011; FOUCAULT, M. *Théorie et institutions pénales*. Cours au Collège de France. 1972. Inédito; FOUCAULT, M. *La société punitive*. Cours au Collège de France. 1972-1973, op. cit.; FOUCAULT, M. *O poder psiquiátrico*. Curso no Collège de France (1973-1974). Tradução de Eduardo Brandão. São Paulo: Martins Fontes, 2006; FOUCAULT, M. *Os anormais*. Curso no Collège de France (1974-1975). Tradução de Eduardo Brandão. São Paulo: Martins Fontes, 2001; FOUCAULT, M. *Em defesa da sociedade*. Tradução de Maria Ermantina Galvão. São Paulo: Martins Fontes, 1999; FOUCAULT, M. *Segurança, território, população*. Curso no Collège de France (1977-1978). Tradução de Eduardo Brandão. São Paulo: Martins Fontes, 2008; FOUCAULT, M. *Nascimento da biopolítica*. Curso no Collège de France (1978-1979). Tradução de Eduardo Brandão. São Paulo: Martins Fontes, 2008.

O poder será considerado menos como uma propriedade – algo que se possui e de que se dispõe – do que como uma estratégia. Para Foucault, o poder não se esgota nas instituições do Estado e no edifício do direito, mas se configura como uma rede de relações de forças na qual o próprio Estado e o direito encontram-se inseridos. O poder não tem uma essência, é antes operatório. Não atua exclusivamente por violência ou repressão, é antes produtor de gestos, atitudes e saberes.

Assim, em seus primeiros cursos, trata-se de abordar o tema do poder em suas implicações com a questão da verdade e com a constituição dos sujeitos históricos, a fim de avançar para uma concepção não ontológica do poder.

O curso de 1971, *Leçons sur la volonté de savoir*, tem como horizonte o estudo da função do discurso verdadeiro no interior do enunciado da lei. A partir da consideração de diferentes formas históricas de produção da verdade judiciária, Foucault sustentará a tese de que, se em todo discurso judiciário está implicada a verdade, esta não se apresenta a esse discurso sob a forma da pura constatação, como algo que lhe seria anterior e exterior. O discurso jurídico não se ordenaria em função de uma verdade primeira, que lhe seria ao mesmo tempo anterior e exterior, mas se estruturaria em função de uma verdade que é estabelecida segundo as regras que são interiores a esse discurso.

Desse modo, na produção da verdade judiciária, saber e poder não se encontram dissociados. A verdade é uma função estabelecida no interior de certo jogo de saber/poder que constitui o discurso e a prática jurídicos. É nessa perspectiva que serão analisadas, no curso de 1971, formas de saber/poder constitutivas das práticas jurídicas na Grécia antiga.

No curso do ano seguinte, intitulado *Théories et institutions pénales* e ainda inédito, Foucault estudará a formação do inquérito como forma de produção da verdade judiciária atrelada à formação do Estado medieval, lentamente elaborada a partir dos modelos de gestão e de controle judiciários. No curso de 1973, também inédito e intitulado *La société punitive*, estuda o significado da "função punitiva" presente nas sociedades enquanto expressão privilegiada da implicação entre saber/poder na constituição da verdade jurídica. Relativamente às sociedades ocidentais modernas, entende que esta função punitiva é exercida, de maneira predominante, pela prisão. Daí a prisão ser o objeto central desse curso, assim como o será em *Vigiar e punir*. Este percurso dos três primeiros cursos do Collège de France é retomado também na série de conferências *A Verdade e as formas jurídicas*[12], proferidas por Foucault no Brasil, em 1973.

---

12. FOUCAULT, M. *A verdade e as formas jurídicas*. 3. ed. Rio de Janeiro: NAU, 2003.

Em conjunto, todos esses trabalhos estudam a normalização disciplinar, aquela que se efetiva sobre os corpos no interior dos lugares institucionais. Ao descrever as funções do poder disciplinar – característico de instituições como a prisão, o hospital, a fábrica, o exército – tal como se estruturam a partir do final do século XVII, o filósofo explicita as técnicas de distribuição espacial individualizada, de controle minucioso do tempo e das atividades, de seriação e capitalização das forças dos indivíduos no interior destas instituições. Associados aos instrumentos de uma vigilância ininterrupta, de um sistema de sanções que consiste no exercício das atividades esperadas e da elaboração de um saber que tem a forma do exame, a disciplina constitui uma individualidade dócil e útil, adequada e produtiva. Nesse sentido, dirá Foucault, uma individualizada normalizada. A normalização disciplinar é historicamente identificada por Foucault em sua simultaneidade à constituição das sociedades capitalistas modernas, nas quais o controle dos corpos individuais se atrela aos mecanismos codificados da produção. Daí, Foucault afirmar que a disciplina é uma anatomopolítica dos corpos.

Nesse sentido, se consideramos este modo de efetivação da normalização disciplinar, a imagem do direito que se esboça é aquela em que os saberes e as práticas jurídicas sustentam e, ao mesmo tempo,

são sustentadas pelos mecanismos concretos da normalização. Pensemos, por exemplo, nas medidas de apropriação dos corpos a serem inseridos nas instituições disciplinares e nos regulamentos de tais instituições, nas formas de saber produzidas sobre os indivíduos no interior das instituições disciplinares e na incorporação destes saberes aos domínios formalizados da lei e das instituições judiciárias.

Entretanto, a disciplina dos corpos não é senão um aspecto da normalização estudada por Foucault. A partir do ano de 1976, o filósofo se deterá sobre outra face da normalização, relativa não somente aos corpos individuais localizados em instituições específicas, mas aos processos da vida biológica das populações. Trata-se daquilo a que Foucault chamará de biopolítica, na medida em que se refere a considerar os mecanismos de regulação e de seguranças que permitirão a apropriação da vida biológica pelas estratégias políticas. Quando a vida biológica ingressa definitivamente nos cálculos da política, inaugura-se, segundo Foucault, a era do biopoder.

A normalização biopolítica atua sobre os aspectos da vida biológica que, se considerados na perspectiva dos grupos humanos, permitem o estabelecimento de padrões de normalidade a partir dos quais se estruturam as diversas formas de controle. Desse modo, os processos como a natalidade e a mortalidade, o controle das morbidades, as movimentações espaciais das populações, as taxas dos acidentes podem se constituir objetos de governo e de gestão. Associada aos mecanismos da disciplina dos corpos, a normalização biopolítica permite a regulação dos processos da vida das populações segundo formas de gestão e de governo racionais e complexos.

Assim, a imagem de um direito normalizado-normalizador em Foucault se integraria pelas diversas formas jurídicas, como os decretos administrativos, as medidas de segurança, as decisões judiciárias e também as arbitragens que dispõem acerca de realidades, por exemplo: o papel e as funções dos órgãos públicos em face das necessidades das sociedades, as condições segundo as quais se desenvolvem as atividades produtivas dos indivíduos, os problemas de seguridade social, de regime de trabalho, de saúde pública, de segurança e de violência etc. Diversos campos do direito poderiam, então, ser pensados em suas implicações com os mecanismos da normalização biopolítica, particularmente aqueles do direito administrativo, do direito do trabalho, do direito previdenciário, do direito ambiental, dos direitos coletivos.

É importante notar que esta segunda imagem do direito em Foucault não exprime um domínio independente das estruturas da legalidade. Ao invés disso, nas so-ciedades modernas, segundo Foucault, cada vez mais a lei funciona como norma (disciplinar e biopolítica), cada vez mais a lei se confunde com os mecanismos da normalização.

6.4. Direito e prática da liberdade

Foucault utiliza a expressão "direito novo" na aula de 14 de janeiro do curso de 1976, *Em defesa da sociedade*[13]. Com esta expressão, quer especular acerca de uma forma possível para o direito, que seria um "direito antidisciplinar" – ou seja, não seria vetor dos mecanismos de normalização – e que estaria, ao mesmo tempo, "liberto do princípio da soberania" – quer dizer, liberto das formas que o aprisionam numa estrutura de poder soberano, cujos instrumentos assegurariam a dominação e a obediência.

Ao explorarmos o significado possível desta ideia esboçada por Foucault, é que encontramos aquela que seria a terceira imagem do direito presente em seu pensamento, a que designamos justamente direito novo. Ela deve ser recolhida em momentos esparsos dos trabalhos do filósofo e pode ser localizada em duas posturas.

Em primeiro lugar, é esboçada em uma postura, por assim dizer, negativa. Trata-se da postura quase generalizada de

---

[13.] FOUCAULT, M. *Em defesa da sociedade*, cit., p. 47.

desconfiança em relação a todas as formas do direito formalizado tal como o conhecemos. Em diversos momentos de seus trabalhos, Foucault exprime esta atitude de desconfiança em relação à forma da lei, da produção legislativa, das instâncias de julgamento e de aplicação das sanções. Isso porque identifica nestas formas consolidadas precisamente uma associação entre aquilo a que chama de princípio da soberania e mecanismos da normalização. Segundo Foucault, desconfiar da forma do direito seria interrogar-se acerca de um domínio de saberes e de práticas em que os mecanismos da normalização e a estrutura formal (apoiada no princípio de soberania) constituem uma unidade.

Relativamente a esta postura de desconfiança de Foucault, podemos citar, por exemplo, o artigo sobre a justiça popular[14], no qual o filósofo coloca em questão a forma mesma do Tribunal, ao discutir de que modo esta forma teria por função histórica dominar as manifestações da justiça popular.

Entretanto, esta postura negativa não é capaz de fornecer os contornos efetivos à imagem de um direito novo em Foucault. Ela deverá ser colocada ao lado daquilo a que podemos considerar uma postura positiva do autor em face do direito. Esta atitude positiva se referirá a práticas do direito que poderiam constituir-se em modos de resistência e de oposição aos mecanismos da normalização.

Para identificá-la, é necessário, portanto, interrogarmo-nos acerca da própria ideia de resistência em Foucault. A resistência aos mecanismos da normalização deve ser pensada, segundo a perspectiva do filósofo, tendo como referência principal o problema do governo das condutas.

Nos cursos *Segurança, território, população* e *Nascimento da biopolítica*, Foucault estuda em detalhes três formas racionalizadas e historicamente situadas de governo (ou gestão) das condutas dos indivíduos. Designa estas formas de gestão das condutas pela palavra "governamentalidade", sendo as três formas históricas de governamentalidade estudadas nestes cursos: a razão de Estado (dos séculos XVI-XVII), o liberalismo (século XVIII) e os neoliberalismos contemporâneos.

Ora, no próprio curso *Segurança, território, população*[15] e também na conferência *Qu'est-ce que la critique?*[16], proferida na Société Française de Philosophie naquele mesmo ano de 1978, Foucault afirmará que a resistência às governamentalidades políticas, ou seja, às formas organizadas de condução das condutas dos homens

---

[14.] FOUCAULT, M. Sobre a justiça popular. In: *Microfísica do poder.* 7. ed. Rio de Janeiro: Graal, 1988, p. 39-68.

[15.] FOUCAULT. M. *Segurança, território, população,* cit., p. 253 e ss.

[16.] FOUCAULT, M. Qu'est-ce que la critique? *Bulletin de la Société Française de Philosophie,* t. LXXXIV, année 84, n. 2, p. 35-63, 1990.

(também denominadas de artes de governar) deverá ser pensada como a atitude de recusa em ser governado. Foucault chamará estes gestos de recusa e de oposição às artes de governar de "atitude crítica".

Para o filósofo, o problema da governamentalidade encerra dois aspectos necessariamente implicados entre si. Um deles seria como governar a conduta dos homens, e o outro seria como não ser governado. A atitude crítica consistiria justamente na arte de não ser governado, elaborada e colocada em prática no interior e em correlação com as próprias artes de governar. Para Foucault, "se a governamentalização é o movimento pelo qual se trata de sujeitar os indivíduos através de mecanismos de poder que reclamam para si uma certa verdade, no seio de uma realidade social, [...] a crítica é o movimento pelo qual o sujeito dá a si mesmo o direito de interrogar a verdade sobre seus efeitos de poder e interrogar o poder sobre seus efeitos de verdade"[17].

Por isso, a atitude crítica seria uma atitude ao mesmo tempo moral e política, uma maneira de pensar e de agir. Arte da "não servidão voluntária" ou arte da "indocilidade refletida", a atitude crítica, enquanto recusa de ser governado, é a noção que melhor exprime a forma que pode ter a resistência em Foucault.

A imagem de um direito novo deve ser buscada, portanto, em práticas do direito que, de certo modo, sejam expressão desta atitude crítica. Ela tomará forma nas práticas que constituem uma oposição de indivíduos e de grupos às artes de governar que se apoiam nos mecanismos de normalização.

Podemos mencionar alguns exemplos deste tipo de práticas nas quais Foucault reconhece esta forma de atitude, consideradas então expressão concreta daquilo que imagina ser um direito novo.

Em 1981, Foucault redige um manifesto por ocasião da criação, em Genebra, de um Comitê Internacional contra a pirataria aérea, intitulado *Face aux gouvernements, les droits de l'homme*[18]. Nesse breve texto, o autor faz referência a certo número de iniciativas humanitárias, como os movimentos "Terra dos homens", "Anistia internacional" e "Médicins du monde". Compara, então, estas iniciativas com a sua e de seus colegas ao escreverem aquele manifesto. Foucault referia-se ao fato dos redatores do manifesto, dentre os quais ele figurava, serem indivíduos comuns que se dispunham a falar de uma dificuldade comum. Nenhum deles era obrigado a fazê-lo. E justamente do fato de nenhum dentre eles ter sido nomeado

---

[17]. FOUCAULT, M. id., p. 39.

[18]. FOUCAULT, M. Face aux gouvernements, les droits de l'homme. In: *Dits et écrits*. Paris: Gallimard, 1994. t. IV.

para fazê-lo é que decorria seu "direito" de o fazerem.

Segundo Foucault, três princípios conduziam aquele gênero de iniciativas. O primeiro concernia à existência de uma "cidadania internacional", que possui seus direitos e que tem seus deveres, e que se engaja em insurgir-se contra todo abuso de poder, qualquer que seja seu autor, quaisquer que sejam suas vítimas. O elo entre todos os indivíduos no interior dessa cidadania internacional seria o fato de todos serem governados: "após tudo [dirá Foucault] nós somos todos governados e, a esse título, solidários"[19]. O segundo princípio aponta para o dever dessa cidadania internacional de "sempre fazer valer aos olhos e aos ouvidos dos governantes os sofrimentos dos homens"[20]. Pelo fato de quererem "se ocupar da felicidade das sociedades, os governos se arrogam o direito de contabilizar o lucro e as perdas do sofrimento dos homens que suas decisões provocam ou que suas negligências permitem"[21]. A esse respeito, dirá Foucault: "o sofrimento dos homens não deve jamais ser um resto mudo da política. Ele funda um direito absoluto de se levantar e se dirigir àqueles que detêm o poder"[22]. Por fim, o terceiro princípio se configura na responsabilidade de todo indivíduo de inquietar-se com a vida social e com tudo que nela está implicado. Não é possível separar, de acordo com Foucault, as tarefas entre os governos e os governados. Deve-se recusar esta separação, pois, segundo ele: "cabe tradicionalmente aos indivíduos indignarem-se e falar; e cabe aos governantes refletir e agir. As iniciativas como aquelas citadas (Anistia Internacional, Terra dos Homens, etc.) exprimem a recusa em se aceitar esse 'papel teatral da pura e simples indignação' que nos é proposto, a nós, indivíduos particulares. Tais iniciativas criaram um direito novo: 'aquele dos indivíduos particulares intervindo efetivamente na ordem da política e das estratégias internacionais'"[23].

O que se depreende desta série de exemplos é a ideia de um direito que seria objeto de uma transformação permanente. Os exemplos citados por Foucault encerram também a ideia de que os indivíduos são continuamente chamados a participar do jogo da regulamentação social, decorrente de uma negociação contínua, ao qual Paolo Napoli se referirá como "jogo jamais definitivo, sempre elástico e transformável da regulamentação social"[24].

Neste jogo, afirmará Foucault no artigo "Um sistema finito em face de uma

---

[19]. FOUCAULT, M. id., p. 707.
[20]. FOUCAULT, M. id., p. 708.
[21]. FOUCAULT, M. id., p. 708.
[22]. FOUCAULT, M. id., p. 708.

[23]. FOUCAULT, M. id., p. 708.
[24]. NAPOLI, P. Face au droit: moments d'une experience foucauldienne. In: D'Alessandro, L.; Marino, A. *Michel Foucault:* trajectories au coeur du present. Paris: L'Harmattan, 1998, p. 183.

demanda infinita": "Trata-se de saber, e isso é um formidável problema ao mesmo tempo político, econômico e cultural, sobre quais critérios e segundo qual modo combinatório estabelecer a norma sobre a base da qual poderíamos definir, em um momento dado, um direito [qualquer]"[25].

Em sua imprecisão de simples imagem, o direito novo, na perspectiva de Foucault, possui então um ponto de ancoragem preciso, que consiste na ação refletida dos indivíduos. Como afirma Napoli, nesta imagem de um direito novo "a ação não é o predicado de um enunciado legal, ela é, ao contrário, o momento indiferenciado que funda a pretensão a novos direitos"[26].

Pensar o direito enquanto domínio de saberes e de práticas cuja verdadeira legitimação não pode decorrer senão da prática refletida dos indivíduos, sem referência a qualquer princípio de totalização: é a esta ideia que o pensamento de Foucault remete quando nos sugere a imagem de um direito novo. Esta imagem é tênue, tem a consistência de uma simples atitude, mas atitude capaz de ultrapassar a finitude de um direito compreendido somente em termos de formalização, permitindo a abertura desse domínio à infinitude das situações humanas.

O direito como lei, o direito normalizado-normalizador e o direito novo são três figuras do direito que identificamos nos escritos de Michel Foucault. Por meio delas, somos instigados a pensar o direito diferentemente. Elas nos sugerem pensar o direito a partir da indeterminação do próprio objeto "direito", a pensá-lo também apartado dos parâmetros coerentes de uma teoria do direito. Entretanto, talvez seja justamente esta a contribuição que o pensamento de Foucault pode trazer ao estudo do direito. Abordá-lo segundo um olhar não essencialista e histórico, capaz de perceber, por debaixo do edifício lógico, as ambiguidades e as contradições, mas para além deste mesmo edifício, também as possibilidades e os desafios.

Bibliografia

EWALD, F. *Foucault. A norma e o direito*. Lisboa: Vega, 1993.

FONSECA, M. A. *Michel Foucault e o direito*. 2. ed. São Paulo: Saraiva, 2011.

FOUCAULT, M. *Théorie et institutions pénales*. Cours au Collège de France, 1972. Inédito.

FOUCAULT, M. *La société punitive*. Cours au Collège de France: 1972-1973. Inédito. Disponível para consulta em texto datilografado. Dactylographie établie par Jacques Lagrange (213 p.), arquivos da Bibliothèque Générale du Collège de France, p. 116-144.

FOUCAULT, M. *História da loucura na Idade clássica*. Tradução de José Teixeira Coelho Netto. São Paulo: Perspectiva, 1978.

FOUCAULT, M. Sobre a justiça popular. In: *Microfísica do poder*. 7. ed. Rio de Janeiro: Graal, 1988. p. 39-68.

---

[25]. FOUCAULT, M. Un système fini face à une demande infinie. In: *Dits et écrits*, t. IV, cit., p. 377.

[26]. NAPOLI, P. Face au droit: moments d'une experience foucauldienne, cit., p. 180.

Manual de Sociologia Jurídica

FOUCAULT, M. Qu'est-ce que la critique? *Bulletin de la Société Française de Philosophie*, t. LXXXIV, année 84, n. 2. p. 35-63, 1990.

FOUCAULT, M. Face aux gouvernements, les droits de l'homme. In: *Dits et écrits*, Paris, Gallimard, 1994. t. IV, p. 707-708.

FOUCAULT, M. Un système fini face à une demande infinie. In: *Dits et écrits*, t. IV, Paris, Gallimard, 1994, p. 367-383.

FOUCAULT, M. *A vontade de saber*. 12. ed. Rio de Janeiro: Graal, 1997.

FOUCAULT, M. *Em defesa da sociedade*. Tradução de Maria Ermantina Galvão. São Paulo: Martins Fontes, 1999.

FOUCAULT, M. *Vigiar e punir*. Tradução de Raquel Ramalhete. 21. ed. Petrópolis: Vozes, 1999.

FOUCAULT, M. *Os anormais*. Curso no Collège de France (1974-1975). Tradução de Eduardo Brandão. São Paulo: Martins Fontes, 2001.

FOUCAULT, M. *A verdade e as formas jurídicas*. 3. ed. Rio de Janeiro: NAU, 2003.

FOUCAULT, M. *O poder psiquiátrico*. Curso no Collège de France (1973-1974). Tradução de Eduardo Brandão. São Paulo: Martins Fontes, 2006.

FOUCAULT, M. *Le gouvernement de soi et des autres*. Cours au Collège de France (1982-1983). Paris: Seuil/Gallimard, 2008.

FOUCAULT, M. *Nascimento da biopolítica*. Curso no Collège de France (1978-1979). Tradução de Eduardo Brandão. São Paulo: Martins Fontes, 2008.

FOUCAULT, M. *Segurança, território, população*. Curso no Collège de France (1977-1978). Tradução de Eduardo Brandão. São Paulo: Martins Fontes, 2008.

FOUCAULT, M. *O Governo de si e dos outros*. Curso no Collège de France (1982-1983). Tradução de Eduardo Brandão. São Paulo: Martins Fontes, 2010.

FOUCAULT, M. *Gênese e estrutura da Antropologia de Kant*. Tradução de Márcio Alves da Fonseca e Salma Tannus Muchail. São Paulo: Loyola, 2011.

FOUCAULT, M. *Leçons sur la volonté de savoir*. Cours au Collège de France. 1970-1971. Paris: Gallimard/Seuil, 2011.

MONOD, J.-C. *La police des conduites*. Paris: Michalon, 1997.

NAPOLI, P. Face au droit: moments d'une expérience foucaldienne. In: D'ALESSANDRO, L.; MARINO, A. *Michel Foucault:* trajectoires au coeur du present. Paris: L'Harmattan, 1998.

7

O Direito na Sociologia de Niklas Luhmann

Guilherme Leite Gonçalves
João Paulo Bachur

7.1. Niklas Luhmann: vida e obra

Niklas Luhmann (8-12-1927 – 6-11-1998) é considerado um autor de difícil compreensão nas ciências sociais em geral e na sociologia do direito em particular – e isso por diversas razões, que não competem a esta apresentação introdutória esmiuçar[1]. Nas próximas páginas, pretendemos decifrar, pelo menos em parte e de maneira tão didática quanto possível, a arquitetura da teoria luhmanniana, especialmente no que se refere à posição do direito na sociedade moderna.

Trata-se de um autor profundamente vinculado à história do século XX: nascido pouco antes da crise econômica que definiria os rumos do capitalismo industrial, Luhmann participou em sua juventude da II Guerra Mundial nas trincheiras alemãs e foi prisioneiro das forças aliadas antes de se formar em direito. Foi funcionário público por quase uma década em Lüneburg, sua cidade natal, antes de se dedicar integralmente à sociologia – o que somente ocorreria após 1960. Ao receber uma bolsa de estudos para pesquisar teoria das organizações na Universidade de Harvard, tomou conhecimento da sociologia estruturalista de Talcott Parsons. A estadia nos EUA representou uma virada

---

[1] Para introduções mais amplas sobre o papel do direito na teoria dos sistemas de Luhmann, cf. Villas Boas Filho, 2009, e Gonçalves & Villas Boas Filho, 2013 (no prelo).

em seu percurso profissional. De volta à Alemanha no início dos anos 1960, Luhmann havia decidido se dedicar integralmente à carreira acadêmica. Obteve sua habilitação em Münster e, no ano de 1969, ainda no contexto político marcado pelo movimento estudantil, tornou-se professor de sociologia na recém-criada Universidade de Bielefeld.

Naquela ocasião, era preciso apresentar um projeto de pesquisa. Ao invés de preparar extensos relatórios com metodologia, resultados pretendidos, descrição das etapas etc., Luhmann sintetizou-o da seguinte forma: *"Tema: Teoria da Sociedade; Duração: Trinta anos; Orçamento: Zero"*. E, de fato, a construção de uma teoria geral da sociedade ocupou Luhmann por três décadas, até sua morte. Nesse período, Luhmann desenvolveu estudos sobre temas específicos (tais como planejamento estatal, amor, poder, dogmática jurídica, dentre outros), que na verdade funcionariam como impulso para a construção de uma teoria geral, cujo marco inicial é a publicação de *Sistemas sociais*, em 1984, e o fecho, a publicação de *A sociedade da sociedade*, em 1997. Nesse ínterim, produziu uma ampla sequência de monografias sobre os sistemas sociais individualizados (economia, ciência, direito, arte, política, religião e educação), uma coletânea de trabalhos preparatórios com o título de *Esclarecimento sociológico* e alguns volumes dedicados às relações entre estrutura social e semântica.

Não obstante o desenvolvimento central da teoria dos sistemas sociais tenha tomado lugar no último quarto do século XX, ela é ainda muito pouco conhecida nacional e mesmo internacionalmente – e, até hoje, não é possível dizer que tenha alcançado divulgação suficientemente expressiva, contando com um acervo crítico relativamente reduzido e ainda em fase de consolidação. Há que se considerar inclusive que a recepção de Luhmann em sua própria terra natal foi bastante diluída, não sem razão, pelo impacto da teoria do agir comunicativo de Jürgen Habermas, equiparável em estatura teórica à iniciativa luhmanniana. A partir de uma polêmica com Habermas (LUHMANN; HABERMAS, 1971), que remonta à célebre querela envolvendo Theodor W. Adorno e Karl Popper – a dialética contra o positivismo –, a cena alemã na teoria social passou a se ocupar predominantemente da questão relativa a uma possível "segunda geração" da teoria crítica da sociedade, herdeira da chamada Escola de Frankfurt. Tal circunstância permitiu a generalização de uma opinião prematura acerca da teoria dos sistemas, conforme a qual esta teoria se reduziria a uma sociologia conservadora de viés tecnocrata, uma espécie de herdeira radicalizada do positivismo.

Fora da Alemanha, o desconhecimento de Luhmann é agravado pela ausência de traduções, concentradas principalmente em

O Direito na Sociologia de Niklas Luhmann

suas obras iniciais: o livro *Sistemas sociais* só foi traduzido para o inglês e para o espanhol em 1995 e 1998, respectivamente, ou seja, mais de uma década depois de sua aparição; por sua vez, o livro *A sociedade da sociedade*, de 1997, somente foi traduzido para o espanhol em 2007, dez anos após sua primeira edição. As escassas traduções para o mundo anglo-saxão e latino-hispânico foram bastante tardias e são ainda hoje relativamente incompletas. Por essa razão, a recepção internacional de Luhmann tem sido razoavelmente lenta e restrita.

Há que se considerar, ainda, que Luhmann passou a ser difundido por intermédio do próprio Habermas, em uma apropriação bastante questionável do jargão sistêmico. Como consequência da proeminência de Habermas, é possível dizer que a teoria de Luhmann passou por uma difusão "de segunda mão", que, no entanto, não será objeto desta apresentação introdutória da teoria dos sistemas[2]. Este texto deve ser então entendido como um esforço de suprir uma lacuna efetiva na compreensão de Luhmann. Passemos assim à apresentação dos conceitos centrais de sua teoria.

7.2. Conceitos centrais

7.2.1. Diagnóstico da modernidade: diferenciação funcional de sistemas

Não é incomum encontrar, no interior da teoria social, descrições da passagem à modernidade apoiadas em um movimento guiado pelo conceito de *progresso*: seja como acúmulo de aquisições, técnicas ou morais; seja como sucessão de etapas de desenvolvimento – sugerindo em qualquer caso uma ideia de linearidade. Para Luhmann, a modernidade é, ao contrário, compreendida pela noção de *fratura*: o mundo feudal-religioso se fragmenta em múltiplos circuitos comunicativos autônomos. Esses constituem aquilo que Luhmann designa *sistemas sociais*. Sistemas não são coisas, nem instituições; são estruturas discursivas que não se permitem reduzir umas às outras. Diferentemente da Idade Média, em que o sentido da vivência política, econômica, jurídica, científica e artística tinha de ser remetido à experiência religiosa, a modernidade implica a passagem a uma sociedade sem centro, nem vértice, policontextual e policêntrica[3].

Nesse sentido, evolução em Luhmann não significa aprimoramento de estruturas sociais, mas substituição de formas de diferenciação. A primeira delas é designada diferenciação *segmentária* e compreende os

---

[2] De fato, "sistema" (restrito em Habermas ao mercado e à administração burocrática), "meios de comunicação simbolicamente generalizados" (restritos a dinheiro e poder) e "diferenciação" têm uma significação própria na teoria do agir comunicativo que não correspondem em absoluto às formulações luhmannianas. Não é o caso, porém, de tratar aqui dessa apropriação nem das críticas recíprocas feitas de um autor ao outro para não extrapolar os fins deste trabalho.

[3] Cf., quanto a esse ponto, Bachur, 2011.

primórdios da associação humana, fundada no parentesco e no clã. Sua manifestação jurídica é o *direito arcaico*, oral e ligado à magia. A partir do momento em que um clã se fecha em uma cidade, constituindo um núcleo diferenciado do restante, tem-se a diferenciação *centro/periferia*. Esse padrão de diferenciação caracteriza as altas culturas da Antiguidade (Mesopotâmia, Egito, Grécia e Roma, para ficarmos com os exemplos mais familiares). Sua expressão jurídica mais conhecida é o *direito romano*, já apoiado na escrita, mas ainda determinado tradicionalmente. Do *centro* dessa sociedade, emerge um estrato social determinado que impõe à *periferia* uma relação hierárquica, consolidando com isso a passagem à diferenciação *estratificatória*, cujo maior exemplo é o feudalismo europeu. Baseada no estamento e na hierarquia social rígida, a ordem feudal fundamenta-se em uma concepção de *direito natural*, segundo a qual valores morais determinam *a priori* o conteúdo do direito positivo.

Finalmente, a desagregação desencadeada pela Reforma Religiosa põe em marcha múltiplos processos de *diferenciação funcional de sistemas* e, com isso, consolida a passagem à sociedade moderna. Nessas condições, cada sistema social desempenha uma função que é determinante para a sociedade como um todo, em regime de monopólio: somente a economia pode regulamentar a escassez; a tomada de decisões coletivas vinculantes é exclusividade do sistema político; a produção de conhecimento somente pode ser realizada pelo sistema científico; e assim por diante. Do ponto de vista jurídico, isto implicou o processo de positivação do direito, isto é, a eliminação de fontes extrajurídicas para determinar a validade das leis. Como ainda veremos, este processo é paradoxal porque se remete igualmente às relações entre política e direito.

7.2.2. Sistemas sociais e a crítica à teoria do sujeito

"As reflexões seguintes partem do princípio de que existem sistemas" (LUHMANN, 1984, p. 30). Essa passagem, extraída da abertura do primeiro capítulo de *Sistemas sociais*, deixa claro que a teoria dos sistemas sociais não principia por uma questão de teoria do conhecimento. A teoria dos sistemas não é mais um "método" de análise da realidade efetiva tal como ela é: não há a bipartição entre o nível analítico (construção de teorias) e o empírico (aplicação de teorias). Isso só é compreensível quando se tem em mente a afinidade entre a teoria geral de sistemas, a cibernética e o construtivismo. Estes modelos pressupõem que os planos analítico e concreto estão sujeitos à mesma unidade operativa: operações demandam observações do próprio processo operativo e não devem ser entendidas conforme o modelo sujeito/

objeto. Nesse sentido, Luhmann afirma que "nossa tese de que existem sistemas pode agora ser mais especificamente formulada: existem sistemas autorreferenciais" (idem, p. 31).

A teoria dos sistemas sociais é construída de maneira radicalmente funcionalista (i.e., não substancializada): não se trata de identificar as características essenciais dos sistemas – não há uma essência da política, da economia, do direito, mas apenas *funções* econômicas, políticas, jurídicas etc., desempenhadas comunicativamente. A teoria dos sistemas sociais autorreferenciais é formulada no registro da solução de problemas. Daí a relevância do conceito de complexidade, entendido por Luhmann como horizonte de possibilidades para a atualização de sentido.

O sistema é um desnível de complexidade. É sempre muito menos complexo que seu ambiente. Na verdade, isso significa que, no ambiente, a complexidade não é estruturada por códigos, programas e funções, tal como no sistema. O direito, *e.g.*, ao se constituir como um sistema, dispõe de um filtro para traduzir e tratar juridicamente os *inputs* oriundos do restante da sociedade: o código lícito/ilícito. Isso significa redução de complexidade. Todos os fenômenos sociais são classificados como lícitos ou ilícitos quando observados do ponto de vista do sistema jurídico. Sistema, nesse sentido, implica a existência de uma barreira que o mantenha como diferença em relação às outras esferas sociais. Por essa razão, Luhmann define sistema com recurso à distinção sistema/ambiente. Só há sistema quando não é possível responder ponto por ponto a todos os elementos presentes no ambiente. Em resumo, os sistemas *sociais* são mecanismos de redução de complexidade, são estruturas simbólicas comunicativamente institucionalizadas pela sociedade. São processos comunicativos.

Isso porque, para Luhmann, a única operação genuinamente social é a comunicação, entendida como síntese de três operações seletivas: (*i*) a seleção da *informação*; (*ii*) a seleção do *ato de comunicar* a informação previamente selecionada; e (*iii*) a seleção que se realiza no ato de *compreender* (ou *não compreender*) a informação comunicada. Vale considerar que comunicação não é sinônimo de linguagem: a linguagem é socialmente indistinta e não tem uma orientação predeterminada porque ela apenas disponibiliza (e não reduz!) complexidade, na forma do código geral sim/não. A linguagem passa por um processo evolutivo de diferenciação funcional que distingue meios especiais de comunicação generalizados simbolicamente, tais como amor, verdade, dinheiro e poder. A linguagem funcionalmente diferenciada é um *código*: um *meio de comunicação simbolicamente generalizado* que tem como função reduzir a complexidade da interação, substituindo a comunicação explícita por expectativas que, por si só, são capazes de orientar a ação (LUHMANN, 1985a, p. 28-31). O comportamento humano é por isso definido por um jogo incongruente de diferenças comunicativas (no qual o indivíduo tem um papel contingente), e não pela racionalidade abstrata de um sujeito autônomo.

Muitos críticos de Luhmann deixam de apreender o alcance de sua teoria porque deixam passar em branco as importantes implicações filosóficas decorrentes de suas premissas. Nesse sentido, se a noção de comunicação for entendida sem recuperar sua crítica à teoria do sujeito, parece não haver nela nada além de uma tautologia: uma teoria dos sistemas autorreferenciais se ocupa de objetos autorreferenciais. Mas a apresentação dos sistemas sociais como objetos autorreferenciais deve ser entendida em toda a sua extensão. Por meio desta formulação, Luhmann rompe definitivamente com a filosofia do sujeito ao alocar a autorreferência – sempre reservada à consciência individual – na comunicação, i.e., em uma esfera *objetiva*: na sociedade[4].

Somente é possível entender a ruptura de Luhmann com a filosofia do sujeito se apreendermos definitivamente que a autorreferência da consciência é radicalmente diferente da autorreferência da comunicação, e que uma não se deixa reduzir à outra ou se deduzir a partir da outra. Por isso, a diferença, no lugar da identidade. Os sistemas sociais não são racionais, apenas mantêm sua fronteira com o ambiente. Só a diferença radical entre consciência e comunicação permite a Luhmann escapar dos problemas da filosofia do sujeito (LUHMANN, 1984, p. 593 e ss.).

A crítica luhmanniana à filosofia do sujeito pode ser resumida nos seguintes termos: a distinção entre sujeito e objeto é subjetivada, de forma a implicar uma apreensão subjetivista dos dois polos; o sujeito predomina sobre o objeto. Nesse sentido, o sujeito é pensado como razão e o objeto como coisa-em-si. Esse é, na verdade, segundo Luhmann, o verdadeiro problema: a unilateralidade subjetiva da filosofia do sujeito reifica a consciência e subjetiva o mundo. Este processo provoca apenas a reificação da consciência, não a autorreferência propriamente dita. Se, para fazer referência a si mesmo, o sujeito precisa ganhar distância de si mesmo, é obrigado a se objetivar. Esta questão, intrínseca a qualquer estranhamento, subjetivação ou exteriorização, leva a uma situação limite: identifica a razão a uma

---

[4] Apenas para contextualizar o leitor, a filosofia do sujeito pode ser definida como a compreensão da sociedade a partir do modelo do indivíduo racional. Toma-se como ponto de partida a consciência do homem para projetá-la em uma instância macrossocial, isto é, toma-se o homem como metáfora da sociedade e a sociedade como a projeção do homem. Para a filosofia do sujeito, a racionalidade da sociedade é pensada com base na razão humana.

coisa e, com isso, subjetiva o mundo como razão. Note-se, portanto, que Luhmann faz mais justiça à primazia do objeto que os pretensos herdeiros de Adorno: ambos são profundamente céticos quanto à possibilidade do homem controlar a sociedade; passa-se justamente o contrário, o objeto (a sociedade) impõe-se aos indivíduos.

7.2.3. A diferença sistema/ambiente

Como mencionado acima, um sistema social se define pela forma sistema/ambiente, entendida como forma de dois lados. Esta é a operação que marca a diferença entre sistema e ambiente: sistema e ambiente são os dois lados de uma forma e, como tal, são lados separados, mas reciprocamente constitutivos, de maneira que é impossível pensar um sem o outro. A unidade da forma (i.e., uma eventual unidade entre o sistema e o ambiente que, em sentido hegeliano, recuperasse o que pudesse existir de comum entre um e outro e ao mesmo tempo superasse tanto um como outro, impelindo a comunhão elementar entre eles a um nível superior a ambos que os reconciliasse) é impossível e permanece apenas como diferença (LUHMANN, 1997, p. 62-63).

Por esse motivo, Luhmann afirma que "a distinção que se emprega a cada momento para indicar um ou o outro lado [*da forma sistema/ambiente*] serve como condição invisível para ver, como ponto cego" (1997, p. 69-70). Toda observação exige um ponto cego. O ponto cego é a própria diferença empregada para viabilizar a observação que, como diferença, tem de indicar um lado da forma, é dizer, o lado interno da forma. Para evitar o ponto cego, o observador que emprega o esquema de uma diferença deveria poder se abstrair desse esquema. Isso é efetivamente possível apenas por meio de uma outra observação que observará a primeira observação, isto é, uma observação de segunda ordem. Este tipo de observação introduz uma segunda diferença que, novamente, estará condicionada por seu próprio ponto cego, que, por sua vez, será superada apenas por uma outra observação geradora de novo ponto cego, e assim indefinidamente. O direito, ao observar a sociedade com recurso ao código lícito/ilícito, não consegue observar a diferença que fundamenta sua observação, pois isso implicaria empregar o código lícito/ilícito sobre ele mesmo, gerando um paradoxo (o código lícito/ilícito é lícito ou ilícito?). A sociologia do direito, como observação de segunda ordem, pode observar como o direito constrói sua própria observação, mas não pode observar seu próprio ponto cego: a verdade/falsidade do código verdadeiro/falso no interior do sistema científico.

Segundo Luhmann, "o conceito de ambiente não deve ser mal-entendido como uma espécie de categoria residual. Pelo contrário, a relação com o ambiente é constitutiva para a construção do sistema. [...] Para a teoria dos sistemas autorreferenciais o ambiente é, ao contrário, pressuposto de identidade do sistema, porque identidade só é possível por meio da diferença. [...] O ponto de partida de todas as subsequentes pesquisas em teoria dos sistemas é por isso não uma identidade, mas uma diferença" (1984, p. 242-243). A diferença sistema/ambiente pressupõe que não existem elementos que, *per se*, estejam confinados essencialmente a um sistema ou ao ambiente. Tudo que acontece pertence ao mesmo tempo a um sistema ou a mais de um sistema e ao ambiente de outros sistemas (1984, p. 243).

A diferença sistema/ambiente é correlata à operação de observação. Seu ponto central é a diferença. E, no que diz respeito à mudança de paradigma operada por Luhmann, a questão fulcral está no fato de que identidade e diferença não são momentos reconciliáveis por uma identidade superior. O sistema se diferencia do ambiente e, nessa operação (que é sempre uma operação autorreferente), o sistema constitui sua identidade (idem, p. 112).

7.2.4. Diferenciação funcional de sistemas como característica da sociedade moderna

A sociedade moderna é definida pela diferenciação de sistemas parciais distintos, cada qual responsável pelo exercício de uma função específica infungível. Como visto, este pressuposto não é compatível com concepções totalizantes ou universais, próprias da pré-modernidade, que, por meio de uma identidade religiosa ou moral, concentram a comunicação social e limitam as diferenças. As condições contemporâneas requerem formas menos simplificadas e mais adequadas à organização da hipercomplexidade do ambiente. Os sistemas sociais modernos são operativamente fechados, isto é, referem-se somente a si próprios. Na economia, só vale a lógica econômica, não argumentos morais ou religiosos; no direito, a lógica jurídica; e no sistema político, a política.

Este fechamento se dá no plano das estruturas e das operações dos sistemas. Isto não significa, entretanto, que os sistemas são autistas ou cerrados uns para os outros. Ao contrário, cada sistema pode observar seu respectivo ambiente, ser "irritado" e oferecer prestações comunicativas para outros sistemas (i.e., disponibilizar estruturas que "ajudam" ou "atrapalham" outros sistemas – e o dinheiro é o exemplo mais clássico). Paradoxalmente, o fechamento operativo do sistema é condição para sua abertura cognitiva. As relações entre os sistemas jurídico, político e econômico ilustram muito bem esta definição: o aumento dos tributos, por exemplo, pode suscitar queda nos lucros para a economia, questões de constitucionalidade das leis para o direito e aumento da arrecadação para a política. Cada sistema é diferenciado entre si e cada um se apresenta para o outro como seu respectivo ambiente. As demandas externas são processadas pelo sistema de acordo com suas estruturas internas: não há determinação ou causalidade. Diante do influxo ambiental, o sistema produz irritações – na verdade, autoirritações –, que serão operacionalizadas de modo autorreferencial. Em outras palavras: os sistemas se abrem para o ambiente sem, todavia, perderem sua identidade, ou melhor, mantendo sua diferença.

Analisaremos a partir de agora como Luhmann empregou essas referências conceituais de sua teoria da sociedade para descrever o fechamento operacional do sistema jurídico. Tal fechamento operacional é especialmente elucidativo quando relacionado à autopoiese da política. Trata-se de capítulo fundamental da sociologia do direito luhmanniana.

7.3. Teoria dos sistemas, direito e política

7.3.1. Sistema político[5]

A política diferencia-se funcionalmente quando a tomada de decisões coletivamente vinculantes se separa de fundamentos religiosos e morais e recorre, por exemplo, ao argumento da razão de Estado. Nesse momento, a política funda-se a si mesma. A partir daí, desenvolve-se uma semântica que vai do soberano (Hobbes) à soberania do Estado-nação e à democratização da formação da vontade política. Esta semântica organizou-se, gradativamente, em torno da noção de povo.

7.3.2. A noção de povo

"Povo", como dizia Luhmann, é um mito, construído no século XVIII, destinado à justificação da representação política e das relações de poder, formadas no início da modernidade (LUHMANN, 2002, p. 333). Povo era considerado fonte, garantia de legitimidade e fundamento de validade da manifestação do poder político. A fórmula era notória: "todo poder emana do povo". Mas, como se aceitava a incapacidade popular de se autogovernar, era preciso, como dizia Montesquieu, que o povo fizesse, por intermédio de seus representantes, tudo o que não poderia fazer por si mesmo (MONTESQUIEU, 1996, p. 170). Em outras palavras: o povo escolhia quem deveria governá-lo. A unidade do poder revelava, dessa forma, um paradoxo segundo o qual povo era, ao mesmo tempo, soberano e súdito (LUHMANN, 2002, p. 257). Dava-se, assim, continuidade a uma concepção de poder bidimensional e hierárquico que foi predominante na sociedade estratificada, na qual a estrutura social

---

[5]. As considerações ulteriores sobre o sistema político e a constituição podem ser vistas de maneira mais ampla em Gonçalves, 2007.

era dividida em parte superior e inferior. A filosofia política repetiu e reforçou, nas instituições políticas modernas, esta diferenciação superior/inferior (idem, p. 256). A hierarquia da estratificação foi apenas traduzida em hierarquia de ordens nas organizações políticas: de um lado, o representante; do outro, o representado (LUHMANN, 1997, p. 61).

Bidimensionalidade, nestes termos, significa a possibilidade de distribuir e restringir a comunicação política a apenas dois destinatários – povo e representante –, que se orientam conforme o princípio da hierarquia (idem, p. 62). Tal perspectiva observa a política como algo difuso socialmente, que se confunde com outras esferas sociais, e não como um sistema autônomo da sociedade. O poder é extraído de uma fonte, o povo, que delega a administração dos seus interesses ao representante político. O poder político não se origina da política, mas de um elemento externo que, num primeiro momento, age como quem manda – estrato superior – para depois obedecer – estrato inferior – ao representante. O pressuposto desta hierarquia é a identidade – e não a diferença – entre poder e povo. Sob estas condições, as alternativas políticas são baixas e pouco dinâmicas, pois estão limitadas à dicotomia superior/inferior. Não há, em outras palavras, um nível de complexidade compatível com o das estruturas contemporâneas do sistema político. A identificação do povo com o poder é uma simplificação do mecanismo de poder moderno, que reflete relações políticas mais próximas da estratificação do que do conceito de democracia.

7.3.3. Da bidimensionalidade à tridimensionalidade do poder

No sistema político, a passagem da sociedade estratificada para a moderna é verificada por meio da superação da bidimensionalidade pela tridimensionalidade das formas de comunicação do poder (idem, p. 61; LUHMANN, 2002, p. 255-256). As estruturas políticas modernas não se reduzem à congruência entre mando e obediência, como fazia a relação de domínio entre estrato superior e inferior. Elas são distinguidas sobre a tripla diferenciação entre público, política e administração. Alargam-se, assim, os mecanismos de exercício do poder e aumenta-se a complexidade interna do sistema político. Ao se orientar conforme seus próprios elementos, o sistema político rompe com o reducionismo operativo produzido pela assimetria superior/inferior e conquista sua autonomia em relação às fontes externas do poder. Gera-se, por um lado, mais dependência no que diz respeito à comunicação interna e, por outro, mais autonomia em face do ambiente. Cada uma das esferas – público, política e administração – são estruturas políticas internas, diferenciadas entre si, mas interdependentes. Em outras palavras: o sistema político transforma-se em uma identidade à medida que se diferencia do resto da sociedade e, para se referir como tal, reproduz-se em outras diferenças. Esta é a forma pela qual o sistema político se fecha operacionalmente.

Cada um dos níveis de organização do sistema político – público, política e administração – desempenha um papel relevante na orientação da interação deste sistema, vale dizer, na formação de sua identidade com relação ao ambiente. O público, de acordo com Luhmann, não é uma organização propriamente dita, mas compreende um processo que demanda considerável esforço organizativo (idem, p. 253). Como se pode observar nas eleições políticas, ele aparece como voto, ou seja, como uma complexidade organizada, reduzida, procedimentalizada e autodirecionada. Não é, de fato, organização, mas também não é caos. É uma ação organizada capaz de selecionar as premissas para a política. Esta, por sua vez, como diferenciação interna do sistema político, prepara cada decisão que vincula a coletividade. Tal influência no processo decisório só é possível de ser exercida por meio de organizações, por exemplo, os partidos políticos, as associações e os sindicatos. Pode também estar presente na própria administração, que, como a última esfera diferenciada, é a organização por excelência, em que se to-

mam as decisões vinculantes (idem, p. 254-255). O grande problema da concepção de poder definida pela filosofia política no início da modernidade é que toda esta complexidade era reduzida ao mito "povo": ele definia o que era administração, política e público. Não havia separação organizacional entre estas esferas, mas uma determinação externa do poder político pelo povo por meio da figura do representante (idem, p. 256). Nas novas condições apresentadas, a representação política não pode mais servir para legitimar o poder político por meio de fundamentos de validade não políticos (idem, p. 333).

Sob a égide da teoria do poder, é possível observar o circuito estabelecido entre público, política e administração por meio de um movimento circular, que obedece a uma direção hierárquica: o público, que era considerado povo, elege o político na instituição do parlamento, que, por sua vez, produz as leis ou os meios para a administração – ou executivo – tomar as decisões que submeterão o povo (LUHMANN, 1997, p. 64). O paradoxo desta circularidade hierárquica é que o povo, como identidade abstrata, define as operações do Legislativo e do Executivo e, também como tal, submete-se à natureza coletiva da decisão. A abstração do conceito "povo" como fonte do poder vincula o "povo" como destinatário da decisão, sem que se respeitem as diferenças "populares" de natureza cultural, histórica, econômica etc. No poder moderno, por outro lado, simultaneamente ao movimento circular descrito, instaura-se um contramovimento (idem, p. 64-66; LUHMANN, 2002, p. 258): a administração produz projetos para a política que, da sua parte, sugere ao público, por meio dos partidos, quem deverá ser eleito. A circularidade de dupla direção é resultado da separação das esferas no interior do sistema político (CAMPILONGO, 2002, p. 90). A circularidade e a contracircularidade bloqueiam a ordem hierárquica e tornam as relações de poder muito mais complexas.

7.3.4. Povo/política/administração/ público

Para se diferenciar funcionalmente, o sistema político não pode conviver com uma ideia de povo enquanto identidade absoluta ou valor abstrato que determina as relações políticas. Povo é diferença e complexidade. Não há unidade no povo, mas indeterminação. No povo, existem diferentes pontos de vista, ricos e pobres, educados e mal-educados, saudáveis e doentes. Como já foi afirmado, a soberania popular gera, paradoxalmente, a submissão do povo. O público é o elemento do sistema político mais sensível à complexidade presente no povo. Pode observar os problemas e expectativas dos indivíduos que compõem o que chamamos de povo. Por meio de filtros políticos que selecionam esta diversidade, o público escolhe politicamente as manifestações populares e as traduz conforme o código político. Depois desta seleção, ele influenciará a política, que, por sua vez, limitará a administração. As decisões administrativas vincularão o público e produzirão efeitos no povo, que reagirá pela diversidade de demandas políticas.

Obviamente, o efeito inverso, a contracircularidade, forma-se simultaneamente a este processo. Quando o poder político adquire autonomia, libera o povo do ônus da hierarquia. Estimula o reconhecimento da diferença e da complexidade, que já não é mais redutível a um único valor absoluto. Nas palavras de Luhmann, se, para o poder tradicional, a ordem hierárquica poderia ser expressa na fórmula segundo a qual *"Povo = Política + Público + Administração"*; a circularidade e a contracircularidade do poder moderno reproduzem o esquema *"Povo/Política/Administração/Público"* (LUHMANN, 2002, p. 257-258). Essas considerações são importantes porque, para a teoria dos sistemas, a origem política do direito é reconhecida sem ressalvas. Evidentemente, há um filtro que evita que a comunicação de um sistema se imponha ao outro de maneira direta – a constituição.

7.3.5. Constituição como acoplamento estrutural entre política e direito

A constituição é a forma pela qual o sistema político reage à sua própria autonomia: depende dos espaços decisórios de cada um dos elementos da tridimensionalidade. Imuniza, dessa forma, o poder das intervenções externas, como as da economia ou da religião. A constituição tem de ser vista como ato produtor de instituições e procedimentos que reforçam a circularidade – e a contracircularidade – do poder político, e não como um apelo à construção de identidade de um povo.

Observada como mecanismo de criação de instituições e procedimentos, a constituição é também fundamental para o sistema jurídico, pois introduz regras internas não apenas para aplicação das normas jurídicas individuais, mas também para a produção das normas jurídicas gerais e abstratas. Dessa forma, o sistema jurídico cria mecanismos de controle das tentativas de determinação externa sobre suas operações e bloqueia a possibilidade de indiferenciação com seu ambiente. Ao produzir autonomia, a constituição permite a "relação" entre direito e política. Como unidades distintas, estes sistemas podem produzir irritações recíprocas. Esta é a função da constituição como acoplamento estrutural: conecta os sistemas porque os separa. Isto significa a manutenção da diferenciação entre direito e política no interior da sociedade moderna. Nesse sentido, a constituição é o elemento que, paradoxalmente, produz abertura cognitiva e fechamento operativo para os sistemas polí-tico e jurídico (LUHMANN, 1990, p. 176-220; NEVES, 1992, p. 61-75; e CORSI, 2001, p. 253-266).

7.3.6. Sistema jurídico

Para se diferenciar funcionalmente, o direito atravessa três fases interdependentes: autorreferência de base, reflexividade e reflexão. O conjunto destas fases corresponde à autopoiese de um sistema. A primeira diz respeito à autorreprodução dos elementos do próprio sistema (LUHMANN, 1987, p. 600 e ss.). Para Luhmann, como um elemento só existe em relação a outros, eles se remetem necessariamente entre si como redes recursivas, que, ao se diferenciarem conforme as possibilidades de relação, reduzem as alternativas disponíveis (diminuição de complexidade). Quanto ao direito, a referência entre elementos é dada pela vinculação aos valores lícito/ilícito e à função normativa (LUHMANN, 1993, p. 60). Note--se o paradoxo: da necessidade da relação, os elementos (jurídicos) constroem sua unidade (código binário e função), mas como é a própria unidade que possibilita a conexão, os elementos também são por ela construídos (LUHMANN, 1987, p. 43). Esta circularidade é verificada por meio de operações cuja recursividade inicia a diferenciação sistêmica do direito. Neves relacionou este momento ao conceito de legalidade (2000).

Manual de Sociologia Jurídica

A segunda etapa, por sua vez, consiste na capacidade de um processo referir-se a si mesmo e autoconstituir-se. Luhmann denominou-a de reflexividade, pois exprime a possibilidade do processo se submeter aos seus próprios meios para escolher seus atos e etapas que viabilizam a tomada de decisão (LUHMANN, 1987, p. 611). Quanto ao direito, Neves associa esta etapa à noção de constitucionalidade: normas que definem o processo de criação de outras normas (2000).

A terceira fase – reflexão – compreende a autodescrição do sistema, isto é, a sua necessidade de se reconhecer como diverso (LUHMANN, 1993, p. 498). Trata-se, em outras palavras, da elaboração de uma "teoria do sistema no sistema", produzida discursivamente por meio de critérios e argumentos próprios (LUHMANN, 1981, p. 422). Esta elaboração depende de construção conceitual que descreva a identidade sistêmica e, por conseguinte, demarque sua diferença em relação ao ambiente. Da perspectiva do direito, isso significa que a argumentação jurídica é responsável pelo fechamento do processo de diferenciação. Luhmann, nesse sentido, separa direito e Estado, atribuindo ao último a função de centro do sistema político e, portanto, ambiente do sistema jurídico (LUHMANN, 1993, p. 189 e ss.). Isto fica claro quando o autor nega a autoaplicabilidade do texto legal: regras gerais e abstratas demandam

interpretações e argumentações que justifiquem decisões sobre casos (idem, p. 346). Durante este processo, são estabelecidos formas e critérios de compreensão de regras e casos que se transformam em referência de comparação para eventos futuros (idem, p. 352). Cria-se, assim, a partir da experiência, um conhecimento tipicamente jurídico que permite reconhecer aquilo que possui relevância para o direito.

Este conhecimento se desenvolve pela alternância entre redundância (quando se reafirma a informação jurídica precedente) e variação (quando se constroem razões para discriminar os casos ou modificar a interpretação) (idem, p. 358 e ss.). Desta alternância surgem técnicas, conceitos, princípios e métodos. Quando o direito consegue sistematizá-los, estabiliza e complementa seu processo de diferenciação (idem, p. 274 e 370). Luhmann considera que a dogmática jurídica é esta sistematização conceitual. Trata-se de construção seletiva das abstrações conceituais originadas da reflexão sobre a aplicação do direito que, para orientar a práxis jurídica, estabelece inegáveis pontos de partida para as cadeias argumentativas e uma coerência histórica (idem, p. 271 e 274; LUHMANN, 1974, p. 15). Conectada à autorreferência de base e à reflexividade, a consistência interna dos conceitos jurídico-dogmáticos autoriza que o direito se abra para a complexidade social sem perder sua identidade, pois as demandas externas são recebidas conforme os limites semânticos e procedimentais do sistema jurídico. Por isso, para Luhmann, o surgimento de uma dogmática jurídica avançada é condição para a estabilização do direito como um sistema operativamente fechado e cognitivamente aberto (LUHMANN, 1993, p. 274).

7.3.7. Função do direito: manutenção de expectativas normativas

Ao completar sua autopoiese, o direito se especializa no exercício de uma função específica que responde a um problema gerado pela própria sociedade, trata-se do direito como mecanismo responsável pela estabilização congruente de expectativas normativas (idem, p. 124-164). Este problema está relacionado com a distinção expectativas cognitivas/expectativas normativas. Enquanto as primeiras permitem adaptação à realidade porque se alteram e se reestruturam de acordo com as frustrações experimentadas e, com isso, proporcionam um ganho de conhecimento; as segundas sobrevivem à frustração. São estruturas contrafáticas porque não são revistas diante de um desapontamento.

O importante não é investigar por que as expectativas são frustradas (pois a possibilidade de desapontamento é intrínseca ao conceito de expectativa), nem o conteúdo de uma expectativa satisfeita ou frustrada, mas observar o que acontece diante da frustração: se as expectativas são mantidas, alteradas ou abandonadas. Apenas expectativas cognitivas permitem aprendizagem. Luhmann entende "aprendizagem" no sentido da psicologia social, e não da pedagogia. A psicologia social incorporou métodos experimentais de análise do comportamento individual na tentativa de explicá-lo não como decorrência direta da consciência, mas como função das alternativas abertas pelo contexto. O objetivo era explicar os mecanismos sociais subjacentes às manifestações superficiais do comportamento individual observado diretamente. Nesse sentido, o valor informacional da ação adjudicada ao agente é tanto maior quanto mais variados sejam os cursos de ação disponíveis para ele (JONES e GERARD, 1967, p. 268269 e p. 306).

Essa perspectiva permite romper com a visão do mundo como um universo de coisas dado, inerentemente estável: essa estabilidade *não existe*, mas é construída, pode ser observada como ajuste do comportamento individual à antecipação de estados e mudanças do ambiente conforme padrões mais ou menos regulares (idem, p. 256). Aprendizagem significa, então, a capacidade de recuperar um comportamento pretérito selecionado como resposta a um determinado estímulo e repeti-lo diante de um estímulo semelhante (idem, p. 186-187). O direito especializa-

-se na garantia de expectativas que não estão dispostas a tal aprendizagem. O direito generaliza congruentemente expectativas normativas. Em outras palavras, isto significa que o sistema jurídico constrói mecanismos abstratos e indiferentes aos fatos: mesmo diante da frustração fática de uma expectativa, o direito é capaz de mantê-la inalterada no tempo. Ele cria uma forma de imunização em relação aos desapontamentos produzidos na instância material. É, nesse sentido, uma fórmula abstrata. Nesse ponto, a convergência entre a noção de Luhmann e a do jovem Marx sobre a função do direito é considerável[6].

7.3.8. Legitimação pelo procedimento

Para manter intactas as expectativas normativas, o sistema jurídico transforma as expectativas cognitivas dos indivíduos. Para isso, recorre ao procedimento. Há um mal-entendido generalizado acerca da formulação de Luhmann quanto à legitimação pelo procedimento, como se, com isso, o autor pretendesse uma extrapolação decisionista e legalista, como se o conceito de "procedimento" ("*Verfahren*") de Luhmann fosse idêntico ao conceito de "processo" ("*Prozess*") judicial, legislativo ou administrativo.

O fio condutor da análise de Luhmann pode ser sintetizado como segue: o procedimento é um sistema social muito especializado e transversal, i.e., ao mesmo tempo em que não é específico de sistema algum, pode ser disponibilizado para qualquer sistema parcial cuja rotina de decisão esteja definida juridicamente. Por *procedimento*, não se deve entender o simples proceder metodicamente, como o transcurso de atos formalmente encadeados. Procedimento é um sistema social, uma solidariedade de sentido da ação fática, definido comunicativamente. A "intersubjetividade" (ou, em termos técnicos mais condizentes com a teoria dos sistemas, o componente *comunicativo*), portanto, é o elemento central, entendido a partir do desempenho dos papéis sociais formalmente envolvidos e engajados na tomada da decisão pelo sistema.

A teoria dos sistemas procura fugir ao estilo de argumentação da teoria jurídica, segundo o qual uma decisão seria legítima ou ilegítima conforme sua justiça, em uma tentativa de reconectar a legislação à moral. Para Luhmann, não se trata de questionar a possibilidade de um valor moral absoluto, mas conceder que, em uma sociedade complexa, não é possível decidir todos os conflitos sociais submetidos à política e assegurar, em todos os casos, a justiça da decisão (LUHMANN, 1980, p. 24). Ao contrário da abordagem jurídica, a

---

[6]. Para um aprofundamento da relação entre Luhmann e o jovem Marx a respeito do direito, ver De Giorgi, 1998. Para a relação entre Luhmann e o Marx de *O capital*, ver Bachur, 2010.

análise sociológica tem de ser capaz de explicar as funções latentes do procedimento decisório juridicamente regulado. A grande vantagem da teoria dos sistemas é justamente permitir apreender a complicada articulação entre objetivo oficial, a organização institucional e as funções latentes de uma determinada instituição. A verdade de uma decisão jurídica não é, assim, concebida como um valor em si, mas como um mecanismo social que desempenha uma função para redução de complexidade por meio da reestruturação comunicativa das expectativas cognitivas dos envolvidos no procedimento (idem, p. 25; e LUHMANN, 1985a, p. 12).

Nesse sentido, nenhum procedimento pode prescindir de verdade. O procedimento opera a legitimidade ao exigir uma verdade funcionalizada pelo poder como meio de comunicação simbolicamente generalizado, já que *Por meio do livre estabelecimento da comunicação não se pode alcançar nenhum objetivo*" (LUHMANN, 1980, p. 27). Essa afirmação é peremptória na descrença quanto à possibilidade de se alcançar, efetivamente, qualquer medida empírica de consenso capaz de fundar, moralmente, decisões obrigatórias (idem, p. 30).

A inversão de Luhmann é clara: a legitimidade não se dá após o processo de tomada da decisão, como um teste de validade aplicável *a posteriori*; mas é uma condição social *prévia* à própria decisão a ser tomada, é uma condição indicada *a priori* na interação política e jurídica, e consolidada no decorrer do procedimento. Nesse sentido, a legitimação pelo procedimento nada mais é que a percepção consciente da contingência das decisões relativas aos conflitos sociais.

O procedimento juridicamente regulado – como mecanismo comunicativo – opera sob o esquematismo binário "sim/não", aplicável não ao conteúdo das decisões, mas às decisões tomadas como premissas de ação. A questão da convicção quanto ao acerto ou à correção da decisão é deslocada para a aceitação do resultado decorrente do procedimento, no qual a responsabilidade pela decisão é dividida entre os agentes e diluída pela atuação conforme papéis sociais juridicamente institucionalizados. A convicção é um objetivo exagerado diante das possibilidades do sistema político; a legitimidade decorre muito menos das convicções que de uma verdadeira "aceitação sem motivo", generalizada e independente da aceitação individual envolvida nas decisões especificamente consideradas.

A "aceitação", em Luhmann, ocorre "por quaisquer motivos", sem que o motivo subjacente seja determinante na legitimação da decisão; a convicção perde a centralidade como crivo da decisão, já que não se trata da internalização subjetiva de justificativas, mas apenas e tão somente da reestruturação das expectativas a partir das decisões (logo, a despeito de qualquer concordância substantiva quanto ao mérito da decisão). E o que explica a indiferença de Luhmann quanto aos motivos é, justamente, a coerência interna de sua teoria: a separação entre sistemas psíquicos e sociais permite que o procedimento seja então considerado estritamente do ponto de vista sociológico, como comunicação social, e não dependa, nessa medida, de condicionantes psicológicas excessivamente instáveis. A legitimação pelo procedimento, como aceitação prévia e generalizada sem motivos determinantes, é então desconectada da situação subjetiva interna.

É claro que Luhmann não ignora os impactos na personalidade daí decorrentes: a aceitação exige reestruturar expectativas. A aceitação é a articulação entre a decisão produzida pelo sistema, pelas expectativas e pela personalidade. As expectativas se adaptam à legitimação porque a personalidade tem de seguir independentemente da decisão tomada – ela precisa aprender a aceitar a decisão. A aceitação de uma decisão desfavorável pode pôr em risco a personalidade individual quando envolver a aludida capacidade de aprendizado. É dizer, a mudança na estrutura das expectativas não pode ser imputada ao indivíduo (i.e., ao sistema psíquico individual), simplesmente, como pura culpa, ruptura na biografia ou quebra de sua autorrepresentação, mas deve poder ser reportada a fatores exteriores a ele.

Esse é o ponto central para a dimensão comunicativa da legitimação pelo procedimento: a aceitação não decorre da motivação internalizada subjetivamente, revelada na ação ou na relação social, mas de uma contínua transformação da estrutura de expectativas e dos mecanismos sociais que forçam essa alteração – aquilo a que Luhmann chama *"clima social"*, *"condições sociais da institucionalização da legitimidade"*, desonerando o aspecto pessoal dessas decisões. A questão é: como isso é feito? O procedimento juridicamente regulado se constitui como sistema social na medida em que se baseia na comunicação diferida no tempo e estruturada institucionalmente. Ele é a história de uma decisão (idem, p. 34).

7.3.9. Procedimento como institucionalização da forma jurídica

Como história de uma decisão, o procedimento ganha certa autonomia dentro de um sistema específico para chegar às decisões suportadas por esse sistema. Nesse sentido, o comportamento dos participantes é decisivo. Esse comportamento não é simplesmente dado pelo procedimento, mas funcionalizado sistemicamente, de maneira que a progressão do procedimento no tempo possa reduzir crescentemente a margem de atuação, forçando a tomada de decisão. Há um ritmo comum que condiciona a participação dos agentes e que impele o sistema a uma decisão final. Esse ritmo comum é dado pelo fato de que cada nova decisão toma como premissa estrutural as decisões anteriores e se antecipa, assim, como premissa para as próximas decisões. Nesse sentido, a legitimação pelo procedimento significa a institucionalização, na forma jurídica, de uma aprendizagem contínua, mediante uma reestruturação permanente de expectativas *cognitivas*, a bem da preservação das expectativas *normativas* cristalizadas no procedimento (idem, p. 35).

Dessa perspectiva, a legitimação é obtida pela reestruturação permanente de expectativas perpetrada pela comunicação que se vai saturando ao longo do procedimento juridicamente regulado, que tem de culminar em uma decisão. A aprovação de uma lei, as eleições periódicas, os julgamentos judiciais, as decisões administrativas; todos esses exemplos de procedimentos juridicamente regulados só se fazem legitimar como comunicação institucionalizada: o procedimento prevê regras de iniciativa e participação, prazos e recursos, testes e garantias múltiplas, mas também uma decisão última, a fim de que o conflito social subjacente à forma jurídica seja forçadamente convertido na busca "cooperativa" por uma decisão.

Ao regrar os papéis sociais, a forma jurídica institucionaliza a comunicação e, com isso, generaliza as expectativas em um "outro" pressuposto como "consenso", ou, pelo menos, como não discordância generalizada. A legitimação pelo procedimento juridicamente regulado não se processa, portanto, pela forma jurídica em si, pela dimensão social comunicativa por ela ativada, pois é pela estrutura de papéis sociais da sociedade (não obstante sejam os papéis regrados juridicamente) que se dá a aceitação de uma decisão desfavorável. É a partir dos papéis que se tem o mecanismo de suposição de aceitação de resultado indesejável.

Os papéis sociais permitem generalizar a tomada de atitude do outro, permitem generalizar o outro como apoio social pressuposto, em contraponto à insatisfação gerada por uma decisão oficial: *a obediência é a solidariedade comunicativa gerada pela dominação*, por assim dizer. Aquele que "obedece" à decisão oficial – que não se revolta, a despeito de sua insatisfação individual – somente o faz porque conta com a pressuposta compreensão generalizada dos outros, cuja dimensão comunicativa é assegurada pelos papéis sociais (idem, p. 44). O importante é a *"generalização social"* do resultado da decisão, que só pode ocorrer comunicativamente – é essa generalização social que permitirá a reestruturação de expectativas de comportamento.

É por essa razão que a legitimação pelo procedimento é radicalmente comunicativa: a decisão tem de ser vista como obrigatória. A dogmática jurídica conhece esse fenômeno sob a rubrica latina do *non liquet*. A obrigatoriedade da decisão apoia-se no consenso presumido de terceiros, pois uma decisão legislativa ou judicial impopular tem de ser vista como legítima por todos aqueles que observaram o procedimento. A legitimidade do poder político não é então obtida a partir da internalização subjetiva dos motivos de uma decisão qualquer; muito ao contrário, a legitimação ocorre a despeito da insatisfação individual; a decisão sobrevive ao inconformismo.

Essa dinâmica tem o efeito de suavizar e aprofundar, ao mesmo tempo, o conflito social: suavizar na medida em que o conflito se restringe ao desempenho de um papel social; aprofundar na medida em que toda a atuação conforme o papel social está voltada para o conflito. O procedimento permite desativar os conflitos sociais concretos e reestruturá-los em um nível social superior, mais abstrato, descolado das personalidades concretas, reduzindo a complexidade do conflito ao mesmo tempo em que ele é agravado nos limites do procedimento – o que permite que o conflito seja mantido e conservado como sistema. Com isso, a função do procedimento não é produzir consenso ou evitar desilusões. Ao contrário, é *"a especificação do descontentamento e o fracionamento e absorção dos protestos"* (idem, p. 95-98)[7].

Conclusão: e a justiça?

Mesmo tendo visto que "o povo" e "a verdade" de uma decisão funcionam de fato como "mitos" construídos internamente aos sistemas político e jurídico, as noções de diferenciação do direito e de legitimação pelo procedimento não excluem, em todo caso, a possibilidade de que decisões possam ser julgadas legítimas ou ilegítimas, justas ou injustas; nem que argumentos de justiça e legitimidade venham a ser levantados. Por mais que, conforme demonstrado, os processos de diferenciação funcional do direito e da política estejam diretamente relacionados à perda de fundamentos morais absolutos da lei e do poder, a justiça e o consenso são fórmulas de contingência construídas pelas operações do sistema jurídico que, enquanto tais, têm validade restrita ao funcionamento desse sistema. Nesse sentido, justiça e legitimidade são indispensáveis às operações jurídicas e políticas reais.

---

[7]. Nota-se que, apresentado sob um viés crítico, Luhmann pode ser lido em continuidade a uma ampla tradição marxista de crítica à forma jurídica e, com isso, oferece uma alternativa radical ao debate contemporâneo dominante sobre direito e democracia.

Todavia, o fato de que os sistemas do direito e da política constroem noções de justiça, legitimidade, verdade e consenso em seu funcionamento cotidiano não implica a existência substantiva de *uma* justiça, *uma* legitimidade, *uma* verdade ou *um* consenso que tenham de ser reconhecidos como tal por todos os possíveis observadores. Significa apenas que a verdade ou a legitimidade de uma decisão é construída no próprio processo de tomada dessa decisão – a rigor: que ela é *indispensável* para os sistemas que têm de tomar decisões – mas que, do ponto de vista de uma observação de segunda ordem, do ponto de vista da sociologia jurídico-política, a verdade ou legitimidade da decisão não está relacionada a uma concepção substantiva de justiça, mas à *reestruturação das expectativas daqueles que estão envolvidos ou que serão afetados pela decisão.* Essa reestruturação é comunicativa, e não psicológica. A conclusão que se segue (a de que não existem conteúdos que *a priori* não possam ser aceitos no sistema jurídico) não deve ser entendida como apologia do legalismo de Hans Kelsen ou do decisionismo de Carl Schmitt, mas como uma contingência constitutiva da sociedade funcionalmente diferenciada; e, enquanto tal, incontrolável – pela moral, pela esfera pública ou por qualquer outra esfera que pleiteie se apresentar como instância totalizante de observação da sociedade.

Bibliografia

BACHUR, João Paulo. A diferenciação funcional da religião na teoria social de Niklas Luhmann. *Revista Brasileira de Ciências Sociais*, v. 26, n. 76, junho/2011, p. 177-190.

BACHUR, João Paulo. *Às portas do labirinto*: para uma recepção crítica da teoria social de Niklas Luhmann. Rio de Janeiro: Azougue, 2010.

CAMPILONGO, Celso. *Política, sistema jurídico e decisão judicial.* São Paulo: Max Limonad, 2002.

CORSI, Giancarlo. Geräuschlos und unbemerkt: Zur Paradoxie struktureller Kopplung. *Soziale Systeme*, v. 7, n. 2, p. 253-266, 2001.

DE GIORGI, Raffaele. *Scienza del diritto e legittimazione.* Lecce: Pensa, 1998.

GONÇALVES, Guilherme Leite. People's position in regional integration: an alternative to the theory of consensus. In: BRUNKHORST, Hauke et al. (Org.). *The European Union as a Model for the Development of Mercosur? Transnational Orders between Economical Efficiency and Political Legitimacy.* München: Rainer Hampp, 2007. p. 63-76.

GONÇALVES, Guilherme Leite; VILLAS BOAS FILHO, Orlando. *Teoria dos sistemas sociais*: direito e sociedade na obra de Niklas Luhmann. São Paulo: Saraiva, 2013 (no prelo).

JONES, Edward; GERARD, Harold B. *Foundations of social psychology.* New York: John Wiley & Sons, 1967.

KOSELLECK, Reinhart [1959]. *Crítica e crise*: uma contribuição à patogênese do mundo burguês. Tradução de L. V. B. Castelo-Branco. Rio de Janeiro: EDUERJ/Contraponto, 1999.

LUHMANN, Niklas [1969]. *Legitimação pelo procedimento.* Tradução de M. C. Côrte-Real. Brasília: UNB, 1980.

LUHMANN, Niklas. *Politische Theorie im Wohlfahrtsstaat.* München: Olzog, 1981.

LUHMANN, Niklas [1972]. *Sociologia do direito I.* Tradução de G. Bayer. Rio de Janeiro: Tempo Brasileiro, 1983.

LUHMANN, Niklas. *Soziale Systeme.* Frankfurt am Main: Suhrkamp, 1984.

LUHMANN, Niklas [1975]. *Poder.* Tradução de M. C. R. Martins. Brasília: UNB, 1985a.

LUHMANN, Niklas [1972]. *Sociologia do direito II.* Tradução de G. Bayer. Rio de Janeiro: Tempo Brasileiro, 1985b.

LUHMANN, Niklas. *Rechtssoziologie*. Opladen: Westdeutscher Verlag, 1987.

LUHMANN, Niklas. Verfassung als evolutionäre Errungenschaft. *Rechtshistorisches Journal*, v. 9, p. 176-220, 1990.

LUHMANN, Niklas. *Das Recht der Gesellschaft*. Frankfurt am Main: Suhrkamp, 1993.

LUHMANN, Niklas. *Die Gesellschaft der Gesellschaft*. Frankfurt am Main: Suhrkamp, 1997.

LUHMANN, Niklas. *Die Politik der Gesellschaft*. Frankfurt am Main: Suhrkamp, 2002.

LUHMANN, Niklas; HABERMAS, Jürgen. *Theorie der Gesellschaft oder Sozialtechnologie* – was leistet die Systemforschung? Frankfurt am Main: Suhrkamp, 1971.

MONTESQUIEU, Charles-Louis de Secondat [1748]. *O espírito das leis*. São Paulo: Martins Fontes, 1996.

NEVES, Marcelo. *Verfassung und Positivität des Rechts in der peripheren Moderne. Eine theoretische Betrachtung und eine Interpretation des Falls Brasilien*. Berlin: Duncker&Humblot, 1992.

NEVES, Marcelo. *Zwischen Themis und Leviathan: eine schwierige Beziehung. Eine Rekonstruktion des demokratischen Rechtsstaates in Auseinandersetzung mit Luhmann und Habermas*. Baden-Baden: Nomos, 2000.

VILLAS BOAS FILHO, Orlando. *Teoria dos sistemas e o direito brasileiro*. São Paulo: Saraiva, 2009.

Habermas e Ambiguidade do Direito Moderno

Felipe Gonçalves Silva

Jürgen Habermas nos apresenta uma teoria social abrangente que atribui um papel central às instituições e práticas jurídicas. As leituras mais usuais de sua obra a tratam meramente como uma "teoria do consenso", marcada por uma caracterização otimista e unilateral acerca das capacidades do direito de conduzir a processos robustos de democratização. Veremos, entretanto, que tão importante quanto insistir nos potenciais democratizantes da livre busca do consenso, interessa ao autor investigar as possibilidades de instauração do dissenso sobre o solo das sociedades modernas, isto é, de práticas regulares e não coagidas de problematização, discordância e crítica acerca dos arranjos simbólicos e estruturais que nos cercam cotidianamente. Da mesma forma, veremos que o direito não será considerado pelo autor nem como um veículo unilateral de conquistas democráticas, nem como um simples instrumento de dominação político-econômica, mas como uma instância que se reproduz sob uma tensão constante entre imperativos sistêmicos e demandas provenientes da sociedade civil, na qual se manifestam de modo particularmente explícito os conflitos, as lutas e as patologias da modernidade tardia. E, com isso, podemos apreender já de saída a ambiguidade característica que confere ao fenômeno jurídico.

Compreender a especificidade de sua teoria da modernização social e o papel cumprido pelo direito no interior dela são os objetivos principais deste capítulo. Para isso, ajuda-nos inicialmente uma rápida incursão em sua trajetória intelectual. Habermas nasce em 1929 na cidade alemã de Düsseldorf. Após uma formação profundamente interdisciplinar, que inclui estudos em filosofia, sociologia, história, psicologia, literatura e economia, Habermas passa a trabalhar em 1958 como assistente de Theodor Adorno no Instituto de Pesquisa Social em Frankfurt. Em 1964, torna-se professor de filosofia e sociologia da Universidade Johann Wolfgang von Goethe, situada na mesma cidade, assumindo a cadeira antes ocupada por Max Horkheimer, com quem havia iniciado suas pesquisas de pós-doutoramento. Essas referências nos revelam sua jovem vinculação, mantida ao longo de toda a sua obra, à chamada "Teoria Crítica da Sociedade" – ainda conhecida por muitos como "Escola de Frankfurt". Ao se vincular a essa tradição intelectual, Habermas tem sua obra dedicada ao desenvolvimento de uma "crítica social imanente". Isso significa que a teoria social aqui conduzida não se limita à descrição da rotina de funcionamento das estruturas e relações sociais observadas, mas busca submetê-las a um exame crítico. Essa crítica, entretanto, não se pauta em modelos de sociedade "utópicos" ou "idealistas", aplicados à sociedade investigada como um padrão normativo a si mesma exterior, mas sim em possibilidades de

emancipação inscritas, ainda que em germe, na própria realidade observada (NOBRE, 2004). Dessa forma, a crítica se impõe em nome não de ideais ou princípios de justiça abstratos, mas de potenciais emancipatórios existentes e não devidamente aproveitados na realidade social, levando a investigações que nos conduzam à natureza desses potenciais, a seus bloqueios mais característicos e ao tipo de ação social capaz de superá-los.

Em seu livro mais conhecido, *Teoria do agir comunicativo*, publicado originalmente em 1981, Habermas consolida uma compreensão da emancipação social que se vincula ao aproveitamento dos potenciais comunicativos liberados na modernidade. Para o autor, a instauração de processos sociais de reflexão e crítica baseados no entendimento comunicativo conteria uma força transformadora, capaz não apenas de diluir o dogmatismo presente na reprodução cotidiana dos saberes culturais, como de moldar as normas e instituições segundo o livre convencimento dos atores concernidos. O entendimento comunicativo, pois, será apresentado como o único recurso capaz de possibilitar uma integração social não violenta e não alienada. Recurso, entretanto, que tão logo disponibilizado pelos processos de modernização social, coloca-se em risco de ser progressivamente substituído pelas fontes sistêmicas do mercado capitalista e do Estado nacional, as quais operam a integração social pelos meios instrumentais e linguisticamente empobrecidos do dinheiro e do poder burocrático.

Em *Direito e democracia*, publicado em 1992, Habermas expõe sua compreensão mais sistemática acerca do fenômeno jurídico e de sua ligação necessária com uma ordem de legitimação democrática. O direito é ali introduzido em sua teoria da modernização como uma fonte ambivalente de integração social, a qual combina um instrumento não comunicativo por excelência – a ameaça de coerção física – à exigência de ter seu uso acoplado a normas geradas democraticamente, vale dizer, a normas geradas segundo processos discursivos de formação da opinião e da vontade. Como os demais âmbitos da sociedade moderna, entretanto, o direito tende a ver a peculiaridade de seu componente comunicativo, que nele se manifesta nas expectativas exigentes de sua legitimação democrática, suplantado pelo avanço progressivo de imperativos funcionais, que o direito incorpora a partir de sua ligação direta com o sistema burocrático-estatal. Em outras palavras, veremos que o direito tende a beneficiar um funcionamento meramente sistêmico de suas práticas e instituições. Para o autor, entretanto, uma teoria crítica da sociedade tem de evitar uma descrição conformista dessa tendência geral e elaborar diagnósticos sobre as possibilidades concretas de sua inversão, investigando impulsos democratizantes periféricos que emergem da sociedade civil e lutam por seu reconhecimento jurídico formal.

8.1. Sociedade tradicional e imunizações discursivas

Como a maior parte dos diferentes modelos de teoria social já estudados neste volume, Habermas busca trabalhar as especificidades da sociedade moderna em atenção ao modo como esta se distingue de formas sociais anteriores, pré-modernas, às quais chama pelo nome de "sociedade tradicional". Não se trata aqui de descrever os movimentos de transformação da sociedade tradicional em todas as suas etapas evolutivas, mas de salientar em bloco aquelas características essenciais que, uma vez abaladas, dariam origem aos longos e inacabados processos de modernização. É importante frisar que a oposição "moderno/tradicional" nos fala de características predominantes a uma organização social, não devendo ser tomada como uma distinção cronológica absoluta. Dessa forma, ainda que, segundo a caracterização habermasiana, possamos nos supor vivendo em uma sociedade moderna, encontramos muito frequentemente em nosso dia a dia formas de consciência e arranjos institucionais que mereceriam ser classificados como tradicionais.

Em vista de uma compreensão inicial do conceito, a sociedade tradicional pode ser aqui apresentada como um arranjo social que suprime a possibilidade de problematização e a necessidade de justificação constante de suas formas de vida concretas, isto é, das convicções, práticas e instituições identificadas à constituição e permanência do corpo social. Para além dessa compreensão abrangente e ainda abstrata, entretanto, é importante perceber certas características adicionais que teriam permitido a estabilização das sociedades tradicionais em sua existência histórica, anterior à modernidade capitalista. Isso nos leva ao conhecimento de suas formas típicas de imunização discursiva – quer dizer, de características tanto simbólicas quanto institucionais que mantinham "bloqueadas" ou "adormecidas" as capacidades comunicativas ligadas à livre contestação e à busca não coagida do consenso.

Em primeiro lugar, Habermas nos diz que a sociedade tradicional encontra-se historicamente vinculada a comunidades pequenas, pouco diferenciadas funcionalmente e dotadas de grande homogeneidade cultural. Isso permite uma sólida coesão social baseada no pano de fundo simbólico de valores e significados habitualmente não problematizados. A concatenação da ação entre seus membros exigiria assim não mais que uma comunicação superficial e insipiente, já que fundada em certezas culturais compartilhadas, pressupostas pelos falantes sem que estes tivessem a plena consciência de seu uso. O

âmbito dos interesses particulares, por sua vez, é reduzido e moldado por processos de individuação pouco reflexivos, limitados em seu campo de escolhas e marcados pela conformação direta dos valores pessoais aos do grupo. No conjunto dessas características, a possibilidade de dissenso nas interações espontâneas de seus membros é considerada já significativamente reduzida (HABERMAS, 1997a, p. 40 e ss.).

Habermas nos chama a atenção, entretanto, para uma ultraestabilização social derivada não apenas das certezas intuitivas do dia a dia, mas de sua ligação com narrativas religiosas e suas autoridades impositivas. Com efeito, a sociedade tradicional teria a homogeneidade de suas formas de vida vinculada a um complexo *unificador* de narrativas religiosas que atribuiria significado e duração a cada elemento singular do corpo social, desde os inúmeros componentes de seu legado simbólico (que orientam a compreensão do mundo e suas formas de avaliação ética), até as práticas e instituições ligadas ao modo como a vida se reproduz materialmente (como a divisão do trabalho, os instrumentos e materiais empregados no sistema produtivo, as modalidades da troca e do consumo etc.). Por meio de textos religiosos, heranças mitológicas e encenações ritualísticas, os dispositivos essenciais da ordem social deixam de fazer parte dos saberes implícitos do cotidiano, que escapavam à comunicação, e passam a ser explicitados como conhecidos elementos da ordem do "sagrado"; os quais, entretanto, uma vez subtraídos do universo mundano, não devem ser transformados em suas formas, usos e significados, mas reproduzidos e respeitados por um misto de convicção e medo (ibidem, p. 43; HABERMAS, 2012; ARAÚJO, 1996).

Neste ponto, entramos finalmente em contato com certos elementos importantes da estrutura normativa prevalecente nas sociedades tradicionais. Ao serem consideradas ao mesmo tempo como imposições sociais e como imposições sagradas, as normas se destinam ali tanto ao corpo quanto ao espírito do agente. E, com isso, são direcionadas não apenas ao comportamento dos destinatários, mas também àquilo que pensam e exprimem verbalmente. Isso implica que os desvios de convicção, isto é, a problematização da norma, seja sancionada mesmo em face de um comportamento em conformidade a ela. Significa também, e isso é de fundamental importância, que a validade da norma não se contesta: norma fática, imposta por sua figura de autoridade, deve ser diretamente assumida como norma legítima. A rigor, a legitimidade da norma não se coloca ali sequer como uma questão proeminente, já que absorvida em narrativas unificadoras que não distinguem com

exatidão os planos discursivos que descrevem o mundo "tal como ele é" e sua justificação "tal como deve ser". Entretanto, ao estender a regulação ao campo do convencimento pessoal, a sociedade tradicional neutraliza o último refúgio onde o dissenso poderia vir a surgir ainda que de modo eventual e improvável, reforçando o poder da tradição como aquilo que deve ser não apenas obedecido, mas respeitado por convicção. Nesse sentido, Habermas nos fala de uma "fusão entre facticidade e validade" contida nas expectativas de cumprimento das normas tradicionais. Quer dizer, de uma indistinção entre a "coerção sancionadora", que impõe o medo da represália, e a "coerção sublimada", que se aceita pela força de seu convencimento.

8.2. Modernização social e colonização sistêmica

Os processos de modernização social instauram condições de comunicação bastante modificadas: para Habermas, a modernidade é marcada pela diluição do monopólio exercido pela autoridade religiosa sobre o pano de fundo simbólico da sociedade, o qual tem seus conteúdos diversificados e submetidos à possibilidade de tematização e crítica. Ao mesmo tempo, importantes esferas da reprodução material da sociedade são afastadas das exigências de entendimento comunicativo e passam a se auto-organizar segundo códigos próprios, pautados em interesses estratégicos que envolvem controle e eficiência (HABERMAS, 2012, p. 276 e ss.). Temos aqui o que o autor chama de "desacoplamento entre mundo da vida e sistema", isto é, a diferenciação de âmbitos da vida social caracterizados por lógicas próprias, respectivamente a lógica comunicativa e a lógica instrumental, as quais passam a conduzir processos de racionalização apartados e conflitantes na modernidade.

O *mundo da vida*, isto é, o âmbito da vida social no qual se desenvolvem formas de interação baseadas no entendimento comunicativo, continua a se reproduzir segundo um pano de fundo de significados dados previamente aos falantes. Para o autor, sempre que compreendemos ou expressamos algo, pressupomos uma rede de significados compartilhados e predefinidos sem os quais não podemos dar início à interação comunicativa. Isso não é diferente na modernidade: o que distingue o mundo da vida moderno é que essa rede de significados torna-se cada vez mais consciente, diversificada e sujeita a problematizações por meio da própria prática comunicativa. Para Habermas, pois, a modernidade abriria a possibilidade de contestar a herança simbólica em meio à qual fomos socializados e transformá-la à luz das experiências que tivemos por seu intermédio.

Essa "reflexividade" do mundo da vida moderno se manifesta, por exemplo, nos processos sociais segundo os quais formamos nossa identidade pessoal. Estes se abrem à avaliação do pano de fundo cultural que orienta nossas interpretações sobre nós mesmos e sobre o mundo, permitindo a contestação das comunidades linguísticas de nascimento, a incorporação seletiva de seus conteúdos particulares e sua combinação, de forma criativa e original, com uma diversidade sempre maior de repertórios simbólicos agora disponíveis. Manifesta-se também no modo como nos relacionamos com as normas sociais. Para Habermas, o direito positivo moderno contribui de forma contundente com a racionalização do mundo da vida, uma vez que desfaz a ligação direta com os valores e deveres da tradição e prevê os próprios mecanismos responsáveis pelo reconhecimento da validade de suas normas, os quais passam a se afirmar como procedimentos discursivos ligados à formação democrática da vontade, abertos à problematização e à participação dos cidadãos.

Voltaremos nos itens seguintes a tratar das características do direito moderno. Nesse momento, cumpre completar a tese de desacoplamento entre sistema e mundo da vida, bem como explicitar a natureza conflituosa de seus processos particulares de racionalização. Apesar de ressaltar com entusiasmo os potenciais de crítica intramundana liberados com a diluição da sociedade tradicional, Habermas não deixa de assumir as fragilidades do mundo da vida moderno em integrar uma sociedade secularizada e intensamente diversificada tanto cultural quanto funcionalmente. Como vimos, o mundo da vida tradicional permitia uma coesão social bastante sólida e estável, à custa, entretanto, da liberdade comunicativa de seus membros. Na modernidade, ao contrário, temos liberdades mais amplas para decidir nossas práticas e convicções, mas também uma dificuldade muito maior de integrá-las aos demais parceiros de socialização. Quando os conteúdos do mundo da vida são problematizados nas interações comunicativas cotidianas, os sujeitos nela envolvidos precisam reestabelecer o consenso perdido; caso contrário, a relação pode ser suspensa ou mesmo se romper definitivamente. A produção do consenso entre os participantes de uma interação comunicativa, por sua vez, obriga-os à justificação daquilo que se afirma por meio de argumentos capazes de serem aceitos por ambos, levando a processos de entendimento longos, exigentes e que, como todos nós sabemos, podem vir a se mostrar completamente infrutíferos.

Esse grande risco de dissenso já perceptível no âmbito de nossas interações pessoais diretas, as quais envolvem atores que compartilham universos simbólicos relativamente aproximados, é profunda-mente ampliado quando consideramos as condições de integração no plano da sociedade em seu todo, a qual passa a exigir na modernidade não apenas a convivência de grupos de convicções muito díspares que vivem sobre o mesmo território, como a satisfação de necessidades materiais que crescem com o aumento significativo da população, tais como trabalho, habitação, alimento e circulação. Essas exigências imediatas não podem esperar os longos, gravosos e incertos processos de constituição discursiva do consenso, o que tornaria a modernização social inviável caso não contasse com um meio de integração alternativo (ibidem, p. 330). Para Habermas, os *sistemas* instrumentais de ação suprem essas exigências ao proporcionarem formas de integração social que se desacoplam do mundo da vida e estabilizam o risco de dissenso por dependerem muito pouco do entendimento comunicativo. A lógica sistêmica, pois, é voltada não ao questionamento e à produção de consenso entre diferentes atores, mas sim à execução instrumental de certos fins, ao cumprimento eficiente de objetivos determinados, procurando reduzir, tanto quanto possível, as contingências da comunicação (NOBRE, 2008; REPA, 2008).

Segundo Habermas, os dois sistemas típicos da modernidade são encontrados no Estado burocrático e no mercado capitalista, os quais, em nome de uma implementação eficiente do controle social e da reprodução material, substituem a linguagem argumentativa pelos meios padronizantes e linguisticamente empobrecidos do "poder" e do "dinheiro". Com efeito, não é possível argumentar muito diante de um soldado armado ou das exigências burocráticas que nos são requeridas em repartições públicas, da mesma forma como não é necessária muita comunicação para se comprar um produto ou para se demitir um funcionário em função dos interesses de mercado. É claro que a comunicação nesses âmbitos sistêmicos de socialização pode eventualmente vir a acontecer. Habermas nos diz inclusive que dificilmente a ação comunicativa e a ação estratégica acontecem de modo puro em qualquer âmbito da sociedade. Entretanto, a comunicação argumentativa não é essencial ao cumprimento dos imperativos sistêmicos, além de ser bastante improvável e distorcer significativamente as condições discursivas ao colocar os agentes em posições hierárquicas muitíssimo desiguais.

Podemos facilmente perceber o caráter conflituoso dessas duas lógicas de reprodução social: de um lado, escutamos frequentemente que muito diálogo compromete a eficiência na execução de objetivos e tarefas prefixadas. De outro lado, a lógica da eficiência, embora possa conduzir a resultados quantitativamente vantajosos, geralmente suprime a reflexão, participação e

anuência de parcela significativa dos atores concernidos. Habermas salienta em sua obra o conflito entre essas duas "racionalidades" – a comunicativa e a instrumental – e nos diz que seu jogo de forças costuma ser largamente vencido pelo componente sistêmico. Para o autor, os sistemas tenderiam a desenvolver uma "dinâmica própria incontrolável" e a provocar, por meio disso, uma "colonização do mundo da vida" (HABERMAS, 2012, p. 597). Habermas nos fala, assim, de uma tendência geral de *colonização do mundo da vida pelo sistema*, quer dizer, uma tendência observada nas sociedades capitalistas tardias de terem suas esferas de reprodução simbólica invadidas pela lógica instrumental da economia e do poder administrativo. Essa invasão é descrita nos termos de uma "monetarização" e uma "burocratização" crescentes da vida social, segundo as quais as relações interpessoais passam a ser coordenadas não pelo entendimento recíproco de seus participantes, mas pelos meios padronizantes e linguisticamente empobrecidos do dinheiro e do poder burocrático. Com isso, os potenciais comunicativos liberados na modernidade correriam o risco de serem neutralizados pela preponderância de uma lógica sistêmica que não se detém aos objetivos estritos de autopreservação social e reprodução material, mas avança em capilares cada vez mais profundos da vida cotidiana. Como resultados da colonização sistêmica, Habermas identifica diferentes formas de patologias sociais, tais como a *reificação* do comportamento, notada quando parceiros de uma interação social se reconhecem não como sujeitos dotados de opinião e vontade próprias, mas como simples meios para a persecução de planos estratégicos; a *perda de sentido*, verificada quando indivíduos perdem a capacidade de compreender e inter-relacionar reflexivamente as contribuições plurais e cada vez mais especializadas da cultura moderna; a *anomia social*, caracterizada pela perda de validade das normas de comportamento, as quais passam a ter seu respeito geral abalado ou garantido pela mera imposição da força; além de uma grande variedade de *psicopatologias*, segundo as quais vemos bloqueadas as capacidades de interação entre os indivíduos, os quais se mostram cada vez mais isolados física e emocionalmente no interior da massa populacional das grandes cidades (REPA, 2008; SOUZA, 1997).

8.3. Integração social e direito moderno

Após essas análises, Habermas nos diz que a compreensão dos processos de modernização social nos conduz a uma situação dilemática: a forma típica de integração social não violenta – pautada na possibilidade de crítica ininterrupta e no livre convencimento dos atores concernidos – revela-se incapaz de estabilizar perante toda a sociedade o profundo risco de dissenso e desagregação que lhe é próprio. Ao mesmo tempo, as exigências modernas de integração social mostram-se progressivamente supridas por mecanismos sistêmicos que neutralizam o risco de dissenso fazendo uso dos meios não comunicativos do poder e do dinheiro. Nesse movimento, os potenciais comunicativos liberados com a diluição da sociedade tradicional tendem a ser não apenas subutilizados, como suprimidos em âmbitos cada vez mais alargados da vida social. Em *Direito e democracia*, o direito é apresentado como a única saída possível a esse dilema, isto é, como um meio de integração ligado tanto ao sistema quanto ao mundo da vida, o qual permite unir o mecanismo coercitivo de integração a exigências de sua legitimação discursiva.

Habermas nos mostra que o direito moderno se conecta diretamente aos meios de integração do sistema burocrático-estatal, já que recebe deste último a capacidade de manter as expectativas de comportamento por meio do uso coercitivo da força. Ao mesmo tempo, entretanto, o direito expõe seus imperativos sistêmicos de controle e eficiência às exigências de "racionalização comunicativa". Habermas salienta inicialmente que o direito moderno limita o uso da coerção de um modo significativo, de forma a distingui-lo dos arranjos normativos típicos da sociedade tradicional: a regulação coercitiva passa a ser dirigida ao *comportamento externo* dos destinatários, afastando-se progressivamente de seus motivos e convicções pessoais (ibidem, p. 52, 150 e ss.). Para o autor, essa limitação do uso da coerção contribuiria de forma decisiva com a "racionalização" do mundo da vida. Com efeito, quando as normas passam a ter suas imposições coercitivas dirigidas meramente ao comportamento dos destinatários, sua validade, compreendida como aceitação no campo das convicções internas, desliga-se da simples facticidade de sua imposição, podendo ser questionadas mesmo por aqueles que as cumprem formalmente. Dessa maneira, o direito estabiliza as expectativas de comportamento sem "frear a mobilização comunicativa de argumentos", pois permite a exposição do conteúdo de suas normas ao exame crítico. Além disso, a preservação das convicções pessoais autoriza o exercício continuado de "discursos éticos", por meio dos quais os valores e significados do mundo da vida podem ser expressados e debatidos, contribuindo aos processos que nos levam à diversificação das formas de vida culturais e à formação reflexiva das identidades, tanto individuais quanto coletivas (HABERMAS, 2002).

No desenvolvimento histórico do direito moderno, entretanto, os potenciais de reflexão e crítica acerca das normas jurídicas passam a ser agregados aos próprios procedimentos formais responsáveis por sua criação legislativa, ligando à imposição do direito coercitivo uma expectativa de legitimidade a ser cumprida com a implementação de processos de formação democrática da vontade (HABERMAS, 1997a, p. 61). A formalização de tais processos estrutura as condições de formação discursiva da opinião e da vontade em termos institucionalizados, suprimindo boa parte dos déficits organizacionais dos mecanismos comunicativos que emergem de modo espontâneo do mundo da vida. Segundo Habermas, apesar de seus muitos desvios e insucessos, o "procedimento democrático" nos revela a única fonte de legitimidade adequada aos contextos pós-tradicionais modernos: na ausência de um mundo da vida homogêneo e protegido contra problematizações, o direito moderno não pode extrair a aceitabilidade de suas normas do "espelhamento" ou da incorporação direta de valores e significados tradicionais, já que estes passam a agregar em si mesmos conflitos, discordâncias e ressignificações constantes. Dessa forma, as normas jurídicas têm de reivindicar sua própria legitimação como o resultado de processos discursivos inclusivos, por meio dos quais a pluralidade das vozes e opiniões que emergem socialmente mostram-se aptas a gerar consensos e acordos temporários, motivados pela "força de convencimento" dos melhores argumentos disponíveis.

Com isso, o direito é considerado por Habermas um instrumento capaz de aliviar os sobrecarregados processos de entendimento das tarefas de integração social sem anular, em princípio, os potenciais comunicativos liberados na modernidade: de um lado, a positividade do direito estabiliza expectativas de conduta por meio de coerções impostas facticamente a seus destinatários, sendo tal imposição considerada não uma expressão de mandamentos sagrados ou de leis naturais imutáveis, mas um "fragmento da realidade social produzido artificialmente, o qual só existe até segunda ordem, já que pode ser modificada ou colocada fora de ação em qualquer um de seus componentes singulares" (ibidem, p. 60); de outro lado, é a pretensão de legitimidade que empresta duração a determinadas normas para que se oponham à possibilidade presente de virem a ser declaradas sem efeito, sendo tal pretensão alojada na expectativa de terem sido criadas pelos próprios destinatários segundo processos democráticos inclusivos, tanto do ponto de vista dos participantes quanto dos temas e argumentos apresentados. Dessa forma, Habermas escreve que "as leis coercitivas devem comprovar sua legitimidade como leis da liberdade no processo de legislação" (ibidem, p. 53). Importante dizer que, embora o autor saliente o processo legislativo como o momento preponderante no qual o direito tem de cumprir as exigências de sua legiti-

midade discursiva, esta é estendida aos processos de aplicação normativa transcorridos nos tribunais e nas agências administrativas, onde as decisões devem ser argumentativamente justificadas perante toda a comunidade jurídica como as mais corretas tanto no que se refere à interpretação do conjunto de normas positivadas quanto às peculiaridades fáticas do caso concreto.

Habermas tem consciência do "idealismo" presente nessas expectativas de legitimação discursiva do direito. Ele as considera, entretanto, como um idealismo inscrito no mundo, na medida em que compõem a validade da ordem jurídica e exercem influências concretas na estrutura de funcionamento de cada uma de suas esferas institucionais. Para o autor, seria impossível explicar a adesão das massas ao direito posto em condições pós-tradicionais (isto é, sua "aceitação social" ou "empírica") sem levar em conta as expectativas de se fazerem cumpridas suas exigências de legitimidade democrática (as quais conduzem, nos termos do autor, às condições de sua "aceitabilidade racional"). Ao mesmo tempo, ao apresentá-las como um "idealismo" impregnado na ordem jurídica, o autor já está nos adiantando que tais expectativas de legitimidade não podem ser consideradas plenamente realizadas. Elas, com frequência, são objeto de um reconhecimento meramente formal, desvinculado de processos comunicativos autênticos, ou se mostram inteiramente distorcidas em usos estratégicos ou ideológicos, por meio dos quais o discurso jurídico é direcionado à legitimação de uma distribuição desigual do poder social constituída tanto econômica quanto politicamente.

Assim, o direito será considerado por Habermas um meio de integração social extremamente ambíguo. Ligado tanto ao mundo da vida quanto ao sistema, ele abre canais para que as demandas provenientes de interações comunicativas alcancem os sistemas econômico e burocrático com a pretensão de seu direcionamento legítimo; entretanto, os sistemas de ação podem se servir da força legitimadora do direito a fim de disfarçar a imposição de seus imperativos funcionais, conferindo *aparência de legitimidade* a uma dominação sistêmica democraticamente ilegítima: "Como meio organizacional de uma dominação política, referida aos imperativos funcionais de uma sociedade econômica diferenciada, o direito moderno continua sendo um meio extremamente ambíguo da integração social. Com muita frequência o direito confere aparência de legitimidade ao poder ilegítimo. À primeira vista, ele não denota se as realizações de integração jurídica estão apoiadas no assentimento dos cidadãos associados, ou se resultam de mera autoprogramação do

Estado e do poder estrutural da sociedade; tampouco revela se elas, apoiadas neste substrato material, produzem por si mesmas a necessária lealdade das massas" (ibidem, p. 62).

8.4. Fechamento institucional e paradigmas jurídicos

Direito e democracia é inteiramente desenvolvida em consideração a essa ambiguidade do direito, à qual Habermas chama a atenção desde o prefácio da obra até seus capítulos finais. Segundo Habermas, a observação realista das democracias contemporâneas nos obriga a perceber que a reprodução do direito tende a se manter fechada aos núcleos institucionais do Estado. E ainda que entre suas instituições o parlamento se apresente por princípio mais aberto aos fluxos comunicativos gerados socialmente, ele habitualmente se encontra configurado segundo composições duradouras de poder partidário que impedem, ou ao menos dificultam, a circulação de novos fluxos de argumentos, temas e problematizações (HABERMAS, 1992b, p. 59 e ss.).

Muito além desse tipo de "fechamento institucional", que dificulta a inclusão de novos temas e atores nos processos decisórios oficiais, Habermas insiste em diagnosticar diversas formas de bloqueios à democratização inscritos no próprio solo da sociedade civil, tais como a parcialidade e a cooptação da grande mídia, as desigualdades de recursos comunicativos e educacionais entre a população e a inércia política de cidadãos pressionados pelas exigências sempre maiores do mercado de trabalho. Entretanto, o lado mais nocivo do direito moderno, vale dizer, sua capacidade de conferir "aparência de legitimidade" à imposição crescente dos imperativos sistêmicos, é explorado de forma mais contundente em sua crítica aos paradigmas jurídicos predominantes na ordem institucional contemporânea.

Habermas chama de "paradigma jurídico" as compreensões sociais que servem como pano de fundo das práticas de criação e aplicação do direito (ibidem, p. 123). Com isso, o autor está assumindo que o discurso jurídico nunca opera em abstrato, isto é, que as argumentações em torno da fundamentação e interpretação de direitos sempre se baseiam, mesmo que de modo implícito, em uma determinada compreensão da realidade social. Ao mesmo tempo, representações sociais compartilhadas entre os operadores do direito geram padrões de entendimento mais ou menos homogêneos acerca daquilo que é, ou deve ser, o próprio sistema jurídico (SILVA, 2011, p. 323). Dessa forma, Habermas nos diz que a noção de paradigma jurídico nos permite identificar os "laços de sentido" entre configurações determinadas do sistema jurídico e uma correspondente compreensão do ambiente social na qual ele se encontra inserido. Para o autor, esses laços de sentido presentes nos dois paradigmas predominantes na ordem jurídica contemporânea, a saber, o "paradigma liberal" e o "paradigma do Estado social", tendem a deslocar dos processos democráticos a competência para a criação legítima de normas, bem como a justificar por meio de seus discursos normativos a autoprogramação sistêmica dos mecanismos de mercado e do aparato burocrático-estatal.

Segundo Habermas, o paradigma liberal estaria fundado numa compreensão da sociedade que atribui centralidade às funções integradoras dos mecanismos espontâneos de mercado e as justifica como instâncias garantidoras da liberdade individual, a serem ali preservadas contra intervenções políticas (HABERMAS, 1997b, p. 138). Uma tal sociedade econômica, institucionalizada principalmente por meio de direitos de propriedade e da liberdade de contratos, seria organizada segundo a autonomia individual dos sujeitos de direito, os quais, enquanto atores econômicos independentes, procurariam encontrar sua realização e seu sucesso pessoal no cumprimento de interesses próprios. A maneira preponderante de justificação do aparato jurídico em seu todo seria pautada ali nos estritos termos da "igualdade formal", isto é, nos termos de uma distribuição idêntica de competências privadas entre todos, independentemente de quaisquer determinantes sociais, como classe, gênero ou diversidade cultural. Dessa forma, o modelo seria sustentado em pressuposições sociais ligadas à existência de condições não discriminatórias para o aproveitamento das mesmas liberdades entre todos, tais como o equilíbrio dos processos econômicos organizados monetariamente, a distribuição aproximadamente igual do poder social e o exercício em igualdade de chances das competências definidas pelo direito privado (SILVA, 2011, p. 323).

Habermas nos diz que o paradigma do Estado social nasce de críticas que ressoam no interior da própria dogmática jurídica, as quais refutam tanto a imagem social utilizada pelo modelo liberal, quanto sua capacidade de cumprir as pretensões normativas por ele sustentadas. Com efeito, o modelo liberal ocultaria as hierarquias sociais pautadas na desigualdade de poder econômico, acabando por impedir possibilidades efetivas e igualitárias ao exercício da liberdade que anunciava promover. Para o autor, o paradigma do Estado social vem acompanhado de uma nova compreensão da sociedade e da relação entre Estado e indivíduo: surge a imagem de uma sociedade cada vez mais complexa, na qual a economia figura como uma esfera de ação funcional que expõe os cidadãos a fragilidades de uma distribuição

de renda potencialmente injusta. À fragilidade do indivíduo frente às assimetrias do poder econômico, por sua vez, é ligada a expectativa normativa de que as contingências do mercado sejam controladas por meio das operações reguladoras de um Estado interventor, o qual complementa as liberdades privadas com direitos sociais à saúde, à educação, ao trabalho e à habitação. O sujeito de direito, que segundo a compreensão liberal detinha toda a liberdade necessária à persecução de seus interesses individuais, passa a figurar como "cliente" de uma burocracia planejadora, tornando-se grande parte de suas liberdades de ação dependentes das atividades da administração estatal (ibidem, p. 324).

Segundo Habermas, esse novo paradigma pode ser mais uma vez contestado em face dos instrumentos analíticos disponibilizados por sua teoria social. Com efeito, o paradigma do Estado social teria retirado o foco das operações anônimas de um sistema econômico centrado no mercado e o substituído pelas instâncias administrativas do sistema burocrático. A regulação estatal teria se expandido radicalmente no interior do Estado de bem-estar, cuja atividade, longe de se restringir à regulação econômica, passaria a intervir de maneira indireta em âmbitos cada vez mais alargados do mundo da vida. Importante dizer que a ampliação do escopo regulatório não representa em si um problema para Habermas; ao contrário, o combate à desigualdade material e a positivação de direitos sociais são defendidos como condições imprescindíveis à garantia de "liberdades iguais" entre os cidadãos. Para o autor, entretanto, os avanços insuficientes no combate à desigualdade teriam sido alcançados à custa de restrições significativas da liberdade; isto é, a mera realocação de recursos materiais não seria capaz de incrementar adequadamente a autonomia dos cidadãos, mas teria o condão de gerar novos tipos de "dependência" dos beneficiários dos programas assistenciais em relação ao Estado. Além disso, o alargamento da intervenção estatal não viria acompanhado de uma ampliação correspondente dos debates público-políticos a seu respeito. Ao contrário, a regulação social seria marcada por um movimento de profunda burocratização, caracterizado pela substituição dos debates normativos por questões técnico-administrativas e pelo afastamento dos próprios beneficiários dos processos responsáveis por sua elaboração. Com isso, os destinatários dos programas assistenciais veriam suas vidas reguladas objetivamente pelo poder administrativo, tendente a reproduzir os estereótipos existentes sobre os "grupos desfavorecidos" em processos de decisão nos quais eles mesmos não se mostram devidamente incluídos (HABERMAS, 1997b, p. 155 e ss.).

Mesmo em face da crítica a ambos os paradigmas, o autor não defende a supressão das imagens sociais que habitam o discurso jurídico. Para ele, como vimos, toda modalidade discursiva encontra-se impregnada dos contextos sociais dos quais emerge e aos quais se dirige. Nesse sentido, a ilusão de um discurso jurídico neutro, orientado estritamente por seus instrumentos formais de técnica decisória, apenas esconderia os próprios pressupostos sociais adotados por seus operadores. Ao mesmo tempo, o autor não pretende endossar uma nova imagem substantiva da sociedade que pudesse substituir aquelas utilizadas pelos paradigmas anteriores. As modificações aceleradas das sociedades contemporâneas e a capacidade de um mundo da vida pós-tradicional reelaborar constantemente seus significados transformariam qualquer compreensão fixa da sociedade em um engessamento inadequado do discurso jurídico. Segundo Habermas, a teoria não tem o papel de determinar qualquer um dos componentes que constitui um paradigma jurídico, seja o modelo de sociedade a orientar o raciocínio normativo, seja o modelo jurídico a ser a ela aplicado. Trata-se, ao contrário, de exigir uma "democratização progressiva" de todas as interpretações relevantes acerca do direito e da sociedade; isto é, de submeter ao procedimento democrático os laços de sentido que vinculam a autocompreensão social ao tipo regulatório a ser aplicado a cada caso.

8.5. Paradigma procedimental e esfera pública

Habermas nos apresenta um novo paradigma jurídico chamado por ele de "paradigma procedimental" – e com isso pretende indicar certos esforços em andamento à garantia e ao fortalecimento do procedimento democrático (ibidem, p. 183). Tais esforços são considerados elementos de uma contratendência, oposta à autoprogramação sistêmica do Estado de direito, as quais, embora inconclusas e ainda marginais, revelam tentativas inscritas nas ordens jurídicas atuais de fazer valer as exigências mais amplas de legitimidade democrática. Habermas é explícito ao dizer que, apesar das críticas apresentadas ao Estado social, o paradigma procedimental não deve ser pensado como a interrupção dos processos de "materialização do direito", por meio dos quais as categorias jurídicas buscam corrigir condições sociais assimétricas ao exercício da cidadania entre todos. Ao contrário, o traço mais explícito do novo paradigma seria a tentativa de continuar tais processos de materialização segundo "um nível de reflexão superior" (ibidem, p. 148); isto é, de permitir a transformação das condições desiguais ao exercício das liberdades individuais por meio de processos democráticos inclusivos, abertos à participação efetiva dos próprios concernidos. Isso é traduzido normativa-

mente pelo autor como uma exigência de "implementação mútua entre autonomia pública e privada" (NADAI, MATTOS, 2008; SILVA, 2008).

Nesse sentido, Habermas chama a atenção inicialmente para a existência de propostas de reforma institucional, selecionadas entre vertentes da dogmática jurídica contemporânea que, por um lado, combatem os contornos burocratizantes do Estado de bem-estar e, por outro, recusam explicitamente uma retomada do paradigma liberal pelas vias do neoliberalismo crescente. Habermas salienta uma diversidade de propostas de inclusão social no interior dos procedimentos formais de tomada de decisão, tais como a instauração de conselhos deliberativos regulares, mecanismos de controle popular e instrumentos de autogestão, procurando com isso redirecionar a criação e a aplicação de direitos sociais segundo possibilidades mais efetivas de participação pública. Salienta também a existência de projetos que diminuem as competências de criação normativa detidas pelas instâncias decisórias formais, ampliando as possibilidades de decisão dos próprios cidadãos por meio da distribuição de direitos à "autogeração de normas" (HABERMAS, 1997b, p. 149 e ss.).

Para Habermas, entretanto, um paradigma procedimental concorrente não pode ser pensado apenas por meio de mudanças institucionais. Por maior que seja a ampliação das competências jurídicas e a abertura dos processos decisórios vislumbradas em tais projetos dogmáticos, as tentativas de reforma institucional são consideradas incapazes de produzir grandes efeitos caso não venham acompanhadas de políticas transformadoras provenientes da própria sociedade civil. Isto é, de uma práxis política que se mostre apta a ocupar tais espaços institucionais e a quebrar as constelações de poder que imprimem aos processos democráticos um funcionamento normalizante, transmitindo a seu interior os impulsos renovadores oriundos do debate público.

Habermas insiste que a possibilidade de romper com a rotina de funcionamento das diferentes instâncias do poder estatal exige a mediação de uma prática política de raízes não institucionais, mas direcionada às instituições. Nesse sentido, é no movimento feminista contemporâneo que o autor encontra o exemplo melhor acabado do substrato político necessário ao novo paradigma (ibidem, p. 164 e ss.). Com efeito, as lutas feministas das últimas décadas teriam implementado uma política deliberativa de mão dupla, voltada tanto à transformação dos comportamentos e significados culturais que definem as distinções tradicionais entre os gêneros no âmbito da sociedade civil quanto à inscrição dessas transformações na agenda político-democrática. Na medida em que se orienta por padrões tradicionais e heterônomos de interpretação, o Estado de bem-estar teria consolidado em suas regulações paternalistas as imagens depreciativas acerca da "diferença entre os gêneros" e da "divisão sexual do trabalho", reforçando a manutenção dos estereótipos sociais que atuam entre as causas da própria subordinação da mulher. Mostrando que a classificação dos papéis e das diferenças entre gêneros repousa sobre camadas elementares da autocompreensão cultural da sociedade, o feminismo contemporâneo teria lutado pela submissão das categorizações tradicionais da identidade feminina à discussão pública constante, por meio da qual as próprias concernidas procuram reformular reflexivamente suas categorias identitárias e decidir sobre o formato e a extensão dos direitos mais adequados a seu reconhecimento jurídico.

Segundo Habermas, em vez de um macromodelo social capaz de atribuir significado a todos os casos que alcançam as arenas jurídicas, as lutas feministas nos revelam a necessidade de se unir o raciocínio jurídico à reflexão sobre as identidades e carências particulares de grupos sociais que buscam transformar o modo como são reconhecidos a partir do debate público. Apenas assim teríamos o rompimento com um "monopólio geral das definições" e a consolidação de práticas plurais de autodeterminação democrática, levadas a cabo por grupos que lutam pela criação e interpretação de direitos à luz de "suas experiências concretas de lesão à integridade, desfavorecimento e opressão" (ibidem, p. 169).

Dessa maneira, a compreensão dos processos democráticos ganha em Habermas um sentido mais extenso, marcada pela combinação dos mecanismos formais de tomada de decisão – situados nas instâncias legislativas, administrativas e judiciais do aparato estatal – com dimensões subinstitucionais de deliberação pública. Com essa intenção, o autor salienta o papel fundamental desempenhado pela "esfera pública", isto é, pelas redes de comunicação espontâneas que emergem da sociedade civil e se situam à margem do Estado. Ela se caracteriza por um conjunto de fluxos comunicativos de horizontes abertos, os quais permitem a comunicação de informações, argumentos e tomadas de posição entre públicos amplos e dispersos territorialmente. As contribuições discursivas são nela filtradas e sintetizadas, a ponto de se condensarem em opiniões públicas organizadas ao redor de temas específicos. Compondo a "periferia" dos processos democráticos, a esfera pública é descrita como uma caixa de ressonância para a percepção dos novos problemas sociais e sua transmissão aos centros institucionais de tomada de decisão.

As deliberações levadas a cabo na esfera pública são consideradas pelo au-

tor as únicas capazes de identificar os problemas sociais com a sensibilidade e a linguagem específica dos próprios atingidos e articulá-los em fóruns amplos, receptivos à pluralidade de suas vozes. Embora não possuam um caráter vinculante, os fluxos comunicativos aí acumulados mostram-se aptos a atingir o sistema burocrático-estatal na medida em que alcançam força suficiente para exercer "pressão" ou "influência" nas instituições formais de tomada de decisão, obrigando-as a inscrever suas reivindicações na agenda oficial dos problemas. Com efeito, Habermas nos diz que as contribuições da esfera pública não costumam ser espontaneamente incorporadas no funcionamento rotineiro das instituições. Sua inscrição exige lutas intensas de atores engajados – tais como movimentos sociais, organizações civis, sindicatos e intelectuais militantes –, capazes de convencer uma parcela significativa da opinião pública acerca da relevância dos temas e argumentos veiculados, gerando assim "crises de legitimidade" direcionadas à inércia das instituições. Segundo uma tal consciência de crise, os modos típicos de tratamento dos problemas pelas instituições do Estado passam a ser considerados destituídos de legitimidade democrática, mesmo que decididos em conformidade a suas competências formais, exigindo a "reabertura dos processos decisórios" e a eventual "revisão de suas decisões tendo em conta a persistente crítica pública" (ibidem, p. 117). Para gerá-la, o autor reconhece a necessidade de se combinar os processos de argumentação com "ações espetaculares", capazes de chamar a atenção, tais como manifestações públicas, protestos em massa e atos de desobediência civil:

> "Não é o aparelho do Estado, nem as grandes organizações ou sistemas funcionais que tomam a *iniciativa* de levantar esses problemas sociais. Quem os lança são intelectuais, pessoas envolvidas, profissionais radicais, 'advogados' autoproclamados, etc. Partindo dessa periferia, os temas dão entrada em revistas e associações interessadas, clubes, academias, grupos profissionais, universidades, etc., onde encontram tribunas, iniciativas de cidadãos e outros tipos de plataformas; em vários casos, transformam-se em núcleos de cristalização de movimentos sociais e de novas subculturas. [...] Às vezes é necessário o apoio de ações espetaculares, de protestos em massa e de longas campanhas para que os temas consigam ser escolhidos e tratados formalmente, atingindo o núcleo do sistema político e superando os programas cautelosos dos 'velhos partidos'. [...] O certo é, no entanto, que nas esferas públicas políticas, mesmo nas que foram mais ou menos absorvidas pelo poder, as relações de forças se modificam tão logo a percepção de problemas sociais relevantes suscita uma *consciência de crise* na periferia" (ibidem, p. 115, 116).

Considerações finais

Habermas nos diz que uma compreensão crítica da ordem jurídico-democrática não se faz meramente com a denúncia de seus inúmeros insucessos. Trata-se de investigá-los como bloqueios a suas possibilidades emancipatórias reais. Estas se fundam, como vimos, em potenciais comunicativos liberados com a diluição da sociedade tradicional, os quais encontram eco tanto no campo das reformas institucionais quanto em práticas contestatórias oriundas da sociedade civil. Para Habermas, apesar de todas as suas mazelas, a "questão democrática" ainda não pode ser considerada superada. Vale dizer, embora constantemente ameaçada pela colonização sistêmica, ela nos revela uma notável capacidade de resistência que se manifesta tanto dentro quanto fora das instituições. A existência de lutas por democratização não é considerada pelo autor um fenômeno singular, passageiro e casual, mas sim um impulso abrangente que se desenvolve a partir de condições estruturais da modernização social: ela se alimenta não apenas das exigências de justificação discursiva típicas de um mundo da vida racionalizado, como das expectativas de legitimidade que passam a impregnar inclusive os sistemas econômico e estatal. Quando a economia e o Estado fazem uso da forma jurídica para a institucionalização consentida de seus arranjos funcionais, eles assumem, mesmo que a contragosto, a exigência de legitimidade democrática que acompanha os componentes de validade do direito moderno. Segundo o autor, a consciência dessa "dívida de legitimidade", que nos apresenta os sistemas instrumentais como seus principais inadimplentes, motiva e fortalece a persistência dos movimentos democratizantes contemporâneos. E, diante da persistência desses movimentos, uma compreensão do direito que ignore suas exigências de legitimidade democrática mostra-se tão limitada quanto a leitura que as supõe plenamente cumpridas.

Habermas assume que sua obra não pretende oferecer um arcabouço compreensivo fechado, definitivo, acerca da ordem jurídica. Ao contrário, ela busca disponibilizar certas contribuições teóricas que auxiliem o cumprimento das tarefas de avaliação crítica do Estado democrático de direito. Tais tarefas exigem esforços contínuos e sensíveis às peculiaridades que dão forma às muitas facetas de uma ordem jurídica concreta. Exigem, do mesmo modo, a cooperação de diferentes disciplinas dedicadas a sua compreensão. Entre elas, a sociologia do direito cumpre um papel fundamental: seja como um estrato importante a qualquer teoria social, seja na constituição de uma disciplina jurídico-sociológica particular, a sociologia do direito vem sempre apresentar ao fenômeno jurídico um olhar diverso ao raciocínio estritamente normativo. Para Habermas, sua orientação empírica foi responsável por um "desencantamento" radical de tendências teóricas que buscavam restringir a compreensão do direito ao sistema de normas legais (HABERMAS, 1997a, p. 66 e ss.). Sua importância atual, entretanto, vai muito além do campo teórico: com os processos de materialização do direito e o embate das imagens sociais que compõem os paradigmas jurídicos, a reflexão sociológica passou a ser incorporada ao raciocínio dogmático e, assim, a tomar parte na própria prática de fundamentação e aplicação de direitos. Isso não significa propriamente que os operadores do direito utilizem em suas decisões referências sociológicas explícitas (ainda que isso de fato aconteça em casos isolados), mas que seu campo profissional tenha incorporado "uma relação interdisciplinar com as ciências sociais", exigindo que a busca pelas respostas jurídicas "mais corretas" envolvam uma compreensão adequada acerca da complexidade social às quais se dirige.

> "Hoje em dia, a doutrina e a prática do direito tomaram consciência de que existe uma teoria social que serve como pano de fundo. E o exercício da justiça não pode mais permanecer alheio ao seu modelo social. Uma vez que a compreensão paradigmática do direito não pode mais ignorar o saber orientador que funciona de modo latente, tem que desafiá-lo para uma justificação autocrítica. Após esse lance, a própria doutrina não pode mais evadir-se da questão acerca do paradigma 'correto'. [...] E o paradigma procurado tem que adequar-se à compreensão mais apropriada das sociedades complexas" (HABERMAS, 1997b, p. 129).

Bibliografia

ARAÚJO, L. B. L. *Religião e modernidade em Habermas*. São Paulo: Loyola, 1996.

HABERMAS, J. *Direito e democracia*: entre facticidade e validade. Rio de Janeiro: Tempo Brasileiro, 1997a. v. 1.

HABERMAS, J. *Direito e democracia*: entre facticidade e validade. Rio de Janeiro: Tempo Brasileiro, 1997b. v. 2.

HABERMAS, J. A luta por reconhecimento no Estado democrático de direito. In: HABERMAS, J. *A inclusão do outro. Estudos de teoria política*. São Paulo: Loyola, 2008.

HABERMAS, J. *Teoria do agir comunicativo. Sobre a crítica da razão funcionalista*. São Paulo: Martins Fontes, 2012. v. 2.

NOBRE, M. *A teoria crítica*. Rio de Janeiro: Zahar, 2004.

NOBRE, M. Introdução. In: NOBRE, M.; TERRA, R. *Direito e democracia*. Um guia de leitura de Habermas. São Paulo: Malheiros, 2008.

NADAI, B.; MATTOS, P. T. Paradigmas de direito: compreensão e limites. In: NOBRE, M.; TERRA, R. *Direito e democracia*. Um guia de leitura de Habermas. São Paulo: Malheiros, 2008.

REPA, L. Jürgen Habermas e o modelo reconstrutivo de teoria crítica. In: NOBRE, M. *Curso livre de teoria crítica*. Campinas: Papirus, 2008.

SILVA, F. A solidariedade entre público e privado. In: NOBRE, M.; TERRA, R. *Direito e democracia*. Um guia de leitura de Habermas. São Paulo: Malheiros, 2008.

SILVA, F. Entre potenciais e bloqueios comunicativos: Habermas e a crítica do Estado democrático de direito. *Caderno CRH*. Salvador: v. 24, n. 62, maio/ago. 2011.

SOUZA, J. *Patologias da modernidade*. Um diálogo entre Habermas e Weber. São Paulo: Annablume, 1997.

Axel Honneth e a Teoria Crítica dos Conflitos Sociais

Nathalie Bressiani
Felipe Gonçalves Silva

Axel Honneth se consolidou nas últimas décadas como referência no debate contemporâneo em filosofia e teoria social. Responsável por sublinhar a importância dos *conflitos sociais* para os processos práticos de transformação da sociedade e por desenvolver uma teoria crítica centrada no conceito de luta por reconhecimento, seu trabalho tem fornecido ferramentas importantes para a compreensão das lutas sociais do presente.

O primeiro passo necessário para compreendermos a teoria do reconhecimento desenvolvida por Honneth consiste em notar que, longe de desenvolver uma descrição neutra da realidade social, seu objetivo é analisá-la criticamente. Mais do que isso, é importante frisar que, para assumir uma postura crítica perante a sociedade, Honneth não se vê obrigado a fazer uso de ideais normativos exteriores ou princípios transcendentes de justiça. Pelo contrário, ele se contrapõe diretamente ao pensamento utópico ao defender que apenas uma teoria que parte de potenciais intramundanos de transformação é efetivamente consciente de suas fontes sociais e capaz de evitar a impotência das teorias da justiça meramente especulativas (Honneth, 1995c, p. xii-xiii). Vinculando-se à tradição da teoria crítica, Honneth defende então que cabe ao teórico a tarefa de elaborar um diagnóstico do tempo presente que abarque suas potencialidades emancipatórias concretas e os principais bloqueios a sua realização.

Se, com isso, o autor se filia ao projeto crítico fundado no materialismo interdisciplinar de Max Horkheimer (Honneth, 2007; Nobre, 2003), por outro lado ele possui uma compreensão bastante específica a respeito daquilo que seria exigido para seu devido cumprimento. Com efeito, Honneth se diferencia de seus antecessores sublinhando o caráter moral dos conflitos sociais e sua importância para os processos de reprodução da sociedade como um todo. Segundo ele, só podemos identificar um potencial emancipatório na realidade se for possível mostrar que os conflitos sociais possuem uma gramática moral voltada à superação das diferentes formas existentes de desrespeito.

Esse é justamente o objetivo de sua obra mais conhecida: *Luta por reconhecimento: a gramática moral dos conflitos sociais*, publicada pela primeira vez na Alemanha, em 1992. Nesse livro, Honneth elabora uma teoria da sociedade que explicita o conflito como seu componente dinâmico central, mas se recusa a reduzi-lo a uma disputa autointeressada em benefícios e ganhos particulares – o que o levará a combater aquilo que chama de "paradigma utilitário" e a buscar em Hegel as fontes originais de um modelo alternativo, baseado na luta por reconhecimento. Segundo esse modelo, a luta social é motiva-

da por sentimentos de desrespeito, por uma experiência de indignação moral que se encontra estruturalmente relacionada à infração de expectativas normativas de reconhecimento mútuo. Tais expectativas, por sua vez, são consideradas não apenas profundamente arraigadas no tecido social, mas serão tratadas também como componentes vinculados à formação de subjetividades autônomas e individuadas. Com isso, a luta é ancorada em motivos existencialmente fortes: ela se impõe contra formas de desrespeito que se equiparam à invisibilidade e à morte social daqueles que a sofrem, aniquilando-os em sua qualidade de sujeitos livres e singulares. Honneth propõe uma "atualização" dessa herança de pensamento à luz dos problemas práticos contemporâneos, buscando, ao final, uma teoria capaz de explicar a persistência e justificar a continuidade das lutas sociais em nosso tempo.

9.1. Uma tradição desviante da luta

De acordo com Honneth, as compreensões teóricas da sociedade padecem, em geral, de dois problemas. Por um lado, elas tendem a ocultar o conflito como seu elemento dinâmico constitutivo, caracterizando a reprodução social como um conjunto harmônico de trocas horizontais e de imperativos funcionais. Nos casos em que sublinham a importância dos conflitos, por outro lado, elas tendem a representá-los estritamente como conflitos de ordem "utilitária e darwinista" – quer dizer, como uma disputa pela maximização de interesses e pela garantia da autoconservação individual. Ao desenvolver sua teoria do reconhecimento, Honneth pretende oferecer uma transformação desse marco teórico: ele chama atenção para o papel das lutas sociais na reprodução e desenvolvimento da sociedade e se contrapõe ao modo utilitário predominante, cuja origem remontaria à própria fundação da filosofia social moderna.

Em Maquiavel e Hobbes, afirma Honneth, já podemos encontrar as bases de uma compreensão da vida social segundo a qual seus membros se contrapõem mutuamente em uma concorrência permanente de interesses. Marcando uma ruptura definitiva com a tradição política antiga, Nicolau Maquiavel introduziu, pela primeira vez, "o conceito de homem como um ser egocêntrico, atento somente ao proveito próprio", e compreendeu a vida social como um "estado permanente de concorrência hostil entre sujeitos (...) que se defrontam ininterruptamente numa atitude de desconfiança e receio" (Honneth: 2003a, p. 31-32). Em Hobbes, por sua vez, enxergamos essas premissas filosóficas serem elevadas ao estatuto de enunciados científicos sobre a natureza particular do homem e da sociedade. Segundo ele, as consequências negativas de uma luta generalizada entre todos, o temor e a desconfiança recí-

procas, fazem com que a submissão de todos a um poder soberano seja o resultado de uma ponderação dos interesses de cada um. "Na teoria de Hobbes, o contrato social só encontra sua justificação decisiva no fato de unicamente ele ser capaz de dar um fim à guerra ininterrupta de todos contra todos que os sujeitos conduzem pela autoconservação individual" (idem, p. 35).

Essas premissas filosóficas teriam alcançado força e prestígio suficientes a ponto de se instalarem amplamente nas ciências sociais nascentes. Aos olhos de Honneth, quando a sociologia nos fala de "conflito", ela tende a aproximá-lo da concorrência por chances de vida ou sobrevivência. Com isso, o papel desempenhado por experiências cotidianas de desrespeito e indignação no surgimento de movimentos sociais costuma ser amplamente desconsiderado. Os motivos para a revolta e a resistência política são investigados como "interesses" derivados da posição aproximada de cada um na distribuição desigual de oportunidades materiais de vida.

Exceções significativas são encontradas pelo autor em momentos singulares das obras de Sartre, Sorel e, principalmente, Marx – cuja obra de juventude seria marcada pela centralidade de um conceito normativo de trabalho que se vincula tanto à autorrealização individual quanto à satisfação recíproca de carências humanas. Marx não reduz a luta a uma reivindicação direta por benefícios à classe trabalhadora ou pela superação de sua posição de escassez material, mas também como uma luta pela libertação do trabalho autônomo frente às estruturas alienantes da economia capitalista. Para Honneth, apesar de se limitar unilateralmente à normatividade do trabalho e recusar outros componentes da gramática moral dos conflitos sociais (como, por exemplo, sua dimensão jurídico-democrática), a obra do jovem Marx é vista como um contraponto importante às teorias utilitaristas da luta. Isso, entretanto, viria a se perder no desenvolvimento de sua obra madura, quando a motivação moral, que permeava a desalienação do trabalho, é substituída por uma postura que confere primazia explicativa ao antagonismo de interesses econômicos: "na análise do capital, ele faz com que a lei de movimento do embate entre as diversas classes seja determinada, de acordo com seu novo quadro conceitual, pelo antagonismo de interesses econômicos. (...) No lugar de um conflito moral que resulta da destruição das condições do reconhecimento recíproco, entrou subitamente a concorrência de interesses estruturalmente condicionada" (idem, p. 236).

As ressalvas apresentadas a Sartre e Sorel mostram traços similares. Segundo Honneth, esses autores apresentariam uma gramática normativa limitada, cujos traços nem sempre são claros e suficien-

temente intersubjetivos, além de serem apresentados em momentos isolados de suas obras, sem a continuidade e o desenvolvimento necessários à questão. Entretanto, apesar de seus limites, esses autores desempenham papel elementar na ordem da investigação honnethiana: eles não apenas correspondem a episódios importantes de confrontação teórica do paradigma instrumental de ação, como nos remetem a fragmentos de uma herança comum a ser recuperada de forma atual e abrangente: a teoria da luta por reconhecimento. Na continuidade, veremos Honneth defender um retorno às fontes originais dessa herança teórica abandonada para depois, por meio do que se pretende uma inflexão empírica e materialista, buscar atualizá-la de modo sistemático.

9.2. O jovem Hegel e o paradigma da luta por reconhecimento

Para Honneth, é nos escritos de Hegel do período de Jena que podemos encontrar as fontes teóricas originais e as ferramentas conceituais mais adequadas para o desenvolvimento da teoria do reconhecimento. É nesses textos, afinal, que Hegel rejeita a tese de que o desenvolvimento da sociedade pode ser compreendido como o resultado de uma concorrência hostil entre sujeitos autointeressados, procura explicitar as bases intersubjetivas da ação humana e introduz a dinâmica socialmente constitutiva do reconhecimento recíproco (Honneth, 2003a, p. 32-34). Contrapondo-se às teses de que os indivíduos agem de modo estritamente autorreferencial e que o motor do desenvolvimento social pode ser explicado por disputas por interesses, Hegel recusa o paradigma instrumental da ação mobilizado por Hobbes e Maquiavel e desenvolve uma teoria na qual a luta permanece central, mas é entendida segundo uma chave normativa.

Ressaltando inicialmente o caráter intersubjetivo da natureza humana, Hegel se opõe a esses teóricos e afirma que uma teoria da sociedade não pode tomar indivíduos isolados como seu ponto de partida, nem sustentar a liberdade individual de forma isolada e abstrata. Hegel recusa, desse modo, que uma ação livre seja aquela em que o sujeito se afasta de todas as suas inclinações sensíveis ou se reduza a um campo de ação isento de impedimentos externos. Para ele, os processos de individuação possuem uma gênese social, motivo pelo qual cada membro da sociedade só pode encontrar na liberdade dos demais a condição necessária para a realização de sua própria liberdade. Partindo de elementos extraídos da filosofia prática de Fichte, Hegel concebe a formação da autoconsciência e a obtenção da liberdade individual como conquistas intersubjetivas.

Tomando as instituições sociais já consolidadas naquele momento como pon-

to de partida, Hegel afirma em seu *Sistema da eticidade* (1802) que o desenvolvimento pleno da identidade e da liberdade individual depende da obtenção de três tipos de reconhecimento (Hegel, 1967). O primeiro deles, vinculado ao que chama de eticidade natural, seria obtido por meio da relação afetiva entre pais e filhos. Segundo Hegel, é no interior do âmbito familiar que as pessoas são reconhecidas como sujeitos afetivamente dependentes. Esse não seria, porém, o único papel desempenhado pela família: além de garantir a obtenção da primeira forma de reconhecimento, ela também prepara a passagem dos sujeitos para outras relações sociais, uma vez que a educação dos filhos permite que estes desenvolvam sua independência pessoal e caminhem na direção de um reconhecimento social mais amplo: o jurídico. Ao saírem do âmbito familiar e entrarem na sociedade civil, os indivíduos passam a ser reconhecidos também como sujeitos de direito, isto é, como pessoas iguais que podem estabelecer relações de troca contratual.

Para Hegel, no entanto, por mais que o respeito a cada um como pessoa de direito propicie um importante ganho em termos de reconhecimento, ele representa também o esvaziamento e a formalização das *características particulares* do sujeito (Honneth, 2003a, p. 50). Por esse motivo, ele afirma que, apesar de estender o reconhecimento para além do âmbito familiar e abarcar o respeito pelas capacidades racionais comuns a todos, esse segundo tipo de reconhecimento é ainda insuficiente para que os sujeitos possam reclamar suas identidades de modo pleno. Tendo isso em vista, Honneth passa a analisar o importante papel que o "crime" desempenha no *Sistema da eticidade*, a saber, o de impulsionar a passagem para um âmbito superior do reconhecimento. O crime não representa ali apenas a supressão ilegítima de um bem alheio, mas uma perturbação da ordem estabelecida que coloca em causa a legitimidade de sua constituição e abre a oportunidade para um aprendizado prático-moral entre os envolvidos. Com efeito, o sujeito atacado não vê o crime apenas como uma lesão a seu patrimônio material, mas também como uma ameaça a sua identidade mais ampla – podemos dizer, essa subjetividade se percebe lesada na totalidade dos atributos particulares que a compõem como cônjuge, trabalhadora e responsável por sua prole. Por esse motivo, ela luta não apenas para reaver seus bens, mas para restabelecer sua honra ferida pelo criminoso. Mesmo não possuindo inicialmente motivações morais, o criminoso enxerga na reação de sua contraparte uma dimensão da vida ética da qual não tinha conhecimento e passa a perceber que até então não possuía nela sua devida inscrição. A luta leva então os envolvidos a tomarem consciência das limitações do reconhecimento estritamente jurídico e da dependência recíproca de suas individualidades como membros de uma totalidade ética.

Embora Hegel já fale em "luta por reconhecimento" ao tratar do crime no *Sistema da eticidade*, Honneth admite que é apenas na *Realphilosophie* (1806) que ele indica mais claramente o papel dessas lutas e explicita também a motivação moral do criminoso (Hegel, 1969). Mantendo a divisão estabelecida anteriormente entre as três formas de reconhecimento, Hegel retoma a questão do crime e passa a interpretá-lo como uma ação moralmente motivada pela experiência de desrespeito, a saber, pela experiência da violação ou da negação do reconhecimento.[1] Agora, tanto o sujeito lesado como o criminoso são vistos como indivíduos lutando pela obtenção do reconhecimento pleno de sua identidade. Com isso, Hegel ressalta a motivação moral do crime e explica como os parceiros de interação, reconhecidos até aqui apenas abstratamente como pessoas de direito, passam a se reconhecer, também em suas particularidades, como "pessoas inteiras". A luta por reconhecimento que se instaura com o crime dá, portanto, um

---

[1]. Para Honneth, o criminoso fere o universal exatamente para mostrar que não foi devidamente reconhecido pelo direito formal em sua vontade particular. Ao incluir os indivíduos negativamente, ele não permite o reconhecimento de suas particularidades, que depende da luta que se segue ao crime (Honneth, 2003a, p. 99-101).

impulso em direção ao estabelecimento de relações mais maduras de reconhecimento e de uma comunidade na qual os sujeitos interagem entre si como membros particulares de um todo (Honneth, 2003a, p. 57). Hegel procura mostrar, desse modo, que as relações de reconhecimento possuem uma dinâmica interna cujo desenvolvimento leva a uma inclusão cada vez maior dos particulares no universal e, simultaneamente, a um aumento de suas possibilidades de individuação. Como afirma o autor:

> "[V]isto que os sujeitos, no quadro de uma relação já estabelecida eticamente, vêm sempre a saber algo a mais acerca de sua identidade particular, pois trata-se, em cada caso, até mesmo de uma nova dimensão de seu Eu que veem confirmada, eles abandonam novamente a etapa da eticidade alcançada, também de modo conflituoso, para chegar de certa maneira ao reconhecimento de uma forma mais exigente de individualidade; nesse sentido, o movimento do reconhecimento que subjaz a uma relação ética entre sujeitos consiste num processo de etapas de reconciliação e de conflito ao mesmo tempo, as quais substituem umas às outras" (Honneth, 2003a, p. 47).

Explicitando que momentos de conciliação e luta se alternam continuamente, Hegel sublinha a dinâmica conflituosa das relações de reconhecimento e reinterpreta normativamente a luta hobbesiana de todos contra todos. Ao fazer isso, ele defende que a gramática das relações sociais é a luta por reconhecimento e que esta corresponde ao motor do desenvolvimento moral da sociedade. Vemos, com isso, que o projeto do jovem Hegel se encaixa perfeitamente nos objetivos de Honneth de desenvolver uma teoria dos conflitos sociais e identificar uma tendência à emancipação no interior da realidade social. Afinal, em seus textos de Jena, a luta por reconhecimento exerce uma pressão moral que impulsiona a sociedade em direção à realização do direito e à efetivação da eticidade.[2]

Apesar disso, Honneth admite que sua tentativa de atualizar os escritos de Hegel esbarra em problemas cruciais: a teoria hegeliana é abstrata demais para seus propósitos e pressupõe elementos metafísicos incapazes de serem admitidos no debate teórico contemporâneo. Se Hegel já sublinha a importância das relações de reconhecimento recíproco para a formação de uma subjetividade autônoma e individuada, ele o faz de modo excessivamente

---

[2.] Para Honneth, contudo, Hegel interrompe, nesse ponto, sua linha de raciocínio e não interpreta a eticidade de forma coerente com o que havia apresentado até aqui, isto é, como uma esfera ética composta por relações intersubjetivas em que "os membros da sociedade podem saber-se reconciliados uns com os outros justamente sob a medida de um reconhecimento recíproco de sua unicidade" (Honneth, 2003a, p. 107-108). Hegel teria sucumbido, nesse momento, às premissas da filosofia da consciência, motivo pelo qual teria compreendido "a esfera da eticidade com base na relação positiva que os sujeitos socializados entretêm, não entre si, mas com o Estado, na qualidade de corporificação do espírito" (Honneth, 2003a, p. 109). A dinâmica intersubjetiva do processo de formação da identidade e do desenvolvimento social começa, com isso, a ficar para trás. Tendo isso em vista, Honneth também interrompe aqui a atualização dos textos hegelianos e passa a tentar salvar Hegel de si mesmo.

especulativo e sem lançar mão de uma teoria empiricamente informada sobre o desenvolvimento do Eu. Problemas adicionais são também identificados na distinção hegeliana entre as três formas de reconhecimento, baseada em construções meramente conceituais e na vinculação da dinâmica das lutas a uma visão teleológica da história. Para diluir tais pressupostos metafísicos, Honneth procura fazer uso da psicologia social desenvolvida por George Herbert Mead com o intuito de mostrar que a ideia hegeliana da luta por reconhecimento pode ser sustentada por uma base empírica. De acordo com ele, na medida em que "permitem traduzir a teoria hegeliana da intersubjetividade em uma linguagem teórica pós-metafísica" (Honneth, 2003a, p. 123), os escritos de Mead podem conferir à filosofia de Hegel o caráter materialista que lhe faltava em sua versão original.

9.3. Mead: uma teoria materialista das lutas por reconhecimento

Preocupado, desde o início, "em clarificar os problemas filosóficos do idealismo alemão de modo não especulativo" (Honneth, 2003a, p. 126), Mead desenvolve uma teoria que procura mostrar a importância das relações intersubjetivas de reconhecimento para a formação da autoconsciência individual. Chamando atenção para a dimensão social da ação, Mead

defende que é apenas quando a interação interpessoal entra em um momento de crise que as pessoas passam a refletir individualmente sobre suas próprias atitudes reativas. Isso significa que, para entender como surge a autoconsciência da subjetividade, a psicologia tem de partir da "perspectiva que um ator adota no relacionamento sempre ameaçado com seu parceiro de interação" (Honneth, 2003a, p. 128). Recusando que o indivíduo seja anterior à comunidade, Mead defende a tese de que "um sujeito só pode adquirir consciência de si mesmo na medida em que aprende a perceber sua própria ação da perspectiva, simbolicamente representada, de uma segunda pessoa" (Honneth, 2003a, p. 130-131). Para ele, é somente ao assumir a perspectiva de um parceiro de interação e refletir sobre si mesmo na posição de objeto que o sujeito passa a formar sua autoimagem. O autor chama de "Me" o conteúdo dessa autorrelação resultante da internalização da imagem que o outro tem de si.

Segundo Honneth, ao mostrar que a gênese da autoconsciência depende da existência de outro sujeito, Mead dá o primeiro passo em direção à fundamentação materialista da teoria hegeliana do reconhecimento: "como o jovem Hegel, mas com os meios das ciências empíricas, Mead inverte a relação de Eu e mundo social e afirma uma precedência da percepção do outro sobre o desenvolvimento da autoconsciência" (Honneth, 2003a, p. 131). Até aqui, porém, Mead se restringe a discutir o aspecto cognitivo da formação da autoconsciência sem tratar da formação da identidade prático-moral dos indivíduos. Esse passo, importante à realização do projeto honnethiano de desenvolver uma teoria normativa dos conflitos sociais, é dado apenas quando ele introduz em suas considerações a instância moral da solução intersubjetiva de problemas, passando a tratar dos termos específicos de formação da autoimagem prática – o que equivale a dizer que o autor passa a considerar a imagem internalizada de cada um (o "Me") como impregnada de conteúdos normativos.

Com o objetivo de reconstruir as dinâmicas morais da interação, Mead se volta às etapas do desenvolvimento da capacidade do juízo moral. Segundo ele, se em um primeiro momento a criança só consegue distinguir o certo do errado lembrando-se do que seus pais teriam dito ou como teriam reagido, aos poucos ela generaliza seu quadro de referência e se torna capaz de avaliar normativamente suas ações. Para isso, contudo, duas etapas seriam fundamentais: a primeira delas diz respeito ao jogo lúdico, o *play*, no qual a criança imita um parceiro concreto de interação e reage posteriormente a sua própria ação; a segunda etapa corresponde, por sua vez, ao *game*, no qual a criança já

procura representar as expectativas de todos os seus companheiros em um jogo complexo caracterizado por regras interativas, como o futebol.

Segundo Mead, é no decorrer de um processo de contínua interiorização das expectativas de comportamento dos outros e das normas sociais que regulam a cooperação que os indivíduos passam a compreender o que se espera socialmente deles e o que eles podem esperar dos demais. O processo de socialização faz, então, com que os parceiros de interação se tornem reciprocamente conscientes de "quais obrigações eles têm de reservar em relação ao respectivo outro", motivo pelo qual eles podem também se conceber "como portadores de pretensões individuais, a cuja satisfação seu defrontante sabe que está normativamente obrigado" (Honneth, 2003a, p. 139). Os indivíduos passam a se reconhecer como membros de um mesmo contexto de cooperação e, com isso, tomam consciência de seus direitos e deveres. Desse modo, é estabelecida uma relação *recíproca* de reconhecimento por meio da qual os sujeitos se percebem mutuamente como portadores de pretensões legítimas.

O objetivo de Mead, porém, não é apenas chamar atenção para a importância das relações de reconhecimento, mas também apontar para as diferentes formas de reconhecimento necessárias ao desenvolvimento bem-sucedido da identidade individual. Nesse sentido, ele defende que a obtenção do reconhecimento jurídico é necessária para que o indivíduo desenvolva um sentimento de autorrespeito, sem o qual não teria como formar uma imagem positiva de si mesmo. Assim como o jovem Hegel, portanto, Mead ressalta a importância desempenhada pelo direito para a formação da identidade do indivíduo. Essa não é, contudo, a única semelhança entre esses dois autores no que se refere aos tipos de reconhecimento que tomam como indispensáveis à formação da identidade prática. Ainda que Mead não trate do amor como uma esfera autônoma de reconhecimento, ele concorda com Hegel quanto à necessidade de que o reconhecimento do indivíduo extrapole a esfera do direito formal e permita também que suas particularidades e capacidades específicas sejam intersubjetivamente confirmadas. Sem isso, afirma, o indivíduo não teria como se reconhecer positivamente como uma pessoa singular.

Diferentemente de Hegel, contudo, Mead não retoma o crime para pensar a passagem da esfera do respeito para a esfera da eticidade. Para ele, as lutas responsáveis pela ampliação das relações de reconhecimento são motivadas pelos impulsos criativos do "Eu", cujos desejos não teriam sido reconhecidos até então pelas normas sociais vigentes, internaliza-

das na figura do "Me". Entendido como um reservatório de energia psíquica no qual estariam contidas possibilidades inesgotáveis de identidade, o "Eu" pressionaria continuamente pela ampliação das formas existentes de reconhecimento. Segundo Mead, portanto, as forças inconscientes do "Eu" desencadeariam um processo de liberação da individualidade, aumentando as chances de autonomia. O sujeito, que não vê elementos de sua identidade confirmados socialmente, luta por novas formas de reconhecimento e, ao fazê-lo, altera a própria sociedade em que vive. Como afirma Honneth:

> "a mera interiorização da perspectiva do 'outro generalizado' não pode bastar na formação da identidade moral; pelo contrário, o sujeito sentirá em si, reiteradamente, o afluxo de exigências incompatíveis com as normas intersubjetivamente reconhecidas de seu meio social, de sorte que ele tem de colocar em dúvida seu próprio 'Me'. Esse atrito interno entre 'Eu' e 'Me' representa para Mead as linhas gerais do conflito que deve explicar o desenvolvimento moral tanto dos indivíduos como das sociedades: o 'Me' incorpora, em defesa da respectiva coletividade, as normas convencionais que o sujeito procura constantemente ampliar por si mesmo, a fim de poder conferir expressão social à impulsividade e criatividade do 'Eu'" (Honneth, 2003a, p. 141).

Ao explicitar o conflito que se estabelece entre o "Eu" e o "Me", Mead fornece uma base material para a ideia hegeliana da luta por reconhecimento como motor do desenvolvimento moral da sociedade. Como afirma Honneth, Mead mostra que são "as lutas moralmente motivadas de grupos sociais, sua tentativa coletiva de estabelecer institucional e culturalmente formas ampliadas de reconhecimento recíproco, aquilo por meio do qual vem a se realizar a transformação normativamente gerida das sociedades" (Honneth, 2003a, p. 156).

9.4. As três esferas do reconhecimento na modernidade

A partir de uma atualização seletiva da teoria do reconhecimento do jovem Hegel e da psicologia social de Mead, Honneth esboça as linhas gerais de sua teoria crítica do reconhecimento. Ao fazer isso, no entanto, ele sabe que ainda não estabeleceu todas as mediações necessárias para a realização de seu projeto crítico. Embora já tenha mostrado que a formação de subjetividades autônomas e individuadas é estruturalmente dependente de relações de reconhecimento, ele ainda não especificou adequadamente quais são as formas de reconhecimento necessárias à formação não distorcida da identidade ou mesmo quais seriam as expectativas morais e os tipos de autorrelação prática atrelados a cada uma delas. Ainda que a retomada de Hegel e Mead tenha oferecido importantes indicações a esse respeito, Honneth admite que o cumprimento dessas tarefas depende de argumentos empíricos e históricos que extrapolam o escopo desses autores.[3]

Defendendo que o processo de diferenciação das esferas de reconhecimento é um produto do desenvolvimento histórico, Honneth afirma que, nas sociedades modernas, os sujeitos só conseguem se autorrealizar plenamente quando são reconhecidos por seus parceiros de interação de três formas distintas. Para ele, a primeira dessas três formas de reconhecimento corresponde, como Hegel já havia antecipado, à esfera das relações afetivas, no interior da qual o sujeito se reconhece como objeto de cuidado de pessoas próximas. Sem se prender ao conceito romântico de amor, que restringe as relações amorosas às relações eróticas entre dois amantes, Honneth também inclui nessa esfera de reconhecimento os vínculos afetivos que caracterizam as relações entre pais e filhos e entre amigos. Segundo ele, como é apenas por meio das experiências do amor e da amizade que o sujeito pode desenvolver a autoconfiança necessária para sua autorrealização, es-

---

[3]. Há uma diferença no tipo de argumento mobilizado por Honneth para justificar empiricamente as três esferas de reconhecimento. Enquanto a primeira esfera é fundamentada em uma teoria psicanalítica, as outras duas são justificadas a partir de argumentos históricos, capazes de mostrar que os indivíduos modernos expressam novas formas de sofrimento social e apresentam demandas que apontam para lesões a expectativas de reconhecimento próprias à modernidade (Deranty, 2009, p. 281-282).

ses diferentes tipos de afetividade lhe seriam indispensáveis.

Ainda que Hegel, em seus textos de Jena, já tivesse apontado para a importância das relações afetivas para o desenvolvimento da autoconfiança, não é a partir deles que Honneth justificará esse vínculo. Preocupado em estabelecer sua teoria sobre a base de hipóteses empiricamente contestáveis, ele vai buscar uma explicação para o impulso dos seres humanos em estabelecer relações afetivas de reconhecimento na teoria psicanalítica das relações de objeto, que salienta o papel das experiências interativas primevas e da relação afetiva com o outro no processo de desenvolvimento psíquico, conferindo um direcionamento mais intersubjetivo às pesquisas psicanalíticas.

Valendo-se de análises desenvolvidas por Donald Winnicott, um dos principais representantes dessa vertente psicanalítica, Honneth afirma que, no período que se segue ao nascimento, a interdependência entre o bebê e sua pessoa de referência é tão forte que não faria sentido falar de uma relação entre dois sujeitos, mas somente de um estado de fusão simbiótica. Em seus primeiros meses de vida, o bebê depende tão diretamente do cuidado e da dedicação de sua pessoa de referência que ela sequer é percebida por ele como um ser independente. Nesse período, também a pessoa de referência, que Honneth e Winnicott supõem aqui ser a mãe, estaria inteiramente voltada às necessidades do bebê (Honneth, 2003a, p. 166). Esse estado inicial de simbiose, afirma, só seria superado na medida em que a "mãe", ao retomar gradativamente suas atividades cotidianas, acaba tendo de deixar o bebê sozinho por intervalos de tempo maiores e cessar a tentativa de satisfação continuada de suas carências por meio de atos de cuidado. Com isso, a criança experiencia inicialmente com desespero os primeiros sinais de que não possui controle sobre sua pessoa de referência, abrindo um processo de superação do estado de indiferenciação do qual depende seu desenvolvimento psíquico.

A primeira fase desse processo corresponde, para Winnicott, à tentativa inconsciente do bebê de testar a dedicação de sua "mãe", desferindo contra ela atos destrutivos. Essa primeira fase seria central ao desenvolvimento do bebê, uma vez que é apenas quando vê que a mãe não revida seus atos de agressividade e continua lhe dedicando cuidados que ele se assegura da durabilidade da dedicação materna. Na interpretação de Jéssica Benjamin, na medida em que percebe que sua pessoa de referência possui autonomia e não está sempre à disposição, mas continua voltando e satisfazendo suas carências físicas e emocionais, o bebê terá condições de reconhecê-la e amá-la como um ser outro com direito próprio. Os chamados "fenômenos transicionais" também são tratados como indispensáveis para a socialização bem-sucedida da criança e constituem a etapa seguinte desse processo de diferenciação. Ao estabelecer uma relação afetivamente investida com objetos de seu ambiente, a criança diminui a lacuna dolorosa entre o interior e o exterior, criada com o fim do estado inicial de indiferenciação. O objeto escolhido permite que ela reestabeleça suas fantasias de onipotência e as rompa continuamente; ele funciona como um elo "entre a vivência primária do estar fundido e a experiência do estar separado" (Honneth, 2003a, p. 171).

A delimitação da subjetividade da criança exige a superação desses ciclos de fantasia narcísica e decepção, abrindo condições para o alcance da tranquilidade necessária para desenvolvimentos mais aprimorados de suas capacidades físicas e psíquicas. Isso só acontece, entretanto, quando se verifica uma alteração do modo como a criança percebe a pessoa de referência e seu comportamento. No momento em que a ausência da mãe passa a ser entendida não mais como abandono, mas como o afastamento transitório de um ser outro independente, a criança passa a desenvolver uma capacidade alargada de "estar só sem medo" – fundamental para o desenvolvimento de sua própria independência pessoal. Esse parece o ponto decisivo para a tradução psicanalítica da teoria do reconhecimento: a criança só adquire as capacidades necessárias para seguir sua vida com independência na medida em que reconhece a mãe como um ser outro independente. O reconhecimento da autonomia do outro e a confiança em sua dedicação afetiva apresentam-se aqui como componentes elementares do processo (longo e passível de inúmeros retrocessos) a partir do qual a criança adquire independência e autoconfiança.[4]

A experiência do reconhecimento afetivo constitui, assim, o pressuposto para o desenvolvimento e a manutenção da autoconfiança, sem a qual as pessoas não conseguiriam se relacionar positivamente com seus próprios desejos, interesses e necessidades. Sem a confirmação intersubjetiva da natureza concreta de suas carências, propiciada pelo reconhecimento afetivo, o indivíduo não teria como desenvolver esse tipo de autorrelação prática, do qual depende, inclusive, sua capacidade de participar das diferentes dimensões da vida social. Com base nos trabalhos de Winnicott e Benjamin, Honneth defen-

---

[4.] Embora a descrição honnethiana da família seja claramente o resultado de um desenvolvimento histórico, o estabelecimento das primeiras relações de reconhecimento é inicialmente pensado por ele como uma constante antropológica, isto é, como um pré-requisito necessário para a formação da subjetividade de qualquer pessoa (Deranty, 2009, p. 291-292). Em textos posteriores, como *O direito da liberdade*, Honneth tenta sublinhar o potencial de desenvolvimento moral dessa esfera, reconstruindo os processos de ampliação e democratização das configurações sociais da família (Honneth, 2015, p. 283-323; Silva, 2013).

de então que as primeiras experiências de reconhecimento possibilitam o desenvolvimento da autoconfiança do bebê, da qual dependerá sua capacidade futura de lidar com e confiar em seus próprios desejos e escolhas.

A importância dessas relações, contudo, não se esgota com isso, uma vez que a memória inconsciente da experiência inicial de simbiose faz com que as pessoas continuem tentando estabelecer relações afetivas no decorrer de suas vidas. Como afirma Honneth, "o estado interno do ser-um simbiótico forma o esquema da experiência de estar completamente satisfeito, de uma maneira tão incisiva que mantém aceso, às costas dos sujeitos e durante toda sua vida, o desejo de estar fundido com uma outra pessoa" (Honneth, 2003a, p. 174). As primeiras experiências interativas do bebê levam os sujeitos a lutarem pela ampliação de suas relações de reconhecimento. Estas, contudo, só se ampliam realmente quando o desejo inicial de fusão é superado e os parceiros se reconhecem como separados, isto é, experienciam-se simultaneamente como reconciliados e independentes um do outro. Segundo Honneth, sempre que isso ocorre, o sujeito adquire a confiança na dedicação do outro e consegue se abrir um pouco mais a si mesmo (Honneth, 2003a, p. 175).

Apesar de atribuir à primeira esfera do reconhecimento um papel de destaque,

Honneth sustenta que a autoconfiança corresponde apenas ao primeiro dos três tipos de autorrelação positiva dos quais depende a autorrealização dos indivíduos modernos. Diferentemente dela, contudo, o autorrespeito e a autoestima dependem de relações de reconhecimento que teriam surgido apenas no decorrer do desenvolvimento histórico, com o desacoplamento entre as noções de respeito e de estima social. Enquanto em sociedades pré-modernas as regras sociais provinham da tradição, que ditava também qual deveria ser o comportamento e as expectativas de cada grupo frente aos demais, o processo histórico teria feito com que apenas as normas passíveis de universalização fossem aceitas como válidas. Na modernidade, as normas que regem a sociedade passaram a ser entendidas como "expressão dos interesses universalizáveis de todos os membros da sociedade", tornando inadmissíveis, por princípio, quaisquer exceções ou privilégios. Assim, se antigamente os sujeitos possuíam direitos e deveres de acordo com o grupo social do qual faziam parte, à medida que a hierarquia de *status* foi perdendo sua força vinculante, eles começaram a se reconhecer reciprocamente como pessoas de direito, isto é, como livres e iguais. Atento a esse desenvolvimento histórico, Honneth afirma que a segunda esfera de reconhecimento se refere a um tipo de relação intersubjetiva caracterizado não pelo afeto de um círculo estrito de pessoas próximas, mas pelo respeito formal e anônimo de cada um, como pessoa de direito, compartilhado por todos os membros da sociedade.

A institucionalização desse segundo tipo de reconhecimento permite que os indivíduos se vejam como membros plenos da sociedade, capazes de participar dela como livres e iguais, e desenvolvam um tipo novo de autorrelação caracterizado pelo "autorrespeito". Como afirma Honneth, "os direitos fazem surgir no ser humano a consciência de poder respeitar a si próprio, porque ele merece o respeito de todos os outros" (Honneth, 2003a, p. 195). Diferentemente das codificações jurídicas estamentais, o direito moderno introduz um princípio de igualdade que autoriza cada um a exercer suas capacidades racionais com a garantia de ser respeitado por todos os demais membros da sociedade. Fazendo referência aos processos de luta que levaram à universalização de direitos civis, políticos e sociais entre os séculos XVIII-XX (reconstruídos a partir da obra clássica de Thomas Marshall), Honneth considera que esse princípio de *igual* autonomia sofre ampliações históricas significativas: ele parte do reconhecimento do igual direito de cada um perseguir seus objetivos particulares de vida segundo espaços de ação juridicamente assegurados; amplia-se para a igualdade de participação nos processos públicos de formação

coletiva da vontade; e eleva-se à exigência de condições igualitárias para o exercício das liberdades civis e políticas, o que implica condições mínimas de acesso à educação e à segurança econômica (Honneth, 2003a, p. 193).

Diferentemente das teorias da justiça convencionais, que habitualmente restringem suas considerações normativas à esfera propriamente jurídica da vida social, Honneth considera uma terceira dimensão do reconhecimento que se apresenta para além dos conflitos e das disputas de direitos. Com efeito, se o direito permite ampliar as expectativas de reconhecimento a todo o tecido social e inscrever demandas por respeito igualitário e anônimo, ele não é capaz de fornecer a gramática normativa para o reconhecimento do valor singular de cada indivíduo ou grupo nesse contexto social ampliado. É apenas quando são reconhecidas socialmente em suas características particulares que as pessoas se veem como singularmente valorosas e conseguem desenvolver um sentimento de autoestima, sem o qual dificilmente poderiam seguir suas vidas tal como determinaram. Trata-se aqui, pois, de considerar o campo de valores e significados da autocompreensão cultural da sociedade como um terreno de disputa no qual se luta por estima social.

Segundo Honneth, a estima social se refere ao reconhecimento obtido socialmente pelas capacidades singulares e contribuições específicas de cada um na cooperação social. Na modernidade, ela deixa de ser distribuída de acordo com uma hierarquia rigorosa de estamentos e passa a ser atribuída de modo pretensamente simétrico – sendo que por "simetria" entende-se aqui "que todo sujeito recebe a chance, sem graduações coletivas, de experienciar a si mesmo, em suas próprias realizações e capacidades, como valioso para a sociedade" (idem, p. 211). O fato é que, para Honneth, essa simetria não se cumpre plenamente. Indivíduos e grupos têm suas realizações avaliadas de modo peculiar segundo as diferenças de reputação e prestígio que as envolvem. Nesse sentido, ele fala em um conflito cultural duradouro e abrangente segundo o qual diferentes grupos e indivíduos buscam revalorizar as capacidades ligadas a suas realizações e formas de vida. Como afirma, "nas sociedades modernas, as relações de estima social estão sujeitas a uma luta permanente na qual os diversos grupos procuram elevar, com os meios da força simbólica e em referência às finalidades gerais, o valor das capacidades associadas à sua forma de vida" (Honneth, 2003a, p. 207). Segundo o autor, a luta por estima social encontra-se no centro de boa parte dos movimentos sociais contemporâneos, os quais teriam suas demandas dirigidas não apenas às instituições estatais em nome da ampliação e equiparação de direitos, mas também ao campo mais amplo da cultura, visando à ressignificação e valorização de suas realizações particulares – de ordem tanto simbólica quanto material.[5]

9.5. Injustiça e experiência de desrespeito

Tendo estabelecido, em um primeiro momento, que a formação de subjetividades autônomas e individuadas depende de relações bem-sucedidas de reconhecimento, por meio das quais os sujeitos adquirem autoconfiança, autorrespeito e autoestima, Honneth procura então mostrar que a violação das expectativas de comportamento em qualquer uma dessas três esferas é capaz de explicar o surgimento de sentimentos de desrespeito na vida cotidiana. De acordo com ele, "aquilo que é considerado pelos concernidos como 'injusto' são regras ou medidas institucionais por meio das quais eles necessariamente se veem como lesados naquilo que julgavam ser reivindicações bem fundadas de reconhecimento social" (Honneth, 2003c, p. 158).

---

[5]. Honneth vincula a estima social também a questões de desigualdade material, já que tanto o valor atribuído às diferentes formas de vida quanto aquele atribuído a determinados trabalhos e profissões dependeria do reconhecimento desfrutado por eles no interior da ordem simbólica da sociedade. Segundo Honneth, "uma vez que as relações da estima social ... estão acopladas de forma indireta com os padrões de distribuição de renda, os confrontos econômicos pertencem a essa forma de luta por reconhecimento" (Honneth, 2003a, p. 208).

Quer dizer, na medida em que impede o indivíduo de desenvolver as diferentes formas de autorrelação positiva, a violação de relações recíprocas de reconhecimento gera uma experiência de injustiça.[6]

Segundo Honneth, a centralidade desempenhada pelas noções de "ofensa" e de "desrespeito" na linguagem cotidiana já explicita o vínculo existente entre a negação do reconhecimento social e o sofrimento psíquico. Uma vez que o sujeito moderno depende de três diferentes formas de reconhecimento para formar uma autoimagem positiva de si mesmo, ele seria vulnerável a lesões em cada uma dessas três esferas. Tendo isso em vista, Honneth afirma que, caso esteja certo, será possível identificar na sociedade três tipos de desrespeito, cada qual relativo à negação de uma das formas de reconhecimento: a "violação", a "privação de direitos" e a "degradação".

O primeiro tipo de experiência de desrespeito se origina nas diferentes formas de maus-tratos que geram na pessoa, além da dor física, o sentimento de estar sujeita à vontade de outra pessoa, ferindo-a de forma duradoura em sua autoconfiança. Para Honneth, "o sofrimento da tortura ou da violação será sempre acompanhado, por mais distintos que possam ser os sistemas de legitimação que procuram justificá-las socialmente, de um colapso dramático da confiança na fidedignidade do mundo social e, com isso, na própria autossegurança" (Honneth, 2003a, p. 216). A impossibilidade de dispor de seu corpo como deseja lesa a pessoa em sua autoconfiança e destrói, desse modo, a forma mais elementar de sua autorrelação prática.

Assim como no caso da autoconfiança, entretanto, também as condições intersubjetivas necessárias ao autorrespeito e à autoestima podem ser socialmente negadas. Ao ser excluído da posse de direitos, o sujeito é impedido de participar de forma paritária com os outros na vida social e deixa de se ver como um parceiro de interação de igual valor, perdendo o autorrespeito que havia desenvolvido ao ser reconhecido como pessoa de direito. Da mesma forma, aqueles que são socialmente depreciados em seu modo de vida individual ou coletivo experienciam uma forma de ofensa que os fere em sua autoestima, fazendo com que percam a possibilidade de se autocompreenderem como pessoas socialmente valorizadas em suas características e capacidades (Honneth, 2003a, p. 217-218).

Para cada forma de reconhecimento e de autorrelação prática, Honneth identifica então um tipo correspondente de des-

---

[6]. Como afirma Honneth, "visto que a autoimagem normativa de cada ser humano depende da possibilidade de um resseguro constante do outro, vai de par com a experiência de desrespeito, o perigo de uma lesão capaz de desmoronar a identidade da pessoa inteira" (Honneth, 2003a, p. 214).

respeito e um sentimento de indignação moral. Segundo ele, "as reações negativas, que acompanham no plano psíquico a experiência de desrespeito, podem representar de maneira exata a base motivacional afetiva na qual está ancorada a luta por reconhecimento" (Honneth, 2003a, p. 219-220). Nesse sentido, o desrespeito corresponderia às bases cognitiva e motivacional do processo social de luta e ampliação das relações recíprocas de reconhecimento.

Para defender essa tese, Honneth lança mão da psicologia pragmática de John Dewey e mostra que tanto os sentimentos de ira e de indignação como os de alegria e de orgulho desempenham importante papel cognitivo. Eles fazem com que aqueles que os experienciam voltem sua atenção às suas próprias expectativas e percebam que a frustração ou a satisfação delas está na origem de seus sentimentos (Honneth, 2003a, p. 221). Preocupado particularmente com as reações à frustração de expectativas práticas normativas, Honneth afirma que a negação das normas pressupostas por determinada ação pode desencadear conflitos morais no interior da sociedade. De acordo com ele, nos casos em que a infração da norma é realizada pelo próprio sujeito, ela é experienciada com culpa; quando, no entanto, são os parceiros de interação que violam as expectativas morais de compor-

tamento implícitas na ação, o resultado é a experiência de *indignação*, que pode dar o impulso motivacional para uma luta por reconhecimento.

9.6. Um novo conceito de luta social

Vimos, assim, que Honneth apresenta as três dimensões do reconhecimento recíproco como expectativas normativas inscritas em âmbitos elementares da interação social moderna, as quais mostram-se responsáveis pela individuação autônoma do sujeito em dimensões progressivamente mais exigentes e cujas frustrações explicam a motivação pessoal para seu engajamento na luta. Como resultado desses longos desenvolvimentos teóricos, ele pode então apresentar o seu conceito de luta social como o "processo prático no qual experiências individuais de desrespeito são interpretadas como experiências cruciais típicas de um grupo inteiro, de modo que elas podem influir, como motivos diretores da ação, na exigência coletiva por relações ampliadas de reconhecimento" (Honneth, 2003a, p. 257). O núcleo de significado desse conceito de luta encontra-se, desse modo, em uma experiência negativa de desrespeito, isto é, na indignação moral e no sentimento de injustiça gerado pela lesão a expectativas normativas socialmente inscritas, mas recorrentemente descumpridas. Com isso, as próprias coletividades envolvidas na luta deixam de ser vistas como agregações pré-políticas, derivadas simplesmente de condições objetivas desiguais, passando a ser compreendidas como um produto mesmo da mobilização público-política, isto é, como o engajamento de indivíduos que interpretam suas próprias experiências de sofrimento como formas comuns de desrespeito, passando a reivindicar conjuntamente relações de reconhecimento ampliadas.

O nexo causal entre o desrespeito às expectativas de reconhecimento e a mobilização política à luta, embora não seja tratado pelo autor como um vínculo absoluto ou mesmo necessário, é explicado como uma motivação prática significativamente forte, na medida em que se coloca ali em jogo a própria existência social do sujeito lesado. Além disso, ao contrário da hipótese utilitarista anteriormente considerada, a luta social não é assumida pelo sujeito como um simples meio para o alcance de seus objetivos egocêntricos, mas sim como uma dimensão constitutiva do reconhecimento a ser resgatada, uma vez que, em seu ato positivo de protesto, os grupos envolvidos já encontram condições de afirmar publicamente as propriedades de autonomia e individualidade que lhe foram negadas. Isso explica a persistência da luta social mesmo em face de condições adversas e de ganhos futuros profundamente incertos.

Ainda em relação à hipótese utilitarista combatida, cabe aqui insistir em dois outros deslocamentos significativos: o egocentrismo de indivíduos que agem estrategicamente em vista de interesses próprios é substituído por uma práxis destinada à aceitação recíproca, a qual tem como resultado a transformação de padrões intersubjetivos de interação social. Não que os grupos sociais envolvidos deixem de reivindicar certas metas que os beneficiem particularmente, tais como o combate a situações de escassez material ou depreciação simbólica que os atingem de maneira peculiar. Mas o impulso que leva a sua elaboração política nos remete ao sentimento de injustiça gerado pela frustração de expectativas de reciprocidade socialmente arraigadas. Nesse sentido, Honneth não rejeita plenamente o modelo instrumental, mas apenas pretende superar suas limitações: "permanece uma questão empírica saber até que ponto um conflito social segue a lógica da persecução de interesses ou a lógica da formação da reação moral. Todavia, a fixação da teoria social na dimensão do interesse acaba obstruindo o olhar para o significado social dos sentimentos morais, e de maneira tão tenaz que incumbe hoje ao modelo de conflito baseado na teoria do reconhecimento, além da função de complementação, também a tarefa de uma correção possível" (idem, p. 261).

Por fim, Honneth nos diz que a teoria do reconhecimento nos oferece ferramentas para superar o "abismo entre os processos singulares e o processo evolutivo abrangente" das lutas sociais. Pelo fato de nenhuma das esferas sociais ser capaz de se reproduzir independentemente do consentimento dos atores a elas vinculados, elas se encontrariam constantemente sujeitas a questionamentos e pressões por sua transformação. Reconstruindo então o "excedente normativo" contido nas experiências de desrespeito e lutas sociais, os quais apontam para a efetivação futura de uma sociedade em que as condições intersubjetivas para o reconhecimento pleno encontram-se disponíveis, Honneth pode compreender o processo histórico como um processo de aprendizado moral no qual as lutas por reconhecimento possuem um papel central. Com isso, mais do que a compreensão de processos de luta episódicos, a teoria do reconhecimento carrega a pretensão de oferecer o sistema referencial para uma exposição histórica segundo a qual as transformações institucionais podem ser conectadas com a dinâmica normativa dos conflitos sociais. Isso não significa admitir um progresso institucional necessário, mas sim estabelecer padrões normativos capazes de permitir a identificação e crítica de seus avanços e retrocessos ao longo do tempo. Após o fim da década de 1990, sobretudo a partir do livro *Sofrimento de indeterminação* (2001), a obra de Honneth passa a se dedicar a esse novo marco normativo-institucional, a partir do qual a centralidade de uma teoria da luta passa a ceder espaço a uma teoria da justiça socialmente informada.

Bibliografia

DERANTY, J. P. (2004). "Injustice, Violence and Social Struggle. The Critical Potential of Honneth's Theory of Recognition". In: J. Rundell, D. Patherbridge, J. Bryant, J. Hewitt & J. Smith, *Contemporary Perspectives in Critical and Social Philosophy* (p. 297-322). Leiden: Brill.

DERANTY, J. P. (2009). Beyond Communication. A critical study of Axel Honeth's Social Philosophy. Leiden; Boston: Brill.

HEGEL, G. W. (1969). Jenaer Realphilosophie. Hamburg: Felix Meiner.

HEGEL, G. W. (1967). System der Sittlichkeit. Hamburg: Felix Meiner.

HONNETH, A. (1995a). Domination and Moral Struggle: the philosophical heritage of marxism reviewed. In: A. Honneth, The fragmented world of the social. Essays in social and political philosophy (p. 3-14). New York: State University of New York Press.

HONNETH, A. (1995b). From Adorno to Habermas. On the transformation of critical social theory. In: A. Honneth, Fragmented world of the social. Essays in social and political philosophy (p. 92-120). New York: State University of New York Press.

HONNETH, A. (1995c). Introduction. In: A. Honneth, The fragmented world of the social. Essays in social and political philosophy (p. xi-xxv). New York: State University of New York Press.

HONNETH, A. (2000c). Die soziale Dynamik von Missachtung. Zum Ortbestimmung einer kritischen Gesellschaftstheorie. In: A. Honneth, Das Andere der Gerechtigkeit. Aufsätze zur praktischen Philosophie (p. 88-109). Frankfurt am Main: Suhrkamp.

HONNETH, A. (2003a). Luta por reconhecimento. A gramática moral dos conflitos sociais. São Paulo: Editora 34.

HONNETH, A. (2007). "The Social Dynamics of Disrespect. On the Location of Critical Theory Today". In: A. Honneth. *Disrespect. The Normative Foundations of Critical Theory.* Cambridge: Polity Press.

HONNETH, A. (2003b). Die Pointe der Anerkennung. Eine Entgegnung auf die Entgegnung. In: N. Fraser, & A. Honneth, Umverteilung oder Anerkennung? EIne politisch-philosophische Kontroverse (p. 271-305). Frankfurt am Main: Suhrkamp.

HONNETH, A. (2003c). Umverteilung als Anerkennung. Eine Erwiderung auf Nancy Fraser. In: N. Fraser, & A. Honneth, Umverteilung oder Anerkennung? Eine politisch-philosophische Kontroverse (p. 129-224). Frankfurt am Main: Suhrkamp.

HONNETH, A. (2004b). Recognition and Justice. Outline of a plural theory of Justice. Acta Sociologica, 47 (4), p. 351-364.

HONNETH, A. (2015). *O direito da liberdade.* São Paulo: Martins Fontes.

HONNETH, A., & Anderson, J. (2011). Reconhecimento, Vulnerabilidade, Autonomia e Justiça. Cadernos de Filosofia Alemã: Crítica e Modernidade, n. 17.

MARSHALL, T. (1967). Cidadania e Classe Social. In: T. H. Marshall, Cidadania, classe social e *status* (p. 57-114). Rio de Janeiro: Jorge Zahar.

MOORE, Barrington (2015). *Injustice: the social basis of obedience and revolt.* New York: Routledge.

NOBRE, Marcos (2003). "Luta por reconhecimento: Axel Honneth e a teoria crítica". In: Honneth, Axel. *Luta por reconhecimento* (p. 7-19). São Paulo: Editora 34.

PATHERBRIDGE, D. (2013). The critical theory of Axel Honneth. Plymouth: Lexington Books.

PIROMALLI, E. (2012). Marxism and Cultural Studies in the Development of Axel Honneth's Theory of Recognition. Culture, Theory and Critique , 53 (3), p. 249-263.

SILVA, Felipe G. (2013). "Um ponto cego no pensamento democrático? Teoria Crítica e a Democratização da Intimidade?" In: Melo, R. (Org.). *A Teoria Crítica de Axel Honneth. Reconhecimento, Liberdade e Justiça.* São Paulo: Saraiva.

THOMPSON, Edward (1980). Plebejische Kultur und moralische Ökonomie. Aufsätze zur englischen Sozialgeschichte des 18. und 19. Jahrhunderts. Frankfurt am Main.

Parte II

Direito, Sociedade e Estado: temas atuais

10

Pluralismo Jurídico

Principais ideias e desafios

Marcus Faro de Castro

10.1. Introdução

No famoso Livro XI de sua obra torna-da clássica, *De l'esprit des lois*, Montesquieu observa que nenhuma palavra recebeu significados mais contrastantes do que a de "liberdade". Como assinala o autor, alguns entenderam por essa palavra a facilidade de depor um governante tirânico. Outros, a facilidade de eleger a quem se deve obedecer. Outros, ainda, identificaram-na com o direito de portar armas e praticar a violência, ou com o privilégio de ser governado por um homem de sua própria nação, ou ainda com o uso de ostentar barbas longas. Segundo Montesquieu, houve quem vinculasse a palavra "liberdade" ao regime republicano, mas também quem a conside-rasse uma consequência da monarquia. Montesquieu conclui que, de um modo geral, cada um tende a chamar liberdade aquilo que é conforme a seus costumes e inclinações[1].

O comentário de Montesquieu ajuda a pôr em relevo o que está no cerne das discussões sobre "pluralismo jurídico". As concepções sobre o que é valorizado moralmente, refletindo-se no que se considera ser "justo" ou "bom" para a vida de cada um, sempre variaram ao longo da história e entre diferentes espaços, culturas e agrupamentos sociais. Diante disso, não parece fazer muito sentido que o ensino

---

[1.] Montesquieu [1748] (1964, p. 585).

jurídico e seu objeto – a saber, as normas e instituições que incorporam as ideias sobre o direito, tais como contrato, propriedade, família, responsabilidade civil, tributo, crime etc. – espelhem um conjunto único e muito restrito de formas intelectualmente elaboradas por alguns juristas, quase todas convergentes no sentido de consagrar determinadas práticas sociais e um tipo de ordem compatível com elas.

A observação do mundo, por mais ingênua que seja, revela, de fato, que a diversidade de concepções sobre o "bem", o "correto", o "desejável", é enorme, e até mesmo potencialmente infinita. Por que, então, o direito ensinado nas universidades limita-se a insistir sobre um repertório muito limitado de regras, práticas e princípios? Por que o julgamento de uma demanda judicial não pode se dar, em parte ao menos, com base em recitações de poemas, no lugar da leitura de petições? Por que lendas religiosas ou artigos de fé não podem ser, em alguns casos, a fonte de limitações jurídicas inderrogáveis da propriedade e de certos contratos? Por que gerações futuras, enquanto projeções de indivíduos vivos no presente, não podem ser consideradas sujeitos de direito? E por que a realidade, tal como determinada pelos processos estatais e seu "direito", é difícil de ser mudada? Questionamentos como esses encontram-se implícitos ou explícitos nos debates sobre o pluralismo jurídico.

O presente capítulo explorará o tema do pluralismo jurídico. No item 9.2, será discutido brevemente como o processo de unificação do direito ocorreu na Europa medieval, suscitando posteriormente o aparecimento de ambientes marcados pelo fenômeno do pluralismo jurídico e seus desdobramentos. No item 9.3, serão expostas algumas das principais ideias abarcadas no processo de formação de argumentos relevantes acerca do "pluralismo jurídico" e serão indicadas algumas dificuldades conceituais surgidas dos debates sobre o tema. Recentes discussões sobre a dimensão global do pluralismo jurídico e seu interesse para a cooperação econômica internacional serão abordados no item 9.4. O item 9.5 concluirá com algumas observações finais.

10.2. A ascensão do monismo no direito ocidental e o surgimento do pluralismo jurídico

A expressão "pluralismo jurídico" designa a existência simultânea e em um mesmo ambiente de mais de um conjunto articulado de regras, princípios e instituições com base nos quais a ordem social é construída e transformada. Porém, a expressão tornou-se corrente e ativamente debatida em meios do ensino jurídico apenas na segunda metade do século XX, e constituiu, em grande parte, uma reação à predominância de uma visão "monista" (e não "pluralista") do direito. Será conveniente, portanto, indicar como o monismo surgiu no direito ocidental.

É um fato conhecido que os diferentes povos ao longo da história e em distintas regiões criaram e cultivaram diferentes línguas, religiões, visões de mundo, técnicas, modos de vida e tradições. Qualquer representação gráfica da geografia humana de alguma região, ou mesmo do mundo, em qualquer recorte sincrônico, demonstra a existência de realidades imensamente mais complexas do que as aparentes nos mapas mais convencionais, que registram apenas a existência de jurisdições de Estados territoriais soberanos. Estas últimas são denotativas unicamente do poder de comando e controle, exercido por Estados, sobre pessoas, espaços e processos existentes em territórios delimitados. Mas o que se cristaliza, na forma de tais territórios e da realidade objetiva presa a eles, tem o potencial de se modificar muito, com base no que a cartografia puramente político-territorial não mostra.

Ora, as formas e os conteúdos das relações humanas adquiriram uma configuração específica nas ideias elaboradas por juristas europeus ao longo da Idade Média e projetadas nas instituições daí resultantes. Após a queda do Império Romano do Ocidente em 476 d.C., diversos processos se puseram em marcha de modo a favorecer, especialmente a partir do século XII, o acentuado interesse de certos atores políticos no resgate do direito romano, no continente, e a confecção de um direito monárquico, na Inglaterra.

No caso de Estados territoriais em formação, como a França e a Inglaterra, a elaboração do direito entremeou-se com a própria formação do Estado. Mas, no início do segundo milênio da Era Cristã, diversas forças na Europa passaram a disputar entre si a possibilidade de afirmar sua hegemonia política: a Igreja, o Sacro Imperador, os príncipes territoriais, as cidades e ligas de cidades. Não se deve menosprezar a capacidade que cada um desses atores tinha de, em diferentes momentos e conjunturas, avançar em direção à concretização de suas ambições. A realização de alianças políticas, o fornecimento de víveres, a angariação e administração de lealdades com base em liturgias políticas e/ou religiosas, a realização de guerras e campanhas militares, a provisão de meios financeiros – tudo isto fazia parte dos recursos empregados por esses atores na busca da satisfação de suas aspirações.[2] A esses recursos, acrescentou-se a elaboração de formas intelectuais e instituições jurídicas.

Retrospectivamente, pode-se perceber a ocorrência, nesse ambiente, de uma

---

[2.] Cf. Tilly (1992) e Braudel (1979, p. 99-200).

condição de pluralismo jurídico. Diversos grupos sociais submetiam-se a regras locais que diferiam de uma comunidade a outra. Tratava-se de leis, costumes e atos de autoridade, tais como conselhos municipais, príncipes, bispos, barões, cavaleiros andantes, que, embora quase sempre estivessem sujeitos ao peso da influência da visão de mundo articulada pelo cristianismo, eram essencialmente de caráter local e/ou pessoal. O trabalho dos pós-glosadores na elaboração do chamado *jus commune*, no continente, distinguiu-se pelo esforço de tentar conciliar diferenças jurídicas presentes entre diversas localidades, comunidades, tipos de autoridade e grupos sociais.

Nesse contexto, a ação dos grupos mais poderosos – príncipes territoriais aliados com cidades (burgueses) – deu-se no sentido de prestigiar a elaboração de um direito unificado e unificante, que, a partir dos séculos XVII e XVIII, suplantou na prática o pluralismo jurídico dos séculos anteriores. Com isso, o direito medieval romanístico e secular sobrepujou outros direitos no continente. E, na Inglaterra, o direito do rei, produzido por seus juízes em Westminster, sufocou completamente o prestígio das cortes senhoriais (*manorial courts*), tornando-se, assim, o direito comum do país (*the common law of the land*). Os dois pilares jurídicos sobre os quais o direito unificado e unificante flo-

resceu na Europa ocidental foram: (i) a filosofia do direito natural moderno (ou jusracionalismo), de caráter universalista; e (ii) o princípio *cujus regio, eius religio*.

De fato, o jusracionalismo tornou-se, de longe, a principal doutrina da filosofia política nos séculos XVII e XVIII[3]. Os princípios dessa doutrina pregavam a existência de direitos naturais, que são os mesmos para todos os indivíduos. Tais direitos, ademais, eram considerados inatos em todos os indivíduos. Ao contrário do que afirmavam filósofos da antiguidade clássica, para os quais apenas alguns indivíduos podiam ser virtuosos[4], os filósofos do direito natural moderno afirmavam a igualdade de todos os indivíduos, fazendo desaparecer, no plano da ideologia, e, portanto, no âmbito do discurso que justificava a existência das instituições, as diferenças entre eles.

O esforço intelectual aí se deu no sentido de criar uma ideia completamente abstrata de indivíduo, mas que se projetasse em certas instituições jurídicas, tais como a propriedade individual e a liberdade individual de contratar. As diferenças entre identidades culturais, etárias, sexuais, étnicas,

---

3. Significativamente, a grande exceção à predominância da orientação jusracionalista, no século XVIII, foi Montesquieu.

4. Platão e Aristóteles não afirmaram o ideal de uma sociedade igualitária, isto é, de uma sociedade que devesse ser organizada com base no princípio de igualdade entre todos os indivíduos. Apenas a confluência entre o estoicismo e o cristianismo, na Idade Média, conduzirá à visão individualista da ordem social e política.

de classe, casta, nacionalidade etc. e suas consequências práticas foram completamente "apagadas" na doutrina filosófica e no discurso técnico especializado dos juristas. Mas, ao mesmo tempo, grotescas e incongruentes reminiscências de "diferenças" entre pessoas tomaram as formas de noções jurídicas hierarquizantes, mas ideologicamente maquiadas, tais como: "nacional" *versus* "estrangeiro"; e civilmente "capaz" (o homem branco e proprietário) *versus* "incapaz" (todos os outros, especialmente as mulheres, os negros, as crianças, os silvícolas, os trabalhadores, os sujeitos a enfermidades ou condições especiais, físicas ou mentais). Todas essas elaborações representaram, na prática, a consagração da família patriarcal e da propriedade (tipicamente imóvel) administrada pelo patriarca, geradora de uma renda que fosse o mais segura possível.

Por sua vez, o princípio *cujus regio, eius religio*, embora houvesse sido invocado na Paz de Augsburgo (1555), somente gerou um consenso político mais significativo quase um século mais tarde, quando foi inscrito na Paz de Vestfália (1648). A tradução da frase latina é "quem tem a região tem a religião". Seu significado prático estava em que o princípio passava a coibir intervenções, por parte de forças externas (o Sacro Imperador), em territórios comandados por príncipes que escolhessem, como fundamento ideológico das normas vigentes sob sua autoridade, um credo religioso distinto daquele professado pelos católicos. O princípio tornou-se, assim, a pedra angular da soberania territorial, a autonomia externa, que passou a caracterizar a configuração institucional dos Estados modernos em suas relações recíprocas[5].

A formação do "monismo jurídico" ganhou apoio, também, do influente trabalho de Savigny, no século XIX. Este autor se pôs a braços com o desafio de elaborar ideias que dessem sustentação à defesa e à institucionalização de um direito único, um direito "nacional", para a Alemanha da virada do século XVIII para o XIX. Esta era uma Alemanha ainda legatária de uma grande multiplicidade de jurisdições existentes sob o Sacro Império Romano-Germânico. Entre as ideias elaboradas por Savigny, estava a referência à "consciência comum do povo", que, ao ver do autor, era formada espontaneamente ao longo da história[6]. Esta "consciência comum" foi considerada por Savigny como a fonte do direito.

Porém, ao mesmo tempo, Savigny distinguiu entre o que ele chamou de "elemento político" do direito (a ligação entre direito e a vida do povo) e o seu "elemento técnico" (a "ciência do direito", elaborada

---

5. Castro (2005, p. 102).
6. Savigny [1814] (2006, p. 55).

por juristas). Portanto, para Savigny, o acesso intelectual consciente ao direito e à sua organização normativa estaria com os juristas, não com o povo, nem com os representantes do povo nos parlamentos, que confeccionam as leis. Com isso, Savigny abriu caminho para que o direito da Alemanha passasse a corresponder a certas noções abstratas e unificantes, que foram destiladas como "conceitos jurídicos" por seus seguidores, tais como Friedrich Puchta, Bernard Windscheid e outros. Dessa "jurisprudência dos conceitos" (*Begriffsjurisprudenz*) derivou, ainda, a elaboração de uma "teoria geral do direito", que deu mais energias ao impulso unificante das ideias e instituições jurídicas elaboradas e construídas entre os séculos XVII e XIX na Europa ocidental.

Portanto, um direito de origem europeia e base "monista" – também identificada como uma orientação "centralista" e "estatalista", por oposição a conjuntos de normas locais, "descentralizados" e "não estatais" – tornou-se hegemônico na Europa e foi daí exportado para várias partes do mundo, entre os séculos XVIII e XX. No século XVIII, o direito do *common law* inglês foi exportado para a América, onde o tratado de William Blackstone (*Commentaries on the laws of England*) tornou-se a referência básica inicial para a elaboração do direito nas colônias da Nova Inglaterra e até mesmo do direito da geração

dos revolucionários[7]. No século XIX, as guerras napoleônicas e, em seguida, a onda de colonização da África e da Ásia foram os processos de propagação do direito unificante de base romanística, e também do *common law* inglês, da era vitoriana, para diversas regiões do mundo.

A tendência monista foi reforçada, ainda, pela elaboração, desde o século XVII, de um direito "internacional". O conjunto de ideias que formou o campo doutrinário do Direito Internacional Público tratava, sem competição significativa de outros discursos especializados, das relações entre Estados territoriais soberanos[8], deixando de lado inúmeras outras relações (entre pessoas, organizações, comunidades, famílias, grupos religiosos, associações, cidades etc.). No século XIX, a elaboração de formas intelectuais para esse direito unificante passou arrogantemente a se conceber como um empreendimento benevolente e "civilizador"[9] e seguiu as pegadas da construção das formas jurídicas do direito civil de orientação monista. Assim, Estado/indivíduo (ou sujeito de direito), tratado/contrato, soberania territorial/propriedade designam isomorfismos dos dois campos do direito: o civil e o internacional clássico,

---

[7.] Cf. Horwitz (1977, p. 4-16). Horwitz esclarece que o jusnaturalismo impregnado no *common law* britânico setecentista começará a ser rejeitado, nos Estados Unidos da América, na década de 1780.

[8.] Castro (2005, p. 105-115).

[9.] Koskenniemi (2001).

ambos de base romanista. O chamado Direito Internacional Privado foi elaborado também a partir do século XVII e complementava convenientemente o Direito Internacional Público, na medida em que organizava regras e princípios destinados a resolver, sem alterações de estruturas institucionais já definidas pelos demais campos doutrinários do sistema monista, problemas de escolha de jurisdições territoriais a que deveriam se submeter questões derivadas das relações transfronteiriças entre entidades não estatais (empresas, associações, indivíduos).

O monismo jurídico, derivado dos processos acima descritos, obviamente se estabeleceu à custa de ações radicalmente opressoras de grupos que preferiam outros conjuntos de regras e instituições, existentes nas diversas regiões do mundo. Na Europa ocidental, os outros direitos (costumes locais), distintos do direito estatal, foram praticamente suprimidos, subsistindo apenas em versões fracas e subalternas, em certos enclaves culturais, em regiões como a Catalunha.

Em outras partes do mundo, sujeitas à colonização europeia, houve menos necessidade e interesse de destruir os costumes e instituições locais. Conforme explicita Tamanaha, "na maioria dos casos, não era necessário para os interesses coloniais, nem viável na prática, nem economicamente eficiente, estender o domínio por meio do direito a populações locais"[10]. O interesse dos colonizadores era sobretudo extrativo. Isto favoreceu a presença, em várias partes do mundo, de "direitos" diferentes, existindo lado a lado, frequentemente com superposições parciais e diversos tipos de interação, ora mais, ora menos, conflituosa. A partir daí, passou a ser possível contrastar claramente o direito "estatal" metropolitano, de formação e orientação monista e caráter centralizador, e outros direitos, mais ligados à vida e às tradições das sociedades locais, submetidas ao jugo dos colonizadores.

Com variações, o reconhecimento de pluralidades de ordens normativas referentes a "outros" direitos de natureza local e descentralizada também ocorreu por parte de potências colonizadoras de fora da Europa Ocidental. Este foi o caso dos "antigos impérios multinacionais", tais como os impérios Otomano, Austro-Húngaro, Russo e Chinês[11].

Em resumo, na Europa Ocidental, ao longo do tempo, diversas identidades foram efetivamente destruídas ou marginalizadas, frequentemente mediante ações violentas (guerras), concomitantemente com a afirmação de um direito de feição monista. De qualquer modo, a despeito da afirmação dos movimentos protestantes, às vezes

---

[10]. Tamanaha (2008, p. 382).

[11]. Idem, p. 385.

radicalmente opostos aos católicos, havia ali o fundo cultural e ideológico comum do cristianismo. Nas Américas, as populações autóctones foram mortas, restringidas, perseguidas, marginalizadas e submetidas a processos de catequização e confinamento a reservas. No Brasil, a importação de escravos negros, desvinculados à força de suas comunidades na África, segregou esta massa de trabalhadores nas senzalas e, após a abolição, nas favelas. Como se sabe, algumas comunidades rurais de ex-escravos se formaram em regiões isoladas e adquiriram identidades específicas. Tais comunidades ficaram conhecidas genericamente como "quilombos".

Em tudo isso, é perceptível um movimento em que um direito estatal, burocrático e centralista cresce e se estabelece definitivamente na Europa ocidental, em detrimento de outras ordens normativas que lá existiam, desde as que compunham o chamado *folklaw*, até os direitos das cidades, principados, corporações e outros. Em seguida, esse direito monista, oficial e centralista entra em contato com outras normatividades fora da Europa, causando o surgimento de situações variadas de pluralismo jurídico, em que diversos direitos de comunidades locais e descentralizadas passam a coexistir em múltiplas regiões com o direito centralista, de origem europeia. E a capacidade desse direito oficial e monista de excluir e subjugar permaneceu, ao longo de todo o processo, como uma constante.

10.3. A evolução do debate acadêmico: principais ideias e dificuldades conceituais

Após oferecer o quadro genérico, descritivo da ascensão do monismo e da subsequente formação do "pluralismo jurídico", especialmente resultante da experiência da colonização – sobretudo, mas não exclusivamente, a colonização europeia da América, da África e da Ásia –, será importante indicar os delineamentos gerais da evolução do debate acadêmico sobre o tema. Nos parágrafos a seguir, serão indicados os principais conteúdos do processo de formação de argumentos relevantes acerca do "pluralismo jurídico" e serão apontados os principais desafios que os trabalhos analíticos e debates conceituais têm suscitado.

A presença simultânea de "direitos" distintos num mesmo ambiente passou a chamar a atenção de acadêmicos, especialmente a partir da formação e da evolução das ciências sociais, sobretudo a sociologia e a antropologia, no final do século XIX e inícios do século XX. Com efeito, os antropólogos no início do século XX foram capazes de convincentemente argumentar que "outras" sociedades, distintas da europeia e de seus padrões culturais, também tinham seus "direitos".

O estudo seminal de Bronislaw Malinowski sobre o "direito" dos trobriandeses, publicado originalmente em 1926, tornou-se uma referência clássica na literatura sobre pluralismo jurídico[12]. Malinowski refutou teses como a de que os padrões de conduta dos selvagens responderiam a impulsos caracterizáveis como "desejos animalescos do pagão", ou ainda "emoção desenfreada [e] excessos irrestritos". Malinowski demonstrou, em contrário a tais teses, que muitos comportamentos dos trobriandeses resultavam de "um direito firme e uma tradição rigorosa". Além disso, Malinowski derrubou argumentos de que, nas sociedades primitivas, há uma necessária dominação do indivíduo pela coletividade e demonstrou que existem, em tais sociedades, motivações individuais – e não imposições grupais – para agir. Com efeito, Malinowski verificou que existia entre os trobriandeses algo como um "direito civil" que era "muitíssimo refinado" (*extremely well developed*), com regras relacionadas predominantemente a interesses dos indivíduos, não sendo apenas ou exclusivamente o assunto de um grupo[13].

A percepção, trazida pela antropologia e pela sociologia, de que existem "direitos" ou ordens normativas comparáveis, mas não iguais, ao direito, estatal, centralizante, típico da construção político-institucional das sociedades da Europa ocidental, evoluiu para se tornar o caminho do desenvolvimento de argumentos críticos em relação às concepções jurídicas da

tradição monista. Isto ocorreu, de início, em especial por meio de estudos do direito em situações coloniais e pós-coloniais. Assim, até os anos 1970, a expressão "pluralismo jurídico" referia-se essencialmente ao reconhecimento ou à incorporação de direitos locais descentralizados por direitos estatais e metropolitanos: por exemplo, a incorporação dos direitos hindu e muçulmano pelo direito britânico na Índia, ou as relações de reconhecimento, superposição ou absorção do direito dos Kapauku pelo direito holandês na Nova Guiné[14].

A partir dos anos 1970 e 1980, contudo, houve uma evolução nos argumentos. Primeiro, as análises passaram a questionar situações de subordinação dos direitos locais ao direito, "estatal" ou "oficial". Isto significava valorizar a percepção de que direitos locais e descentralizados muitas vezes são semiautônomos, e por isso não são necessariamente absorvidos, ou de algum modo contidos ou limitados, pelo direito estatal. Em segundo lugar, autores passaram a argumentar que a interação entre ordens normativas pode ser bidirecional, cada uma influenciando e modificando a outra ou outras, em um processo de mútua influência. Assim, não se encarava mais com estranheza a possibilidade de que as regras, princípios e instituições do "direito" de uma co-

---

[12]. Malinowski (1926).
[13]. Malinowski (1926, p. 71-75).

[14]. Cf. Tamanaha (2008, p. 390) e Berman (2012, p. 45-47).

munidade local na África ou na Ásia poderiam eficazmente influenciar o desenvolvimento de um direito "oficial", metropolitano. Em terceiro lugar, pesquisadores passaram também a caracterizar situações de pluralismo de modo a admitir uma variedade muito ampla de direitos não oficiais ou não estatais. Consequentemente, passou a ser concebível a ocorrência de situações de pluralismo jurídico em contextos não coloniais e não rurais, mas sim plenamente urbanos, metropolitanos e ocidentais. Com isto, vários autores acabaram rejeitando completamente a ideia de que *apenas* o direito "estatal" deve ser considerado "direito"[15].

A evolução desses argumentos teve uma inflexão importante na defesa, realizada por John Griffiths, em seu influente artigo de 1986[16], da noção de "campo social semiautônomo", elaborada nos anos 1970 pela antropóloga Sally Falk Moore[17]. A ideia era que essa noção (campo social semiautônomo) seria uma alternativa às concepções derivadas da abordagem de Malinowski, que Moore considerava inadequada por ser excessivamente ampla, dificultando a dis-

tinção entre o direito de povos como os trobriandeses e o aspecto obrigacional de todos os outros tipos de relações existentes na vida em sociedade[18].

As discussões sobre o pluralismo jurídico logo animaram professores de direito mundo afora a empregar as novas ideias e percepções como meio de criticar a noção de que o conceito de direito corresponde a normas postas pelo Estado. Em outras palavras, os professores passaram a valer-se das pesquisas e ideias do pluralismo jurídico para criticar concepções formalistas e "positivistas" de direito. Nos países de tradição anglo-saxã, formulações juspositivistas derivadas da chamada "jurisprudência analítica" de John Austin e H. L. A. Hart foram objeto de crítica. Nos ambientes acadêmicos mais ligados à tradição do direito europeu continental (romano-germânico), o alvo principal das críticas foram sobretudo as ideias de Hans Kelsen. Barzilai caracterizou com propriedade este aspecto da formação das ideias acadêmicas sobre pluralismo jurídico:

> "O surgimento do pluralismo jurídico constituiu uma revolta [...] contra tentativas ocidentais, que – ao contrário do que fizeram o judaísmo rabínico (fundamentalmente até o século XVIII), a Shari'a islâmica e o budismo – procurou separar direito, política e religião.

---

[15]. Cf. Berman (2012, p. 47). Exemplos de estudos de pluralismo jurídico em ambiente urbano contemporâneo podem ser encontrados em Grillo (2009). Para uma discussão sobre a diferenciação entre o pluralismo "clássico", que aborda cenários coloniais e pós-coloniais, e o "novo" pluralismo, que trata de múltiplas situações em contextos não coloniais, ver Merry (1988).

[16]. Griffiths (1986).

[17]. Ver Moore (2000, p. 54-81).

[18]. Cf. Tamanaha (2008, p. 391-392).

Além disso, foi uma revolta contra tentativas liberais de 'purificar' o direito de conteúdos políticos e de constrangimentos derivados da existência das classes sociais. O pluralismo jurídico foi uma revolta contra um projeto que havia resultado [no direito da] jurisprudência analítica positivista"[19].

Para Barzilai, o pensamento jurídico positivista foi o resultado de influências de vários autores, incluindo, entre os mais conhecidos, Austin, Hart e Kelsen.

Seguindo esta tendência de crítica ao positivismo jurídico, no Brasil, onde a justificação teórica do direito oficial se fundamentava muito frequentemente no pensamento de Kelsen, o tema do pluralismo jurídico foi impulsionado por duas principais contribuições. O primeiro impulso adveio da tese de doutorado do sociólogo português Boaventura de Sousa Santos, defendida em 1973 na Universidade de Yale[20]. Nessa contribuição inicial, Santos apoiou-se em teorias da argumentação jurídica e em pressupostos derivados da sociologia marxista para pesquisar o discurso jurídico praticado em uma favela carioca, que ele denominou de Pasárgada. Para o autor, o discurso jurídico praticado na favela constituía um direito não oficial, reconhecido e prezado pela comunidade. Tratar-se-ia de um direito aberto, pouco formal, organizado com significativa participação da sociedade local. Esse "direito de Pasárgada" representaria, na visão do autor, uma alternativa de organização jurídica emancipatória diante do direito fechado, burocrático e opressor do Estado[21].

Ainda no Brasil, a crítica ao positivismo jurídico, trazida com o trabalho "pluralista" de Santos, acabou atraindo (e confluindo com) uma crítica derivada diretamente do marxismo, consubstanciada na obra do jurista Roberto Lyra Filho. Este autor entendia que o direito positivo (estatal) "é entortado pelos interesses classísticos"[22]. Mediante uma argumentação reminiscente de ideias gramscianas, adotou uma visão da sociedade e do direito segundo a qual diversos "grupos em conflito [...] torna[m] precário e de legitimidade muito discutível o bloco dominante de normas, sobretudo porque as 'subculturas' engendram contrainstituições"[23].

Lyra Filho considerava ultrapassadas as discussões que aceitavam a validade da contraposição entre direito natural e positivismo. Para ele, "[s]omente uma nova teoria realmente dialética evita a queda numa das pontas da antítese"[24]. Na prática, isto se relacionava à proposta de promover "um 'uso alternativo' do direito positivo e

---

[19]. Barzilai (2008, p. 400).
[20]. Cf. Carvalho (2010).
[21]. Cf. idem, p. 16-17.
[22]. Lyra Filho (1995, p. 8). A primeira edição desta obra é de 1982.
[23]. Lyra Filho (1995, p. 59).
[24]. Lyra Filho (1995, p. 26).

Manual de Sociologia Jurídica

estatal [...] [para] explorar contradições [desse direito] em proveito não da classe e grupos dominantes mas dos espoliados e oprimidos"[25]. Nesse sentido, defendeu que o direito deve ser informado pela ideia um tanto genérica de "humanismo dialético"[26]. Subsequentemente, diversos trabalhos que procuram explicitamente seguir a confluência dos argumentos de Santos e Lyra Filho, e daí derivar frutos, escolheram o nome "Direito Achado na Rua" para designar a sua orientação[27].

O segundo principal impulso da crítica pluralista ao positivismo no Brasil originou-se do trabalho de Antonio Carlos Wolkmer, destacando-se a sua tese de doutorado sobre o tema, defendida no início da década de 1990, na Universidade Federal de Santa Catarina[28]. Wolkmer também adota argumentos de feição gramsciana, defendendo que a ideia de pluralismo jurídico deve ser usada "como estratégia contra-hegemônica no redimensionamento da teoria jurídica"[29].

Para Wolkmer, o pluralismo jurídico alinha-se com o esforço de "repensar poli-

ticamente a capacidade de resistência e de articulação da sociedade civil"[30]. Nesse sentido, a ideia de pluralismo jurídico, segundo este autor, deve contribuir para promover "uma cultura jurídica contra-hegemônica, marcada pelo pluralismo comunitário-participativo e pela legitimidade construída [...] mediante as práticas internalizadas por uma extensa gama de novos atores sociais"[31].

Wolkmer considera o pluralismo jurídico uma ferramenta adequada a um projeto de emancipação de grupos oprimidos na América Latina. Em suas palavras,

> "[A] razão de ser de uma forma teórica e prática de Direito mais comprometida com nossa sociedade latino-americana está na transgressão ao convencional instituído e injusto, na possibilidade de se revelar como recurso estratégico de resistência a diversas modalidades de colonialismos (acadêmico, cultural e institucional) e de contribuir, responsavelmente, para a construção criativa e empírica de uma sociedade mais comprometida com valores nascidos de práticas sociais emancipadoras"[32].

Como se vê, as elaborações sobre o pluralismo jurídico no Brasil são acentuadamente convergentes entre si. Contudo, assim como ocorreu no âmbito da literatura sobre pluralismo jurídico como um todo, alguns dos principais argumentos sobre o

---

[25]. Lyra Filho (1995, p. 45).
[26]. Para uma discussão das ideias de Lyra Filho sob o prisma do pluralismo jurídico, ver WOLKMER (2012, p. 138-143). Ver também COSTA (s/d).
[27]. Cf. Wolkmer (2012, p. 141-143). Boa parte dos trabalhos desta orientação volta-se para a capacitação de assessores jurídicos populares. A abordagem, segundo WOLKMER (idem, p. 142), pretende "estabelecer a legitimidade jurídica de movimentos populares".
[28]. Cf. Carvalho (2010, p. 27).
[29]. Wolkmer (2012, p. 251-260).

[30]. Idem, p. 252.
[31]. Idem, p. 260.
[32]. Idem, p. 263.

tema suscitaram críticas, às vezes oriundas de simpatizantes do ideal de emancipação realizada por meio de uma crítica ao monismo e ao positivismo.

De fato, enquanto crítica ao juspositivismo e a argumentos de filosofia do direito que podem oferecer fundamentos para a existência de instituições jurídicas administradas sob a orientação monista, o pluralismo jurídico permanece sujeito, ele mesmo, a críticas que não podem ser desprezadas. Uma primeira crítica decorre do fato de que "pluralismo jurídico" pode se referir a uma situação de fato (é o que se designa por *social fact legal pluralism*), ou, alternativamente, ao caráter normativo de argumentos favoráveis ao pluralismo (*normative legal pluralism*). No primeiro caso, a investigação empírica constata o fato de uma pluralidade de ordens normativas; no segundo, o pesquisador parte do pressuposto normativo de que a ausência da pluralidade é em si um mal. Neste último caso, a pluralidade de ordens normativas é tratada como um desiderato. O problema é que quase nunca é muito clara a separação entre os argumentos sobre pluralismo enquanto *fato social* e os argumentos *normativos* sobre o pluralismo jurídico. Como observou Twining, "há uma tendência na literatura de se escorregar do descritivo para o prescritivo"[33].

Uma segunda crítica, que se imbrica com a primeira, refere-se ao fato de que os autores favoráveis ao pluralismo não chegam a propor um conceito claro do que entendem por "direito", quando descartam a visão monista. Não há, na literatura, uma definição clara de "direito", aceita uniformemente pelos defensores do pluralismo. Como determinar se uma dada conduta ou procedimento constitui parte de um direito? Afinal, a sustentação radical do pluralismo implica em que algo diferente do que está sendo afirmado como norma não pode ser invalidado. E, se nenhuma norma pode ser invalidada, *qualquer* norma é válida, inclusive uma que prescreva o contrário de outra, inicialmente considerada. Consequentemente, nenhuma norma é realmente obrigatória, isto é, nenhuma pode existir enquanto tal. A confusão gerada em grande parte deriva da imprecisão conceitual. Nesse sentido, Tamanaha registra:

> "Apesar de seu aparente sucesso, a noção de pluralismo jurídico tem sido marcada por uma profunda confusão conceitual e muitas vezes por desentendimentos acalorados. [...] A questão 'o que é o direito?' [...] jamais foi resolvida [no âmbito da literatura], apesar do esforço por parte de teóricos do direito e de cientistas sociais"[34].

---

[33]. Twining (2010, p. 473).

[34]. Tamanaha (2008, p. 390-391). Para uma discussão que procura enfrentar essa deficiência, pondo-se em defesa do pluralismo, ver Benda-Beckmann (2002).

Uma terceira crítica diz respeito ao fato de que, na literatura sobre pluralismo jurídico, não há discussão suficiente sobre relações de poder, que ocorrem em muitas situações, até mesmo entre "novos sujeitos de direito" e no interior de grupos da sociedade civil que se proponham a resistir ao direito "oficial". É neste sentido que Barzilai alerta: "[a]s pesquisas sobre o pluralismo jurídico têm mostrado a tendência de não prestar atenção ao [uso do] poder político"[35].

Dois exemplos de uso do poder opressor por parte de grupos da sociedade civil, dados por Barzilai, são: (i) feministas afro-americanas têm, em vários casos, impedido que mulheres de seu grupo, espancadas por maridos ou companheiros, adotem uma identidade feminina mais convencional e recorram à polícia (o "direito oficial") para superar sua situação de maus-tratos, perpetuando assim a opressão de várias delas; (ii) em Israel, elites de comunidades locais de muçulmanos, incluindo os anciãos (*Hammula*) e juízes comunitários (*Kadi*), têm impedido que casos de adesão à prática de "assassinato por motivo de honra" (*Katal al-Sharaf ala'ila*) sejam denunciados à polícia, por medo que isto acabe minando sua estrutura comunitária de poder[36].

Críticas comparáveis foram dirigidas a argumentos pluralistas, no contexto do debate brasileiro sobre o tema[37]. Uma dessas críticas derivou de uma pesquisa empírica realizada por Junqueira e Rodrigues no Morro da Coroa, no Rio de Janeiro[38]. Esses pesquisadores verificaram que, no Morro, ao lado da "comunidade" (a associação de moradores), traficantes de droga desempenhavam um papel crucial na determinação de normas locais, impondo sua vontade arbitrária em casos que variavam desde a conciliação de partes em conflitos de vizinhança até a castração de estupradores e a morte sumária de assaltantes[39]. Como destacado pelos autores, "[n]a imposição da 'ordem', a boca de fumo aplica um código penal próprio, cujas penalidades variam da prisão domiciliar, expulsão temporária, impedimento de circulação em determinada área, tiro na mão, até, para os casos mais graves, a pena de morte"[40]. A crítica de que tende a ocorrer uma romantização do pluralismo jurídico tal como tem sido desenvolvido na literatura brasileira também foi articulada por outros autores, com base em outros pressupostos[41].

---

[37]. Cf. Carvalho (2010, p. 18-22).
[38]. Ver Junqueira e Rodrigues (1992).
[39]. Junqueira e Rodrigues (1992, p. 13-14).
[40]. Junqueira e Rodrigues (1992, p. 14).
[41]. Assim, por exemplo, a crítica de Marcelo Neves (1991). Neves sublinha que as propostas do pluralismo jurídico (especialmente os argumentos e construções de Boaventura de Sousa Santos) "podem transformar-se em expressões ideológicas ou mitos, que conduzem antes a equívocos do que à explicação e superação do problema" (idem, p. 21).

---

[35]. Barzilai (2008, p. 397).
[36]. Idem, p. 412-413.

Além disso, ao lado da crítica à ausência de discussões sobre relações de poder, a crítica à imprecisão conceitual também se aplica à literatura brasileira sobre o pluralismo jurídico. Conforme reconheceram Albernaz e Wolkmer, as várias definições dos fenômenos jurídicos desenvolvidas por autores pluralistas "sugerem que ainda não se tem uma concordância sobre o conceito de juridicidade" nessa literatura[42]. Em outras palavras, consoante os mesmo autores, "os conceitos de que se dispõe até o momento conferem uma delimitação pouco precisa de onde cessa o direito e de onde começa o âmbito da vida social"[43].

As dificuldades apontadas, portanto, permanecem no âmago dos debates e constituem um convite ao aprofundamento das pesquisas.

10.4. A dimensão global do pluralismo jurídico

Além do surgimento de condições que deram origem ao pluralismo jurídico associado à colonização e à descolonização, como indicado no item 9.2, e além das ideias sobre o pluralismo que, nos aspectos ressaltados no item 9.3, puseram em xeque as concepções genéricas sobre o direito ligadas ao monismo, é preciso focalizar, também, tendências recentes que têm estimulado autores a recorrer à ideia de pluralismo para tratar do declínio de construções jurídicas do direito internacional clássico. A isso têm se somado discussões que abrangem a emergência e a intensificação das relações "transnacionais", ou seja, transfronteiriças, tanto sociais (organizações não governamentais, movimentos sociais, redes etc.) quanto econômicos. Estes tópicos serão abordados a seguir.

Como sugerido no item 9.2, o direito internacional que se desenvolveu desde o século XVII até recentemente pode ser entendido como um desdobramento coerente do monismo jurídico, aplicado às relações internacionais. As construções intelectuais mais importantes relativas a esse direito podem ser descritas nos termos postos por Berman:

> "Tratava-se de um universo jurídico com dois princípios orientadores. Primeiro, entendia-se que o direito era estabelecido apenas por atos de entidades oficiais, sob a autoridade do Estado. Segundo, o direito era visto como uma função exclusiva da soberania estatal"[44].

Ora, a intensificação do comércio de longa distância e diversos outros meios de comunicação, inclusive sistemas de satélite, telefonia etc., tornou insustentável esse foco exclusivo no Estado, que era a marca da orientação monista. No lado econômico, a desregulamentação das contas de ca-

---

[42]. Albernaz e Wolkmer (2010, p. 204).
[43]. Idem, p. 204-205.
[44]. Berman (2012, p. 51).

pital em diversos países do Norte global, também a partir dos anos 1970, deu mais liberdade a certos grupos privados para comprar e vender divisas e movimentar o capital internacionalmente, aumentando assim a vulnerabilidade cambial de várias economias de países em desenvolvimento. Isso tudo levou autores da Teoria das Relações Internacionais a reconhecer, a partir dos anos 1970, que uma série de relações transfronteiriças – eles se referiram à imagem metafórica de uma "tapeçaria de diversas relações"[45] – se intensificaram e mudaram a realidade. Por isso, Berman dirá, em relação aos princípios já indicados: "ambos esses princípios soberanistas [i.e., presos à ideia de soberania] foram erodidos com o tempo"[46].

É importante registrar que os fatos acima descritos transformaram e intensificaram as relações humanas transnacionais em uma escala global. Tais relações cresceram e passaram a mudar a realidade sem que o direito internacional ou interno, ambos de feição monista, pudessem, dadas as suas limitações, conferir à realidade emergente um adequado tratamento intelectual e analítico. Tanto assim que o conceito de "regime internacional", designando "conjuntos de princípios, normas, regras, implícitos ou explícitos, e procedi-

mentos de decisão", emergiu no estudo das relações internacionais e, indo além das antigas categorias do direito internacional "soberanista", passou a dar muito mais flexibilidade a formulações sobre as realidades locais, internacional e global em transformação[47].

Não obstante, as agências de cooperação internacional, a partir dos anos 1980, passaram a propagar um receituário de reformas econômicas que ficou conhecido como "Consenso de Washington". Em consequência, a cooperação econômica internacional passou a insistir intensamente na adoção de tais reformas nos diversos países que procuravam assistência multilateral. Porém, tendo constatado dificuldades de implementar tais reformas em muitos países, as agências voltaram-se, nos anos 1990, para as chamadas "condicionalidades relacionadas à governança", que enfatizavam reformas institucionais, inclusive reformas das instituições *jurídicas* em muitos países do mundo. Estas condicionalidades relacionadas à governança, em especial, partiam do pressuposto de que as "boas" políticas econômicas somente seriam adequadamente implementadas se um conjunto de reformas (em áreas como as leis de falências, leis trabalhistas, direito dos contratos, direitos previdenciários, propriedade intelectual, direito concorrencial

---

[45.] Os autores foram R. Keohane e J. Nye. Cf. Castro (2005, p. 127).

[46.] Berman (2012, p. 5-521).

[47.] Ver Castro (2005, p. 131-134).

etc.) conformassem o arcabouço jurídico dos países destinatários de financiamentos internacionais ao modelo recomendado pelas agências. Tratava-se do que o economista Ha-Joon Chang chamou de "instituições de padrão global" (*global standard institutions*)[48], que eram, em realidade, pretendidos transplantes de instituições e concepções jurídicas anglo-americanas. Um rótulo genérico para a designação de tais reformas jurídicas, adotado especialmente pelo Banco Mundial, foi a expressão *rule of law*[49].

Todo esse processo de propagação, via cooperação econômica internacional, de instituições e ideias jurídicas, encaradas como uma "dotação jurídica" (*legal endowment*) modelar, necessária ao bom desempenho econômico de qualquer país no mundo, constituiu mais uma etapa de afirmação de concepções do monismo jurídico, em si mesmo inconciliável com a pluralidade de diferentes "direitos" mundo afora.

Mas a obsolescência das categorias do direito de orientação monista atingia as instituições desse direito como um todo. Faria, em seu livro sobre *Direito e Conjuntura*[50], procurou retratar aspectos dessa crise do direito. Por sua vez, Castro (2006) destacou três aspectos relevantes e recentes de tal crise. Um primeiro aspecto,

referente à influência de entidades como a Organização Mundial do Comércio (OMC) e outras, é o da "generalização de sistemas constitucionais marcados por mecanismos diversificados e parcialmente internacionalizados [...] de 'freios e contrapesos', que articulam pluralidades variadas de centros de autoridades"[51]. Um segundo aspecto refere-se a um "processo de acentuado 'esvaziamento' de conteúdos estáveis (ou reconhecíveis por meio de referências ao passado tradicional ou histórico) para a 'propriedade' e para a categoria 'direito' subjetivo"[52]. Finalmente, um terceiro aspecto destaca o papel da "propagação das tecnologias da informação como itens de consumo de massa" e seus efeitos sobre a formação de múltiplas coalizões transnacionalizadas de grupos de interesses "com orientações que disputam por meio da participação política, eleitoral e não eleitoral, a prevalência de estratégias de investimento e acumulação, de um lado, e de práticas de consumo com significado cultural, religioso, moral, de outro"[53].

Como apontado acima com relação ao terceiro aspecto da crise do direito, no novo contexto, acentuou-se o papel político de "identidades" as mais diversas (abraçadas por movimentos ambientalistas, feministas, de direitos humanos, incluindo

---

[48]. Chang (2007).
[49]. Cf. Santos (2006).
[50]. Ver Faria (2008).

[51]. Castro (2005, p. 59).
[52]. Idem, ibidem.
[53]. Idem, ibidem.

os "direitos" de indígenas, minorias étnicas, sexuais, religiosas)[54], várias delas com articulações políticas transnacionais e até globais. Diante das novas realidades, vários juristas passaram a discutir o que chamaram de "fragmentação" do direito internacional. Outros, alarmados com a perda da unidade e coerência das categorias jurídicas diante dos novos fatos, passaram a promover um esforço de "constitucionalizar" o direito internacional. Finalmente, ainda outros juristas consideram que o "pluralismo jurídico" oferece um conjunto de debates útil para a construção de novas categorias jurídicas, que deem conta das novas realidades, em que as relações globais e locais se interpenetram[55].

Ao se referir à visão pluralista do direito internacional, Koskenniemi indica a possibilidade (que ele rejeita) de que regimes internacionais acabem substituindo Estados. Berman, a seu turno, defende uma visão pluralista com base em uma "teoria das normas sociais". Esta possibilidade, segundo o autor, "tem o benefício de teorizar comunidades transnacionais mais amplas baseadas na persuasão retórica de longo prazo, no lugar das interações face a face"[56].

Mas a verdade é que o debate está em aberto. Evidentemente, é impossível saber se alguma das três principais propostas de reforma do direito internacional (fragmentação, constitucionalismo, pluralismo) prevalecerá, ou se surgirão ainda outras propostas. Igualmente, é impossível saber se alguma "principal" visão jurídica sobre o mundo das relações locais e globais em interação, que contemple preocupações de defensores do "pluralismo jurídico", tornar-se-á preponderante em algum momento no futuro.

10.5. Observações finais

Em seu conhecido e instigante ensaio sobre a construção ou compreensão dos fatos da realidade local, o antropólogo Clifford Geertz explora o que ele chama de "sensibilidades jurídicas" de três culturas distintas: a islâmica (*haqq*); a índica (*dharma*); e a malaia (*adat*)[57]. Estas maneiras de perceber e organizar a consciência sobre o que aparece como local, conforme demonstra Geertz, são diferentes manifestações do que chamamos "direito". E, para Geertz, o direito é em si mesmo "um modo característico de imaginar o real", mas, ao mesmo tempo, remete a diferentes concepções sobre o que é considerado verdadeiro, obrigatório, válido, meritório, consensual, moral, e assim por diante.

[54.] Ver Castells (1999).
[55.] Koskenniemi (2007) discute com grande riqueza de detalhes essas três recentes linhas de argumentação sobre o direito internacional.
[56.] Berman (2012, p. 51).

[57.] Geertz (1983).

O ensaio de Geertz, como tantos outros estudos que vêm sendo realizados por cientistas sociais e juristas há cerca de um século, parece indicar que não se pode ignorar o apelo que as ideias sobre o "pluralismo jurídico" lançam para os que se interessam pelo aprimoramento do direito e das instituições jurídicas. Hoje, a literatura sobre pluralismo jurídico é muito diversa e abarca, além das formulações apontadas, outras que pretendem combater a predominância de instituições forjadas sob o monismo. De fato, como sublinha Tamanaha, "[a] literatura que invoca a noção de pluralismo jurídico cobre um amplo espectro [de referenciais], desde o pós-modernismo até os direitos humanos, as abordagens feministas ao direito costumeiro, o comércio internacional e muito mais"[58]. Além disso, uma investigação filosófica sobre a diversidade no direito e nas instituições poderia ainda encontrar em Aristóteles certamente o primeiro pensador a defender uma visão pluralista da política[59].

De qualquer modo, no debate atual, não deixa de chamar atenção o fato de que, em sua onda mais recente, a insistência sobre o "monismo jurídico" gravitou em torno de normas, concepções e instituições que estruturam juridicamente economias e seus meios de governança.

Talvez esse setor guarde uma dimensão estratégica especial no conjunto das muitas relações que hoje se entrecruzam e se misturam, ao redor do mundo, para resultar nas realidades locais que fazem as pessoas mais, ou menos, felizes. E talvez por isso, economistas e juristas, tais como Chang, Rodrik e Unger[60], venham insistindo na necessidade de se reinventar ideais e práticas (o que inclui a reinvenção da linguagem jurídica), na direção de um pluralismo institucional.

Sobre isso, vale a pena observar que discussões sobre "sistemas não estatais de justiça" e seu papel enquanto parte das engrenagens que formam os meios de governança da economia têm começado a interessar autores e organizações da área da cooperação internacional[61]. Agora, declina a tendência de se considerar completamente anômalas, para fins de organização da governança de interesse da cooperação internacional, iniciativas como a adotada na Bolívia em 2009, em que um dispositivo constitucional assegurou às comunidades rurais tradicionais (*naciones y pueblos indígena originario campesinos*) o direito de organizar a sua própria justiça, para aplicar em seus territórios os preceitos emanados de sua cultura em matéria civil ou criminal[62]. O mesmo pode ser dito sobre

---

[58]. Tamanaha (2008, p. 391).

[59]. Uma discussão sobre a vertente pluralista da filosofia política, inaugurada com Aristóteles, pode ser encontrada em Castro (2005, p. 13-95).

[60]. Ver Chang (2007), Rodrik (2008) e Unger (2006).

[61]. Ver, por exemplo, Faundez (2011).

[62]. Ver, por exemplo, Faundez (2011). O artigo 190 da constituição boliviana de 2009 dispõe: "Las naciones y pueblos

184 Manual de Sociologia Jurídica

propostas como a discutida na África do Sul, de conferir um papel relevante a cortes de justiça tradicionais, o que potencialmente afetaria a maneira como os direitos tradicionais de cerca de 20 milhões de habitantes de regiões rurais naquele país organizam suas vidas e sua economia[63].

Sejam quais forem as reformas de ideias e instituições jurídicas que as diversas sociedades no mundo adotem, as discussões acadêmicas sobre o pluralismo jurídico, ao que parece, continuarão no futuro previsível, em sua ampla diversidade, a valer como uma fonte de inspiração para quem busca inovar sem destruir diferenças nos modos de se perceber o mundo e interagir com ele, preservando, ao mesmo tempo, a pluralidade de maneiras de se organizar e dar significado à vida em sociedade.

Bibliografia

ALBERNAZ, Renata Ovenhausen; WOLKMER, Antonio Carlos. Questões delimitativas do direito no pluralismo jurídico. In: WOLKMER, Antonio Carlos; VERAS NETO, Francisco Q.; LIXA, Ivone M. (Org.). *Pluralismo jurídico*: os novos caminhos da contemporaneidade. São Paulo: Saraiva, 2010. p. 195-222.

BARZILAI, Gad. Beyond relativism: where is political power in legal pluralism? *Theoretical Inquiries in Law*, v. 9, p. 395-416, 2008.

BENDA-BECKMANN, Franz von (2002) "Who's Afraid of Legal Pluralism?" *Journal of Legal Pluralism & Unofficial Law*, n. 47, p. 37-82, 2002.

---

indígena originario campesinos ejercerán sus funciones jurisdiccionales y de competencia a través de sus autoridades, y aplicarán sus principios, valores culturales, normas y procedimientos propios".

[63] Faundez (2011, p. 30-33).

BERMAN, Paul Schiff. *Global legal pluralism*: a jurisprudence of law beyond borders. Cambridge: Cambridge University Press, 2012.

BRAUDEL, Fernand. *Civilization matérielle, économie et capitalisme XVe-XVIIIe siècle* – 3 Le temps du monde. Paris: Librairie Armand Colin, 1979.

CARVALHO, Lucas Borges de. Caminhos (e descaminhos) do pluralismo jurídico no Brasil. In: WOLKMER, Antonio Carlos; VERAS NETO, Francisco Q.; LIXA, Ivone M. (Org.). *Pluralismo jurídico*: os novos caminhos da contemporaneidade. São Paulo: Saraiva, 2010. p. 13-36.

CASTELLS, Manuel. *O poder da identidade*. São Paulo: Paz e Terra, 1999.

CASTRO, Marcus Faro de. *Política e relações internacionais*: fundamentos clássicos. Brasília: Editora Universidade de Brasília, 2005.

CASTRO, Marcus Faro de. Instituições econômicas: evolução de seus elementos constitucionais na economia de mercado. *Revista de Direito Empresarial*, Curitiba: Juruá, n. 6, p. 41-62, 2006.

CHANG, Ha-Joon. Understanding the Relationship Between Institutions and Economic Development – Some Key Theoretical Issues. In: CHANG, Ha-Joon (Org.). *Institutional change and economic development*. United Nations University Press/Anthem Press, Tokyo/London, 2007. p. 17-33.

COSTA, Alexandre Araújo. Humanismo dialético: a filosofia jurídica de Roberto Lyra Filho (s.d.). Disponível em: <http://www.arcos.org.br/artigos/humanismo-dialetico-a-filosofia-juridica-de-roberto-lyra-filho>. Acesso em: 10 jul. 2012.

FARIA, José Eduardo. *Sociologia jurídica*: direito e conjuntura. São Paulo: Saraiva, 2008.

FAUNDEZ, Julio. Legal pluralism and international development agencies: State building or legal reform? *Hague Journal on the Rule of Law*, v. 3, p. 18-38, March 2011. Disponível em: <http://dx.doi.org/10.1017/S1876404511100020>.

GEERTZ, Clifford. Local knowledge: fact and law in comparative perspective. In: GEERTZ, Clifford. *Local Knowledge*: further essays in interpretive anthropology. New York: Basic Books, 1983. p. 167-234.

GRIFFITHS, John. What is legal pluralism? *Journal of Legal Pluralism & Unofficial Law*, 1986, v. 24, p. 1-55.

Pluralismo Jurídico

GRILLO, Ralph et al. (Org.). *Legal practice and cultural diversity.* Surrey: Ashgate, 2009.

HORWITZ, Morton. *The transformation of American law 1780-1860.* Cambridge: Harvard University Press, 1977.

JUNQUEIRA, Eliane; RODRIGUES, José Augusto de Souza. Pasárgada revisitada. *Sociologia* – Problemas e Práticas, n. 12, p. 9-17, 1992.

KOSKENNIEMI, Martti. *The gentle civilizer of nations*: the rise and fall of international law, 1870-1960. Cambridge: Cambridge University Press, 2001.

LYRA FILHO, Roberto. *O que é o direito.* 17. ed. São Paulo: Brasiliense, 1995.

MALINOWSKI, Bronislaw. *Crime and custom in savage society.* New York: Harcourt, Brace & Company, 1926.

MERRY, Sally Engle. Legal pluralism. *Law and Society Review*, v. 22, n. 3, p. 869-896, 1988.

MONTESQUIEU [1748]. *De l'esprit des lois.* In: MONTESQUIEU. *Oeuvres Complètes.* Paris: Éditions du Seuil, 1964. p. 528-795.

MOORE, Sally Falk. *Law as a process*: an anthropological approach. Hamburg/Oxford: Lit Verlag/James Currey Publishers, 2000.

NEVES, Marcelo. Do pluralismo jurídico à miscelânea social: o problema da falta de identidade da(s) esfera(s) de juridicidade na modernidade periférica e suas implicações na América Latina. *Direito em Debate*, v. 1, n. 1 (out. 1991), Univ. Unijuí, p. 7-37.

RODRIK, Dani. *One economics, many recipes.* Princeton: Princeton University Press, 2008.

SAVIGNY, Friedrich Carl von [1814]. *De la vocation de notre temps pour la législation et la science du droit.* Paris: Presses Universitaires de France, 2006.

SANTOS, Alvaro. The World Bank's Uses of the 'Rule of Law' Promise in Economic Development. In: TRUBEK, D. M.; SANTOS, A. (Ed.). *The new law and economic development.* Cambridge: Cambridge University Press, 2006. p. 253-300.

TAMANAHA, Brian Z. Understanding legal pluralism: past to present, local to global. *Sydney Law Review*, v. 30, p. 375-411, 2008.

TILLY, Charles. *Coercion, capital and European States, AD 990-1992.* Malden: Blackwell Publishing, 1992.

TWINING, William. Normative and legal pluralism: a global perspective. *Duke Journal of Comparative and International Law*, v. 20, p. 473-517, 2010.

UNGER, Roberto Mangabeira. *What should legal analysis become?* London: Verso, 2006.

WOLKMER, Antonio Carlos. *Introdução ao pensamento jurídico crítico.* 8. ed. São Paulo: Saraiva, 2012.

11

Transformações da Cidadania e Estado de Direito no Brasil

Raphael Neves

> Lost my job, found an occupation.
> *Cartaz anônimo no Occupy Wall Street*

A cidadania virou um termo corrente não só nos trabalhos acadêmicos do direito, da sociologia e da política, mas também na linguagem política do cotidiano. Por que esses discursos se multiplicam? De onde vem a capacidade de mobilização em torno de uma noção aparentemente tão abstrata? Longe de buscar uma resposta definitiva a essas perguntas, este trabalho é uma tentativa de recuperar alguns dos pressupostos que tornam a cidadania tão relevante para entender as lutas políticas contemporâneas. Mais especificamente, de buscar entender como essas lutas se articulam com a noção de cidadania no contexto brasileiro.

O ensaio de T. H. Marshall "Cidadania e Classe Social", de 1949, tornou-se um tex-to clássico sobre o tema. Escrito quatro anos após a derrocada de Churchill e do início do *welfare state* inglês a partir das reformas sociais promovidas pelo governo Trabalhista, busca mostrar que a noção de cidadania só poderia atacar a desigualdade se passasse a incluir uma dimensão social. Nele, Marshall aponta que "cidadania é um *status* concedido àqueles que são membros integrais de uma comunidade". Nesse sentido, ele reafirma a antiga noção aristotélica de cidadania como pertença a uma comunidade política (*politike koinonia*), na qual os indivíduos estavam sob uma mesma ordem jurídica e possuíam laços de amizade (*philia*) que reforçavam sua coesão social. Mas se engana quem acha que a cidadania seja algo estático. Continua Marshall, "[t] odos aqueles que possuem o *status* são iguais com respeito aos direitos e obrigações pertinentes ao *status*"[1]. Ao contrário, a cidadania é uma instituição dinâmica e, uma vez que esses direitos e obrigações não estão definidos de saída, ela pode variar tanto para aprofundar como para combater as desigualdades. Cabe aos sujeitos dessa comunidade política, isto é, aos próprios cidadãos, buscar a realização e a ampliação do conteúdo e da abrangência da cidadania.

Marshall pôde distinguir, graças a Max Weber, três dimensões da estratificação social: econômica, de *status* social e de poder político. Para Weber, "as 'classes' se estratificam de acordo com suas relações com a produção e aquisição de bens; ao passo que os 'estamentos' [i.e., grupos de *status*] se estratificam de acordo com os princípios de seu *consumo* de bens, representado por 'estilos de vida' especiais"[2]. Enquanto o primeiro gera desigualdades de natureza econômica, o segundo produz distorções na distribuição de "honra". Quanto à dimensão política, em sociedades democráticas não existe estratificação em termos de poder de voto. Porém, é claro que há uma diferenciação quanto ao tamanho dos grupos ou partidos políticos, e

em relação à hierarquia burocrática do funcionalismo estatal, e assim por diante. Em muitos casos, essas diferentes dimensões podem se combinar formando o que Marshall chamou de estratificação multidimensional[3].

É em resposta a essas desigualdades que a cidadania se desenvolve. Nesse sentido, Marshall mostrou como a cidadania evoluiu na Inglaterra sob três aspectos. Em um primeiro estágio, a cidadania civil foi constituída no século XVIII e garantiu os direitos necessários para a liberdade individual: direitos de propriedade, liberdade e acesso à justiça. Em um segundo momento, surgiu a cidadania política no século XIX, que garantiu o direito à participação e ao voto. A terceira e última etapa ocorreu com a cidadania social no século XX, que garantiu a segurança econômica e, mais do que isso, o "direito de participar, por completo, na herança social e levar a vida de um ser civilizado de acordo com os padrões que prevalecem na sociedade"[4].

A explicação proposta por Marshall não deve, porém, ser tomada de forma acrítica. Sua periodização das três etapas da cidadania encaixa-se como descrição da experiência da população de homens brancos trabalhadores e não problematiza, por exemplo, as hierarquias de raça e gê-

---

[1]. MARSHALL, T. H. *Cidadania, classe social e* status. Rio de Janeiro: Zahar, 1967, p. 76.

[2]. WEBER, Max. Classe, estamento, partido. In: WEBER, Max. *Ensaios de sociologia*. Rio de Janeiro: LTC, 1982, p. 226.

[3]. MARSHALL, T. H. *Cidadania, classe social e* status, p. 119.

[4]. Ibid., p. 63-4.

nero[5]. A fim de evitar esse tipo de dificuldade, vamos elaborar aqui uma noção normativa de cidadania que está diretamente relacionada com as lutas sociais no interior do Estado democrático de direito. Para essa tarefa, vamos utilizar uma categorização proposta pela filósofa norte-americana Nancy Fraser.

Fraser parte do diagnóstico segundo o qual os conflitos políticos no final do século XX passaram a incorporar demandas pelo "reconhecimento da diferença" de grupos nacionais, étnicos, raciais, de gênero, dentre outros. No que ela chama de conflitos "pós-socialistas", a identidade de grupo prevalece sobre o interesse de classe na determinação da mobilização política. Ao mesmo tempo, persiste a velha desigualdade material e a injustiça econômica. Por isso, ela faz uma distinção analítica e assume que a justiça hoje exige tanto "redistribuição" quanto "reconhecimento"[6]. Posteriormente, ao elaborar melhor essa distinção, a autora afirma que não considera ambas as categorias como paradigmas filosóficos, mas paradigmas populares (*folk paradigms*) de justiça, ou seja, são tacitamente pressupostos por movimentos sociais e atores políticos da sociedade civil em suas reivindicações por justiça na esfera pública[7].

O paradigma da redistribuição foca formas socioeconômicas de injustiça, enraizadas na estrutura econômica da sociedade. Como exemplo, pode-se citar: a *exploração* (ou seja, ter os frutos do trabalho expropriados por outros); a *marginalização econômica* (ser obrigado a um trabalho indesejável e mal remunerado ou não ter acesso a trabalho nenhum); e a *privação* (não ter acesso a um padrão adequado de vida). Em geral, esse paradigma tem recebido a atenção de pensadores liberais como John Rawls, Ronald Dworkin e Amartya Sen. Independentemente das diferentes matizes teóricas, o importante aqui é um comprometimento com o igualitarismo.

O paradigma do reconhecimento, por sua vez, tem por alvo as injustiças culturais e simbólicas, que se radicam nos padrões sociais de representação, interpretação e comunicação. Esse tipo de injustiça inclui: a *dominação cultural* (ser submetido a padrões de interpretação e comunicação associados a uma cultura alheios ou hostis à sua própria); o *não reconhecimento* (invisibilidade diante de práticas

---

[5.] FRASER, Nancy; GORDON, Linda. Contract *versus* charity: why is there no social citizenship in the United States? *Socialist Review*, v. 22, n. 3, p. 45, 1992.

[6.] Originalmente publicado pela *New Left Review* na edição de julho-agosto de 1995, o artigo em português encontra-se em: FRASER, Nancy, Da redistribuição ao reconhecimento? Dilemas da justiça na era pós-socialista. In: SOUZA, Jessé (Org.). *Democracia hoje*: novos desafios para a teoria democrática contemporânea. Brasília: Editora UnB, 2001, p. 245-282.

[7.] FRASER, Nancy. Social justice in the age of identity politics: redistribution, recognition, and participation. In: HONNETH, Axel; FRASER, Nancy (Ed.). *Redistribution or recognition?* A political-philosophical exchange. London; New York: Verso, 2003, p. 11.

representacionais, interpretativas e comunicativas de uma cultura); e o *desrespeito* (ser difamado ou desqualificado nas representações culturais públicas ou nas interações da vida cotidiana)[8]. Esse paradigma remonta à tradição hegeliana e designa "uma relação recíproca ideal entre sujeitos na qual cada um vê o outro como igual e, ao mesmo tempo, distinto. Considera-se essa relação constitutiva da subjetividade; alguém só se torna um sujeito individual em virtude de reconhecer e ser reconhecido por outro sujeito"[9]. Sem adotar uma versão específica da teoria do reconhecimento, hoje representada por autores como Charles Taylor e Axel Honneth, Fraser subscreve apenas um entendimento mais geral e comum dessas versões, ou seja, a injustiça cultural.

Os dois paradigmas também assumem diferentes concepções de coletividades vítimas de injustiça. No paradigma da redistribuição, os sujeitos coletivos que sofrem injustiça são "classes" definidas economicamente por uma relação com o mercado e os meios de produção. Um exemplo, central na filosofia de Marx, é o da classe operária, cujos membros devem vender seu trabalho a fim de receber os meios para a subsistência. Mas, segundo Fraser, o paradigma redistributivo pode incluir outros casos, como o de imigrantes ou minorias raciais, identificados com trabalhos supérfluos ou como *underclass*. Além disso, a dimensão redistributiva deve incluir as mulheres que realizam o trabalho doméstico e materno, provendo a sociedade com trabalho assistencial não remunerado. O paradigma do reconhecimento, por sua vez, inclui as vítimas de injustiça que se assemelham ao que Weber chamava de grupos de *status*. Definidas não pelas relações de produção, mas pelas relações de reconhecimento, essas vítimas possuem menos respeito, estima e prestígio que outros grupos. O caso típico da sociologia weberiana é a casta inferior, um grupo de *status* cujos padrões culturais são marcados como menos valorosos. O conceito pode abranger outros casos em que um baixo estigma recai sobre gays e lésbicas, grupos raciais e mulheres[10].

A distinção entre ambos os paradigmas também ocorre em relação aos remédios que servem para combater a injustiça. Do lado do paradigma redistributivo, o remédio é algum tipo de reestruturação político-econômica. Isso inclui a própria ideia de redistribuição de renda e, além dela, a reorganização da divisão do trabalho, os controles democráticos do investimento e a transformação de outras estruturas econômicas. O remédio no paradigma do reconhecimento significa alguma espécie de mudança cultural ou simbólica. Daí a importância

---

[8]. Ibid., p. 13.
[9]. Ibid., p. 10.

[10]. Ibid., p. 14-5.

de medidas como a valorização da diversidade cultural e a transformação mais radical e abrangente dos padrões sociais de representação, interpretação e comunicação. No caso da redistribuição, as distinções de classe são percebidas como injustas e as lutas sociais se direcionam para abolir tais diferenças. No caso do reconhecimento, as diferenças são tratadas de dois modos. Quando algumas variações culturais são hierarquizadas ao longo do tempo, busca-se uma política de revalorização das culturas menosprezadas (a cultura afro-brasileira, por exemplo): o que se quer é celebrar, não eliminar, as diferenças. Quando, ao contrário, falsas distinções são construídas (por exemplo, a ideia de que "as mulheres não servem para liderar") a fim de criar uma hierarquização, o papel das lutas sociais é desconstruir essas diferenças[11].

É claro que esses remédios podem ser mais ou menos radicais. Formas paliativas, que Fraser chama de "remédios afirmativos", atacam apenas os resultados dessas injustiças. Já os "remédios transformativos" buscam remodelar as estruturas que as produzem. Além disso, Fraser aponta para o caráter bivalente de certas categorias, notadamente raça e gênero. Tanto um quanto outro sofrem de injustiças socioeconômicas, como também de falta de reconhecimento.

Posteriormente, Fraser acrescentou outra categoria aos paradigmas da redistri-

buição e do reconhecimento. Percebendo que muitos movimentos sociais, como os movimentos feministas, por exemplo, não se limitam mais a reivindicações no contexto territorial do Estado, Fraser propõe o que ela chama de "reenquadramento":

> "O mau enquadramento [*misframing*] surge quando o quadro do Estado territorial é imposto a fontes transnacionais de injustiça. Como resultado, temos divisão desigual de áreas de poder às expensas dos pobres e desprezados, a quem é negada a chance de colocar demandas transnacionais"[12].

Ao se confrontar com esse mau enquadramento, o feminismo tornou visível uma terceira dimensão da justiça, para além da redistribuição e do reconhecimento. Fraser vai chamar essa terceira dimensão de *representação*.

Segundo ela, a representação não diz respeito apenas à questão de dar voz política igual a mulheres em comunidades políticas já constituídas, mas "reenquadrar as disputas sobre justiça que não podem ser propriamente contidas nos regimes estabelecidos"[13]. Fraser tem em mente que o movimento feminista não pode se restringir a contextos nacionais quando decisões tomadas dentro de um território afetam mulheres fora dele. Com efeito, isso não se aplica somente ao movimento femi-

---

[11.] Ibid., p. 15.

[12.] FRASER, Nancy. Mapeando a imaginação feminista: da redistribuição ao reconhecimento e à representação. *Revista Estudos Feministas*, v. 15, n. 2, p. 291-308, 2007, p. 304-5.

[13.] Ibid., p. 305.

nista. Questões de segurança, meio ambiente, guerras, dentre outras, afetam diferentes grupos no mundo todo. Daí a necessidade de se estender as lutas sociais também para buscar representação em espaços transnacionais de tomada de decisão.

É claro que a representação não serve apenas para pensar problemas transnacionais. Em regimes autoritários, como no período ditatorial do Brasil, a luta por representação democrática encontra-se entre as prioridades da agenda política. A preponderância de uma ou outra dimensão de justiça pode variar com o contexto. Isso fica claro em uma entrevista publicada recentemente, na qual Fraser faz um breve diagnóstico de como as lutas sociais acabaram se desenvolvendo no contexto latino-americano, em especial no Brasil, levando em conta os três paradigmas.

> "[T]enho a impressão de que, na América Latina, em geral, o paradigma distributivo tenha sido muito forte. No Brasil, a experiência de ditadura militar e de autoritarismo como um todo pôs a questão da representação mais ao centro por um longo tempo. Poderia ser dito que houve uma mudança da redistribuição para a representação por razões absolutamente compreensíveis, mas que o poder do paradigma da ideologia redistributiva é ainda forte na memória brasileira e, certamente, volta rapidamente após o retorno da democracia. Então, o paradigma do reconhecimento surge mais tarde, talvez em um contexto de emergência de vários outros movimentos que não são centrados em uma questão de classe.

> Neste contexto, é muito importante o modo como a emergência do neoliberalismo intercepta tudo isso, porque, sem dúvida, formas de 'terceira via', que eu assumo que também existam no Brasil, enfrentam estas questões admitindo mais desigualdade econômica e flexibilização de mercado, ao mesmo tempo em que se sobrepõem às demandas multiculturais em franca expansão"[14].

Para Fraser, portanto, são os próprios movimentos sociais que acabam por priorizar uma dimensão da luta em relação a outra, a depender do contexto político.

Nos itens seguintes, buscamos apresentar as transformações da cidadania no Brasil levando em conta essas três dimensões de justiça propostas por Fraser na ordem em que elas acabaram se sobressaindo desde o período da democratização, a saber, representação, redistribuição e reconhecimento.

11.1. Representação

Quando se fala em direitos políticos no Brasil, é quase impossível dissociar essa ideia da luta por democratização no país. O movimento pela anistia dos perseguidos políticos e por eleições diretas foram fundamentais para o surgimento da Nova República. Em 1986, uma Assembleia Na-

---

[14.] FRASER, Nancy, Entrevista a Ingrid Cyfer e Raphael Neves. In: ABREU, Maria (Org.). *Redistribuição, reconhecimento e representação* – Diálogos sobre igualdade de gênero. Brasília: Ipea, 2011, p. 212.

cional Constituinte foi eleita e, após mais de um ano de trabalho, consultas a especialistas e organizações da sociedade civil, estava pronto um projeto para uma nova carta constitucional. Finalmente, em 1988, a nova Constituição foi promulgada.

A maioria dos países que passaram pela transição democrática no final dos anos 1980 e começo dos 1990, não só na América Latina como também no Centro e Leste Europeus, buscaram garantir liberdades por meio de constituições. Em casos como esses, parte da mudança depende de acordos entre as principais lideranças políticas amplos o bastante para permitir a institucionalização de um novo ordenamento democrático. A fim de garantir sua legitimidade, essas constituições tiveram de assegurar direitos civis, políticos e sociais, além de mecanismos que garantissem o caráter público e democrático dos processos políticos[15]. Ao invés de ocorrer um processo lento de ampliação dos direitos de cidadania, como sugerido por Marshall, nesses países tais direitos surgiram em bloco. O que não significa, porém, que sua realização, interpretação e ampliação não se tenham dado – ou se deem até hoje – de forma gradual.

A institucionalização em uma só tacada de direitos, contudo, não significa que a cidadania que emergiu no Brasil pós-ditadura tenha sido uma concessão paternalista do Estado, como ocorrera com os direitos sociais e trabalhistas do período getulista. Ao contrário, a cidadania foi fruto da própria luta política pela redemocratização e da participação da sociedade civil. Contrariando o modelo francês, no qual um poder constituinte originário cria uma nova constituição *ex nihilo* – ou seja, a partir do nada – e a noção de cidadania é derivada da própria constituição, e o modelo alemão, segundo o qual a cidadania resulta da realidade pré-política da nação[16], os países da terceira onda de democratização tiveram de contar com entidades políticas anteriores à nova ordem. Famílias, grupos informais, associações voluntárias, dentre outros, fazem parte de uma sociedade civil diferenciada que se contrapõe ao Estado e a organizações privatistas do mercado[17]. Sem compreender o papel da sociedade civil nesse processo de transição, não se pode entender a formação da cidadania no Brasil mais recente.

Todavia, uma das críticas ao processo constituinte brasileiro é a de que a falta

---

[15]. ARATO, Andrew. *Civil society, constitution, and legitimacy.* [s.l.]: Rowman & Littlefield Publishers, 2000, p. 167.

[16]. Idem, p. 170.

[17]. Sobre sociedade civil, a referência indispensável continua sendo COHEN, Jean L; ARATO, Andrew. *Civil society and political theory.* Cambridge, Mass.: MIT Press, 1992. Mais recentemente, algo semelhante se deu com a onda de democratizações na chamada "Primavera Árabe". Veja, por exemplo, o ensaio de BENHABIB, Seyla. The Arab spring: religion, revolution and the public square. Disponível em: <http://publicsphere.ssrc.org/benhabib-the-arab-spring-religion-revolution-and-the-public-square/>. Acesso em: 12 ago. 2012.

de uma ruptura legal com o ordenamento anterior (basta lembrar que a Assembleia Nacional Constituinte foi convocada pela Emenda 26/85) teria comprometido a legitimidade e o processo de democratização que se seguiu. É como se a Constituição de 1988, apesar de todos os seus méritos, estivesse ainda amarrada juridicamente à ditadura. Mas isso é um equívoco.

Ao refletir sobre o fracasso de Napoleão ao tentar dar *a priori* uma constituição à Espanha, Hegel afirma que "uma constituição não é algo meramente feito: ela é o trabalho de séculos"[18]. Nesse sentido, uma constituição genuína não é uma obra de *experts*, mas sim o resultado de um processo histórico. Como mostra o sociólogo húngaro Andrew Arato, mesmo períodos de transição podem ter momentos conservadores. A continuidade, que está longe de ser uma exceção brasileira, tem diferentes faces, dependendo do que se quer manter com a mudança, sejam os órgãos políticos, a cultura política ou a própria lei. Na versão de Hannah Arendt, essa diferenciação pode ser reduzida a dois aspectos: a fonte do poder e a fonte da autoridade legal[19]. Durante a Revolução Francesa, os revolucionários uniram essas duas coisas ao substituir o

monarca soberano pelo *pouvoir constituant* (poder constituinte). Tanto o poder quanto a lei estavam agora subordinados ao povo. Na Revolução Americana, ao contrário, a fonte de poder coube ao povo. E Arendt é muito clara ao explicar que essa revolução *preservou* o poder que já havia, antes mesmo da independência, em órgãos políticos de decisão democrática. Ou seja, por meio da Revolução, os norte-americanos conseguiram fundar uma nova ordem política com base em uma cultura política já existente (a mesma que Tocqueville descreve em *Democracia na América*). A fonte da autoridade legal, por sua vez, coube à constituição. Os revolucionários norte-americanos optaram por redigir um novo documento que, apesar de poder ser emendado, estava muito menos sujeito à vontade política da maioria.

Essa separação analítica permite agora entender a opção de continuidade legal de alguns países que passaram pela terceira onda de democratização. De fato, eles inverteram a escolha dos constituintes norte-americanos ao construir o elemento de continuidade primariamente na dimensão do direito, evitando-se assim um hiato legal. Com efeito, como argumenta Arato, a maioria dos constituintes do Centro e Leste Europeus[20] tomaram o caminho oposto da

---

[18]. HEGEL, G. W. F. Linhas fundamentais da filosofia do direito ou direito natural e ciência do estado em compêndio. Tradução de Marcos Müller. In: *Textos Didáticos Unicamp*, O Estado – III Parte – 3ª Seção, 257-260. Campinas: Unicamp/IFCH, 1998. § 274.

[19]. ARENDT, Hannah. *Sobre a revolução*. [s.l.]: Companhia das Letras, 2011, cap. 4.

[20]. As duas grandes exceções são Romênia e Rússia, onde houve uma ruptura em relação às antigas constituições de tipo soviético. No caso dos países do Cone Sul, as duas ex-

Convenção da Filadélfia e da Assembleia Constituinte francesa, escolhendo manter e usar as regras de revisão de suas constituições em vigor. No processo, ao contrário dos norte-americanos, esperavam remover ou mudar todas as instituições que lhe foram herdadas. Ao contrário das organizações políticas com as quais se deparavam os *Founding Fathers*, os pais fundadores norte-americanos, as associações e movimentos da sociedade civil dos países da terceira onda não tinham nenhum *status* legal nos regimes anteriores à transição. As negociações de transição e o exercício de poder na Polônia, na Hungria, na Tchecoeslováquia e na Bulgária (poderíamos incluir aí também a África do Sul pós-Apartheid) se deram, portanto, por meio de mesas-redondas com grupos políticos recém-surgidos. Nesse período, poucos teriam aceitado a premissa de Hans Kelsen, segundo a qual usar a própria regra de revisão de uma constituição necessariamente envolve a permanência da constituição original[21].

Evidentemente, em todos esses casos o que se buscava era fundar uma nova ordem política sem violência e sem violação de direitos. Para tanto, a transição ocorreu sem deixar uma grande lacuna jurídica. No caso brasileiro, ainda que a composição da Assembleia Nacional Constituinte tenha sido predominantemente conservadora, com enorme influência do chamado "Centrão", formado por PMDB, PFL, PDS, PTB e outros partidos menores, houve uma grande mobilização popular. Além de uma minoria atuante de parlamentares, cuja base era composta de movimentos sindicais e outras organizações da sociedade civil, houve também Comitês Pró-Participação Popular que, espalhados por todo o território nacional, acompanhavam e repercutiam as votações dos temas de interesse da população. Graças ao próprio Regimento Interno da Assembleia Constituinte, mais de cem emendas populares foram apresentadas, contendo 15 milhões de assinaturas[22].

O fato de não ter havido uma ruptura jurídica drástica não impediu, porém, que a Constituição de 1988 trouxesse várias inovações. Da perspectiva do paradigma da representação política, ela eliminou a barreira ao direito de voto aos analfabetos, possibilitou o surgimento de vários partidos políticos e ampliou consideravelmente os mecanismos de participação por meio de plebiscito, referendo e iniciativa popular (art. 14)[23].

Com isso, por exemplo, foi possível aprovar, em 2010, a Lei Complementar n.

---

periências em que a continuidade é mais evidente são Chile e Uruguai, que mantiveram a mesma constituição, depois emendadas. A ditadura argentina não se deu ao trabalho de criar uma nova constituição, mas apenas ditar atos, que foram posteriormente revogados no governo Alfonsín. Já o Paraguai promulgou uma nova constituição em 1992.

[21]. ARATO, Andrew. *Civil society, constitution, and legitimacy*, p. 172.

[22]. Programa *Diário da Constituinte*, de 14-8-1987. Disponível em: <http://youtube/DnXW4i3yUfU>. Acesso em: 13 ago. 2012.

[23]. CARVALHO, José M. *Cidadania no Brasil*. Rio de Janeiro: Record, 2001, p. 200. Esse livro faz um ótimo balanço sobre o desenvolvimento histórico da cidadania no Brasil.

135, também conhecida como "Lei da Ficha Limpa", que proíbe que políticos condenados por certos crimes em decisão transitada em julgado ou proferida por órgão colegiado possam se candidatar no prazo de oito anos. Essa norma surgiu a partir de um projeto de lei de iniciativa popular que contou com cerca de 1,3 milhão de assinaturas (cerca de 1% de todo o eleitorado brasileiro). A participação direta também está prevista na esfera estadual (art. 27, § 4º) e municipal (art. 29, XII e XIII). Não se trata de dispositivos isolados prevendo, aqui e ali, formas de participação direta, mas, nas palavras de um especialista, "de uma arquitetura que se desdobra para os entes federados"[24].

Uma outra forma de participação prevista na Constituição é a que possibilita a atores da sociedade civil deliberar junto aos órgãos públicos e às instâncias decisórias sobre a formulação de políticas, especialmente as que tratam de seguridade social e reforma urbana. O parágrafo único do art. 194 determina, em seu inciso VII, por exemplo, que a seguridade social deve ser organizada com base em um "caráter democrático e descentralizado da administração, mediante gestão quadripartite, com participação dos trabalhadores, dos empregadores, dos aposentados e do Governo nos órgãos colegiados". Também na área de assistência social, a Constituição prevê a participação da população por meio de organizações representativas (art. 204, II). Por fim, o Estado também deve promover programas de assistência integral à saúde da criança, do adolescente e do jovem, admitida a participação de entidades não governamentais (art. 227, § 1º). Além dos dispositivos na Constituição, há várias disposições infraconstitucionais que preveem a participação popular, como o Estatuto da Cidade (Lei n. 10.227/2001). Segundo Leonardo Avritzer, "o próprio processo constituinte se tornou a origem de um conjunto de instituições híbridas que foram normatizadas nos anos 90, tais como os conselhos de política e tutelares ou as formas de participação a nível local"[25].

Isso mostra que a Constituição de 1988 institucionalizou a própria participação democrática que levou à transição. Ao invés de uma "cidadania passiva", que é "outorgada pelo estado, com a ideia moral do favor e da tutela", a Constituição criou mecanismos permanentes para a expressão da vontade política e para a "cidadania ativa", que "institui o cidadão como portador de direitos e deveres, mas essencialmente criador de direitos para abrir espaços de participação política"[26].

---

[24]. AVRITZER, Leonardo. Reforma política e participação no Brasil. In: ANASTASIA, Fátima; AVRITZER, Leonardo (Org.). *Reforma política no Brasil*. Belo Horizonte: Editora UFMG, 2006, p. 36.

[25]. Ibid.

[26]. BENEVIDES, Maria Victoria de Mesquita. Cidadania e democracia. *Lua Nova*, n. 33, p. 5-16, 1994, p. 9.

11.2. Redistribuição

Além da representação, a Constituição de 1988 garantiu diversos direitos sociais. Também incluiu como seus objetivos "construir uma sociedade livre, justa e solidária", além de "erradicar a pobreza e a marginalização e reduzir as desigualdades sociais e regionais" (art. 3º, I e III). Boa parte dos direitos sociais está prevista no art. 7º da Constituição, que garante a proteção ao emprego contra despedida arbitrária, seguro-desemprego, salário mínimo, participação dos trabalhadores nos lucros das empresas, jornada de trabalho de oito horas diárias, férias, licença-maternidade e licença-paternidade[27], dentre outros direitos[28].

A Constituição garantiu também a liberdade de organização sindical (art. 8º) e o direito de greve (art. 9º). Uma dimensão da importância disso pode ser entendida à luz do passado, uma vez que o direito de greve dos trabalhadores não foi reconhecido em boa parte da história do Brasil. O Código Penal de 1890 (arts. 205 e 206) previa pena de prisão e multa para grevistas. Apesar das concessões trabalhistas durante a ditadura Vargas, a Constituição de 1937 considerava a greve e o *lock-out* "recursos antissociais nocivos ao trabalho e ao capital" (art. 139). Apenas com o fim do Estado Novo e com a Constituição de 1946, foi assegurado o direito de greve, depois usurpado pela ditadura graças à Lei n. 4.330/64, conhecida como "Lei Antigreve"[29]. A Constituição garantiu ainda o direito de greve aos servidores públicos (art. 37), porém essa matéria nunca foi regulamentada. Apenas em 2007, ao julgar os Mandados de Injunção 670, 708 e 712, o Supremo Tribunal Federal (STF) decidiu que se aplicava aos funcionários públicos a lei de greve vigente no setor privado (Lei n. 7.783/89).

Uma medida mais recente e cujos impactos a longo prazo ainda não estão muito claros é a consolidação de programas sociais de renda mínima. O mais importante deles, o Bolsa Família, atende mais de 13 milhões de famílias com renda *per capita* igual ou inferior a R$ 70. Programas como esse são meros remédios afirmativos ou são remédios transformativos? Fraser tem uma resposta interessante para isso. Em abstrato, programas que garantem uma renda básica que permite a todos os cidadãos ter um padrão mínimo de vida, independentemen-

---

[27]. Na Suécia, a licença dos pais é de 15 meses, podendo ser distribuídos tanto para o homem quanto para a mulher, desde que cada um tire uma licença de, no mínimo, 2 meses. Como Fraser argumenta, gênero é uma categoria bivalente. Por isso, a licença-paternidade não é apenas uma medida redistributiva, mas também de reconhecimento, pois obriga o homem a assumir uma função assistencial em relação ao recém-nascido. Hoje, discute-se naquele país ampliar essa licença-paternidade para, no mínimo, três meses: *The Wall Street Journal*, For Paternity Leave, Sweden Asks if Two Months is Enough, 31-7-2012.

[28]. Uma boa análise dos direitos sociais da Constituição pode ser encontrada em: OLIVEIRA, Carlindo Rodrigues de; OLIVEIRA, Regina Coeli de. Direitos sociais na constituição cidadã: um balanço de 21 anos. *Serviço Social & Sociedade*, n. 105, p. 5-29, 2011.

[29]. Ibid., p. 17-18.

te de sua participação na força de trabalho, deixam intacta a estrutura dos direitos de propriedade. Portanto, diz a autora, eles são aparentemente afirmativos. Em um regime neoliberal, programas de renda mínima podem ainda ter o efeito perverso de subsidiar trabalhadores temporários e de baixa renda ou desvalorizar os salários. Em uma social-democracia, ao contrário, Fraser afirma que os efeitos podem ser totalmente diferentes[30].

Defensores de programas de renda mínima[31] argumentam que, se os benefícios forem bons o suficiente, eles podem alterar a balança de poder entre capital e trabalho, criando um terreno mais favorável para mudanças futuras. Assim, no longo prazo, esses mecanismos tendem a se consolidar como remédios transformativos. Um grande problema, porém, é que a renda mínima pode não afetar as desigualdades de gênero. Ao assegurar uma renda básica, tais programas podem fazer com que as mulheres deixem seus postos de trabalho para ficar em casa cuidando dos filhos[32]. Em outras palavras, eles reforçam,

ao invés de transformar, a divisão sexual do trabalho. Uma forma de evitar isso, conclui Fraser, é combinar renda mínima com serviços de assistência, como creches públicas de qualidade e de fácil acesso. Tais políticas de inclusão podem ter o caráter de uma "reforma não reformista": ao satisfazer certas necessidades básicas, preparam o caminho para mudanças mais radicais e profundas e geram um efeito cumulativo ao longo do tempo[33].

11.3. Reconhecimento

As lutas por reconhecimento tornaram-se uma importante forma de reivindicação no final do século XX. Movimentos como o feminista, de lésbicas e gays, da população negra, dos povos indígenas, de pessoas com deficiência e imigrantes (para citar alguns exemplos) ganharam um enorme destaque nos jornais, nos círculos governamentais e partidários e no judiciário. Todavia, seria uma inversão falsa e cruel supor que essas lutas só passa-

---

[30]. FRASER, Nancy. Social justice in the age of identity politics: redistribution, recognition, and participation, p. 78.

[31]. Uma boa introdução sobre o tema, disponível em português: PARIJS, Philippe Van; VANDERBORGHT, Yannick. *Renda básica de cidadania*: fundamentos éticos e econômicos. Rio de Janeiro: Record, 2006.

[32]. Em inglês, uma expressão usada para indicar a diminuição das oportunidades de trabalho para mulheres é *Mommy Track*, ou seja, o mercado "rastreia" (*track*) as mulheres para lhes oferecer vagas com menor remuneração em função do seu afastamento em casos de gravidez.

[33]. FRASER, Nancy. Social justice in the age of identity politics: redistribution, recognition, and participation, p. 79. No caso brasileiro, é importante que se diga, mais de 90% dos titulares do benefício do Bolsa Família são mulheres. A conclusão de uma análise empírica revela, porém, que Fraser pode estar certa: "A defesa da família como foco de preocupação é uma característica constitutiva de políticas de combate à pobreza como o PBF. Na medida em que a defesa da família é operacionalizada com foco nas funções femininas, logo essas políticas *familistas* reforçam a associação da mulher à maternidade". MARIANO, Silvana Aparecida; CARLOTO, Cássia Maria. Gênero e combate à pobreza: Programa Bolsa Família. *Revista Estudos Feministas*, v. 17, n. 3, p. 901-908, 2009, p. 905.

ram a existir agora, depois de terem sido capazes de romper o discurso hegemônico e serem ouvidas na esfera pública. É como dizer que, para que surgissem uma Nísia Floresta[34] ou um Abdias do Nascimento[35], fosse preciso antes estarmos preparados para ouvir o que eles têm a nos dizer. É por isso que a categoria do reconhecimento busca articular, sem a pretensão de dar a última palavra, os discursos que já existem e se erguem contra injustiças culturais em diferentes níveis da sociedade civil, e não só da esfera pública política[36].

Nesse sentido, a noção de cidadania é muito importante, porque é flexível o suficiente para incluir novas reivindicações. Ela não privilegia *a priori* uma dimensão de redistribuição ou reconhecimento (ou qualquer outra) e, portanto, está aberta a atender a agenda do dia, funcionando um pouco como o que Arendt chamou de "direito a ter direitos". Isso pode evitar erros históricos, como o que aponta Antonio Sérgio Guimarães em relação ao movimento negro no Brasil:

"É verdade, todavia que, na Segunda República, os conflitos de classe e o anti-imperialismo fizeram das organizações estudantis e sindicais urbanas e rurais entidades quase monopolizadoras da luta social, e o debate em torno do desenvolvimento social galvanizou os intelectuais mais proeminentes do período. É como se o problema racial no Brasil estivesse definitivamente resolvido. Na agenda política da esquerda, a luta pela segunda abolição foi subsumida pela luta pelo socialismo"[37].

Ao dar exclusividade ao que aqui chamamos de paradigma redistributivo, a agenda política foi dominada por discursos que abafaram outros tipos de luta social. De forma análoga, as políticas de identidade nos Estados Unidos entraram, ainda que involuntariamente, em sinergia com o ideário neoliberal e devastaram o edifício de proteção social construído a duras penas desde o *New Deal*[38].

Felizmente, esse quadro tem mudado no Brasil. O papel do reconhecimento na formulação de políticas de ação afirmativa talvez seja um bom exemplo. Com a decisão em 2012 da Arguição de Descumprimento de Preceito Fundamental (ADPF) 186, o STF garantiu que outras universidades pudessem seguir o exemplo da UnB e reservar parcela de suas vagas a estudantes negros, índios ou pobres. Essa é uma política que não só tem uma dimensão redistributiva, afinal se trata de repartir um

---

34. Nísia Floresta (1810-1885) foi uma das precursoras do feminismo no Brasil. Em 1832, publicou o *Direito das mulheres e injustiça dos homens.*

35. Abdias do Nascimento (1914-2011) foi um ativista, político e artista negro. Criou o Teatro Experimental do Negro, foi deputado federal e senador.

36. FRASER, Nancy. Distorted beyond all recognition. In: HONNETH, Axel; FRASER, Nancy (Ed.). *Redistribution or recognition?* A political-philosophical exchange. London; New York: Verso, 2003, p. 207-208.

37. GUIMARÃES, Antonio Sérgio Alfredo. Cidadania e retóricas negras de inclusão social. *Lua Nova: Revista de Cultura e Política,* n. 85, p. 13-40, 2012, p. 20.

38. FRASER, Nancy. *Mapeando a imaginação feminista:* da redistribuição ao reconhecimento e à representação, seção 3.

bem público, as vagas, como uma importante função de reconhecimento. Primeiro, porque reconhece e repara uma injustiça histórica. Em segundo lugar, porque a discriminação ao longo de séculos gerou hierarquias assimiladas tanto por discriminados quanto por discriminadores[39], impactando e desfavorecendo os estudantes negros que hoje tentam entrar na universidade.

Outra ação importante, até o momento não julgada, é a Ação Direta de Inconstitucionalidade (ADI) 3.239 sobre o Decreto n. 4.888/2003 e da política de reconhecimento das antigas colônias de ex-escravos, os quilombolas. Essas comunidades têm seu direito de propriedade assegurado pela Constituição (art. 68, ADCT). Além do aspecto de justiça material pela distribuição das propriedades que historicamente foram ocupadas por esses grupos, o Estado reconhece e busca preservar seu valor cultural (como indica o art. 216, § 5°, da Constituição). Um dos pontos questionados do referido Decreto é o de que ele seria inconstitucional por eleger o critério da autoatribuição (art. 2°) para identificar os remanescentes das comunidades quilombolas, ou seja, caberia aos próprios membros da comunidade, e não a terceiros, declarar-se quilombolas. Em seu parecer, a Procuradoria-Geral da República afirma que

"a identificação das terras pertencentes aos remanescentes das comunidades de quilombos deve ser realizada segundo critérios históricos e culturais próprios de cada comunidade, assim como levando-se em conta suas atividades socioeconômicas. A identidade coletiva é parâmetro de suma importância, pelo qual são determinados os locais de habitação, cultivo, lazer e religião, bem como aqueles em que o grupo étnico identifica como representantes de sua dignidade cultural"[40].

Se esse entendimento se confirmar, o Estado brasileiro reconhecerá na própria identidade desse grupo um critério válido para a garantia de direitos.

Por fim, é necessário levar em conta também a luta de gays e lésbicas por reconhecimento. Um passo importante nessa direção ocorreu quando o STF, em 2011, declarou a constitucionalidade da união homoafetiva na ADI 4.277 e na ADPF 132. O Tribunal considerou que o art. 1.723 do Código Civil, que afirma ser "reconhecida como entidade familiar a união estável entre o homem e a mulher", deve ser interpretado conforme a Constituição. Uma vez que a Constituição proíbe "preconceitos de origem, raça, sexo, cor, idade e quaisquer outras formas de discriminação" (art. 3°, IV) e que "todos são iguais perante a lei" (art. 5°, *caput*), o Código Civil não pode ser usado para impedir outras for-

---

[39.] IKAWA, Daniela. *Ações afirmativas em universidades*. Rio de Janeiro: Lumen Juris, 2008, p. 175.

[40.] BRASIL. Parecer da Procuradoria-Geral da República, ADI 3.239 (§ 40). Disponível em: <http://bit.ly/NnIKx5>. Acesso em: 15 ago. 2012.

Transformações da Cidadania e Estado de Direito no Brasil

mas de união estável que não sejam entre homem e mulher. Em outras palavras, o Estado brasileiro reconhece que pessoas do mesmo sexo têm o direito, como quaisquer outros cidadãos, de formar uma unidade familiar.

Considerações finais

Tentamos analisar aqui o avanço em termos de direitos de cidadania pelo qual tem passado o Brasil desde a promulgação da Constituição de 1988. Para isso, utilizamos as categorias da representação, redistribuição e reconhecimento como forma de organizar e entender como se dá a expansão da cidadania. O enfoque em uma "ampliação de direitos" não deve, porém, encobrir que, na trajetória das lutas sociais por uma cidadania mais inclusiva e igualitária, também podem ocorrer retrocessos. Na verdade, as "forças desestabilizadoras" da cidadania são muitas. De um lado, há "as limitações do Estado para institucionalizar volumes conflitantes de interesses populares, e para impor as decisões vinculantes". De outro, fatores como a própria diferenciação social, que pode criar novas estratificações[41].

Da perspectiva da representação, é preciso multiplicar as esferas de participação junto aos órgãos estatais de decisão. Instrumentos importantes no fomento ao desenvolvimento têm gerado desigualdades regionais e setoriais sem que a população atingida faça parte desse processo. O Banco Nacional de Desenvolvimento Econômico e Social (BNDES), por exemplo, tem investido maciçamente em algumas empresas (só em 2009 foram R$ 137 bilhões) sem que às vezes isso leve em conta os impactos de suas atividades. Um documento denominado "Carta dos Atingidos pelo BNDES" chama a atenção para esse fato:

> "Os projetos financiados destroem milhares de formas de trabalho nas comunidades impactadas e os empregos criados pelos financiamentos, além de insuficientes, aumentam a superexploração do trabalho, o que inclui muitas vezes a prática do trabalho escravo. As grandes obras de infraestrutura e a reestruturação dos processos produtivos, que automatizam e terceirizam a produção, afetam ainda mais os trabalhadores e as trabalhadoras. O resultado é um grande contingente de desempregados e lesionados, com direitos cada vez mais reduzidos"[42].

É importante que os cidadãos atingidos sejam ouvidos. Uma das críticas à polêmica hidrelétrica de Belo Monte tem sido que as populações indígenas afetadas pela construção não foram devidamente con-

---

[41]. LAVALLE, Adrián Gurza. Cidadania, igualdade e diferença. *Lua Nova*, n. 59, p. 75-93, 2003, p. 80-1. Um exemplo de problema que um novo tipo de estratificação social pode trazer é a xenofobia. À medida que o Brasil passe a receber mais imigrantes de regiões em conflito, como o Haiti, ou de países vizinhos, medidas de redistribuição e reconhecimento devem ser tomadas para incluir esses novos grupos.

[42]. A Carta foi lançada por uma rede de organizações da sociedade civil conhecida por Plataforma BNDES: <http://www.plataformabndes.org.br/>.

sultadas. Isso significa que o poder decisório precisa efetivamente levar em conta a vontade dos cidadãos. E de pouco ou nada vale o argumento elitista de que só os mais instruídos devem poder decidir, pois a política é um campo prático. Quanto mais os cidadãos forem chamados a participar das escolhas que afetam suas vidas, maior será seu engajamento e sua educação política[43].

O paradigma redistributivo nos leva a pensar, por sua vez, nas melhorias socioeconômicas que precisam ser conquistadas. Para citar apenas um exemplo, o salário mínimo em julho de 2012 era de R$ 622,00. Um valor muito longe do salário mínimo necessário para, de acordo com a Constituição, atender às necessidades básicas de "moradia, alimentação, educação, saúde, lazer, vestuário, higiene, transporte e previdência social" (art. 7º, IV), ou seja, R$ 2.519,97[44].

Por fim, o reconhecimento tem o papel de trazer a público formas de discriminação e violência simbólica ocultas em nossa sociedade. Falar em direito ao reconhecimento é combater as práticas veladas de desrespeito e também a violência gratuita e cruel de que são vítimas certos grupos, é "tirá-las do silêncio que pode servir para manter sua existência"[45].

---

[43] PATEMAN, Carole. *Participação e teoria democrática*. São Paulo: Paz e Terra, 1992.

[44] Fonte: <http://dieese.org.br/rel/rac/salminMenu09-05.xml>. Acesso em: 13 ago. 2012.

[45] LOPES, José Reinaldo de Lima. O direito ao reconhecimento para gays e lésbicas. *Sur. Revista Internacional de Direitos Humanos*, v. 2, n. 2, p. 64-95, 2005, p. 77.

Bibliografia

ARATO, Andrew. *Civil society, constitution, and legitimacy*. [s.l.]: Rowman & Littlefield Publishers, 2000.

ARENDT, Hannah. *Sobre a revolução*. Tradução de Denise Bottmann. [s.l.]: Companhia das Letras, 2011.

AVRITZER, Leonardo. Reforma política e participação no Brasil. In: ANASTASIA, Fátima; AVRITZER, Leonardo (Org.). *Reforma política no Brasil*. Belo Horizonte: Editora UFMG, 2006. p. 35-43.

BENEVIDES, Maria Victoria de Mesquita. Cidadania e democracia. *Lua Nova*, n. 33, p. 5-16, 1994.

BENHABIB, Seyla. *The Arab spring*: religion, revolution and the public square. Disponível em: <http://publicsphere.ssrc.org/benhabib-the-arab-spring-religion-revolution-and-the-public-square/>. Acesso em: 12 ago. 2012.

BRASIL. *Parecer da Procuradoria-Geral da República, ADI 3.239 (§ 40)*. Disponível em: <http://bit.ly/NnIKx5>. Acesso em: 15 ago. 2012.

CARVALHO, José M. *Cidadania no Brasil*. Rio de Janeiro: Record, 2001.

COHEN, Jean L.; ARATO, Andrew. *Civil society and political theory*. Cambridge, Mass.: MIT Press, 1992 (Studies in contemporary German social thought).

FRASER, Nancy. Da redistribuição ao reconhecimento? Dilemas da justiça na era pós-socialista. In: SOUZA, Jessé (Org.). *Democracia hoje*: novos desafios para a teoria democrática contemporânea. Brasília: Editora UnB, 2001. p. 245-282.

FRASER, Nancy. Distorted beyond all recognition. In: HONNETH, Axel; FRASER, Nancy (Ed.). Redistribution or recognition? A political-philosophical exchange. London; New York: Verso, 2003. p. 198-336.

FRASER, Nancy. Social justice in the age of identity politics: redistribution, recognition, and participation. In: HONNETH, Axel; FRASER, Nancy (Ed.). *Redistribution or recognition?* A political-philosophical exchange. London; New York: Verso, 2003. p. 7-109.

FRASER, Nancy. Mapeando a imaginação feminista: da redistribuição ao reconhecimento e à representação. *Revista Estudos Feministas*, v. 15, n. 2, p. 291-308, 2007.

FRASER, Nancy. Entrevista a Ingrid Cyfer e Raphael Neves. In: ABREU, Maria (Org.). *Redistribuição, reconhecimento e representação* – diálogos sobre igualdade de gênero. Brasília: Ipea, 2011. p. 201-13. Disponível em: <http://www.ipea.gov.br/portal/images/stories/PDFs/livros/livros/livro_redistreconhecimento.pdf>.

FRASER, Nancy; GORDON, Linda. Contract *versus* charity: why is there no social citizenship in the United States? *Socialist Review*, v. 22, n. 3, p. 45, 1992.

GUIMARÃES, Antonio Sérgio Alfredo. Cidadania e retóricas negras de inclusão social. *Lua Nova: Revista de Cultura e Política*, n. 85, p. 13-40, 2012.

HEGEL, G. W. F. Linhas fundamentais da filosofia do direito ou direito natural e ciência do estado em compêndio. Tradução de Marcos Müller. In: *Textos Didáticos Unicamp*, O Estado – III Parte – 3ª Seção, 257-260. Campinas: Unicamp/IFCH, 1998.

IKAWA, Daniela. *Ações afirmativas em universidades*. Rio de Janeiro: Lumen Juris, 2008.

LAVALLE, Adrián Gurza. Cidadania, igualdade e diferença. *Lua Nova*, n. 59, p. 75-93, 2003.

LOPES, José Reinaldo de Lima. O direito ao reconhecimento para gays e lésbicas. *Sur. Revista Internacional de Direitos Humanos*, v. 2, n. 2, p. 64-95, 2005.

MARIANO, Silvana Aparecida; CARLOTO, Cássia Maria. Gênero e combate à pobreza: Programa Bolsa Família. *Revista Estudos Feministas*, v. 17, n. 3, p. 901-908, 2009.

MARSHALL, T. H. *Cidadania, classe social e* status. Rio de Janeiro: Zahar, 1967.

OLIVEIRA, Carlindo Rodrigues de; OLIVEIRA, Regina Coeli de. Direitos sociais na constituição cidadã: um balanço de 21 anos. *Serviço Social & Sociedade*, n. 105, p. 5-29, 2011.

PARIJS, Philippe Van; VANDERBORGHT, Yannick. *Renda básica de cidadania*: fundamentos éticos e econômicos. Rio de Janeiro: Record, 2006.

PATEMAN, Carole. *Participação e teoria democrática*. São Paulo: Paz e Terra, 1992.

WEBER, Max. Classe, estamento, partido. In: WEBER, Max. *Ensaios de sociologia*. Rio de Janeiro: LTC, 1982. p. 211-228.

Reforma do Judiciário

Entre legitimidade e eficiência

Jacqueline Sinhoretto
Frederico de Almeida

Introdução

O resultado da Pesquisa Nacional por Amostra de Domicílio (PNAD) realizada pelo IBGE em 2010 mostrou uma mudança significativa na utilização da justiça nas duas últimas décadas. O levantamento publicado em 1990 revelou que apenas 45% das pessoas que tiveram conflitos judicializáveis haviam efetivamente recorrido à justiça. Em 2010, este número cresceu: 58% responderam ter procurado a justiça e mais 12% buscaram o juizado especial, o que soma 70%. É digno mencionar ainda que, entre os que não procuraram a justiça, 27% administraram o conflito por meio de mediação/conciliação, podendo ter utilizado algum programa com financiamento estatal. Significa dizer que, atualmente, as possibilidades de administrar conflitos no âmbito estatal se ampliaram e se diversificaram e que usar a justiça é mais do que abrir um processo formal que será julgado por um juiz. Os dados mostram um aumento da utilização da via judicial clássica, mas evidenciam também a importância da simplificação processual e da conciliação. Uma das reformas mais importantes da justiça no Brasil contemporâneo foi propiciada pela criação dos juizados especiais, com a Lei n. 9.099/95, e as possibilidades de administração de conflitos e programas especiais criados pelos Tribunais de Justiça em todo o País.

Desde os anos 1970, o tema da reforma do Judiciário passou a fazer parte da agenda internacional. Algumas mudanças históricas despertaram a atenção dos cientistas sociais para o campo jurídico. Boaventura Sousa Santos (1996) destaca as transformações globais da esfera estatal e da esfera econômica, trazidas pelo declínio do modelo do Estado Providência e sua substituição por formas estatais marcadas pelas reformas de cunho neoliberal, com objetivo de reduzir a participação do Estado como agente econômico, desregulamentando a economia. O modelo do bem-estar estava assentado no compromisso fordista, que estabelecia um padrão para as lutas sociais e para a participação das classes populares na redistribuição da riqueza. Seu declínio intensificou a expressão dos conflitos por novas vias e canais de resolução, incrementando o apelo à via judicial. Coincidentemente ao aumento de demanda para garantia judicial de direitos sociais ameaçados pelas reformas, um novo processo de codificação de direitos surgia, provocado pela emergência de novos sujeitos sociais protagonistas de novos conflitos: de gênero, ambientais, de defesa de minorias étnicas e culturais. Tão importantes para as transformações jurídicas da contemporaneidade quanto aquelas ocorridas na esfera econômica e na esfera das nações, as transformações culturais que reorganizaram a família, o trabalho feminino, a ecologia, as políticas do corpo, as relações com as diferenças sexuais, religiosas, raciais, afetaram o cotidiano de todas as classes, em praticamente todos os países do mundo (em alguns, já no pós-guerra; em outros, mais recentemente).

Antes de tudo, iniciava-se um questionamento do estatuto da igualdade formal diante das desigualdades de fato, abrindo a crítica do tratamento desigual da lei às demandas dos diferentes segmentos. Essas transformações, que redefiniram a micropolítica do cotidiano, também impactaram o sistema judicial na medida em que invocaram novos direitos, os quais trouxeram uma inovação, por não serem postulados e tutelados individualmente, requerendo a criação de institutos processuais inéditos, como as ações judiciais coletivas.

Ao crescimento da demanda por tutela judicial motivado, de um lado, pelo declínio do Estado de Bem-estar social e, de outro, pelo surgimento dos "novos direitos", designa-se *explosão de litigiosidade*, isto é, uma requalificação da busca dos tribunais para a garantia de direitos já efetivados e para a efetivação de direitos recém-conquistados e ainda não institucionalizados (Santos, 1995; SANTOS et al., 1996).

Num famoso estudo, Cappelletti e Garth (1988) identificaram três "ondas" nas políticas públicas de acesso à justiça.

A primeira consistia na oferta de serviços de assistência jurídica gratuita ou subsidiada, de caráter assistencialista e individualista. Era isso que a segunda onda procurava corrigir, ao viabilizar a representação de interesses coletivos, por meio de instrumentos jurídicos para a postulação da proteção judicial de direitos difusos e coletivos. A terceira onda abrange tanto as reformas institucionais e legais no sentido da informalização dos procedimentos judiciais (como a criação de cortes de pequenas causas) quanto o investimento em alternativas extrajudiciais de resolução pacífica de disputas.

12.1. O contexto da reforma no Brasil

No Brasil, o movimento das "três ondas" não se deu nos mesmos moldes da discussão dos países centrais. A assistência judiciária gratuita foi, até os anos 1980, praticamente a única política pública compensatória nessa área. A sociedade civil é que desempenhou papel preponderante na ampliação de oportunidades de solução de conflitos, responsabilizando-se pela educação em direitos, oferta de assistência jurídica gratuita aos cidadãos, difundindo uma cultura cívica que valorizava o conhecimento e a defesa dos direitos, principalmente os interesses coletivos (Campilongo, 1994). Após a abertura democrática e, sobretudo, após a edição da Lei n. 9.099/95, que regulamentou os juizados especiais cí-

veis e criminais, iniciativas de ampliação da oferta de serviços judiciais vêm se multiplicando, ao espírito da "terceira onda". Contudo, a falta de investimentos estatais em Defensorias Públicas e as resistências corporativas à diversificação de canais de acesso gratuito e simplificado ao Judiciário também limitaram o desenvolvimento das "ondas" de ampliação do acesso à justiça no Brasil (Almeida, 2006; Secretaria da Reforma do Judiciário, 2004 e 2006).

12.1.1. A redemocratização e o enfrentamento da violência: a origem da PEC 96/92

O caso brasileiro, entretanto, teve outras especificidades. Ao final da ditadura militar, o Brasil não conheceu o processo de uma justiça de transição. Os crimes da ditadura foram anistiados e o véu da conciliação recobriu até mesmo as possibilidades de revelar a localização dos desaparecidos políticos.

A tortura largamente praticada na repressão política, e normalizada na repressão aos crimes comuns, foi criminalizada, mas não combatida. Ainda hoje, largos segmentos das polícias e da sociedade acreditam que ela é instrumento necessário para produzir a verdade na investigação criminal (Vargas, 2012). Corpos policiais especializados no combate violento a crimes políticos assumiram novas funções, com métodos muito similares, como é o caso da ROTA em São Paulo (Barcellos, 1992; Caldeira, 2000).

As ditaduras brasileiras do século XX sempre estiveram "legalizadas" por meio de reformas constitucionais, como as ocorridas em 1937 e 1969. A repressão política durante a ditadura militar contou com os procedimentos do devido processo, conforme estabelecidos pela Lei de Segurança Nacional e pelos Atos Institucionais. A repressão política foi "judicializada", isto é, os acusados de crimes políticos eram formalmente acusados e julgados por tribunais. Se por um lado isto possibilitou o uso do Judiciário para defender a vida e os direitos de presos políticos, por outro "normalizou" a repressão e corresponsabilizou toda a instituição, o que foi prejudicial a uma possível reforma democrática do Judiciário ao final da ditadura (Pereira, 1998; Sadek, 2002).

O contexto da redemocratização não chegou a produzir uma ruptura legislativa, organizacional ou institucional que sinalizasse de maneira inequívoca o início de uma nova era nos tribunais, nas prisões ou nas polícias.

O Brasil iniciou o regime democrático com um imenso déficit de cidadania, que os sociólogos diagnosticam como um processo inverso ao dos países europeus. As lutas sociais conseguiram avançar na proteção de direitos trabalhistas e previdenciários durante governos autoritários

que suspenderam direitos civis e políticos. A "cidadania regulada" (Santos, 1987) condicionava o exercício de direitos aos controles do emprego formal e excluía grossas camadas de trabalhadores rurais e urbanos.

A Constituição de 1988 procurou responder a isto com a universalização de direitos sociais e com o restabelecimento dos direitos políticos. Os direitos civis – vida, integridade, dignidade, igualdade, acesso equitativo à justiça, liberdades e garantias individuais –, se não estavam abertamente cassados, também não foram enfaticamente assegurados, para além das belas letras da Constituição Cidadã (Carvalho, 2002).

A democratização política coincidiu com a persistência da violência policial (letalidade, brutalidade, discriminação racial e social, tortura, tratamento desigual), com o crescimento da violência difusa (aumento dos homicídios, armamento da população civil, ajustamentos violentos de conflitos), com a organização de grupos criminais, sobretudo ligados aos tráficos de drogas e armas, com crises sucessivas da administração prisional e das FEBEMs (mortalidade, violência, superlotação, condições indignas, controle de facções), com a atuação de grupos de extermínio, chacinas, linchamentos (Adorno, 1999). As graves violações aos direitos humanos faziam parte do cotidiano de governos eleitos pelo voto, mas que tinham dificuldades de exercer o controle civil das forças policiais e das instituições coercitivas. Os reformistas sofriam a oposição de largos setores dentro das polícias e do Judiciário, da maior parte dos veículos de comunicação e de uma população assustada com o crescimento da desordem civil, convencida de que a violência é o remédio mais eficaz para a violência (Caldeira, 2000).

Nesse contexto, encontravam-se relações inequívocas entre a falta de eficiência da polícia e da justiça para investigar os crimes comuns – e também o crime organizado – e os desvios de função e desaparelhamento da polícia ocorridos durante a ditadura militar. Como corpos de defesa do Estado e de suas políticas autoritárias, as polícias e o Judiciário não estavam em condição de responder às demandas de defesa dos cidadãos (Zaluar, 2009; Adorno, 1996).

Em 1991, o deputado Hélio Bicudo (PT-SP), conhecido militante na área dos direitos humanos, redigiu um projeto de emenda constitucional (PEC 96/92) que propunha alterações visando reduzir a impunidade de graves violações aos direitos humanos, impetradas sobretudo por agentes do Estado, com o objetivo de provocar o debate sobre a democratização do sistema de justiça. Hélio Bicudo acreditava ser necessário politizar este debate no Congresso Nacional para dinamizar as reformas institucionais vistas como condição para o enfrentamento da violência, incluindo a democratização interna das instituições de justiça. Era também uma forma de fazer frente à aprovação de leis conservadoras e dissonantes da opção garantista adotada pela Constituição, como é o caso da Lei dos Crimes Hediondos, de 1990.

O Congresso Nacional, ao invés de priorizar a reforma institucional, preferiu prosseguir na aprovação de leis penais mais duras e exclusivamente punitivas, sempre acrescentando a novos delitos a etiqueta de hediondos, com ares de "legislação de emergência" (Azevedo, 2003; Campos, 2010). O homicídio qualificado passou a ser hediondo a partir de 1995, mas isto não provocou nenhum efeito sobre a escalada dos homicídios nas grandes cidades[1]. O efeito mais visível da mencionada lei foi um crescimento rápido da população prisional e, por consequência, dos efeitos perversos de uma administração penitenciária que já vivia de crises sucessivas. No mesmo período em que maximizou o penal, o Congresso discutiu e apro-

---

[1.] Em 1980, havia 11,7 homicídios por 100 mil habitantes. Em 2010, a taxa era de 26,2, representando um crescimento real de 124%. Em 30 anos, mais de um milhão de pessoas foram assassinadas. O crescimento da taxa era impulsionado, sobretudo, pela participação de jovens de bairros pobres das grandes cidades, tanto como vítimas quanto como autores (WAISELFISZ, 2011).

vou reformas de caráter neoliberal, enxugando serviços públicos, direitos previdenciários e trabalhistas.

A década de 1990 chegou ao fim com um balanço negativo da democratização do sistema de justiça. Perpetuavam-se as ocorrências de graves violações dos direitos humanos, com casos de repercussão internacional[2] (Adorno, 1999) e também os casos cotidianos de assassinatos, linchamentos, espancamentos e toda sorte de maus-tratos e violações no ambiente doméstico, nas lutas pela terra e no trabalho no campo (Mesquita Neto e Alves, 2007). A violência ganhou dimensões de epidemia (Zaluar, 1999), e a produção social do medo da violência (Caldeira, 1989; Feiguin e Lima, 1995; Adorno, 1996) introduziu modificações na socialidade, nas relações entre as classes sociais e entre os cidadãos e o Estado. Ao final da década, a questão da segurança ganhou alto grau de politização, marcando o discurso eleitoral de todos os partidos. O tema da reforma do sistema de justiça como etapa necessá-

ria da democratização da sociedade perdia, com isso, espaço para o tema do combate à violência.

12.1.2. Politização da justiça e judicialização da política

Se os estudos sobre o sistema de justiça transcenderam o interesse dos especialistas, é também porque a atuação do Judiciário começou a transcender o modelo do juiz como mero aplicador da lei, consagrado no sistema de *Civil Law*. O fenômeno do *constitucionalismo democrático*, típico das democracias do pós-guerra, representa a preocupação com a efetividade de direitos fundamentais constitucionais nas diversas esferas da vida social, introduzindo, com isso, princípios de justiça social na aplicação do direito (Vianna et al., 1997; Dimoulis, 2008). O Judiciário passou a ser um ator relevante no processo de efetivação dos direitos sociais; ao incorporar um sentido prospectivo nas suas decisões, passou a partilhar da formulação de políticas públicas ao lado do Executivo e do Legislativo. A atividade de interpretação das normas tornou-se mais complexa por envolver, além da coerência interna das normas, a realização de princípios defendidos na Constituição, mas ainda não institucionalizados. O juiz passa, então, de intérprete cego da lei a "legislador implícito" (Vianna et al., 1999). O processo de judicialização da política

---

[2.] Entre os casos, estão: o Massacre do Carandiru, em que 111 presos foram executados durante a repressão a uma rebelião; as rebeliões na Febem de São Paulo; o assassinato de oito crianças que dormiam numa marquise ao lado da Igreja da Candelária, no Rio de Janeiro, por policiais militares em 1993; a chacina de 21 pessoas na favela de Vigário Geral, no Rio de Janeiro, promovida por 52 policiais militares; o assassinato de 19 trabalhadores rurais sem-terra pela Polícia Militar do Pará, em Eldorado dos Carajás, em 1996, por ocasião da desocupação de uma estrada por onde passava uma marcha de 1.500 pessoas; o assassinato do índio pataxó Galdino, em 1997, por jovens de classe alta de Brasília que atearam fogo a seu corpo enquanto dormia num ponto de ônibus.

não é uniforme, linear ou homogêneo para todos os países, muito menos aceito acriticamente por todos os analistas. Se nos anos 1970 já era percebido e debatido na Europa, no Brasil só passou a fazer sentido no processo de democratização.

O fenômeno do constitucionalismo democrático é uma das variáveis que Tate e Valinder (1995) consideram para qualificar o movimento de judicialização da política. A construção de parâmetros institucionais de independência do Judiciário em relação aos demais poderes é outra variável. A terceira é o acionamento judicial por atores políticos com a finalidade de obter resultados não alcançados pela ação do Executivo e do Legislativo.

No caso brasileiro, percebe-se que as três variáveis se manifestaram durante os anos 1990, período no qual a reforma do Judiciário foi discutida. A constitucionalização de direitos em 1988 é vista como avanço democrático e como conquista de autonomia e fortalecimento institucional do sistema de justiça. Além disso, como já indicado, as pressões sociais por direitos constitucionalizados potencializaram a politização da justiça com a finalidade de expansão de direitos e conquistas igualitárias (como é o caso de movimentos feministas e de moradia), ou para a defesa de interesses de grupos políticos como forma auxiliar de ação partidária (como foi o caso do uso do Judiciário pela oposição às

privatizações durante o governo FHC). Isto impactou o rumo dos debates e o resultado final da reforma, que se distanciou da preocupação com os direitos civis e se aproximou de discussões sobre a eficiência econômica do Judiciário, como a centralização da gestão judicial, a criação de órgão de controle externo e a ampliação do controle concentrado de constitucionalidade (Sadek e Arantes, 2001).

12.1.3. (In)segurança jurídica e desenvolvimento econômico

A explosão da litigiosidade, associada a um potencial uso político do Judiciário por movimentos de direitos e por grupos políticos de oposição às reformas do Estado na década de 1990, contextualiza outro fator de pressão por reformas da justiça no Brasil, baseadas no discurso que aponta certo padrão de funcionamento do Judiciário como vetor de resistência ao desenvolvimento econômico do País.

O discurso dominante sobre Judiciário e economia (Cunha e Almeida, 2012) sustenta que a ausência de segurança jurídica e previsibilidade do ordenamento jurídico no Brasil afeta o desenvolvimento econômico do País (Arida et al., 2005; Secretaria da Reforma do Judiciário, 2005; Pinheiro e Cabral, 1998). De acordo com esse diagnóstico, a ausência de coordenação administrativa e jurisprudencial do

Judiciário representa obstáculos para a ampliação do mercado de crédito e atração de investimentos estrangeiros no Brasil.

Postula, ainda, que a morosidade judicial impacta a recuperação de crédito e os custos da litigância (Pinheiro e Cabral, 1998; Pinheiro, 2005; Fachada et al., 2003) e que a pulverização da jurisdição e a ausência de coordenação administrativa e jurisprudencial do Judiciário permitem que juízes decidam pelo descumprimento de contratos (Pinheiro, 2000) e criam incerteza jurisdicional (Arida et al., 2005; Secretaria da Reforma do Judiciário, 2005). Esses problemas seriam mais evidentes em certas áreas da atividade judicial, afetando dimensões específicas da atividade econômica: liminares proferidas pela justiça de primeira instância suspendendo privatizações; a tendência da Justiça do Trabalho, alegada por seus críticos, de julgamento favorável aos trabalhadores; a inércia da justiça civil e da segurança pública no cumprimento de mandados de reintegração de posse de terras ocupadas por movimentos pela reforma agrária; as decisões judiciais que obrigam o fornecimento gratuito de tratamentos médicos não previstos na oferta de serviços públicos de saúde.

Apesar de se basear em uma visão monolítica do direito e da justiça, com pouca fundamentação empírica que não a opinião de empresários e juízes, e de ignorar o papel da produção legislativa desordenada na criação da insegurança jurídica (Falcão et al., 2006), o discurso dominante foi influente na tramitação e na aprovação da Emenda Constitucional 45/2004. Isso fica evidente em estudo publicado pela Secretaria de Reforma do Judiciário (2005) que reproduz os principais argumentos do discurso dominante e reafirma a importância, para resolução dos problemas diagnosticados, da súmula vinculante e da repercussão geral dos recursos, do controle externo do Judiciário e das reformas do processo de execução, medidas que compuseram o núcleo da reforma de 2004. Também é perceptível no papel de especialistas em gestão pública e privada nos debates da reforma de 2004 e sua implementação (Almeida, 2010).

Três hipóteses explicam a prevalência dessa agenda racionalizadora sobre a pauta do acesso à justiça e da efetivação de direitos na reforma do Judiciário no Brasil (Cunha e Almeida, 2012).

A primeira diz respeito à maior inserção do País na ordem global e ao seu alinhamento às diretrizes de organismos multilaterais para reformas do Estado, incluindo a do Judiciário (Sadek e Arantes, 2001). Nesse aspecto, o discurso dominante é resultado da incorporação local de debates globais influenciados pela produção acadêmica norte-americana sobre direito e economia e por organismos como o Banco Mundial e o Banco Interamericano de Desenvolvimento (Almeida, 2010; PAIVA, 2012).

A segunda hipótese refere-se à correlação de forças internas ao campo político e à justiça brasileiros. As vantagens do receituário reformista proposto pelo discurso dominante são positivas para os capitalistas em geral, bem como para as elites políticas e jurídicas que tiveram aumentados seus poderes por meio de medidas que reforçam a decisão dos tribunais superiores (súmula vinculante e repercussão geral dos recursos) e submetem tribunais e juízes de instâncias inferiores a um controle disciplinar e administrativo centralizado (Conselhos Nacionais de Justiça e do Ministério Público). Essas reformas, contudo, mantiveram inalterada a relação entre as elites políticas e jurídicas no que se refere às suas redes de relações e à nomeação política para as cúpulas da justiça (Almeida, 2010).

A terceira hipótese é a da dispersão dos resultados empíricos que poderiam construir um diagnóstico alternativo sobre as relações entre Judiciário e economia. Apesar da farta produção sobre o funcionamento da justiça brasileira que, ao identificar os obstáculos ao acesso à justiça e à efetivação da cidadania, fundamenta reformas democratizantes, os atores ligados a essa agenda não articularam um diagnóstico alternativo sistemático com

foco nas relações entre Judiciário e economia, perpetuando a falsa oposição entre desenvolvimento econômico (aumento da renda bruta e dos ganhos do capital) e desenvolvimento social (ampliação dos direitos de cidadania). Há outras dimensões da relação entre Judiciário e economia (relacionadas à propriedade, às relações de trabalho e ao consumo) que não são enfrentadas adequadamente pelo diagnóstico dominante e que não foram tratadas por medidas de reforma: ao contrário da alegada inércia que causaria insegurança e desordem no campo, a atuação judicial em conflitos de terra tende a ignorar a função social da propriedade no tratamento civil e a criminalizar os movimentos pela reforma agrária no tratamento penal (Lima e Strozake, 2011; Sinhoretto e Almeida, 2006; Matias et al., 2010); em oposição à suposta preferência pelos trabalhadores, a Justiça do Trabalho é alvo da ação protelatória de empresas resistentes ao pagamento de créditos trabalhistas (Pinheiro, 2001) e desaguadouro de práticas empresariais de informalização e precarização das relações de trabalho; antes de promover a revisão indiscriminada de contratos, a eficiência da justiça civil (por meio dos juizados especiais) tem sido afetada negativamente pela massa de processos, oriundos de relações contratuais desiguais, que a ineficiência na oferta de bens e serviços e nos canais de atendimento ao consumidor de empresas e bancos tercei-

Manual de Sociologia Jurídica

riza ao Judiciário (Dolci e Almeida, 2010; Sinhoretto, 2011).

12.1.4. Histórico da Emenda 45/2004

A emenda constitucional proposta por Hélio Bicudo foi retomada na revisão constitucional de 1993-1994, e o seu conteúdo foi reformulado por contribuições que visavam outras demandas de reforma da Justiça, consolidadas num relatório que deu novos contornos à discussão, incluindo a polêmica proposta da súmula de efeito vinculante, sem aprovação por falta de consenso[3].

A PEC 96/92 modificada voltou a ser discutida em 1995 por uma comissão da Câmara dos Deputados que, após 10 meses de audiências públicas, apresentou um parecer incluindo a súmula vinculante e a criação do CNJ. O relatório foi criticado por sua tendência de centralização judicial e redução do acesso à justiça, e não houve condições de votá-lo.

Em 1999, a comissão foi reativada, à época em que o Senado Federal instaurou a CPI do Judiciário, tendo como alvo principal a Justiça do Trabalho, acusada de corrupção e nepotismo. A CPI foi interpretada pelos magistrados como pressão para barrar sua interferência na política econô-

mica. Contudo, a opinião geral era de que o Judiciário precisava de transformação para o resgate de sua legitimidade e confiança.

No contexto, a comissão da Câmara propunha-se como alternativa para debater reformas, tendo seu relatório votado em 2000. Sadek e Arantes (2001) identificaram três dimensões principais da reforma proposta. A primeira delas seria o controle constitucional dos atos legislativos, pensado em 1988 como um sistema híbrido[4], que congestiona os tribunais superiores e permite a pulverização de decisões sobre constitucionalidade de leis por toda a primeira instância; nesse aspecto, a solução teria sido ineficaz. A segunda dimensão, a do controle externo do Poder Judiciário, desejável para sua transparência, sofreu críticas pela escolha do modelo do CNJ como órgão centralizado (Sadek, 2001; Bicudo, 2004; Cintra Jr., 2004; Comparato, 2004; Faria, 2004; Vieira, 2004). Na terceira dimensão, do acesso à justiça, o relatório teria trazido propostas desarticuladas, cujos efeitos não seriam necessariamente de democratização.

Com Lula na Presidência da República, o novo Ministro da Justiça reafirmou compromisso com a reforma e a democratização das instituições, retomando a refe-

---

[3.] Para uma revisão histórica detalhada da tramitação da PEC 96/92, ver Sadek e Arantes (2001) e Renault e Bottini (2005).

[4.] Para compreensão do modelo brasileiro híbrido de controle constitucional, ver Arantes (1997).

rência do período da abertura política. Em abril de 2003, foi criada a Secretaria de Reforma do Judiciário.

A reação corporativa agressiva da cúpula do Judiciário, contra as reformas do Judiciário e da Previdência (que também afetou a situação funcional dos magistrados), combinava-se com a redução da tolerância da população com a baixa eficiência da justiça (Sadek, 2004). Tornava-se difícil resistir à necessidade do controle externo. Novos escândalos envolvendo juízes federais e ministros do STJ reforçavam a ideia de que os controles internos não coibiam atividades criminosas e práticas corporativistas. Entidades internacionais, como a Anistia Internacional e a ONU, inseriram em seus relatórios de 2003 denúncias e recomendações focalizando a falta de independência do Judiciário brasileiro na apuração de graves violações aos direitos humanos, a qual tinha se tornado um aspecto secundário na tramitação da PEC. No ano seguinte, o Brasil recebeu a visita de um relator especial das Nações Unidas para observar o sistema de justiça criminal.

A Emenda Constitucional 45 foi aprovada no Senado em 07 de julho de 2004, tendo como pontos principais a criação do CNJ, a adoção da súmula vinculante e da repercussão geral dos recursos, a extinção dos Tribunais de Alçada, o deslocamento de competência para a Justiça Federal das

graves violações de direitos humanos, a autonomia administrativa e financeira das Defensorias Públicas, a criação de varas agrárias, novos critérios de promoção nas carreiras e mudanças na competência da Justiça do Trabalho. Estes foram os pontos em que a Secretaria da Reforma do Judiciário conseguiu consenso entre lideranças do Congresso e da justiça. Também foi lançado um pacote de reformas infraconstitucionais da legislação processual, muitas delas ainda em tramitação.

Embora a reforma do Judiciário tenha demonstrado a necessidade e a possibilidade de mudanças, muitos a veem como tímida, insuficiente, conservadora e até pouco eficaz. Não há consenso na magistratura sobre a existência e a composição de um conselho fiscalizador[5]. A adoção da súmula vinculante é criticada por reduzir a liberdade de decisão dos juízes de primeira instância, e por não garantir necessariamente segurança jurídica e padronização de decisões (Sadek, 1995; Comparato, 2004; Vieira, 2004; Cunha e Almeida, 2012). O aperfeiçoamento da eficiência judicial na punição de graves violações aos direitos humanos, apesar da fede-

---

[5.] A Associação Nacional dos Magistrados da Justiça do Trabalho (Anamatra), a Associação dos Juízes Federais do Brasil (Ajufe) e a Associação Juízes para a Democracia defenderam propostas mais amplas de controle democrático. A Associação dos Magistrados Brasileiros (AMB), por sua vez, sempre foi contrária ao CNJ, tendo ajuizado duas ações no STF, nas quais questionava a constitucionalidade do órgão, sendo derrotada em ambas.

Manual de Sociologia Jurídica

ralização do julgamento dos crimes mais graves, deixou a desejar com a manutenção do julgamento de policiais militares pela Justiça Militar (exceto nos crimes dolosos contra a vida), do foro privilegiado (Vieira, 2004; Bicudo, 2004) e das deficiências nas instituições da justiça criminal (Misse, 2006; Lima, 2007). Apenas a autonomia das Defensorias Públicas parece poder produzir algum efeito concreto no aumento da oferta de acesso à justiça para a população mais pobre.

Entretanto, é pequena a expectativa de que a Emenda 45 produza efeitos importantes sobre o aumento da oferta de prestação jurisdicional e sobre a participação popular na administração da justiça. As mudanças mais significativas nesses aspectos têm brotado de iniciativas de alguns magistrados em implementar experiências inovadoras na gestão de varas e fóruns e no acesso alternativo à justiça[6].

12.2. A reforma como democratização da justiça

Vimos, portanto, que os debates públicos sobre a reforma do Judiciário estão estreitamente relacionados com o processo de redemocratização do País. Observamos também que, por conta dessa associação, o debate vai muito além do Poder Judiciário, tratando-se, na verdade, de uma discussão sobre a *reforma da justiça*.

Os debates acadêmicos e políticos sobre a reforma do Judiciário pontuam diferentes sentidos da *democratização da justiça* (Almeida, 2010).

Um primeiro sentido de democratização vem dos anos 1980 e associa a reforma à necessidade de *legitimação do Poder Judiciário* por meio da sua aproximação com a "realidade social". Esse projeto esteve na base de movimentos críticos, como o "direito alternativo" (Engelmann, 2006; Guanabara, 1996), surgidos no interior dos grupos profissionais com o objetivo de reformulação de suas práticas judiciais e de atender às demandas sociais por direitos, em oposição ao paradigma dominante da neutralidade judicial e da estrita vinculação à lei. Trata-se de associar a ideia de democratização a uma mudança cultural das instituições e dos operadores do sistema de justiça, no sentido da criação de uma *cultura jurídica democrática*[7].

---

[6]. Ver, no site do Ministério da Justiça, o banco de dados do Prêmio Innovare, destinado a divulgar experiências de gestão modernizada, e o mapeamento "Acesso à justiça por sistemas alternativos de administração de conflitos", que identificou experiências de resolução alternativa no País, indicando que parte significativa delas é criada e mantida pelo próprio Poder Judiciário.

[7]. Trata-se de buscar maior aproximação do Poder Judiciário com a realidade social, invertendo assim o descolamento ensejado pelo mito da neutralidade do Direito e seus operadores: "A grande questão, na verdade, é aquilo que muitos parecem não ver: o estar formado numa cultura jurídica incapaz de entender a sociedade e seus conflitos e a má vontade em discutir a democratização efetiva deste ramo do Estado. Como tornar o Judiciário permeável aos anseios de uma sociedade que deseja expor seus conflitos, mas tam-

Um segundo sentido, que decorre do anterior, é o da *democratização do acesso à justiça*, por meio da ampliação da oferta de meios de resolução de conflitos. Foi sustentado por movimentos de direitos humanos, do direito alternativo e de juristas "democráticos", mas encontrou respaldo entre operadores do direito em geral e especialistas em direito processual. Este foi o projeto de democratização que orientou as principais reformas no Brasil, desde o fim dos anos 1970, como as leis dos Juizados Especiais, da Ação Civil Pública e o Código de Defesa do Consumidor[8].

A terceira perspectiva de democratização da justiça é a *democratização das carreiras* jurídicas. Esse projeto busca o fortalecimento das garantias funcionais e o estabelecimento de condições objetivas de acesso e progressão nas hierarquias internas. Pode ser entendido como desdobramento de outros movimentos democratizantes mencionados anteriormente, que objetivavam maior aproximação da realidade social e ampliação do acesso à justiça.

Esse sentido de democratização interna do Judiciário esteve bastante presente na mobilização corporativa na Assembleia Nacional Constituinte, na Reforma do Judiciário de 2004 (especialmente no projeto original) e no uso instrumental do Conselho Nacional de Justiça pelas bases e associações profissionais em torno de questões como provimento de cargos, progressão na carreira e eleições para órgãos de cúpula (Almeida, 2010)[9].

Finalmente, uma quarta dimensão da democratização da justiça é a *diversificação social* das carreiras jurídicas e a articulação entre essa diversificação social e as outras dimensões da democratização da justiça baseadas em mudanças culturais, acesso e democracia interna.

O aumento do pluralismo ideológico na magistratura e em outros grupos de juristas (Vianna et al., 1997; Engelmann, 2006) está relacionado à entrada no sistema de justiça de novos atores, portadores de perfis sociais que os diferenciam da tradicional e relativamente homogênea elite jurídica[10]. A literatura diverge, contudo,

---

bém deseja submetê-los a um certo ordenamento legal, com a ajuda de instituições capazes de permitir a convivência ordenada – e não só a repressão desordenada?" (FARIA e LIMA LOPES, 1989, p. 163).

[8]. Guanabara classifica esses movimentos de reforma como sendo reformas "*a partir de dentro e pelo alto*" (GUANABARA, 1996, p. 414); Vianna e outros (1999) classificam-nos como movimentos de *autorreforma*, sem maior mobilização social nesse sentido, e que buscam reelaborar a articulação teórica entre *acesso à justiça* e *democratização*.

[9]. Em comentário à Emenda Constitucional 45/2004, o desembargador José Renato Nalini afirma que "O modelo de Judiciário brasileiro já teria sido otimizado se as estruturas do Poder não oferecessem resistência ao estabelecimento de maior horizontalidade na tomada de decisões administrativas" (2005, p. 161).

[10]. O ingresso de novos grupos no campo jurídico deu-se em decorrência da expansão do ensino jurídico a partir da década de 1960 e dos efeitos da mobilidade social experimentada pelo Brasil no mesmo período.

em relação ao alcance dos projetos democratizantes da justiça brasileira. Pode-se dizer que há duas grandes tendências de análise (Sinhoretto, 2011): na primeira, tende-se a valorizar os efeitos de ruptura e de mudança no sistema de justiça, como efeito das mudanças institucionais (especialmente a partir da Constituição de 1988) e da politização dos grupos e das práticas profissionais; e na segunda, fortemente baseada em estudos sobre a justiça criminal, tende-se a valorizar os obstáculos e as resistências a uma efetiva democratização do direito e da prática da justiça e à incorporação de valores democráticos e igualitários pelos agentes e corporações do campo. A primeira tendência estaria baseada na análise de macroprocessos sociais e políticos, enquanto a segunda enfocaria microprocessos e relações de poder presentes no cotidiano das instituições e do funcionamento do sistema de justiça. Uma terceira tendência buscaria justamente explorar as contradições entre as dinâmicas de conservação e de mudança no sistema de justiça, nas práticas profissionais e no funcionamento de suas instituições.

Além disso, é preciso considerar que os grupos com projetos democratizadores considerados mais radicais (voltados para a transformação da cultura jurídica e das hierarquias internas das instituições) não alcançaram posições dominantes no cam-

po jurídico e nos círculos das elites jurídicas que influenciaram a reforma do Judiciário. Segundo Engelmann (2006), não só os juristas mais críticos foram acomodados num espaço acadêmico minoritário e com reduzido impacto sobre o sistema de justiça, como também o discurso de politização e crítica à tradição jurídica acabou sendo incorporado pelas elites tradicionais, ainda que de forma moderada, passando a compor o repertório dos debates sobre a reforma. A incorporação e a moderação do discurso radical reduzem nos projetos reformistas a pauta de aproximação com os movimentos sociais e a democratização das carreiras e instituições, para se debruçarem preferencialmente em questões menos controversas, como acesso à justiça, segurança jurídica e determinadas propostas de controle externo (Almeida, 2010).

No que se refere à democratização interna, o processo político da reforma de 2004, mesmo que tenha resultado em inegáveis ganhos de transparência, racionalidade e organização das carreiras jurídicas de Estado, foi todo conduzido por elites jurídicas cujas posições eram há muito consolidadas, com participação inclusive na Assembleia Nacional Constituinte de 1986. Além disso, o espaço político criado para a atuação das lideranças associativas das profissões jurídicas se deu por meio da sua centralização em torno das posições institucionais de cúpula, especialmente as de nível nacional (STF, OAB, Procuradoria-Geral da República, CNJ, CNMP e Ministério da Justiça).

Essas posições de elite, que dominaram os processos de reforma institucional desde 1980, sofreram poucos impactos da massificação e da diversificação social das carreiras jurídicas nas últimas décadas. Isso porque o poder da administração da justiça estatal organiza-se não somente em bases institucionais, observado o organograma previsto pelo desenho constitucional, mas também a partir de posições de poder baseadas em capitais simbólicos (reconhecimento, prestígio, faculdades de origem) que muitas vezes ignoram o desenho federativo e multiprofissional do sistema de justiça (Almeida, 2010).

12.2.1. Juizados especiais

A criação dos juizados especiais foi o movimento mais importante de reforma no que tange à administração da justiça e à democratização de seu acesso ao cidadão comum (Vianna et al., 1999; Sadek, 2002). Sua criação veio responder, com as tintas típicas do caso brasileiro, à expansão do direito e do uso do Judiciário, diante da diminuição da capacidade do Executivo em fornecer respostas efetivas às demandas por justiça distributiva (Garapon, 1999). É uma iniciativa própria da "terceira onda" de acesso à justiça (Cappelletti e Garth, 1988), cujas principais inovações estão na facilitação do processamento das "pequenas causas" e acesso aos indivíduos mais pobres, o que teria contribuído para dar realidade aos novos direitos.

Uma matriz crítica à informalização a relaciona à resposta conservadora de flexibilização da garantia de direitos recém-conquistados por segmentos mais populares, despolitizando a conquista desses direitos pela necessidade de negociá-los individualmente na arena judicial (Nader, 1994).

A singularidade da experiência nacional de informalização é que ela emerge sem que a política de assistência judiciária individual estivesse universalizada e sem que a postulação de demandas coletivas tivesse demonstrado efeitos concretos. Trata-se da inversão de um fluxo de conquistas que faz com que a expansão do acesso à justiça no Brasil não esteja ligada à participação da sociedade civil, mas seja resultado de um movimento de autorreforma do Poder Judiciário, fomentada pelo centro (Vianna et al., 1999), pela elite jurídica – ao contrário de outros países latino-americanos, onde as reformas têm revitalizado instituições tradicionais de mediação de conflitos associadas a sensibilidades jurídicas e moralidades locais.

A criação dos juizados de pequenas causas brasileiros inspirou-se nas *Small Claims Courts* de Nova Iorque, que proíbem o acesso de pessoas jurídicas e privilegiam a informalidade do processo, a oralidade e as técnicas de mediação e arbitragem (algo comum aos países da *Common Law,* ao passo que os países da *Civil Law* implementaram outros tipos de reforma).

Os antecedentes da Lei n. 9.099/95 remontam à criação dos Conselhos de Conciliação e Arbitragem, no Rio Grande do Sul, nos anos 1980, que visavam ampliar o acesso à justiça, na chave da democratização social. A experiência local atraiu a atenção do Ministério da Desburocratização, cuja agenda de racionalização da máquina administrativa elegia o Judiciário como instituição central para uma reforma de eficiência (Vianna et al., 1999). No contexto do regime autoritário, a discussão ficou limitada à simplificação de procedimentos e celeridade, excluindo da pauta a democratização da cidadania. Foi aprovada em 1984 uma lei para as "pequenas causas", combinando mecanismos judiciais e extrajudiciais, mantendo as formas alternativas sob o controle dos juízes e abrindo um campo de ação inovadora. A Ordem dos Advogados do Brasil (OAB) e juristas ligados ao movimento democrático criticavam na lei a marca de racionalização econômica, a serviço unicamente do desafogamento da justiça, por meio da perda de certeza jurídica, flexibilização de garantias e exclusão da advocacia e do Ministério Público (Almeida, 2006).

A Constituição de 1988 previu a criação de juizados especiais, inovando na extensão às infrações penais de menor potencial ofensivo – o que coincidia com uma tendência internacional de crítica à "inflação penal" e defesa de despenalização e descriminação. Com isto, uma nova lei passou a ser discutida, sendo aprovada em 1995, estabelecendo a competência dos juizados para causas cíveis de até 40 salários mínimos, introduzindo a obrigatoriedade de representação por advogado nas causas acima de 20 salários mínimos, e infrações apenadas em até 2 anos. Em 1999, estendeu-se a competência para causas movidas por microempresas. Em 2001, foram criados os Juizados Especiais Federais.

Os juizados expandiram-se pelo País, respondendo em alguns Estados por uma movimentação superior à da justiça comum. Numericamente, a implantação dos juizados especiais ampliou o acesso à justiça e imprimiu rapidez e informalidade à justiça (Cunha, 2008), mas há conclusões divergentes quanto ao caráter democratizante da instituição.

O primeiro efeito dos JECrims foi desafogar as delegacias e varas criminais, resultando em controle mais efetivo de condutas que anteriormente não seriam judicializadas, como casos de violência doméstica e consumo de drogas. Nos juizados cíveis, o efeito de desafogamento das varas não foi tão evidente, porque eles passaram a atender uma demanda diferente da que ingressa nas varas comuns, sobretudo nos conflitos entre indivíduos e empresas. As pesquisas realizadas constatam que, em muitos lugares, ao invés de terem sido criados novos postos, com a ampliação da estrutura judicial (cargos e espaços), os juizados passaram a funcionar junto das varas comuns como uma opção de rito para o processamento de um conflito (Cunha, 2001; Desasso, 2001; Oliveira e Debert, 2007).

Isto contribui para o trânsito de lógicas de administração de conflitos diversas, muito frequentemente constatado nos JECrims (Amorim et al., 2003). A conciliação e a transação penal, que em termos teóricos teriam significado a introdução de princípios e institutos de tradição dialogal, possibilidades de participação popular na administração da justiça, acabaram na prática sendo colonizados pelas concepções e práticas penais punitivas, tutelares e hierárquicas, convertendo em imposição de pena antecipada aquilo que o espírito dos legisladores imaginava como possibilidade de negociação e diálogo entre as partes.

Pesquisas realizadas concluem que a burocratização dos procedimentos dos JECrims significa a inversão dos princípios inovadores da Lei n. 9.099/95, aproximando-os da lógica da justiça criminal concebida como uma "linha de montagem", organizada para melhorar a produtividade e alcançar a punição com o mínimo dispêndio de recursos, onde a produção de acordos e transações torna-se um fim em si (Azevedo, 2000; Batittucci et al., 2010; Amorim et al., 2003).

O predomínio da lógica burocrática e da racionalização tem imprimido nas salas de conciliação do País uma pressão dos conciliadores para a realização de acordos também nos juizados cíveis. O preparo dos conciliadores para exercer função tão relevante tem sido questionado. Em muitos Estados, como em São Paulo, é uma função voluntária e gratuita, exercida fundamentalmente por estudantes de Direito interessados nos créditos de estágio, permanecendo pouco tempo na função. Mesmo aqueles que têm um preparo profissional maior sofrem a pressão da lógica de racionalização e acabam por adotar padronizações para solucionar conflitos de naturezas diversas. O pagamento de cestas básicas como resultado da transação penal foi amplamente criticada por juristas, por contrariar garantias, mas também pelo movimento feminista que acusou a banalização no tratamento dos conflitos envolvendo a violência contra a mulher (já que entre 70% e 90% dos conflitos administrados pelos JECrims envolviam a violência de gênero). A reação à padronização veio com a Lei Maria da Penha, que

Manual de Sociologia Jurídica

vedou a possibilidade de administração alternativa dos conflitos domésticos; de um lado, combateu o que era visto como banalização ou penalização ínfima da violência; de outro, eliminou a possibilidade de qualquer forma de mediação extraprocessual, a despeito dos interesses individuais dos protagonistas dos conflitos.

Considerações finais

Os juizados mudaram as condições do acesso à justiça no Brasil. Isto não significa que os problemas do acesso tenham sido resolvidos. Diversos estudos das ciências sociais têm apontado para a pouca mobilização da linguagem dos direitos nas sessões de conciliação, além da pressão autoritária para o fechamento de acordos. Por isso, pode-se concluir que o movimento de expansão da oferta de justiça estatal não coincide exatamente com a expansão do Estado de Direito a novas camadas sociais, nem a mudanças culturais entre usuários e operadores do sistema. Em muitos casos, o juizado representa uma porta de acesso subalterna para os casos considerados pelos administradores judiciais como menos relevantes (Sinhoretto, 2010), casos que nunca tensionarão o direito estatal, que nunca serão objeto de apreciação dos tribunais e que, por isso, não levarão à institucionalização de novos direitos.

Como se faz a seleção dos casos? Como é o preparo dos conciliadores? Que técnicas de conciliação têm sido aplicadas? Quais os resultados disso para a cidadania? São todas perguntas que nos levam à formulação de novas demandas por transparência e controle social das formas da justiça estatal no Brasil.

A Lei Maria da Penha permite compreender como a justiça vem vendo politizada por segmentos sociais em luta por novos direitos, mas também os limites das alterações legislativas numa realidade social em que a proteção dos direitos individuais depende de uma articulação muito mais ampla de serviços públicos, atores e agências institucionais. Muito além de seu caráter punitivo, a legislação inovou na criação de medidas de proteção à vida e à integridade física das mulheres em situação de violência. Nesse aspecto, ela é uma legislação moderna, com uma concepção de proteção integral às mulheres em situação de violência que depende de uma rede articulada de serviços públicos, que nem sempre funciona. Depende também de mudanças organizacionais nas instituições da segurança e da justiça criminal, que não ocorreram (Azevedo, 2008; Pasinato, 2012). Parecem existir dois cenários: em alguns casos, tem persistido a negociação informal de transações de pena, mesmo vedada pela lei, em nome da conservação da família e em detrimento dos direitos individuais de vítima e acusado; em outros, o predomínio da dimensão punitiva do agressor tem prevalecido sobre a promoção dos direitos da vítima, já que é mais fácil superlotar prisões do que criar e fortalecer serviços de assistência, educação, habitação e renda. A solução da obrigatoriedade do inquérito policial – cartorial e burocrático por natureza – e do processo penal com o desfecho prisional fez retroagir a possibilidade de autonomia dos indivíduos na administração de seus conflitos e reduziu a multiplicidade infinita dos conflitos domésticos e de gênero a uma única forma de administração possível.

Tanto a experiência dos juizados como a da Lei Maria da Penha demonstram que os principais obstáculos à democratização da justiça e à efetividade dos direitos civis não foram frontalmente atacados por nenhuma das reformas ocorridas desde os anos 1970, incluindo a reforma de 2004.

Estes obstáculos localizam-se fundamentalmente no modo de funcionamento das organizações judiciais e policiais, na cultura jurídica predominante pelas quais são operadas: orientada por saberes e práticas que reforçam a desigualdade de direitos entre as classes, grupos étnicos, gêneros, origens sociais (Lima, 2007). Essas persistências só foram possíveis pela capacidade das corporações profissionais em afastar da pauta das reformas mecanismos de controle social da administração da justiça. Os dispositivos criados não foram

avaliados em função dos efeitos concretos no cotidiano das relações de poder entre cidadãos e agentes estatais, e só acentuaram a hierarquia entre as cúpulas das organizações e as suas bases – nas quais concretamente se localizam os problemas de carência material e de recursos humanos, excesso de demanda e de controles puramente burocratizados.

Este diagnóstico é claro até mesmo para os órgãos centralizados como o CNJ e o CNMP, os quais juntamente com o Ministério da Justiça, identificaram na impunidade dos crimes dolosos contra a vida um dos problemas cruciais da justiça. Ao adotar como meta a redução desta impunidade, a Estratégia Nacional de Justiça e Segurança Pública, criada pelos três órgãos em 2010, retornou ao problema que, no início da democratização, impulsionou os movimentos pela reforma da justiça: a dificuldade de assegurar o exercício igualitário de direitos fundamentais, a começar pelo direito à vida, em que a desigualdade social brasileira se torna cruelmente explícita.

Assim, no relatório por eles divulgado (ENASP, 2012) apreende-se que os principais entraves para a eficácia da investigação criminal dos crimes de homicídio são problemas estruturais das polícias civis, que têm dificuldades de realizar as tarefas elementares da investigação (preservação dos locais de crime, perícias, comunicação com outros órgãos). O controle da atividade policial tanto interno quanto externo é também considerado um entrave para a eficiência, bem como a capacitação dos recursos humanos. Contudo, a conclusão do relatório não se resume a apontar deficiências materiais; reconhece-se que o principal entrave é a ausência de "tradição de trabalho conjunto e articulado". A despeito dos estudos sobre a polícia terem diagnosticado esses problemas estruturais desde os anos 1980 (incluindo a crítica ao cartorialismo do inquérito policial, às formas de produção da prova e da verdade judicial), suas contribuições nunca foram levadas em conta pela elite dos reformadores.

O problema é o mesmo se considerarmos a justiça em geral, incluindo a justiça civil. A criação do CNJ e de suas funções de planejamento e controle administrativo não foram suficientes para a reestruturação dos órgãos judiciais. A imposição de metas de produtividade aos juízes não veio acompanhada de capacitação dos recursos humanos atuantes no atendimento direto às demandas dos cidadãos, sequer de um debate consistente sobre funções administrativas e jurisdicionais no interior do Judiciário. Num contexto em que os juizados especiais foram esquecidos pela reforma de 2004 (mesmo já dando sinais de esgotamento desde o fim da década de 1990), a pressão por produtividade pode ampliar a precarização da oferta de justiça à população mais pobre, já visível na prática da informalização de procedimentos conduzidos por leigos despreparados e subordinados ao controle judicial, sem que isso represente uma participação popular efetiva na administração horizontal dos conflitos ou o aumento na qualidade do exercício de direitos.

Em ambos os casos, percebe-se que a razão da ineficácia das reformas está, em primeiro lugar, na insistência em reformas constitucionais e legislativas de pouca penetração no funcionamento cotidiano das instituições de justiça. Em segundo lugar, na concentração das decisões sobre a gestão e a reforma da justiça em grupos de elites profissionais e burocráticas, tendo como resultado, para a sociedade civil, a ausência de canais para participar da definição das políticas judiciais.

Bibliografia

ADORNO, Sérgio. *A gestão urbana do medo e da insegurança*: violência, crime e justiça penal na sociedade brasileira contemporânea. Tese (Livre-docência). São Paulo: FFLCH/USP, 1996.

ADORNO, Sérgio. Insegurança *versus* direitos humanos: entre a lei e a ordem. *Tempo Social, Rev. de Sociologia USP*. São Paulo: USP, Depto. de Sociologia, 11 (2): 129-153, out. 1999.

ALMEIDA, Frederico N. R. de. *A advocacia e o acesso à justiça no Estado de São Paulo* (1980-2005). Dissertação (Mestrado), Faculdade de Filosofia, Letras e Ciências Humanas da Universidade de São Paulo, 2006.

ALMEIDA, Frederico N. R. de. *A nobreza togada*: as elites jurídicas e a política da justiça no Brasil. Tese (Doutorado), Faculdade de Filosofia, Letras e Ciências Humanas da Universidade de São Paulo, 2010.

Reforma do Judiciário

AMORIM, Maria Stella de; LIMA, Roberto Kant de; BURGOS, Marcelo. *Juizados especiais criminais, sistema judicial e sociedade no Brasil*: ensaios interdisciplinares. Niterói: Intertexto, 2003.

ARANTES, Rogério Bastos. *Judiciário e política no Brasil*. São Paulo: Sumaré/Edusp/Fapesp, 1997.

ARIDA, Persio et al. Credit, interest and jurisdictional uncertainty: conjectures on the case of Brazil. In: GIAVAZZI et al. (Org.). *Inflation targeting, debt and the Brazilian experience*: 1999 to 2003. Cambridge: MIT Press, 2005.

AZEVEDO, Rodrigo Ghiringhelli de. *Informalização da justiça e controle social*. Estudo sociológico da implantação dos Juizados Especiais Criminais em Porto Alegre. São Paulo: IBCCrim, 2000.

AZEVEDO, Rodrigo Ghiringhelli de. *Tendências do controle penal na modernidade periférica*. As reformas penais no Brasil e na Argentina na última década. Tese (Doutorado), Universidade do Rio Grande do Sul, Porto Alegre, 2003.

AZEVEDO, Rodrigo Ghiringhelli de. Sistema penal e violência de gênero: análise sociojurídica da Lei 11.340/06. *Sociedade e Estado*, Brasília, v. 23, n. 1, p. 113-135, jan./abr. 2008.

BARCELLOS, Caco. *Rota 66*. História da polícia que mata. São Paulo: Globo, 1992.

BATITUCCI, Eduardo; CRUZ, Marcus V.; SANTOS, Andréia dos; RIBEIRO, Ludmila. A justiça informal em linha de montagem: estudo de caso da dinâmica de atuação do JECrim de Belo Horizonte. *Civitas: Revista de Ciências Sociais*. Porto Alegre: EDIPUCRS, v. 10, n. 2, p. 245-269, 2010.

BICUDO, Hélio. Entrevista: Hélio Bicudo: a justiça piorou no Brasil. *Estudos Avançados*. São Paulo: Instituto de Estudos Avançados da USP, v. 18, n. 51: 61-168, 2004.

CALDEIRA, Teresa. Ter medo em São Paulo. In: BRANT, Vinicius C. (Org.). *São Paulo*: trabalhar e viver. São Paulo: Brasiliense, 1989. p. 151-167.

CALDEIRA, Teresa. *Cidade de muros*. Crime, segregação e cidadania em São Paulo. São Paulo: Edusp/Ed. 34, 2000.

CAMPILONGO, Celso F. Assistência jurídica e advocacia popular: serviços legais em São Bernardo do Campo. *Revista PGE/SP*, p. 73-106, junho 1994.

CAMPOS, Marcelo. *Crime e congresso nacional*. Uma análise da política criminal aprovada de 1989 a 2006. São Paulo: IBCCRIM, 2010.

CAPPELLETTI, Mauro; GARTH, Bryant. *Acesso à justiça*. Porto Alegre: Antonio Sergio Fabris, 1988.

CARVALHO, José Murilo de. *Cidadania no Brasil*. O longo caminho. Rio de Janeiro: Civilização Brasileira, 2002.

CINTRA JR., Dyrceu Aguiar Dias. Entrevista: Reforma do Judiciário: não pode haver ilusão. *Estudos Avançados*, v. 18, n. 51: 169-180, 2004.

COMPARATO, Fábio Konder. O Poder Judiciário no regime democrático. *Estudos Avançados*, 18 (51): 151-159, 2004.

CUNHA, Luciana Gross. Juizado especial: ampliação do acesso à Justiça? In: Sadek, M. T. (Org.). *Acesso à justiça*. São Paulo: Fundação Konrad Adenauer, 2001.

CUNHA, Luciana Gross. *Juizado especial*: criação, instalação, funcionamento e a democratização do acesso à justiça. São Paulo: Saraiva, 2008.

CUNHA, Luciana Gross; ALMEIDA, Frederico de. Justiça e desenvolvimento econômico na reforma do Judiciário brasileiro. In: SCHAPIRO, Mario G.; TRUBEK, David. *Direito e desenvolvimento*: um diálogo entre os BRICS. São Paulo: Saraiva, 2012.

DESASSO, Alcir. Juizado especial cível: um estudo de caso. In: Sadek, M. T. (Org.). *Acesso à justiça*. São Paulo: Fundação Konrad Adenauer, 2001.

DIMOULIS, Dimitri. Anotações sobre o neoconstitucionalismo (e sua crítica). *Artigos DIREITO GV*, n. 17, mar. 2008 (citado com autorização do autor).

DOLCI, Maria Inês; ALMEIDA, Frederico de. Consumo e acesso à justiça: questões para pesquisas e políticas públicas. *Revista Juris*, v. 4, p. 43-48, jul./dez. 2010.

ENASP – Estratégia Nacional de Justiça e Segurança Pública. *Meta 2: a impunidade como alvo*. Diagnóstico da investigação de homicídios no Brasil. Brasília: CNMP, 2012.

ENGELMANN, Fabiano. *Sociologia do campo jurídico*: juristas e usos do direito. Porto Alegre: Sergio Antonio Fabris, 2006.

FACHADA, Pedro et al. Sistema judicial e mercado de crédito no Brasil. *Notas Técnicas do Banco Central*, n. 35, Brasília, p. 1-21, maio 2003.

FALCÃO, Joaquim et al. Jurisdição, incerteza e estado de direito. *Revista de Direito Administrativo*, v. 243, p. 79-112, 2006.

FARIA, José Eduardo. O sistema de justiça brasileiro: experiência recente e futuros desafios. *Estudos Avançados*, 18 (51): 103-125, 2004.

Manual de Sociologia Jurídica

FARIA, José Eduardo; LIMA LOPES, José Reinaldo. Pela democratização do Judiciário. In: FARIA, José Eduardo (Org.). *Direito e justiça*: a função social do Judiciário. São Paulo: Atlas, 1989.

FEIGUIN, Dora; LIMA, Renato S. Tempo de violência: medo e insegurança em São Paulo. *São Paulo em Perspectiva*, São Paulo, 9 (2): 73-80, abr./jun. 1995.

GARAPON, Antoine. *O juiz e a democracia*. O guardião das promessas. Rio de Janeiro: Revan, 1999.

GUANABARA, Ricardo. Visões alternativas do direito no Brasil. *Revista de Estudos Históricos*, v. 9, n. 18, p. 403-416, 1996.

LIMA, Roberto Kant de. *Ensaios de antropologia e de direito*. Rio de Janeiro: Lumen Juris, 2007.

LIMA, Renato S.; STROZAKE, Juvelino. Garantias constitucionais e prisões motivadas por conflitos agrários. In: LIMA, Renato S. *Entre palavras e números*. Violência, democracia e segurança pública no Brasil. São Paulo: Alameda, 2011.

MATIAS, João Luís Nogueira et al. As decisões do STF e o tensionamento político entre a sociedade e o direito de acesso à terra. *Paper* apresentado no 7º Encontro da Associação Brasileira de Ciência Política, Recife, agosto de 2010.

MESQUITA Neto, Paulo de; ALVES, Renato. *3º Relatório Nacional de Direitos Humanos*. São Paulo: Núcleo de Estudos da Violência, 2007.

MISSE, Michel. *Crime e violência no Brasil contemporâneo*. Rio de Janeiro: Lumen Júris, 2006.

NADER, Laura. Harmonia coerciva: a economia política dos modelos jurídicos. *Revista Brasileira de Ciências Sociais*, ano 9, n. 26, p. 18-29, out. 1994.

NALINI, José Renato. A democratização da administração dos tribunais. In: RENAULT, Sérgio Tamm; BOTTINI, Pierpaolo (Org.). *Reforma do Judiciário*. São Paulo: Saraiva, 2005.

OLIVEIRA, Marcella B.; DEBERT, Guita G. Os modelos conciliatórios de solução de conflitos e a violência doméstica. *Cadernos Pagu* (Unicamp), v. 29, p. 305-337, 2007.

PAIVA, Grazielle de Albuquerque de Moura. *A reforma do Judiciário no Brasil*: o processo político de tramitação da Emenda 45. Dissertação (Mestrado) – Políticas Públicas e Sociedade da Universidade Estadual do Ceará, 2012.

PASINATO, Wânia. *Acesso à justiça e violência contra a mulher em Belo Horizonte*. São Paulo: Annablume, 2012.

PEREIRA, A. O monstro algemado? Violência do Estado e repressão legal no Brasil, 1964-97. In: ZAVERUCHA, Jorge (Org.). *Democracia e instituições políticas brasileiras no final do século vinte*. Recife: Bargaço, 1998. p. 13-61.

PINHEIRO, Armando Castelar. *Judiciário e economia no Brasil*. São Paulo: Sumaré, 2000.

PINHEIRO, Armando Castelar. Economia e justiça: conceitos e evidência empírica. *Paper*, 2001.

PINHEIRO, Armando Castelar. Segurança jurídica, crescimento e exportações. *Texto para Discussão 963*, Brasília: IPEA, 2005.

PINHEIRO, Armando Castelar; CABRAL, Célia. Mercado de crédito no Brasil: o papel do judiciário e de outras instituições. *Ensaios BNDES 9*, Brasília: BNDES, 1998.

RENAULT, Sérgio Tamm; BOTTINI, Pierpaolo. Primeiro passo. In: RENAULT, Sérgio Tamm; BOTTINI, Pierpaolo (Org.). *Reforma do Judiciário*. São Paulo: Saraiva, 2005.

SADEK, Maria Tereza. Estudos sobre o sistema de justiça. In: MICELI, Sergio (Org.). *O que ler na ciência social brasileira*. São Paulo: Anpocs/Sumaré; Brasília: CAPES, 2002. v. 4, p. 233-265.

SADEK, Maria Tereza (Org.). *O Judiciário em debate*. São Paulo: Sumaré/Idesp, 1995.

SADEK, Maria Tereza. *Acesso à justiça*. São Paulo: Fundação Konrad Adenauer, 2001.

SADEK, Maria Tereza. Judiciário: mudanças e reformas. *Estudos Avançados*, 18 (51): 79-101, 2004.

SADEK, Maria Tereza; ARANTES, Rogério B. Introdução. In: SADEK. M. T. (Org.). *Reforma do Judiciário*. São Paulo: Fundação Konrad Adenauer, 2001.

SANTOS, Wanderley Guilherme dos. *Cidadania e justiça*. A política social na ordem brasileira. 2. ed. Rio de Janeiro: Campus, 1987.

SANTOS, Boaventura S. *Pela mão de Alice*. O social e o político na pós-modernidade. São Paulo: Cortez, 1995.

SANTOS, Boaventura S.; MARQUES, Maria M. L.; PEDROSO, João; FERREIRA, Pedro L. *Os tribunais nas sociedades contemporâneas*. O caso português. Porto: Afrontamento, 1996.

SECRETARIA DA REFORMA DO JUDICIÁRIO. *Diagnóstico da defensoria pública no Brasil*. Brasília: Ministério da Justiça, 2004.

SECRETARIA DA REFORMA DO JUDICIÁRIO. *Análise Judiciário e economia*. Brasília: Ministério da Justiça, 2005.

SECRETARIA DA REFORMA DO JUDICIÁRIO. *II Diagnóstico da defensoria pública no Brasil*. Brasília: Ministério da Justiça, 2006.

SINHORETTO, Jacqueline. Campo estatal de administração de conflitos: múltiplas intensidades da justiça. *Anuário Antropológico* 2009, Rio de Janeiro: Tempo Brasileiro, v. 2, p. 109-123, 2010.

SINHORETTO, Jacqueline. *A justiça perto do povo*. Reforma e gestão de conflitos. São Paulo: Alameda, 2011.

SINHORETTO, Jacqueline; ALMEIDA, Frederico. A judicialização dos conflitos agrários: formalidade, legalidade e política. *Revista Brasileira de Ciências Criminais*, n. 62, 2006.

TATE, Neal; VALLINDER, Torbjörn. Judicialization and the future of politics and policy. In: TATE, Neal; VALLINDER, Torbjörn (Ed.). *The Global Expansion of Judicial Power*. Nova York: New York University Press, 1995.

VARGAS, Joana. Em busca da "verdade real": tortura e confissão no Brasil ontem e hoje. *Revista de Sociologia e Antropologia*, v. 1, n. 3, p. 237-265, 2012.

VIANNA, Luiz Werneck; CARVALHO, M. Alice R.; MELO, Manuel P. C.; BURGOS, Marcelo B. *Corpo e alma da magistratura brasileira*. Rio de Janeiro: Revan, 1997.

VIANNA, Luiz Werneck; CARVALHO, M. Alice R.; MELO, Manuel P. C.; BURGOS, Marcelo B. *A judicialização da política e das relações sociais no Brasil*. Rio de Janeiro: Revan, 1999.

VIEIRA, Oscar Vilhena. Que reforma? *Estudos Avançados*, 18 (51): 195-207, 2004.

WAISELFISZ, Jairo Jacobo. *Mapa da violência 2012*: os novos padrões da violência homicida no Brasil. São Paulo: Instituto Sangari, 2011.

ZALUAR, Alba. Violência e crime. In: MICELI, Sérgio (Org.). *O que ler na ciência social brasileira (1970-1995)*. São Paulo: Anpocs/Sumaré, 1999. v. 1.

ZALUAR, Alba. Democratização inacabada: fracasso da segurança pública. *Estudos Avançados*. São Paulo: IEA, v. 21, n. 61, p. 31-49, 2009.

Acesso à Justiça
A construção de um problema em mutação

Carmen Fullin

13.1. A emergência do tema do acesso à justiça e sua conceituação

Como aponta Mauro Cappelletti (1988, p. 8), mesmo que a expressão "acesso à justiça" seja de difícil definição, ela pode resumidamente significar duas coisas: primeiro, a possibilidade de as pessoas reivindicarem direito e/ou resolverem conflitos no Judiciário; segundo, a possibilidade de terem acesso a resultados que sejam individual e socialmente justos. Assim, mais do que dispor concretamente do direito de recorrer aos tribunais, a expressão tem um conteúdo mais abrangente e exigente relacionado à efetivação de justiça social dentro dos tribunais. Entretanto, o que se compreende e o que se define por acesso à justiça, assim como a invenção de uma problemática ligada a este tema, têm a ver com transformações históricas sobre a ideia de Estado e de seu papel na regulação da vida social. Por isso, se em um primeiro momento o acesso à justiça dentro de uma perspectiva liberal resumia-se ao entendimento de que todo cidadão tem liberdade para litigar em nome da defesa de seus interesses, nos anos 1960 esta interpretação foi severamente modificada. A partir de então, seu conteúdo foi revestido de um significado mais exigente, associado à ideia de promoção de igualdade social; tarefa esta, naquele momento, assumida em vários países que adotavam políticas de bem-estar (*welfare state*).

Nesse contexto, poder lutar no judiciário pela concretização desta igualdade passou a ser uma questão de justiça social; portanto, acessar a justiça deixou de significar somente a possibilidade de ter o judiciário à disposição, mas, além disso, dispor de condições reais (econômicas, culturais, institucionais) para acioná-lo. Em outras palavras, o acesso aos tribunais passou a ser visto como um problema social a ser debatido e gerido pelo poder público.

Entretanto, é preciso ter em conta que a construção do problema do acesso à justiça também está relacionada à valorização da participação do Estado na regulação e no controle de conflitos sociais. Assim, a emergência de políticas de promoção deste acesso também estão relacionadas à necessidade, em um dado contexto, de fortalecimento da noção e do sentimento de que as instituições estatais são o melhor e mais seguro destino para resolução de disputas e afirmação de direitos, reforçando-se assim a centralidade do papel do Estado na vida social.

Por isso, é possível afirmar que o problema do acesso à justiça encontra-se também historicamente articulado à afirmação de uma forma específica de organização política e jurídica que marca as sociedades ocidentais capitalistas modernas. É nelas que se desenvolve a concepção de que o Estado, composto por um conjunto de indivíduos organizados em diferentes funções, detém o monopólio legítimo do uso da força para administrar os conflitos sociais. Nas sociedades ocidentais modernas e capitalistas, desenvolveu-se a crença de que cabe a um segmento deste poder estatal, o Judiciário, "dizer o direito", isto é, solucionar controvérsias, processar e gerir desacordos envolvendo violações à lei, por meio de procedimentos racionais. Assim, estabeleceu-se que é tarefa dos juízes auxiliados por uma equipe de funcionários, seguindo procedimentos públicos e previstos nos códigos, determinar o que é o justo, o certo ou o errado, diante de um desentendimento entre as partes. É, portanto, um corpo de especialistas no processamento racionalizado de conflitos o responsável por colocar um fim nas disputas, evitando que esta seja resolvida por meios privados, reputados como mais violentos.

Sob a égide deste modelo de organização política e jurídica – a qual Max Weber (1984 [1922]) caracterizou como *burocrática* – é que a acessibilidade aos mecanismos institucionais considerados mais "civilizados" (pacíficos) para resolver os desacordos relacionados ao descumprimento da lei começa, em determinado momento histórico, a ser associada a uma garantia de cidadania. Recorrer aos tribunais significa, então, não somente ter a possibilidade de obter vias mais pacíficas de entendimento para uma controvérsia, mas, sobretudo, ter acesso à efetivação de direitos, sejam eles civis, políticos ou sociais.

É nos países centrais, no contexto do pós-guerra, quando se desenvolvem os chamados Estados de bem-estar social (*welfare state*) e quando são intensificadas as relações de consumo e os novos movimentos sociais invadem a cena pública, que esta dimensão do acesso à justiça ganha notoriedade. Assim, no mesmo momento em que políticas de bem-estar consagraram direitos sociais e econômicos (direito ao trabalho, ao salário justo, à empregabilidade, à saúde, à educação, à habitação etc.) como deveres do Estado, a expansão industrial vista no pós-guerra fortalece as reivindicações consumeristas por proteção legal. Em paralelo, fora do tradicional campo das mobilizações operárias, grupos de afrodescendentes, mulheres, ambientalistas, estudantes organizam-se em movimentos sociais e adotam a linguagem reivindicativa dos direitos, isto é, elaboram suas demandas políticas em termos jurídicos, traduzindo seus apelos por igualdade em lutas pela criação de leis.

O aumento e a diversidade dos novos direitos registrados em diferentes legislações promoveram a abertura de novos campos de litigação, isto é, os tribunais foram, pouco a pouco, tornando-se o lugar privilegiado para que os direitos legalmente conquistados fossem judicialmente efetivados. Dito de outro modo, a regulamentação crescente de várias esferas da vida social pelo direito promoveu a *judicialização das relações sociais* – tal como definido por Vianna et al. (1999) –, conferindo centralidade política ao poder Judiciário.

Em contrapartida, a crise econômica que afetou as políticas de bem-estar no final da década de 1970 e início dos anos 1980 em países centrais reforçou ainda mais essa centralidade, contribuindo para que o Judiciário se constituísse, inclusive, na instância para pleitear direitos sociais precarizados pelo próprio Estado. Diante disso, o Judiciário constitui-se no lugar para o qual passaram a desaguar as expectativas pela concretização de igualdade social e justiça distributiva, configurando-se algo que o sociólogo português Boaventura de Sousa Santos (1995) chamou de "explosão de litigiosidade". Este fenômeno indica o quanto os tribunais ganharam importância enquanto um terreno de lutas pela afirmação da cidadania. Dispor de meios para socorrer-se do Judiciário para defender um direito, isto é, dispor do direito de recorrer e usufruir do serviço público de resolução de conflitos tornou-se um direito fundamental "cuja denegação acarretaria a de todos os demais" (Santos, 1995, p. 167).

Entretanto, a mesma recessão econômica que fragilizou a promoção de direitos sociais pelos Estados de bem-estar também comprometeu os investimentos públicos em serviços judiciários necessários para responder à "explosão de litigiosidade". O descompasso entre o aumento expressivo na demanda por tais serviços e a falta de incremento na qualidade de sua oferta contribuiu para o desdobramento da chamada crise da administração da justiça, isto é, no comprometimento do acesso dos cidadãos ao aparato público de efetivação de direitos. Nesse contexto, não somente os desafios para propor uma ação judicial, isto é, provocar o judiciário, mas também questões e debates relacionados à qualidade e ao estilo de serviço prestado pelo judiciário ganham destaque.

13.2. A identificação das barreiras de acesso à justiça

Vários são os motivos que mais repelem do que aproximam o cidadão comum dos tribunais. Embora a constatação deste problema e saídas para resolvê-lo não sejam uma novidade[1], é no contexto da crise da administração da justiça que este tema torna-se uma questão relevante para os governos, mobilizando também investigações de cientistas sociais e juristas, as quais impactaram os rumos de reformas judiciárias adotadas em vários países.

Desde então, inúmeras pesquisas vêm sendo produzidas com o objetivo de compreender o modo pelo qual os cidadãos comuns relacionam-se com os tribunais, com o intuito de identificar quais são os principais impedimentos encontrados para que o direito ao acesso à justiça seja usufruído. São complexos os processos que influem na tomada de decisão em recorrer ao sistema judiciário. Em geral, as pesquisas demonstram como elementos de ordem econômica, social e cultural tanto podem barrar a entrada de reivindicações no sistema de justiça quanto comprometer a "igualdade de armas" entre as partes em uma disputa judicial, gerando desigualdades.

Entre os obstáculos analisados que bloqueiam o desejo de recorrer ao judiciário, o econômico é muitas vezes o mais aparente. O pagamento de honorários advocatícios e o risco de arcar com custas processuais por quem perde a disputa (ônus da sucumbência) podem tornar o envolvimento em uma contenda judicial pouco vantajoso, sobretudo no caso de tais despesas excederem o montante da controvérsia. Note-se que a desproporção entre o valor da causa em questão e o dispêndio de recursos para sua judiciarização tende a ser maior para os economicamente mais precarizados, cujos bens patrimoniais em disputa são de pequena monta. Assim, demandantes envolvidos neste tipo de contenda podem ser mais vitimizados pelos obstáculos econômicos. Esta vitimi-

---

[1]. Tal constatação remonta ao início do século XX, quando países como Alemanha e Áustria desenvolveram estratégias pontuais como criação de centros de consulta jurídica em sindicatos alemães (SANTOS, 1995).

zação é agravada pela lentidão processual, que pode converter-se em um custo adicional, pressionando o demandante a aceitar acordos em torno de valores muito inferiores ao que teria direito.

Se o obstáculo econômico é mais evidente, sobretudo em questões envolvendo bens patrimoniais, ele não atua isoladamente para determinar a escolha pelo recurso aos tribunais. Há, em paralelo, um conjunto de fatores sociais e culturais interligados e não menos decisivos. "Litígios são construções sociais" (Santos, Marques e Pedroso, 1996), ou seja, a transformação de um conflito em uma demanda judicial é apenas uma das alternativas, não necessariamente e nem a mais provável. Para isso, é necessário não somente o conhecimento dos direitos disponíveis, mas o reconhecimento de que o problema vivenciado lesou um direito exigível juridicamente. Realizada esta etapa, é preciso haver disposição para litigar contra quem lesou tal direito. A depender do tipo de relação social entre as partes – vizinhança, trabalho, família, lazer, consumo – e da hierarquia entre elas, pode haver, por parte do lesado, maior ou menor pressão ou interesse em levar seu adversário às barras dos tribunais. Tornar público um conflito levando-o à justiça pode gerar uma ruptura ou uma transformação da relação entre as partes, por vezes prejudicial ou pouco desejada pelo(a) lesado(a). Há situações nas quais

outras formas de intervenção social sobre o desentendimento são acionadas (apelo a pessoas com autoridade moral sobre as partes) de modo a evitar a frieza, a radicalidade e a impessoalidade da intervenção judicial. Considerem-se ainda como barreiras culturais de acesso ao judiciário a pouca familiaridade, a desconfiança e mesmo a distância geográfica de determinados segmentos sociais com relação a advogados (privados ou públicos), inviabilizando esclarecimentos que potencializem a litigação[2].

Ingressar em juízo significa também sujeitar-se a adentrar por um ambiente temido pelo poder de mudar destinos, incompreensível na sua lógica de funcionamento fortemente apoiada no uso de um vocabulário e de uma linguagem impenetrável, repleto de formalismos e rituais, desconhecidos do senso comum. Um espaço em que elementos arquitetônicos, a vestimenta, os gestos, as posturas dos que lá circulam reforçam hierarquias sociais, criando um ambiente pouco acolhedor. Estes elementos, somados às incertezas e tensões envolvidas em um processo judicial, têm chamado a atenção para a existência de barreiras de caráter psicológico que também afetam o interesse por "bri-

---

[2]. A respeito das etapas que devem ser superadas para a transformação de um conflito em litígio, sugerimos um exame mais exaustivo da "pirâmide de litigiosidade" apresentada por Santos, Marques e Pedroso (1996).

gar na justiça". Há, portanto, o custo psíquico da litigância, isto é, um desgaste emocional que o demandante deve estar disposto a enfrentar. Acrescente-se que em determinados países a experiência cotidiana de determinados segmentos sociais com altos índices de violência policial tende a gerar descrédito e pavor em relação a tudo que se relaciona ao uso do serviço público de resolução de conflitos.

É importante levar em consideração que as barreiras culturais e sociais são evidentemente atenuadas ou agravadas dependendo do grau de vulnerabilidade social da parte lesada, vulnerabilidade esta ligada a variáveis como gênero, raça, idade, escolaridade, local de moradia, entre outras. Há, portanto, grupos sociais que, segundo tais variáveis, podem ter, em determinados tipos de conflito, menor acessibilidade ao serviço público de administração de conflitos[3].

Além de questões referentes ao que impede o livre consumo dos serviços judiciários pelo cidadão, ou o que podemos chamar de barreiras externas ao acesso à justiça, alguns estudiosos focam suas análises no modo como o sistema de disputa judicial compromete a paridade, isto é, "a igualdade de armas" entre as partes em litígio. Mais do que saber se os cidadãos têm iguais condições de servirem-se das instituições judiciárias, eles têm entendido que é preciso verificar se, uma vez dentro dele, esta igualdade se mantém. Neste aspecto, destacam barreiras internas ao acesso à justiça ampliando o sentido desta expressão – que não se resume no potencial diferenciado dos cidadãos para ingressar em juízo, mas em verificar se, iniciada a disputa e no seu processamento dentro do sistema de justiça, cada um dos lados mantém condições equilibradas de participação no jogo.

Como se sabe, as instituições judiciárias são inertes, cabendo ao demandante – superadas as barreiras externas mencionadas – levar sua reclamação aos tribunais. Uma vez instalado o litígio, as partes devem produzir suas provas e argumentos para que o juiz reaja e tome decisões. Pelo modo como o conflito se estrutura dentro do processo judicial, as partes são tidas

---

[3]. Pensemos, por exemplo, em duas situações contrastantes que insinuam relações distintas com o consumo de serviços de justiça: a situação de uma mulher negra, moradora de rua, vítima de furto; e a de um empresário branco do setor imobiliário que deseja discutir judicialmente a desapropriação de um de seus imóveis pela prefeitura. O serviço público de administração da justiça tende a ser mais acessível e interessante para qual deles?

Com respeito ao modo pelo qual o sistema de justiça reproduz desigualdades raciais, mencione-se a pesquisa de Adorno (1995) sobre crimes violentos julgados na cidade de São Paulo em 1990. O autor conclui que, apesar de negros e brancos cometerem crimes em iguais proporções, os primeiros tendem a ser maior alvo de vigilância policial, enfrentam mais obstáculos de acesso à justiça criminal e revelam mais dificuldades de usufruir do direito à ampla defesa. Como consequências, tendem a receber tratamento penal mais rigoroso. As conclusões desta pesquisa permi-

tem refletir a respeito de graus de confiabilidade também diferenciados que brancos e negros podem nutrir em relação aos serviços públicos ligados ao judiciário.

como portadoras dos mesmos recursos econômicos, com iguais oportunidades de investigação, e das mesmas habilidades jurídicas. Entretanto, Marc Galanter (1974) chama a atenção para as assimetrias que se reproduzem, a despeito da aparente neutralidade das regras do jogo, quando em confronto o que denomina "jogadores habituais" (*repeat players*) e "participantes eventuais" (*one-shotters*)[4]. Os primeiros correspondem aos que comparecem regularmente em juízo, envolvidos em litígios sempre muito semelhantes. São promotores de justiça, empresas de telefonia, seguradoras de automóveis, agências imobiliárias, em geral pessoas jurídicas ou entes governamentais. Já os "participantes eventuais" correspondem aos que pouco frequentam os tribunais, em geral pessoas físicas com pouca ou nenhuma experiência com serviços jurídicos, por exemplo, um acusado criminalmente, um consumidor de produto defeituoso ou de serviço insatisfatório, um reclamante por acidente de trânsito ou o inquilino de um apartamento residencial.

Independentemente do lado que ocupam em uma contenda – seja como autores ou réus –, os "jogadores habituais" são beneficiados por várias razões: têm conhecimento acumulado a respeito do litígio que costumam enfrentar; têm acesso direto aos especialistas no tipo de causa que litigam; são mais familiarizados com o sistema de justiça; têm condições econômicas para melhor suportar a morosidade do judiciário e os riscos de uma decisão judicial desfavorável; suas condições econômicas favoráveis também lhes permitem manobrar estratégias protelatórias mais vantajosas e, portanto, ter uma cartela maior de jogadas e mais liberdade para ousar em lances cujos resultados, apesar de duvidosos, podem abrir precedentes favoráveis para casos futuros, sempre semelhantes; detêm recursos políticos para propor alterações legais que lhes favoreçam. Como diria Galanter, são, em suma, mais poderosos e ricos que os participantes eventuais.

Ainda quanto a barreiras internas que podem gerar desigualdades ao longo da disputa afetando seus resultados, é importante mencionar aquelas decorrentes da composição do campo profissional da advocacia. "Jogadores habituais", isto é, empresas e entes governamentais, contam com serviços jurídicos regulares e contínuos, permitindo inclusive a realização da advocacia preventiva. Esses profissionais têm grandes compromissos com sua clientela, a qual, não raro, compõe o quadro de funcionários da própria empresa ou governo em que eles trabalham. O controle sobre a qualidade de sua atuação é, portanto, mais competente e mais acirrado, as

---

[4] Adotamos as expressões em português para *repeat players* e *one-shotters* sugeridas por Ana Carolina Chasin na versão traduzida do artigo de Galanter (2018).

relações de fidelidade mais estreitas. Além disso, equipes de advogados ligados a "jogadores habituais", dada a recorrência com que frequentam o ambiente forense, podem ter melhores condições para mobilizar informações estratégicas junto a escreventes e demais funcionários do judiciário. As vantagens da habitualidade de sua clientela é transferida para eles, permitindo-lhes desenvolver o *know-how* tático sobre como produzir a melhor prova e manejar estratégias processuais.

Distinto é o tipo de serviço advocatício ao qual pode estar exposto um "participante eventual". O contato com um profissional não especializado ou não habituado à causa em questão pode gerar uma atuação mais estereotipada e pouco criativa. Outro aspecto importante reside nas lealdades que determinados profissionais da advocacia estabelecem com a burocracia judicial na qual atuam, em detrimento da fidelidade à sua clientela. Advogados que prestam serviços para uma clientela transitória, composta de pulverizados "participantes eventuais", podem estar mais compromissados com o funcionamento da rotina forense da comarca que frequentam do que com o interesse de seu cliente. No longo prazo, tais compromissos (ligados, por exemplo, ao comprometimento do advogado em evitar recursos que protelem a decisão judicial e congestionem os trabalhos da comarca) lhe permitem obter determinados resultados profissionalmente mais vantajosos (Blumberg, 1972).

Todas essas observações permitem notar que as barreiras do acesso à justiça relacionam-se também ao estilo e à qualidade de serviços advocatícios oferecidos ao cidadão. Nessa vertente, questões relacionadas à qualidade do ensino jurídico e à ética profissional ensinada em faculdades de direito também têm sido apontadas como variáveis que interferem nas potencialidades de acesso à justiça (Economides, 1999).

13.3. Movimentos e reformas

A crise da administração da justiça no final da década de 1960 em países capitalistas centrais alavancou uma série de reformas visando atacar as diversas barreiras de acesso que vinham sendo diagnosticadas. Além de passar a ser tratado como um dos direitos humanos fundamentais, o acesso à justiça tornou-se também uma questão política. Afirmar o monopólio da administração de conflitos, abrindo caminhos e facilitando a entrada de demandas dos cidadãos junto ao judiciário, passou a ser também uma maneira de afirmar a pujança e o poder de um Estado cujas promessas e capacidade de garantia dos direitos sociais (*welfare state*) estavam cada vez mais fragilizadas. Ressalte-

-se que, nesse momento, a insatisfação popular com a qualidade e a morosidade de tais serviços já era bastante difundida, inclusive pelos meios de comunicação (Santos, 1995). A popularização dos serviços de administração de justiça tornou-se um dos alvos de reformas priorizando o maior acolhimento de demandas das chamadas pequenas causas, vividas no dia a dia do cidadão comum, consumidor e morador dos centros urbanos.

O processualista italiano Mauro Cappelletti teve posição de destaque na sistematização do crescente e variado conjunto de experiências institucionais ligadas à ampliação do acesso que vinham sendo difundidas em várias partes do mundo. Baseando-se em uma monumental pesquisa comparativa feita em diversos países[5], identificou que três conjuntos de reformas vinham se dando, mais ou menos de modo cronológico, no Ocidente. Denominou-os as "três ondas do movimento de acesso à justiça", expressão que se tornou clássica por apresentar com clareza a correspondência entre as mudanças institucionais e as transformações no significado do "acesso à justiça".

Atento aos métodos de pesquisa provenientes de outros ramos do saber – como a Sociologia, a Antropologia e a Ciência Política –, bem como ao exame de culturas e realidades jurídicas diversas, Cappelletti verificou como primeira onda de incremento ao acesso à justiça aquela destinada aos investimentos públicos em assistência judiciária gratuita para os pobres com o intuito de driblar as barreiras de caráter econômico. Ter um advogado remunerado pelo Estado passou a ser visto como um direito, e a precariedade dos modelos de assistência judiciária prevalecente até então, dependentes da caridade de advogados privados para suprir as demandas dos mais empobrecidos, mostrou-se evidente, sobretudo em uma economia de mercado na qual os profissionais mais experientes e competentes tendem a dedicar-se às causas mais lucrativas. Reformas, seja em favor do sistema *judicare*, com a oferta de advogados particulares cadastrados e reembolsados pelo Estado para atuar em causas de interesse individual, seja em favor da criação de equipes de advogados remunerados exclusivamente pelo Estado,

---

[5]. Esta pesquisa, chamada de "Projeto de Florença", contou com o importante financiamento da Fundação Ford e, apesar de incluir observações feitas em trinta países (na Europa Ocidental, no Leste Europeu, na Ásia, na América do Norte, na Oceania e na América Latina), não envolveu o Brasil. Os resultados desta investigação desenvolvida ao longo de cinco anos foram publicados, entre 1978 e 1979, em quatro volumes respectivamente intitulados: *Access to justice*: a world survey (coordenado por Cappelletti e Garth), *Access to justice:* studies of promising institutions (coordenado por Cappelletti e Weisner), *Access to justice*: emerging perspectives and issues (coordenado por Cappelletti e Garth), *Access to justice in an anthropological perspective; Patterns in conflict management*: essays in the etnography of law (coordenado por Cappelletti e Koch). O primeiro volume foi traduzido para o português pela ex-presidente do Supremo Tribunal Federal, Ellen Gracie Northfleet, e publicada no Brasil em 1988.

alocados em *escritórios de vizinhança* para atuar de modo educativo, preventivo e também como "jogadores habituais" em demandas coletivas dos mais empobrecidos, tiveram destaque.

A segunda onda veio, segundo o autor, para enfrentar o problema da representação dos interesses difusos. Relacionou-se às diversas reformas processuais feitas para viabilizar o reconhecimento jurídico de sujeitos coletivos de direito, tais como grupos de indivíduos lesados em relações de consumo ou em danos ambientais, ou mesmo prejudicados em políticas governamentais. Com isso, coletividades ganharam legitimidade ativa para ingressar em juízo em um sistema processual que tradicionalmente absorvia demandas individuais e promovia decisões judiciais com efeitos limitados às partes em disputa. Ao lado de institutos processuais extremamente inovadores – como as ações coletivas (*class action* norte-americanas) –, esta onda promoveu incrementos institucionais variados para tornar possíveis a identificação, a aglutinação e a representação judicial de demandas coletivas, não raro fragmentadas e dispersas. Assim, novos atores governamentais – como o *ombudsman* do consumidor (Suécia), o advogado público (EUA) –, junto a órgãos tradicionais como o ministério público, além de grupos de advogados mantidos por associações sem fins lucrativos, assu-

miram atribuições importantes do agenciamento de tais interesses.

O autor identifica a terceira onda do movimento de acesso à justiça em um complexo de reformas focado em mudanças na forma de processar e prevenir os conflitos nas sociedades modernas. Tal onda de reformas não desprezou as inovações introduzidas nos momentos anteriores, quando o maior desafio estava associado à superação das barreiras que impediam o acesso aos serviços de um advogado, em favor de um interesse individual ou coletivo. Entretanto, esta terceira onda emergiu da constatação de que o direito ao acesso à justiça, para segmentos sociais mais empobrecidos, não se efetivaria apenas com o direito à assistência judiciária gratuita. Assim, a partir de um novo enfoque sobre o problema do acesso à justiça, tais reformas caracterizam-se pela incorporação de inovações ousadas, como a criação de cortes especializadas na recepção de determinados tipos de conflituosidade cotidiana (relações de vizinhança, inquilinos e proprietários, consumidores e fornecedores etc.), caracterizadas pela dispensa de advogados, pela participação de leigos ou paraprofissionais[6] como julgadores da contenda, pela utilização de mecanismos destinados a dar agilidade –

---

6. São assistentes jurídicos com diversos graus de treinamento e conhecimento em direito, isto é, não necessariamente advogados.

enfatizando procedimentos orais e a obtenção de soluções mais mediadas entre as partes –, pela concentração e simplificação de etapas processuais e pela gratuidade das custas do processo.

É marcante em tal onda de reformas o deslocamento ou desvio de determinado tipo de conflituosidade para estruturas menos formais de solução de litígios, nas quais o juiz togado tem uma atuação totalmente reformulada. Nelas, ele deixa de protagonizar a produção do desfecho, posicionando-se de modo mais periférico. Trata-se de um afastamento ligado à abertura de uma atuação mais propositiva das partes em conflito, conferindo poder a personagens inéditos na cena judicial, como conciliadores, mediadores e árbitros. Entende-se que, uma vez mais afastadas de um processo decisório centrado no juiz togado, acima e distante das partes, e envolto em complexos procedimentos, as partes podem ter acesso a decisões mais rápidas, participativas – e, por isso, mais definitivas – e também menos custosas. O que se observa nesse movimento é, portanto, uma clara associação entre métodos tradicionais de solução de conflitos oferecidos pelo Estado à morosidade, à onerosidade, ao excesso de hierarquia e, em decorrência, à inacessibilidade e ao distanciamento dos tribunais em relação ao cidadão comum.

O acesso à justiça passa a ser associado ao direito a um sistema judicial eficiente, no qual as decisões sejam rápidas, participativas, baratas, e, por isto, mais atraentes para o cidadão e menos custosas para os cofres públicos. Neste aspecto, a terceira onda de reformas também pode ser interpretada como um desdobramento da mencionada crise da administração da justiça. Descongestionar os tribunais por intermédio de uma gestão de conflitos que confira melhor desempenho e credibilidade ao judiciário foi também uma das razões que deram força e alcance a essa vaga de inovações conhecida na literatura como movimento ADR, isto é, *alternative dispute resolution,* cujo centro irradiador foi a América do Norte.

13.4. Os meios alternativos de administração de conflitos

A terceira onda de reformas identificada por Cappelletti ainda na década de 1970 continua se constituindo, de lá para cá, como a principal tendência das políticas judiciárias em diferentes continentes. Paralelamente, uma farta literatura nas ciências sociais vem se debruçando sobre este fenômeno, cuja variedade de nomenclaturas – informalização da justiça (Abel), *soft justices*, ordem negociada (Le Roy), justiça negocial (Tulkens; Kerchove), justiças do diálogo (Beraldo de Oliveira), justiça de proximidade, entre outras – indica a multiplicidade de experiências e suas interpretações.

Em geral, os meios alternativos de administração de conflitos correspondem a mecanismos que não necessariamente operam fora do controle do Judiciário. São chamados de alternativos por incorporarem estratégias que se apresentam como opostas aos modelos tradicionais, nos quais a participação das partes na condução do processamento do conflito é mínima, uma vez que seguem determinações processuais rigidamente estabelecidas que convergem morosamente para a decisão unilateral do juiz. Os mecanismos mais difundidos são a arbitragem, a mediação e a conciliação.

A arbitragem, ou juízo arbitral, caracteriza-se pela presença de julgadores com formação técnica ou jurídica, definidos e remunerados pelas partes para promover decisões sobre a contenda, com poderes reconhecidos em lei, a qual também limita as possibilidades de recurso da decisão dos árbitros junto aos tribunais. Em geral, é permitida em questões que não violem determinadas garantias fundamentais. Apesar de estar sob algum controle estatal, é chamada de "justiça privada", pois a escolha do terceiro e suas atribuições na disputa são previamente convencionadas pelas partes (Bonafé-Schmitt, 1999). Seu uso encontra-se previsto em muitos contratos comerciais entre corporações interessadas em solucionar de modo rápido eventuais controvérsias relativas a vultosas quantias monetárias, pagando altos preços pela intervenção de um árbitro.

Embora não haja um consenso sobre o que distingue a mediação e a conciliação – em alguns contextos culturais suas distinções são tênues, em outros são tratadas como sinônimos[7] –, há pesquisadores que identificam tentativas de diferenciação, sobretudo entre aqueles que vêm se profissionalizando em tais práticas (Sampaio e Braga Neto, 2007; MELLO e BAPTISTA, 2011; Pedroso, 2002). Por este prisma, é possível apontar que, distintamente do árbitro, o conciliador e o mediador assistem as partes na busca de uma decisão, sem dispor de poder para resolver a questão ou impor sua decisão. Por isso, em tese, ambos estabelecem uma relação mais horizontalizada com as partes na produção de um desfecho.

A conciliação consiste em um procedimento oferecido às partes para que evitem, se desejarem, o processo judicial. É, portanto, preliminar à decisão do juiz, podendo ser uma etapa obrigatória ou facultativa. Sua finalidade é promover um desfecho célere conduzido por um terceiro imparcial, incumbido de auxiliar a cons-

---

7. Esta observação é válida também para a doutrina jurídica, na qual parece também não haver consenso a respeito dos critérios que distinguem uma e outra prática. Cappelletti e Garth (1988) não mencionam diferenças entre tais procedimentos e parecem tratá-los unicamente como conciliação.

trução de um acordo factível para as partes que, em geral, não compartilham de uma história de vida em comum.

Na mediação, há, sobretudo, o estímulo ao diálogo entre as partes, que dividem uma história de relacionamento. Portanto, esse é o foco central de um procedimento cujo desfecho é a consequência. O mediador atua como facilitador da comunicação entre as partes, convidadas a tomar suas decisões com olhos no futuro do relacionamento estremecido por ocasião da desavença.

É importante lembrar que, com exceção da arbitragem, a implementação e regulamentação de tais mecanismos têm tido um alcance também destacado no âmbito da justiça penal. Neste aspecto, a flexibilidade de procedimentos adotados no processamento do conflito – por intermédio da conciliação ou da mediação – caracteriza-se também por desfechos envolvendo a determinação de medidas punitivas distintas do encarceramento e, por isso, chamadas de alternativas penais (entre elas, sanções de natureza civil que possam incluir o interesse da vítima – como a reparação material do dano –, sanções de cunho terapêutico focadas no tratamento do autor, ou ainda sanções de caráter comunitário, como o trabalho não remunerado em instituições assistenciais).

É possível associar esta tendência ao aparecimento, também nos anos 1970, de movimentos sociais norte-americanos preocupados com a defesa dos interesses das vítimas em face do modo pelo qual o modelo ocidental de justiça penal processa conflitos. A constatação de que o promotor de justiça assume o lugar da vítima, privando-a de participar de negociações com o autor que possam redundar em resultados mais satisfatórios para ambas as partes, fomentou o amplo movimento de mediação vítima-agressor (*victim-offender mediation*), cuja repercussão também atingiu a Europa, notadamente a França, com experiências associadas ao que se denomina mediação penal (Bonaffé-Schmitt, 1995).

Nos países de tradição anglo-saxônica, este movimento contribuiu para a emergência da chamada justiça restaurativa. Apesar de corresponder a uma heterogeneidade de experiências institucionais e ser vista ora como um movimento, ora como um novo paradigma, ou ainda como um novo modelo de justiça (Jaccoud, 2003), ela tem como princípio propiciar espaços de interação nos quais vítima e agressor dialoguem sobre o episódio conflituoso vivido, com vistas a estabelecer a reparação (material e/ou moral) dos danos gerados pela infração. O crime não é apreendido como uma violação à lei, passível de resposta centrada no seu autor, mas como a ruptura da relação entre duas ou mais pessoas, cujos efeitos podem ser de ordem física, patrimonial e também emocional. Por isso, são criadas situações de interlocução entre as partes, mediadas por membros da comunidade, psicólogos, assistentes sociais treinados para ser facilitadores deste encontro. Nelas, são adotadas práticas dialógicas que envolvem conversas com familiares sobre o acontecimento, círculos restaurativos nos quais envolvidos direta ou indiretamente no conflito discutem o ocorrido. Nessa perspectiva, a justiça restaurativa questiona a finalidade do modelo adversarial de intervenção penal, centrado no castigo do agressor pela pena estatal e no silenciamento da vítima, como estratégia eficaz de solução de controvérsias. A partir de noções como reconciliação, participação comunitária e responsabilização do agressor, propõe-se uma abordagem mais contextualizada do conflito em detrimento do modelo penal tradicional, que conduz vítima e agressor a polarizações em uma disputa cujo objetivo principal é concluir o processo pela absolvição ou pela condenação.

Ao lado deste movimento de reavaliação do modo pelo qual o crime é processado na justiça, está a crescente discussão, iniciada no contexto dos anos 1970, sobre os limites do encarceramento como estratégia de reabilitação dos apenados. O problema carcerário também ganha repercussão na década de 1980, com a expansão e a sobrecarga do sistema carcerário, medida pelo aumento da população prisional, e as discussões sobre a capacidade estatal

de gerir tal contingente. Neste contexto, de demandas por maior participação das vítimas na justiça penal e crise no sistema carcerário, é que sanções alternativas para conflitos reputados como leves e menos complexos, aplicadas por meio de procedimentos informalizados, ganham crescente investimento. Mais do que alternativas à prisão, tais punições são incorporadas nestes procedimentos como mecanismos estratégicos de abreviação do processo, visando a economia de tempo e de recursos públicos.

Quanto a isso, nota-se a tendência marcante nos sistemas penais de tradição civilista da adoção de procedimentos consultivos – até então mais recorrentes nos sistemas continentais – que dependem do consentimento das partes, sobretudo daquela que figura como infrator. É neste aspecto que alguns analistas falam em *contratualização* da justiça penal, referindo-se à multiplicidade de mecanismos – transação penal, composição civil, suspensão condicional do processo etc. – baseados na necessidade de concessões recíprocas entre acusação e defesa, as quais estabelecem negociações que, entre outros efeitos, abreviam a solução da controvérsia. Um exemplo está na transação penal por meio da qual o promotor público, ao invés de decidir processar o suposto infrator, propõe-lhe o acatamento de uma punição leve. Neste caso, cabe ao suposto infrator decidir se aceita a proposta, abrindo mão de provar sua inocência, ou se recusa a proposta do promotor, tornando-se réu em um processo no qual terá oportunidade de provar sua versão dos fatos e eventualmente ser absolvido. Nessa transação – em alguns aspectos semelhante ao *plea bargaining* norte-americano –, o processo é evitado pelo promotor, que propõe uma solução punitiva alternativa ao cárcere, desde que haja o consentimento do suposto infrator para o estabelecimento de tal negociação.

13.5. A terceira onda e suas ambiguidades: uma conclusão

Em diferentes análises empíricas a respeito da profusão de métodos alternativos de solução de conflitos que caracterizam a terceira onda do movimento de acesso à justiça, tem sido recorrente a perspectiva de que este fenômeno caracteriza-se por uma profunda ambiguidade quanto aos seus propósitos. Se de um lado a flexibilidade e a horizontalidade que o caracterizam insinuam a presença de uma abertura do Judiciário para procedimentos mais participativos, ampliando, desse modo, o acesso à justiça, por outro tal fenômeno é também lido como associado à necessidade de conter a sobrecarga de demanda por serviços de administração da justiça em um contexto de crise fiscal e de legitimidade do Estado. Por isso, tais reformas teriam limi-

tes muito evidentes do ponto de vista da ampliação do acesso a uma justiça que assegure o equilíbrio entre as partes. Em sua pesquisa em Juizados Especiais Cíveis na cidade de São Paulo, Chasin (2007) demonstrou como aspectos da informalidade, tais como a dispensabilidade de advogados nas audiências de conciliação e o baixo grau de profissionalização de conciliadores premidos pela necessidade de fechar mais acordos em menos tempo, abrem caminho para a produção de assimetrias entre as partes e impedem o exercício do diálogo a respeito da violação de direitos.

Em outro contexto, Laura Nader chama atenção para o fato de que "estilos de disputas são um componente de ideologias políticas, sendo frequentemente resultado de imposição ou difusão" (1994, p. 18). Com isso, a autora introduz uma leitura crítica ao que considera aceitação generalizada de modelos de justiça consensuais como se fossem, em si mesmos, mais benéficos ou vantajosos para ambas as partes. Para ela, a valorização de métodos pautados na ideia de pacificação, harmonização e negociação de interesses, louvados como estratégias modernas de solução de disputas em detrimento da litigação tradicional, tem se demonstrado, em certos domínios do direito, mais favorável aos economicamente mais fortes. Com isso, questiona até que ponto procede esta "ideologia da harmonia", assentada na ideia de que o consenso obtido por meios informais é sempre melhor para ambas as partes.

Além deste tipo de crítica, outras apontam que o investimento em mecanismos flexíveis de solução de conflitos consiste prioritariamente em uma estratégia para desviar (*diversion*) a litigação de massa ligada à pequena conflituosidade do cidadão comum para alternativas informais, em geral mais rápidas e baratas. O resultado de tal investimento reflete-se na "segmentação no mercado de acesso ao direito e à justiça dividida entre uma justiça profissional e institucionalizada para certas categorias sociais e uma justiça 'profana' informal e desprofissionalizada para grupos sociais mais desfavorecidos" (Lauris, 2009). Neste ponto, polemiza-se se a agilidade de procedimentos e a atuação de intermediadores fiéis ao adágio popular "mais vale um mau acordo que uma boa demanda" não estariam contribuindo para o acesso a uma justiça de "segunda classe", na qual garantias processuais seriam violadas em favor de um serviço de administração da justiça instantâneo.

No âmbito das relações de consumo, estudos como o de Abel (1981) demonstraram que a justiça informal contribui para pulverizar e individualizar demandas coletivas contra empresas. Constituindo-se como arenas de negociações monetárias, rápidas e baratas para os consumidores insatisfeitos, os mecanismos informais neutralizam e refreiam reclamações que, organizadas coletivamente, poderiam ameaçar interesses empresariais. Com isso, apaziguam determinados segmentos e abafam conflitos que podem potencializar mudanças mais amplas nas relações de consumo possivelmente mais favoráveis à coletividade de consumidores.

No campo penal, a difusão de mecanismos negociais tem gerado discussões acerca dos riscos que a flexibilização e a simplificação de procedimentos podem trazer para o direito de defesa daqueles que figuram como infratores. Assim, questiona-se até que ponto a transação penal favorece, principalmente, a punição precipitada do suposto infrator. Se de um lado este mecanismo evita as delongas do processo descongestionando os tribunais, de outro amplia os poderes do promotor, que pode determinar uma punição sem provas. Se em princípio tais mecanismos sugerem uma justiça penal mais participativa na qual o suposto infrator tem liberdade de escolher entre o processo e a punição sumária, discute-se até que ponto esta margem de escolha restringe-se às determinações do promotor que toma desde logo o suspeito como culpado. Nesses termos, tais mecanismos de justiça penal instantânea revelam-se mais voltados para a promoção da agilidade, do barateamento dos serviços de administração de conflitos, além de favorecer o controle e a punição de meros suspeitos. Note-se, ainda, que tais mecanismos têm sido assimilados para infrações consideradas menos complexas e gravosas, relacionadas em geral à criminalidade cotidiana e de massa, isto é, às pequenas incivilidades urbanas – como pichações, consumo de drogas, lesões corporais –, as quais podem, assim, ser punidas de modo mais rápido e econômico para o Estado. Por isso, autores apontam que a incorporação de mecanismos informais no âmbito da justiça penal, mais do que consistir em uma alternativa punitiva não carcerária – tida como menos agressiva para os pequenos infratores –, oferecendo oportunidades mais participativas no jogo processual, são, na verdade, estratégias de punir em maior escala, de forma mais eficiente, mais barata e mais visível (Kaminski, 2009). Por meio de tais críticas, pode-se perceber o quão complexo é o debate acerca da ampliação do acesso à justiça em âmbito penal e como esta pode se constituir em uma via de mão dupla (FULLIN, 2012).

Quanto à justiça restaurativa, apesar da heterogeneidade de experiências e de modelos, as críticas mais frequentes dizem respeito ao risco de seu potencial inovador, quanto à forma de conceber o crime e a punição, ser reduzido à técnica de resolução de conflito disponível às partes, atuando em paralelo à justiça penal. Nesse aspecto, as práticas restaurativas tenderiam a ser aplicadas de forma complementar, sem introduzir parâmetros de atuação alternativa no interior da justiça penal. A experiência restaurativa tenderia a ficar encapsulada do lado de fora da justiça penal, promovendo, além disso, fenômenos não menos preocupantes como o da múltipla sanção, isto é, o acúmulo, para o infrator, da punição determinada na sentença e da reparação dos danos decidida em âmbito restaurativo (Raupp e Benedetti, 2007). Por este critério, paradoxalmente, a justiça restaurativa favoreceria a ampliação do acesso à justiça pela via da ampliação da punição.

Não se trata de desconsiderar, diante da já mencionada heterogeneidade de experiências que abrigam os métodos alternativos de resolução de conflitos, as dimensões emancipatórias presentes na terceira onda de acesso à justiça. O que as críticas demonstram é a necessidade de constante contextualização de tais reformas à luz de transformações sociais, políticas e econômicas mais amplas. É este exercício que permite refletir sobre as potencialidades e limites de cada experiência, mas, sobretudo atentar para a necessidade constante de redefinição do problema do acesso à justiça.

Bibliografia

ABEL, Richard. The contradictions of informal justice. In: ABEL, Richard (Org.). *The politics of informal justice.* New York: Academic Press, 1981. v. 1.

ADORNO, Sérgio. Discriminação racial e justiça criminal em São Paulo. *Novos Estudos Cebrap*, n. 43, 1995.

BERALDO DE OLIVEIRA, Marcela. Justiças do diálogo: uma análise da mediação extrajudicial e da 'produção de justiça'. *Dilemas: Revista de Estudos de Conflito e Controle Social*, v. 4, n. 2, abr./jun. 2011.

BONAFÉ-SCHMITT, Jean Pierre. Direito alternativo e justiça alternativa – observações gerais. In: ARNAUD, Andre Jean et al. *Dicionário Enciclopédico de teoria e de sociologia do direito*. Rio de Janeiro: Renovar, 1999.

BONAFÉ-SCHMITT, Jean Pierre. Le mouvement "victim-offender mediation": le exemple du Minnesota Citizen Council on Crime and Justice. *Droit et Société*, n. 29, 1995.

BLUMBERG, Abraham S. The practice of law as confidence game. In: AUBERT, V. (Org.). *Sociology of law*. Middlesex: Penguin Books, 1972.

CAPPELLETTI, Mauro; GARTH, Bryant. *Acesso à justiça*. Porto Alegre: Sérgio Fabris, 1988.

CHASIN, Ana Carolina da Matta. *Uma simples formalidade*: um estudo sobre a experiência dos Juizados Especiais Cíveis em São Paulo. 182 f. Dissertação (Mestrado em Sociologia). Faculdade de Filosofia, Letras e Ciências Humanas/Universidade de São Paulo. São Paulo, 2007.

ECONOMIDES, Kim. Lendo as ondas do "movimento de acesso à justiça": epistemologia *versus* metodologia? In: PANDOLFI, Dulce Chaves; CARVALHO, José Murilo; CARNEIRO, Leandro Piquet; GRYNSZPAN, Mário (Org.). *Cidadania, justiça e violência*. Rio de Janeiro, FGV, 1999.

FULLIN, Carmen Silvia. *Quando o negócio é punir*: uma análise etnográfica dos Juizados Especiais Criminais e suas sanções. 255 f. Tese (Doutorado em Antropologia). Faculdade de Filosofia, Letras e Ciências Humanas/Universidade de São Paulo. São Paulo, 2012.

GALANTER, Marc. *Por que "quem tem" sai na frente:* especulações sobre os limites da transformação no direito. Org. e trad. Ana Carolina Chasin. São Paulo: FGV Direito SP, 2018.

GALANTER, Marc. Why the "haves" come out ahead: speculations on the limits of legal change. *Law and Society Review*, v. 9, n. 1, 1974.

JACCOUD, Mylène (Dir.). *Justice réparatrice et médiation pénale*: convergences ou divergences? Paris: L'Harmattan, 2003.

KAMISNKI, Dan. *Penalité, management, innovation*. Namur: Presses Universitaires de Namur, 2009.

KARAM, Maria Lúcia. *Juizados especiais criminais*: a concretização antecipada do poder de punir. São Paulo: Revista dos Tribunais, 1997.

LAURIS, Élida. Entre o social e o político: a luta pela definição do modelo de acesso à justiça em São Paulo. *Revista Crítica de Ciências Sociais*, n. 87, 2009.

LE ROY, Étienne. La médiation: mode d'emploi. *Droit et Société*, n. 29, p. 39-55, 1995.

MELLO, Katia Sento Sé; BAPTISTA, Bárbara Gomes Lupetti. Mediação e conciliação no Judiciário: dilemas e significados. *Dilemas: Revista de Estudos de Conflito e Controle Social*, v. 4, n. 1, jan. mar. 2011.

NADER, Laura. Harmonia coercitiva: a economia política dos modelos jurídicos. *Revista Brasileira de Ciências Sociais*, n. 26, 1994.

PEDROSO, João. Percurso(s) da(s) reforma(s) da administração da justiça: uma nova relação entre o judicial e o não judicial. *Oficinas do Centro de Estudos Sociais*, n. 171, abr. 2002.

RAUPP, Mariana; BENEDETTI, Juliana Cardoso. A implementação da justiça restaurativa no Brasil: uma avaliação dos programas de justiça restaurativa em São Caetano do Sul. Brasília e Porto Alegre. *Revista Ultima Ratio*, n. 1, 2007.

SAMPAIO, Lia Castaldi; BRAGA NETO, Adolfo. *O que é mediação de conflitos?* São Paulo: Brasiliense, 2007.

SANTOS, Boaventura Sousa. Introdução à sociologia da administração da justiça. *Pela mão de Alice*. O social e o político na pós-modernidade. São Paulo: Cortez, 1995.

SANTOS, Boaventura Sousa; MARQUES, Maria; PEDROSO, João. Os tribunais nas sociedades contemporâneas: o caso português. *Revista Brasileira de Ciências Sociais*, n. 30, 1996.

TULKENS, Françoise; KERCHOVE, Michel van de. La justice pénale: justice imposée, justice participative, justice consensuelle ou justice négociée? In: GÉRARD, Phillipe; OST, François; KERCHOVE, Michel van de (Org.). *Droit négocié, droit imposé?* Bruxelas: Facultés Universitaires Saint-Louis, 1996.

VIANNA, Luiz Werneck; CARVALHO, Maria Alice R. de; MELO, Manuel P. C.; BURGOS, Marcelo B. *A judicialização da política e das relações sociais no Brasil*. Rio de Janeiro: Revan, 1999.

WEBER, Max. *Economía y sociedad*: esbozo de sociología comprensiva. México: Fondo de Cultura Económica, 1984.

14

Movimentos Sociais e Direito

O Poder Judiciário em disputa

Evorah Lusci Cardoso
Fabiola Fanti

A relação dos movimentos sociais com o direito é ambígua. Ora suas demandas encontram-se à margem do direito, ora os movimentos sociais utilizam o direito e as instituições estatais para promovê-las. O processo de democratização e a permeabilidade das instituições por meio de diversos mecanismos de participação estimulam a mobilização social em torno desses espaços do Estado, o que também altera o tipo de ação política dos movimentos sociais e sua linguagem. É a diferença entre lutar "contra" o direito ou "à margem" dele e "por" direitos.

A sociologia jurídica no Brasil surge e se dissemina enquanto disciplina na década de 1980 e tem como agendas iniciais de estudo o pluralismo jurídico e o direito alternativo. Ambas correspondem ainda a um contexto político autoritário e a um direito excludente e excessivamente formalista. O debate sobre o pluralismo jurídico é influenciado principalmente pela pesquisa de Boaventura de Sousa Santos, sobre o direito e as formas de solução de conflitos produzidos por moradores de uma favela brasileira, que recebeu o nome fictício de Pasárgada (SANTOS, 1977, p. 5-125). Para algumas leituras desse trabalho feitas à época, essa forma do direito local representava uma forma de direito emancipatória, menos formal, mais consensual e democrática, pois era produzida e aplicada diretamente pelos atores sociais envolvidos e prescindia do aparato estatal, que, na maioria das vezes, era alheio ou persecutório a essa comunidade. Outras leituras entendiam que essa produção local mimetizava as formas do direito "do asfalto" e buscava, assim, suprir uma lacuna do aparato do Estado, sem, no entanto, contar com as mesmas garantias formais deste, ou seja, também poderia ser um direito excludente.

O direito alternativo, por sua vez, foi influenciado pelo debate sobre o "uso alternativo do direito", na Itália. Um movimento de magistrados que teve por objetivo produzir novas interpretações jurídicas, alheias ao formalismo jurídico e à tradição civilista, para levar em consideração demandas sociais. Essa é uma atuação dentro do sistema jurídico e por seus próprios operadores, mas ainda assim crítica ou contrária à própria forma do direito.

Em uma reavaliação da trajetória dos estudos de "direito alternativo" e "pluralismo jurídico" no Brasil, Luciano Oliveira aponta o caminho para outra agenda de estudos da sociologia jurídica, em que haveria uma relação mais integrada entre movimentos sociais e direito: "parece-me que hoje, no Brasil, as lutas sociais que se desenvolvem em torno da ideia do direito assemelham-se mais a um reconhecimento e integração ao sistema jurídico do que a uma 'alternatividade' ou a um 'pluralismo', que acaba se manifestando mais como um subproduto da segregação e do abandono

[...]. Nos últimos anos, o próprio sistema jurídico brasileiro [...] reconheceu e integrou, ao menos no plano normativo, assim como no jurisprudencial, vários princípios que inspiram essas e outras lutas coletivas com base na noção de direitos" (OLIVEIRA, 2003, p. 219-220). Faria e Campilongo apontam no mesmo sentido, quando dizem que há "um aspecto até agora pouco explorado pelos estudiosos: a influência e o condicionamento que esses movimentos imprimem sobre a legislação, notadamente quanto à alocação de recursos e implementação de políticas públicas" (1991, p. 58-59).

A democratização e o processo de elaboração da nova Constituição, fruto de intensa mobilização social, trazem consigo um novo aparato do Estado, dentro do qual o direito está em disputa por um maior número de atores. Novos direitos, novos instrumentos processuais, novas funções para o Ministério Público, novos mecanismos de participação no Poder Executivo. Embora em um primeiro momento tenha ficado mais evidente a mobilização social em torno do Poder Legislativo pós-Constituinte[1], para a positivação de novos direitos ou regulamentação de outros, e do Poder Executivo, por conta da permeabilidade de partidos políticos, criação de conselhos e conferências (SCHATTAN; NOBRE, 2004),

---

[1.] Algumas entidades da sociedade civil se especializaram nesse campo de incidência política no Congresso Nacional, após a Constituinte.

atualmente observa-se também a mobilização social em torno do Poder Judiciário. Os casos difíceis do Supremo Tribunal Federal, com realização de audiências públicas, são um exemplo dessa mobilização.

Essa nova forma de articulação com os espaços institucionais do Estado é acompanhada por uma transformação na própria organização dos movimentos sociais e pela apropriação da linguagem do direito como um instrumento de atuação política desses movimentos. Houve a proliferação e a profissionalização de entidades da sociedade civil que passam a trabalhar com a linguagem dos direitos.

Mas, por que apenas mais recentemente o Poder Judiciário parece emergir como um espaço em disputa para os movimentos sociais de forma mais clara? Várias hipóteses explicativas podem ser levantadas. Esse movimento em direção ao Poder Judiciário pode revelar a superação de uma determinada concepção de direito pelos movimentos sociais na qual o espaço de criação do direito é o Poder Legislativo, cabendo ao Poder Judiciário apenas sua aplicação. Essas opções estratégicas podem ter sido frustradas, por exemplo, por as vitórias no reconhecimento de novos direitos no Poder Legislativo não terem sido acompanhadas em alguns casos pela sua implementação pelo Poder Judiciário, ou por o Poder Legislativo ter sido abertamente refratário a determinadas demandas sociais. Há, ainda, um uso propositivo do Poder Judiciário, baseado nessa nova concepção de que o próprio Poder Judiciário pode ser um espaço de disputa do sentido de direitos já existentes ou para o reconhecimento de novos direitos.

A relação dos movimentos sociais com o Poder Judiciário revela o caráter ambíguo da sua própria relação com o direito – ora "à margem", ora integrados. O primeiro caso ocorre, por exemplo, quando o Poder Judiciário decreta a reintegração de posse de um terreno, prédio ou terra, retirando ou despejando o Movimento de Moradia ou o Movimento dos Trabalhadores Rurais Sem-Terra (MST) que antes os ocupava. Ao contrário, quando o Supremo Tribunal Federal autoriza a união estável entre pessoas do mesmo sexo, ele contribui para a realização de uma importante demanda do Movimento LGBT (Lésbicas, Gays, Bissexuais, Travestis, Transexuais e Transgêneros), que ficou sem apoio político no Congresso Nacional por muitos anos.

A esse desempenho das cortes estão relacionadas diferentes formas de mobilização social em torno do direito e do Poder Judiciário. Enquanto os movimentos sociais por terra e moradia têm uma relação muito mais reativa e defensiva em relação ao Poder Judiciário e a outras instituições do direito, como o Ministério Público, por serem criminalizados em razão de suas demandas sociais estarem "à margem do direito"[2], movimentos sociais como o LGBT procuram explorar uma agenda mais propositiva e inclusiva em relação ao direito e ao Poder Judiciário, buscando o reconhecimento de novos direitos, que não são obtidos em espaços políticos majoritários, enxergando o Poder Judiciário como um possível espaço de transformação social, sendo o direito a nova linguagem dessa disputa política. Outra relação com o Poder Judiciário pode ser a de garantir a efetivação dos direitos já positivados no plano Legislativo, ou seja, a disputa agora poderia ser para que não haja retrocessos nessas conquistas legislativas, por exemplo a defesa da constitucionalidade da Lei Maria da Penha no Supremo Tribunal Federal.

No entanto, mesmo em relação aos movimentos sociais com uma postura tradicionalmente mais reativa em relação ao direito, há uma tendência recente de também incorporar a linguagem do direito[3] e, a partir das dificuldades de acesso ao espaço de disputa do Poder Judiciário, a agenda propositiva de direitos se transforma em uma agenda de reforma das instituições do direito, para que sejam mais permeáveis a essas demandas sociais. Isso porque a mera positivação de direitos não altera necessariamente o Judiciário que os aplica, tornando também o funcionamento deste Poder alvo da ação daqueles que trabalham com a linguagem de direitos.

Em qualquer um dos casos, o Poder Judiciário está sendo disputado pelos movimentos sociais – seja por ser um espaço de disputa de interpretação do direito, mais uma rodada de deliberação política na qual é preciso participar, seja por institucionalmente poder ser objeto de reformas que o tornem mais permeável às demandas sociais.

Essa aproximação dos movimentos sociais a este espaço institucional do Estado também pode provocar outra leva de transformações em como os movimentos sociais se organizam. A imersão na dinâmica de funcionamento do Poder Judiciário (linguagem técnica jurídica, tempo do processo, respeito aos procedimentos) pode afetar o modo de ação política dos movimentos sociais. As entidades sociais incorporam ainda mais a linguagem dos direitos, passam a ser compostas também por advogados. O Judiciário pode ser um espaço de atuação menos acessível, no qual se exige uma argumentação jurídica, que articule elementos da dogmática jurídica, não tão permeável a outras linguagens.

O estudo da relação entre movimentos sociais, direito e Poder Judiciário pode

---

[2]. A própria necessidade de defesa em relação à persecução do Estado provoca a mobilização social jurídica.

[3]. Essa aproximação pode se dar de diversas formas. Desde a contratação de equipe de advogados dentro das entidades ligadas aos movimentos de moradia para elaborarem diferentes estratégias de atuação judicial até a criação de turma especial para o ensino do direito para assentados do MST, em parceria com universidades ("Justiça garante continuidade do curso de Direito para assentados em Goiás". Disponível em: <http://www.mst.org.br/node/8876>).

ser um novo campo a ser explorado no Brasil. E esse trabalho pode ser feito em diálogo com estudos já desenvolvidos em outros países, com maior trajetória de judicialização de demandas por parte da sociedade civil. É claro que a presença/ausência desses estudos é reflexo da intensidade da mobilização social jurídica em torno do Poder Judiciário em cada um desses países. Nos EUA, essa produção acadêmica inaugura um novo campo, denominado *Law and Society*, e surge após a experiência dos movimentos pelos direitos civis e políticos, que a partir da década de 1960 utilizaram claramente o Poder Judiciário como uma via de ação política, buscando transformação social e reconhecimento de novos direitos, que não eram obtidos nos espaços políticos majoritários, como o Poder Legislativo. Este capítulo procura abrir caminho para esta literatura, com o objetivo de estimular futuros estudos sobre mobilização social jurídica na sociologia jurídica brasileira.

14.1. Movimentos sociais, direito e Poder Judiciário: uma aproximação teórica

Apesar da evidente relação entre movimentos sociais, direito e Poder Judiciário, é notável a pouca frequência do estudo desse tema na literatura especializada. Nos Estados Unidos, a despeito dos estudiosos dos movimentos sociais relatarem em seus trabalhos muitos casos nos quais reivindica-

ções e estratégias legais tiveram papel proeminente, poucos deles desenvolveram análises conceituais sobre como o direito e o Poder Judiciário têm influência nas lutas desses movimentos. Por sua vez, o campo da sociologia do direito norte-americana, apesar de ter explorado longamente as campanhas de litígio, ações judiciais e aspirações normativas de justiça social baseadas em direitos e a relação destas com os movimentos sociais, permaneceu preso a uma perspectiva institucionalista, centrada nas cortes, focando seus estudos na jurisprudência dos tribunais e nas ações de elites legais, e ficando, assim, distante das ações dos movimentos sociais na prática e da teoria que os analisa (McCANN, 2006, p. 17).

A partir de meados da década de 1990, iniciou-se um crescente interesse pelo estudo da relação entre direito e movimentos sociais, principalmente na literatura norte-americana[4]. Ao longo dos anos, tais estu-

---

[4]. De acordo com McCann, a partir de meados da década de 1990, iniciou-se um produtivo diálogo que conectou dois diferentes modos de análise da relação entre direito e movimentos sociais: de um lado, os autores que centravam suas análises nas cortes, com uma abordagem "de cima para baixo"; e, de outro, os estudos menos centralizados na questão legal e mais voltados para os movimentos sociais em si e sua relação com o direito (2006, p. 18). É possível remontar as origens dessa agenda de pesquisa ainda na década de 1980. Em uma entrevista, McCann afirma que "a teoria do movimento social nos Estados Unidos nos anos 80 estava realmente tomando algum impulso. Assim, um dos principais objetivos desde o início era fundir a teoria do movimento social com várias formas de teoria da mobilização jurídica (*legal mobilization*) e adicionar algumas abordagens de estudos de consciência jurídica (*legal consciousness*). Era uma espécie de aproximação entre tradições distintas" (McCann, 2009, p. 176).

Manual de Sociologia Jurídica

dos ampliaram consideravelmente este campo de pesquisa. Contudo, como aponta McCann, houve pouco desenvolvimento no que o autor chama de uma "estrutura teórica generalizável" ou de "teoria comparativa analítica" para o entendimento do engajamento dos movimentos sociais com o direito em perspectiva comparada (2006, p. 19). No caso brasileiro, os trabalhos que buscam entender esta relação são ainda bastante escassos[5], tanto do ponto de vista dos estudiosos dos movimentos sociais como por parte das análises sobre o direito e o Poder Judiciário realizados pela ciência política[6] ou pela sociologia do direito[7].

O objetivo deste trabalho é o de explorar duas vertentes da literatura internacional que buscam entender o papel do direito, das estratégias legais e do Poder Judiciário no contexto de ação coletiva de atores da sociedade civil, principalmente dos movimentos sociais. A primeira delas, de cunho mais notadamente institucional, é a noção de oportunidade legal (ou *legal opportunity*), desenvolvida no interior da Teoria do Processo Político. A segunda é a noção de mobilização do direito (ou *legal mobilization*) surgida no interior de uma concepção mais culturalista do direito e do Poder Judiciário, que os entende não só em sua dimensão instrumental relativamente à ação coletiva, mas também em seus aspectos simbólicos. Ambas as vertentes, apesar de serem muito pouco aplicadas ou discutidas frente ao contexto brasileiro, trazem análises e conceitos bastante importantes para entender a relação entre movimentos sociais, direito e Poder Judiciário, dando origem a uma série de debates e estudos na literatura internacional.

---

5. Uma exceção é o trabalho de Maciel (2011) sobre a mobilização do direito pelo Movimento Feminista no caso da Campanha da Lei Maria da Penha.

6. O papel desempenhado pelo Poder Judiciário no contexto democrático, o processo de tomada de decisão dos tribunais e os efeitos práticos e políticos da atuação das cortes têm sido objeto crescente de estudos da ciência política nas duas últimas décadas. No caso brasileiro, a maior parte dos trabalhos nesta área tem se focado em analisar o desempenho do Poder Judiciário como instituição política, tendo como principal objeto de estudo o uso do Supremo Tribunal Federal (STF) como arena de disputa por meio do sistema de controle concentrado de constitucionalidade por ele realizado. Apesar das significativas contribuições de tais estudos à compreensão do Poder Judiciário nacional, esta corrente do *judicial politics* não permite abarcar adequadamente o papel dos tribunais como espaço de mediação entre sociedade civil e Estado. A ênfase institucionalista desta corrente de estudo foca-se nas relações estabelecidas entre Poderes do Estado, dando pouca atenção à atuação da sociedade civil nos processos políticos.

7. Alguns estudos latino-americanos de sociologia jurídica podem ser mencionados nessa mesma linha de mobilização social jurídica (*legal mobilization*): no Brasil, Cecília MacDowell Santos (2007), em trabalho sobre mobilização jurídica e ativismo social transnacional, a partir de estudos de casos brasileiros no sistema interamericano: na Colômbia, os trabalhos de Isabel Cristina Jaramillo e Tatiana Alfonso (2008), sobre a estratégia de litígio de uma ONG no tema de aborto na

14.2. Teoria do processo político, estrutura de oportunidades políticas e oportunidades legais

A noção de oportunidades legais surge no contexto da literatura mais recente sobre

---

Corte Constitucional, Julieta Lemaitre Ripoll (2009), traçando um histórico e diferenciando os tipos de relações com o direito por parte de diferentes movimentos sociais, e César Rodríguez Garavito (2010), em estudo mais centrado em inovações da Corte Constitucional em um caso de grande mobilização social, sobre migrantes internos (*desplazados*).

movimentos sociais, mais especificamente da *Teoria do Processo Político*. Tal teoria pensa os movimentos sociais no contexto de suas trajetórias de ação, remetendo-se às mudanças de fatores políticos exógenos e conjunturais que favorecem sua emergência, manutenção e/ou declínio. De acordo com Tarrow, o problema central que envolve a ação coletiva é de como criá-la, mantê-la e coordená-la "entre participantes que carecem de recursos mais convencionais e de objetivos programáticos mais explícitos" (TATAGIBA, 2007, p. 15).

A Teoria do Processo Político utiliza-se da noção de estrutura de oportunidades políticas para compreender "a relação adaptativa e dinâmica existente entre a ação coletiva e o Estado; ou entre os movimentos sociais e os condicionantes político-institucionais de seu contexto histórico" (OLIVEIRA, 2009, p. 33). Para Tarrow, oportunidades políticas seriam "sinais contínuos – embora não necessariamente permanentes, formais, ou nacionais – percebidos pelos agentes sociais ou políticos que os encorajam ou desencorajam de utilizar os recursos com os quais contam para criar movimentos sociais" (1999, p. 89). A noção de oportunidades políticas não considera apenas "estruturas formais, como as instituições, mas também as estruturas de alianças geradas pelos conflitos, que contribuem para a obtenção de recursos e criam uma rede de oposição frequente a constrições ou limitações externas ao grupo" (TARROW, 1999, p. 89). A ideia de oportunidade política é usada, portanto, para explicar por que movimentos sociais adotam certas estratégias específicas em suas tentativas de influenciar decisões políticas, e não outras. De acordo com esta ideia, tanto fatores estruturais como contingentes, formais ou informais, delineiam as oportunidades políticas, as quais podem ser exploradas por movimentos sociais e grupos de interesse de acordo com seus objetivos (TARROW, 1999). Uma vez que a estrutura das oportunidades políticas muda, é de se esperar que as estratégias de ação adotadas por movimentos sociais e grupos de interesse mudem também (WILSON e CORDERO, 2006, p. 326-327).

Com o fortalecimento do Poder Judiciário em muitos países, em especial naqueles que passaram recentemente por processos de (re)democratização, foi aberto um novo tipo de estrutura de oportunidade política, a qual tem sido chamada de oportunidade legal. Nesses contextos, as cortes têm emergido como "participantes ativas no processo político", oferecendo um espaço frequentemente privilegiado para cidadãos individualmente, movimentos sociais e grupos de interesse apresentarem suas demandas, bem como garantindo a eles "nova voz" em um canal político que antes estava fechado a estes atores sociais (WILSON e CORDERO, 2006, p. 327-328).

Tal noção de "oportunidade legal" surgiu recentemente, em estudos como o de Hilson (2002) e Andersen (2004)[8], e diz respeito à análise do papel do direito e dos tribunais no contexto da ação coletiva, vale dizer, da escolha da litigância como estratégia de atores coletivos para alcançarem seus objetivos políticos. Vanhala define a estrutura de oportunidades legais como "o ambiente político-jurídico que fornece incentivos e constrangimentos para indivíduos e organizações da sociedade civil realizarem o litígio, afetando suas expectativas de sucesso ou fracasso" (2006, p. 554).

De acordo com Hilson, assim como as oportunidades políticas[9], as oportunidades legais possuem características contingentes e estruturais. A principal característica contingente seria a receptividade dos tribunais a argumentos políticos, em dada circunstância. Neste caso, a preferência política dos juízes pode variar consideravelmente entre os diferentes níveis das cortes no interior da hierarquia do sistema judiciário (HILSON, 2002, p. 243-244). As três principais características estruturais, relativamente mais estáveis, dizem respeito à natureza das normas e ações judiciais disponíveis, às regras que regulam o acesso ao Poder Judiciário e à disponibilidade de recursos para assistência jurídica em um certo contexto[10] (CASE e GIVENS, 2010, p. 223). Para Case e Givens, as estruturas de oportunidades legais podem ser classificadas em um *continuum* liberal-conservador. Tais estruturas são mais liberais quando facilitam a litigância estratégica como mecanismos de influência na elaboração de políticas públicas e mais conservadoras na medida em que a limitam (2010, p. 223).

---

[8]. Tais pesquisas utilizam a noção de oportunidade legal como ferramenta para entender a atuação dos movimentos feminista, ambientalista, de defesa do bem-estar dos animais e de gays e lésbicas no contexto da União Europeia e do movimento gay nos Estados Unidos, respectivamente.

[9]. Em apertada síntese, Hilson afirma como as características estruturais das oportunidades políticas, a abertura ou fechamento do sistema político; e como a característica contingente, a receptividade das elites políticas à ação coletiva (2002, p. 242).

[10]. Wilson e Cordero (2006) apontam que, de acordo com Charles Epp (1998), "não é apenas a existência de uma oportunidade legal associada a juízes ativistas que permite que indivíduos e minorias persigam sua agenda de direitos com sucesso. Ao invés disso, Epp argumenta: 'A combinação da consciência legal com uma carta de direitos, bem como um Judiciário disposto e capaz, aumenta a perspectiva da revolução dos direitos, mas o suporte material para a busca continuada de direitos ainda é crucial' (p. 17). Isto é, na maioria dos casos buscar a opção legal é em geral um longo e dispendioso processo que requer recursos consideráveis por parte do autor da ação legal a fim de ser bem-sucedido, porque uma revolução dos direitos requer a 'litigância generalizada e contínua' (p. 18)" (p. 327). Contudo, ao analisar o uso da recém-reformada Corte Constitucional da Costa Rica pelo movimento gay para alcançar suas demandas, Wilson e Cordero apontam em sentido contrário: "O ponto interessante dos casos, entretanto, é que os gays, seja individualmente ou por meio de organizações nascentes, frequentemente usaram a corte na tentativa de ampliar sua agenda. Contrariamente às expectativas de Epp (1998), então, é possível que grupos gays mal organizados e com poucos recursos recebam proteção de seus direitos constitucionais das cortes por meio de oportunidades legais. Mesmo que nem todos os casos tenham sido bem-sucedidos, o baixo custo, o acesso livre e a rápida resolução dos casos permite a grupos e indivíduos apresentar com rapidez outro caso diretamente à corte constitucional sem a necessidade de incorrer em grandes custos financeiros ou precisar mobilizar um grande número de adeptos para ação coletiva" (WILSON e CORDERO, 2006, p. 337).

Andersen (2004) aprofunda esta discussão e aponta que as três principais dimensões da estrutura de oportunidades políticas (acesso à estrutura institucional formal, a configuração de poder no que diz respeito a temas importantes e a disponibilidade de aliados) também são dimensões relevantes da estrutura de oportunidades legais. Assim, em primeiro lugar, a extensão do acesso de movimentos sociais às cortes também molda a emergência, o progresso e os resultados obtidos com a ação legal (*legal action*). Os mecanismos e características do processo judicial modelam o acesso às estratégias legais de várias e importantes formas, incluindo aí *o que* pode ser levado ao Judiciário, *quem* tem legitimidade para levar tais questões aos tribunais e *onde* o litígio judicial pode ocorrer (que tribunal é competente para julgar o litígio). Assim, as exigências de acesso às cortes modelam as opções disponíveis para os atores sociais que desejam mobilizar o direito em nome dos objetivos dos movimentos sociais (ANDERSEN, 2004, p. 9-10).

A segunda dimensão da estrutura de oportunidades legais seria a configuração de poder das elites ligadas ao Poder Judiciário, sendo estas formadas principalmente por juízes. A autora argumenta que quando uma determinada reivindicação é levada às cortes, há três tipos de respostas possíveis: ou os juízes podem uniformemente rejeitar a reivindicação (e então ela estaria fora do sistema judicial), ou os juízes podem uniformemente aceitar a reivindicação (e então ela também estaria fora do sistema judicial), ou podem se dividir a respeito das implicações legais relativas àquela reivindicação. Neste último caso, é estimulada a proposição de novos litígios a respeito daquela reivindicação e a "munição legal" é fornecida para ambos os lados da disputa. Andersen acredita que a perspectiva de juízes individualmente pode afetar o progresso e os resultados dos litígios envolvendo movimentos sociais. A autora afirma que casos que tocam mais diretamente em "fissuras" legais e/ou políticas são mais propensos a provocar discordâncias significativas entre os juízes. Ademais, mudanças nos quadros da magistratura podem abrir ou fechar canais de oportunidade para ações legais (ANDERSEN, 2004, p. 9-10).

A terceira dimensão da estrutura de oportunidades legais seria a presença de aliados ou oponentes dos movimentos sociais. Nesse sentido, Andersen afirma que aliados podem custear as despesas substanciais de se levar um caso às cortes, oferecer assistência na elaboração de estratégias legais ou apresentar um *amicus curiae*[11] em determinado processo (o que pode ser um sinal da importância do caso

---

[11]. "*Amicus Curiae* é um instituto processual que consiste na admissão, em determinados processos, da manifestação de órgãos ou organizações da sociedade civil destinada ao fornecimento de subsídios e informações relevantes para o deslinde da causa". Cf. BOTALLO, Eduardo Domingos. *Lições de direito público*. 2. ed. São Paulo: Dialética, 2005 apud MACIEL, 2011, p. 106.

em consideração, prover argumentos legais suplementares e aumentar a credibilidade para as demandas propostas). Por sua vez, os oponentes dos movimentos sociais seriam seus opositores nas ações judiciais, assim como os aliados de seus opositores, e trabalhariam para minar suas ações judiciais da mesma forma que os aliados trabalham para apoiá-las. A autora argumenta que a proposição de ações judiciais pelos movimentos sociais é uma atividade estratégica que busca redefinir uma condição legal existente como injusta e identificar uma forma de redirecionar a questão. Os litigantes "opositores" procurarão evitar que esta redefinição seja alcançada com sucesso (ANDERSEN, 2004, p. 9-10).

Hilson (2002) argumenta que a falta de oportunidades políticas pode influenciar atores coletivos a adotar oportunidades legais como estratégia de ação[12]. Nesse sentido, Wilson e Cordero apontam que a existência de novas oportunidades legais pode significar que estratégias de encaminhamento de demandas pela via do Poder Legislativo ou por meio de um sistema de *lobbying* tornem-se menos importantes e necessárias para movimentos sociais e indivíduos na medida em que estes podem reclamar seus direitos nas cortes (2006, p. 347). Contudo, Hilson ressalta que, apesar das oportunidades políticas e legais terem uma influência importante na decisão dos movimentos sociais acerca de quais estratégias de ação irão adotar, deve-se recordar que outros fatores também são significativos em suas escolhas, tais como: recursos disponíveis; identidade do movimento social; e ideias e valores que seus membros compartilham (HILSON, 2002, p. 240-241).

Uma das principais críticas que pode ser apresentada a esta noção de oportunidades legais é a de que ela aborda a questão da relação entre movimentos sociais, direito e Poder Judiciário a partir de uma perspectiva "de cima para baixo", ou seja, bastante focada nas instituições e em fatores institucionais. Nesse sentido, Vanhala (2006) aponta que a base legal substantiva e a presença de uma estrutura de oportunidades legais não são elementos suficientes para explicar por que movimentos sociais optam pela estratégia de encaminhar suas demandas pela via judicial. De acordo com a autora, é necessário também observar a questão "de baixo para cima", ou seja, centrada no ponto de vista dos atores sociais. Assim, movimentos sociais estariam mais propensos a adotar o litígio como estratégia de ação quando há uma transformação interna na identidade ou nos valores da organização ou quando novas organizações emergem no interior do movimento com a ideia de que seus membros são titulares de direitos e as cortes são o canal

---

12. Para o autor, somente a litigância realizada nas cortes pode ser considerada como estratégia legal (HILSON, 2002, p. 243).

apropriado para perseguir seus objetivos políticos[13] (VANHALA, 2006, p. 555).

A ferramenta analítica que melhor preenche esta necessidade de se analisar a relação entre movimento social, direito e Poder Judiciário a partir de uma perspectiva "de baixo para cima" e centrada no agente social é a noção de mobilização do direito. Tal noção, que tem como seu principal estudioso Michael McCann, será explorada no próximo item.

14.3. Mobilização do direito[14]

Michael McCann desenvolveu um extenso trabalho acerca da relação entre movimentos sociais e direito, sendo um dos principais resultados desses estudos a construção de uma estrutura teórica para analisar a chamada mobilização do direito[15]. De acordo com McCann, um bom

ponto de partida para entender tal noção é a definição de Frances Zemans (1983, p. 700) que afirma que o direito é mobilizado quando um desejo ou necessidade é traduzido em demandas que afirmam direitos (2008, p. 523). Esta definição evidencia um dos pontos centrais dos estudos de McCann: o de que o direito deve ser entendido como uma prática social, como um mediador das relações sociais, cujo papel na sociedade vai muito além do âmbito das instituições estatais. O objetivo primordial de McCann é o de analisar as diversas e complexas formas de como o direito é mobilizado em diferentes momentos da luta política para a transformação social. Para McCann, os discursos jurídicos são constitutivos das interações práticas entre os indivíduos e, como tais, fornecem algumas das mais importantes "estratégias de ação" por meio das quais os cidadãos rotineiramente negociam as relações sociais. Este entendimento implica no fato de que, em alguma medida, o conhecimento do direito antevê a atividade social, ou seja, convenções jurídicas herdadas moldam os próprios termos do entendimento, aspirações e interações entre os cidadãos (1994, p. 6). O autor afir-

---

[13]. A autora ainda completa: "...uma transformação dentro do movimento social mais amplo poderia também incluir a emergência de novas organizações que desde seu início compreendem a condição de membro não como passiva, objeto de caridade, mas ao contrário como cidadãos ativos com direitos, e têm como interesse inerente o uso das cortes para reforçar essa identidade dentro da sociedade como um todo" (VANHALA, 2006, p. 556).

[14]. O termo original em inglês *legal mobilization* pode ser traduzido como "mobilização legal" ou "mobilização do direito". Optou-se pela segunda expressão, pois, assim como aponta Maciel, a palavra "direito" tem um sentido mais amplo que a "lei". Segundo a autora, "o direito como fenômeno social não se restringe, ou não se esgota, na sua forma legal que é apenas uma das suas expressões possíveis" (2011, p. 106).

[15]. McCann aponta que o fenômeno da mobilização do direito foi explorado em uma série de trabalhos durante as décadas de 1960 e 1970 (2008). Segundo o autor, tais trabalhos se focaram na análise da "mobilização do direito por indivíduos que buscavam principalmente a resolução de confli-

tos privados" ou no desenvolvimento de abordagens da mobilização legal para a compreensão de "atividades de reforma social". McCann ressalta que, apesar de tais estudos terem grande importância para o desenvolvimento de sua própria análise da mobilização do direito, eles silenciaram ou foram especulativos a respeito de alguns temas que são o centro de sua análise (1994, p. 5).

ma que estes símbolos e discursos jurídicos fornecem recursos relativamente maleáveis que são rotineiramente reconstruídos na medida em que os cidadãos buscam avançar no que diz respeito a seus interesses e projetos na vida cotidiana. Assim, os discursos jurídicos oferecem um meio potencialmente flexível tanto para reconfigurar os termos de arranjos passados como para expressar aspirações de novas formas de direitos (1994, p. 7).

McCann aponta que a noção de mobilização do direito está baseada em algumas premissas. A primeira delas seria a de que práticas legais e discursos de direitos não estão limitados às normas formais e instituições estatais. Segundo o autor, os cidadãos cotidianamente mobilizam estratégias jurídicas para negociar trocas e resolver disputas em diversos âmbitos da vida social, sem depender de intervenção oficial direta para tanto (1994, p. 7-8). Como consequência, McCann assinala que a abordagem da mobilização do direito "desloca o foco dos tribunais para os usuários e utiliza o direito como um recurso de interação política e social" (2010, p. 182). O ponto de vista adotado é o dos atores sociais que mobilizam estratégias legais em sua ação coletiva, muito mais do que o ponto de vista da instituição, ou seja, do Poder Judiciário. Uma segunda premissa seria de que a ordem legal é mais "pluralista" do que monolítica. Segundo o autor,

não só o direito formal-estatal é um "labirinto" de tradições legais diverso, indeterminado e, às vezes, até contraditório, mas há também uma multiplicidade de tradições legais "locais" (*indigenous*) relativamente autônomas que competem por proeminência dentro das diversas subculturas e terrenos institucionais da sociedade. O autor ainda aponta que, mesmo quando grupos que lutam por mudanças sociais adotam convenções legais compartilhadas, é necessário notar que o entendimento e os usos dessas convenções podem variar drasticamente. A terceira premissa assinalada por McCann é a de que tanto as normas e práticas jurídicas oficiais como as "locais", em geral, apenas contribuem de forma parcial, limitada e contingente na maioria dos domínios das atividades dos cidadãos. Isso quer dizer que o direito raramente é uma força exclusiva na prática social de fato. Assim, as convenções jurídicas constituem apenas uma dimensão altamente variável em um misto complexo de fatores interdependentes que estruturam o entendimento e as ações dos indivíduos (1994, p. 7-9).

Segundo McCann, essas premissas dão à abordagem da mobilização do direito uma visão mais expansiva, sutil e complexa do papel que o direito e o Poder Judiciário desempenham nas lutas políticas. As táticas e práticas jurídicas utilizadas pelos movimentos sociais, em especial aquelas que recorrem às normas formais e aos tribunais, têm múltiplas motivações e efeitos complexos (1994, p. 9-10). McCann aponta que o poder indireto do direito e do Poder Judiciário na sociedade é fundamental: o autor acredita que sua influência é menos linear, menos direta e não está sujeita a análises causais, como em geral indicam os estudiosos do tema[16]. O autor ressalta que tais efeitos indiretos podem ser relevantes, por exemplo, para a construção do próprio movimento social, para gerar apoio público para novas reivindicações de direitos e para alavancar outras táticas políticas (1994, p. 10). Nesse sentido, os tribunais seriam "importantes por configurarem o contexto no qual os usuários da justiça se engajam em uma mobilização do direito", ou seja, tal importância "se dá em função de como os usuários interpretam e agem com relação aos seus sinais" (2010, p. 183). O autor acredita que as cortes auxiliam de forma ativa a compor o "panorama ou a rede de relações na qual se encontram as demandas judiciais em curso dos cidadãos e organizações" (2010, p. 183).

De acordo com McCann, o Poder Judiciário tem uma importância para a mobilização do direito em dois níveis: o "nível instrumental ou estratégico" e o nível do "poder constitutivo da autoridade judicial". No nível instrumental ou estratégico, analisa-se como as ações e decisões judiciais conformam o cenário estratégico de outros atores estatais e dos agentes sociais. Em outras palavras, tal nível de análise busca entender como "as deliberações e ações de diversos agentes sociais são formadas por entendimentos acerca das normas estabelecidas pelos tribunais, bem como pelas expectativas de sua provável atuação em áreas incertas do direito" (2010, p. 184). Assim, as cortes não apenas teriam o papel de decidir qual o significado de direitos em disputa, mas também acabam por prevenir, incitar, estruturar, deslocar e transformar conflitos na sociedade rotineiramente (2010, p. 185).

O Poder Judiciário também tem um importante papel para a mobilização do direito em uma segunda dimensão, que o autor denomina "poder constitutivo da autoridade judicial"[17]. Tal dimensão é mais difusa e de difícil compreensão e se configura nos "modos pelos quais as práticas de construção jurídica dos tribunais são 'constitutivas' de vida cultural" (2010, p. 188). Esta dimensão está bastante vinculada à linha

---

[16]. Nesse sentido, McCann se diferencia do *mainstream* da ciência política que estuda os tribunais na medida em que esta busca entender os efeitos diretos e lineares das decisões do Poder Judiciário em outras instituições do Estado e na sociedade a partir de análises causais. De acordo com o autor, "os tribunais não são apenas solucionadores de conflitos" e "também não é poder essencial dos tribunais estabelecer regras a serem seguidas por outros atores" (McCANN, 2010, p. 183).

[17]. De acordo com McCann, "este entendimento é menos proeminente entre os cientistas políticos, mas é desenvolvido por estudiosos sociojurídicos interdisciplinares" (2010, p. 188).

"culturalista" de análise do direito, das estratégias legais e do Poder Judiciário desenvolvida inicialmente por Stuart Scheingold (2004)[18]. Tal análise se foca no papel que as cortes desempenham na "construção de significados jurídicos, nos meios judiciais de se saber o que define uma coletividade ou comunidade" (2010, p. 189). Nesse sentido, o direito se configura em "uma linguagem, um conjunto de lógicas, valores e entendimentos que as pessoas conhecem, esperam, aspiram e se sentem portadoras", ou ainda é "um conhecimento instrumental sobre como agir para alcançar estes fins" (2010, p. 189). Assim, os tribunais têm uma função fundamental de refinar, complementar e ampliar a linguagem do direito na sociedade. E esta linguagem, por sua vez, é a linguagem básica de um território, refletindo em grande medida os princípios, valores e lógicas que constituem um povo (2010, p. 189).

De acordo com McCann, tal "poder constitutivo"

"[...] não é produto identificável das decisões jurídicas individuais dos tribunais. Esse poder é expresso no legado cultural acumulado das ações judiciais e práticas de rotina ao longo do tempo. Essas convenções jurídicas são, por sua vez, apreendidas, internalizadas e normalizadas pelos cidadãos através de muitas formas de participação cultural – educação formal, comunicação de massa, cultura popular, experiências pessoais diretamente dentro das definições institucionais legalizadas. E, nessas formas, os conhecimentos, convenções e justificativas legais fundamentais transmitidos pelos tribunais são reproduzidos e reforçados no interior de múltiplas práticas, relações e arranjos que estruturam a vida diária por toda a sociedade" (2010, p. 190).

Para McCann, este "poder constitutivo" do direito gerado em parte pela atuação das cortes tem um efeito profundo e duradouro sobre a formação das identidades, consciências, e a construção dos interesses dos sujeitos (2010, p. 190).

Muitas das ideias apresentadas acima são desenvolvidas e discutidas por McCann em seu principal estudo, *Rights at work: pay equity reform and the politics of legal mobilization* (1994). Tal trabalho tem como objeto de estudo empírico o movimento social de mulheres nos Estados Unidos que lutou pela equidade de salários no final dos anos 1970, início dos anos 1980. O autor aponta para o fato de que os discursos legais e mecanismos institucionais não só forneceram recursos cruciais para tais lutas como também moldaram consideravelmente o terreno no qual essas lutas por novos direitos foram travadas (1994, p. 278).

---

[18]. Stuart Scheingold (2004) trouxe contribuições pioneiras para o campo de estudos das relações entre direito, política e transformações sociais a partir de sua visão "culturalista" deste fenômeno. Em seu *Politics of rights*, o autor apresenta várias intuições antropológicas a respeito da ressonância cultural e do poder simbólico dos direitos que vão sendo apontados ao longo de sua análise cultural da lei – por exemplo, o papel que as ideias ligadas ao direito podem desempenhar na política e a necessidade de examinar as consciências dos vários atores abarcados nos processos que envolvem o direito e a política. Esta visão "culturalista" do direito emerge durante os anos 1980 e 1990 e tem sua versão mais bem-acabada no trabalho de Michael McCann (PARIS, 2010, p. 18-19).

McCann afirma que, independentemente dos resultados que os movimentos sociais obtêm nos tribunais, a luta política estruturada em torno dos direitos tem importante poder de organizar e mobilizar não só pessoas em torno da causa, mas também grupos políticos que têm as mesmas demandas, mas estão desconectados. Assim, o direito e as táticas legais têm uma importante função na construção do próprio movimento social e de sujeitos sociais ativos que lutam por suas demandas (1994).

McCann também identifica a importância dos recursos legais nas manobras dos movimentos sociais para compelir o Estado a fazer concessões em suas políticas públicas já estabelecidas, ou mesmo nas fases de desenvolvimento e implementação delas (1994). O autor também reconhece a importância do legado jurídico das conquistas dos movimentos sociais para outras lutas. Nesse sentido, o autor fala da formação de uma consciência dos direitos (*legal consciousness*), na qual os direitos se tornam cada vez mais significativos tanto como um discurso moral quanto como um recurso estratégico para as lutas contra as relações de poder presentes na sociedade (1994, p. 278-281).

Para McCann, a estrutura da mobilização do direito está fundamentada em uma interpretação do direito como elemento constitutivo da sociedade (1994, p. 282). Os direitos, segundo esse autor, podem ser entendidos como consistindo em um complexo repertório de estratégias discursivas e arcabouços simbólicos que estruturam as relações sociais em curso e as atividades de construção de sentido entre os cidadãos (1994, p. 282). Citando Thompson (1975) e Scheingold (2004), McCann afirma que, longe de ser um código uniforme que vincula as pessoas, os direitos podem ser mais bem entendidos como um terreno continuamente contestado de poder relacional entre cidadãos (1994, p. 283).

Pode-se dizer que uma das grandes contribuições de McCann para o campo de estudos da relação entre o direito e movimentos sociais é o aprofundamento da concepção "culturalista" do direito, na qual o autor desenvolveu sua teoria acerca da mobilização do direito. O autor entende o "direito como prática social". Este está entrelaçado com a política e o aparato legal, é pensado como arma instrumental ao mesmo tempo em que encarna e promove ideias e discursos que existem em uma relação complexa com outros discursos culturais e políticos (PARIS, 2010, p. 20).

Outra importante contribuição de McCann para este campo de estudos foi ter localizado a mobilização do direito no interior de um contexto político e social mais amplo. O autor traçou os contextos relevantes para a mobilização do direito no interior dos esforços dos movimentos sociais, principalmente colocando as reivindicações e atividades ligadas ao direito dentro de uma perspectiva ampla e processual de cálculo das ações e objetivos de tais atores. Nesse sentido, ele examinou o papel que o direito desempenhou em diferentes fases de atividades dos movimentos sociais. McCann também traçou os contextos de ação dos movimentos sociais colocando-os dentro de um contexto político e social mais amplo (PARIS, 2010, p. 20).

Considerações finais

Feita esta breve apresentação das noções de oportunidade legal e de mobilização do direito, pode-se apontar para a necessidade de se aprofundar os estudos acerca da relação entre movimentos sociais, direito e Poder Judiciário, principalmente no contexto brasileiro, e incorporar tais análises nos estudos da ação coletiva. A "utilização da linguagem dos direitos na mobilização social" ou a mediação de manifestações políticas ou mobilizações sociais por meio da linguagem dos direitos é um fenômeno observado em todo o mundo (CABALLERO, 2011, p. 7-8). O direito e o Poder Judiciário têm ganhado cada vez mais importância na atuação de movimentos sociais, podendo-se falar mesmo de uma "constitucionalização dos movimentos sociais" que se caracterizaria por um "uso crescente, em massa e expansivo da linguagem dos direitos e das instituições judiciais por parte de cidadãos, organizações de direitos humanos, movimentos sociais, organiza-

ções comunitárias e etc." (CABALLERO, 2011, p. 8). As noções aqui apresentadas fornecem ferramentas analíticas distintas para dar conta de diferentes aspectos desta questão: o ponto de vista da instituição, mais bem entendido a partir da noção de oportunidade legal, e o ponto de vista da ação coletiva, mais bem entendido a partir da noção de mobilização do direito.

Assim, deve-se levar em consideração que o Poder Judiciário tem se configurado como uma das alternativas que os movimentos sociais possuem para o encaminhamento de suas demandas, não apenas como forma de se encontrar uma resolução judicial para elas, mas como meio de inscrever ou reinscrever determinado tema no debate público. Com efeito, o encaminhamento de uma demanda para o Poder Judiciário não tem necessariamente o objetivo único (ou mesmo primordial) de que determinada ação seja julgada procedente e que seu objetivo mais imediato seja alcançado. Em muitos casos, as ações judiciais podem significar uma tentativa de amplificar demandas particulares em termos mais abrangentes, gerar discussão pública e, eventualmente, forçar a inscrição de temas e objetivos na agenda política oficial. O fenômeno descrito acima nos remete a uma compreensão do Poder Judiciário não como mero *output* do sistema político, mas como mais um de seus *inputs*; vale dizer, como meio de acesso de demandas formuladas pela sociedade civil e pelos movimentos sociais ao interior do processo político formal. Por outro lado, o direito tem se mostrado um campo em que ocorrem disputas culturais e políticas importantes. Ele pode ser entendido como um recurso cognitivo e moral "para a construção de quadros interpretativos, isto é, para a conversão ou a tradução de problemas sociais em problemas jurídicos e para a criação de identidades coletivas calcadas na 'consciência dos direitos'" (MACIEL, 2011, p. 101). Em outras palavras, "os agentes coletivos valem-se de estratégias de mobilização do direito tanto para (re)definir problemas sociais e situações de injustiça como para alcançar resultados políticos práticos" (MACIEL, 2011, p. 101).

Nesse sentido, a adequada descrição e avaliação destes fenômenos exige a superação das compreensões tradicionais do Poder Judiciário e o alargamento dos estudos sobre movimentos sociais no que se refere às suas estratégias de mobilização, atuação política e relação com as instituições estatais. A literatura norte-americana vem cumprindo estas tarefas há algumas décadas, procurando compreender a intensa mobilização social em torno do Poder Judiciário desde a década de 1960, com a ação do movimento de direitos civis e políticos. Diante dessa aproximação recente no caso brasileiro entre movimentos sociais e Poder Judiciário, pode ser bastante frutífero dialogar com essa literatura, especialmente em como ela organiza o debate no campo da ciência política e das ciências sociais. Fica clara, então, a necessidade de alargar a agenda de pesquisa no Brasil e incluir estudos da relação entre movimentos sociais, direito e o Poder Judiciário, abarcando as reflexões apresentadas acima. Sua inserção pode se dar em diferentes áreas, desde os estudos da ciência política, descentralizando a análise do Poder Judiciário a partir de suas decisões (*output*) e reconhecendo nele um espaço de intensa mobilização social (*input*) antes, durante e após seu processo decisório, e nas ciências sociais, incorporando aos estudos dos movimentos sociais sua inter-relação mais próxima com a linguagem do direito e as instituições judiciais. É neste diálogo entre áreas que a sociologia jurídica pode contribuir mais, dando continuidade aos seus estudos sobre movimentos sociais no processo de democratização brasileira, agora produzindo também estudos empíricos que apresentem a linguagem do direito e das instituições, especialmente o Poder Judiciário, recentemente cada vez mais apropriadas pelos movimentos sociais.

Bibliografia

ANDERSEN, Ellen Ann. *Out of the closets and into the Courts*: legal opportunity structure and gay rights litigation. Michigan: University of Michigan Press, 2004.

CABALLERO, Mauricio Albarracín. Corte constitucional e movimentos sociais: o reconhecimento judicial dos direitos de casais do mesmo sexo na Colômbia. *SUS – Revista Internacional de Direitos Humanos*, v. 8, n. 14, p. 7-33, jun. 2011.

Manual de Sociologia Jurídica

CASE, Rhonda E.; GIVENS, Terri E. Re-engineering legal opportunity structures in the European Union? The starting line group and the politics of the racial equality directive. *Journal of Common Market Studies*, v. 48, n. 2, p. 221-241, 2010.

EPP, Charles. *The rights revolution*: lawyers, actvists, and Supreme Courts in comparative perspective. Chicago: Chicago University Press, 1998.

FARIA, José Eduardo; CAMPILONGO, Celso Fernandes. *A sociologia jurídica no Brasil*. Porto Alegre: Sergio Antonio Fabris, 1991.

HILSON, Chris. New social movements: the role of legal opportunity. *Journal of European Public Policy*, v. 9, n. 2, p. 238-255, 2002.

JARAMILLO SIERRA, Isabel Cristina; ALFONSO SIERRA, Tatiana. *Mujeres, cortes y medios*: la reforma judicial del aborto. Bogotá: Universidad de los Andes, 2008.

LEMAITRE RIPOLL, Julieta. *El derecho como conjuro*: fetichismo legal, violencia y movimientos sociales. Bogotá: Siglo del Hombre Editores, 2009.

MACIEL, Débora Alves. Ação coletiva, mobilização do direito e instituições políticas: o caso da Campanha da Lei Maria da Penha. *Revista Brasileira de Ciências Sociais*, v. 26, n. 77, p. 97-111, out. 2011.

McCANN, Michael W. *Rights at work*: pay equity reform and the politics of legal mobilization. Chicago/London: The University of Chicago Press, 1994.

McCANN, Michael W. Law and social movements: contemporary perspectives. *Annual Review on Law and Social Science*, v. 2, p. 17-38, 2006.

McCANN, Michael W. Michael McCann and rights at work. In: HALLIDAY, Simon; SCHMIDT, Patrick. *Conducting law and society research*: reflections on methods and practices. Cambridge: Cambridge University, 2009. p. 174-186.

McCANN, Michael W. Poder Judiciário e mobilização do direito: uma perspectiva dos usuários. In: DUARTE, Fernanda; KOERNER, Andrei (Org.). *Revista da Escola da Magistratura Regional Federal,* Escola da Magistratura Regional Federal, Tribunal Regional Federal da 2ª Região. Cadernos Temáticos – Justiça Constitucional no Brasil: política e direito. Rio de Janeiro: EMARF – TRF 2ª Região, 2010.

OLIVEIRA, Frederico Menino Bindi de. *Mobilizando oportunidades*: estado, ação coletiva e o recente movimento social quilombola. Dissertação (Mestrado), Universidade de São Paulo, 2009.

OLIVEIRA, Luciano. Pluralismo jurídico y derecho alternativo en Brasil: notas para un balance. In: GARCÍA VILLEGAS, Mauricio; RODRÍGUEZ, César (Ed.) *Derecho y sociedad en América Latina*: un debate sobre los estudios jurídicos

críticos. Bogotá: Instituto Latinoamericano de Servicios Legales Alternativos (ILSA), 2003. p. 199-221.

PARIS, Michael. *Framing equal opportunity*: law and the politics of school finance reform. Stanford: Stanford Law Books, 2010.

RODRÍGUEZ GARAVITO, César; RODRÍGUEZ FRANCO, Diana. *Cortes y cambio social*: cómo la Corte Constitucional transformó el desplazamiento forzado en Colombia. Bogotá: Centro de Estudios de Derecho, Justicia y Sociedad (CIJUS), de Justicia, 2010.

SANTOS, Boaventura de Sousa. The law of the oppressed: the construction and reproduction of legality in pasargada. *Law and Society Review*, n. 12, p. 5-125, 1977.

SANTOS, Cecília MacDowell. Transnational legal activism and the state: reflections on cases against Brazil in the inter-american commission on human rights. *SUR – International Journal on Human Rights*, n. 7, p. 28-59, 2007.

SCHATTAN, Vera; NOBRE, Marcos (Org.). *Participação e deliberação*: teoria democrática e experiências institucionais no Brasil contemporâneo. São Paulo: Editora 34, 2004.

SCHEINGOLD, Stuart. *The politics of rights.* Lawyers, public policy, and political change. 2. ed. Michigan: MIT, 2004.

TARROW, Sidney. Estado y oportunidades: la estructuración política de los movimientos sociales. In: McADAM, Doug; McCARTHY, John D.; ZALD, Mayer N. (Ed.). *Movimientos sociales*: perspectivas comparadas. Madrid: Istmo, 1999.

TARROW, Sidney. *O poder em movimento*: movimentos sociais e confronto político. Petrópolis: Vozes, 2009.

TATAGIBA, Luciana Ferreira. *Movimentos sociais e sistema político.* Um diálogo (preliminar) com a literatura. Trabalho apresentado no 6º Encontro da ABCP, realizado de 29-7 a 1º-8-2007, na Universidade Estadual de Campinas – UNICAMP, Campinas, São Paulo, Brasil, 2007.

THOMPSON, E. P. *Whigs and hunters*: the origin of the black act. New York: Pantheon, 1975.

VANHALA, Lisa. Fighting discrimination through litigation in the UK: the social model of disability and the EU anti-discrimination directive. *Disability & Society*, v. 21, n. 5, p. 551-565, ago. 2006.

WILSON, Bruce; CORDERO, Juan Carlos Rodríguez. Legal opportunity structures and social movements: the effects of institutional change on osta rican politics. *Comparative Political Studies*, v. 39, n. 3, p. 325-351, abr. 2006.

ZEMANS, Frances Kahn. Legal mobilization: the neglected role of the law in the political system. *The American Political Science Review*, v. 77, n. 3, setembro/1983, p. 690-703.

Como Decidem os Juízes?
Sobre a qualidade da jurisdição brasileira

José Rodrigo Rodriguez
Carolina Cutrupi Ferreira

15.1. Direito e realidade

Como decidem os juízes? Que tipo de raciocínio os magistrados utilizam de fato para julgar os casos concretos? Que argumentos e operações mentais eles mobilizam? Como organizam as suas sentenças? No Brasil, tais perguntas têm sido respondidas tradicionalmente pela Filosofia e pela Teoria do Direito, não pela Sociologia Jurídica. Há pouca tradição de pesquisa empírica sobre decisões judiciais no País e as pesquisas que existem dialogam pouco com as diversas teorias da racionalidade jurisdicional. Este quadro se repete fora do Brasil: poucas pesquisas sobre decisões judiciais se preocupam com a construção da argumentação dos juízes, ou seja, com a descrição empírica da fundamentação de acórdãos e sentenças (TAMANAHA, 2009).

Aprendemos como os juízes pensam, normalmente, ao ler textos de Teoria Geral dos diversos ramos do direito (Direito Civil, Direito Tributário, Direito do Trabalho etc.), manuais de Introdução ao Direito e trabalhos de Filosofia do Direito. Em regra, esse material discute a função do juiz em abstrato, a partir de um modelo do que seria um juiz ideal, ou seja, aquele que julga de acordo com um padrão de racionalidade considerado como o "correto" (o "direito como integridade" de Ronald Dworkin, o "senso de adequação" de Klaus Günther, a "ponderação de princípios" de

Robert Alexy etc.). Além disso, esses trabalhos costumam elencar, sem muita discussão, os diversos métodos de interpretação (gramático, sistemático, histórico etc.) e as principais escolas filosóficas que discutiram a racionalidade judicial ao longo da história ("escola do direito livre", "jurisprudência dos conceitos" etc.).

O que todos estes escritos têm em comum, boa parte das vezes, é o objetivo de traçar um perfil ideal de juiz sem referência à empiria. Eles pretendem explicar ao leitor como um bom juiz deve se comportar, como um bom juiz deve pensar e proferir suas decisões. Tais construções conceituais, normalmente, ficam afastadas da pesquisa empírica, não se preocupam em discutir como pensam os juízes reais em um determinado contexto. Falam em nome de uma ideia de juiz desencarnada, muito longe das práticas sociais reais.

Este texto irá comentar algumas pesquisas que procuram inverter essa lógica ao relacionar conceitos e realidade empírica; pesquisas que investigam as razões para decidir presentes na fundamentação das sentenças e procuram compreender a função jurisdicional a partir deste material.

É importante dizer, no entanto, que este é um campo de investigação ainda incipiente no Brasil. É difícil traçar um panorama dos trabalhos que o compõem, pois há poucos grupos de pesquisa organizados para enfrentar esta temática. Há

muitas pesquisas isoladas em trabalhos de iniciação científica, mestrado, doutorado e em relatórios de pesquisa, especialmente aqueles oriundos do projeto "Pensando o Direito" da Secretaria de Assuntos Legislativos do Ministério da Justiça. Por esta razão, ao invés de tentar esgotar o campo recolhendo pesquisas isoladas, vamos preferir nos fixar em algumas pesquisas, finalizadas ou em curso, sem ter a pretensão de exaurir os trabalhos realizados sob esta perspectiva.

15.2. Filosofia do direito e sociologia jurídica

Mas, antes de prosseguir, é importante refletir sobre um ponto importante para nosso argumento. Em função do que foi dito até aqui, pode-se pensar que a Filosofia do Direito e a Teoria do Direito estariam simplesmente erradas ao pretender fazer o que fazem. Afinal, parece mais importante nos preocuparmos com a realidade efetiva do Direito, sem ficarmos presos a modelos ideais, cujo objetivo é ditar à sociedade como deve ser um bom juiz. Parece ser mais útil ao conhecimento investigar o mundo como ele é, e não entregar-se à elaboração de ideais de direito e de juiz meramente normativos. O pensamento conceitual não seria uma tarefa digna de um pesquisador em Sociologia Jurídica.

Não é bem assim. Em uma democracia, é preciso pesquisar empiricamente as decisões judiciais e descobrir como os juízes efetivamente pensam, ou seja, quais modelos de raciocínio utilizam, quais materiais jurídicos e não jurídicos citam e como organizam seu pensamento. No Brasil de hoje, em pleno processo de consolidação de seu Estado de Direito, é importante investigar extensivamente as decisões judiciais para que possamos avaliar qualitativamente a maneira pela qual o Judiciário exerce seu poder. A função da pesquisa empírica, como nos explica Franz Neumann (2012) é vigiar o poder dos juízes para denunciar eventuais decisões arbitrárias, ou seja, decisões que não sejam justificadas adequadamente de acordo com os padrões considerados adequados por determinada sociedade (RODRIGUEZ, 2012).

Por isso mesmo, além de descrever o que efetivamente ocorre em nosso direito, é preciso refletir também sobre a qualidade da fundamentação das sentenças. Fundamentações deficientes, centradas em argumentos de autoridade, marcadas por uma argumentação incoerente, mesmo que construída a partir do material jurídico (leis, princípios, costumes, jurisprudência), podem contribuir para enfraquecer o Estado de Direito no momento em que a sociedade passe a prestar mais atenção nelas e deixe de ver os juízes como uma espécie de "semideuses" dotados de um saber técnico sempre preciso e sempre

acertado. Afinal, é difícil aceitar uma decisão que soa irracional, meramente subjetiva, totalmente idiossincrática, incoerente e, portanto, autoritária.

O problema que nos preocupa aqui, é importante dizer, só faz sentido em um contexto democrático. Pois, é perfeitamente possível pensar em uma ordem jurídica em que a justificação das decisões judiciais seja desimportante ou supérflua; ou uma ordem em que o juiz possa decidir o que quiser, sem o controle de modelos de raciocínio que sirvam de padrão para organizar suas decisões. Em uma realidade como esta, pouco importa o que ou como o juiz decide, ou seja, pouco importa o teor efetivo de sua decisão. Basta que ela tenha sido proferida por ele, o juiz, a autoridade competente para tanto, dotada de poderes quase mágicos para dizer o que é justo no caso concreto. Nesta ordem de razões, uma decisão é boa pelo simples fato de ter sido tomada por uma autoridade competente, independentemente de sua fundamentação.

Da mesma maneira, para uma sociedade que avalie as decisões judiciais apenas em função de seu resultado, de seus efeitos sobre a sociedade, o problema a que estamos nos referindo perde completamente sua relevância. Nesse caso, a decisão será boa ou ruim porque favoreceu este e não aquele valor, porque atendeu a este a não àquele interesse, porque permitiu ou não o desenvolvimento, a consolidação de determinada atividade social. Não importa a sua racionalidade interna, o encadeamento de seus argumentos, a maneira pela qual o juiz organiza seu raciocínio e se utiliza do material jurídico. Esta é a posição, por exemplo, da maioria dos adeptos das teorias que relacionam direito e economia, chamadas de *Law & Economics*. Esta também é a maneira pela qual os economistas costumam olhar o Direito (ARIDA, 2005).

As pesquisas que iremos comentar aqui estão preocupadas, justamente, com o padrão da argumentação utilizada pelos juízes, com a maneira pela qual eles justificam as suas decisões no contexto do processo judicial. Todas elas, portanto, partem do pressuposto de que a justificação é uma dimensão relevante do processo decisório e, portanto, merece ser acessada e descrita para que possamos compreender e refletir sobre a atuação dos juízes e para que possamos avaliar a qualidade da jurisdição. Não há espaço aqui para desenvolver este tema, mas a importância da fundamentação está ligada à segurança jurídica, à previsibilidade das decisões judiciais e, de outro lado, ao combate ao arbítrio dos juízes – o combate ao personalismo daqueles que se sentem à vontade para decidir sem justificar adequadamente suas decisões, com base em sua pura autoridade.

Aqui, reside a importância da reflexão filosófica combinada com a pesquisa empírica, o aporte específico da Sociologia Jurídica. A mera descrição da realidade empírica, por si mesma, não é capaz de dar respostas a perguntas bastante triviais que presidem a relação mais cotidiana entre os cidadãos e o Poder Judiciário.[1] Tais inquietações definem as expectativas dos cidadãos em relação ao direito e ao Judiciário e, portanto, contribuem ou para sua legitimidade, ou para seu descrédito. Por exemplo, é difícil para qualquer pessoa imaginar que um mesmo problema jurídico possa ser objeto de decisões diferentes, a depender do juiz que irá julgá-lo. É razoável supor que a sociedade como um todo e as partes do processo gostariam de saber qual é a resposta correta para seus problemas, ou seja, de quem é, afinal, o direito naquele caso concreto. Cada cabeça, uma sentença; cada juiz, uma decisão diferente? Para responder a estas inquietações, não há como escapar da filosofia.

Quais elementos o juiz deve levar em conta em sua decisão? Quais são os tipos de argumento que ele pode e deve utilizar e quais ele não pode? Que materiais ele pode citar em sua fundamentação e qual sua relevância para o resultado final? Em suma, qual é a melhor maneira

---

[1]. Este raciocínio inspira-se no texto de Max Horkheimer, "Teoria Tradicional e Teoria Crítica" (HORKHEIMER, 1983), publicado originalmente em 1936.

de proferir a decisão em um caso concreto? Sem um padrão normativo como este, é difícil avaliar a atuação do Poder Judiciário do ponto de vista de sua racionalidade interna, é difícil distinguir um bom juiz de um mau juiz, é difícil dizer se nosso estado de direito está melhorando ou piorando a cada sentença proferida. Sem ele, não somos capazes de distinguir uma boa decisão de uma má decisão, o que torna impossível ensinar um aluno em sala de aula sobre a melhor forma de pensar juridicamente.

Qual função deve caber, afinal, ao Poder Judiciário? E como ele se distingue dos demais poderes e do mero jogo de interesses políticos?

Se a pesquisa empírica é capaz de mostrar como os juízes decidem seus casos, se ela é capaz de mostrar a riqueza da argumentação jurisdicional e os diversos perfis de juiz em atuação em um mesmo ordenamento jurídico, ela é incapaz de fornecer elementos para avaliar tal atuação e indicar caminhos para seu aperfeiçoamento. Por sua vez, é claro, a filosofia que não dialoga com a realidade empírica, que se resguarda da empiria discutindo apenas conceitos abstratos e teorias deste ou daquele pensador, arrisca-se a se tornar uma conversa de surdos destinada a elaborar projetos normativos sem qualquer viabilidade empírica, pensados sem qualquer referência ao mundo real, voltados para uma sociedade que não existe ou que existe apenas na cabeça dos filósofos.

Antes de prosseguir, uma última observação: as pesquisas que nos preocupam aqui têm como foco as razões explicitadas pelo juiz no contexto do processo judicial, ou seja, as razões reduzidas a escrito ou submetidas a alguma forma de registro formal. Um juiz pode dar entrevistas e informar os motivos subjetivos que o levaram a tomar esta ou aquela decisão. Ele também pode ter suas razões íntimas, secretas, privadas, que o movem nesta direção, e não em outra. No entanto, para as pesquisas que nos interessam, importam, principalmente, as razões que foram explicitadas na decisão judicial, as quais podem ser consultadas em bancos de dados variados ou nas varas e tribunais. Podem ser lidas, discutidas, questionadas e avaliadas criticamente.

15.3. Pesquisas empíricas sobre fundamentação das decisões judiciais

Todas as decisões judiciais e acórdãos proferidos pelo Poder Judiciário, por respeito ao princípio da publicidade dos atos processuais, são publicados no *Diário Oficial*, ferramenta central utilizada por advogados para localizar publicações nas ações em que atuam. Essas decisões, na maioria dos casos, são também digitalizadas e publicadas nos sites dos respectivos Tribunais, bem como, via de regra, localizáveis a partir do número do processo ou nome dos advogados ou das partes.

Além desta ferramenta, praticamente todos os Tribunais brasileiros, de segunda instância e superiores, estaduais ou federais, comuns ou especiais (em âmbito militar, eleitoral ou trabalhista) têm bancos de jurisprudência para pesquisa on-line das decisões proferidas pelo próprio órgão.

O estudo quantitativo e qualitativo de decisões judiciais, na maior parte das vezes, é realizado a partir de buscas por palavras-chave nestes bancos. Contudo, inúmeros fatores constituem dificuldades para a realização de pesquisas empíricas com jurisprudência no País, especialmente no que diz respeito aos critérios de seleção e publicação destes documentos.

A maioria dos bancos de decisões restringe-se à publicação dos acórdãos julgados em segunda instância. Praticamente não existem dados sobre decisões de juízes de primeiro grau ou de juizados especiais estaduais ou federais.

Poucos são os tribunais que indicam, de forma explícita, o número total de julgados que compõem os bancos, o período abrangido dos julgados, critérios de seleção e periodicidade de atualização.

Além disso, os bancos de jurisprudência de cada tribunal têm diferentes sistemas de busca e não dispõem de um sistema único de indexação dos julgados. Isso quer dizer que determinados sistemas de busca podem realizar varreduras no levantamento de acórdãos a partir de buscas pela ementa, e outros pelo inteiro teor da decisão.

As pesquisas que serão apresentadas a seguir constituem, em sua maioria, estudos empíricos realizados a partir dos bancos de jurisprudência dos tribunais. Todos os trabalhos ressaltam as dificuldades em desenhar uma trajetória de pesquisa e a representatividade dos dados quantitativos construídos, justamente em razão da falta de confiabilidade do conteúdo disponível.

Nesse sentido, a construção de dados sobre a fundamentação e outros elementos das decisões judiciais de forma fidedigna demanda a explicitação dos critérios adotados para a constituição dos bancos de dados sobre jurisprudência, assim como dos mecanismos de busca para acesso às decisões. Sem tais requisitos, pesquisas empíricas com este material estarão limitadas para desenvolver generalizações quantitativas sobre a aplicação de determinada norma pelo judiciário, uma vez que não é possível determinar a representatividade de tais decisões em relação ao total de julgados de cada tribunal.

15.3.1. Algumas pesquisas empíricas

O projeto "Pensando o Direito", da Secretaria de Assuntos Legislativos do Ministério da Justiça, incentivou, nos últimos anos, a elaboração de pesquisas empíricas nas temáticas de atuação da Secretaria. Algumas destas pesquisas desenvolveram estudos qualitativos com o intuito de compreender a motivação das decisões judiciais sobre temas como a quantificação do dano moral pelos tribunais, pena mínima, controle repressivo de constitucionalidade, discriminação feminina nas relações de trabalho e aplicação do instituto da repercussão geral.

Para tanto, estes estudos foram realizados por meio da análise de argumentos em decisões judiciais ou de entrevistas com os juízes sobre determinado tema. As pesquisas desenvolvidas pelo Centro Brasileiro de Análise e Planejamento (CEBRAP), pela Sociedade Brasileira de Direito Público (SBDP) e pela Escola de Direito de São Paulo da Fundação Getulio Vargas (Direito GV) se valem destes instrumentos para realizar estudos empíricos que, embora sobre temas diversos, têm como objetivo principal a compreensão da motivação de decisões judiciais.

Duas pesquisas empíricas desenvolvidas pelo CEBRAP buscam identificar elementos argumentativos em decisões judiciais. O estudo "Mulheres e políticas de reconhecimento no Brasil" de 2008/2009 se dedicou, entre outros objetivos, ao estudo de decisões proferidas pelos Tribunais do Trabalho sobre relações trabalhistas discriminatórias contra funcionárias.

Nos 108 acórdãos sobre práticas trabalhistas discriminatórias encontrados, foram identificadas sete demandas principais, a saber, exigência de revista íntima, ampliação ou redução do período para refeição e repouso durante a jornada, descanso de 15 minutos em caso de prorrogação do horário de trabalho, licença-maternidade destinada à mãe adotante, estabilidade provisória da gestante ou condutas discriminatórias contra ela, assédio sexual e auxílio-creche.

A sistematização destas decisões envolveu a identificação dos temas abordados nos acórdãos, além do mapeamento de citações de obras doutrinárias, julgados, legislação, argumentos externos ao direito (econômicos, políticos, culturais etc.) e o uso destes elementos como argumentos de autoridade nos votos.

No que diz respeito à fundamentação das decisões, a pesquisa constatou a ausência de um uso sistemático de jurisprudência. Ao menos nos acórdãos analisados, não existem referências a casos paradigmáticos, "e parecem citá-los apenas para corroborar a posição adotada na decisão" (RODRIGUEZ e NOBRE, 2009, p. 52).

A fundamentação desenvolvida a partir de dispositivos legais foi a mais frequente e, por também ser marcada pela argumentação por autoridade, com a mera citação do texto legal, sem justificação, sem uma exegese detalhada, foi possível mapear diferentes posicionamentos sobre a aplicação da mesma norma. Destacam-se as referências ao texto constitucional, que apareceu "como argumento crucial nas posições jurisprudenciais predominantes e mesmo nas posições vencidas" (RODRI-GUEZ e NOBRE, 2009, p. 52); o mesmo texto foi citado em sentidos opostos, sem que haja um voto vencedor que exponha a posição vencedora naquele tribunal.

Já a pesquisa "Processo legislativo e controle de constitucionalidade: as fronteiras entre direito e política" de 2010/2011, também desenvolvida pelo CEBRAP, buscou comparar a atuação das instâncias responsáveis pelo controle preventivo e repressivo de constitucionalidade de normas. No âmbito do Poder Legislativo, o controle preventivo é realizado pelas Comissões de Constituição e Justiça da Câmara e do Senado Federal (CCJC). No Poder Executivo federal, esta é uma atribuição privativa da Presidência da República, por meio do instrumento do veto (que pode ser parcial ou total a um dispositivo ou uma lei). O controle repressivo de normas, no âmbito federal, é de competência do Supremo Tribunal Federal (STF).

Os dois principais objetivos da pesquisa são: (i) identificar o que cada instância entende, de fato, por controle de constitucionalidade, para além (ou aquém) do texto normativo que define sua competência; e (ii) mapear os argumentos utili-zados em cada instância e identificar, quando possível, a existência ou não de um padrão argumentativo.

Para atender a este objetivo, foram desenvolvidos critérios de investigação dos argumentos presentes nos pareceres das CCJC, nas justificativas aos vetos da Presidência da República e nas decisões do STF em matérias em que estas três instâncias se manifestaram.

No que se refere ao controle repressivo de constitucionalidade e análise das decisões judiciais, buscou-se mapear dispositivos legais, princípios, autores de doutrinas jurídicas, argumentos externos ao direito e julgados no conteúdo de cada voto. Para cada um destes critérios, questiona-se se a citação foi ou não usada como argumento de autoridade.

Da análise das 38 decisões proferidas pelo STF, pode-se perceber que os ministros utilizam uma gama de elementos para fundamentar seus votos. Uma das principais conclusões deste estudo foi de que, no universo de decisões analisadas, não existe um padrão decisório entre os votos ou entre os acórdãos. Isto porque um ou mais tipos de argumentos podem ser utilizados num mesmo voto, sejam aqueles que recorrem a uma interpretação sistematizada da lei e dos princípios de direito ou os que citam trechos de doutrina, jurisprudência ou da opinião de especialistas de áreas não jurídicas; sejam aqueles que citam o texto legal.

Em geral, percebeu-se que um mesmo acórdão pode conter uma grande variedade de argumentos apresentados sobre o mesmo problema, sem qualquer hierarquização, sem que se possa saber quais são os argumentos decisivos, os mais importantes para a decisão final. Vistos em conjunto, acórdãos sobre um mesmo assunto podem conter os argumentos mais diversificados, sem que haja necessariamente algum tipo de comunicação entre eles, sem que um juiz debata em seu voto a posição do outro e mostre por que tem razão.

Esta conclusão pode indicar que cada ministro utiliza os argumentos mais propícios para fundamentar seu voto, utilizando um padrão pessoal de fundamentação. Como em nossos tribunais a decisão é tomada por maioria de votos e não há a redação de um voto da corte, de um voto vencedor único, a tendência é que este quadro se repita em todos os tribunais, especialmente nos casos controversos, em que os juízes divergem. Nos outros casos, todos os votos costumam ser telegráficos e no mesmo sentido. Todos os juízes votam com o relator e, via de regra, não fundamentam sua decisão com argumentos, manifestam-se de forma telegráfica.

Em suma, a pesquisa mostrou que as decisões do STF são uma somatória de votos com padrões argumentativos variáveis de juiz para juiz. Nos casos difíceis, controversos, cada decisão desse Tribunal agrega votos longos e com inúmeras citações de obras doutrinárias, precedentes e outros argumentos, sem hierarquização e sem coerência entre si. Nos casos fáceis, o STF profere decisões compostas de votos concisos em que o ministro acompanha o voto do ministro relator sem desenvolver uma fundamentação própria. Também o voto do relator costuma ser muito conciso, sem explicitar longamente as razões da decisão.

A pesquisa "A complexidade do problema e a simplicidade da solução: a questão das penas mínimas" de 2009, desenvolvida pela Direito GV, adotou a metodologia de entrevistas semidiretivas com juízes, promotores, advogados e professores para compreender a fundamentação de suas decisões no tocante à pena mínima.

Um dos objetivos das entrevistas é identificar e testar argumentos jurídicos e políticos a favor e contra a prática da pena mínima. A escolha por este instrumento de coleta de dados ocorreu após a constatação de que nem a doutrina jurídica, nem a jurisprudência, nem a sociologia do direito parecem discutir em profundidade a pertinência ou os fundamentos das penas mínimas. Assim, optou-se por realizar entrevistas para "estimular uma reflexão coletiva e conjunta sobre esse tema" (MACHADO, 2009, p. 186).

Para a realização das entrevistas semidiretivas, foi elaborado um roteiro, dividido em duas partes. Na primeira, busca-se identificar os principais argumentos a favor das penas mínimas, que podem ser aceitos ou não pelo entrevistado. Na segunda, argumentos contra as penas mínimas são apresentados, com o intuito de avaliar a eventual pertinência de cada um deles.

Embora a pesquisa sobre penas mínimas não esteja voltada para a manifestação formal e expressa do juiz ao decidir o caso concreto, as entrevistas constituíram uma fonte relevante para se compreender quais operações lógico-argumentativas estão presentes no momento da aplicação da pena pelo juiz, cujos fundamentos são pouco problematizados.

Uma das conclusões da pesquisa é a de que algumas estruturas normativas, posições jurisprudenciais e doutrinárias ainda partilham de uma concepção de divisão de tarefas entre o legislador e o juiz. Tal concepção é favorável ao fato de o legislador decidir, pelo juiz, a pena a ser aplicada a determinado réu. A pena mínima de prisão é uma pena escolhida pelo legislador, exclusivamente em função do crime, e aplicada pelo juiz em detrimento das circunstâncias e particularidades do infrator e do caso concreto (MACHADO, 2009, p. 67).

As entrevistas revelaram também uma forma de justificar a existência das penas mínimas. "Do ponto de vista da atuação judicial, a existência da pena mínima prevista pelo legislador pode significar uma comodidade em sua atividade decisória justamente porque, em relação à determinação da pena, é possível transferir a responsabilidade por sua definição ao legislador" (MACHADO, 2009, p. 62).

Outra pesquisa desenvolvida pela Direito GV, "A quantificação do dano moral no Brasil: justiça, segurança e eficiência", de 2010, investigou a seguinte questão: "haveria uma discricionaridade excessiva do Poder Judiciário no estabelecimento dos valores de danos morais, capaz de comprometer a previsibilidade das decisões e o tratamento igual de casos iguais?" (PÜSCHEL, 2010, p. 11).

O levantamento de decisões judiciais tem como objetivo central fornecer dados concretos sobre a real dimensão da insegurança jurídica decorrente do sistema atual, além de um panorama dos critérios de cálculo desenvolvidos pela jurisprudência na ausência de regulação expressa.

Para tanto, foi realizado um levantamento de decisões em quinze tribunais de diferentes regiões do País, das Justiças Estadual, Federal e do Trabalho, do ano de 2008. A seleção dos tribunais buscou atender aos critérios de representatividade de cada região geopolítica do Brasil, com a necessidade de coincidência do território de competência entre os tribunais das diferentes Justiças. O grande número de decisões implicou na seleção de amostras, uma para cada Justiça, composta com acórdãos dos cinco tribunais selecionados para a respectiva Justiça. O recorte temporal se justifica por haver a certeza de que todos os acórdãos do período estariam disponíveis nas bases de dados eletrônicas.

A análise de 1.044 acórdãos revelou que não existem indícios de que a ausência de critérios legislativos de cálculo de dano moral tenha levado a uma situação de desrespeito ao princípio da igualdade. Pelo contrário, a análise de casos frequentes revelou uma razoável consistência das decisões com relação a valores.

O levantamento também revelou que os valores concedidos a título de reparação por danos morais tendem a ser baixos, sendo excepcionais os casos que ultrapassaram a barreira dos R$ 100.000,00. Nesse sentido, uma das principais conclusões da pesquisa é a de que "a temida indústria de reparações milionárias não é uma realidade no Brasil, mesmo diante da situação atual de ausência de critérios legais para o cálculo do valor da reparação por danos morais" (PÜSCHEL, 2010, p. 54).

A presente constatação reduz a necessidade de uma intervenção legislativa no tema para limitação ou padronização de valores, "especialmente diante do fato de que tal intervenção, mesmo que usando técnicas casuísticas, pode aumentar a complexidade do sistema jurídico, desestabilizar interpretações já estabelecidas e

terminar por diminuir a segurança em vez de aumentá-la" (PUSCHEL, 2010, p. 54).

Por fim, a pesquisa desenvolvida pela Sociedade Brasileira de Direito Público (SBDP), "Repercussão Geral e o Sistema Brasileiro de Precedentes", de 2011, investigou a implementação da repercussão geral, nova exigência para que os recursos extraordinários sejam apreciados pelo STF, instituída pela Emenda Constitucional n. 45/2004.

O estudo realizado contempla a identificação de dificuldades e êxitos na implementação deste requisito de admissibilidade de 2004 até o final de 2010. Para além deste diagnóstico, a pesquisa objetivou propor alternativas para o enfrentamento às dificuldades mapeadas e avaliar o papel que tem sido desempenhado pelo instituto da repercussão geral na eventual criação de um sistema brasileiro de precedentes em matéria constitucional.

A pesquisa partiu de um duplo enfoque: identificar como tem sido a implementação do instituto da repercussão geral tanto no STF como nos tribunais de origem. As duas frentes atentaram-se às dificuldades e boas práticas de implementação do instituto.

Em relação à metodologia empregada para a análise de decisões do STF, procedeu-se ao exame de 284 julgados em inteiro teor, disponíveis na internet, proferidos em sede de recursos extraordinários ou agravos de instrumento em recursos extraordinários. Dentre os critérios investigados, buscou-se atentar para a forma pela qual o STF "tem identificado as questões constitucionais discutidas em cada recurso, os argumentos invocados para a declaração da existência de repercussão geral, a atuação dos ministros em plenário virtual e a participação de *amici curiae* nos recursos extraordinários" (SUNDFELD e SOUZA, 2010, p. 14).

Em relação aos tribunais de origem, o principal objetivo era o exame de aspectos procedimentais de implementação do instituto da repercussão geral, fixados por decisões do próprio STF. Nesta frente, foram selecionados e examinados 224 acórdãos, proferidos no julgamento de recursos extraordinários, agravos de instrumento, reclamações e ações cautelares.

A análise das decisões do STF e dos tribunais de origem foi complementada pela identificação e análise da percepção de magistrados e de seus assessores sobre a experiência de implementação do instituto, captada por meio do envio de questionários escritos e da compilação das respostas.

As principais conclusões alcançadas pela pesquisa referem-se à falta de uniformidade nas decisões do STF no modo de expressão de questões discutidas nos recursos extraordinários; isto porque se encontraram casos em que a questão constitucional não foi expressa de forma clara.

Também se constatou a pouca troca de argumentos em plenário virtual. Em geral, o reconhecimento da repercussão geral é manifestado expressamente por mais da metade dos ministros, com maior frequência em matérias sobre direito penal, processual penal e tributário.

Além disso, foram encontradas diversas decisões, de caráter geral, sobre aspectos procedimentais do regime da repercussão geral, revelando que o instituto permanece em construção. Daí a relevância, tal como apontado pela pesquisa, de que haja maior publicidade e divulgação das decisões do STF que definem aspectos procedimentais relativos à repercussão geral para que os tribunais de origem possam operacionalizar o instituto de forma mais eficiente. No mesmo sentido, faltam registros adequados e organização de informações relativas à implementação do instituto da repercussão geral, em bancos de dados, pelos tribunais de origem, e a publicidade de informações relativas à implementação do instituto da repercussão geral pelos tribunais de origem.

Considerações finais

O presente artigo apresentou, de forma resumida, algumas pesquisas empíricas que tinham por objetivo o estudo da fundamentação das decisões judiciais. Seja por meio de entrevistas, seja pela análise do conteúdo das decisões, estes trabalhos têm em comum a preocupação em verificar a existência de um padrão de argumentação dentro do processo judicial.

A Constituição Federal atribui ao Poder Judiciário uma instância decisória relevante, uma vez que inúmeros temas políticos, sociais e econômicos previstos no texto constitucional são passíveis de apreciação judicial.

Ressalte-se ainda o papel relevante na análise do controle difuso de constitucionalidade de normas (realizado por todos os juízes no caso concreto) e no controle concentrado, o qual é desempenhado pelo STF e adquire importância crescente na dinâmica jurídica e política do País.

A consolidação de uma pauta de pesquisas empíricas sobre decisões judiciais é fundamental para a compreensão do papel do juiz na distribuição de poderes dentro do Estado.

A atuação judicial não se restringe à aplicação mecânica da lei ao caso concreto. A aplicação da lei é um processo de disputa interpretativa sobre os sentidos possíveis de uma norma. Abre espaço, portanto, para visões diferentes sobre o mesmo problema jurídico, presentes nos votos dos juízes que podem e devem ser debatidos pela esfera pública, em especial pelas faculdades de Direito.

Não tratamos deste ponto aqui, mas as pesquisas apresentadas ilustraram, em alguma medida, a variedade de perspectivas na construção do direito pelo tribunal e sua possível relação com demandas advindas do processo político, do debate na esfera pública.

Os trabalhos citados aqui precisam dialogar com novas pesquisas que indiquem as limitações ou a eventual possibilidade de generalizar as conclusões a que chegaram. Como estamos diante de trabalhos pioneiros, acreditamos que os modelos conceituais construídos para suas análises possam ser replicados e aperfeiçoados em futuras pesquisas, para criar uma rede de experiências e estudos sobre fundamentação de decisões judiciais capaz de avaliar com mais precisão a qualidade de nossa jurisdição (e os métodos e teorias sobre a jurisdição) e discutir, por exemplo, o tema do ativismo judicial de forma mais fina e criteriosa, com uma base empírica mais ampla do que a que temos atualmente.

Bibliografia

ARIDA, Pérsio. A pesquisa em direito e em economia: em torno da historicidade da norma. *Revista Direito GV 1*, v. 1, n. 1, 2005.

HORKHEIMER, M. Teoria tradicional e teoria crítica. In: BENJAMIN, W.; HORKHEIMER, M.; ADORNO, T.; HABERMAS, J. *Textos escolhidos.* São Paulo: Abril Cultural, 1983. v. XLVIII (Coleção Os Pensadores).

MACHADO, Maíra Rocha; PIRES, Alvaro; FERREIRA, Carolina Cutrupi; SCHAFFA, Pedro Mesquita. *A complexidade do problema e a simplicidade da solução*: a questão das penas mínimas. Ministério da Justiça: Série Pensando o Direito, 17/2009.

NEUMANN, Franz. *O império do direito*. São Paulo: Quartier Latin, 2012.

PÜSCHEL, Flavia Portella (Coord.). *A quantificação do dano moral no Brasil*: justiça, segurança e eficiência. Ministério da Justiça: Série Pensando o Direito, 37/2010.

RODRIGUEZ, José Rodrigo. Pesquisa empírica e estado de direito: a dogmática como controle do poder soberano. In: RODRIGUEZ, José Rodrigo; PÜSCHEL, Flavia Portella; MACHADO, Marta Rodriguez de Assis (Org.). *Dogmática é conflito*. São Paulo: Saraiva, 2012.

RODRIGUEZ, José Rodrigo et al. *Processo legislativo e controle de constitucionalidade*: as fronteiras entre direito e política. Ministério da Justiça: Série Pensando o Direito, 31/2010.

RODRIGUEZ, José Rodrigo; NOBRE, Marcos Severino et al. *Mulheres e políticas de reconhecimento no Brasil*. Ministério da Justiça: Série Pensando o Direito, 11/2009.

SUNDFELD, Carlos Ari; SOUZA, Rodrigo Pagani de et al. *Repercussão geral e o sistema brasileiro de precedentes*. Ministério da Justiça: Série Pensando o Direito, 40/2010.

TAMANAHA, Brian Z. *Beyond the formalist-realist divide*: The role of politics in judging. New Jersey: Princeton University Press, 2009.

Desempenho Judicial, o quanto a Sociedade Confia e como Avalia o Poder Judiciário Brasileiro

A importância das medidas de confiança nas instituições

Luciana Gross Cunha
Fabiana Luci de Oliveira

Introdução

O objetivo deste artigo é discutir a avaliação pública do desempenho do Poder Judiciário brasileiro, considerando as motivações que levam as pessoas a utilizarem (ou não) e a confiarem (ou não) no sistema judicial do País, a partir da apresentação da pesquisa Índice de Confiança na Justiça brasileira (ICJBrasil)[1]. Para atingir esse objetivo, apresentaremos as discussões sobre as formas de avaliar o desempenho das instituições do sistema de justiça e, mais especificamente, do Judiciário, e a importância dessa avaliação. A confiança nas instituições, como uma linha de análise dentro das ciências sociais permeia este trabalho.

O Judiciário é uma instituição de importância central na construção de sociedades democráticas. Na maioria dos países latino-americanos que transitaram de regi-

---

[1]. O ICJBrasil (Índice de Confiança na Justiça Brasileira) é um levantamento estatístico, realizado em sete Estados brasileiros, com base em amostra representativa da população em termos de sexo, idade, escolaridade e condição de ocupação (população economicamente ativa ou não). O levantamento é conduzido desde abril de 2009 pela Faculdade de Direito de São Paulo da Fundação Getulio Vargas, entrevistando trimestralmente 1.550 pessoas, em sete Estados brasileiros: São Paulo, Rio de Janeiro, Rio Grande do Sul, Bahia, Pernambuco, Minas Gerais e Distrito Federal. O objetivo central do ICJBrasil é avaliar a percepção e a experiência dos brasileiros com relação ao Judiciário, acompanhando de forma sistemática o sentimento da população em relação a essa instituição. Os dados são divulgados trimestralmente em relatórios que podem ser acessados no endereço: <http://bibliotecadigital.fgv.br/dspace/handle/10438/8700>. Acesso em: 20 ago. 2012.

mes militares e autoritários para a democracia, ao longo das décadas de 1980 e 1990, o Judiciário atuou como ator vital na garantia e na consolidação desses novos regimes, na medida em que assegurou a eficácia do Estado de Direito e se impôs como *locus* privilegiado de resolução de conflitos que surgissem no âmbito da sociedade, da economia, da política e no mundo dos negócios.

Obviamente que, para a aplicação justa e imparcial da lei (princípio fundamental do Estado de Direito), é necessária a existência de um sistema judicial legítimo, que goze de independência, seja eficiente e eficaz; isso é, um sistema que tenha um desempenho coerente com as suas justificativas normativas, cumprindo as exigências e expectativas em relação ao seu papel. Ser capaz de avaliar o desempenho do sistema judicial de um país é, portanto, tarefa essencial para avaliar a qualidade de sua democracia.

E como se mensura o desempenho do sistema judicial? De acordo com Staats, Bowler e Hiskey[2], sendo desempenho judicial um conceito multidimensional, pode-se mensurá-lo de diferentes maneiras. Ao tratar da literatura que aborda o tema, os autores destacam que uma medida de qualidade da avaliação do sistema judicial deve considerar um conjunto mínimo de cinco variáveis: independência, eficiência, acesso, eficácia e *accountability*.

A variável independência judicial se refere tanto à independência do sistema judicial de influência política externa indevida quanto à capacidade dos juízes individuais tomarem decisões independentes em casos particulares. Por eficiência, os autores consideram a capacidade do sistema judicial em processar casos sem morosidade; morosidade entendida como atrasos excessivos, passíveis de serem eliminados, compreendendo que a dinâmica do processo judicial comporta, algumas vezes, andamentos menos céleres. A variável acesso trata da disponibilidade equitativa de atendimento para todos os cidadãos independentemente de condição socioeconômica, raça ou localização geográfica (STAATS, BOWLER e HISKEY, 2005, p. 79). Já eficácia é a capacidade de fazer valer e respeitar suas decisões, ou, nas palavras dos autores, a disponibilidade de mecanismos viáveis de fiscalização e sanções. E, por fim, *accountability* é a sujeição do Poder Judiciário "à regra da lei", no sentido de transparência, da sua obrigação de prestar contas de seus atos.

Para traduzir essas variáveis em dados tangíveis, organismos internacionais, como o CEJA[3], elencam informações como

---

[2]. STAATS, Joseph L.; BOWLER, Shaun; HISKEY, Jonathan T. Measuring judicial performance. Latin America. *Latin American Politics & Society*, v. 47, n. 4, p. 77-106, Winter 2005.

[3]. "O Centro de Estudos de Justiça das Américas (CEJA) é uma agência do Sistema Interamericano, criada em 1999, com sede em Santiago, Chile. Os membros do CEJA são os

o número de processos iniciados, resolvidos e pendentes por ano, a média de duração dos casos e o número de juízes por habitantes, entre outras[4].

Apesar de essenciais, nenhuma dessas informações é apropriada para fornecer dados objetivos sobre a avaliação do Judiciário em termos de independência, acesso e eficácia; nem é capaz de indicar as motivações do cidadão na utilização do Judiciário como canal de resolução de conflitos.

Partindo da premissa de que as dimensões de independência, eficiência, acesso, eficácia e *accountability*, em conjunto com as motivações para o uso da justiça, representam uma das formas de avaliar o nível de legitimidade do sistema judicial, e de que essa última afeta de forma definitiva o desenvolvimento econômico, político e social de um país, justifica-se a concepção do Índice de Confiança na Justiça brasileira (ICJBrasil) como uma medida do desempenho do judiciário brasileiro aos olhos da população. O índice resume a percepção da sociedade sobre quão eficaz tem sido o Poder Judiciário em efetivar a distribuição de "justiça", adjudicando dis-

putas e garantindo o respeito aos direitos individuais e também no seu papel de poder do Estado, decidindo se políticas e ações do governo são compatíveis com o disposto na Constituição. É construído para ser um retrato de como a sociedade avalia: (i) as diversas dimensões do Judiciário como um prestador de serviço público (subíndice de percepção); e (ii) as atitudes da população sobre o papel do Judiciário na resolução de conflitos, considerando a predisposição dos indivíduos em acionar as cortes em busca da solução de problemas (subíndice de atitude).

16.1. Os problemas do Poder Judiciário brasileiro e seu diagnóstico

Ao tratar da importância do sistema de justiça nas ciências sociais no Brasil, Maria Tereza Sadek[5] chama atenção para o fato de que o Judiciário só passou a integrar com força a agenda de pesquisa acadêmica no Brasil a partir da década de 1990, quando os efeitos da Constituição de 1988 começaram a ficar mais visíveis. A Carta de 1988 promoveu a constitucionalização de uma gama significativa de direitos civis, políticos e sociais, o que gerou, por sua vez, um movimento de intensificação de busca pelo Poder Judiciário, fazen-

---

Estados-membros ativos da Organização dos Estados Americanos (OEA)". Informações em: <http://www.ceja-mericas.org/portal/>.

[4.] Ver CEJA, Reporte sobre la Justicia en las Américas, 2006-2007 e CUNHA, Luciana. Indicadores de desempenho do Judiciário: como são produzidos e qual a sua finalidade. *Cadernos FGV Projetos*, Rio de Janeiro: FGV, ano 5, n. 12, p. 41-45, 2010.

[5.] SADEK, Maria Tereza. Estudos sobre o sistema de justiça. In: MICELI, Sérgio. *O que ler na ciência social brasileira?* São Paulo: Sumaré, 2002. v. IV.

do com que os estudos sobre instituições passassem a ver, no Judiciário, uma promissora área de pesquisa. Importante salientar que, em termos de produção de informações estatísticas sobre sistema judicial, em 1989 foi criado o Banco Nacional de Dados do Poder Judiciário, que "reúne trimestralmente informações sobre a quantidade de cargos de juiz – existentes e providos –, concursos realizados e em andamento, número de processos entrados e julgados, natureza das causas, número de comarcas, varas e juizados existentes, entre outras"[6].

Nesse mesmo período, também ganhou força o diagnóstico de crise do Poder Judiciário, especialmente com base na análise da movimentação processual e na opinião e avaliação de *experts* que passaram a apontar a necessidade de reforma desse poder, em vista de torná-lo mais rápido, acessível e responsivo às demandas da sociedade[7].

Nos anos 2000, estudos de organismos internacionais, como o Banco Mundial e as Nações Unidas, classificaram o Judiciário brasileiro como um dos mais ineficientes, iníquos e corruptos do mundo. No relatório da Organização das Nações Unidas de 2005, é possível ler acerca dos "sérios problemas no sistema judicial do Brasil", afirmando que os processos podem levar anos até serem julgados, afetando o direito aos serviços judiciais ou os tornando ineficazes, levando muitas vezes à impunidade. O relatório ressalta ainda que uma grande proporção da população brasileira, seja por razões de natureza econômica, social ou cultural, encontra-se excluída do acesso aos serviços judiciais[8].

Apesar de todos os problemas de acesso diagnosticados (Banco Mundial, Nações Unidas etc.), há uma alta taxa de litígio nos tribunais brasileiros, sendo que a passagem da década de 1990 para os anos 2000 trouxe um crescimento exponencial de demandas levadas à esfera da justiça. Considerando a taxa de litigiosidade no País para a justiça comum (contabilizando casos da primeira e da segunda instância e juizados especiais), verificamos um salto de 3,6 milhões de casos em 1990 para 9,4 milhões em 2000, chegando em 2009 a 17,7 milhões de casos[9]. A taxa de congestionamento também aumentou,

---

[6]. STF, *Informativo*, n. 1, agosto de 1995, apud SADEK, Maria Tereza; OLIVEIRA, Fabiana Luci. Estudos, pesquisas e dados em justiça. In: OLIVEIRA, Fabiana Luci (Org.). *Justiça em foco*: estudos empíricos. Rio de Janeiro: FGV, 2012.

[7]. Vide, por exemplo: SADEK, Maria Tereza; ARANTES, Rogério. A crise do Judiciário e a visão dos juízes. *Revista USP*, Dossiê Judiciário, n. 21, 1994. LOPES, José Reinaldo Lima. Justiça e Poder Judiciário ou a virtude confronta a instituição. *Revista USP*, *Dossiê Judiciário*, n. 21, 1994; SADEK, Maria Tereza (Org.). *O Judiciário em debate*. São Paulo: IDESP/Sumaré, 1995; JUNQUEIRA, Eliane Botelho. Acesso à justiça: um olhar retrospectivo. *Estudos Históricos*, Rio de Janeiro, v. 9, n. 18, 1996.

[8]. UNITED NATIONS. *Civil and political rights*. New York: United Nations, 2005, p. 2.

[9]. Dados extraídos dos relatórios *Justiça em Números*, disponíveis no site do Conselho Nacional de Justiça (www.cnj.jus.br).

e com isso o Judiciário passou a ser cada vez mais questionado em seu desempenho e sua capacidade de responder às demandas levadas a ele[10].

Parte dos questionamentos quanto à eficiência foi respondida pela Reforma do Judiciário, aprovada em dezembro de 2004, que, entre outras medidas, instituiu o Conselho Nacional de Justiça (CNJ), órgão responsável por controlar as atividades do Judiciário. O CNJ tem instituído anualmente metas a serem alcançadas pelos tribunais em relação à velocidade das decisões e taxas de congestionamento. Mas, ainda assim, os problemas persistem[11].

Ao mesmo tempo em que se observa esse aumento vertiginoso na taxa de litigiosidade, pesquisas de opinião fazem coro aos estudos acadêmicos que apontam a precariedade da justiça. Historicamente, em pesquisas de opinião, o Judiciário sempre apresenta níveis baixos de confiança (tanto no Brasil quanto em outros países latino-americanos), ficando com cerca de 25 a 35% da confiança da população[12]. Como explicar a

"convivência contraditória"[13] entre a desconfiança no Poder Judiciário, decorrente da desaprovação de seu desempenho pelos cidadãos que não acreditam que esse poder funciona de acordo com sua missão, e a elevada procura pelo Judiciário quando se trata da solução de litígios? Em primeiro lugar, precisamos atentar ao que afirma Sadek[14]: esse volume de ações não implica necessariamente ampliação do acesso da população à justiça, uma vez que parte significativa destas demandas são provenientes do próprio governo ou de setores privilegiados da sociedade[15]. Mas, ainda assim, o volume de acesso da população ao Judiciário é considerável – dados da PNAD 2009 revelam que a maioria das pessoas que vivenciaram situação de conflito (12,6 milhões) nos últimos cinco anos anteriores à data de realização da pesquisa recorreu à ação judicial formal (57,8%) e aos juizados especiais (12,4%) como forma de resolução do problema vivido[16].

---

10. De acordo com definição do CNJ, a taxa de congestionamento "mede a efetividade do tribunal em um período, levando-se em conta o total de casos novos que ingressaram, os casos baixados e o estoque pendente ao final do período" (www.cnj.jus.br).

11. Note-se que em 2010 a taxa de congestionamento na justiça estadual ficou em 72%, o que implica dizer que a cada 100 casos em tramitação na justiça estadual nesse ano, 72 permaneceram sem solução. Para mais informações, consultar os relatórios do CNJ *Justiça em Números*.

12. Dados da série de 1996-2003 do Latinobarômetro, apud POWER, Timothy J.; JAMISON, Giselle D. Desconfiança

política na América Latina. *Opinião Pública*, Campinas, v. XI, n. 1, p. 64-93, mar. 2005. Para acesso à série histórica do Latinobarômetro, consultar: <http://www.latinobarometro.org/latino/latinobarometro.jsp>.

13. Conceito emprestado de MOISÉS, José Álvaro. A desconfiança nas instituições democráticas. *Opinião Pública*, Campinas, v. XI, n. 1, p. 33-63, mar. 2005.

14. SADEK, Maria Tereza. Acesso à justiça: visão da sociedade. *Justitia*, v. 1, p. 273, 2008.

15. Outra evidência a dar suporte ao argumento de Sadek é o relatório "Os 100 maiores litigantes", publicado em 2011 pelo Conselho Nacional de Justiça. Disponível em: <http://www.cnj.jus.br/images/pesquisas-judiciarias/pesquisa_100_maiores_litigantes.pdf>. Acesso em: 20 ago. 2012.

16. IBGE. Pesquisa nacional por amostra de domicílios 2009 – Características da vitimização e do acesso à justiça no Brasil. Disponível em: <http://www.ibge.gov.br/home/es-

Manual de Sociologia Jurídica

Os dados do IBGE se atêm à dimensão de utilização da justiça, e os dados do Latinobarômetro se referem à confiança espontânea na instituição. Mas quais são as opiniões, percepções, atitudes e expectativas da população em relação às diversas dimensões de atuação do Judiciário e como esse poder vem sendo avaliado aos olhos dos cidadãos brasileiros? Quais os valores e atitudes dos brasileiros com relação ao Poder Judiciário?

16.2. ICJBrasil – Análise das percepções e atitudes dos brasileiros com relação ao Poder Judiciário

O ICJBrasil trabalha com base nas cinco dimensões destacadas por Staats, Bowler e Hiskey: independência, eficiência, acesso, eficácia e *accountability*, acrescentando confiança e uma medida de percepção de melhoria do Judiciário. A dimensão de acesso, no caso da elaboração do ICJBrasil, é composta por duas variáveis, quais sejam, o custo e a facilidade de acessar o sistema. Essas dimensões compõem o subíndice de percepção[17].

Os dados da série histórica do ICJBrasil revelam que as dimensões de eficiência, acesso (tanto em termos de custos quanto de facilidade de utilização) e *accountability* são as de pior avaliação: em média, 90% dos brasileiros consideram o Judiciário pouco eficiente, no sentido do tempo em que leva para julgar os casos (a grande maioria acredita que o Judiciário é lento ou muito lento na resolução das demandas levadas até ele). Quando avaliam o custo financeiro da utilização do Judiciário, próximo a 90% dos brasileiros consideram que o Judiciário é caro ou muito caro[18].

---

o(a) Sr(a). diria que o Judiciário brasileiro é muito competente, competente, pouco competente ou nada competente? (iv) Em termos de custos para entrar com uma causa na justiça, para o(a) Sr(a). o Judiciário brasileiro é muito barato, barato, um pouco caro ou muito caro? (v) E em termos de facilidade de uso, para o(a) Sr(a). utilizar o Judiciário brasileiro é muito fácil, um pouco fácil, um pouco difícil ou muito difícil? (vi) Quanto à honestidade, para o(a) Sr(a). o Judiciário brasileiro é muito honesto, honesto, pouco honesto ou nada honesto? (vii) E quanto à independência da justiça, para o(a) Sr(a). o quão independente é o Judiciário brasileiro, muito independente, independente, pouco independente, ou nada independente? (viii) Para o(a) Sr(a). o Judiciário brasileiro nos últimos 5 anos melhorou muito, melhorou um pouco, ficou na mesma situação, piorou um pouco ou piorou muito? (ix) Pensando nos próximos 5 anos, para o(a) Sr(a). o Judiciário brasileiro tende a melhorar muito, melhorar um pouco, ficar na mesma situação, piorar um pouco ou piorar muito?

[18] O custo de acessar o Judiciário não se refere apenas às custas processuais e aos honorários dos advogados. Mesmo a justiça gratuita, com o apoio da defensoria pública, implica um custo para a sua utilização: transporte, produção de documentos e, para muitos, a perda de um dia de serviço remunerado, quando parte dos brasileiros das classes econômicas mais baixas trabalham sem carteira assinada, no mercado informal.

---

tatistica/populacao/vitimizacao_acesso_justica_2009/pnadvitimizacao.pdf>. Acesso em: 20 ago. 2012.

[17] As nove perguntas para o subíndice de percepção são as seguintes: (i) De forma geral, o(a) Sr(a). diria que o Judiciário brasileiro é uma instituição muito confiável, confiável, pouco confiável ou nada confiável? (ii) Na sua opinião, o Judiciário brasileiro resolve os casos muito rapidamente, rapidamente, no tempo certo, lentamente ou muito lentamente? (iii) Em termos de competência para solucionar os casos,

Gráfico 16.1. Série histórica – avaliação das dimensões que compõem o subíndice de percepção da Justiça brasileira

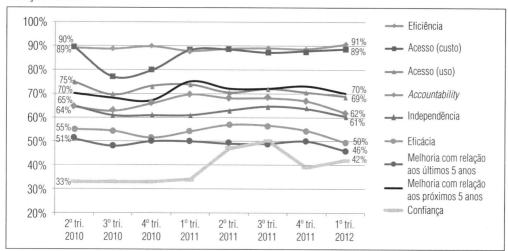

Base: 1.550 entrevistas por trimestre.
Fonte: ICJBrasil, 2010–2012.

Em termos da facilidade de uso, entre 70 e 75% avaliam que é difícil utilizar o Judiciário, seja por desconhecerem a dinâmica do seu funcionamento, seja por sentirem-se alheios à linguagem do Direito e dos rituais judiciários. Entre 60 e 70%, avaliam que o Judiciário é pouco ou nada honesto e, consequentemente, pouco *accountable* e transparente. Para cerca de 60 a 65% da população, o Judiciário é, também, pouco independente.

Quando se trata da manifestação espontânea do nível de confiança na instituição, o Judiciário tem mantido seu índice histórico: entre 30 e 40% dos brasileiros declaram confiar ou confiar muito no Judiciário. E aqui cabe uma nota para explicar o crescimento repentino desse índice no segundo e no terceiro trimestres de 2011.

Essa alteração deveu-se a uma mudança na ordem das questões. Até o segundo trimestre de 2011, sempre começamos as entrevistas a partir da declaração espontânea do nível de confiança no Judiciário. E, posteriormente, perguntávamos sobre as demais dimensões do subíndice de percepção e atitude. Mas, no segundo e no terceiro trimestres de 2011, fizemos uma importante modificação na ordem das entrevistas: começamos a partir da avaliação estimulada de cada uma das dimensões de percepção do Judiciário; na sequência, perguntamos sobre a predisposição para o uso das cortes em cada uma das situações hipotéticas do subíndice de atitude; e, somente depois, abordávamos a confiança espontânea, contextualizando o Judiciário entre outras instituições (ou seja, perguntamos sobre a confiança nos partidos políticos, no governo, na polícia e no Judiciário, entre outras instituições). Essa alteração na ordem das perguntas levou a uma mudança considerável: a confiança no Judiciário aumentou para quase 50%. Para ter certeza se essa alteração se deveu a um efeito de ordem, nos trimestres seguintes voltamos à ordem anterior, perguntando sobre a confiança no Judiciário logo de início. O nível de confiança caiu, ficando próximo dos patamares anteriores, mas ainda assim permaneceu um pouco acima do que costumava ser até o início de 2011. Agora, a confiança no Judiciário está em torno de 40%, o que pode implicar que alguma coisa mudou para melhorar a percepção pública do Judiciário – monitoramos o impacto da conjuntura a partir de questões sobre acompanhamento de notícias acerca do mundo da justiça, para, com isso, acompanhar a formação de tendências e controlar o efeito de eventos pontuais – por exemplo, nos meses de junho a agosto de 2012 em que a discussão sobre o julgamento do mensalão bombardeava os brasileiros nos meios de comunicação de massa.

Essa variação no patamar de confiança declarada reforça a importância de conhecer e entender a exata forma de mensuração das dimensões que compõem um índice, e mesmo da dinâmica das entrevistas, pois os aspectos cognitivos dos respondentes não devem ser ignorados. Os estudos acerca da psicologia do respondente de *survey* há tempos confirmam a tese de que as pessoas procuram se manter coerentes em suas opiniões; assim, a ordem das perguntas exerce importante impacto na coleta de dados[19].

Nesse caso específico, essa variação fornece ainda um importante indício da validade da tese eastoniana na interpretação da confiança no Judiciário brasileiro. Easton entende que a confiança em uma instituição se desdobra entre: apoio específico, que se refere à avaliação do desempenho dos atores que compõem estas instituições em situações específicas; e apoio difuso, referente ao conjunto de atitudes com relação às instituições e aos valores institucionais, baseado na percepção do cumprimento de exigências e expectativas com relação ao seu papel, independentemente do desempenho de seus membros. Assim, de acordo com Easton, a confiança em uma determinada instituição é uma medida da internalização de valores normativos (expectativas com relação à função dessa instituição, ao seu significado ideal) e das experiências dos indivíduos com essa instituição (desempenho dos membros da instituição em situações específicas, e avaliação do desempe-

---

[19.] Ver TOURANGEAU, R.; RIPS, L. J.; RASINSKI, K. *The psychology of survey response*. Cambridge: Cambridge University Press, 2000.

nho da instituição dentro de um contexto, frente à sua função esperada)[20].

É nesse sentido que acompanhar o sentimento da população em relação a uma instituição específica ou a um regime político, como um todo, ressurge nas ciências sociais, a partir da década de 1980. Como uma linha de análise que tem como objeto de estudo preferencial a confiança nas instituições democráticas representativas, o estudo sobre confiança faz parte do conjunto de trabalhos na área da cultura política. Isso não quer dizer, no entanto, que os autores que têm se debruçado sobre as expectativas e sentimentos da população em relação às instituições políticas sejam exclusivamente culturalistas. No caso dos estudos sobre confiança política, partindo-se do pressuposto de que instituições são importantes, porém não existem apartadas de valores e regras sociais e culturais construídas em um determinado momento, por uma determinada população, em um determinado contexto histórico e cultural, os estudos sobre confiança são partilhados por diversos autores, desde os próprios culturalistas até aqueles que estudam capital social e desenvolvimento[21]. E se, como dito acima, confiança política tem a ver com experiên-

cia pessoal com a instituição e expectativa de que essa instituição tome decisões de acordo com um conjunto de regras conhecidas previamente, confiança política está relacionada à legitimidade. Em uma democracia, a medida de confiança no Judiciário, que, por sua vez, carece de legitimidade representativa, é uma variável essencial na verificação da sua legitimidade. Em três dimensões, o Judiciário tem um desempenho um pouco mais positivo aos olhos da população. No que se refere à eficiência, entre 45 e 50% acreditam na sua competência para solucionar os casos (50 a 55% avaliam como pouco ou nada eficiente). O mesmo percentual avalia que o Judiciário hoje está melhor do que no passado. E quando se trata da expectativa para o futuro, a maioria acredita que o desempenho da instituição tende a melhorar.

Essas últimas três dimensões ajudam a explicar o porquê da grande predisposição declarada da população em buscar o Judiciário frente a uma situação potencial de conflito, documentada no Gráfico 15.2, referente ao subíndice de atitude.

O subíndice de atitude baseia-se em seis diferentes situações de conflito hipotéticas, a partir das quais pedimos à população para se posicionar sobre a probabilidade de utilizar o Judiciário para resolver tais conflitos ou problemas, caso os vivenciassem. As respostas possíveis para essas perguntas são: (1) definitivamente não; (2) provavelmente não; (3) provavelmente sim; (4) definitivamente sim.

---

[20]. Ver EASTON, David. A re-assessment of the concept of political support. *British Journal of Political Science*, v. 5, n. 4; p. 435-457, 1975; MOISÉS, José Álvaro (Org.). *Democracia e confiança*: por que os cidadãos desconfiam das instituições públicas? São Paulo: Edusp, 2010.

[21]. Nesse sentido, ver MOISÉS, op. cit. p. 46-48.

Gráfico 16.2. Série histórica – predisposição para acessar à justiça, de acordo com as dimensões que compõem o subíndice de atitude com relação à Justiça brasileira

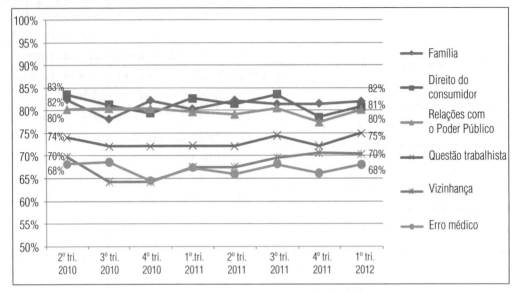

Base: 1.550 entrevistas por trimestre.
Fonte: ICJBrasil, 2010–2012.

Desenvolvemos estas situações via entrevistas cognitivas, com o intuito de analisar uma série de conflitos nos quais a população dos centros urbanos, muitas vezes, vê-se envolvida e em que tem uma escolha sobre levar os casos a um tribunal, excluindo questões em que as pessoas envolvidas não têm a liberdade para decidir se devem ou não procurar uma solução judicial (casos criminais, por exemplo). Os casos hipotéticos apresentados dizem respeito a questões de consumo, família, vizinhança, trabalho e direito público[22].

---

[22]. As seis perguntas para o subíndice de atitude são as seguintes: (i) O seu(sua) esposo(a) abandonou o lar e levou consigo os seus filhos. O(a) Sr(a). já tentou conversar com o seu(sua) esposo(a), mas não obteve sucesso (nota ao entrevistador: "não obteve sucesso" quer dizer que não encontrou o esposo(a) e/ou mesmo encontrando não conseguiu conversar ou ter os filhos de volta). A partir dessa situação, o(a) Sr(a). irá ou não procurar a Justiça? (ii) O(a) Sr(a). foi submetido(a) a uma cirurgia e, em decorrência de erro médico, a recuperação foi mais longa que o esperado, o que provocou o seu afastamento do trabalho por mais tempo que o usual. A partir dessa situação, o(a) Sr(a). irá ou não procurar a Justiça? (iii) O(a) Sr(a). comprou um carro de uma agência ou concessionária de veículos, mas ele é entregue com um defeito, que compromete o seu funcionamento perfeito. O(a) Sr(a). já levou o carro na oficina da própria concessionária, mas não conseguiram consertar o defeito. A partir dessa situação, o(a) Sr(a). irá ou não procurar a Justiça? (iv) O seu vizinho faz uma reforma que gera rachaduras nas paredes de sua casa. Tentativas de solução do caso com o vizinho e/ou com o síndico ou a administradora do condomínio não obtiveram sucesso (nota ao entrevistador: com "não obtiveram sucesso" queremos dizer que o síndico e/ou a administradora do condomínio disseram que não poderiam fazer nada em relação ao acontecido. O vizinho disse que não era problema dele). A partir dessa situação, pergunta-se: o(a) Sr(a). irá ou não procurar a Justiça? (v) O(a) Sr(a). é despedido e recebe uma indeni-

Os brasileiros se mostram mais predispostos a recorrer ao Judiciário em situações ligadas ao direito de família e do consumidor, com cerca de 80% declarando que definitivamente iriam a justiça em busca de solução. O Judiciário também aparece como o canal mais apropriado para cobrar o Estado por danos ao patrimônio (a tendência segue também em 80%). As questões trabalhistas vêm na sequência, com 72 a 75% dos brasileiros declarando que definitivamente acionariam o Judiciário em busca de solução caso vivenciassem esse tipo de conflito.

As situações em que os brasileiros estariam menos propensos a litigar são aquelas relacionadas a conflitos de vizinhança e erro médico. Ainda assim, de maneira geral, a predisposição para o litígio é alta. Os resultados na dimensão atitudinal indicam que o Judiciário ainda é visto como o lócus mais apropriado para buscar a realização ou a proteção de um direito que foi negado ou violado.

Como explicar essa predisposição quando se tem uma avaliação do desempenho da instituição tão ruim? E essa con-

tradição se reforça ainda mais quando observamos um outro indicador, o da aceitabilidade de meios alternativos de resolução de disputas. Perguntamos aos entrevistados se, na hipótese de vivenciarem algum dos conflitos abordados nas questões atitudinais ou qualquer outro conflito passível de resolução judicial, qual seria a probabilidade de aceitarem resolver o problema pela via consensual, em vez de esperarem um julgamento[23]. A tendência tem sido de rejeição aos meios alternativos ou consensuais: em torno de 60 a 65% declaram a preferência do recurso aos tribunais (entre 35 e 40% declararam que certamente aceitariam a via consensual).

Esse aparente paradoxo levanta a questão de por que quando se trata de resolver os seus problemas as pessoas desejam tanto a instituição que avaliam de forma tão precária? Além da tese eastoniana do apoio difuso e específico apresentada acima, três outras hipóteses parecem ser adequadas para ajudar a explicar este paradoxo. A primeira seria a ausência ou ignorância de outros mecanismos eficazes de resolução de conflitos, ou do pouco conhecimento sobre o alcance e funcionamento dos mecanismos disponíveis. Na segunda, a predisposição em recorrer ao

---

zação menor do que aquela a que tem direito. A partir dessa situação, pergunta-se: o(a) Sr(a). irá ou não procurar a Justiça? (vi) O poder público realizou obras na sua rua (nota ao entrevistador: "obras na rua" quer dizer: instalação de luz, esgoto, água, asfaltamento etc.), danificando severamente sua residência (nota ao entrevistador: "residência" envolve também condomínio ou casa). O funcionário da Prefeitura, responsável pela obra, afirmou-lhe que não pode fazer nada com relação aos seus prejuízos. Diante dessa situação, o(a) Sr(a). irá ou não procurar a Justiça?

[23.] Se o(a) Sr(a). passasse por alguma dessas situações ou se precisasse resolver algum problema na Justiça, o(a) Sr(a). aceitaria ou não tentar um acordo reconhecido pelo Judiciário, mas decidido por uma outra pessoa que não um juiz? O(a) Sr(a). diria que com certeza aceitaria, possivelmente aceitaria, dificilmente aceitaria ou certamente não aceitaria?

Gráfico 16.3. Série histórica – subíndices de percepção e atitude e índice de confiança na justiça

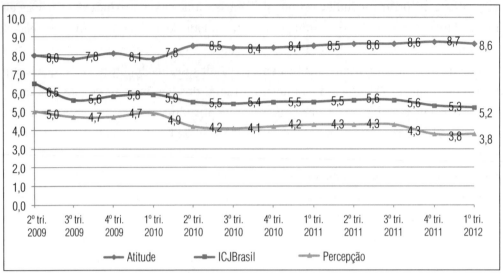

Base: 1.550 entrevistas por trimestre.
Fonte: ICJBrasil, 2009–2012.

Judiciário pode ser reflexo da percepção de melhoria da instituição, em comparação com os últimos 5 anos, e a expectativa de melhoria do Judiciário no futuro. Assim, uma vez que a população espera um Judiciário mais responsivo e funcional no futuro, ao cogitar a possibilidade de enfrentar conflitos vindouros, o Judiciário se apresenta como a instituição mais adequada para a busca de soluções. A terceira hipótese diz respeito ao centralismo jurídico e à ideia de que somente o Judiciário, apesar de todos os seus problemas, é a instituição do Estado capacitada a solucionar os conflitos. Assim, a possibilidade de ter o Estado, por meio do Judiciário, resolvendo o seu conflito, é uma forma de se reconhecer como cidadão em um Estado cujo modelo institucional garante ao Judiciário um lugar privilegiado, e por vezes exclusivo, de solução dos conflitos.

A partir da normalização das questões que compõem cada um dos subíndices – de percepção e de atitude – e de sua combinação ponderada, chegamos ao índice de confiança na justiça. A ponderação se dá a partir da atribuição de um peso maior (70%) às questões de percepção, que têm a ver com valores, sendo mais estáveis, e um peso menor (30%) às questões de atitude, que tendem a ter maior oscilação[24].

---

[24]. Para detalhes acerca do cálculo do índice, assim como da amostra, consultar CUNHA, Luciana Gross; BUENO, Rodrigo de Losso da Silveira; OLIVEIRA, Fabiana Luci; SAMPAIO, J. O; RAMOS, L. O.; KLINK, Y. C. Índice de confiança na justiça. *Relatório ICJBrasil*, 4º trim./2011, 4ª Onda, ano 3, 2011.

O Índice de Confiança na Justiça brasileira (ICJBrasil) varia de 0 a 10, com 0 significando ausência de confiança no Judiciário, e 10, confiança plena no Judiciário. Os resultados gerais ao longo do tempo apontam para uma tendência de má avaliação do Judiciário como prestador de serviço público.

Considerando o desempenho da instituição à luz das questões de percepção, identificamos em quais dimensões os esforços e recursos deveriam ser alocados de forma a melhorar a percepção do sistema: rapidez, acesso e *accountability*. Os dados também indicam que, na percepção pública, já se nota o efeito de medidas que vêm sendo tomadas a fim de tornar o Judiciário mais eficiente (percepção de passado e expectativa para o futuro) – o que significa que a comunicação dessas mudanças tem sido bem-sucedida.

Nesse sentido, desde 2009, a cada ano o Conselho Nacional de Justiça determina as metas que o Judiciário deve cumprir – a maioria delas destinadas a combater a morosidade, imprimindo maior celeridade à resolução dos casos. Uma das metas mais conhecidas é a meta 2, que determina que todos os tribunais devem identificar e julgar processos distribuídos aos juízes antes de 2006. A maioria das metas são desenhadas para lidar com dois dos aspectos apontados como mais críticos pela população: lentidão e acesso (custo e facilidade).

No que diz respeito às outras dimensões importantes, como independência, transparência e honestidade, o Judiciário não apresenta um bom desempenho. Os legisladores e administradores da justiça precisam prestar mais atenção ao que os dados vêm indicando nos últimos três anos. É possível delinear algumas tendências que podem ser usadas para melhor informar as políticas públicas que estão sendo pensadas por legisladores e pelo CNJ na construção de um sistema de justiça mais responsivo e legítimo.

É importante ressaltar que a confiança espontânea no Judiciário é significativamente[25] maior entre a população de mais alta renda e os de maior escolaridade, sendo que, quanto maior a renda e a escolaridade de uma pessoa, maior a confiança média declarada.

No que se refere às dimensões de percepção, vemos que, das variáveis socioeconômicas e demográficas, apenas idade está correlacionada significativamente, ainda que de forma fraca, à avaliação do Judiciário, sendo que o aumento da idade leva à diminuição do índice de percepção[26].

A experiência prévia com o Judiciário também afeta negativamente a percepção das dimensões da justiça, sendo

---

[25]. A significância foi verificada a partir do teste estatístico qui-quadrado, sendo que o nível de confiança obtido para escolaridade foi de 0,00, e para renda de 0,03.

[26]. Coeficiente de correlação de Pearson de −0,06, com nível de significância de 0,00.

que o valor médio do indicador para os que já utilizaram o judiciário é de 6,0 e, para os que não utilizaram, 6,2 – apesar de pequena, essa diferença é estatisticamente significativa.

A pouca variação na avaliação das características do Judiciário indicam que a visão negativa da instituição perpassa praticamente todos os perfis sociais, consistindo de certa forma em uma representação já enraizada no imaginário do brasileiro, embora haja abertura para transformação dessa visão, uma vez que as variáveis de avaliação do presente frente ao passado e da expectativa para o futuro tiveram desempenho positivo ao longo do tempo.

Já no que se refere à atitude, renda e escolaridade explicam de forma moderada a variação na avaliação, sendo que, quanto maior a renda e a escolaridade, maior a propensão declarada de utilização do Judiciário, o que indica que as barreiras socioeconômicas ainda se impõem no acesso e distribuição de justiça no País, o que discutiremos com mais detalhes no item seguinte.

Fato importante é que a experiência prévia com a justiça tende a estimular a tendência futura em buscar o Judiciário em caso de conflito – a média do indicador de atitude entre os que não utilizaram o judiciário é de 8,8 e, entre os que utilizaram o judiciário, é de 9,1. Ou seja, apesar de a experiência prévia afetar negativamente a percepção, ela afeta positivamente a atitude, estimulando a predisposição à litigância.

16.3. Quem vai ao Judiciário no Brasil?

Como vimos, a experiência prévia com a justiça, apesar de reforçar valores negativos, como a percepção de morosidade, afeta positivamente a tendência em utilizar o Judiciário em caso de conflito futuro.

Na série histórica do ICJBrasil, mapeamos, desde o segundo trimestre de 2010, o percentual de domicílios brasileiros com algum morador que já ajuizou uma ação no Judiciário. Em média, em torno da metade dos entrevistados declarou que alguém no domicílio já foi ou é parte ativa em um processo na justiça. A última Pesquisa Nacional por Amostra de Domicílios (PNAD), realizada pelo IBGE em 2009, também levantou dados sobre a utilização do Judiciário, chegando a resultados um tanto diversos[27]. Nesse sentido, é essencial ressaltar que há uma diferença metodológica significativa na abordagem do ICJBrasil em comparação à PNAD (IBGE) na

---

[27.] De acordo com a PNAD 2009, 12,6 milhões de pessoas com 18 anos de idade ou mais (9% dos brasileiros desta faixa etária) vivenciaram situações de conflito nos cinco anos prévios a setembro de 2009. Dessas, 92,7% (11,7 milhões) buscaram solução, sendo que 57,8% recorreram principalmente à justiça, e 12,4%, ao juizado especial.

forma de identificação da utilização do Judiciário. A PNAD pergunta sobre vivência de conflito grave nos últimos cinco anos (anteriores à data de realização da entrevista), e o ICJBrasil pergunta se o entrevistado ou alguém residente no domicílio da entrevista já utilizou o Judiciário ou entrou com algum processo ou ação na Justiça alguma vez na vida.

Embora haja tal diferença, as duas pesquisas demonstram a mesma tendência, ao identificar que, entre os grupos de renda e escolaridade mais altos, é maior a demanda pelos serviços do Judiciário.

Gráfico 16.4. Perfil dos entrevistados que declaram já ter entrado com alguma ação na Justiça (pessoalmente ou alguém residente em seu domicílio)

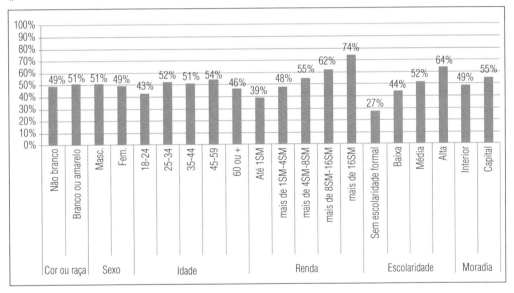

Base: 3.125 entrevistados que declararam ter utilizado o Judiciário.
Fonte: ICJBrasil, 2º trimestre de 2011–1º trimestre de 2012.

Além de renda e escolaridade, notamos uma diferença significativa no uso de acordo com o local de moradia, sendo que os moradores dos grandes centros urbanos tendem a utilizar mais o Judiciário. Esse dado pode ser explicado pelo fato de que existe mais proximidade e disponibilidade dos cartórios judiciais nos grandes centros urbanos, em comparação com as cidades do interior dos Estados analisados na pesquisa do ICJBrasil. Nas categorias desenvolvidas por Mauro Cappelletti, o local de moradia constitui um obstáculo geográfico ao acesso à justiça, na medida em que impacta diretamente no custo do acesso à justiça[28].

---

[28]. CAPPELLETTI, Mauro. *Acesso à justiça*. Tradução de Ellen Gracie Northfleet. Porto Alegre: Sérgio Antonio Fabris, 1988.

Gráfico 16.5. Motivos para ter utilizado o Poder Judiciário

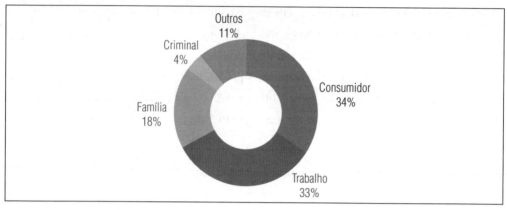

Base: 3.125 entrevistados que declararam ter utilizado o Judiciário.
Fonte: ICJBrasil, 2º trimestre de 2011–1º trimestre de 2012.

Perguntamos também aos entrevistados qual a esfera do Judiciário na qual eles ingressaram com a ação; em torno de 52% responderam que ingressaram com ação na Justiça Comum (Estadual ou Federal), 32% afirmaram que foram à Justiça do Trabalho, enquanto 12% propuseram ação judicial nos Juizados Especiais, cerca de 0,2% citou a Justiça Eleitoral e os demais (3,8%) não souberam identificar a esfera da justiça na qual ingressaram com a ação.

No que se refere ao motivo da utilização da justiça, em primeiro lugar, empatados, estão temas ligados ao direito do consumidor (cobrança indevida, cartão de crédito, produtos com defeito etc.) e ao direito do trabalho (demissão, indenização, pagamento de horas extras etc.). Temas ligados à família (como pensão, divórcio, guarda de filhos, inventário etc.) aparecem em terceiro lugar, com 18% dos casos; o direito criminal corresponde a 4% dos casos; e, somando 11%, temos outras menções[29].

A utilização do Judiciário é bastante recente, com a maioria das ações judiciais mencionadas pelos entrevistados (58%) correspondendo ao período de 2008-2012. Cerca de 30% foram propostas entre os anos de 2001 e 2007, e 12% foram ajuizadas de 2000 para trás.

Em termos da resolução do problema, temos que 58% dos litigantes já tiveram uma decisão, sendo que 49% ganharam a ação e 9% perderam. É preocupante o fato de que 26% dos entrevistados que ingressaram com uma ação até o ano de 2000, em uma década, ainda não obtiveram o resultado da ação.

---

[29]. Na pesquisa da PNAD (2009) as principais circunstâncias e fatos graves que determinaram a judicialização dos conflitos nos últimos cinco anos foram, em primeiro lugar, casos de direito do trabalho (23,3%), seguido de família (22,0%), criminalidade (12,6%), serviços essenciais como água, telefone e luz (9,7%), segurança social (8,6%), banco ou questões financeiras (7,4%) e outros, tais como habitação, impostos etc. (16,4%).

Gráfico 16.6. Situação do processo de acordo com o período de ajuizamento

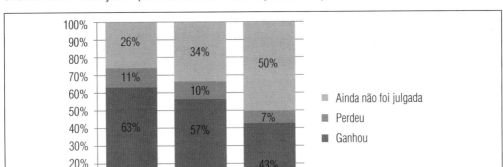

Base: 3.125 entrevistados que declararam ter utilizado o Judiciário.
Fonte: ICJBrasil, 2º trimestre de 2011–1º trimestre de 2012.

E, por fim, solicitamos aos entrevistados para analisarem o seu grau de satisfação com o Judiciário, avaliando a experiência que tiveram. A maioria dos que ganharam a ação se declarou satisfeita; entre os que perderam, a situação se inverte, sendo que a maioria dos entrevistados se declarou insatisfeita. Os que ainda aguardam também tendem a se declarar mais insatisfeitos.

Gráfico 16.7. Avaliação da experiência de acordo com resultado obtido até o momento

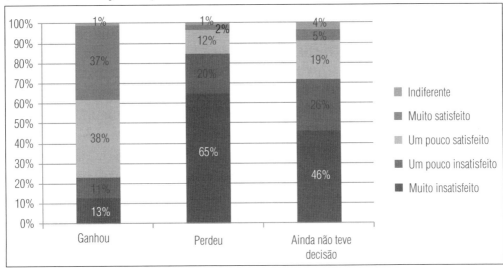

Base: 3.125 entrevistados que declararam ter utilizado o Judiciário.
Fonte: ICJBrasil, 2º trimestre de 2011–1º trimestre de 2012.

Considerações finais

O ICJBrasil é o primeiro esforço na área das pesquisas de opinião em acompanhar de forma sistemática o comportamento e o sentimento da população em relação ao Poder Judiciário. Como toda a pesquisa de opinião, ela é uma forma de medir a percepção dos entrevistados e produzir informações a partir dessa sensação em relação a um fato ou instituição específica. Partindo-se do pressuposto de que o comportamento e o sentimento da população compõem o grau de confiança em uma instituição e de que confiança tem a ver com legitimidade institucional e, portanto, garantia do seu funcionamento, o ICJBrasil foi desenvolvido como uma forma de medir a legitimidade do Judiciário no Brasil. Nesse sentido, os dados apresentados neste capítulo seguem os estudos desenvolvidos na área de cultura política que veem a importância da confiança política como instrumento de consolidação e avanço dos regimes democráticos. Dito de outra maneira, assumimos como parâmetro teórico a premissa de que as instituições importam para a existência e o aprofundamento do estado democrático de Direito, mas que somente é possível entender o funcionamento desse regime de governo se levarmos em conta as expectativas da população e o seu comportamento em relação às instituições do Estado. Dessa forma, o objetivo do ICJBrasil é contribuir para a construção de políticas públicas na área do sistema de justiça – mais especificamente no Judiciário – que melhorem o seu desempenho.

O debate sobre a necessidade de melhorar o desempenho institucional do poder judiciário, enquanto prestador de serviço público, data do início da década de 1990 e, de certa forma, orientou a elaboração e a aprovação da Emenda Constitucional n. 45, aprovada em 2004, depois de doze anos em tramitação no Congresso Nacional. Apesar disso, pouco ou nada se sabia sobre o perfil do usuário da justiça e o seu sentimento, assim como o sentimento da população de forma geral, sobre o funcionamento do Judiciário. É exatamente nesse ponto que o ICJBrasil surgiu como pesquisa de opinião, no sentido de orientar a elaboração de políticas públicas nessa área, sob o ponto de vista do cidadão.

Como todo índice, o ICJBrasil e os seus resultados, publicados trimestralmente, são uma simplificação da realidade e do complexo sistema de solução de conflito. Nesse sentido, é importante ressaltar que esse é mais um instrumento, e não o único, de avaliação do desempenho do Judiciário, como prestador de serviço público. Orientado por padrões científicos e acadêmicos, o ICJBrasil, no entanto, tem sido capaz de mostrar que o Judiciário é mal avaliado como prestador de serviço público, mas que ainda é percebido como uma instância legítima de solução de conflito. A partir desse diagnóstico, devemos estar atentos para o fato de que, movido pelo grau de legitimidade que o Judiciário apresenta como *locus* privilegiado de solução de conflito, toda e qualquer forma alternativa depende do reconhecimento do próprio Judiciário e, em última instância, do Estado, seja no que diz respeito à técnica aplicada na resolução dos conflitos, seja no que se refere a seu local ou aos agentes envolvidos.

Outro dado importante que o ICJBrasil mostra é que ainda estamos longe de ter um acesso à justiça equitativo na nossa sociedade, em que a concentração de renda e os níveis desiguais de escolaridade são variáveis que interferem definitivamente no acesso ao Judiciário para a solução dos conflitos.

Por fim, é importante ressaltar que, apesar dessas diferenças no que diz respeito ao acesso à justiça, os dados produzidos a partir do ICJBrasil mostram que o Judiciário cada vez mais faz parte do cotidiano da população e que esta, por influência ou não dos meios de comunicação, vem aprimorando a sua avaliação em relação ao funcionamento do Judiciário.

Bibliografia

CAPPELLETTI, Mauro. *Acesso à justiça*. Tradução de Ellen Gracie Northfleet. Porto Alegre: Sérgio Antonio Fabris, 1988.

CUNHA, Luciana. Indicadores de desempenho do Judiciário: como são produzidos e qual a sua finalidade. *Cadernos FGV Projetos*, Rio de Janeiro: FGV, ano 5, n. 12, p. 41-45, 2010.

CUNHA, Luciana Gross; BUENO, Rodrigo de Losso da Silveira; OLIVEIRA, Fabiana Luci; SAMPAIO, J. O.; RAMOS, L. O.; KLINK, Y. C. Índice de confiança na justiça. *Relatório ICJBrasil*, 4º trim./2011, 4ª Onda, ano 3, 2011.

EASTON, David. A re-assessment of the concept of political support. *British Journal of Political Science*, v. 5, n. 4; p. 435-457, 1975.

IBGE. Pesquisa nacional por amostra de domicílios 2009 – Características da vitimização e do acesso à justiça no Brasil. Disponível em: <http://www.ibge.gov.br/home/estatistica/populacao/vitimizacao_acesso_justica_2009/pnadvitimizacao.pdf>. Acesso em: 20 ago. 2012.

JUNQUEIRA, Eliane Botelho. Acesso à justiça: um olhar retrospectivo. *Estudos Históricos*, Rio de Janeiro, v. 9, n. 18, 1996.

LOPES, José Reinaldo Lima. Justiça e Poder Judiciário ou a virtude confronta a instituição. *Revista USP*, Dossiê Judiciário, n. 21, 1994.

MOISÉS, José Álvaro. A desconfiança nas instituições democráticas. *Opinião Pública*, Campinas, v. XI, n. 1, p. 33-63, mar. 2005.

MOISÉS, José Álvaro (Org.). *Democracia e confiança*: por que os cidadãos desconfiam das instituições públicas? São Paulo: Edusp, 2010.

POWER, Timothy J.; JAMISON, Giselle D. Desconfiança política na América Latina. *Opinião Pública*, Campinas, v. XI, n. 1, p. 64-93, mar. 2005.

SADEK, Maria Tereza (Org.). *O Judiciário em debate*. São Paulo: IDESP/Sumaré, 1995.

SADEK, Maria Tereza. Acesso à justiça: visão da sociedade. *Justitia*, v. 1, p. 273, 2008.

SADEK, Maria Tereza. Estudos sobre o sistema de justiça. In: MICELI, Sérgio. *O que ler na ciência social brasileira?* São Paulo: Sumaré, 2002. v. IV.

SADEK, Maria Tereza; ARANTES, Rogério. A crise do Judiciário e a visão dos juízes. *Revista USP*, Dossiê Judiciário, n. 21, 1994.

SADEK, Maria Tereza; OLIVEIRA, Fabiana Luci. Estudos, pesquisas e dados em justiça. In: OLIVEIRA, Fabiana Luci (Org.). *Justiça em foco*: estudos empíricos. Rio de Janeiro: FGV, 2012.

STAATS, Joseph L.; BOWLER, Shaun; HISKEY, Jonathan T. Measuring judicial performance. Latin America. *Latin American Politics & Society*, v. 47, n. 4, p. 77-106, Winter 2005.

TOURANGEAU, R.; RIPS, L. J.; RASINSKI, K. *The psychology of survey response*. Cambridge: Cambridge University Press, 2000.

UNITED NATIONS. *Civil and political rights*. New York: United Nations, 2005.

17

Internacionalização da Advocacia e o Perfil da Profissão no Brasil[1]

Maria da Gloria Bonelli

Introdução

Várias são as evidências do processo de internacionalização da advocacia, ampliando as características comuns à organização da profissão nos países do norte e do sul. Destacaremos neste capítulo três aspectos nos quais se observa alguma padronização: o aumento do número de advogados no mundo, a proliferação das sociedades de advogados acompanhada da expansão do direito empresarial e a feminização da prática jurídica.

Nosso objetivo é mostrar que o Brasil ocupa posição de destaque na advocacia mundializada, mas seu processo de inter-nacionalização dá visibilidade às formas híbridas como o local e o global se articulam nessa carreira. Tal hibridismo será focalizado na multiplicação dos cursos de direito, na estratificação da profissão e em sua feminização. Metodologicamente, o trabalho se baseia em fontes primárias, com a coleta de dados sobre as sociedades de advogados, junto ao site do CESA (Centro de Estudos das Sociedades de Advogados), e em observação de eventos dessas sociedades e de escritórios. As fontes secundárias forneceram informações quantitativas sobre a advocacia no Brasil para compará-la com outros países.

O *boom* dos cursos privados de direito no País foi o fator impulsionador do au-

---

1. A pesquisa realizada contou com o apoio do CNPq.

mento no número de advogados. A lógica empresarial predominou nesse processo sobre a lógica profissional, resultando num modelo híbrido e oscilante de ensino superior. A forma de organização do trabalho profissional articula a obtenção de uma formação universitária – para o domínio de uma área do saber por meio do conhecimento especializado – com o controle de mercado pelos pares. Essa lógica é sustentada no ideário da prestação de serviços especializados com qualidade, além de autonomia da *expertise* em relação aos interesses do Estado, do mercado e do cliente. A lógica que dá embasamento ao ensino superior privado se nutre do discurso da livre-concorrência, mas com apoio financeiro do Estado. Este, por sua vez, opera em torno da lógica burocrática, que dá mais valor à eficiência e às relações verticalizadas de comando e execução, do que às relações horizontais mais características dos pares profissionais[2].

O negócio da educação jurídica triplicou em uma década, apesar das resistências da OAB a tal proliferação. Em 2001, o Brasil tinha 380 cursos de direito e, em 2011, esse número havia saltado para 1.210. No mesmo ano, os Estados Unidos possuíam 201 cursos e a China 987, atendendo uma população 7 vezes maior que a brasileira (MELO FILHO, 2011).

Esse fenômeno teve impacto sobre a densidade de advogados, acelerando a feminização e a estratificação da carreira, facilitadas pelas mudanças na organização da atividade. O recenseamento realizado pela OAB em outubro de 2003 encontrou 421.899 advogados, sendo 178.767 mulheres (42,3%) (*Valor Econômico*, 2004). Em 2006, o Conselho Federal divulgou que havia 560.819 inscritos na OAB, com 312.734 homens e 248.085 mulheres (44,2%) (BARBALHO, 2008). Em homenagem ao Dia Internacional da Mulher, em 8 de março de 2012, a OAB revelou que elas já eram maioria entre os advogados em atividade no Brasil: dos 696.864 ativos, 384.152 eram mulheres (55%) e 312.712 homens (Conselho Federal da OAB). Isso sugere que há mais advogados inscritos não atuantes do que advogadas. Em São Paulo, em 12 de junho de 2012, a seccional da OAB informou existirem 248.712 inscritos ativos em seus quadros, sendo 134.852 homens e 113.860 mulheres (45,8%). Apesar da discrepância entre os percentuais nacionais e os de São Paulo, ambos apontam para a forte presença feminina na advocacia.

Tal expansão favoreceu um processo que encontrou resistência entre os advogados brasileiros até os anos 1990, que era o da estratificação da advocacia. Como decorrência, estabelece-se uma hierarquia do que vale mais e menos na profissão, tanto em relação ao tamanho

---

2. Sobre essas três lógicas de organização do trabalho, ver Freidson (2001).

do escritório e à posição que o advogado e a advogada ocupavam nele quanto ao tipo de clientela, à especialização e à internacionalização.

As sociedades de advogados formalizaram a estratificação por meio da criação da divisão entre sócios com participação nos lucros e associados com remuneração, introduzindo depois outra subdivisão entre os sócios com participação e voto e aqueles sem esse ganho e poder. Embora a grande maioria dessas sociedades exista nos Estados Unidos, a internacionalização dessa forma de organização da atividade é registrada em muitos países, com menor incidência na África. O diretório jurídico internacional Martindale-Hubbell reuniu, em julho de 2012, 34.385 sociedades de advogados no mundo, que atuavam na área do direito empresarial (*business law*). Só os Estados Unidos registraram 32.441 dessas firmas, o que indica que o diretório cobre melhor esse país. Em segundo lugar, estava o Canadá, com 292 sociedades, seguido do México (131), Brasil (100), Itália (77), China (70), Alemanha (65) e França (64). O total de advogados registrados na base Martindale era de 1.430.000, independentemente da área ou do tipo de atuação[3].

O final do século XX no Brasil foi marcado pela efervescência das privatizações de grandes empresas públicas que ampliaram muito a necessidade desse conhecimento jurídico, em particular no direito empresarial, com os advogados encontrando novas atividades nas áreas de negócios. Escritórios pequenos conseguiram progredir no cenário da globalização econômica, precisando contratar mais advogados e advogadas para cuidar dos interesses jurídicos da clientela corporativa que se expandia, trazendo demandas especializadas, mas também muitas outras de caráter rotineiro e repetitivo.

Houve, assim, um grande crescimento na área do direito empresarial e com ela, a formação jurídica nessa especialização na graduação e na pós-graduação. Os processos de privatizações e de terceirizações resultaram no fechamento de departamentos jurídicos das empresas, que passaram a contratar escritórios de advocacia para tratar de negócios[4]. O contexto internacional também influenciou diretamente o cenário brasileiro. Nessas privatizações, por exemplo, os Estados Unidos atuaram para intensificar as transferências de modelos de ins-

---

[3]. Os resultados dessa base são menores do que os encontrados nas entidades profissionais dos advogados, sendo mais representativos daquelas sociedades inseridas nas redes internacionalizadas da advocacia. Disponível em: <http:www.martindale.com>. Acesso em: 10 jul. 2012.

[4]. Atualmente, os departamentos jurídicos voltaram a ser abertos nas corporações norte-americanas, que avaliam ser mais econômico do que contratar os serviços das sociedades de advogados com o aumento dos custos e das horas cobradas pelos sócios especialistas.

tituições e a adaptação de cultura jurídica[5]. Com isso, houve um impacto nas empresas e nos escritórios de advocacia no Brasil.

A prática jurídica foi perdendo as características homogêneas como profissão exercida em escritórios individuais ou escritórios partilhados por colegas. A resistência à passagem desse modelo para o das sociedades de advogados estratificadas internamente foi observada em vários países. Boigeol (2003) descreve processo semelhante na França, acompanhado de resistências da Ordem dos Advogados de Paris, tal como observado na atuação da OAB, nas últimas décadas do século XX.

No Brasil, a introdução dessa nova estrutura centrada na divisão social do trabalho, separando os conteúdos tradicionais das novas especializações, e o trabalho rotineiro daquele que demanda maior *expertise*, foi facilitada pelo ingresso feminino na advocacia. A resistência à estratificação profissional foi menor porque, com a entrada massiva das mulheres na prática jurídica, elas passaram a assumir as posições menos prestigiadas[6], impulsionando os homens para as funções de mais valor, o que diminuiu a contestação ao modelo norte-americano das firmas de advocacia. Nessa nova hierarquia, os escritórios solo e de pequeno porte fazem principalmente o atendimento de clientes individuais, e as médias e grandes sociedades de advogados concentram os clientes empresariais e as corporações.

A difusão das sociedades de advogados globalmente é resultado da internacionalização dos mercados e da profissão, cada vez mais inserida nas relações de importação e exportação do conhecimento especializado entre países do norte e do sul, com a padronização transnacional de serviços jurídicos[7]. Nesses grandes escritórios, o profissional domina línguas estrangeiras, em especial o inglês; tem experiência de curso ou estágio no exterior, que é enfatizado em seu currículo divulgado na página da firma na internet; representa grandes empresas ou escritórios estrangeiros, chegando algumas dessas sociedades de advogados a ter filiais fora do Brasil. O tipo de prestação jurisdicional também muda, enfatizando-se o atendimento das necessidades em torno dos negócios dos clientes corporativos, o que com frequência dispensa a ida para litigar no Fórum, como costumava ser a prática característica da profissão.

Segundo Engelmann (2011, p. 32),

> ❝o espaço das práticas do direito empresarial tem um grande peso nas sociedades de advogados que, por suas dimensões, sua inserção

---

[5]. Ver Nelken e Feest (2001).

[6]. Nos próximos itens, veremos como a feminização da advocacia é marcada pelas relações de subordinação de gênero vigentes na sociedade.

[7]. Sobre essa internacionalização na América Latina, ver Dezalay e Garth (2002).

no mundo dos negócios e suas modalidades de atuação, se distanciam dos escritórios de advocacia tradicionais e se aproximam, em sua estrutura de funcionamento, às grandes corporações. Estas sociedades se destacam, em primeiro lugar, por representar os interesses de corporações estrangeiras no âmbito nacional. Isto envolve, além da posse de um capital de relações sociais e de um capital internacional de contatos com agentes do mercado financeiro-corporativo, a gestão e o incremento de um capital jurídico através da aquisição de saberes especializados vinculados à técnica das operações financeiras e aos negócios internacionais"[8].

17.1. As sociedades de advogados nos Estados Unidos

Embora já existissem no século XIX, as sociedades de advogados expandiram-se nos Estados Unidos e na Inglaterra a partir do final da Segunda Guerra Mundial, impulsionadas pelas corporações e negociações internacionais. A segunda metade do século XX é marcada pelo aumento no número de advogados e pelo crescimento das grandes sociedades de advogados. Nos Estados Unidos, as estatísticas da American Bar Association contabilizaram, em 2000, 909.021 advogados, sendo 672.902 (74%) na prática privada. As sociedades de advogados totalizavam 47.563 firmas de diversos tamanhos. Na prática solo, havia 48,3%, as pequenas sociedades (2-10 advogados) reuniam 21,5%,

as sociedades entre 11 e 100 advogados aglutinavam 16%, e as grandes firmas (acima de 100 advogados) detinham 14,3% (CARSON, 2004).

Segundo Flood (2007, p. 926), foram as megafirmas, que reuniam milhares de advogados e possuíam escritórios em vários países, que marcaram o final do século XX. "Embora o número de sociedades de advogados tenha aumentado – em 1980 eram 38.500, em 1991 elas eram 42.500 – o crescimento se deu à custa das pequenas firmas, que em 1981 alcançavam 81% do total".

As megassociedades de advogados ampliaram expressivamente seus lucros no início do século XXI, mas, a partir de 2008, a crise econômica que atingiu os Estados Unidos afetou em sequência as grandes corporações, as sociedades de advogados e o número de candidatos nos exames para ingresso no curso de direito. Observou-se a dispensa de advogados associados nas grandes sociedades de advogados, o que tem atingido mais as mulheres. Tal fato costuma ser atribuído à maior dificuldade das mulheres trabalharem as longas jornadas praticadas nesses escritórios, por causa dos cuidados com a família, além de elas terem menos contatos sociais capazes de trazer novos clientes e dinheiro para as firmas. Isso tornaria o trabalho feminino mais vulnerável.

Os diagnósticos sobre o futuro das grandes sociedades nos Estados Unidos

---

[8]. Tradução livre da autora.

são diversos. Alguns apontam para o fim dessas firmas (RIBSTEIN, 2010), entendendo que o *downsizing* pelo qual elas passam reflete um modelo precário de sustentação do negócio em vez de ser só consequência da crise econômica. O aumento da competição internacionalizada e o reaquecimento dos departamentos jurídicos de empresas revelaram essas limitações, indicando a necessidade de mudança do modelo das sociedades e de sua reestruturação.

Outro diagnóstico aponta para as sociedades continuarem crescendo, visando sua globalização (GALANTER e HENDERSON, 2008). Esses autores identificaram uma segunda transformação processada nas grandes sociedades de advogados, com a introdução de maior elasticidade no torneio que os advogados enfrentam pela progressão nas firmas. Se na primeira verticalização da prática jurídica o torneio foi para ascender de associado a sócio, com a saída das sociedades de advogados daqueles profissionais que não passassem pelo funil, agora esse torneio tem duas filas: a dos sócios com equidade, que podem ser promovidos lateralmente na concorrência entre as firmas; e a dos sócios sem equidade na participação nos lucros. O torneio elástico poderá durar toda a vida profissional desse advogado(a) que vai começar e terminar sua carreira como empregado(a) da firma, mesmo sendo chamado de sócio(a). Outra mudança observada foi a drástica competição entre as sociedades de advogados das corporações, pela disputa desse mercado e dos especialistas capazes de multiplicar os ingressos das grandes firmas. A guerra de salários tornou-as mais frágeis, em especial as pequenas e médias sociedades, gerando duas camadas de sociedades de advogados: uma de semielite; e outra de elite. Essas mudanças são decorrência de fatores estruturais no mercado, "como a globalização dos clientes corporativos, a burocratização dos departamentos jurídicos das corporações, os custos mais baixos e a maior disponibilidade de informações, a erosão da coesão da cultura da firma devido ao enorme tamanho e à dispersão geográfica" (GALANTER e HENDERSON, 2008, p. 1.906).

Wald (2012) interroga sobre o futuro das sociedades de advogados, divergindo tanto do diagnóstico sobre a morte das grandes firmas quanto da análise que vê essas elites formando uma camada que prossegue no caminho do crescimento e da globalização, e outra camada com dificuldades de concorrer formando uma semielite. O autor fundamentou seu argumento estudando sociedades de advogados que foram bem-sucedidas tomando outro rumo: aquele que implementa estratégias inteligentes e diversificadas para atender às necessidades de clientes, transformando a firma em um ator regional importante que oferece serviços especializados dentro e fora do país.

17.2. As sociedades de advogados no Brasil

As primeiras sociedades de advogados tiveram existência legal no Brasil na década de 1960, quando se adequaram à regulamentação que estabeleceu o registro com contrato social na OAB. O novo Estatuto da Advocacia, de 1994, disciplinou essas sociedades. A seccional da OAB de São Paulo criou a Comissão das Sociedades de Advogados, em 1992. O Centro de Estudos das Sociedades de Advogados (CESA) congrega várias dessas bancas de advocacia. Ele foi organizado em 1983, reunindo 37 sociedades (GIÁCOMO, 2002).

> "As principais finalidades do CESA são: a) promover estudos e manifestar-se sobre questões jurídicas e assuntos relativos à administração da Justiça e ao exercício da profissão de advogado; b) promover o estudo e a defesa de questões de interesse das Associadas; c) oferecer às Associadas estudos e serviços que facilitem o exercício da profissão de advogado; d) representar os interesses das Associadas e das Sociedades de Advogados em face dos órgãos de classe e de outras entidades profissionais de advogados; e) representar os interesses das Associadas em juízo" <www.cesa.org.br>.

A Comissão das Sociedades de Advogados da OAB-SP tinha registrado, em maio de 2008, 8.418 sociedades atuantes[9]. Em maio de 2012, as sociedades ativas eram 10.566, sendo 95% compostas de até 5 sócios[10]. Desse total, 6.680 (63%) encontravam-se na capital. Havia 311 sociedades na modalidade cotas de serviços, na qual não há participação em capital social, mas no serviço prestado por cada sócio. Havia também 2.014 contratos de associação ativos (a sociedade contrata os serviços de um advogado); 43 associações entre sociedades de advogados (o mesmo funcionamento anterior, mas entre sociedades); 22 sociedades de consultores em direito estrangeiro.

O CESA, no início de 2011, contava com cerca de 900 sociedades de advogados filiadas, sendo 385 em São Paulo e 511 no restante do País. A partir dos sites dos escritórios ligados ao CESA, fizemos um levantamento do perfil das sociedades de advogados. Os dados estavam disponíveis para 198 delas no Estado de São Paulo e 261 nas demais regiões, que foram divididas em três categorias: pequenas (1 a 9 advogados); médias (10 a 49 advogados); e grandes (50 advogados ou mais). As 198 sociedades de advogados paulistas dividiam-se em 61 pequenas, 116 médias e 21 grandes. Para os outros Estados, a distribuição encontrada foi: 127 pequenas, 118 médias e 16 grandes[11]. Portanto, a presença de sociedades pequenas é maior no restante do País.

---

[9]. *Jornal do Advogado*, ano XXXIV, n. 330, jul. 2008.

[10]. Dados fornecidos pelo Departamento das Sociedades de Advogados da OAB/SP.

[11]. Participaram desse trabalho de campo Carolina Barbisan e Dafne Araújo, com bolsa de Iniciação Científica do CNPq.

Classificamos os advogados e as advogadas atuantes nessas sociedades segundo a posição ocupada. Vários dos sites hierarquizavam seus profissionais, dividindo-os em sócios e associados, mas outros escritórios não apresentavam essa estrutura, referindo-se ao grupo como "a equipe" ou "os advogados" da sociedade. As informações nesses sites não permitiam identificar os "sócios de capital" dos "sócios de renda", como alguns escritórios diferiam aqueles profissionais com e sem poder de decisão e de participação nos lucros.

Nos resultados que analisaremos a seguir, reproduzimos a classificação sócios–associados–equipes, preservando a diferença de nomenclatura. A estratificação dos escritórios e de seus profissionais configura-se no padrão de organização da carreira hoje, em especial nas sociedades de advogados filiadas ao CESA. Elas concentram a elite da profissão, mas também aqueles que ambicionam estar nessa nata, tornar-se semielite. Assim, é uma amostra de escritórios cuja autoimagem associa-se ao direito empresarial, mesmo que isso se realize na prática de maneiras distintas. A distribuição encontrada reflete essa realidade específica que contrasta com a do conjunto da profissão.

Os dados obtidos para São Paulo referem-se a 4.279 advogados, sendo 2.032 mulheres (47,4%). Para os demais Estados do Brasil, o total foi de 4.288 advogados, dos quais 1.846 mulheres (43%). O Estado de São Paulo incorporou mais a participação feminina na advocacia. Quanto ao tamanho da sociedade, em São Paulo havia 1.311 profissionais nas grandes (31%), 2.544 nas médias (59%) e 424 nas pequenas (10%). No restante do País, havia 1.406 profissionais nas grandes sociedades (33%), 2.186 nas médias (51%) e 696 nas pequenas (16%). As grandes sociedades em São Paulo apresentaram uma média de 62 advogados enquanto no restante do Brasil esse valor foi maior (88 advogados).

Como já havíamos observado anteriormente (BONELLI et al., 2008), na condição de sócias, as advogadas são sub-representadas em todos tamanhos de escritórios (Tabelas 17.1 a 17.3). Comparando São Paulo com o restante do Brasil, observamos nesse Estado que os escritórios menores, organizados na forma tradicional, apresentam uma assimetria maior entre os sócios e as sócias. Poucas mulheres estão à frente dessa prática jurídica (17%) nos escritórios paulistas filiados ao CESA. Nas outras regiões, a menor representação feminina ocorre na posição de sócias nas sociedades médias (26%), já que nas pequenas elas chegam a 31%.

Em sentido inverso, as advogadas são maioria entre os associados, com 55% do total, mas São Paulo e os demais Estados do Brasil apresentam uma diferença nas sociedades pequenas. Mesmo entre os as-

Internacionalização da Advocacia e o Perfil da Profissão no Brasil

sociados, os homens são maioria fora de São Paulo, confirmando a menor presença feminina fora do Estado paulista. Os dados para as sociedades de advogados classificadas como "equipe" revelam uma presença feminina menor que a masculina, o que se acentua nos demais Estados do Brasil. É nesse grupo, portanto, que há mais contraste entre São Paulo e o restante do País.

Observamos, no trabalho de campo realizado em duas cidades do interior paulista, a significativa presença da atuação solo de advogadas. Algumas delas manifestaram a intenção de se associar a outros escritórios, mas encontravam dificuldades para isso, já que a "carteira de clientes" e as redes que dispunham não ajudavam nesse ingresso. Nessas localidades, elas obtinham clientela principalmente por meio do convênio da OAB-SP com o governo estadual para assistência judiciária a pessoas de baixa renda. No caso, a prática solo mostra-se mais vulnerável do que a inserção em escritório de outro advogado.

Tabela 17.1. Distribuição dos sócios das sociedades de advogados do Estado de São Paulo e dos demais Estados do Brasil, filiadas ao CESA, segundo o gênero e o tamanho do escritório

	Sócios – São Paulo			Sócios – Brasil		
Sociedades	Homens	Mulheres	**Total**	Homens	Mulheres	**Total**
1 a 9	73 (83%)	15 (17%)	**88**	168 (69%)	77 (31%)	**245**
10 a 49	389 (71%)	162 (29%)	**551**	372 (74%)	134 (26%)	**506**
50 ou mais	163 (72%)	62 (28%)	**225**	160 (73%)	58 (27%)	**218**
TOTAL	625 (72%)	239 (28%)	**864**	700 (72%)	269 (28%)	**969**

Fonte: Site do CESA, 2011.

Tabela 17.2. Distribuição dos associados das sociedades de advogados do Estado de São Paulo e dos demais Estados do Brasil, filiadas ao CESA, segundo o gênero e o tamanho do escritório

	Associados – São Paulo			Associados – Brasil		
Sociedades	Homens	Mulheres	**Total**	Homens	Mulheres	**Total**
1 a 9	84 (48%)	91 (52%)	**175**	112 (52%)	102 (48%)	**214**
10 a 49	675 (46%)	798 (54%)	**1.473**	499 (47%)	561 (53%)	**1.060**
50 ou mais	354 (44%)	455 (56%)	**809**	441 (49%)	466 (51%)	**907**
TOTAL	1.113 (45%)	1.344 (55%)	**2.457**	1.052 (48%)	1.129 (52%)	**2.181**

Fonte: Site do CESA, 2011.

Tabela 17.3. Distribuição das equipes das sociedades de advogados do Estado de São Paulo e dos demais Estados do Brasil, filiadas ao CESA, segundo o gênero e o tamanho do escritório

	Equipe – São Paulo			Equipe – Brasil		
Sociedades	Homens	Mulheres	**Total**	Homens	Mulheres	**Total**
1 a 9	92 (57%)	69 (43%)	**161**	139 (59%)	98 (41%)	**237**
10 a 49	280 (54%)	240 (46%)	**520**	387 (62%)	233 (38%)	**620**
50 ou mais	137 (49%)	140 (51%)	**277**	164 (58%)	117 (42%)	**281**
TOTAL	509 (53%)	449 (47%)	**958**	690 (61%)	448 (39%)	**1.138**

Fonte: Site do CESA, 2011.

Estudos comparados sobre a distribuição das mulheres por tamanho de escritório apresentam resultados diferentes. Schultz (2003) aponta a tendência das mulheres na Alemanha trabalharem na prática solo da advocacia, no Japão concentrarem-se nos pequenos escritórios, e no Canadá estarem tanto na prática solo quanto nas grandes sociedades de advogados. Para os Estados Unidos, o Relatório Estatístico dos Advogados, da American Bar Foundation (CARSON, 2004), encontrou que as mulheres estavam mais representadas na prática solo e menos representadas que os homens nas sociedades de 2 a 50 advogados; tinham a mesma participação que eles nas sociedades com 51 a 100 advogados e detinham mais empregos nas grandes sociedades norte-americanas que os homens.

Quanto à especialização, a literatura específica tem mostrado um predomínio de homens naquelas áreas de maior *expertise*, ficando as mulheres confinadas à "clínica geral" e às atividades mais rotineiras, formando enclaves femininos na profissão. Em pesquisa realizada em 2008, observamos esse padrão, mas, nas informações recolhidas nos sites das sociedades de advogados paulistas, isso não se confirmou, demonstrando a distinção dessa elite profissional. Entre os sócios, homens e mulheres apresentaram a mesma proporção de estudos acima do terceiro grau (61%), sendo que eles tinham mais formação de mestrado e doutorado *stricto sensu*, e elas, mais pós-graduação *lato sensu* e MBA, entre outros. Para o restante do Brasil, registramos uma porcentagem maior de sócios e sócias com algum tipo de investimento na formação depois da graduação: 76% para as mulheres e 74% para os homens, sendo que estes tinham mais pós-graduação *stricto sensu*, e elas, *lato sensu*, revelando comportamento semelhante aos dados para São Paulo. Entre os associados e as equipes paulistas, há uma redução na proporção de profissionais com formação posterior ao bacharelado, mas a maioria apresenta investimento em estudos de pós-graduação, sendo semelhante para homens (52%) e mulheres (51%). No restante do País, essa redução é mais relevante, com o curso após a graduação caindo entre associados, associadas e equipes para valores em torno de 45%. O investimento em educação depois de concluído o bacharelado é um diferencial para ser sócio, sendo também relevante para compor os quadros profissionais das sociedades de advogados. Nessa amostra, as dificuldades para as advogadas combinarem vida profissional e familiar não responderam por diferenças significativas na realização dos cursos.

A composição de gênero das sociedades de advogados do CESA contrasta com os dados obtidos para os grandes escritórios argentinos, que têm uma proximidade regional e uma proporção semelhante de mulheres na advocacia. Bergoglio (2007) registrou uma menor presença feminina nas sociedades de advogados argentinas do que nas brasileiras, uma participação ainda menor como sócias dos grandes escritórios e como portadoras de cursos de pós-graduação. As desigualdades entre homens e mulheres no caso argentino revelaram-se mais acentuadas.

Tabela 17.4. Distribuição dos sócios das sociedades de advogados do Estado de São Paulo e dos demais Estados do Brasil, filiadas ao CESA, segundo formação acadêmica e posição ocupada

	Sócios – São Paulo			Sócios – Brasil		
Escolaridade	Homens	Mulheres	**Total**	Homens	Mulheres	**Total**
Bacharel	27%	22%	**219**	20%	15%	**183**
Mestre	17%	13%	**138**	23%	18%	**209**
Doutor	10%	3%	**70**	6%	4%	**52**
Pós-graduado	34%	45%	**319**	45%	54%	**458**
Sem informação	12%	17%	**118**	6%	9%	**67**
Total	625	239	**864**	713	256	**969**

Fonte: Site do CESA, 2011.

Tabela 17.5. Distribuição dos associados das sociedades de advogados do Estado de São Paulo e dos demais Estados do Brasil, filiadas ao CESA, segundo formação acadêmica e posição ocupada

Escolaridade	Associados – São Paulo			Associados – Brasil		
	Homens	Mulheres	Total	Homens	Mulheres	Total
Bacharel	32%	31%	781	26%	20%	497
Mestre	10%	6%	191	8%	8%	174
Doutor	1%	0%	19	1%	0%	11
Pós-graduado	41%	46%	1.073	35%	39%	807
Sem informação	15%	17%	393	30%	33%	692
Total	**1.113**	**1.344**	**2.457**	**1.027**	**1.104**	**2.181**

Fonte: Site do CESA, 2011.

Tabela 17.6. Distribuição das equipes das sociedades de advogados do Estado de São Paulo e dos demais Estados do Brasil, filiadas ao CESA, segundo formação acadêmica e posição ocupada

Escolaridade	Equipe – São Paulo			Equipe – Brasil		
	Homens	Mulheres	Total	Homens	Mulheres	Total
Bacharel	25%	27%	247	25%	22%	271
Mestre	13%	9%	108	11%	5%	95
Doutor	5%	2%	35	1%	1%	12
Pós-graduado	35%	37%	344	35%	36%	403
Sem informação	22%	24%	224	28%	36%	357
Total	**509**	**449**	**958**	**637**	**501**	**1.138**

Fonte: Site do CESA, 2011.

Observa-se nessas sociedades de advogados o enobrecimento acadêmico, embora a longa formação do doutorado se revele um título escasso e mais masculino. Entendemos que tal perfil de escolaridade é encontrado nos escritórios vinculados ao CESA, não podendo ser generalizado para o conjunto da profissão.

Apesar de as sociedades de advogados terem sentido o impacto do fim dos processos de privatização no Brasil, aumentando a concorrência entre elas, essas grandes firmas continuam crescendo em São Paulo. Em 2010, foram abertas uma média mensal de 67 sociedades pela OAB-SP e, em 2011, essa média foi de 62 por mês[12]. As formas tradicionais de organização da advocacia, que são a atuação solo e em pequenos escritórios mostraram-se também as mais desfavoráveis às advogadas em São Paulo, revelando o hibridismo entre o tradicional e moderno, o local e o global na prática privada.

17.3. Feminização da advocacia

Michelson (2012), analisando a oferta de advogados em 78 países e a feminização da atividade, encontrou uma relação entre a densidade de população por advogado e o crescimento do número de advogadas. O autor tomou como referência a proporção de 30% de mulheres na carreira, valor que aglutinava parte expressiva dos países em estudo. Nessa amostra, poucos países atingiram tal patamar nos anos 1980, como é o caso da Venezuela, da Argentina e da Grécia. Nos anos 1990, essa participação foi alcançada por onze países, entre eles Brasil, Romênia e Malásia. Entretanto, a maioria cruzou a marca dos 30% a partir do ano 2000, como é o caso dos Estados Unidos, da Alemanha e do Vietnã. Alguns países não atingiram esse

número, como Japão, China e Índia. Para a densidade, o autor estabeleceu o corte em 2.000 habitantes por profissional, por ser um divisor significativo na amostra que analisou. Segundo ele, quase todos os países com 30% ou mais de participação feminina na advocacia têm densidades menores do que 2.000 habitantes por advogado, embora existam exceções. Já aqueles com feminização mais baixa possuem densidades populacionais por advogado maiores do que 2.000 habitantes.

Michelson também estimou o número de advogados por país para o ano de 2010. Os países que tinham mais profissionais da advocacia eram Estados Unidos, Índia, Brasil, México, China, Reino Unido, Espanha e Alemanha. Mas essa distribuição mudava quando se analisavam apenas as advogadas, apontando a diferença na feminização. México e Brasil vinham na frente com mais de 50% de mulheres advogadas, segundo os dados que ele coletou. Reino Unido e Espanha tinham passado dos 45%; Alemanha e Estados Unidos estavam entre 31 e 35%; China, com 21%; e Índia, com 5%. Numa lista de 210 países, ele encontrou 160 deles com mais de 30% de advogadas. Para o autor, a maior participação delas na profissão significa mais acesso das mulheres à justiça, já que estudos anteriores revelam que as mulheres procuram mais as advogadas para resolver seus problemas, como o divórcio.

---

[12]. Dados extraídos do site da Comissão das Sociedades de Advogados, OAB-SP. Acesso em: 17 jul. 2012.

Tabela 17.7. Países com mais advogados, segundo o tamanho da população e a densidade de habitantes por advogado – 2010

País	Advogados	População	Densidade
Estados Unidos	1.102.106	308.758.000	280
Índia	436.813	1.210.000.000	2.769
Brasil	354.761	190.755.000	538
México	186.336	112.500.000	604
China	185.513	1.340.000.000	7.204
Reino Unido	163.361	62.040.000	380
Espanha	161.988	47.190.000	291
Alemanha	153.251	81.760.000	533

Fonte: Estimativa de advogados e advogadas, Michelson (2012); população, consulta à internet em 7-7-2012; densidade, cálculo da autora.

Em análise sobre a feminização da prática jurídica, Schultz (2003) observou que as advogadas funcionam como um exército de reserva da profissão em vários países:

> "Em tempos de escassez de advogados, as chances das mulheres aumentam – como foi o caso da Inglaterra no final dos anos 1980 e início dos anos 1990, e é atualmente verdadeiro para a Alemanha no contexto das grandes sociedades de advogados internacionais. Geralmente, as mulheres representam o exército de reserva do mercado de trabalho: elas trabalham de forma insegura e frequentemente em contratos temporários, em condições de trabalho menos favoráveis, com sobrequalificação para o trabalho que fazem de fato, e são as primeiras a serem dispensadas"[13].

No caso brasileiro, a incorporação das mulheres no mercado da advocacia ocorreu no momento de expansão das sociedades de advogados facilitando o processo de estratificação da carreira. A feminização veio ao encontro dessas transformações, reduzindo as resistências às mudanças na forma tradicional de se exercer a advocacia. A produção de diferenças na profissionalização segundo o gênero se realiza, na maioria dos casos, com as mulheres concentrando-se nas áreas tradicionais e nas atividades mais rotineiras e os homens naquelas mais especializadas e inovadoras. Por outro lado, passada a febre das privatizações e da difusão do modelo estratificado, as mulheres seguem atuantes na advocacia, não havendo evidências de que foram dispensadas das sociedades de advogados com a quebra da resistência masculina à hierarquização.

---

[13]. Tradução livre da autora.

Já nos Estados Unidos as advogadas estão perdendo posições no mercado. A pesquisa nacional realizada em 2011, sobre a retenção e a promoção de mulheres nas 200 maiores firmas de advocacia, promovida pela Associação Nacional de Mulheres Advogadas, constatou que:

> "O sexto ano da pesquisa apresenta um quadro preocupante nas perspectivas das mulheres nas grandes firmas. Não só as mulheres apresentam um decréscimo na porcentagem de advogados nas grandes sociedades, elas têm uma chance bem maior de ocupar posições – como advogada-funcionária, consultora, e sócia com participação fixa – com menores oportunidades de progredir ou participar da liderança da sociedade. Nós reconhecemos que a economia atual tem levado a desafios contínuos para as grandes firmas. No entanto, esses desafios não explicam o progresso desigual feito pelas mulheres advogadas comparado aos dos colegas homens nem a desvantagem de gênero entre os sócios com equidade nas sociedades de advogados" (FLOM e SCHARF, 2011).

Estratégias de fechamento são identificadas nas profissões jurídicas ao longo do tempo (ABEL, 1989; HEINZ e LAUMANN, 1982). Elas são usadas para evitar o ingresso dos não credenciados, mas também dos não desejados. Diferentes formas de fechamento vêm sendo usadas em relação à participação feminina na advocacia, entre elas as desigualdades decorrentes desse ingresso, como o teto de vidro[14]

(KAY e HAGAN, 1995; THORTON, 1996; JUNQUEIRA, 1999); as estratégias de fechamento generificado (DAVIES, 1996; BOLTON e MUZIO, 2007); o *gap* entre os ganhos de homens e mulheres (MENKEL-MEADOW, 1989; EPSTEIN et al., 1995). Essas perspectivas contestam o entendimento que naturaliza tais desigualdades como se estas fossem ser superadas com o tempo e com a progressão profissional feminina. Os dados recentes sobre as advogadas norte-americanas indicam que o tempo não supera tudo.

A análise sobre o fechamento e a estratificação desenvolvida por Davies (1996) mostrou como esse processo é generificado, com as profissões professando a masculinidade e a feminilidade, produzindo o binarismo por meio do trabalho rotineiro e burocrático relacionado à mulher, e o profissional e especializado relacionado ao homem. Seguindo nessa direção, Bolton e Muzio (2007) sugerem que há um mecanismo de fechamento generificado interno às profissões jurídicas, com três padrões distintos de carreira: a estratificação, a segmentação e a sedimentação. A estratificação ocorre na linha vertical, negando-se às mulheres acesso ao topo da ocupação. A segmentação processa-se na linha horizontal, formando guetos, com as mulheres sendo confinadas a áreas menos

---

[14.] É chamada de teto de vidro a barreira invisível que limita a progressão feminina ao topo profissional. Por não ser claramente percebida, reforça a crença de que, com o passar

do tempo, as posições elevadas ocupadas pelas mulheres se igualarão às dos homens.

valorizadas (direito de família x direito empresarial). A sedimentação dá-se com as profissionais recorrendo ao essencialismo como forma de organizar a identidade de gênero em enclaves, tentando se empoderar. O problema disso é que, quando se enfatizam a essência masculina e a feminina para explicar diferentes qualidades profissionais, reproduzem-se os estereótipos que se quer modificar.

Recentemente, começou-se a observar como a internacionalização das sociedades de advogados vem repercutindo também na importação e na exportação do padrão de enfrentamento das barreiras à progressão das mulheres na carreira.

Em 2009, um grupo de sócias de grandes escritórios vinculados ao CESA organizou um evento liderado pelo Committe on Women in the Profession (Comitê da Mulher Advogada), da New York City Bar Association (Ordem dos Advogados de Nova York), para discutir sobre o relatório "Best practices for the hiring, training, retention and advancement of women attorneys" ("Boas práticas para a contratação, treinamento, retenção e progressão das mulheres advogadas"), divulgado em 2006. O evento reuniu cerca de 120 mulheres desses escritórios e de advogadas de grandes corporações, constituindo um público de cor branca e majoritariamente jovem. Carrie Cohen, a presidente desse comitê, e Marissa Wesely, sócia de uma das 10 maiores sociedades de

advogados da cidade de Nova York, vieram debater os resultados do relatório, sobre as dificuldades das advogadas chegarem ao topo da profissão, visto que entram na carreira em proporção semelhante à dos homens. O conteúdo do relatório fazia uma análise das razões dessa falta de ascensão e o que poderia ser feito para avançarem até as posições superiores. As palestras e os debates no plenário focaram a forma como o gênero é estigmatizado na prática profissional, principalmente pelo estereótipo de que as mulheres são menos comprometidas com o trabalho, priorizando família e filhos. Em contraste com esse pressuposto, as palestrantes apontaram a insatisfação das advogadas norte-americanas com a profissão como motivo da saída da firma, representando uma perda dessa competência para os escritórios. As barreiras para chegar a sócia seriam as dificuldades em articular redes, mentoras, representação, participação em comitês profissionais, navegação social (frequentar *happy hours*, jantares), além dos constrangimentos em falar sobre dinheiro, cobrar os clientes, fazer autopromoção e marketing pessoal.

A discussão girou em torno do enfrentamento dos estereótipos negativos do essencialismo de gênero, recorrendo ao lado positivo dessa mesma moeda: como as mulheres acrescentam rentabilidade às firmas, transformando a "fraqueza" desorganizada em "força" articulada das advogadas.

Internacionalização da Advocacia e o Perfil da Profissão no Brasil

O evento foi organizado em São Paulo por uma sociedade de advogados de longa tradição (Pinheiro Neto, 78 sócios e 220 associados, em janeiro de 2012). A iniciativa favorece a circulação internacional desse escritório na rede das grandes firmas norte-americanas de advocacia. Para as mulheres presentes, o evento representou mais inclusão do que exposição estigmatizada pelos pares e possibilitou compartilhar referências com outras advogadas, ampliando as suas redes, a navegação social e a valorização das habilidades profissionais femininas.

Isso, entretanto, não nos permite afirmar que a segmentação generificada observada na advocacia brasileira caminha para a sedimentação, recorrendo ao essencialismo da identidade de gênero para empoderar enclaves femininos, como na análise de Bolton e Muzio (2007). Várias manifestações na reunião abordaram a distância entre as propostas do relatório apresentado e o cotidiano das advogadas nos escritórios paulistas. A significativa presença feminina em um evento com as marcas do gênero que muitas profissionais buscam apagar revela a forma híbrida como elas atribuíram um novo significado ao encontro. Para além de enfrentarem as barreiras à progressão nas sociedades de advogados brasileiras, as profissionais participantes viram uma oportunidade de ampliar sua circulação nas redes globais, dando maior distinção ao seu capital de relações sociais.

Considerações finais

Este estudo partiu de evidências da padronização da prática jurídica privada e de sua internacionalização, com as sociedades de advogados globalizadas, para identificar aspectos partilhados pela advocacia no Brasil. Em uma perspectiva comparada, procurou destacar características específicas ao caso brasileiro, dando visibilidade às formas híbridas entre o local e o global, focalizando a proliferação dos cursos de direito, a feminização da prática jurídica e o crescimento das sociedades de advogados em conjunto com a especialização em direito empresarial.

Quanto ao *boom* do ensino jurídico, argumentamos que ele resultou da hegemonia da lógica empresarial sobre a lógica profissional, criando um modelo híbrido no qual a livre-concorrência no mercado da educação jurídica depende de algum tipo de apoio financeiro do Estado e de sua lógica burocrática. O fechamento do mercado, em vez de ser controlado pela exigência de uma formação universitária, passou a ser feito pela OAB, por meio do exame que fornece a credencial para a prática da advocacia.

O direito empresarial foi impulsionado pelas necessidades das corporações e das sociedades de advogados que atendem a esses clientes, bem como pela internacionalização dessa *expertise*. Apesar da exportação e da importação dos modelos

Manual de Sociologia Jurídica

anglo-americanos das sociedades de advogados, já diversificados nos países de origem, aqui eles se adaptaram à cultura jurídica local. Um exemplo do hibridismo entre os modelos globais e locais dessas organizações é que, recentemente, a OAB-SP, preocupada com a preservação do mercado de trabalho da advocacia, estabeleceu o impedimento da associação entre advogado estrangeiro e advogado brasileiro, fechando brechas na legislação na qual estrangeiros atuavam como sócios de sociedades de advogados de forma travestida. Os consultores podem registrar Sociedades de Consultores em Direito Estrangeiro, junto à OAB, que fiscaliza a prática. Eles devem ser inscritos na OAB, ter sede no Brasil, seguir a legislação brasileira, o Estatuto e regimentos da Ordem, bem como fornecer consultoria apenas sobre direito estrangeiro.

Quanto à feminização da advocacia, as maiores sociedades de advogados mostraram-se mais receptivas à participação e progressão das advogadas do que aquelas menores, especialmente em São Paulo, dificuldade que também vale para a atuação solo precária. Novamente, vemos o hibridismo entre o moderno e o tradicional, entre o global e o local na prática privada.

Bibliografia

ABEL, Richard L. *American lawyers*. New York: Oxford University Press, 1989.

BARBALHO, Rennê Martins. *A feminização das carreiras jurídicas e seus reflexos no profissionalismo*. Tese (Doutorado) UFSCar/PPGS, São Carlos, 2008.

BERGOGLIO, Maria Inés. *Llegar a sócia?* La movilidad ocupacional en las grandes empresas jurídicas: Análisis de género. Centro de Investigaciones Jurídicas y Sociales. Argentina, Facultad de Derecho, Universidad Nacional de Córdoba, 2007.

BOIGEOL, Anne. The rise of lawyers in France. In: FRIEDMAN, Lawrence; PÉREZ-PERDOMO, Rogelio. *Legal culture in the age of globalization*: Latin America and Latin Europe. California: Stanford University Press, 2003.

BOLTON, Sharon C.; MUZIO, Daniel. Can´t live with 'em; can´t live without 'em: Gendered segmentation in the legal profession. *Sociology*, v. 41, n. 1, p. 47-64, 2007.

BONELLI, Maria da Gloria; CUNHA, Luciana Gross; OLIVEIRA, Fabiana Luci; SILVEIRA, Maria Natália B. Profissionalização por gênero em escritórios paulistas de advocacia. *Tempo Social*, 20, 1: 265-290, 2008.

CARSON, Clara N. *The lawyer statistical report*: the U.S. legal profession in 2000. Chicago: American Bar Foundation, 2004.

COMMITTEE ON WOMEN IN THE PROFESSION. *Best practice for the hiring, training, retention and advancement of women attorneys*. New York: New York City Bar, 2006.

CONSELHO FEDERAL OAB (2012). *Quadro de advogados regulares e recadastrados*. Disponível em: <http://www.oab.org.br/institucionalconselhofederal/quadro-advogados>. Acesso em: 14 jul. 2012.

DAVIES, Celia. The sociology of professions and the profession of gender. *Sociology*, v. 30, n. 4, p. 661-678, 1996.

DEZALAY, Yves; GARTH, Bryant. *The internationalization of palace wars*: lawyers, economists and the contest to transform Latin American States. Chicago: University of Chicago Press, 2002.

ENGELMANN, Fabiano. Los "abogados de negocios" y la rule of law en Brasil (1990-2000). *Revista Política*, v. 49, n. 1, p. 21-41, 2011.

EPSTEIN, Cynthia F.; SAUTÉ, Robert; OGLENSKY, Bonnie; GEVER, Martha. Glass ceilings and open doors: women's advancement in the legal profession. *Fordham Law Review*, 64: 291-449, 1995.

FLOOD, John. Law firms. In: CLARK, Davis (Ed.). *Encyclopedia of law & society*: American and global perspectives. Los Angeles: Sage Publications, 2007. v. 2.

Internacionalização da Advocacia e o Perfil da Profissão no Brasil

FLOM, Barbara M.; SCHARF, Stephanie A. *Report of the sixth annual national survey on retention and promotion of women in law firms*. Chicago: The NAWL and the National Association of Women Lawyers Foundation, 2011.

FREIDSON, Eliot. *Professionalism*: the third logic. Cambridge: Polity Press, 2001.

GALANTER, Marc; HENDERSON, William. The elastic tournament: a second transformation of the big law firm. *Stanford Law Review*, v. 60, n. 6, p. 1867-1929, 2008.

GIÁCOMO, Orlando. Sociedade de advogados em face da ordem dos advogados do Brasil – sociedades de advogados e globalização. In: FERRAZ, Sergio (Org.). *Sociedade de advogados*. São Paulo: Malheiros, 2002.

HEINZ, John P.; LAUMANN, Edward O. *Chicago lawyers*: the social structure of the Bar. Chicago: Russell Sage Foundation and American Bar Foundation, 1982.

JUNQUEIRA, Eliane Botelho. *A profissionalização da mulher na advocacia*. São Paulo: Fundação Carlos Chagas, Relatório de Pesquisa, 1999 (mimeo).

KAY, Fiona; GORMAN, Elizabeth. Women in the legal profession. *Annual Review of Law and Social Sciences*, 4, p. 299-332, 2008.

KAY, Fiona; HAGAN, John. The persistent glass ceiling: gendered inequalities in the earnings of lawyers. *British Journal of Sociology*, v. 46, n. 2, p. 279-310, 1995.

MELO FILHO, Álvaro (2011). *Selo OAB luta por uma educação que atenda o mercado*. Disponível em: <http://www.conjur.com.br/2011-nov-28/selo-oab-luta-prol-educacao-solida-base-humanistica2>. Acesso em: 18 dez. 2011.

MENKEL-MEADOW, Carrie. Feminization of the legal profession: the comparative sociology of women lawyers. In: ABEL, R.; LEWIS, P. S. C. (Org.). *Lawyers in society*: comparative perspectives. Berkeley: University of California Press, 1989. v. 3.

MICHELSON, Ethan. *Women in the legal profession, 1960-2010*: a study of the global supply of lawyers based on data from 78 countries. Honolulu, 2012 International Conference on Law and Society, 2012.

MOSSMAN, Mary J. Engendering the legal profession: the education strategy. In: SCHULTZ, Ulrike; SHAW, Gisela (Org.). *Women in the world´s legal professions*. Oxford: Hart Publishing, 2003.

NELKEN, David; FEEST, Johannes. *Adapting legal culture*. Oxford: Hart Publishing, 2001.

RIBSTEIN, Larry E. The death of big law. *Wisconsin Law Review*, n. 3, p. 749-815, 2010.

SCHULTZ, Ulrike; SHAW, Gisela. *Women in the world's legal professions*. Oxford: Hart Publishing, 2003.

THORTON, Margaret. *Dissonance and distrust*: women in the legal profession. Melbourne: Oxford University Press, 1996.

VALOR ECONÔMICO. País tem quase 422 mil advogados; Cresce a presença de mulheres no meio jurídico. 6/1/2004. Disponível em: <http://www2.uol.com.br/aprendiz/guiadeempregos/primeiro/noticias/ge060104.htm>. Acesso em: 14 jul. 2012.

WALD, Eli. Smart growth: The large law firm in the twenty first century. *Fordham Law Review*, v. 80, n. 6, p. 2867-2915, 2012.

Violência, Estado e Sociologia no Brasil

Renato Sérgio de Lima
Liana de Paula

A violência é um problema social que tem preocupado a sociedade brasileira. Diferentes pesquisas de opinião têm indicado que, com o declínio das taxas de desemprego nos anos 2000, a violência (associada aos temas da criminalidade e da segurança pública) passou a ocupar um lugar de destaque entre os principais problemas apontados pelos brasileiros, ficando atrás apenas da saúde[1]. Em certo sentido, essa preocupação reflete os altos patamares atingidos por alguns dos indicadores de violência, principalmente os que se referem a homicídios. A partir da década de 1980 até meados dos anos 2000, houve um acentuado crescimento das taxas de homicídios no País, passando de 11,7 homicídios por 100 mil habitantes em 1980, para 28,9 por 100 mil em 2003 (WAISELFISZ, 2012). A tendência de crescimento arrefeceu apenas após 2004, alternando-se períodos de redução e crescimento até 2010, quando a taxa foi de 26,2

---

[1]. Ver *La seguridad ciudadana, el problema principal de América Latina*, levantamento realizado pela Corporación Latinobarómetro e publicado em maio de 2012. Disponível em: <http://www.latinobarometro.org/latino/LATContenidos.jsp>. Acesso em: 14 ago. 2012. Ver também pesquisa de avaliação do governo Dilma, realizada pelo IBOPE em dezembro de 2011 (Disponível em: <http://www.ibope.com.br/pt-br/conhecimento/relatoriospesquisas/Lists/RelatoriosPesquisaEleitoral/OPP%20110004-13%20-%20Avalia%C3%A7%C3%A3o%20do%20Governo%20Federal_apres.pdf>. Acesso em: 14 ago. 2012), e de avaliação do governo Lula, realizada pelo Datafolha em janeiro de 2010 (Disponível em: <http://datafolha.folha.uol.com.br/po/ver_po.php?session=939>. Acesso em: 14 ago. 2012).

homicídios por 100 mil habitantes. Assim, embora se possa dizer que tenha havido uma redução em 2010, comparativamente ao pico atingido em 2003, as taxas de homicídios registradas no final dos anos 2000 permaneceram muito altas, principalmente se comparadas ao início da década de 1980.

De igual modo, dados disponíveis nos Anuários do Fórum Brasileiro de Segurança Pública, indicam que, em paralelo à manutenção de patamares elevados de homicídios, o Brasil gasta cerca de 1,4% do seu PIB com segurança pública e ainda assim paga mal aos seus policiais, mantêm estruturas duplicadas, convive com padrões operacionais permissivos com incidência de altas taxas de letalidade da ação policial, entre outros exemplos da falência do modelo de organização do Estado para fazer frente à violência e prover serviços e direitos. Até por essa realidade, a preocupação com a violência também reflete a existência de um imaginário sobre a violência, alimentado pelas sensações de medo e insegurança experimentadas pela população.

Diante de tal contexto, este capítulo propõe apresentar um olhar sociológico sobre as formas como a violência vem sendo apropriada enquanto problema social pelo Estado e enquanto fenômeno pelas ciências sociais no Brasil. Para tanto, a discussão está dividida em três momentos. O primeiro dedica-se à construção da vio-

lência e do Estado enquanto objetos de estudo sociológico, procurando estabelecer a divisão entre o saber científico e outras formas de saber. O segundo foca a apropriação do conceito de violência pelo Estado brasileiro, principalmente com a redemocratização a partir da década de 1980. Enfim, o terceiro momento estabelece a relação entre esse contexto de apropriação do conceito de violência pelo Estado e a emergência do campo de estudos sociológicos sobre violência no Brasil.

18.1. Violência e Estado enquanto objetos de estudo sociológico

O primeiro desafio que se coloca à reflexão sociológica sobre a violência refere-se à sua construção enquanto objeto de estudo, o que implica sua conceituação teórica. Diferentemente de outros conceitos teóricos – tais como individualização, socialização e identidade –, que são categorias analíticas criadas pela teoria sociológica para descrever e explicar fenômenos da vida social, o conceito de violência não é originado no campo teórico. Nesse sentido, como salienta Maria Stella Grossi Porto, a violência é "um fenômeno empírico antes do que um conceito teórico" (PORTO, 2010, p. 17).

Como indica Porto (2010), o ponto de partida para a construção da violência enquanto conceito teórico é a divisão do fenômeno em diferentes tipos, a saber, a violência física e a violência simbólica. Essa tipologia considera que a violência não se refere apenas a danos físicos causados a alguém, mas também se manifesta na dimensão simbólica, por meio de constrangimentos e danos morais (PORTO, 2010 e CARDOSO DE OLIVEIRA, 2008). Ademais, embora a violência física seja comumente acompanhada de violência simbólica, é possível a ocorrência dessa última sem que haja danos físicos.

Além da subdivisão do fenômeno em violência física e simbólica, deve-se considerar também "as formas ou os sentidos que a violência assume em seu processo de concretização" (PORTO, 2010, p. 21). São diversas as formas assumidas pela violência, podendo ser mencionadas, dentre outras, a violência como forma de dominação, de sobrevivência, de afirmação da ordem institucional-legal, de contestação dessa ordem, de manifestação da não cidadania, de violência criminal e de manifestação da insegurança e do medo (PORTO, 2010).

As formas e os sentidos que a violência assume na realidade empírica indicam seu caráter instrumental, podendo ser sociologicamente entendida como um instrumento pelo qual se manifestam diferentes conflitos da vida social. Nesse sentido, uma das abordagens clássicas da violência aproxima-a da noção de conflito, a qual pressupõe a existência de um sistema de atores cujas relações sociais são conflitivas (WIEVIORKA, 1997; MICHAUD, 1989). A violência se inscreve nessas relações de forma instrumental, podendo "ser utilizada por um ator para tentar penetrar o interior de um sistema de relações institucionalizadas" (WIEVIORKA, 1997, p. 12).

Pensar a instrumentalidade da violência implica considerá-la parte integrante dos cálculos e estratégias dos atores em conflito, isto é, pressupõe uma racionalidade instrumental na qual a violência seria um meio para atingir determinado fim. Nesse sentido, Max Weber (1999) chama a atenção para a apropriação da violência como instrumento específico do Estado, passando este a estabelecer as situações nas quais o recurso à violência pode ser reconhecido como tolerável. Segundo Weber, embora diversos agrupamentos políticos que antecederam o Estado moderno tenham recorrido à violência física como instrumento normal de poder, ele é definido, especificamente, como "uma comunidade humana que, dentro dos limites de determinado território – [...] – reivindica o *monopólio do uso legítimo da violência física*" (WEBER, 1999, p. 56, grifo original).

Dito de outro modo, o Estado consiste, para o autor, em uma relação de dominação baseada no "instrumento da violência legítima" (WEBER, 1999, p. 57), o que coloca a questão dos fundamentos sobre os quais a legitimidade dessa dominação estaria assentada. Entendendo a dominação como a probabilidade de encontrar obediência a uma determinada ordem, Weber (1995) aponta como três as bases de sua legitimidade. A primeira delas é a crença na santidade dos costumes, validados por sua existência imemorial e pelo hábito, tratando-se, nesse caso, da dominação de tipo tradicional. O segundo tipo é a dominação carismática, cuja legitimidade está fundada na devoção e na confiança depositadas em um indivíduo pelos seus dons pessoais e extraordinários, seu heroísmo ou por outras qualidades sobrenaturais atribuídas a ele – em uma palavra, seu carisma. Enfim, a dominação legal está baseada na crença na validade de um estatuto legal, ou seja, sua legitimidade é conferida pelo estabelecimento de normas formalmente abstratas. Essa última é a dominação que corresponde à estrutura moderna do Estado[2] e, por conseguinte, a violência enquanto instrumento do Estado é legítima na medida em que as normas abstratas que a regulamentam são reconhecidas como válidas.

O estabelecimento dessas normas não elimina, contudo, o risco de que a violência venha a suplantar os fins para os quais ela serve de instrumento. Isso porque o equilíbrio entre violência e dominação legítima é tênue. Enquanto a dominação pressupõe a existência de relações sociais que a legitimem – e que podem ser institucionalizadas, como é o caso do Estado moderno –, a violência enquanto instrumento não depende de relações sociais, mas de implementos, ferramentas, artefatos humanos.

Ao tratar da relação entre violência e poder, Hannah Arendt (1994) salienta que o poder corresponde à habilidade humana para agir em concerto e, por isso, "nunca é propriedade de um indivíduo; pertence a um grupo e permanece em existência apenas na medida em que o grupo conserva-se unido" (ARENDT, 1994, p. 36). O poder, definido dessa forma, pressupõe a existência de uma comunidade política, a qual lhe confere legitimidade. Já a violência é um instrumento e, como tal, depende de orientação e justificação para o fim que almeja. Para Arendt (1994), a violência pode ser justificável, mas não legítima.

Embora os fenômenos da violência e do poder apareçam usualmente juntos, a diminuição do poder faz com que ele deixe de escorar ou restringir a violência, acarretando o risco da inversão do cálculo entre meio e fim (ARENDT, 1994). A violência, quando não restringida pelo poder, pode destruí-lo, pois

---

[2.] Deve-se ressaltar que a dominação legal não é exclusiva no Estado moderno, podendo haver também a ocorrência dos outros tipos de dominação. Ver Weber, 1995.

"A própria substância da ação violenta é regida pela categoria meio-fim, cuja principal característica, quando aplicada aos negócios humanos, foi sempre a de que o fim corre o perigo de ser suplantado pelos meios que ele justifica e que são necessários para alcançá-lo" (ARENDT, 1994, p. 14).

Segundo Arendt (1994), devido a seu caráter instrumental, a violência tem um potencial desagregador, de destruição do poder. Se, por um lado, não é possível pensar em poder sem violência, uma vez que o poder coloca o problema da dominação; por outro, a violência é justificável até certo limite, a partir do qual ela ameaça romper a legitimidade do poder.

Além disso, mesmo considerada como um meio que integra uma racionalidade instrumental, a violência tem uma dimensão irracional ou expressiva que escapa a essa racionalidade. Dessa forma, outra abordagem sociológica possível da violência a define por sua expressividade, isto é, entende-a como expressão de crise nas relações sociais. Incorporada à noção de crise, a violência é interpretada como um manifesto patológico do sistema social, traduzindo um déficit na integração dos atores ao sistema ou nas relações entre eles. A violência funcionaria, assim, de maneira expressiva e manifestaria uma disfunção da vida social (WIEVIORKA, 1997).

Se a tipificação da violência como física e simbólica permanece atual, a definição de suas formas e sentidos a partir de sua instrumentalidade ou expressividade não parecem ser suficientes para explicar a violência contemporânea. Isso porque, como salienta Michel Wieviorka (1997), as noções de conflito e de crise perderam sua força explicativa face às novas formas assumidas pelo fenômeno da violência em suas manifestações contemporâneas[3]. Há, por exemplo, manifestações da violência como um fim em si mesmo, uma violência lúdica, ou como pura afirmação do sujeito. Há também, para alguns estudiosos, a emergência de uma cultura da violência, na qual os atos violentos seriam valorizados por alguns grupos sociais e confeririam prestígio aos membros do grupo que os pratiquem (SPAGNOL, 2005).

Para refletir sobre as condições gerais que produzem uma mudança de paradigma da violência, Wieviorka (1997) propõe a análise em quatro níveis: do sistema internacional, dos Estados-nação, das sociedades e dos indivíduos.

No nível do sistema internacional, as duas principais mudanças ocorridas, a partir dos anos 1980, foram o fim da Guerra Fria e a acentuação do processo de mundialização da economia. O fim da Guerra Fria produziu efeitos consideráveis

---

[3]. Vale considerar, portanto, que novas manifestações de violência também colocam em xeque o modelo penal como forma privilegiada de administração de conflitos nas sociedades ocidentais.

à expressividade da violência, uma vez que marcou o término da ordem nuclear e o surgimento de uma nova era das armas nucleares, tornando-as símbolo de crise, desestabilização e terrorismo. Já a acentuação do processo de mundialização da economia, que envolve o crescimento da interdependência das economias nacionais, produz como efeito o aumento da desigualdade e da exclusão, além de alimentar a fragmentação social e cultural, o que estimula processos reativos de retraimento identitário e, com isso, as violências racistas ou xenofóbicas.

No nível dos Estados-nação, ainda de acordo com Wieviorka (1997), a principal mudança a ser ressaltada é o enfraquecimento do Estado, em decorrência, ao menos em parte, do processo de mundialização. Com esse processo, os Estados veem reduzida sua capacidade de controlar a economia, uma vez que os fluxos, as decisões e a circulação de pessoas, capital e informação se dão em escala mundial, extrapolando os limites de seu território[4]. Além disso, há a perda do monopólio do uso legítimo da violência, seja pela privatização desse uso com a expansão do mercado de segurança privada, seja pelo uso ilegítimo pelo próprio Estado, exemplificado pela tortura e pela violência policial e militar.

No nível das sociedades, há um esgotamento das relações sociais próprias da indústria clássica e, com isso, o conflito entre capital e trabalho perde sua centralidade. Contudo, para Wieviorka (1997), não há uma relação direta entre as mudanças sociais decorrentes desse esgotamento – notadamente o desemprego e a pobreza – e a violência, sendo esta ocasionada por outros fatores.

E, enfim, no nível individual, Wieviorka (1997) destaca o aprofundamento do individualismo na contemporaneidade, que se manifesta tanto pelo anseio do indivíduo em participar da modernidade e do que ela oferece, especialmente em relação ao consumo de massa quanto pela expectativa de ser reconhecido como sujeito, podendo efetuar escolhas e produzir sua identidade. Ambas as faces do individualismo mantêm uma forte relação com a violência. Por um lado, o indivíduo pode tornar-se ator de violências instrumentais que visam, justamente, assegurar os ganhos econômicos que o mantêm ou o tornam um consumidor. Por outro, o não reconhecimento ou a interdição do indivíduo em se tornar sujeito podem levar a manifestações explosivas ou lúdicas da violência, sendo que ela

---

[4]. Maior exemplo desse quadro, a crise mundial de 2008 e seus reflexos atuais, na Europa (Grécia, Espanha, Itália, Portugal, entre outros), nos EUA e até mesmo na China e no Brasil, mostram o quão complexa é a regulação de mercados num cenário de alta volatilidade de capitais e tênues fronteiras territoriais. Os confrontos entre movimentos do tipo "*Occupy Wall Street*" e programas de redução drástica de déficits públicos, muitos dos quais com interveniência de forças policiais, antagonizam duas formas de se pensar o Estado contemporâneo.

pode ser entendida tanto como a busca de sentido, um "esforço para produzir por meios próprios aquilo que antes lhe era dado pela cultura ou pelas instituições" (WIEVIORKA, 1997, p. 23), quanto como um apelo à subjetividade impossível.

As análises acima apontam, em seus diferentes níveis, que o desregulamento das relações sociais não se faz acompanhar de um novo regulamento, mas indica a mutação e possível superação de atores e sistemas sociais modernos. Assim, o fenômeno da violência se atualiza, na interpretação contemporânea, pelas expressões de caos, fragmentação e decomposição e se aproxima, portanto, da noção de anomia. Originalmente definida por Émile Durkheim (1996) como um estado momentâneo de desregramento, no qual as regras tradicionais perdem sua autoridade, não podendo mais refrear desejos e expectativas individuais, essa noção se redefine na contemporaneidade pela possibilidade de sua permanência, isto é, pela tensão constante entre regulamentações sociais enfraquecidas e desejos e expectativas individuais[5].

Para Wieviorka, "[...] a violência vem preencher o vazio deixado por atores e relações sociais e políticas enfraquecidas" (WIEVIORKA, 1997, p. 25), sendo tarefa da sociologia mostrar as mediações ausentes que criam o espaço da violência. E esse vazio se faz sentir, sobretudo, na política. Com isso, a violência passa a buscar outras formas que se manifestam e se definem fora da política e se inscrevem nas sociabilidades contemporâneas.

Antoine Garapon (1999), por sua vez, defende que ainda é possível pensar a apropriação da violência pela política ao se considerar, como característica das democracias contemporâneas, a centralidade assumida pela justiça enquanto fonte simbólica da política. Nesse sentido, o autor destaca que o "espaço simbólico da democracia emigra silenciosamente do Estado para a justiça" (GARAPON, 1999, p. 47). O enfraquecimento do Estado não significa necessariamente um vazio de mediações, tornando-se a justiça o espaço no qual a violência passa a ser mediada e simbolizada. Ao mostrar tanto o espetáculo da violência quanto o de sua reabsorção e conferir, assim, sentido à violência, combinando sua irracionalidade a uma elaboração racional, o ritual judiciário opera a simbolização da violência, convertendo-a em representações que lhe conferem significados socialmente compartilhados.

Há um pacto sobre tais representações e papéis; sobre como o Estado deve lidar com a violência. A questão que se coloca é, por conseguinte, como e em que medida as instituições democráticas – especialmente o Estado e o seu sistema de

---

[5]. A permanência do estado de anomia era admitida por Durkheim (1996) na economia.

Manual de Sociologia Jurídica

justiça criminal – podem se apropriar da violência, traçando a linha divisória entre violência justificável e violência não justificável; estabelecendo-se a conversão da violência em seu estado bruto para a sua forma falada e significada.

Essa questão é tanto mais específica quando se analisa o caso brasileiro, pois nele temos a tensão gerada pelo enfraquecimento do Estado moderno e, simultaneamente, a tensão entre o declínio do Estado autoritário e a redemocratização da vida social.

18.2. A apropriação do conceito de violência pelo Estado brasileiro

Ao pensar sobre as formas como o conceito de violência é apropriado pelo Estado brasileiro, constata-se a evolução do modo como o Estado foi absorvendo as demandas por ordem e de que modo elas vão se configurando e/ou moldando aos modelos de desenvolvimento do País. Da *pública tranquilidade*, tal como era chamada pelo Código Criminal, de 1830, à *ordem pública* presente na Constituição de 1988, nota-se a enorme dificuldade em se definir conceitualmente o que pode ser considerado o substrato pelo qual as instituições do Estado brasileiro vão organizar suas estruturas e basear seu funcionamento, sobretudo as polícias e o sistema de justiça criminal.

Segundo estudo realizado pelo Fórum Brasileiro de Segurança Pública e pelo Escritório Rubens Naves, Santos Jr. e Hesket, em 2011, identifica-se que, na legislação e na jurisprudência brasileiras, os conceitos de *segurança* e *ordem públicas* são circulares e pouco claros, cabendo à doutrina jurídica orientar as decisões dos operadores do sistema de justiça criminal. Não obstante esse fenômeno, a pesquisa também verificou que, na construção do significado de ordem pública, essa mesma doutrina não está, por sua vez, informada pelos princípios da Constituição de 1988 e baseia-se, muito, em pressupostos da ideologia da segurança nacional formulada durante o regime autoritário (FBSP, 2011). Com isso, abre-se a possibilidade para diferentes usos do sistema de justiça criminal brasileiro.

Diante de tais resultados, no plano da produção acadêmica da sociologia, corroboram-se linhas de pesquisas que investigam como é construída, de um lado, a sujeição criminal a partir de determinadas características biográficas e sociais de parcela da população (MISSE, 2011); e, de outro lado, a submissão dos interesses da sociedade aos interesses do Estado, que, por sua vez, são influenciados por uma parcela da elite que consegue mobilizar e pautar as agendas públicas de acordo com seus interesses privados. No limite, o modelo de tratamento penal dos conflitos so-

Violência, Estado e Sociologia no Brasil

ciais é priorizado, mas diferentes concepções de ordem estariam em disputa pelo sentido do uso legítimo da violência (SINHORETTO, 2010).

Em termos históricos, foi no final dos anos 40 do século XX, que a organização das polícias e do sistema de justiça criminal ganhou os contornos moldados na Escola Superior de Guerra (ESG), cuja peça fundamental se estruturava a partir da conexão entre o binômio segurança nacional e desenvolvimento econômico. Esse binômio respaldava-se em concepções de Estado oriundas da Guerra Fria e que ainda conformam boa parte do cenário geopolítico mundial contemporâneo, mesmo que em fase de transmutação, como mencionado anteriormente.

Em outras palavras, o que se destaca aqui é que essas concepções, forjadas na ESG a partir de sua criação em 1949, ao associarem segurança e desenvolvimento, produziram um modelo para o desenvolvimento político e econômico do Brasil muito robusto e que até hoje nos impõe consideráveis constrangimentos burocráticos e estruturais. O modelo segurança e desenvolvimento não nasceu pronto, foi fruto de desdobramentos institucionais e de articulações entre militares e civis; de razões econômicas e razões políticas; e da combinação de razões políticas e de cultura jurídica que atribuem papel ambíguo às instituições policiais e judiciais.

Em suas análises da formação da ideologia desenvolvimentista, que buscava aprimorar a subordinação da sociedade ao Estado, Otávio Ianni (2004) destaca a ocorrência, entre 1949 e 1964, do amadurecimento de uma metamorfose na ideologia militar. Para ele, nesse período a doutrina da Defesa Nacional, propugnada com força pela ESG, foi absorvida, pós-1968, pela doutrina da segurança nacional. O principal viés doutrinário dessa ideologia é fazer crer que em torno do desenvolvimento econômico circulam conflitos e disputas pela hegemonia política da nação tanto por concorrentes externos como por interesses de opositores internos, exigindo a subordinação e o controle absoluto da sociedade. Por essa razão, a segurança não é um fim em si, mas articula-se e depende da economia e da capacidade de intervenção do Estado. A partir de então, segurança e desenvolvimento passam a ter um caráter de mútua causalidade (LIMA e BRITO, 2011). Ou seja, o que poderíamos chamar de modelo da ESG é visto pela literatura como uma estratégia de desenvolvimento que instituiu um poderoso mecanismo de reprodução de uma lógica de desenvolvimento econômico baseado numa profunda subordinação e enfraquecimento da sociedade em relação ao Estado.

Nesse processo, as instituições encarregadas de manter a ordem pública, em especial as polícias e o Judiciário, são subsumidas por tal ideologia e mobilizadas na defesa do Estado (LIMA e BRITO, 2011).

Dito de outro modo, na medida em que, nesse processo, vislumbra-se a institucionalidade da ordem e o Estado aparece como força, materializado pela instituição policial e pelo sistema de justiça criminal, percebe-se que o projeto de desenvolvimento brasileiro circunscreveu-se apenas na sua dimensão econômica. O desenvolvimento social, reforçado pela Constituição de 1988, é lembrado apenas como distribuição de renda, sem inclusão dos demais direitos de cidadania.

Ademais, a Constituição de 1988 tão somente deslocou, em seu art. 144, o conceito de segurança nacional e o substituiu pelo de segurança pública, sem, no entanto, avançar na regulamentação ou remodelagem do sistema de justiça criminal e do aparato institucional encarregado de garantir lei e ordem no País. Segurança Pública é, por sinal, uma das áreas mais afetadas pela não regulamentação do art. 23 da Constituição, que trata das atribuições concorrentes entre os entes da federação.

Sobre essa realidade, outro estudo do Fórum Brasileiro de Segurança Pública, sobre mecanismos de financiamento da segurança pública no Brasil (2012), indica que a proeminência dos Estados na elaboração, ou melhor, na implementação de políticas de segurança pública e a baixa capacidade de indução e coordenação do Governo Federal estão em muito relacionadas a esse vácuo constitucional.

De acordo com esse estudo, a ausência de regras que regulamentem as funções e o relacionamento das polícias federais e/ou estaduais produzem no Brasil um quadro de diversos ordenamentos para a solução de problemas similares de segurança e violência sem, contudo, lograrem êxito. Outro fator relevante é que, no plano legal e normativo, a existência de uma zona de sombra muito intensa em relação à definição conceitual sobre o significado de segurança e ordem abre margem para que as instituições indicadas no art. 144 da CF e as demais que integram o Sistema de Justiça brasileiro operem com alto grau de autonomia e discricionariedade (FBSP, 2012).

Paradoxalmente, não obstante esse cenário de crise aguda, a situação histórica da segurança pública inaugura uma importante inflexão a partir de 1995, quando alguns poucos governos estaduais passam a defender que a atuação das polícias deveria ser voltada para a defesa da cidadania, e não mais do Estado. Para tanto, tais governos buscaram integrar as suas polícias e priorizaram ganhos incrementais de eficiência a partir da ideia de se investir pesadamente em gestão e tecnologia.

Várias são as ações mobilizadas, com destaque para a integração de áreas de jurisdição operacional das duas polícias estaduais, a adoção de ferramentas de análise criminal e georreferenciamento, a incorporação de mecanismos de *accountability* (como a obrigatoriedade de publicação regular de estatísticas sobre crimes e mortes envolvendo a polícia), a informatização da Justiça, entre outras.

E será a partir delas que, após o final dos anos 1990 e com a criação da Secretaria Nacional de Segurança Pública (SENASP), no âmbito do Ministério da Justiça, as políticas de segurança pública no Brasil parecem ter dado uma guinada modernizante e se ampliaram.

Entre as características desta guinada, notam-se: a entrada em cena e o fortalecimento dos municípios como atores relevantes na segurança pública; o financiamento de pesquisas aplicadas e a aproximação entre as instituições encarregadas de prover segurança pública e as universidades e centros de pesquisa; bem como a introdução de novos conteúdos nos currículos dos cursos de formação policial e de guardas.

No campo do Judiciário, será em 2004, com a criação do Conselho Nacional de Justiça, que o movimento de pressão democrática iniciado pelas instituições de segurança pública começará a ganhar força e a pautar mudanças na lógica de funcionamento do sistema de justiça como um todo. Porém, as evidências empíricas ainda são poucas e recentes para se afirmar o caráter mais ou menos perene das transformações em curso.

Seja como for, como efeito dessa nova postura em relação à segurança pública, há um importante deslocamento discursivo, e a democracia, apesar de todas as resistências postas, consegue pautar debates acerca da necessidade de um modelo de ordem pública baseada na cidadania, garantia de direitos e acesso à justiça. Há uma mudança de repertório, que introduz a questão dos direitos humanos como central na esfera política. Por certo, a transformação do discurso em práticas de governo ainda enfrenta resistências consideráveis e, por vezes, até mesmo retrocessos, mas é inegável a conquista de posições políticas e institucionais.

Nesse processo, para Renato Sérgio de Lima e Jacqueline Sinhoretto (2011), essa postura estaria por valorizar os direitos civis como componente fundamental das políticas de segurança, numa inflexão no processo de construção em longa duração da cidadania no Brasil.

O problema é que há, por certo, uma ruptura com o modelo vigente, mas ela não provocou grandes transformações sociojurídicas e ainda sofre resistências e influências de outros processos sociais mais amplos. Entre eles, chama atenção o aumento da violência urbana, principalmente quando considerados o crescimento dos indicadores de crimes contra a vida exatamente no momento de redemocratização do País, a partir da década de 1980.

Segundo Angelina Peralva (2000), a redemocratização foi acompanhada da passagem da violência urbana relacionada aos crimes contra o patrimônio, cujas ocorrências haviam crescido na década de 1970, para a violência manifestada nos crimes contra a vida, sobretudo os homicídios, cujas taxas cresceram acentuadamente a partir dos anos 1980.

No processo de transição para a democracia, a Assembleia Constituinte foi um "espaço de condensação de demandas díspares de grupos de pressão" (PERALVA, 2000, p. 20), no qual os movimentos sociais foram bem-sucedidos ao incluírem direitos sociais e culturais das minorias no texto constitucional. Essa inclusão, para Peralva (2000), transformou as bases das relações sociais e o lugar de cada indivíduo na coletividade nacional, gerando descompassos entre a maneira hierarquizada como os brasileiros se viam e se definiam e o novo olhar da igualdade democrática. Novos conflitos sociais surgiram desses descompassos, desafiando as instituições democráticas que se firmavam.

Segundo Peralva (2000),

"[...] à medida que a transição democrática ocorreu sob a forma de uma ruptura progressiva com a experiência autoritária, importantes demandas relativas à reconstrução das instituições responsáveis pela ordem pública foram deixadas de lado. Sem realmente poder contar com instituições novas em terreno sensível, e já não mais dispondo dos mecanismos de regulação característicos do período autoritário, a democracia terminou abrindo amplas possibilidades para que a violência se desenvolvesse" (PERALVA, 2000, p. 20).

Se, por um lado, as instituições autoritárias responsáveis pela segurança pública já não mais respondiam ao fenômeno da violência urbana, não houve, por outro, resposta das instituições democráticas. Ainda conforme Peralva, a sociedade brasileira, por sua vez, "manifestou alto grau de tolerância e, em resposta à violência, produziu estratégias de adaptação" (PERALVA, 2000, p. 21). Essas estratégias podem ser observadas pela circulação de armas de fogo no País e também pelas adaptações no meio urbano, com a construção de espaços protegidos.

A fortificação das cidades como estratégia social frente ao aumento dos crimes violentos e do medo também é apontada por Teresa Caldeira (2000). No entanto, para essa autora, a expansão dos condomínios fechados, verdadeiros "enclaves fortificados" que modificam a paisagem urbana, vai além da proteção contra os riscos da violência. Essa expansão resulta também da recente experiência de igualdade democrática, cristalizando a segregação social e reorganizando hierarquias que pareciam ameaçadas ou perdidas com a democratização. Trata-se, assim, de um movimento de retraimento, no qual as elites desocupam o espaço público das ruas e se recolhem a espaços privados em que podem acionar mecanismos de estigmatização, controle e exclusão, justificando-os pelo medo da violência.

Nesse cenário, seria o sistema de segurança pública e justiça criminal uma das saídas democráticas possíveis para se responder à violência urbana no Brasil? Os estudos disponíveis indicam que esse sistema tem operado menos como possibilidade de constituição da sociedade democrática e mais como mecanismo de recolocação da ordem autoritária.

Até porque, mesmo com novos discursos e práticas incrementais de gestão, passados 25 anos da Constituição de 1988, as instituições policiais e de justiça criminal não experimentaram reformas significativas nas suas estruturas organizacionais e normativas. Avanços eventuais no aparato policial, conquista de maior transparência sobre o funcionamento das instituições da área e reformas na legislação penal têm se revelado insuficientes para reduzir a incidência da violência urbana, numa forte evidência da falta de coordenação e controle.

18.3. A emergência de um campo de estudos sociológicos sobre violência no Brasil[6]

Num deslocamento de olhar, as questões destacadas nos itens anteriores per-mitem uma observação de natureza metodológica e que percebe o acúmulo de reflexões acerca de como a violência foi apropriada pelo Estado brasileiro e de que modo esse movimento tem impactos na conformação de um campo de estudos sociológicos sobre violência no Brasil, que é, por exemplo, autônomo em relação aos estudos criminológicos.

Com pesquisas pioneiras que remontam ao início dos anos 1970, os alicerces desse campo epistêmico ganharam solidez no final dos anos 2000, com a institucionalização de linhas de pesquisa, o lançamento de editais temáticos nas agências oficiais de fomento e o crescimento de grupos de pesquisas nas universidades brasileiras dedicados, em maior ou menor grau, à investigação das questões associadas à violência.

Não obstante esse fato, as feições que esse campo foi assumindo são tributárias de algumas fronteiras bem delimitadas, como aquelas dedicadas pioneiramente ao estudo das prisões e de outras, ainda em formação e em meio a disputas, como no caso dos estudos sobre segurança pública. No meio do caminho, temas centrais das ciências sociais contemporâneas, como violência contra mulheres, direitos humanos, discriminação racial, fluxos da justiça e conflitos sociais ajudaram a guiar as pesquisas e os debates intelectuais da área.

Em termos quantitativos, nesses últimos 10 anos, o campo deixa de ser perifé-

---

[6]. Este item baseia-se, fortemente, em texto intitulado "A influência da trajetória intelectual de Sérgio Adorno nos estudos sobre violência no Brasil", submetido para publicação em 2012.

rico na produção da pós-graduação brasileira para se tornar prioridade em estudos de várias disciplinas e áreas. Segundo levantamento no banco de teses e dissertações da Capes, havia em 2006 mais de 8 mil trabalhos ligados à área, sendo que as ciências sociais contribuíam, junto ao direito, com as maiores parcelas de textos desse acervo (LIMA, 2011). E essa produção não se resume apenas à produção de teses e dissertações: ainda segundo o levantamento citado, existiam, em 2006, 255 Grupos de Pesquisas registrados no CNPq ligados à área, número quase sete vezes superior ao existente em 2000, que somava 41 grupos, segundo Roberto Kant de Lima, Michel Misse e Ana Paula Mendes Miranda (2000).

No que diz respeito especificamente às ciências sociais, contudo, se é possível pensar em um campo já em estágio avançado de formação, também é necessário pensar que algumas de suas marcas seriam a forte disputa de posições, o dinamismo dela derivado e a pluralidade de abordagens, tradições teóricas e perspectivas metodológicas adotadas. Evidência de tais fatos, não à toa, a própria nomeação do campo é controversa e variável, reconhecendo-se a existência de uma grande zona de incertezas na definição dos seus principais territórios explicativos.

As revisões da literatura disponível não se preocupam especificamente em de-

limitar as fronteiras e divisas do conhecimento científico e os seus esforços buscam identificar e mapear a produção existente, que já acumula um elevado número de obras (ADORNO, 1993; KANT DE LIMA, MISSE e MIRANDA, 2000; ZALUAR, 1999; BARREIRA e ADORNO, 2010)[7].

Mais recentemente, alguns autores, como Francisco Vasconcelos (2009; 2011), têm iniciado reflexões sobre as origens de uma das vertentes desse campo – a sociologia da violência – no Brasil e o seu impacto na universidade e nas políticas públicas. Esse autor (2011) vai demonstrar como as produções carioca, mineira e paulista sobre violência vão se "especializar" em torno de uma "tríade" de objetos: prisão e justiça criminal; polícia e sua relação com a percepção do aumento da criminalidade urbana; movimento da criminalidade e espaços urbanos. Para Vasconcelos, mesmo com ênfases diferentes, as várias perspectivas regionais acabam por recolocar uma questão que, a nosso ver, vai marcar o campo; qual seja, a que vai refletir sobre "os desafios trazidos pela violência do Estado e da sociedade para os contornos da democracia brasileira" (2011).

Nesse processo, é significativo perceber que as pesquisas reconhecidas pelo

---

[7.] O texto de Adorno (1993) localiza 264 referências que cobrem o período de 1972 a 1993. Kant de Lima, Misse e Miranda (2000) indicam 1.040 obras. O texto de Zaluar (1999) relaciona 224 obras e, por fim, o de Barreira e Adorno (2010) identifica 1.374 e relaciona 345 referências bibliográficas.

campo como pioneiras têm num grupo reduzido de pesquisadores o seu núcleo irradiador e que, portanto, idiossincrasias e perfis individuais de atuação têm, tanto quanto as questões políticas e institucionais, forte impacto nos processos de delimitação de fronteiras e territórios explicativos que giram em torno da temática da segurança pública (LIMA e RATTON, 2011). Temática que, no Brasil, ganhou força nas ciências sociais e matizou a recepção das matrizes e influências internacionais associadas aos estudos criminológicos e/ou sobre justiça criminal, tradicionalmente mais acionadas pelo direito penal. Assim, a conformação desse novo campo de estudos está sujeita a uma miríade de características pessoais e de fatores políticos e institucionais que, no limite, estabelecem uma forte correlação entre programas acadêmicos e políticas públicas.

As pesquisas oriundas das ciências sociais estariam conformando o que José Vicente Tavares dos Santos intitula como um campo de estudos sobre "segurança pública e sociedade", muito em função da capacidade desses últimos serem assumidos como insumos ao planejamento de ações governamentais.

Em termos de conteúdo, como já pudemos observar nos itens anteriores, a preocupação com direitos humanos e democracia deu o tom de como os temas associados foram sendo institucionalmente absorvidos na arena pública nos últimos 10, 15 anos, mas foi por meio da questão do crescimento da violência urbana nos anos 1990 e das políticas de segurança pública dele derivadas que se viabilizou a aliança de interesses sociais e corporativos que culminaram com a atual configuração do campo de estudos sobre segurança pública. As pesquisas sobre violência urbana e democracia passaram, pouco a pouco, a refletir sobre como essa violência podia ser associada à forma de organização e às respostas do Estado brasileiro a um fenômeno social complexo e multifacetado.

Aceita essa tese, a questão que surge é sobre como podemos compreender tais movimentos. Em termos institucionais, é possível associar esse cenário ao efeito combinado de políticas de indução democrática levadas a cabo pela Fundação Ford, de um lado, e pela Secretaria Nacional de Segurança Pública – Senasp, por outro[8].

No caso da Fundação Ford, que completou 50 anos no Brasil em 2012, muito se pode discutir sobre o papel que ela exerceu para o processo de retomada da democracia brasileira e/ou sobre as influências que exerce ao padrão de desenvolvimento do País. Contudo, no caso da segurança pública, Lima (s/data) defende a ideia de que foi por meio dos apoios da Fundação

---

[8]. É verdade que também não podemos desconsiderar a contribuição da Secretaria de Direitos Humanos da Presidência da República (SDH).

que conseguimos alcançar um conjunto significativo de *stakeholders* mobilizado para o tema da segurança pública e direitos humanos.

A Fundação Ford foi a responsável pelos apoios estruturantes e iniciais de praticamente todos os centros de pesquisa especializada, sejam eles acadêmicos ou não, incluindo o aporte inicial que deu origem ao Núcleo de Estudos da Violência da Universidade de São Paulo (NEV/USP) e/ou aos primeiros cursos universitários dedicados a policiais ministrados pelo Núcleo Fluminense de Estudos e Pesquisa da Universidade Federal Fluminense (NUFEP/UFF). Mais recentemente, a Fundação Ford contribui para o fortalecimento do CESEC/UCAM e/ou do Fórum Brasileiro de Segurança Pública. Foi graças a esses apoios que pesquisas puderam e podem ser produzidas, intercâmbios estabelecidos e pesquisadores puderam se dedicar ao tema.

Por fim, uma lembrança fundamental é o apoio da Fundação Ford para a tradução e publicação, pelo NEV/USP e pela Edusp, da coleção "Polícia e Sociedade", com vários livros clássicos sobre polícia e policiamento no eixo Europa–América do Norte. Essa coleção supriu uma carência de bibliografia disponível em língua portuguesa e pode ser vista como um divisor de águas e como subsídio básico dos vários cursos que foram sendo criados nos últimos anos.

Como destacado anteriormente, após o ano 2000, a criação da Secretaria Nacional de Segurança Pública (Senasp) é um momento-chave. Foi por meio desta secretaria que as propostas formuladas no ambiente acadêmico das ciências sociais foram sendo assumidas e ressignificadas pelo Estado. A Senasp foi, direta ou indiretamente, a responsável pela entrada em cena e pelo fortalecimento dos municípios como atores relevantes na segurança pública, ao incluí-los como passíveis de serem beneficiados com recursos do Fundo Nacional de Segurança Pública. Da mesma forma, foi pioneira, ao firmar, em 2004, parceria com a ANPOCS para financiar amplo edital de pesquisas aplicadas e aproximar organicamente o universo das instituições encarregadas de prover segurança pública das universidades e centros de pesquisa. Foi também por meio da secretaria que os conteúdos dos currículos dos cursos de formação policial e de guardas foram discutidos e a universidade chamada a oferecer cursos regulares na área.

Diante desse cenário, o fortalecimento de agências e associações de coordenação, pesquisa e avaliação, como Capes, CNPq, FAPESP, ANPOCS, SBS, entre outras deixa de ser uma mera formalidade burocrática. Tal movimento reduz o espaço de projetos individuais e, não sem tensões, estabelece um padrão de trabalho em rede que ainda não foi completamente absorvido pela universidade brasileira, em especial pelas ciências humanas e pelo direito. O exemplo mais atual desse movimento é o programa dos Institutos Nacionais de Ciência e Tecnologia (INCT), do CNPq e com parcerias de diversas outras agências de fomento nacionais e estaduais. Os INCTs buscam reunir grupos de pesquisa consolidados em torno de um grande e comum programa de trabalho e são uma aposta integradora de esforços, mas ainda esbarram em não poucas limitações burocráticas e financeiras para a persecução de seus objetivos[9].

Em conclusão, os estudos sobre violência no Brasil configuram um robusto programa de pesquisas, que pode ser assumido como um rico microcosmo da produção acadêmica nas ciências sociais no Brasil. Por certo, vários nomes contribuem para as atuais configurações do campo de estudos sobre segurança pública e sociedade, mas, ao redigir este texto, frisamos nossa intenção de destacar características e, com isso, contribuir para uma história das ideias que circulam e

dão sentido às principais pautas da agenda contemporânea.

Feita esta trajetória, um ponto surge com força: há, no Brasil, um forte hiato entre a produção sociológica sobre "violência" gerada em torno do campo de estudos sobre "segurança pública e sociedade" e a produção do que se tradicionalmente considera como "sociologia jurídica", em muito pautada pelos aspectos filosóficos e normativos do sistema de justiça criminal. São dois mundos apartados e que, no limite, prejudicam a compreensão, por ambas as tradições, dos fenômenos sociais, políticos, institucionais e culturais associados ao funcionamento das instituições de Estado encarregadas de mediar e fazer frente à violência no País. Faz-se, portanto, mais do que necessário um programa acadêmico e intelectual que marque divisas, mas (re)estabeleça pontes entre esses dois universos; entre as ciências sociais e o direito.

Bibliografia

ADORNO, S. A criminalidade urbana violenta no Brasil: um recorte temático. *Boletim Bibliográfico e Informativo em Ciências Sociais*, São Paulo, v. 35, p. 3-24, 1993.

ARENDT, H. *Sobre a violência*. Rio de Janeiro: Relume-Dumará, 1994.

BARREIRA, C.; ADORNO, S. A violência na SOCIEDADE brasileira. In: MARTINS, Carlos Benedito; MARTINS, Heloisa Helena T. de Souza (Org.). *Horizontes das Ciências Sociais no Brasil*. São Paulo: Barcarolla, 2010. v. 1, p. 303-374.

CALDEIRA, T. P. R. *Cidade de muros*: crime, segregação e cidadania em São Paulo. São Paulo: Edusp, Editora 34, 2000.

---

[9]. Há dois INCTs diretamente vinculados ao campo de estudos sobre "segurança pública e sociedade", sendo um deles liderado por Sérgio Adorno (USP) e o outro por Roberto Kant de Lima (UFF). Há ainda dois outros INCTs que possuem, em seus programas, projetos que os vinculam à temática, mas que não são diretamente dedicados a estudos que poderiam inseri-los entre os do campo mencionado (CEM/CEBRAP e OM/UFRJ).

Manual de Sociologia Jurídica

CARDOSO DE OLIVEIRA, L. R. Existe violência sem agressão moral? *Revista Brasileira de Ciências Sociais*, v. 23, n. 67, jun. 2008. Disponível em: <http://www.scielo.br/pdf/rbcsoc/v23n67/10.pdf>. Acesso em: 14 ago. 2012.

DURKHEIM, É. *O suicídio*: estudo sociológico. Lisboa: Editorial Presença, 1996.

FÓRUM BRASILEIRO DE SEGURANÇA PÚBLICA (FBSP)e ESCOLA DE ARTES, CIÊNCIAS E HUMANIDADES DA UNIVERSIDADE DE SÃO PAULO. *Finanças públicas e o papel dos municípios na segurança pública*. Relatório de Pesquisa para o CNPq. São Paulo, 2012 (não publicado).

FÓRUM BRASILEIRO DE SEGURANÇA PÚBLICA (FBSP) e ESCRITÓRIO DE ADVOGADOS RUBENS NAVES, SANTOS JR. E HESCKET. *Estudo sobre os conceitos de ordem e segurança públicas na legislação, jurisprudência e doutrina brasileiras*. São Paulo. FBSP, 2010.

FÓRUM BRASILEIRO DE SEGURANÇA PÚBLICA (FBSP). *Anuário Brasileiro de Segurança Pública*. São Paulo, FBSP (vários anos).

GARAPON, A. *O juiz e a democracia*: o guardião das promessas. Rio de Janeiro: Revan, 1999.

IANNI, O. *Pensamento social no Brasil*. Bauru: Edusc: ANPOCS, 2004.

KANT DE LIMA, R.; MISSE, M.; MIRANDA, A. P. M. Violência, criminalidade, segurança pública e justiça criminal no Brasil: uma bibliografia. *Revista Brasileira de Informação Bibliográfica em Ciências Sociais*, Rio de Janeiro, v. 50, p. 45-123, 2000.

LIMA, R. S. *Entre palavras e números*: violência, democracia e segurança pública no Brasil. São Paulo: Alameda Editorial, 2011. 308 p.

LIMA, R. *A influência da trajetória intelectual de Sérgio Adorno nos estudos sobre violência no Brasil*, 2012 (no prelo).

LIMA, R. S.; BRITO, D. C. Segurança pública e desenvolvimento: da defesa do Estado à defesa da cidadania. In: BARREIRA, César; SÁ, Leonardo; AQUINO, Jania Perla de (Org.). *Violência e dilemas civilizatórios*: as práticas de punição e extermínio. Fortaleza: Pontes, 2011, v. 1, p. 203-220.

LIMA, R. S.; RATTON, J. L. A. (Org.). *As ciências sociais e os pioneiros nos estudos sobre crime, violência e direitos humanos no Brasil*. São Paulo: FBSP/ANPOCS/Urbania, 2011. 304 p.

LIMA, R. S.; SINHORETTO, J. *Qualidade da democracia e polícias no Brasil*. In: Lima, R. S. *Entre palavras e números*: violência, democracia e segurança pública no Brasil. São Paulo: Alameda Editorial, 2011. 308 p.

MICHAUD, Y. *A violência*. São Paulo: Ática, 1989.

MISSE, M. *Crime e violência no Brasil contemporâneo*. Estudos de sociologia do crime e da violência urbana. 2. ed. Rio de Janeiro: Lumen Juris, 2011.

PERALVA, A. *Violência e democracia*: o paradoxo brasileiro. São Paulo: Paz e Terra, 2000.

PORTO, M. S. G. *Sociologia da violência*: do conceito às representações sociais. Brasília: Verbana, 2010.

SINHORETTO, J. Campo estatal de administração de conflitos: múltiplas intensidades de justiça. *Anuário Antropológico*, v. 2009, p. 109-123, 2010.

SPAGNOL, A. S. Jovens delinquentes paulistanos. *Tempo social*, v. 17, n. 2, maio 2005. Disponível em: <http://www.scielo.br/pdf/ts/v17n2/a12v17n2.pdf>. Acesso em: 14 ago. 2012.

VASCONCELOS, F. T. R. *Violência e academia*: a construção político-institucional do Núcleo de Estudos da Violência (NEV/USP). Dissertação de Mestrado apresentada junto ao Departamento de Sociologia da UFC. 2009.

VASCONCELOS, F. T. R. A polícia à luz da sociologia da violência: "policiólogos" entre a crítica e a intervenção. *Revista Brasileira de Segurança Pública*, ano 5, p. 72-87, 2011.

WAISELFISZ, J. J. *Mapa da Violência 2012*: os novos padrões da violência homicida no Brasil. São Paulo: Instituto Sangari. Disponível em: <http://www.mapadaviolencia.org.br/pdf2012/mapa2012_web.pdf>. Acesso: 14 ago. 2012.

WEBER, M. A política como vocação. In: *Ciência e política*: duas vocações. São Paulo: Cultrix, 1999.

WEBER, M. Os três tipos puros de dominação legítima. In: *Metodologia das ciências sociais*. Parte 2. São Paulo: Cortez; Campinas: Editora da Universidade Estadual de Campinas, 1995.

WIEVIORKA, M. O novo paradigma da violência. *Tempo Social*, v. 9, n. 1, maio 1997. Disponível em: <http://www.scielo.br/pdf/ts/v9n1/v09n1a02.pdf>. Acesso em: 14 ago. 2012.

ZALUAR, A. Violência e crime. In: MICELI, Sérgio (Org.). *O que ler na ciência social brasileira (1970-1995)*. São Paulo: Sumaré/ANPOCS, 1999. v. 1, p. 15-107.

O Direito Penal é Capaz de Conter a Violência?

Marta Rodriguez de Assis Machado
Maíra Rocha Machado

A pergunta proposta pelos organizadores deste manual, título deste capítulo, poderia nos remeter a discussões longas e talvez intermináveis que percorrem muitos campos do conhecimento. Dependendo do caminho que seguirmos e da ideia de violência com a qual trabalhemos, podemos ser levados a questionar a possibilidade mesma de se exercer qualquer tipo de controle sobre ela[1]. Mas podemos ao menos assumir como ponto de partida o fato de que a humanidade, nos mais diversos períodos e das mais diversas formas, vem desenvolvendo mecanismos com esses fins e que esse é um dos fundamentos que legitima o direito moderno. Mais especificamente, pode-se dizer que o monopólio da violência pelo Estado – que a exerce por meio ora da guerra, ora da pena – está nas origens do direito penal moderno e isso pode ajudar a compreender por que

---

[1]. Pensamos aqui numa concepção de violência que se opõe à razão, que está, por exemplo, na base dos estudos de George Bataille sobre o erotismo. Aqui, qualquer tipo de proibição ou tabu é o que estimula o desejo de violência: "[...] tabus fundados no medo não existem apenas para serem obedecidos. Há sempre o outro lado da questão. Sempre há a tentação de quebrar uma barreira; a ação proibida assume um significado que não tinha antes de o medo construir uma distância entre ela e nós e investir nela uma aura de excitação. 'Não há nada', escreve Sade, 'que pode colocar limites à licenciosidade... A melhor maneira de ampliar e multiplicar o desejo é tentar limitá-lo'. Nada pode conter a licenciosidade... ou melhor, falando de modo geral, não há nada que possa conter a violência" (tradução livre das autoras). BATAILLE, G. *Eroticism*. London: Penguin, 2012, p. 48 (originalmente publicado em francês em 1957).

invariavelmente essa questão é levantada quando se discute o papel do direito penal na sociedade.

Para levar adiante uma reflexão sobre o direito penal, entendemos ser preciso nos reportar a pelo menos dois tipos de problemas e, portanto, de possíveis respostas à pergunta-título deste capítulo.

O primeiro deles diz respeito aos objetivos que o próprio direito penal enuncia e atribui a si por meio das teorias da pena (retribuição, dissuasão, reabilitação e prevenção geral positiva). Essa perspectiva tem ocupado enorme espaço no debate acadêmico, tanto no campo teórico-dogmático quanto no empírico. A esta questão dedicaremos o item 18.2 deste texto, organizado em função da pergunta "a pena é capaz de conter a violência?". Como veremos, tanto a produção de teor normativo que elabora sobre as funções do direito penal quanto os estudos que buscam testar a eficácia desse sistema dificilmente abrem espaço para o questionamento sobre a própria centralidade do direito – e mais especificamente do direito penal e da pena – como mecanismo de contenção de condutas violentas e/ou indesejadas. Em outras palavras, ao limitarmos o debate aos objetivos declarados e à possibilidade de alcançá-los, podemos perder de vista a questão que hoje nos parece fundamental: os instrumentos que vêm sendo utilizados pelo direito penal para evitar

comportamentos indesejados ou conter a violência seriam os mais adequados?

Este movimento amplia e modifica substancialmente o conjunto de problemas ao qual a pergunta-título deste capítulo nos remete. Colocar a questão nesses outros termos significa considerar as consequências que a centralidade do direito penal e da pena têm produzido na construção de políticas públicas, bem como as implicações e custos sociais do próprio funcionamento do sistema de justiça. É o que buscaremos apresentar em seguida respondendo à pergunta "o direito penal é capaz de conter sua própria violência?" (item 18.3). Antes de iniciarmos esse percurso, explicitaremos os principais conceitos que organizam e norteiam a reflexão proposta aqui (item 18.1).

19.1. A construção da categoria *crime* (ou o direito penal em ação)

O direito penal regula condutas por meio da categoria *crime*. É por meio da definição de determinado fato como crime que os instrumentos que estão à disposição dos atores do sistema de justiça podem ser acionados. O funcionamento do direito penal envolve, portanto, de um lado, a construção da própria categoria crime – e, por consequência, de "autor de crime", entre várias outras –; e, de outro, a escolha de consequências jurídicas para essa definição.

Ao pensarmos os conceitos jurídicos como resultado de um longo processo decisório que envolve vários atores sociais, ampliamos nossa capacidade de observação e análise dos fenômenos jurídicos. Nessa perspectiva, a definição de crime é percebida como resultado de um processo de atribuição e construção de sentido que pode variar – e de fato varia – ao longo do tempo, em diferentes sociedades, contextos etc. Ao nos posicionarmos dessa forma perante o crime, buscamos evitar todo tipo de cristalização dessa categoria, isto é, de atribuição de características, formas e conteúdos fixos, permanentes ou "essenciais". Por exemplo, é muito forte no senso comum a associação entre crime e violência. No entanto, quando olhamos para os comportamentos problemáticos selecionados pelo legislador, muitos deles não descrevem situações que envolvem uma ação humana capaz de causar a outra pessoa uma lesão física, psíquica, emocional ou moral, como imediatamente vem à cabeça quando falamos de crime[2].

Por isso, para pensar a noção de crime sociologicamente é preciso assumir que nem todo crime é violento e que nem toda violência será considerada crime. Para compreender como essa relação se estabelece, é preciso atentar para o processo de definição dessa categoria e compreender sua dinâmica, seus elementos, bem como as instituições e os atores que participam de sua construção.

---

[2]. Aliás, o direito penal – muitas vezes e cada vez mais – descreve condutas que não são propriamente ações, que não são necessariamente intencionais, que não envolvem vítimas concretas, que não são lesivas e que muitas vezes sequer são perigosas. Isso acontece notadamente em áreas que tradicionalmente não eram foco de atuação do direito penal, mas que vêm sendo cada vez mais intensamente reguladas por ele. São exemplos disso os crimes ambientais, os crimes financeiros e econômicos, os crimes contra a saúde pública, contra as relações de consumo etc. Nesses campos, na maior parte das vezes, está-se diante de proibições que não têm o escopo direto de conter condutas lesivas a vítimas concretas, mas visam gerir um *standard* seguro de proteção a "bens jurídicos" coletivos ou difusos. Para tanto, boa parte dos tipos penais contidos nessas novas legislações diferem da estrutura tradicional de crime, isto é, não descrevem uma ação de um indivíduo que causa uma lesão a algum bem ou valor de um outro indivíduo. Nessas novas incriminações, há cada vez mais delitos omissivos (ou seja, o direito penal pune aquele que não age para proteger a esfera de valor/bens de outra pessoa ou da coletividade); há também uma intensa associação desses crimes à modalidade negligente – então, o que se pune aqui não é a conduta daquele que pratica uma "violência" em face de outra pessoa, mas daquele que não foi diligente o suficiente para agir a tempo de evitar que uma lesão ou um perigo se concretizasse. Klaus Günther identifica na proliferação dos crimes omissivos negligentes uma verdadeira mudança paradigmática do direito penal liberal. Ver GÜNTHER, Klaus. De la vulneración de un derecho a la infracción de un deber. ¿Un 'cambio de paradigma' en el derecho penal? In: INSTITUTO DE CIENCIAS CRIMINALES DE FRANKFURT (Ed.). *La insostenible situación del derecho penal*. Granada: Editorial Comares, 2000, p. 503. Além disso, o direito penal antecipa sua intervenção para criminalizar condutas que antes eram consideradas apenas preparatórias para uma conduta propriamente "criminosa"; ou condutas que antecedem a eventual progressão que levaria a uma lesão; ou simplesmente condutas que são individualmente inofensivas, mas que, se praticadas por um grande número de pessoas, aí sim poderiam gerar efeitos lesivos ou perigosos. Na dogmática do direito penal, chamamos isso de crimes de mera conduta, isto é, crimes que demandam, para se consumarem, a simples execução de uma ação que é pensada pelo legislador, por diferentes razões, como indesejada ou em tese perigosa, e que para caracterizarem o crime não precisam ter resultado concretamente em lesão ou perigo. Para uma análise mais aprofundada dessas tendências, ver: MACHADO, Marta Rodriguez de Assis. *Sociedade do risco e direito penal*: uma avaliação de novas tendências político-criminais. São Paulo: IBCCRIM, 2005.

É comum pensarmos que definir algo como crime é discutir uma lei que criminalize ou descriminalize uma determinada conduta. De fato, essa disputa fica mais visível no âmbito do poder legislativo. É possível identificar movimentos na esfera pública que discutem a possibilidade de deixar de tratar determinadas questões com a categoria crime e com o aparato conceitual e institucional do direito criminal – por exemplo, as discussões em torno do aborto e do uso de entorpecentes. Contudo, há demandas exatamente no sentido contrário – no sentido da criminalização, como ocorre no caso da homofobia[3].

No entanto, a criminalização ou não de uma determinada conduta constitui tão somente um dos componentes da engrenagem de categorias jurídicas que participam do que Álvaro Pires denominou processo de transformação de um fato qualquer em crime[4]. Além das normas de comportamento (que criminalizam ou não condutas), as normas de sanção e de processo, bem como uma série de outras normas que dizem respeito à seleção dos casos que poderão ser submetidos ao processo penal, também integram a disputa pela atribuição de sentido. Pensemos, por exemplo, sobre o debate em torno do foro especial (competência para julgar crimes cometidos por funcionários públicos), da idade mínima para a imputabilidade penal, entre vários outros.

Ao observarmos as disputas que ocorrem na esfera pública ao redor de todos esses temas, percebemos que o processo legislativo constitui *uma* etapa de formalização – fundamental no Estado de Direito –, mas que não esgota, e sequer resume este processo de atribuição de sentido. Ademais, mesmo após a conclusão do processo legislativo, com a entrada em vigor de uma determinada norma, é possível dizer que as disputas pela atribuição de sentido permanecem durante a atuação do sistema de justiça – ou de "aplicação" da lei penal.

Assim, a definição de crime é disputada também ao longo do processo penal, um procedimento regulado em lei que se inicia assim que a notícia de ocorrência de um fato – que a princípio pode se encaixar em um tipo penal – é recebida por um dos atores do sistema de justiça criminal. Da lavratura de um boletim de ocorrência até a sentença condenatória irrecorrível[5], uma série

---

[3]. Referimo-nos ao Projeto de Lei da Câmara dos Deputados n. 122, de 2006, que criminaliza a homofobia. Foi proposto e aprovado pela Câmara em 2006 e ainda aguarda votação no Senado. Sobre a utilização do direito penal na luta por reconhecimento, cite-se um texto de intervenção na esfera pública, ainda atual: MACHADO, Marta; RODRIGUEZ, José Rodrigo. Qual a língua da liberdade? *Folha de S. Paulo*, Tendências e Debates, 25 de agosto de 2007.

[4]. Para uma descrição do processo de *mise en forme* penal, ver PIRES, Álvaro P. Consideraciones preliminares para una teoría del crimen como objeto paradojal. *Revista Ultima Ratio*, ano 1, n. 0, p. 213-255, 2006.

[5]. É importante registrar que nem todos os casos que percorrem o sistema de justiça criminal têm início com a atuação da autoridade policial. Especialmente nos setores em que

de instituições e atores são postos em movimento e desenvolvem estratégias de atuação sob as regras do processo penal. É no âmbito desse debate regulamentado que são discutidas e concretizadas as regras de definição de determinado fato como crime, bem como as regras de imputação de responsabilidade a uma pessoa[6]. E, por fim, dá-se a determinação das consequências jurídicas que podem se seguir a esta operação de atribuição de responsabilidade, que denominamos *imputação*[7].

O juiz – sempre ouvindo as partes e os *experts*, bem como considerando as provas – deverá interpretar a lei e os requisitos para que uma determinada conduta seja considerada crime. Isso envolve reconstruir esses critérios, que estão espalhados pelo sistema de justiça – além do que está descrito na lei, há também a elaboração jurisprudencial e doutrinária (teoria do delito[8]) –, bem como articular tudo isso aos elementos do caso concreto.

Todos os casos envolvem um espaço para interpretação e para argumentação em muitos sentidos: se o fato ocorreu ou não; se o fato tem todos os elementos e pode se encaixar na descrição do tipo penal; se o eventual resultado lesivo decorreu da conduta ou se relaciona causalmente com outro evento; quem agiu e em que medida; se os pretensos autores eram capazes segundo o direito; se agiram ou não em situação permitida pelo direito (por exemplo, em legítima defesa ou estado de necessidade); se nas condições em que agiram poderiam ter feito diferente; e assim por diante. A discussão de todas essas questões está condicionada ao que se con-

---

há duplicidade de regulamentação jurídica (penal e administrativa), a primeira fase de coletas de dados e informações referentes à violação da norma (penal, inclusive) pode ocorrer em outros órgãos governamentais e ser encaminhada diretamente ao Ministério Público. É necessário registrar também que nem toda sentença penal condenatória transitada em julgado é definitiva, pois o Código de Processo Penal prevê a possibilidade de revisão dessas decisões em casos muito específicos (arts. 621 a 631).

6. No direito penal brasileiro, trata-se, na maior parte dos casos, de uma pessoa física. As exceções ficam por conta da responsabilização penal da pessoa jurídica prevista para os crimes ambientais. Esta questão foi analisada em profundidade por uma das autoras deste texto: MACHADO, Marta (Coord.). *Responsabilidade penal das pessoas jurídicas.* Brasília: Secretaria de Assuntos Legislativos do Ministério da Justiça do Brasil, 2009. v. 18.

7. Na realidade, o processo de definição e atribuição das consequências jurídicas da imputação de responsabilidade alcança uma decisão na sentença. É possível dizer que a sentença condenatória constitui uma *decisão inicial* sobre a sanção. Inicial, porque nosso sistema, norteado pela "progressão de regime", exige sucessivas revisões da decisão sobre a sanção fixada na sentença condenatória. Sobre este processo de *gestão da sanção* no sistema de justiça, ver: FERREIRA, Carolina; MACHADO, Maíra. Exclusão social como prestação do sistema de justiça: um retrato da produção legislativa atenta ao problema carcerário no Brasil. In: RODRIGUEZ, J. R. (Org.). *Pensar o Brasil:* problemas nacionais à luz do direito. São Paulo: Saraiva, 2012.

8. No campo da teoria penal, a noção de crime é dada pelo que se costumou chamar de teoria do delito. A dogmática do campo penal se constitui nos países de tradição romano-germânica (e especialmente por influência da teoria alemã) sob a forma de um conjunto de conceitos que, articulados, permitem que se descrevam as características da "conduta criminosa". Diversos autores e escolas se sucederam na definição das categorias do crime, e esse é, como dissemos, um debate em aberto, sujeito a redefinições pela teoria e pelos próprios atores do sistema.

seguiu provar validamente durante o processo, ou seja, a um patamar razoável de certeza de acordo com as normas processuais estabelecidas – e, é claro, até os parâmetros de razoabilidade podem ser objeto de discussão[9].

Para que fique mais concreta a complexidade do processo de construção do crime, pensemos na seguinte situação: é possível afirmar, no dia seguinte ao fato, diante da primeira manchete de jornal, que o sujeito que acertou um tiro na cabeça de outro cometeu o crime de homicídio? Não! Esse fato pode, com certeza, vir a ser declarado crime quando se obtiver uma sentença penal condenatória transitada em julgado, isto é, em relação à qual não caiba mais recurso[10]. Antes disso, não se pode falar nem em crime, nem em autor de crime. Se o autor do disparo for menor de 18 anos, por exemplo, não terá cometido um crime, mas um ato infracional, sujeito a um programa normativo distinto do Código Penal (o Estatuto da Criança e do Adolescente). Se o sujeito tiver apenas reagido a uma agressão prévia e não tinha outro jeito de se defender naquele momento, terá agido em legítima defesa, uma conduta lícita, aceita pelo direto, que não che-

gará a ser declarada crime. O autor do disparo pode, ainda, ser reconhecido como inimputável em função de motivos e diagnósticos que também podem ser objeto de disputa no decorrer do processo. Nesse caso, teria praticado um ato típico, antijurídico, porém não seria possível afirmar sua culpabilidade. Enfim, há uma série de questões a serem levantadas e cada uma dessas circunstâncias está sujeita a várias interpretações, patamares probatórios e formas de articulação no âmbito da argumentação jurídica. Por exemplo, há diferentes formas de se definir e de se provar uma situação de legítima defesa. Há diferentes formas de se definir e de se provar o que é capacidade jurídica; nesse ponto, o processo penal traz para dentro do debate jurídico também o saber médico, o que amplia exponencialmente o conjunto de soluções possíveis. O que queremos reforçar aqui é a gama de questões que estão em jogo quando observamos o processo em que se decide se um crime aconteceu ou não. Há um espaço considerável de disputa e de possibilidades de se alcançar soluções distintas em um exemplo que, a princípio, poderíamos chamar de "fácil".

A discussão fica ainda mais interessante quando nos aproximamos de casos nos quais o rendimento das definições e a relativa segurança que elas proporcionam tornam-se muito baixos. Por exemplo, o lutador de MMA (*Mixed Martial*

---

9. Inclusive, como vimos, as próprias normas de processo têm certa mobilidade e são elas próprias passíveis de serem reinterpretadas, por exemplo, quando o Tribunal decide redefinir os critérios de aceitação de uma prova.

10. Decisão que tampouco é definitiva em função da possibilidade de revisão criminal, como explicamos anteriormente.

Arts) que golpeia seu adversário poderia ser acusado de lesão corporal? E o médico que corta a barriga de sua paciente para executar uma cirurgia? Argumentações jurídicas que considerassem essas condutas como passíveis de serem consideradas lesões corporais poderiam ser percebidas como em total desconexão com as práticas sociais e culturais de uma determinada sociedade. E, em função disso, poderíamos dizer que tanto o lutador de MMA como o médico podem exercer suas profissões com alguma segurança de que não serão acusados de violar uma norma penal.

O que fica claro nesses casos é que os limites dos conceitos jurídicos não são objetivos. Não são certos, são disputáveis, ainda que dentro de certos limites. A rede de conceitos dogmáticos funciona muito mais como o juiz que fixa as regras do jogo (argumentativo) do que como o oráculo que nos dá respostas (ainda que em alguns casos se queira fazê-la parecer com o oráculo). Exemplos limítrofes como esses apenas tornam mais visível o fato de que a classificação do problema em termos de teoria do delito envolve uma disputa que se refere a um determinado acordo social que foi (provisoriamente) alcançado sobre o que é lícito ou ilícito e sobre o que é crime ou não. O que estamos aqui ressaltando é que essa disputa está presente não só no momento em que se discute no âmbito do processo legislativo criminalizar ou não criminalizar uma conduta, mas também no curso do processo penal[11].

Ou seja, embora esse processo seja formalizado, ele não cristaliza, a princípio, a resposta[12]. A possibilidade de reinterpretar as normas aplicáveis e mudar a solução está sempre presente[13]. É por isso que apontar um fato como crime ou alguém como criminoso antes mesmo que este processo esteja terminado é um equívoco do ponto de vista do sistema jurídico. Além disso, mesmo diante desse fato (jurídico) que faz nascer a declaração (jurídica) de que um crime aconteceu, não levar em

---

[11]. Essa discussão aparece no campo da teoria do direito penal por intermédio de Claus Roxin, que defende a necessidade de abrir o sistema da teoria do delito à política criminal e integrá-la ao processo jurisdicional. Seu texto inaugural e de ruptura dentro do campo da dogmática penal alemã é de 1970 e foi traduzido para o português: ROXIN, Claus. *Política criminal e sistema jurídico-penal*. Tradução de Luís Greco. Rio de Janeiro: Renovar, 2002.

[12]. Pelo menos a princípio, pois é evidente que determinado sistema pode chegar a ser mais estático, mas isso é apenas uma de suas condições contingentes.

[13]. Exemplo disso é a recente e controvertida decisão do Tribunal de Colônia, Alemanha, que ao julgar um processo contra um médico muçulmano entendeu que a circuncisão de menores por razões religiosas – prática tradicional tanto entre muçulmanos como entre judeus – deve ser considerada crime de lesão corporal, ainda que praticada propriamente por médico e com o consentimento dos pais. Cf. *Beschneidung von Jungen aus religiösen Gründen ist strafbar, publicado no Süddeutsche Zeitung*, disponível em: <http://www.sueddeutsche.de/panorama/urteil-des-landgerichts-koeln-beschneidung-von-jungen-aus-religioesen-gruenden-ist-strafbar-1.1393536>. Acesso em: 19 ago. 2012; e *Circumcision ruling condemned by Germany's Muslim and Jewish leaders*, no *The Guardian*, disponível em: <http://www.guardian.co.uk/world/2012/jun/27/circumcision-ruling-germany-muslim-jewish>. Acesso em: 19 ago. 2012.

consideração a complexidade e a contingência dessa declaração seria um sinal de inocência ou de má-fé. Neste ponto, é preciso ficar atento a posições que naturalizam a categoria crime e criminoso, levando em conta o processo de definição – por exemplo, discursos que se referem a "personalidades criminosas" e estudos que buscam as raízes do crime no DNA.

Em suma, a exposição realizada até agora buscou demonstrar que o crime não é um fato da natureza, sobre o qual recai a norma penal que estava ali à espreita apenas esperando que o fato acontecesse. É claro que a ocorrência do fato é o que dá início a toda essa engrenagem, mas, quando falamos em crime, tratamos de uma categoria construída por meio de um processo regulado no âmbito de uma série de instituições, em que atores predefinidos manejam um conjunto de normas, princípios, categorias teóricas, doutrina e, por meio de raciocínios que seguem uma determinada lógica – que é a lógica da argumentação jurídica –, articulam tudo isso com a discussão do caso e das suas circunstâncias concretas. Estas, por sua vez, entraram no processo por meio de um sistema específico de produção de provas[14].

É, enfim, por meio dessa dinâmica – comumente denominada produção da "verdade" (processual) –, que o processo penal tende a alcançar uma definição sobre a ocorrência de um crime e sobre seu autor.

A construção da categoria crime constitui, portanto, o próprio mecanismo do direito penal em ação. Quando esse processo não é tematizado, ou seja, quando esse processo de definição não é observado como um processo que envolve disputas, atores e instituições que se articulam de uma determinada forma e estão inscritas em circunstâncias bastante concretas, então tendemos a achar que crime é um fato do mundo, que existe por si só na natureza, como se fosse autoevidente e não sujeito a disputas. Concebê-lo dessa forma é, de nosso ponto de vista, impor um obstáculo à visualização – e, consequentemente, à problematização – de todas as questões que buscamos sistematizar no decorrer deste item.

Mas há mecanismos para evitar as implicações epistemológicas, políticas e sociais da permanência de categorias naturalizadas na esfera pública, no debate acadêmico, bem como nos processos de

---

14. Em *A verdade e as formas jurídicas*, Foucault descreve algumas formas de descoberta judiária da "verdade" que se desenvolveram historicamente até que se consolidasse o modelo do inquérito, paradigma que permanece até hoje. Este texto nos chama atenção para o fato de que nosso conhecimento (judiciário) sobre os fatos dependerão sempre do tipo de sistema de produção do conhecimento (judiciário) que se adote. Dessa forma, qualquer abordagem que naturalize o conhecimento produzido negligenciará aspectos sempre contingentes da produção do conhecimento (e evidentemente também do conhecimento judiciário sobre um fato) e suas relações com o poder. Ver: FOUCAULT, Michel. *A verdade e as formas jurídicas*. 2. ed. Rio de Janeiro: Nau Editora, 2003, p. 53-67.

O Direito Penal é Capaz de Conter a Violência?

produção legislativa, imputação de responsabilidade e sanção. Um deles, que escolhemos explicitar aqui, consiste em demonstrar que o termo "crime" descreve muito mal as situações fáticas em relação às quais podem (ou não) ser acionadas as normas e instituições que compõem o sistema de justiça criminal. Este problema foi percebido no início dos anos 1970 pelas ciências sociais, que propuseram novas expressões para designar nosso "ponto de partida". Um dos objetivos centrais dos autores que integraram esse debate era evitar "a redução de relações sociais complexas à sua possível designação jurídica"[15]. É no âmbito dos debates entre sociólogos, psicólogos, criminólogos e juristas que a expressão "situação-problema" passou a ser frequentemente utilizada para indicar um conjunto específico e relações percebidas como problemáticas ou indesejáveis por alguém. Como nos sugere Hulsman, o uso dessa expressão é uma estratégia para impor três questões ao debate: *Quem* considera essa situação problemática? O que *aconteceu*? O que *os envolvidos* querem fazer em face disso?[16].

Essas três questões acessam de maneira muito diferente as situações fáticas – pensemos novamente nos exemplos discutidos anteriormente. É interessante notar que as duas primeiras dizem respeito ao processo de definição de crime e de imputação de responsabilidade. Já a terceira questão remete-nos às possíveis consequências jurídicas que essa declaração de responsabilidade acarreta. Nesta etapa, abre-se um outro campo para disputas – teóricas e práticas, na esfera pública, no legislativo e no judiciário. Trata-se do debate sobre a pena.

A pena aflitiva – e, mais comumente, a prisão – é a forma como a maior parte dos sistemas penais ocidentais definiram como seria a consequência jurídica da declaração de que um crime aconteceu e determinada pessoa foi seu autor. Há todo um campo de conhecimento que se dedica a justificar (e defender) essa escolha: as teorias da pena. Os dois próximos itens serão dedicados a elas. Nosso fio condutor, como indicado na introdução, é a pergunta-título deste texto. Iniciamos com a exposição sobre o significado e as implicações de atribuirmos à pena a função de conter a violência nas sociedades

---

[15]. ROBERT, Philippe et al. Organiser un dialogue autour de et avec Lode Van Outrive. In: CARTUYVELS, Y.; DIGNEFFE, F.; PIRES, A.; ROBERT, P. (Org.). *Politique, police et justice au bord du futur.* Paris: L'Harmattan, 1998, p. 15.

[16]. HULSMAN, Louk. Struggles about terminology: "problematic-situation" *vs* "crime". In: CARTUYVELS, Y.; DIGNEFFE, F.; PIRES, A.; ROBERT, P. (Org.). *Politique, police et justice au bord du futur.* Paris: L'Harmattan, 1998, p. 54-55. Sobre os benefícios da utilização dessa expressão, Claude Faugeron chama atenção para o fato de que esta "noção nos reen-

via em primeiro lugar à vítima" – ou aos laços sociais concretos – "e não a um conceito abstrato de sociedade" (FAUGERON, Claude. Les situations-problèmes: théorie sociologique ou pratique criminologique? In: CARTUYVELS, Y.; DIGNEFFE, F.; PIRES, A.; ROBERT, P. (Org.). *Politique, police et justice au bord du futur.* Paris: L'Harmattan, 1998, p. 84-85).

contemporâneas (item 18.2). Este percurso nos permitirá afirmar que a imposição de uma pena é somente um dos resultados possíveis da operação do direito penal, e que essa pena pode ser o encarceramento do indivíduo declarado autor, mas não necessariamente. Embora a operação do sistema de justiça criminal esteja atualmente tão apegada à noção de prisão, ela não é a única forma de regular – e tampouco a melhor – as situações consideradas problemáticas em uma determinada sociedade. E, para concluir este texto, trataremos dos efeitos contraproducentes – para dizer assim eufemisticamente – da centralidade da pena de prisão na atualidade (item 18.3).

19.2. A pena previne a violência?

Desde sua formação no final do século XVIII, o direito criminal construiu uma forma estável e monótona de responder a problemas sociais, por meio da imposição de penas aflitivas (que causam sofrimento). Isso pode ser considerado hoje uma dessas ideias que se sedimentaram de tal maneira ao longo dos séculos até produzir um efeito de naturalização: se chegarmos à conclusão de que um crime aconteceu, segue-se *naturalmente* daí que uma pena que consiste em inflição de sofrimento será aplicada ao autor dessa conduta.

Falamos até agora do processo de definição de uma conduta como crime. Isso se dá, como vimos, pela ação de muitas e sucessivas instituições e pela interação de diversos atores do sistema político, do sistema de justiça, eventualmente do sistema médico, dos cidadãos etc. Vimos também que o debate sobre a ocorrência ou não de um crime (e sobre sua autoria) sempre exige a articulação entre muitos elementos, o que torna o processo decisório bastante complexo.

Internamente, o direito penal circunscreveu e organizou esse debate no que chamamos de teoria do delito. Aqui, são dados os elementos e as definições do que seja crime, o que simultaneamente subsidia e justifica o processo de imputação. A ideia de uma dogmática penal circunscrita a um sistema em que se articulam os elementos de definição do delito surgiu com Liszt no final do século XVIII e permanece até hoje na maior parte dos países de tradição romano-germânica como o princípio que organiza o debate teórico no campo da dogmática penal[17].

É claro que, a partir desse momento, este campo foi movido por um intenso debate em que distintas teorias e escolas de pensamento se sucederam ao longo dos séculos. É interessante notar que, por mais acirrado que tenha sido esse debate

---

[17]. A reconstrução do campo teórico da teoria do delito nesses termos foi objeto da tese de doutorado MACHADO, Marta Rodriguez de Assis. *Do delito à imputação*: a teoria da imputação de Günther Jakobs na dogmática penal contemporânea. Tese de doutorado defendida na Universidade de São Paulo em julho de 2007.

O Direito Penal é Capaz de Conter a Violência?

– que envolveu intensos confrontos sobre os pressupostos filosóficos adotados para construir o sistema de categorias –, duas características permaneceram estáveis. Primeiro, a sua organização na forma de um sistema de categorias fixas que compõem a chamada teoria do delito[18], como mencionamos acima. E, em segundo lugar, a residual tematização da pena aflitiva. Notamos que as diferentes teorias e escolas têm em comum o fato de aceitarem que, uma vez chegada à conclusão de que um dado comportamento apresenta todas as características – de acordo com as categorias da teoria adotada – do que se pode chamar de crime, seguir-se-á naturalmente uma pena no sentido da inflição de um sofrimento. Na realidade, a pena será tematizada por outro campo dos estudos sobre o sistema penal: as teorias da pena[19].

Então, se quisermos responder à pergunta que está no título deste capítulo a partir do campo das "ciências penais"[20], feitas todas as ressalvas que acabamos de expor sobre a noção de crime, teremos que olhar para o que dizem as teorias da pena. Em outras palavras, dado que estamos tratando de um universo limitado de fatos sociais – isto é, aqueles cuja definição legal envolve algum tipo de lesão a uma vítima, que foram selecionados pelas instituições penais e que no curso do processo de definição alcançaram o estágio final que seria a sentença penal condenatória transitada em julgado. Para esses casos, o que dizem as justificativas da pena sobre a sua capacidade de contenção da violência?

Essa pergunta nos remete ao conjunto de argumentos que nos últimos dois séculos foram oferecidos pelas *teorias (modernas) da pena* – retribuição, dissuasão, reabilitação e prevenção geral positiva (ou

---

[18]. Os elementos que compõem a definição de crime, seguindo o sistema da teoria do delito, são os seguintes: ação, tipicidade, antijuridicidade e culpabilidade.

[19]. Vemos que dogmática penal (ou as teorias do delito) e teorias da pena tiveram por muito tempo desenvolvimentos que podemos chamar de relativamente independentes. Discutir a função da pena não esteve entre as preocupações centrais dos autores que escreveram sobre teorias dogmáticas do delito. Pode-se dizer que esse padrão foi quebrado apenas recentemente por Roxin (em 1970) e por autores chamados de funcionalistas, como Günther Jakobs, que introduzem a pena no sistema de categorias, para guiar sua interpretação. As consequências dessa separação e os limites da discussão nos termos dos funcionalistas foi desenvolvida em MACHADO, Marta. Punishment, Guilt and Communication: the possibility of overcoming the idea of infliction of suffering in the theoretical debate. In: DUBÉ, R.; GARCIA, Margarida; MACHADO, Maíra. La rationalité pénale moderne: réflexions conceptuelles et explorations empiriques. Ottawa: Les Presses de l'Université d'Ottawa, 2012.

[20]. Referimo-nos aqui à expressão de Liszt. Em 1882, este autor propôs uma organização do campo teórico da produção do conhecimento sobre direito penal e alocou as dimensões política e empírica do sistema penal no que chamou de "ciência global do direito penal" (gesamte Strafrechtswissenschaft), composta por três eixos: (i) as ciências dedicadas ao estudo causal-empírico do delito e da pena (criminologia e penologia); (ii) a política criminal no exercício da tarefa política que se concretiza nas propostas de revisão e reforma da legislação penal; (iii) a dogmática como "ciência sistemática" e "ciência prática". É interessante notar como a organização do campo é ainda hoje persistente. Ver LISZT, F. von. *Der Zweckgedanke im Strafrecht*. In: *Strafrechtliche Aufsätze und Vorträge*. Utilizaremos a tradução para o espanhol de Carlos Pérez del Valle: LISZT, Franz von. *La idea del fin en el derecho penal*. Programa de la Universidad de Marburgo, 1882. Granada: Editorial Comares, 1995.

Manual de Sociologia Jurídica

denunciação). Essas quatro teorias, com algumas variações internas, contribuíram e ainda contribuem para justificar a atuação do direito penal como mecanismo precípuo de controle e contenção da violência nas sociedades contemporâneas[21]. Para os propósitos deste texto, a teoria da retribuição não nos interessa diretamente, uma vez que ela não coloca o problema da obtenção de efeitos futuros (como conter a violência e prevenir comportamentos). A teoria da retribuição se satisfaz, por assim dizer, "em pagar o mal com o mal", isto é, em causar sofrimento ao indivíduo que violou a lei penal.

É a partir de Beccaria que se inicia um longo debate sobre os efeitos futuros – para o condenado e a sociedade como um todo – atribuídos à imposição da pena. É interessante notar que, no âmbito das teorias da pena, a ideia de "contenção da violência" foi substancialmente ampliada de modo a alcançar a expectativa de não ocorrência de todos os problemas previs-

tos na legislação penal – isto é, prevenir ou conter inclusive aqueles que não envolvem a violência física ou psíquica entre indivíduos. Cabe ressaltar que, no direito brasileiro (e em vários outros sistemas jurídicos), o número dos problemas que não envolvem violência física ou psíquica é muito maior do que a parcela dos problemas violentos. Ao lado desse primeiro movimento de esgarçamento da "ideia de violência" para abarcar "todos os crimes", a grande difusão do termo "prevenção" provocou uma segunda ampliação no rol de finalidades atribuídas à imposição de pena. Não se trata apenas de conter ou evitar determinadas condutas, mas, como nos mostra Tonry, a noção de prevenção "facilmente engloba finalidades tradicionais como a dissuasão, a incapacitação e a reabilitação"[22]. O termo "prevenção" é também utilizado na expressão "prevenção geral positiva" que, diferentemente das anteriores, atribui à pena o papel de reforçar as normas jurídicas (ou, conforme a formulação, os valores protegidos pelas normas, as instituições do Estado de Direito, a confiança na justiça etc.). Dessa forma, é muito comum que a noção de prevenção seja utilizada para veicular diferentes teorias – e, portanto, finalidades atribuídas à pena: dissuadir a sociedade

---

[21]. Para uma análise crítica das teorias da pena, vistas como discursos racionais de sua justificação, ver GÜNTHER, Klaus. *Kritik der Strafe I.* WestEnd (2004). p. 117-131 [Tradução para o português: GÜNTHER, Klaus. *Crítica da pena I.* In: PÜSCHEL, Flavia; MACHADO, Marta R. A. *Teoria da responsabilidade no estado democrático de direito.* Textos de Klaus Günther. São Paulo: Saraiva, 2009, p. 53-75. O mais completo estudo sobre as teorias da pena encontra-se em: PIRES, Álvaro et al. *Histoire des savoirs sur le crime et la peine.* Bruxelles: Larcier, 2008. v. I, II e III. O volume II, dedicado à racionalidade penal moderna, apresenta a contribuição do pensamento kantiano para a atualização e a compatibilização da teoria da retribuição ao pensamento do século XVIII.

[22]. TONRY, Michael. Has the prison a future? In: TONRY, Michael (Ed.). *The future of imprisonment.* Oxford: Oxford University Press, 2004, p. 10.

(prevenção geral negativa), incapacitar o cidadão apenado mantendo-o na instituição prisional ou reabilitá-lo no interior da instituição (prevenção especial negativa) ou ainda punir um cidadão determinado para comunicar à sociedade que valores, instituições e normas continuam válidos (prevenção geral positiva)[23].

Ainda que tais teorias da pena pareçam se diferenciar bastante entre si – especialmente quanto aos objetivos que se colocam –, todas elas compartilham uma única definição de punição: a pena deverá sempre significar um mal para o imputado. A imposição de sofrimento por intermédio de uma privação do patrimônio (pena de multa), da liberdade (pena de prisão) ou da vida (pena de morte) constitui, assim, o elemento central do conceito de punição. Até mesmo no âmbito das teorias da reabilitação essa concepção de pena como um mal pode ser encontrada. Utilizamos o plural para fazer referência à teoria da reabilitação porque não é possí-

vel identificar uma única matriz teórica relevante a este conjunto de ideias. Entre as várias organizações possíveis, parece-nos mais interessante distingui-las em função do papel que atribuem à instituição prisional para a ressocialização do indivíduo. Dessa forma, falamos em "reabilitação prisional" para descrever as teorias que apostaram nos programas e tratamentos no interior das instituições prisionais. E "reabilitação não prisional" para aquelas que, reconhecendo os custos e os efeitos contraproducentes que a exclusão do cidadão do convívio social impõem ao seu retorno, ampliaram substancialmente o rol de sanções disponíveis no direito penal para incluir formas de suspensão condicional do processo e da pena, prestação de serviços à comunidade, advertências, mecanismos de mediação, entre outros[24]. Mas é interessante observar que a diversificação de penas não elimina necessariamente o forte apego à ideia de pena como um mal. Não é incomum encontrarmos no debate público brasileiro propostas voltadas a desenhar penas alternativas à prisão que maximizem o sofrimento do cidadão que receberá a pena[25].

---

[23]. Há diferentes vertentes dessa formulação que vê a pena como a oportunidade de produzir uma comunicação positiva na coletividade. Para citar dois autores importantes nesse debate, ver: HASSEMER, Winfried. *Einführung in die Grundlagen des Strafrechts*. 2. ed. Munique: C.H. Beck, 1990 (Tradução para o português: HASSEMER, Winfried. *Introdução aos fundamentos do direito penal*. Porto Alegre: Sergio Antonio Fabris, 2005); e JAKOBS, Günther. *Strafrecht, Allgemeiner Teil*: die Grundlagen und die Zurechnungslehre. 2. ed. Berlin: de Gruyter, 1991 (Tradução para o espanhol: JAKOBS, Günther. *Derecho penal parte general*: fundamentos y teoría de la imputación. Tradução de Joaquin C. Contreras; Jose Luis S. G. De Murillo. 2. ed. cor. Madrid: Marcial Pons, 1997).

[24]. Para um panorama sobre as teorias da reabilitação, especialmente no que diz respeito às diferenças no tocante à determinação da pena, ver: MACHADO, Maíra; PIRES, Álvaro; FERREIRA, Carolina; SCHAFFA, Pedro. *A complexidade do problema e a simplicidade da solução*: a questão das penas mínimas. Brasília: Secretaria de Assuntos Legislativos do Ministério da Justiça do Brasil, 2009. v. 17.

[25]. Um dos exemplos discutidos no Congresso Nacional de Alternativas Penais (CONEPA), realizado em Campo Gran-

Manual de Sociologia Jurídica

Ainda que formem o núcleo duro de um modo muito difundido de pensar a punição em todo o ocidente, essas teorias vêm sofrendo uma série de críticas por autores de diferentes países e tradições jurídicas. Algumas delas tocam diretamente nossa questão-título, pois colocam em evidência (i) que algumas teorias estão formuladas de uma dada maneira que escapam a qualquer teste empírico (podemos dizer isso da retribuição e da prevenção geral positiva), (ii) enquanto outras, como a dissuasão, que, sim, permitiriam algum tipo de verificação empírica, vêm sendo sistematicamente descreditadas por pesquisas desenvolvidas no campo das ciências sociais.

Autores que se dedicaram a organizar e rever sistematicamente os estudos produzidos sobre a teoria da dissuasão apontam para a inexistência de relação entre a intensidade da punição e as taxas de crimes. No início da década de 1990, Braithwaite, por exemplo, chamou atenção para o fato de que "a literatura produzida sobre a dissuasão fracassou em produzir as tão esperadas evidências de que mais polícia, mais prisões e mais punições cer-

tas e severas fazem uma diferença significativa nas taxas de crime"[26]. Vários anos depois, Doob e Webster produzem uma ampla revisão da literatura sobre o tema e concluem, de modo semelhante, que variações na severidade das sanções não guardam relação com os níveis de crime[27].

Assim, como vemos, se permanecermos no campo das teorias (modernas) da pena, teremos não só poucas ideias para lidar com a prevenção de comportamentos indesejados, como também ideias incapazes de demonstrar que alcançam os objetivos a que se propõem. E isso porque o debate sobre as consequências jurídicas da definição de um crime está, há séculos, enclausurado no debate sobre as possíveis dinâmicas de prevenção – i.e., dissuasão, reabilitação ou afirmação de valores ou normas – que podem ser extraídas ou esperadas da segregação de um indivíduo e de sua manutenção fora do convívio social.

No entanto, a exclusão social do cidadão que violou a lei penal é apenas uma entre várias formas de regular determinado conflito e atribuir consequências a ele. Ao colocarmos em questão a centralidade

---

de em 2011, foi a especificação do tipo de serviço à comunidade que deveria ser imposto a determinados tipos de infração. Para crimes decorrentes de condução perigosa ou sob efeito de álcool, a prestação de serviço à comunidade deveria ser realizada nas ambulâncias que socorrem vítimas de acidente de trânsito, por exemplo. O fundamento desse tipo de proposta é tornar a experiência da sanção a mais negativa possível.

[26] BRAITHWAITE, John; PETIT, Philip. *Not just deserts*: a republican theory of criminal justice. Oxford: Oxford University Press, 1990. p. 3.

[27] Esses autores enfatizam também que a ausência de correlação entre severidade da punição e taxas de crimes não sugere que "o sistema jurídico como um todo tenha um efeito dissuasório". DOOB, Anthony; WEBSTER, Cheryl. Sentence severity and crime: accepting the null hypothesis. *Crime and Justice* 30: 143-95, 2003, p. 143.

O Direito Penal é Capaz de Conter a Violência?

da sanção prisional no sistema de justiça criminal, surge um novo espaço para decidir as possíveis respostas estatais e, consequentemente, um novo campo de disputa para os atores que participam do sistema de justiça criminal.

Para explorar esse campo de possibilidades, parece-nos necessário tratar separadamente a *decisão sobre a imputação* (condenação ou absolvição de uma determinada pessoa pela violação de uma certa norma penal) da *decisão sobre a sanção* (definição do tipo e da quantidade de pena, se for o caso).

Para compreender como essa segunda decisão é tomada, temos novamente que observar a existência de diferentes etapas no decorrer de um procedimento do qual participam distintas instituições e atores. Ao discutir a criação de um crime, o legislador define também a qual sanção estará sujeito aquele que for declarado seu autor. No Brasil e em vários outros países, acopla-se à descrição da conduta proibida uma pena de prisão – expressa com um mínimo e um máximo de tempo de prisão[28]. Este esque-

ma sancionatório altamente naturalizado impõe ao menos dois obstáculos a ampliar e sofisticar o campo de possibilidades em matéria de penas.

O primeiro deles diz respeito ao vínculo entre a decisão de condenação e a imposição de uma pena.

Klaus Günther aponta isso justamente chamando atenção para a importância sociológica do conceito de responsabilidade, que acaba passando desapercebido nesse arranjo do sistema jurídico. Aquilo que fundamenta a culpabilidade – ou seja, os elementos que permitem dizer que um crime aconteceu e que determinada pessoa é seu autor – justifica a imputação de responsabilidade (penal) que se dá na declaração da sentença condenatória. É essa comunicação da responsabilidade que organiza a teia de elementos e interações sociais e lhe dá um sentido[29].

Abre-se a partir daí um novo campo de decisão sobre a resposta estatal que se segue a essa declaração. Não há nada

---

28. A exceção mais radical e recente encontra-se na nova lei de drogas, que previu pena de advertência para o usuário de substância entorpecente (art. 28 da Lei n. 11.340/2006). Estamos tão acostumados com o fato de que o legislador define para todo crime uma pena de prisão que a discussão que se seguiu à promulgação dessa lei foi de que haveria ocorrido a descriminalização do uso de entorpecentes – o que não é correto afirmar, já que essa conduta continua sendo crime, continua sujeita ao processo penal, e o que mudou foi somente a sanção prevista em lei. Ver, nesse sentido, PIRES, Álvaro; CAUCHIE, Jean François. Um caso

de inovação "acidental" em matéria de penas: a lei brasileira de drogas. *Revista Direito GV* 13, v. 7, n. 1, p. 299-329, jan./jun. 2011.

29. GÜNTHER, Klaus. Responsabilidade na sociedade civil. In: *Novos Estudos* 63, 2002, p. 105-118. Originalmente publicado em MÜLLER-DOOHM, Stefan (Org.). *Das Interesse der Vernunft*, Frankfurt am Main: Suhrkamp, 2000, p. 465485. Publicado em português também em: PÜSCHEL, Flavia; MACHADO, Marta R. A. *Teoria da responsabilidade no Estado Democrático de Direito*. Textos de Klaus Günther. São Paulo: Saraiva, 2009, p. 1-26.

que nos obrigue a ligar essa declaração a uma sanção e muito menos a uma pena aflitiva. Se isso vem acontecendo há muito tempo, trata-se de uma *decisão*, que pode ser colocada em questão a qualquer momento. Ou seja, é possível discutir e decidir – dando-se novos fundamentos, que não aqueles que justificaram a responsabilização –, conforme o caso que se tem em mãos, se após a comunicação da imputação haverá mais algum tipo de resposta do sistema jurídico e qual será ela – indenização, advertência, reparação à vítima, acordos restaurativos, multa, serviço comunitário, prisão etc.[30]

O segundo obstáculo diz respeito à utilização quase exclusiva da sanção prisional na redação dos tipos penais. O legislador poderia indicar, conforme a situação problemática que procura regular, o conjunto de sanções possíveis às quais o infrator daquela norma poderia estar sujeito. A retumbante monotonia na definição das sanções pelo legislador soa certamente estranha para qualquer formulador de políticas públicas: não importa qual o problema que se tenha diante dos olhos – o corte não autorizado de uma árvore, a sonegação de impostos, um xingamento racista ou um homicídio cometido com re-

quintes de crueldade –, a resposta estatal definida no tipo penal será sempre a mesma: prisão. Varia apenas a quantidade de tempo mínimo e máximo que se entende necessária para "prevenir" a repetição dessas condutas indesejadas. Por mais que outras normas estabeleçam possibilidades de paralisação do processo, de substituição de uma pena de prisão por uma pena de outro tipo em limitadíssimas circunstâncias[31], a manutenção da sanção prisional na esmagadora maioria dos crimes em vigor na nossa legislação reforça a ideia de que somente a pena de prisão é capaz de gerir e prevenir problemas sociais considerados graves. Em um cenário como esse, não surpreende que os debates públicos sobre todo tipo de problema social acabem sempre em propostas de criação de um crime ao qual,

---

[30]. É claro que *como* e *por quem* essa decisão seria tomada em um modelo que reconhecesse esse espaço é algo a ser construído e regulado.

[31]. Entre os institutos "despenalizadores" previstos em nossa legislação, estão: o reconhecimento da composição civil dos danos entre autor e vítima e da transação penal entre autor e promotor de justiça como causas de extinção da punibilidade, aplicável a contravenções penais e crimes de menor potencial ofensivo, isto é, aqueles a que a lei comine pena máxima não superior a 2 (dois) anos (arts. 72 a 76 da Lei n. 9.099/95); a possibilidade de suspensão condicional do processo, com potencial extinção da ação penal caso haja o cumprimento de determinadas condições, aplicável aos crimes com pena mínima não superior a um ano (art. 89 da Lei n. 9.099/95); a possibilidade de substituição da pena privativa de liberdade por restritivas de direito, aplicável a condenações não superiores a 4 anos, em crime não cometido com violência ou grave ameaça à pessoa e a réu não reincidente em crime doloso (art. 44 do Código Penal); e, por fim, a suspensão condicional da execução da pena privativa de liberdade (*sursis*), aplicável em casos de condenações não superiores a 2 (dois) anos, desde que o condenado não seja reincidente em crime doloso (art. 77 do Código Penal).

invariavelmente, está acoplada a pena mínima e máxima de prisão[32].

Uma característica importante do processo de decisão sobre a sanção é a forma como está distribuído entre as instituições do Estado de Direito. No caso do Brasil, o legislador estabelece os limites mínimos e máximos aos quais deve se ater a sentença do juiz, os critérios que deve levar em conta na definição da sanção e também as circunstâncias em que pode determinar que a pena de prisão seja substituída por uma pena alternativa[33]. Além disso, depois de fixada inicialmente a pena, entra em jogo um outro juiz que acompanha o caso durante o cumprimento da pena e que também pode tomar uma série de decisões que envolvem a sua *gestão*[34] – por exemplo, progressão de regime,

comutação de tempo de prisão por trabalho, indulto, liberdade condicional etc.[35].

Esse arranjo constitui *uma* das possibilidades de construção do processo decisório sobre a sanção. Ele nem sempre foi assim e não necessariamente chegou a sua melhor forma. A divisão de tarefas entre o juiz e o administrador público, por exemplo, vem sendo objeto de intenso debate desde o movimento de judicialização da gestão da pena que ocorreu no Brasil, sobretudo a partir da década de 1980. Da mesma maneira, a redução da margem de decisão do juiz em face dos períodos mínimos obrigatórios de permanência em regime fechado tem limitado o espaço do juiz para individualizar a pena[36].

Em suma, importa-nos chamar atenção aqui para a necessidade de refletirmos e problematizarmos sobre a forma como em cada sociedade se *decide* responder às situações problemáticas sobre as quais se *decidiu* definir como crime.

Embora a esmagadora maioria dos sistemas penais esteja ainda girando em torno

---

32. Um terceiro obstáculo que não poderá ser discutido neste texto diz respeito às penas mínimas. Estas penas, definidas pelo legislador para um conjunto abstrato e desconhecido de situações, impedem que o juiz, diante do caso concreto, possa decidir a pena mais justa, mais adequada, *àquele cidadão*. Ver, nesse sentido: MACHADO, Maíra; PIRES, Álvaro. Intervenção política na sentença de direito. In: MACHADO, Marta; PÜSCHEL, Flavia (Org.). *Responsabilidade e pena no Estado Democrático de Direito*. São Paulo: Saraiva, 2013 (no prelo).

33. Enquanto os mínimos e máximos estão previstos nos tipos penais, logo abaixo das normas de comportamento, as demais regras estão previstas na parte geral do código penal, respectivamente arts. 59 e 44.

34. A expressão "gestão da sanção" busca captar a participação de diferentes atores (defensores, promotores, diretores de instituições prisionais, grupos técnicos etc.) nas sucessivas etapas do processo decisório que se desenvolve a partir do momento em que uma pena é definida em sentença judicial. Para um panorama sobre a complexidade desse processo decisório a partir das proposições legislativas apresentadas entre 1984 e 2011, ver: FERREIRA, Carolina;

MACHADO, Maíra. Exclusão social como prestação do sistema de justiça: um retrato da produção legislativa atenta ao problema carcerário no Brasil. In: RODRIGUEZ, J. R. (Org.). *Pensar o Brasil*: problemas nacionais à luz do direito. São Paulo: Saraiva, 2012, p. 77-105.

35. É importante lembrar que a menção às figuras do legislador e do juiz acumula os vários atores que participam da dinâmica do processo legislativo e do processo jurisdicional, tal como discutimos no item anterior.

36. Sobre estes dois últimos pontos, ver: FERREIRA, Carolina. *Legislar sobre a exclusão social*: um estudo sobre a atividade legislativa sobre cumprimento da pena privativa de liberdade de 1984 a 2011. Dissertação de mestrado em Direito e Desenvolvimento (Direito GV, 2011).

da prisão e da inflição de sofrimento – e não vamos por ora nos perguntar por que –, essa é apenas uma, dentre muitas, das possíveis estratégias de lidar com o crime. Essa discussão só vai começar quando assumirmos a contingência dessa decisão – isto é, um crime ao qual não está associada uma pena de prisão não constitui uma anomalia, tampouco pode ser entendido como impunidade. A partir daí, abre-se um leque de soluções – que podem ser mais criativas e menos deletérias que a pena de prisão – para se pensar qual a melhor política pública para lidar com determinado problema social.

Trata-se de refletir a sério sobre quais sanções estão à disposição para serem aplicadas, quais respostas jurídicas são as mais adequadas para lidar com o problema social e como esse processo decisório está estruturado. Neste último ponto, referimo-nos ao modo como as instituições e atores interagem, aos pressupostos aos quais estão vinculados, ao que podem utilizar para embasar suas decisões, aos atores que podem ser ouvidos e opinar no curso desse procedimento, a quais interesses estão em causa, entre outros. Enquanto essa decisão não for objeto de pesquisa e problematização, no campo jurídico e na esfera pública, não seremos capazes de enfrentar os obstáculos à construção de políticas públicas mais eficientes para tratar dos nossos conflitos sociais.

Uma das maiores dificuldades de avançarmos nesse debate hoje em dia é a força que o discurso da impunidade tem na esfera pública. O termo "impunidade" se transformou em um conceito que colapsa uma série de coisas distintas em uma única demanda, a de mais prisão. Podemos a princípio pensar que falar em impunidade seria falar da inércia estatal diante de problemas nos quais instituições do Estado deveriam de alguma maneira intervir e não o fazem, deixando assim desprotegida uma série de interesses que, em nosso acordo social, entendemos que deveriam ser tutelados pelo Estado. Mas não. O diagnóstico da impunidade pode, claro, referir-se à inércia total do Estado ou ao mau funcionamento de suas instituições, mas não é assim que o vemos em ação em muitos casos. Muito comumente, fala-se hoje em dia de impunidade na esfera pública para se referir à ausência da pena de prisão ou a punições tidas como brandas demais, ainda que não necessariamente se esteja diante de ausência de responsabilização ou ausência de resposta estatal. O termo "impunidade" é também mobilizado quando se aplica uma pena alternativa, quando o caso se resolve em indenização, e não em privação de liberdade, ou quando o condenado sai da prisão porque faz jus à liberdade condicional[37].

---

[37]. Para uma discussão sobre os diferentes usos do termo "impunidade" a partir de material colhido em estudo de caso

O uso do termo "impunidade", nessa linha, é perigoso, porque nos leva a dois tipos de redução: fecha a atuação do sistema de justiça na responsabilização individual com atribuição de pena e faz coincidir a ideia de pena com privação de liberdade por longos períodos. Esses diagnósticos partem de uma percepção de que algo está faltando para que possamos melhor lidar com um determinado problema social. E esse algo é sempre a prisão. Ainda que muitas vezes se esteja diante de problemas sérios na atuação do sistema de justiça, o discurso da impunidade nunca coloca em causa a resposta prisional e fecha o espaço para pensarmos sobre a melhor forma de resolver o problema.

Não é por acaso que a ideia de impunidade é sempre retomada quando o que se pretende é transformar as estruturas internas do direito penal e, com mais ênfase, quando se discute a ampliação e a complexificação das sanções previstas. Tudo se passa como se a regulação jurídica de situações problemáticas pudesse operar apenas com as ideias e estruturas concebidas quando da formação do direito penal moderno no final do século XVIII. Qualquer coisa que difira disto significa o retorno às formas de regulação de conflitos anteriores ao advento do Estado Moderno.

Este tipo de argumentação associa a resposta do direito penal sempre com a punição como um mal – já que apenas a violência estatal satisfaria os desejos de vingança da vítima e da comunidade. Além disso, associa o não estatal com o pré-moderno, isto é, sem o mal praticado pelo Estado, estaria recolocado o risco de anomia – caos, linchamentos, guerra de todos contra todos. Esse argumento é frágil, pois ignora a existência de um amplo repertório de mecanismos e estratégias de resolução de conflitos que se desenvolveram em paralelo ao aparato estatal[38].

Depois de mais dois séculos de repetição de um modelo determinado de funcionamento do direito penal moderno, fica difícil afirmar qualquer coisa sobre o que aconteceria caso o direito penal deixasse de funcionar por meio da atribuição

---

sobre os processos legislativos da nova lei de drogas e da Lei Maria da Penha, ver: MACHADO, Maíra et al. *Atividade legislativa e obstáculos à inovação em matéria penal no Brasil*. Brasília: Secretaria de Assuntos Legislativos do Ministério da Justiça do Brasil, 2010. v. 32.

[38]. Referimo-nos aqui às inúmeras experiências de resolução de conflitos que se desenvolvem atualmente e em diferentes países à margem das estruturas estatais tradicionais do sistema de justiça. Nos esforços de sistematização e reflexão sobre essas experiências, a expressão "justiça restaurativa" vem sendo cada vez mais utilizada, ainda que, em alguns casos, possa se referir a alterações profundas dos mecanismos de resolução de conflitos que ocorrem no interior das estruturas estatais. Tendo em vista ser muito comum que essas experiências sejam associadas a problemas sociais cotidianos e considerados menos graves, é importante ter em mente a ênfase recente em mecanismos voltados a garantir a reparação do dano e a favorecer a reconciliação em casos de sistemáticas violações de direitos humanos. Nesse sentido, JAUDEL, É. *Justice sans châtiment*. Les commissions Vérité-Réconciliation. Paris: Odile Jacob, 2009; VILMER, J. *Réparer l'irréparable*. Les réparations aux victimes devant la Cour Pénale Internationale. Paris: Presses Universitaires de France, 2009.

de uma pena aflitiva. Porém, podemos afirmar que as experiências em que conflitos – inclusive violentos – foram resolvidos sem o direito penal não tiveram esse resultado.

Isso tudo evidencia que a limitação do debate a esses termos – crime e pena aflitiva, de preferência prisão – exclui de saída uma série de mecanismos de prevenção potencialmente mais interessantes e eficazes e impede que avancemos na construção de políticas públicas. E o que é pior: se avançarmos o nosso olhar sociológico para levar em consideração os efeitos concretos da centralidade da prisão no debate sobre prevenção, veremos que seus resultados são ainda mais catastróficos, especialmente se o que se quer é diminuir a violência.

19.3. Para concluir: o direito penal é capaz de conter sua própria violência?

Em várias sociedades contemporâneas, inclusive no Brasil, uma das formas de violência mais aguda a ser contida pelo direito é aquela produzida pelo próprio direito penal. Essa constatação, a nosso ver, exige que este texto abarque um conjunto de problemas que muitas vezes escapa à discussão sobre criminalidade e violência. Por violência produzida pelo próprio direito penal, referimo-nos às implicações so-

ciais da centralidade da prisão no sistema de justiça[39]. Esta problemática tem recebido, nas últimas décadas, enorme atenção por parte das ciências sociais. Contudo, o conhecimento ali produzido tem sido pouco ou nada aproveitado para a reflexão sobre a reforma do sistema de justiça criminal contemporâneo.

Considerar essa questão nos parece fundamental em um momento em que a ênfase a políticas encarceradoras convive com o problema, cada vez mais contundente, da superpopulação prisional. Esse paradoxo pode ser observado em diversos países, mas no Brasil ocupa um lugar privilegiado: somos o quarto país que mais encarcera no mundo, perdendo apenas para EUA, China e Rússia. Nossa população carcerária já ultrapassa meio milhão de pessoas, na razão de 270 presos a cada 100 mil habitantes[40].

---

[39]. Neste texto, associamos "violência produzida pelo direito penal" com o problema prisional por considerarmos ser este, de longe, o mais urgente no contexto brasileiro. É claro que o direito penal produz outras formas de violência, como a estigmatização das pessoas submetidas à investigação ou à persecução penal, a abertura à exploração midiática de determinados casos etc.

[40]. As informações sobre a população carcerária no Brasil são compiladas e disponibilizadas pelo Infopen – uma base de dados gerenciada pelo Ministério da Justiça, mas alimentada por cada um dos Estados. O relatório referente a dezembro de 2011 encontra-se disponível em: <http://portal.mj.gov.br/data/Pages/MJD574E9CEITEMIDC37B2AE-94C6840068B1624D28407509CPTBRIE.htm> (Acesso em: 6 ago. 2012). Para informações sobre a população prisional nos demais países, ver: WALMSLEY, R. *World prison population list.* 8. ed. King's College London International Centre for Prison Studies, 2009. Disponível em: <http://www.prisonstudies.org/info/downloads/wppl8th_41.pdf>.

Mas, para discutirmos a fundo a questão carcerária aqui no Brasil, não podemos deixar de considerar as condições de vida nas instituições prisionais brasileiras. Isto quer dizer que nossa tarefa envolve não somente questionar a limitação da solução prisional em si mesma, isto é, perguntarmo-nos a respeito dos ganhos sociais em se sequestrar pessoas e excluí-las do convívio social por longos períodos, mas também as circunstâncias concretas das condições de vida nas instituições prisionais brasileiras. Celas superlotadas, ausência de condições mínimas de higiene, alimentação inadequada e insuficiente, insalubridade do ambiente são algumas das características que aparecem comumente em inspeções e pesquisas voltadas a coletar informações sobre a situação carcerária no país[41]. Essas limitações estruturais somam-se ainda à precariedade dos programas de saúde, trabalho e educação no interior das instituições prisionais.

Esta forma sistemática de violência produzida pelo sistema penal vem sendo intensamente pesquisada e discutida pelas ciências sociais, mas parece não integrar o quadro de preocupações dos juristas comprometidos com a reforma do direito penal. Para utilizar os termos de Margarida Garcia (2011), ciências sociais e direito encontram-se aqui em um "diálogo sem troca". De um lado, não encontramos com frequência pesquisas desenvolvidas no campo da sociologia do direito que levem em conta as estruturas internas do direito penal – tanto no plano normativo quanto no dogmático – para compreender e explicar o problema prisional. De outro lado, no campo jurídico, é possível dizer que este problema é amplamente ignorado – quando é reconhecido, costuma ser mais atribuído à política que ao próprio direito; e frequentemente ao poder executivo, que não resolve o problema do déficit de vagas nas prisões, e não à lei e aos seus aplicadores, que continuam se utilizando cada vez mais da prisão como solução, como se essa questão não existisse ou não fosse de sua alçada.

Em poucas palavras, o direito reproduz suas estruturas – várias delas concebidas para lidar com a conflituosidade social e as instituições jurídicas do século XVIII – sem atentar para as descobertas das ciências sociais e essas, por sua vez, dificilmente arriscam-se a entender e integrar, em suas análises, a contribuição do próprio direito para esse estado de coisas. Por

---

[41]. Sobre as violações de direitos humanos em ambiente prisional, ver Relatório dos Direitos Humanos das Pessoas Privadas de Liberdade nas Américas, publicado em dezembro de 2011 pela Comissão Interamericana de Direitos Humanos da OEA. As decisões do Tribunal de Justiça de São Paulo nas ações civis públicas versando sobre superpopulação carcerária corroboram este quadro. Resultados parciais de pesquisa neste sentido estão descritos em: MACHADO, Maíra. Superpopulação prisional e desenvolvimento sustentável. In: OLIVEIRA, Carina; SAMPAIO, Romulo (Org.). *Instrumentos jurídicos para a implementação do desenvolvimento sustentável*. Rio de Janeiro: FGV, 2012, p. 135-154.

Manual de Sociologia Jurídica

via de consequência, também não são capazes de apontar possíveis intervenções dentro do campo do direito que poderiam impactar neste diagnóstico.

Diante desse conjunto de questões – que são apenas algumas da gama de outras questões que envolvem o funcionamento do sistema penal e que tiveram que ficar fora deste texto –, é que nos parece importante, em um texto escrito para um manual de sociologia jurídica, chamar atenção para o fato de não ser possível discutir direito penal e pena hoje em dia sem olhar para as implicações concretas do funcionamento do sistema de justiça criminal – quem está preso e sob quais condições – sob pena de aumentar a violência e agudizar processos de exclusão social. E, de outro lado, parece-nos inócuo observar esta realidade sem olhar para a operação do sistema do direito e desvendar seus mecanismos internos, buscar os pontos em que reproduz violência e os possíveis espaços para disputar uma mudança em sua atual organização.

Bibliografia

BATAILLE, G. *Eroticism.* London: Penguin, 2012.

BRAITHWAITE, John; PETIT, Philip. *Not just deserts*: a republican theory of criminal justice. Oxford: Oxford University Press, 1990.

DOOB, Anthony; WEBSTER, Cheryl. Sentence severity and crime: accepting the null hypothesis. *Crime and Justice* 30: 143-95, 2003.

FAUGERON, Claude. Les situations-problèmes: théorie sociologique ou pratique criminologique? In: CARTUYVELS, Y.; DIGNEFFE, F.; PIRES, A.; ROBERT, P.

(Org.). *Politique, police et justice au bord du futur.* Paris: L'Harmattan, 1998.

FERREIRA, Carolina. *Legislar sobre a exclusão social*: um estudo sobre a atividade legislativa sobre cumprimento da pena privativa de liberdade de 1984 a 2011. Dissertação de mestrado em Direito e Desenvolvimento (Direito GV, 2011).

FERREIRA, Carolina; MACHADO, Maíra. Exclusão social como prestação do sistema de justiça: um retrato da produção legislativa atenta ao problema carcerário no Brasil. In: RODRIGUEZ, J. R. (Org.). *Pensar o Brasil*: problemas nacionais à luz do direito. São Paulo: Saraiva, 2012. p. 77-105.

FOUCAULT, Michel. *A verdade e as formas jurídicas.* 2. ed. Rio de Janeiro: Nau Editora, 2003.

GARCIA, Margarida. De nouveaux horizons épistémologiques pour la recherche empirique en droit: décentrer le sujet, interviewer le système et «désubstantialiser» les catégories juridiques. In: *Les cahiers de droit*, v. 52, n. 3-4, 2011, p. 417-459.

GÜNTHER, Klaus. De la vulneración de un derecho a la infracción de un deber. ¿Un 'cambio de paradigma' en el derecho penal? In: INSTITUTO DE CIENCIAS CRIMINALES DE FRANKFURT (Ed.). *La insostenible situación del derecho penal.* Granada: Editorial Comares, 2000.

GÜNTHER, Klaus. *Crítica da pena I.* In: PÜSCHEL, Flavia; MACHADO, Marta R. A. *Teoria da responsabilidade no estado democrático de direito.* Textos de Klaus Günther. São Paulo: Saraiva, 2009.

GÜNTHER, Klaus. Responsabilidade na sociedade civil. In: *Novos Estudos* 63, p. 105-118, 2002.

HASSEMER, Winfried. *Introdução aos fundamentos do direito penal.* Porto Alegre: Sergio Antonio Fabris, 2005.

HULSMAN, Louk. Struggles about terminology: "problematic-situation" *vs* "crime". In: CARTUYVELS, Y.; DIGNEFFE, F.; PIRES, A.; ROBERT, P. (Org.). *Politique, police et justice au bord du futur.* Paris: L'Harmattan, 1998.

JAKOBS, Günther. *Derecho penal parte general*: fundamentos y teoría de la imputación. Tradução de Joaquin C. Contreras; Jose Luis S. G. De Murillo. 2. ed. cor. Madrid: Marcial Pons, 1997.

JAKOBS, Günther. *Strafrecht, Allgemeiner Teil:* die Grundlagen und die Zurechnungslehre. 2. ed. Berlin: de Gruyter, 1991.

JAUDEL, É. *Justice sans châtiment.* Les commissions Vérité-Réconciliation. Paris: Odile Jacob, 2009.

LISZT, Franz Von. *La idea del fin en el derecho penal.* Tradução de Carlos Pérez del Valle Programa de la Universidad de Marburgo, 1882. Granada: Editorial Comares, 1995.

MACHADO, Maíra et al. *Atividade legislativa e obstáculos à inovação em matéria penal no Brasil.* Brasília: Secretaria de Assuntos Legislativos do Ministério da Justiça do Brasil, 2010. v. 32.

MACHADO, Maíra. Exclusão social como prestação do sistema de justiça: um retrato da produção legislativa atenta ao problema carcerário no Brasil. In: RODRI-GUEZ, J. R. (Org.). *Pensar o Brasil:* problemas nacionais à luz do direito. São Paulo: Saraiva, 2012.

MACHADO, Maíra. Superpopulação prisional e desenvolvimento sustentável. In: OLIVEIRA, Carina; SAMPAIO, Romulo (Org.). *Instrumentos jurídicos para a implementação do desenvolvimento sustentável.* Rio de Janeiro: FGV, 2012.

MACHADO, Maíra; PIRES, Álvaro. Intervenção política na sentença de direito. In: Machado, Marta; Püschel, Flavia (Org.). *Responsabilidade e pena no Estado Democrático de Direito.* São Paulo: Saraiva, 2012 (no prelo).

MACHADO, Maíra; PIRES, Álvaro; FERREIRA, Carolina; SCHAFFA, Pedro. *A complexidade do problema e a simplicidade da solução:* a questão das penas mínimas. Brasília: Secretaria de Assuntos Legislativos do Ministério da Justiça do Brasil, 2009. v. 17.

MACHADO, Marta Rodriguez de Assis. *Do delito à imputação*: a teoria da imputação de Günther Jakobs na dogmática penal contemporânea. Tese de doutorado defendida na Universidade de São Paulo, 2007.

MACHADO, Marta Rodriguez de Assis (Coord.). *Responsabilidade penal das pessoas jurídicas.* Brasília: Secretaria de Assuntos Legislativos do Ministério da Justiça do Brasil, 2009. v. 18.

MACHADO, Marta Rodriguez de Assis. Punishment, Guilt and Communication: the possibility of overcoming the idea of infliction of suffering in the theoretical debate.

In: DUBÉ, R.; GARCIA, Margarida; MACHADO, Maíra. *La rationalité pénale moderne:* réflexions conceptuelles et explorations empiriques. Ottawa: Les Presses de l'Université d'Ottawa, 2012, p. 89-110.

MACHADO, Marta Rodriguez de Assis. *Sociedade do risco e direito penal*: uma avaliação de novas tendências político-criminais. São Paulo: IBCCRIM, 2005.

MACHADO, Marta Rodriguez de Assis; RODRIGUEZ, José Rodrigo. Qual a língua da liberdade? *Folha de S.Paulo,* Tendências e Debates, 25 de agosto de 2007.

MÜLLER-DOOHM, Stefan (Org.). *Das Interesse der Vernunft.* Frankfurt am Main: Suhrkamp, 2000. p. 465-485.

PIRES, Álvaro P. Consideraciones preliminares para una teoría del crimen como objeto paradojal. *Revista Ultima Ratio,* ano 1, n. 0, p. 213-255, 2006.

PIRES, Álvaro P. et al. *Histoire des savoirs sur le crime et la peine.* Bruxelles: Larcier, 2008. v. I, II e III.

PIRES, Álvaro P.; CAUCHIE, Jean François. Um caso de inovação "acidental" em matéria de penas: a lei brasileira de drogas. *Revista Direito GV* 13, v. 7, n. 1, p. 299--329, jan./jun. 2011.

PÜSCHEL, Flavia; MACHADO, Marta R. A. *Teoria da responsabilidade no Estado Democrático de Direito.* Textos de Klaus Günther. São Paulo: Saraiva, 2009.

ROBERT, Philippe et al. Organiser un dialogue autour de et avec Lode Van Outrive. In: CARTUYVELS, Y.; DIGNE-FFE, F.; PIRES, A.; ROBERT, P. (Org.). *Politique, police et justice au bord du futur.* Paris: L'Harmattan, 1998.

ROXIN, Claus. *Política criminal e sistema jurídico-penal.* Tradução de Luís Greco. Rio de Janeiro: Renovar, 2002.

TONRY, Michael. Has the prison a future? In: TONRY, Michael (Ed.). *The future of imprisonment.* Oxford: Oxford University Press, 2004.

VILMER, J. *Réparer l'irréparable.* Les réparations aux victimes devant la Cour Pénale Internationale. Paris: Presses Universitaires de France, 2009.

WALMSLEY, R. *World prison population list.* 8. ed. King's College London International Centre for Prison Studies, 2009.

Direito, Diferenças e Desigualdades

Gênero, geração, classe e raça

Marcella Beraldo de Oliveira
Daniela Feriani

Introdução

O acesso à justiça é a base primordial em que se assenta uma sociedade democrática. Estudar o universo legal e judiciário com o objetivo de identificar seus entraves é, certamente, um passo fundamental na construção de uma sociedade mais justa. Nesse sentido, o capítulo aborda o tema da produção de justiça no campo de situações cotidianas permeadas por desigualdades sociais de gênero, geração, raça, classe, entre outras. Como o Direito e, mais especificamente, o sistema de justiça brasileiro – bem como as alternativas a esse sistema – tratam e percebem as desigualdades sociais? O sistema de justiça transforma ou reproduz essas desigualdades? De uma forma geral, o interesse é contribuir para a compreensão dos problemas envolvidos na distribuição da justiça e na consolidação dos direitos da cidadania na sociedade brasileira contemporânea, refletindo sobre como as relações permeadas por diversos tipos de diferenças (p. ex.: geração, classe, raça, gênero, sexualidade) são tratadas no campo da produção de justiça e da administração de conflitos no Brasil.

O foco da discussão está centrado no paradoxo ou na tensão entre o universal e o local presente nas políticas de identidades, ou seja, como a luta pelo reconhecimento (HONNETH, 2003) pode tanto avançar na conquista de direitos quanto resultar na reificação e reprodução de desigualdades. Apesar de marcadores sociais (p. ex.: geração, classe, raça, gênero, sexualidade) assumirem significados diversos em diferentes contextos e situações, muitas vezes, por meio das políticas identitárias, corre-se o risco de serem congelados sob um viés biológico, tornando-se uma armadilha para os próprios grupos que reivindicam tais marcas como formas de obter a igualdade e a universalidade do Direito. O objetivo é analisar como essa tensão aparece e é negociada no campo da produção de justiça no Brasil: de um lado, a tentativa de assegurar os diretos das minorias (grupos discriminados como mulheres, negros, homossexuais etc.) por meio de ações afirmativas, como instituições e leis especiais; de outro, a reprodução de desigualdades e a legitimação de violências no julgamento de crimes em relações familiares.

Segundo Foucault (1979), o Direito é um campo de poder e, enquanto tal, não apenas reprime, mas, principalmente, produz saber. Nesse sentido, interessa compreender como o discurso jurídico produz "efeitos de verdade", ou seja, como as "práticas judiciais [...] definem tipos de subjetividade, formas de saber e, em consequência, relações entre o homem e a verdade" (FOUCAULT, 1978, p. 17). O sistema de justiça não atua simplesmente como uma instância julgadora e punitiva

de crimes: para além disso, advogados, promotores e juízes, ao classificarem e julgarem os crimes, também classificam, julgam e teorizam sobre uma série de questões, tais como o humano, a família, o corpo, a loucura. Esses são os "efeitos de verdade" de que Foucault nos fala: definir o certo e o errado, o justo e o injusto, o normal e o anormal. Para além das leis, há as normas sociais, não escritas, mas que são levadas em conta no desfecho desses crimes. Há um combate em torno da verdade, entendendo esta não como a verdade em si, por ser inalcançável, mas do que se diz ser verdade.

O jurídico é, portanto, um campo de disputas, no qual a luta pela expansão do acesso à justiça e pelo reconhecimento de direitos passa por negociações entre atores sociais que se relacionam de maneira hierárquica e assimétrica. Importa entender, portanto, a dinâmica dessas negociações no âmbito do Direito na tentativa de se apreender os alcances e limites da produção da justiça diante da complexidade do fenômeno da violência, a qual é marcada por desigualdades de gênero, geração, idade, raça, sexualidade e classe. Se a democracia é pautada pelos ideais de universalidade e igualdade, ela acaba por assumir ares autoritários quando não se levam em conta os direitos das minorias. Para Debert e Gregori (2008), o não reconhecimento e/ou a ineficiência das instituições públicas diante das identidades e direitos desses grupos é resultado de uma espécie de truncamento do exercício pleno da cidadania.

O "direito à diferença" exercido de diversas formas, algumas delas abordadas neste capítulo, pressupõe o entendimento de que as diferenças são construções sociais e são significadas e percebidas diferentemente em diversos contextos e relações sociais, deixando de lado, totalmente, qualquer resquício de determinação biológica referente à produção dessas diferenças.

20.1. Direito à diferença e Direitos Humanos

Abusos cometidos em nome das diferenças de classe, raça, gênero etc., são vistos como desrespeito aos Direitos Humanos e, assim, o Estado jurídico brasileiro cria legislações e políticas que buscam diminuir essas desigualdades. Vianna e Lacerda (2004) fazem uma conexão entre os chamados direitos sociais e as liberdades individuais à luz dos Direitos Humanos, mostrando que, historicamente, a trajetória desses direitos relaciona-se, como mostra Norberto Bobbio, ao nascimento de uma concepção individualista de sociedade, marco do que se poderia definir como a "era moderna". Nesse sentido, sua premissa é a de que cabe aos indivíduos um conjunto de direitos inalienáveis, centrados, sobretudo, na sua liberdade individual. Cabe ao Estado a promoção de direitos fundamentais para a própria construção da individualidade. É essa tensão entre particular e universal – ou indivíduo e Estado – que vai marcar boa parte das contradições inerentes à defesa dos Direitos Humanos, bem como definir, a partir de conjunturas específicas, que estratégias tendem a ser privilegiadas por atores sociais na sua movimentação política em busca por justiça – tanto estatal quanto de construção e ampliação de novos espaços de administração de conflitos para além do Judiciário. Assim, em determinados momentos, a defesa de direitos sociais como parte da organização de certas "bandeiras" ou grupos políticos (presente em discussões, por exemplo, sobre direitos reprodutivos, direitos das mulheres, dos homossexuais, dos negros etc.) põe em destaque a liberdade individual. Nesse contexto, a mediação de conflitos, como forma alternativa de justiça, busca dar poder aos indivíduos para que eles tenham a capacidade de resolver sozinhos seus próprios conflitos sem o aparato estatal.

Tratar de Direitos Humanos, no Brasil, tem sido discorrer sobre problemas envolvidos em uma sociedade altamente hierarquizada, em que os pobres, os negros, as mulheres e as outras minorias discriminadas são vistos como cidadãos de segunda classe. O Estado brasileiro, por meio do seu aparato jurídico, ao buscar formas de diminuição das desigualdades sociais, imbrica-se em discussões e reflexões que perpassam, entre outras, a luta por políticas de reconhecimento das minorias e, ao mesmo tempo, de redistribuição econômica; da necessidade de se resguardar as liberdades individuais e, ao mesmo tempo, garantir direitos sociais; de se exigir maior participação do Estado na diminuição dessas desigualdades, mas ao mesmo tempo construir uma política de Estado-mínimo e neoliberal que busca formas alternativas de produção de justiça, desresponsabilizando o Estado; o entendimento de que a universalidade de direitos só será alcançada se as particularidades de discriminação forem contempladas; e também nos debates em torno da criminalização *versus* a descriminalização. Na maioria dos casos concretos, esses dilemas não aparecem como dicotômicos e em lados opostos, mas articulados e imbricados.

Na luta pelo direito à diferença, tanto os marcadores sociais de "gênero" quanto de "raça" são categorias que devem ser entendidas em cada contexto específico, na forma em que são produzidas e significadas, isto é, entender no plano das representações como essas diferenças têm sido usadas no sistema de justiça ou no campo da produção de justiça. De acordo com Ventura Santos (2012, p. 151), "o aspecto racial já foi um dos mais importantes eixos norteadores dos debates sobre as características biológicas e socioculturais da espécie humana. Criticado, tendeu a ser abandonado nas ciências biológicas e passou por revisões significativas nas ciências sociais". Esse tema do direito e da raça tem sido mais debatido no Brasil nas políticas de ações afirmativas, como a política de cotas, do que propriamente no sistema de justiça. Na medida em que ações afirmativas de direitos da mulher focaram principalmente o Judiciário, como o caso da Lei Maria da Penha e da Delegacia da Mulher buscando a diminuição da violência de gênero, os debates sobre desigualdades produzidas pelas diferenças raciais estiveram mais centrados, no caso brasileiro, no acesso à educação e à saúde.

De acordo com Telles dos Santos (2012), as ações afirmativas no Brasil, como a reserva de vagas para mulheres e portadores de necessidades especiais, por exemplo, só tiveram o aparato do sistema jurídico após a implementação do sistema de cotas para os alunos egressos de escolas públicas, negros e indígenas nas universidades públicas estaduais e federais. Para ele, "os profissionais do direito se têm deparado cada vez mais com demandas sociais em que a política universalista é questionada por intermédio do princípio de que os desiguais devem ser tratados desigualmente" (p. 217). Segundo Peter Fry

(2012, p. 230), "diferenças entre grupos e indivíduos construídas socialmente não resultam necessariamente em desigualdades, se entendidas as últimas como desníveis de prestígios, poder e riqueza. Na prática, todavia, as diferenças frequentemente se caracterizam por desigualdades nos planos de poder e das representações". Assim, apesar de no plano legal haver a tentativa de eliminar as desigualdades, essas mudanças legislativas, embora importantes, não reduzem de maneira significativa velhas representações que hierarquizam gêneros, raças, orientações sexuais, imigrantes e povos indígenas.

Neste capítulo, recortamos o tema do direito à diferença centrando a discussão no marcador social de gênero como parâmetro para entender a maneira com que a justiça brasileira tem se posicionado frente a questões de desigualdades sociais[1].

20.2. Violência de gênero: alguns marcos legais

Ao analisar a articulação entre gênero e justiça, consideramos que "gênero é um elemento constitutivo das relações sociais baseadas em diferenças percebidas entre os sexos e também é um campo primário no qual ou através do qual o poder é articulado" (SCOTT, 1988). Essa categoria de análise recorta a sociedade a partir dos papéis sexuais socialmente definidos e implica, sobretudo, na recusa de qualquer resquício de determinação biológica ou natural dessa dominação, reconhecendo a configuração histórica e cultural, portanto política, das relações entre os sexos. Esse entendimento torna possível analisar, por exemplo, a permanência das práticas de violência contra a mulher na sociedade. Delimitamos três grandes marcos quando falamos em tratamento da violência de gênero no sistema de justiça brasileiro: a Delegacia de Defesa da Mulher, os Juizados Especiais Criminais e a Lei Maria da Penha.

Na década de 1980, criou-se a Delegacia de Defesa da Mulher, em São Paulo, parte de um movimento de *politização da justiça* que dá ênfase a uma política identitária que considera que a igualdade de direitos só será alcançada com o tratamento particular das desigualdades sociais. Essa iniciativa teve um caráter criminalizante, no sentido de mostrar que bater em mulher é crime e deve ser punido pelo Estado, considerado um problema de toda a sociedade, e não apenas do casal ou de famílias carentes e desajustadas, deixando de ver a família como o "reino da paz e

---

[1.] Além de ser objeto de estudo das autoras deste capítulo, gênero é um tema muito estudado pela Antropologia, de modo geral, e pela Antropologia do Direito, de modo particular, principalmente em pesquisas sobre a produção de desigualdades no sistema de justiça. Além disso, a discussão sobre gênero traz muitas questões que também estão presentes na luta pelo reconhecimento de outras minorias, não só das mulheres.

harmonia", mas como um ambiente repleto de conflitos e violências. As delegacias da mulher foram uma resposta do Estado aos movimentos feministas e são, até hoje, apesar das críticas, uma das principais políticas públicas de combate à violência contra a mulher no Brasil. Atualmente, o Brasil conta com mais de 300 delegacias da mulher espalhadas por todos os Estados brasileiros, que passaram a receber, dos distritos policiais comuns, as ocorrências relacionadas com crimes entre casais, nos quais a vítima é a mulher.

As discussões avançaram em sintonia com o debate internacional, consolidando a compreensão de que a violência contra a mulher é uma violação dos Direitos Humanos. Apesar de o homicídio ter sido o crime que impulsionou a criação das delegacias da mulher, não é esse crime o foco delas, que trabalham principalmente com a chamada violência "habitual" e cotidiana, tipificadas como crimes de "lesões corporais leves" e de "ameaças". Segundo Brandão (1999, p. 124-125), o recurso à polícia seria um meio de promover o reajustamento do parceiro à expectativa social predominante nas camadas populares, de modo que essas mulheres passam a delegar à autoridade policial a tarefa de corrigir os homens acusados de agressão e de inadequação aos papéis conjugais esperados. A expectativa das mulheres seria, assim, usar o poder policial para renego-

ciar o pacto conjugal e criminalizar o parceiro (SOARES, 1996; BRANDÃO, 1998). Para os agentes da delegacia, isso gera desconforto, interpretando como desvirtuamento do papel policial em nome de práticas que estariam relacionadas a um trabalho de assistente social ou de psicólogas. As pesquisas[2] enfatizam também que os agentes percebem a ineficácia, no médio e no longo prazo, da conciliação feita na delegacia, estando conscientes do alto grau de recorrência das agressões que levam a uma volta das vítimas à delegacia. Nesses casos, os detetives orientam as mulheres para que voltem à delegacia caso seja necessário, tranquilizando, momentaneamente, a vítima receosa de suspender o Boletim de Ocorrência (BO). Contudo, paradoxalmente, quando a vítima volta, ela acaba sendo repreendida pela suspensão anterior, "vamos ver se desta vez você prossegue", diz uma policial (BRANDÃO, 1999). Os agentes da polícia consideram que essas mulheres estão brincando com o aparato público, são coniventes com os agressores e com a situação de violência da qual são vítimas. Assim, as mulheres que desistem são vistas como uma espécie de cidadãs que não souberam se apoderar de seus direitos, seja por uma ignorância

---

2. Ver pesquisas sobre as Delegacias de Defesa dos Direitos das Mulheres: Machado, 2003; Rifiotis, 2003; Debert, 2002; Macdowell dos Santos, 1999; Carrara, 2002; Brandão, 1998; Suárez e Bandeira, 1999; Lima, 2007; Blay e Oliveira, 1986; Amaral et al., 2001; Soares, 1996; Debert e Beraldo de Oliveira, 2007.

intransponível, seja por um *déficit* moral de caráter.

Para Moraes e Sorj (2009), o uso que as mulheres fazem das delegacias especializadas revela o paradoxo da expansão dos Direitos Humanos e das mulheres no Brasil, já que as expectativas das mulheres vítimas de violência se chocam com as do movimento feminista, ou seja, a tentativa de criminalizar esse tipo de violência e de punir os culpados – expectativa essa que levou à criação das Delegacias Especiais da Mulher. Estudos mostram que uma possível reconciliação entre as partes envolvidas acaba por dar fim ao andamento do caso, tanto nas delegacias quanto nos Juizados Especiais Criminais (JECrim)[3].

Confrontos de expectativas entre feministas, instituições do Estado e mulheres vítimas dificultam a implementação de políticas voltadas ao combate da violência contra a mulher, uma vez que os valores e direitos universais defendidos pela agenda global do feminismo se tensionam com as práticas sociais locais que orientam os atores e as instituições (GREGORI, 1993; BRANDÃO, 1998; IZUMINO, 2004; MORAES e SORJ, 2009).

Em análise cuidadosa, na qual avalia o grau de influência do discurso feminista sobre a cultura jurídica das policias, Mac-Dowell Santos (1999) mostra que essa influência – no Estado de São Paulo, pioneiro na criação dessas instituições, com 126 delegacias funcionando na capital e no interior – tem variado de acordo com a conjuntura política. No momento da criação das delegacias, a relação com o movimento era intensa e o discurso feminista era predominante. Em outros momentos, essa relação se desfez, contudo a autora identifica na sua pesquisa uma apropriação, por parte das agentes, de um discurso de gênero, sem evidenciar a aliança com o movimento feminista. Ressaltamos essa apropriação porque ela envolve a percepção da mulher como um sujeito de direitos. A apropriação do discurso de gênero é feita de modo específico quando combinada com o *ethos* profissional policial (DEBERT e BERALDO DE OLIVEIRA, 2007).

A instabilidade tensa entre a criminalização e a ideia de reduzir a violência a uma questão de assistencialismo configura os principais impasses pelos quais passam, atualmente, as delegacias da mulher. Essas análises demonstram que o princípio que rege a criação da delegacia e a constituição da mulher como sujeito de direitos civis não foi totalmente realizado na prática. Mesmo não sendo totalmente bem-sucedida do ponto de vista de sua efi-

---

[3]. Feriani (2009) mostra que, até mesmo para crimes de tentativa de homicídio entre cônjuges e entre pais e filhos, a reconciliação entre as partes acaba, na maioria das vezes, por arquivar o processo criminal.

cácia objetiva, essa política pública teve um impacto simbólico de grande importância no reconhecimento dos direitos das mulheres.

A não continuidade das denúncias feitas nas delegacias no fluxo do sistema de justiça perdeu, em parte, o sentido com a Lei n. 9.099/95, que criou os Juizados Especiais Criminais. Essa lei simplificou os procedimentos das delegacias para os crimes tipificados como de "menor potencial ofensivo", como são os casos de "ameaça" e "lesão corporal leve" que compreendem a maioria dos casos registrados na delegacia. Dispensando o inquérito policial e simplificando os procedimentos da etapa policial, essas ocorrências registradas nas Delegacias da Mulher passaram, com a nova lei, a serem enviadas mais rapidamente ao Judiciário.

O modo como agentes da polícia percebem a violência embutida no contrato conjugal e na família oferece um conteúdo específico e diferente dos procedimentos adotados nos JECrim. Na delegacia, é esse tipo de violência, a conjugal, que deve ser criminalizada. Assim, uma violência contra uma prostituta terá mais dificuldade de entrar na classificação criminalizante da delegacia. Chegando ao Judiciário, o caso de violência enviado pela delegacia da mulher é julgado no JECrim, que faz uma tentativa de retirada dessa violência do sistema de justiça exatamente pelo fato de ter ocorrido

na relação conjugal. Em outras palavras, a violência ocorrida em uma relação conjugal é percebida de maneiras opostas nas duas instituições do sistema de justiça, como mostramos a seguir.

O modo como os casos são conduzidos no Judiciário e na polícia depende, em larga medida, da concepção de seus agentes e de seus preconceitos sobre o papel social das vítimas, e também da percepção sobre o conflito. Apesar de as práticas informais na delegacia da mulher se distanciarem do que é considerado trabalho policial, as agentes dessa instituição percebem a violência de gênero ocorrida em ambiente doméstico como um crime e, se a vítima não desiste, as policiais encaminham as ocorrências para o Judiciário, fazendo-as permanecer no sistema de justiça penal; as vítimas recorrem a uma instituição voltada para a defesa dos direitos da mulher. Como pesquisas apontaram, nos JECrims essa violência que foi criminalizada na delegacia passa a ser reprivatizada no Judiciário por meio da tentativa de retirada desse conflito do sistema de justiça com a indução à não representação da vítima contra seu agressor ou pela desconsideração de casos de reincidência.

Orientados pelo princípio da busca de conciliação, os JECrims foram criados com objetivos centrais de ampliar o acesso da população à justiça, promover o rápido ressarcimento da vítima e acelerar as decisões penais, desafogando o Judiciário. Tem também um objetivo despenalizador, no sentido de que a lei oferece ao autor do delito considerado pequeno a oportunidade de não ser processado criminalmente (GRINOVER et al., 1997). Na prática, ao fazer a tradução de um fato para um tipo penal, os delegados e demais agentes policiais optam entre duas esferas distintas de julgamento. Ao tipificar o crime como "lesão corporal dolosa leve", as ocorrências seguiram o modelo conciliatório (Lei n. 9.099/95). Contudo, se eles tipificassem como "tentativa de homicídio" ou "lesão corporal dolosa grave", o caso seria encaminhando para julgamento no Tribunal do Júri ou nas Varas Criminais Comuns.

Na categoria de "menor potencial ofensivo", estão incluídos, além de vários outros tipos penais, os crimes de "lesão corporal dolosa leve" (art. 129 do Código Penal) e de "ameaça" (art. 147 do Código Penal), crimes mais frequentes na tipificação da criminalidade que chegam às Delegacias da Mulher. Pesquisas realizadas nos Juizados Especiais Criminais Estaduais no Rio de Janeiro (KANT DE LIMA, AMORIM e BURGOS, 2003), em Porto Alegre (CAMPOS, 2002; AZEVEDO, 2000), em São Carlos (FAISTING, 1999), em São Paulo (IZUMINO, 2003) e em Campinas (BERALDO DE OLIVEIRA, 2006) demonstram que a maioria dos crimes que chegam a esses juizados é justamente os de "lesão corpo-

ral dolosa leve" e de "ameaça". As pesquisas mostram que, apesar de não ter sido criado para lidar especificamente com a violência de gênero, o JECrim recebia a maior parte das ocorrências da Delegacia da Mulher (situação antes de 2006, com a promulgação da Lei Maria da Penha). Esses dados revelaram que os JECrims estavam passando por um processo de *feminização* (BERALDO DE OLIVEIRA, 2006), na medida em que essa instituição estava povoada por um tipo específico de criminalidade, a violência de gênero enviada pela delegacia da mulher, ou seja, suas audiências tinham como vítimas mulheres vitimadas pelo fato de serem mulheres.

Tratar a violência contra a mulher no Judiciário na lógica conciliatória traz consequências singulares. O problema não estava na informalização e desburocratização da justiça trazidas por essa Lei dos Juizados Especiais Criminais, mas, sobretudo, em uma informalização que acabou por enfatizar apenas a celeridade, que se traduz na prática da indução pelos agentes à não representação (levando ao arquivamento), na desconsideração da reincidência e na transação penal com a aplicação da cesta básica como pena. Assim, no fluxo do sistema de justiça opera-se uma mudança de significados políticos do fenômeno da violência de gênero: de crime passa a ser um problema familiar que não compete ao Direito Penal.

No período de atuação dos JECrims, as críticas ao tratamento dado aos casos de violência contra a mulher na justiça levaram os movimentos sociais de defesa dos direitos das mulheres a lutar por um novo tratamento legal e específico. Nesse contexto de insatisfação com a banalização do tratamento da violência de gênero na justiça, volta-se, então, a uma *politização da justiça* com base em uma política identitária, como foi o caso da Delegacia da Mulher. Promulga-se, em 2006, a Lei Maria da Penha (Lei n. 11.340, de 7 de agosto de 2006). Específica para os crimes contra a mulher em âmbito doméstico e familiar, essa lei é o retorno de um reforço criminalizante, instaurando uma nova instituição Judiciária: os "Juizados de Violência Doméstica e Familiar contra a Mulher". É importante enfatizar que o movimento feminista vê no acesso à justiça o ponto fundamental da busca por igualdades de direitos entre homens e mulheres. Com a discussão sobre justiças alternativas, veremos a crítica a essa centralidade do Direito.

A Lei Maria da Penha alterou o tratamento dos crimes de violência doméstica contra a mulher no sistema de justiça. Entre as alterações, destacam-se: o aumento da pena máxima, que passa a ser de três anos de detenção, o que retira essa violência do rol dos crimes de "menor potencial ofensivo", não sendo mais enviada aos Juizados Especiais Criminais; a admissão da prisão em flagrante para alguns casos; impedimento da aplicação de pena de cesta básica; e a exigência novamente – como antes da Lei n. 9.099/95 – da instauração do inquérito policial. Espera-se que essas alterações restituam às delegacias práticas que eram realizadas antes da Lei de 1995, criando condições para que elas possam ser executadas a contento.

Ao analisar o discurso dos operadores jurídicos no debate a favor e contra a Lei Maria da Penha, Romeiro (2009) mostra que diferentes visões sobre violência doméstica estão em jogo e, consequentemente, discordâncias sobre quem são os "sujeitos de direitos" e quem são os "beneficiários" dos Direitos Humanos. Para as feministas, o debate sobre Direitos Humanos precisa levar em conta o combate e a erradicação das desigualdades de gênero. Já para os operadores jurídicos, as premissas dos Direitos Humanos devem garantir o cumprimento dos direitos individuais dos cidadãos, como o acesso à justiça e a possibilidade de um julgamento justo. Se para as feministas os Direitos Humanos devem incluir os direitos das mulheres, a criminalização e a punição legal do agressor na luta contra a violência doméstica e familiar, para os operadores jurídicos as questões importantes são a despenalização e a ineficiência das prisões como forma de ressocialização e punição.

Se as delegacias e leis especializadas são importantes para dar visibilidade a formas particulares de violência, contribuindo para legitimar os direitos dos grupos desfavorecidos (mulheres, idosos, crianças, homossexuais, negros), elas também podem criar espaços de deslegitimização e invisibilidade para outras formas de violência – no caso das delegacias da mulher, a violência contra idosos e contra homens, por exemplo. Novamente se faz presente o dilema de como articular o universal e o particular nas dinâmicas do sistema de justiça para preencher as lacunas existentes quando se lida com um fenômeno tão complexo e plural como é a tríade entre violência, crime e família.

As reformas criminalizantes, tais como a Delegacia da Mulher ou a Lei Maria da Penha, focam a categoria mulher e a família, e não a desigualdade de poder construída em torno dessas categorias, o que impede que as identidades e as relações de poder sejam vistas como fluidas, não estáticas ou cristalizadas. Há uma dificuldade das políticas públicas identitárias de escapar dessas categorias, tomando-as como algo fixo. A Delegacia da Mulher trabalha com a categoria "violência contra a mulher" e a Lei Maria da Penha restringe a violência contra a mulher àquela que ocorre no âmbito doméstico e familiar, ao utilizar a categoria "violência doméstica e familiar contra a mulher", retirando do âmbito dessas instituições a violência impetrada contra as mulheres, pelo fato de

ser mulher, nos espaços públicos, nas relações de trabalho, entre outras. Sem dúvida, ambas as instituições representam um grande avanço na defesa dos direitos das mulheres; mas, se refletirmos nessa questão incorporando a perspectiva de gênero, é preciso se perguntar em que medida a categoria "mulher" está operando de uma maneira *engendered* (TERESA DE LAURETIS, 1997), isto é, pensar que homens e mulheres agem conforme as diferenças de gênero estabelecidas culturalmente e por meio de discursos hierarquizantes. São os sujeitos de direitos, homens e mulheres, que orientam as decisões dos juízes, ou as suas decisões estão pautadas pelo desempenho dos papéis adequados e esperados nas relações familiares? Qualquer resposta generalizante seria apressada, dados os diferentes contextos socioculturais e a atuação das diferentes esferas do sistema de justiça.

As delegacias especiais de polícia voltadas para a defesa de minorias são fruto de reivindicações de movimentos sociais e indicam um avanço da agenda igualitária, porque expressam uma intervenção da esfera política capaz de traduzir em direitos os interesses de grupos sujeitos ao estatuto da dependência pessoal. Não se trata de exigir que as instituições judiciárias partilhem o ideário feminista ou de qualquer outro grupo identitário que esteja reivindicando direitos, tais como negros, índios, pobres, homossexuais etc., porém, é importante considerar essas particularidades quando se trata de políticas que visam eliminar abusos e discriminações pautadas em diferenças sociais.

20.3. Gênero e geração no sistema de justiça

Os estudos sobre violência doméstica têm mostrado que, ao julgar os crimes cometidos entre familiares, a justiça intervém não para julgar o crime em si, mas para avaliar a adequação de vítimas e acusados aos papéis sociais, reiterando, com isso, assimetrias de gênero e de geração, bem como a violência associada a elas. Nesse sentido, em crimes entre cônjuges, a mulher deve ser boa esposa, o que implica em ser fiel ao marido e atender aos desejos sexuais do companheiro; boa mãe, responsável pelo cuidado e bem-estar dos filhos; e boa dona de casa. Já o homem deve ser bom marido, o que significa ser fiel; bom pai, aquele que sustenta os filhos; e, sobretudo, bom provedor. Em crimes entre pais e filhos, os pais são aqueles que cuidam, amam e sustentam os filhos; já os filhos devem ser submissos, obedientes, amáveis e não se darem ao uso de drogas. Muitas vezes, não atender a esses requisitos faz com que o réu, seja homem, mulher, pai, mãe, filho ou filha, caminhe mais rapidamente a uma condenação, já que o não

cumprimento de seu perfil social é visto como uma justificativa para a sua sentença condenatória. Do mesmo modo, a vítima, ao não se encaixar em seu papel esperado, acaba por sofrer um processo de culpabilização, podendo levar a uma atenuação da pena do acusado ou até mesmo à absolvição, como se a sua posição negativa ou "desvirtuante" numa escala assimétrica de papéis sociais fosse um motivo para o crime do qual foi vítima.

Em seu estudo sobre crimes entre casais nas décadas de 1960 e 1970, no Fórum de Campinas, Corrêa (1983) mostrou como os argumentos jurídicos giravam em torno do conceito de honra – o crime de matar a mulher adúltera encontrou inteligibilidade na justificativa de que o marido estaria "lavando a sua honra". Tal argumento teve implicações importantes: além de absolver o réu pela figura da legítima defesa da honra, acionou toda uma série de assimetrias de gênero, tomando a vítima não enquanto cidadã portadora de direitos, mas envolta em um estereótipo (a esposa, a mãe, a dona de casa).

A tese de legítima defesa da honra só é válida e aceita quando, por um lado, o homem (réu) cumpre o seu papel e, por outro, a mulher (vítima) não se encaixa no perfil esperado de esposa e mãe. O marido só pode "lavar a sua honra" se ele for um homem honrado, em contraposição a sua esposa, vista como uma ameaça à sua posição social. Assim, no estudo de Corrêa (1983), nos crimes de maridos contra esposas em que a legítima defesa da honra foi aceita, o marido era tido como alguém responsável, nada deixando faltar em casa, além de ser fiel e prezar pelo seu casamento. Já a esposa foi vista como amoral, por ser adúltera, culpada por um mau andamento do casamento e, de certa forma, responsável pelo crime da qual foi vítima. Usar trajes decotados, ficar o dia inteiro fora de casa, negar-se a ter relações sexuais com o marido, pintar-se e se arrumar exageradamente são atitudes que não encontram lugar dentro de um padrão do que seja esposa e mãe.

Apesar de Ardaillon e Debert (1987) mostrarem os princípios de uma nova lógica no julgamento de crimes de homicídio e tentativa de homicídio de marido contra esposa na década de 1980, o argumento jurídico principal, no sentido de mais significativo e recorrente, continua a ser aquele demonstrado por Corrêa (1983) nas décadas de 1950 e 1960, ou seja, o da honra. Apenas em processos mais recentes e em número muito pequeno (2 de 12 casos), a acusação entra com um novo argumento: não mais o da adequação de vítima e acusado a papéis de marido/pai e esposa/mãe, mas o da mulher enquanto cidadã portadora de direitos individuais, como o direito de desfazer um contrato de casamento, o direito à independência e à

vida. Assim, é o crime propriamente dito que deverá ser julgado.

Em um estudo mais recente sobre crimes de maridos que matam ou tentam matar suas esposas, Pimentel et al. (2004) mostram como a tese de legítima defesa da honra ainda é acionada e aceita. Investigaram-se 42 casos em que os advogados dos réus usaram essa tese nos tribunais, sendo que em 23 deles os acusados foram absolvidos em primeira instância. Como a maioria dos processos teve recurso, ainda não se sabe se as decisões serão revertidas pelas cortes superiores. Mesmo que isso ocorra na maioria dos casos, o peso do argumento em torno do conceito de honra não deixa de ser significativo ainda hoje, em crimes ocorridos entre 1999 e 2003. Segundo as autoras, a superação da tese de legítima defesa da honra, presente no imaginário social e nas falas dos atores judiciais, é, na verdade, um mito que, como tal, acaba por mascarar a realidade e, no caso, alimentar, renovar e difundir preconceitos e estereótipos que necessitam ser enfrentados criticamente. Enquanto prática cultural, a legítima defesa da honra estaria inserida em uma lógica conceitual própria, na qual o papel da mulher está atrelado a uma concepção sexualizada, como se sua decência e dignidade dependessem de uma vida sexual regrada e limitada. Agir em "transe de grande ciúme", por amor, por uma "loucura incontrolável", uma violenta emoção ou por ter sido "ofendido em sua honra ao ser chamado de chifrudo" são estratégias discursivas nas quais a honra – do homem – continua sendo o elemento central que provoca a perda do controle emocional, justificando, assim, os crimes, mesmo aqueles ocorridos mais recentemente, de 1992 a 2005 (TEIXEIRA e RIBEIRO, 2008; FERIANI, 2009).

Os estudos mostram que, enquanto o marido é absolvido por legítima defesa da honra e/ou tem a pena atenuada por motivos similares, a esposa é absolvida por legítima defesa da vida. Dessa forma, mesmo na posição de ré, ou seja, de alguém que cometeu um crime, a mulher sofre um processo de vitimização – é vítima dos maus-tratos e das agressões do marido, agindo, portanto, em defesa própria. Porém, ela só se beneficiará de tal argumento ao cumprir o seu papel esperado de esposa, mãe e mulher, em contraposição ao marido que, apesar de vítima, é tido como culpado, por ser violento, infiel, indigno e/ou não arcar com as despesas do lar.

Usar o termo gênero abre uma possibilidade de tratar a diversidade das experiências, podendo articular-se a outras categorias não menos importantes, tais como classe, geração e raça, considerando as relações de gênero como dinâmicas e fluidas, operando relações de poder, e não simplesmente o resultado da dominação estática e polarizada de homens sobre mulheres. Ao ver o gênero não como uma relação entre homem e mulher apenas, mas como uma relação mais ampla entre feminino e masculino, é possível olhar para outras formas de violência. Isso significa que os homens também podem ser violados, sendo seus corpos tratados como femininos. A "criminalização de gênero" não focaria mulheres, homens, lésbicas, gays etc., mas sim a busca de uma criminalização dos atos cometidos em nome de um poder maior na relação social com o operador de gênero que leva a preconceitos, hierarquias e discriminações (violência *engendered*); ou melhor, é usar a diferença de gênero para subjugar uns e outros[4].

É possível, portanto, pensar a violência de gênero para além da relação entre casais. Debert e Oliveira (2009) mostram que há uma feminização e uma invisibilidade da violência contra o idoso dentro da família. Ao pesquisarem os boletins de ocorrência em delegacias especializadas (do idoso e da mulher) e em um distrito policial comum, no Estado de São Paulo, as autoras mostram que a maioria das ocorrências tinha como indiciado algum parente da vítima, principalmente filhos. Os agentes dessas delegacias, porém, negavam a existência de casos de maus-tratos e

---

[4.] A bandeira levantada na atração anual da "Parada GLBT" de 2007 foi o movimento pela criminalização da homofobia. As violências homofóbicas também são *engendered*; têm como operador o marcador de gênero.

agressões contra idosos e, no distrito policial comum, argumentava-se que esse tipo de violência seria encontrado na delegacia da mulher – o que foi negado também por esta instituição. Segundo as autoras, durante o processo de criminalização da violência contra o idoso, esta passa a ser transformada em violência doméstica; e se, por um lado, há a tendência de feminizar as vítimas, por outro as causas do crime são vistas como tendo um caráter moral, "resultados da incapacidade dos membros da família de assumir os diferentes papéis que devem ser desempenhados em cada uma das etapas do ciclo da vida familiar" (2009, p. 23). A família, assim, passa a ser responsabilizada tanto pelo cuidado quanto pelo infortúnio de seus membros mais velhos.

Ao fazer pesquisa sobre crimes de homicídio e tentativa de homicídio entre pais e filhos, tramitados entre 1992 a 2002, no Fórum de Campinas, Feriani (2009) identifica e analisa duas estratégias jurídicas principais no julgamento dos casos. Na primeira, chamada de "moral familiar", já mostrada por outros estudos, há uma tentativa por parte dos atores jurídicos de encaixar réu e vítima em papéis socialmente esperados de pai, mãe, filho, esposa e marido. Já no argumento da "saúde mental", não se trata de discutir a adequação às posições socialmente tidas como corretas, mas de intervir no sentido de possibilitar um tratamento médico ao réu que, embora tenha cometido um crime, é tido como doente e não poderá ser condenado. O imaginário sobre a loucura passa a ser um mecanismo eficiente, já que desloca tais crimes da esfera da racionalidade, pondo-os no lugar do descontrole emocional. Enquanto a estratégia da saúde mental foi mais convincente para crimes de filhos contra pais, a da moral familiar foi mais significativa nos crimes de pais contra filhos, encaixando-os em outra esfera de inteligibilidade – a da autoridade e da hierarquia paternas.

Ao pensar os crimes em família a partir de campos conceituais, é possível aproximar esposas e filhos, de um lado, maridos e pais, de outro. Feriani (2009) argumenta que a defesa da vida pelas mulheres e a loucura dos filhos pertencem a um mesmo referencial simbólico – vitimização, irracionalidade, descontrole emocional (polo feminino). Por sua vez, a defesa da honra pelos maridos e a autoridade dos pais trazem como elementos a intencionalidade da ação, a racionalidade, o autocontrole, a pessoa em sua especificidade hierárquica (polo masculino). Enquanto a conjugalidade parece ser vista como espaço do perigo em potencial ou de alta periculosidade, tendo como principal figura jurídica a defesa, as relações geracionais, por sua vez, tendem a anular a potencialidade do perigo pela figura jurídica da inimputabilidade.

Os estudos sobre violência doméstica mostram que o argumento de preservar a família é muito recorrente nas arguições, sobretudo dos advogados, o que leva a tratar os crimes que ali ocorrem como incidentes domésticos e a absolvição como o resultado mais conveniente. As pesquisas confirmam o alto índice de absolvições e desclassificações de delitos nos crimes em família, tanto nos crimes que chegam às delegacias especializadas e aos juizados especiais quanto os que chegam ao Tribunal do Júri. Flávia Melo da Cunha (2008) mostra que, a despeito da gravidade das lesões ser atestada pelos laudos médicos e pelas marcas corporais das vítimas – cicatrizes, perdas de membros, fraturas –, os crimes são classificados como "lesão corporal leve", sendo que uma pequena quantidade de ocorrências se transforma em inquéritos policiais. A autora contrapõe, assim, a invisibilidade do crime de lesão corporal grave, nas delegacias, com a visibilidade que ele ganha nas narrativas e nos corpos de mulheres agredidas por seus companheiros.

Para alguns estudos sobre violência doméstica, a tentativa da justiça é de preservar a família ou, ao menos, um ideal de família. Assim, Debert et al. (2008) argumentam que a absolvição nos casos de violência familiar "é conduzida pela lógica, ainda presente, da defesa da família e dos julgamentos a partir do perfil social considerado adequado de vítimas e acusados" (p. 6). Ao analisarem os processos de parricídio tramitados em duas varas do Júri do Fórum de São Paulo, no período de 1990 a 2002, as pesquisadoras percebem que há um interesse da justiça em punir os homicidas quando eles não recebem apoio de outros familiares. Por sua vez, os atores jurídicos relativizam o grau de culpabilidade dos acusados, seja atenuando a pena ou absolvendo-os, "...ao reconhecerem, implicitamente, que a família precisa ser preservada nos casos em que os parentes dos acusados não visam sua punição" (p. 206). Concluem, assim, que argumentos como violenta emoção, legítima defesa da honra, defesa própria, putativa ou de terceiros, inimputabilidade por insanidade mental são maneiras de "encobrir o caráter violento que a vida familiar pode assumir" (p. 207).

Ao entrevistar advogados e promotores e ouvir conversas informais entre eles, na vara do Júri de Campinas, Feriani (2009) mostra, porém, que não se trata de preservar ou defender, mas de expulsar a família do sistema de justiça ao reconhecê-la como palco de conflitos insolúveis, um caso complicado demais para o Direito Penal lidar. Assim, os crimes entre familiares ora são "jogados" para a psiquiatria como crimes horríveis, ora são devolvidos à família, com a volta do réu para a casa. Como já mencionado, no JECrim é exatamente pelo fato de a agressão ocorrer na relação conjugal que ela é reprivatizada.

Sem querer desconsiderar a influência que atributos como cor da pele e classe social têm no andamento e desfecho dos casos na justiça, tais atributos parecem não ser determinantes para a sentença ou a dosagem da pena nos crimes em família. Os dramas familiares, as posições de pais e filhos, maridos e esposas, os comportamentos que uns devem ter em relação aos outros são mais importantes do que as outras marcas sociais. Os réus condenados não o foram por serem pobres ou negros, mas porque não cumpriram uma série de exigências tidas como próprias da vida em família e das obrigações de cada um de seus membros.

As análises críticas da família[5] e os esforços para mudar o modelo de família tradicional têm sido centrais no movimento de mulheres. Trazer a discussão de gênero para o âmbito doméstico indica, de acordo com Debert (2001), uma *reprivatização de questões políticas*, por meio da qual o papel da família é renovado, passando a ser a família uma aliada fundamental das políticas sociais. Ao mesmo tempo em que a judicialização (a entrada do sistema de justiça no mundo privado) torna pública e criminaliza a violência familiar, possibilitando o julgamento e a punição dos culpados, acaba por reprivatizá-la na medida em que a família passa a ser vista como a única instância capaz de exercer um controle sobre indivíduos, em que os deveres da cidadania e os valores que orientam a construção das diferentes instituições do sistema de justiça não têm ressonância. Para Debert (2001), a família tende a ser vista como única solução para a chamada cidadania malograda, ou seja, o cidadão pobre e incapaz de exercer os seus direitos.

20.4. Justiças do diálogo: gênero, família e população de baixa renda

Tanto as instituições que promovem a "mediação" de conflitos quanto os Juizados Especiais Criminais que implementaram pela primeira vez a "conciliação" na justiça penal – cada uma, a seu modo – fazem parte do que estamos chamando de *justiças do diálogo*, isto é, das "novas justiças" ou "justiças alternativas"[6]. Estas justiças trazem uma dinâmica comunicacional, do diálogo, ou da negociação entre as partes, como formas alternativas de administração de conflitos, pautadas em um estilo não adversarial.

[5.] Ver FONSECA, Cláudia (2003) e PISCITELLI, Adriana. Re-criando a (categoria) mulher. In: ALGRANTI, Leila M. (Org.). *Textos Didáticos 48:* a prática feminista e o conceito de gênero. Campinas: IFCH-Unicamp, 2002.

[6.] Garapon (1998, p. 230) define: "As novas formas de justiça têm em comum o fato de atribuírem uma grande importância ao contato entre as partes, com o sentimento delas, é claro. O quadro é especial: seguramente ele é mais flexível que o procedimento jurídico, mas não é por isso totalmente informal. Contra a burocracia e as filas, o contato pessoal oferece todas as vantagens. Os protocolos insistem na necessidade de reunir todas as partes envolvidas".

As justiças do diálogo surgem como forma de administrar conflitos no sistema de justiça no Brasil em um momento tanto de expansão de direito e de judicialização das relações sociais (VIANNA et al., 1999) quanto de retratação, informalização e desjudicialização, visando uma nova relação entre o judicial e o não judicial na administração da justiça. Nas discussões sobre as melhores formas de administração e resolução de conflitos sociais, ora enfatizam-se leis de aumento à repressão, com base em modelos que valorizam o conflito das partes em lados opostos, ora adotam-se modelos negociados, de busca do acordo e do Direito Penal mínimo. Essas tendências, apesar de parecerem contraditórias, coexistem no sistema jurídico brasileiro atual. Ao mesmo tempo em que se promulga a Lei dos Crimes Hediondos e se entra na discussão da redução da maioridade penal, têm-se a Lei dos Juizados Especiais Criminais e, também, projetos de Justiça Restaurativa[7] e de mediação. Surgem, também, como políticas públicas de justiça alternativa, os centros governamentais e não governamentais de mediação e justiça comunitária, além de empresas privadas de mediação com fins lucrativos que se voltam, geralmente, para pessoas jurídicas do setor econômico e financeiro. Com isso, mostram-se os diferentes usos das justiças do diálogo, em cada contexto em que são aplicadas, produzindo práticas e significados distintos.

O controle social descentralizado, que cria outros espaços de justiça, é uma inovação, mas não necessariamente menos coercitiva ou reguladora. Como discutem Rose (1998) e Garland (1999), o Estado, no período pós-Estado Providência, nos países que tiveram esse Estado forte durante algum tempo, passa a assumir uma posição de regulador à distância, desresponsabilizando-se de atividades tradicionalmente estatais, tal como a de produção de justiça. De acordo com Garland (1999), há um problema nessa expansão dos meios alternativos ao Judiciário e nesse novo papel do Estado, principalmente no que diz respeito às políticas criminais. O autor afirma que:

> "Os grupos que mais sofrem com a criminalidade tendem a ser os membros mais pobres e menos poderosos da sociedade, que são desprovidos quer de recursos para comprar segurança, quer de flexibilidade para adaptar suas vidas cotidianas e se organizar de forma eficaz contra o crime. Essa disparidade entre ricos e pobres – que coincide com a divisão entre as classes detentoras da propriedade e os grupos sociais que são considerados como uma ameaça para a propriedade – tende a nos arrastar para uma socieda-

---

7. A *justice reparatrice* inscreve-se na ruptura com o modelo punitivo. Ela está presente como forma de justiça que se pretende diferente do modelo reabilitativo e do terapêutico. Os promotores da Justiça Restaurativa concebem o crime ou a infração como uma situação portadora de problemas físicos e psicológicos que convém ser reparada. A reparação é realizada por meio da conversa entre as partes envolvidas sobre a infração e suas consequências, buscando medidas de reparação negociadas (ROJAQ, 2004).

de fortificada, caracterizada pela segregação e o abandono de todo ideal cívico" (GARLAND, 1999, p. 76).

No Brasil, pesquisas[8] têm mostrado que as justiças do diálogo inserem-se no tema sobre desigualdades e marcadores sociais de classe, raça, gênero, na medida em que as instituições que promovem a mediação e a conciliação extrajudicialmente, ou como foi também o caso do JECrim antes da Lei Maria da Penha, têm sido usadas principalmente por mulheres que recorrem por conflitos familiares. Além disso, estudos como o de Sinhoretto (2006) têm apontado o surgimento de uma "justiça de segunda classe" por meio das justiças alternativas, ou seja, não há o processo de criação de alternativas à justiça, mas sim uma justiça mais informal como única opção para as minorias desfavorecidas e sem acesso ao sistema de justiça formal. Assim, não se promove uma ampliação do acesso à justiça, mas cria-se outro ambiente, mais informal e menos regulado pelas regras da lei universal, para a administração de determinados tipos de conflitos, principalmente os que envolvem relações familiares, tendo como usuárias as mulheres na maioria dos casos.

A mediação de conflitos, como forma alternativa de justiça, propõe que outros profissionais, não apenas do âmbito jurídico, possam atuar na administração de conflitos a partir de uma lógica do diálogo, visando reestabelecer a comunicação entre as partes ou, se possível, um acordo. Esse fato desloca a legitimidade de administração de conflitos para outros saberes, tais como a psicologia e a assistência social, em um ambiente que antes era reservado apenas aos profissionais da área jurídica. Se isso tem ganhos enormes por um lado, visto que o conflito passa a ser percebido em outras dimensões que não somente a jurídica, por outro lado corre o risco de problemas sociais serem transformados em questões privadas, que são percebidas pelos profissionais como dificuldade de comunicação entre as partes em conflito. Essa ressalva é importante porque as políticas que visam efetivar medidas voltadas para a conciliação e a mediação no Judiciário concebem estes procedimentos alternativos como a solução do colapso do sistema, hoje amontoado de processos que clamam pela prestação jurisdicional. E o seu lema é retirar esses problemas do Judiciário, responsabilizando os próprios indivíduos envolvidos.

Além do foco na celeridade e desburocratização do sistema, uma crítica comum é a preocupação em relação às discrepâncias de poder entre as partes em conflito quando se usa a mediação ou conciliação (NADER, 1994). Argumenta-se

---

[8]. Beraldo de Oliveira (2010); Sinhoretto (2006); Simião (2009).

que o processo menos formal e regulado da mediação é mais sujeito a preconceitos, permitindo que características socioculturais contribuam na tomada de decisões sem referência a regulamentos legais (ABEL, 1973). Postula-se que a informalidade é desvantajosa para indivíduos menos poderosos, particularmente às mulheres, às minorias e aos pobres (DELGADO et al., 1985). Problemas sociais e de justiça correm o risco de serem vistos como problemas individuais e de tratamento. Por exemplo, em uma pesquisa desenvolvida por Rachel Field (2005) sobre as práticas alternativas restaurativas no Judiciário entre vítima-infrator adolescentes, verifica-se um desequilíbrio de poder para participantes do sexo feminino. Ela argumenta que as jovens do sexo feminino têm necessidades especiais e problemas oriundos de desequilíbrios adicionais de poder relacionados ao gênero e que tais questões precisam ser enfrentadas.

Nesse sentido, Debert e Gregori (2008) argumentam sobre a importância da utilização do termo gênero no estudo do sistema de justiça:

> "Utilizar a categoria violência de gênero, principalmente nos estudos que têm como referência o sistema de justiça, foi incisivo na crítica à vitimização, que compreendia as mulheres como vítimas passivas da dominação. Contudo, o interesse pelas formas alternativas de justiça não pode nos levar ao extremo oposto, pressupondo que as mulheres que forem capazes de desenvolver atitudes adequadas podem facilmente se livrar das práticas discriminatórias, encontrando caminhos capazes de restaurar direitos e práticas libertárias. Desta perspectiva, não podemos cair na armadilha de transformar a violência, o poder e o conflito em problemas de falta de confiança e autoestima dos oprimidos ou, então, de dificuldade de comunicação" (DEBERT; GREGORI, 2008, p. 167).

O que interessa, nesse momento, é destacar que, além de não se colocar o foco em uma categoria específica, como mulheres, idosos, homossexuais, não seria o caso também de colocar o foco nos indivíduos que se comunicam mal (base das *justiças do diálogo*) e, por isso, são incapazes de fazer valer seus direitos. Como argumenta Butler (2003, p. 35):

> "Em primeiro lugar, devemos questionar as relações de poder que condicionam e limitam as possibilidades dialógicas. De outro modo, o modelo dialógico corre o risco de degenerar num liberalismo que pressupõe que os diversos agentes do discurso ocupam posições de poder iguais e falam apoiados nas mesmas pressuposições sobre o que constitui 'acordo' e 'unidade', que seriam certamente os objetivos a serem perseguidos".

O que acontece é que conciliar e mediar se transformaram em sinônimos de "desafogar", em alguns casos, primando a agilidade a todo custo, o que culmina em um processo de falta de garantias de direitos e também reproduz desigualdades de poder, o que é base de muitas críticas sobre as *justiças do diálogo*.

Outra discussão em torno da mediação de conflitos recai sobre o fato de que esse método é considerado pelos seus gestores como tendo maior potencial pedagógico em relação à justiça formal. Esse argumento ajuda a compreender, em parte, porque a maioria dos casos tratados na mediação são casos ligados a problemas familiares. A "família" é considerada, pelos mediadores e pelos idealizadores dos projetos de mediação de conflito, como um ambiente propício ao diálogo no intuito de responsabilizar seus membros ou de "civilizá-los" (ELIAS, 1994). Contudo, outros problemas, tais como conflitos entre pessoas que não se conhecem ou concernentes à reparação de bens materiais, são percebidos pelos agentes jurídicos como casos que não precisam de um "controle pedagógico", mas sim de um controle mais normativo e formal, por meio da lei, com garantias de direitos mais sólidas.

De acordo com Max Weber, a forma de legitimidade mais importante na sociedade moderna é a crença na legalidade. Em outros termos, a dimensão jurídica é sem dúvida fundamental na construção da legitimidade dos direitos. Porém, como afirma o próprio Weber, a ordem da racionalidade legal é geralmente menos aceita do que a ordem moral e do costume, essa última se legitima pelo seu caráter rotineiro e graças a sua exemplaridade. Rifiotis (2003), ao considerar Max Weber, argumenta que, nesse sentido, uma primeira consequência seria considerar a estratégia "judiciarizante" como uma espécie de medida de curto prazo em termos de desdobramentos desejados na modulação das relações de gênero na nossa sociedade. O autor afirma que "A criminalização da 'violência de gênero' como reconhecimento pelo Estado poderia ser considerada uma 'dádiva ambivalente' [...], pois a criminalização exige a aceitação do tratamento penal dos casos" (RIFIOTIS, 2008, p. 8). A polarização desse conflito de gênero (vítima *versus* agressor) traz alguns problemas quando se observa o tratamento penal dado aos casos, causando uma tensão entre o movimento de criminalização da violência de gênero e a busca por alternativas não penais para a solução do conflito, baseadas na conciliação e na mediação (pressupondo um método que não polariza as partes em conflito).

A centralidade que o Direito ocupa nas políticas de ações afirmativas têm sido pouco problematizada, assim como também não há problematização das estratégias dos movimentos sociais via sistema de justiça, especialmente na *criminalização* da violência de gênero. De toda forma, o Judiciário ainda é hoje um importante elemento simbólico no campo da legitimidade acionada como parte estratégica de visibilização e reconhecimento das lutas no campo de gênero.

Há um acordo quanto à necessidade de se repensar o sistema de justiça penal – sua burocracia, morosidade, reprodução de hierarquias e preconceitos e as cadeias como depósitos humanos –, porém, deve-se também encarar as propostas alternativas de uma forma mais crítica, específica e contextualizada, para que elas não acabem por reproduzir as mesmas desigualdades e criar novas.

Considerações finais

O antropólogo Clifford Geertz argumenta que o outro – ou seja, o diferente – não pode mais ser ignorado. Vivemos em um "mundo colagem" – um mundo globalizado, um mosaico de tradições, valores e culturas, em que o outro não está mais isolado em um país longínquo e exótico, mas está do nosso lado, frequentando os mesmos lugares e partilhando as mesmas experiências. Para Geertz (1999), há duas maneiras tradicionais de se lidar com esse outro: o universalismo, ou o relativismo radical, e o etnocentrismo, ou o olhar distanciado. Se o primeiro nos leva a uma incapacidade de julgamento e ao apagamento das diferenças, o segundo nos leva a um obscurecimento de nossa posição em relação ao mundo – e, no limite, a um obscurecimento de nós próprios, já que, segundo o autor, conhecer o outro significa compreender a nós mesmos.

O sistema de justiça também não pode ignorar esses vários outros, de carne e osso, que clamam por ações afirmativas não como forma de obter privilégios, mas, pelo contrário, para ter acesso aos mesmos direitos garantidos pelo sistema democrático. Não se pode alcançar o ideal de universalidade e igualdade da justiça se os sujeitos de direito não são nem universais nem igualitários, mas envoltos em relações assimétricas, hierárquicas, com desigualdades de poder referentes às posições de gênero, raça, geração, sexualidade, classe – relações essas que ganham conteúdos sociais e culturais diversos. O universal, portanto, só faz sentido se o local for levado em conta, ou seja, se as diferenças entre os sujeitos forem contempladas – e não negadas ou ignoradas. Ações como as delegacias especiais de polícia, leis como a Maria da Penha, a criminalização do racismo e da homofobia, assim como a política de cotas, são maneiras de preencher lacunas no que diz respeito ao acesso à justiça e ao reconhecimento de direitos e identidades de grupos discriminados para o exercício de uma cidadania plena.

Em uma sociedade extremamente hierarquizada como a brasileira, alguns grupos sociais são considerados de segunda classe: os pobres, os negros, as mulheres e outras minorias. Quando não vistos em suas particularidades, tais grupos acabam sendo tidos como obstáculos ao funcionamento do sistema. É importante notar que a universalidade de direitos não pode ser atendida se não atentarmos sobre a maneira específica pelas quais as diferentes minorias passam por experiências de discriminação. Perde hoje totalmente o seu sentido a questão de saber se, ao privilegiarmos ações voltadas para as minorias, não estaríamos abandonando os ideais de igualdade e universalidade próprios da democracia.

O paradoxo está no fato de que, ao serem classificados como minorias por meio do reconhecimento de identidades e direitos, tais grupos acabam por serem vistos de maneira totalizante e homogeneizadora, tanto por parte da sociedade, de maneira geral, quanto por parte do sistema jurídico. Neste, a consequência pode ser o de reificar e justificar violências baseadas nas dicotomias e assimetrias referentes aos marcadores sociais vivenciados pelos indivíduos, tais como gênero, geração, sexualidade, classe, raça etc. Assim, como vimos, tanto nas delegacias especializadas, nos juizados especiais, quanto no Tribunal do Júri, o sistema de justiça acaba, muitas vezes, por acionar papéis e comportamentos esperados do que seja mulher, esposa, marido, pai, mãe, filho, idoso, homossexual, negro etc. como elementos centrais para o andamento dos casos, envolvendo os indivíduos em estereótipos alimentadores de violências ao invés de vê-los como sujeitos de direitos e cidadãos capazes de fazer um bom uso do Direito. No lugar de se julgar o crime propriamente, julga-se o quanto as partes envolvidas estão de acordo com esses papéis. De uma discussão legal, passa-se a uma discussão moral reificadora de desigualdades. Um ponto importante, quando se trata de eliminação da violência de gênero, é esboçar outros modos de conceber a "família". O indivíduo não precisa estar atuando em algum tipo de papel familiar para ter direitos; por exemplo, uma prostituta pode sofrer violência de gênero.

O desafio é como articular o universal e o local, afinal todos somos sujeitos de direitos, mas não somos sujeitos universais e igualitários. Os Direitos Humanos só poderão receber esse nome se os direitos individuais, particulares, forem contemplados. Caso contrário, o ideal tão almejado da universalidade e igualdade do Direito, em uma sociedade democrática, continuará sendo uma maneira de encobrir diferenças e reproduzir desigualdades.

Bibliografia

ABEL, Richard. A comparative theory of dispute institutions in society. *Law and Society Review*, 8 (2), p. 217-347, 1973.

AMARAL, C. G. et al. *Dores invisíveis:* violência em delegacias da mulher no nordeste. Fortaleza: Edições Rede Feminista Norte e Nordeste de Estudos e Pesquisas sobre a Mulher e Relações de Gênero (REDOR), 2001.

ARDAILLON, Danielle; DEBERT, Guita Grin. *Quando a vítima é mulher:* análise de julgamento de crimes de es-

Manual de Sociologia Jurídica

tupro, espancamento e homicídio. Brasília: Conselho Nacional dos Direitos da Mulher, 1987.

AZEVEDO, Rodrigo Ghiringhelli de. *Informalização da justiça e controle social:* Estudo sociológico da implementação dos Juizados Especiais Criminais em Porto Alegre. São Paulo: IBCCRIM, 2000.

BERALDO DE OLIVEIRA, Marcella. *Crime invisível:* a mudança de significados da violência de gênero no Juizado Especial Criminal. Dissertação (Mestrado em Antropologia). Instituto de Filosofia e Ciências Humanas da UNICAMP, 2006.

BERALDO DE OLIVEIRA, Marcella. *Justiças do diálogo:* uma análise da mediação extrajudicial. Tese (Doutorado). Instituto de Filosofia e Ciências Humanas da Unicamp, 2010.

BLAY, E.; OLIVEIRA, M. *Em briga de marido e mulher...* Rio de Janeiro: IDAC; São Paulo: Conselho da Condição Feminina, 1986.

BRAGA NETO, Adolfo; SAMPAIO, Lia Castaldi. *O que é mediação de conflitos?* São Paulo: Brasiliense, 2007.

BRANDÃO, Eliane Reis. Violência conjugal e o recurso feminino à polícia. In: BRUSCHINI, C.; HOLLANDA, H. B. de (Org.). *Horizontes Plurais.* São Paulo: Fundação Carlos Chagas/Editora 34, 1998.

BUTLER, Judith. *Problemas de gênero:* feminismo e subversão da identidade. Rio de Janeiro: Civilização Brasileira, 2003.

CAMPOS, Carmen Hein de. Justiça consensual e violência doméstica. *Textos Bem Ditos*, v. 1, Porto Alegre: Themis, 2002.

CARDOSO DE OLIVEIRA, Luís Roberto. Existe violência sem agressão moral? *Revista Brasileira de Ciências Sociais*, v. 23, n. 67, p. 135-146, 2008.

CARRARA et al. Crimes de bagatela: a violência contra a mulher na justiça do Rio de Janeiro. In: CORRÊA, M. (Ed.). *Gênero e cidadania.* Campinas: PAGU, Núcleo de Estudos de Gênero: 71-106, 2002.

CORRÊA, Mariza. *Morte em família:* representações jurídicas de papéis sexuais. Rio de Janeiro: Graal, 1983.

CRUIKSHANK, Barbara. The will of power: technologies of citizenship and the war on poverty. *Socialist Review,* v. 23, n. 4, p. 29-55, 1994.

CUNHA, Flávia Melo da. *Delicta factis permanentis:* marcas de um delito invisível. Dissertação (Mestrado). Programa de Pós-graduação em Antropologia Social – IFCH/UNICAMP, 2008.

DE LAURETIS, Teresa. *Technologies of Gender.* Blomington: Indiana University Press, p. ixxi e 1-30, 1997.

DEBERT, Guita Grin. A família e as novas políticas sociais no contexto brasileiro. *Interseções – Revista de Estudos Interdisciplinares*, UERJ, ano 3, n. 2, 2001.

DEBERT, Guita Grin. Arenas de conflitos éticos nas delegacias especiais de polícia. *Primeira Versão,* Publicação IFCH/UNICAMP, n. 114, nov. 2002.

DEBERT, Guita Grin; BERALDO DE OLIVEIRA, Marcella. Os modelos conciliatórios de solução de conflitos e a "violência doméstica". *Cadernos Pagu,* n. 29, p. 305-337, 2007.

DEBERT, Guita Grin; GREGORI, Maria Filomena. As delegacias especiais de polícia e o projeto gênero e cidadania. In: CORRÊA, M. (Ed.). *Gênero e cidadania.* Campinas: PAGU, Núcleo de Estudos de Gênero, 2002.

DEBERT, Guita Grin; GREGORI, Maria Filomena; PISCITELLI, Adriana (Org.). *Gênero e distribuição de justiça:* as delegacias de defesa da mulher e a construção das diferenças. Campinas: PAGU/Núcleo de Estudos de gênero da Unicamp, v. 1, 2006.

DEBERT, Guita Grin; GREGORI, Maria Filomena; BERALDO de OLIVEIRA, Marcella. *Juizado especial criminal e tribunal do júri.* Campinas: PAGU/UNICAMP, 2008 (Coleção Encontros – Gênero, família e gerações).

DEBERT, Guita Grin et al. *Violência, família e o tribunal do júri.* Juizado especial criminal e tribunal do júri. Campinas: PAGU/UNICAMP, 2008 (Coleção Encontros – Gênero, família e gerações).

DEBERT, Guita Grin; OLIVEIRA, Amanda Marques de. O idoso, as delegacias de polícia e os usos da violência doméstica. In: MORAES, A. F.; SORJ, Bila. *Gênero, violência e direitos na sociedade brasileira.* Rio de Janeiro: 7 Letras, 2009.

DELGADO, R.; DUNN, C.; BROWN, P.; LEE, H.; GUBERT, D. Fairness and formality: minimizing the risk of prejudice in alternative dispute resolution. *Wisconsin Law Review,* v. 6, p. 13-59, 1985.

ELIAS, Norbert. *O processo civilizador.* Rio de Janeiro: Jorge Zahar, 1994.

FAGET, Jacques. Meditation et violences conjugales. *Champ Pénal,* v. 1, 2004.

FAISTING, André Luis. O dilema da dupla institucionalização do Poder Judiciário: o caso do Juizado Especial de Pequenas Causas. SADEK, Maria Tereza (Org.). *O Sistema de Justiça.* São Paulo: Sumaré, 1999.

FAORO, Raymundo. *Os donos do poder:* formação do patronato político brasileiro. Porto Alegre: Globo, 1958.

FERIANI, Daniela Moreno. *Entre pais e filhos:* práticas judiciais nos crimes em família. Dissertação (Mestrado em Antropologia Social) – Instituto de Filosofia e Ciências Humanas da Universidade Estadual de Campinas, 2009.

FIELD, Rachel. Encontro restaurativo vítima-infrator: questões referentes ao desequilíbrio de poder para participantes jovens do sexo feminino – Capítulo 17. DE VITTO, R.; SLAKMON, C.; PINTO, R. (Org.). *Justiça Restaurativa.* Brasília: Ministério da Justiça e Programa das Nações Unidas para o Desenvolvimento – PNUD, 2005.

FONSECA, Cláudia. Política, gênero e sujeito: afinidades com consequências. *Cadernos Pagu* (21), p. 317-325, 2003.

FOUCAULT, Michel. *A verdade e as formas jurídicas.* Rio de Janeiro: Gedisa, 1978.

FOUCAULT, Michel. *Microfísica do poder.* Rio de Janeiro: Graal, 1979.

FRY, Peter. Diferenças, desigualdades e discriminação. In: *Antropologia e Direito:* temas antropológicos para estudos jurídicos. Coordenação geral de Antonio Carlos de Souza Lima. Rio de Janeiro/Brasília: contracapa/LACED/Associação Brasileira de Antropologia, 2012.

GARAPON, Antoine. *O guardador de promessas:* justiça e democracia. Lisboa: Instituto Piaget, 1998.

GARAPON, Antoine; PAPADOPOULOS, Ioannis. *Julgar nos Estados Unidos e na França:* cultura jurídica francesa e *common law* em uma perspectiva comparada. Rio de Janeiro: Lúmen Júris, 2008.

GARLAND, David. As contradições da "sociedade punitiva": o caso britânico. *Revista de Sociologia e Política,* n. 13, p. 59-80, 1999.

GEERTZ, Clifford. Os usos da diversidade. *Horizontes Antropológicos,* n. 10, p. 13-34, 1999.

GREGORI, Maria Filomena. *Cenas e queixas:* um estudo sobre mulheres, relações violentas e a prática feminista. São Paulo: Paz e Terra, 1993.

GREGORI, Maria Filomena. Delegacias de defesa da mulher de São Paulo e as instituições: paradoxos e paralelismos. In: DEBERT, Guita Grin; GREGORI, Maria Filomena; PISCITELLI, Adriana (Org.). *Gênero e distribuição de justiça:* as delegacias de defesa da mulher e a construção das diferenças. Campinas: PAGU/Núcleo de Estudos de Gênero da Unicamp, 2006. v. 1.

GRINOVER, A. P. et al. *Juizados Especiais Criminais:* comentários à Lei 9.099. 2. ed. São Paulo: Revista dos Tribunais, 1997.

HONNETH, Axel. *Lutas por reconhecimento.* A gramática moral dos conflitos sociais. São Paulo: Editora 34, 2003.

IZUMINO, Wânia P. *Justiça para todos*: os Juizados Especiais Criminais e a violência de gênero. Tese (Doutorado). Departamento de Sociologia da Faculdade de Filosofia, Letras e Ciências Humanas da USP, 2003.

IZUMINO, Wânia P. Delegacias de defesa da mulher e JECRIMs: mulher, violência e acesso à Justiça. In: *28 Encontro Anual da ANPOCS.* Caxambu, MG, 2004.

KANT DE LIMA, Roberto. *Ensaios de antropologia e de direito:* acesso à justiça e processos institucionais de administração de conflitos e produção da verdade jurídica em uma perspectiva comparada. Rio de Janeiro: Lúmen Júris, 2008.

KANT DE LIMA, Roberto; AMORIM, Maria Stella; BURGOS, Marcelo. A administração da violência cotidiana no Brasil: a experiência dos juizados especiais criminais. 2003. In: KANT de LIMA, Roberto; AMORIM, M. S.; BURGOS, M. (Org.). *Juizados especiais criminais, sistema judicial e sociedade no Brasil:* ensaios interdisciplinares. Niterói: Intertexto, 2003.

LIMA, Lana Lage da Gama. As Delegacias Especializadas de Atendimento à Mulher no Rio de Janeiro: uma análise das suas práticas de administração de conflitos. NADER, Maria Beatriz; LIMA, Lana Lage da Gama (Org.). *Rumos da História* – Família, Mulher e Violência, v. 8, Vitória: PPGHis/Universidade Federal do Espírito Santo, 2007.

MACHADO, Lia Zanotta. Atender vítimas, criminalizar violências, dilemas das delegacias da mulher. *Série Antropologia,* n. 319, Brasília, 2003.

MORAES, Aparecida Fonseca; SORJ, Bila. Os paradoxos da expansão dos direitos das mulheres no Brasil. In: *Gênero, violência e direitos na sociedade brasileira.* Rio de Janeiro: 7 Letras, 2009.

NADER, Laura. Harmonia coerciva: a economia política dos modelos jurídicos. *Revista Brasileira de Ciências Sociais,* ano 9, n. 29, p. 18-29, 1994.

PIMENTEL, S. et al. *Legítima defesa da honra, ilegítima impunidade dos assassinos:* um estudo crítico da legislação e jurisprudência na América Latina, 2004 (mimeo).

PISCITELLI, Adriana. Re-criando a (categoria) mulher. In: ALGRANTI, Leila M. (Org.). *Textos Didáticos 48:* a prática feminista e o conceito de gênero. Campinas: IFCH-Unicamp, 2002.

RIFIOTIS, Theóphilos. As Delegacias Especiais de Proteção à Mulher no Brasil e a "judicialização" dos conflitos conjugais. *Anuário 2003. Direito e Globalização. Atas do Seminário do GEDIM, Universidade Cândido Mendes.* Rio de Janeiro: Editora Lúmen Juris/UNESCO/MOST, p. 381-409, 2003.

RIFIOTIS, Theóphilos. Judiciarização das relações sociais e estratégias de reconhecimento: repensando a "violência conjugal" e a "violência intrafamiliar". *Revista Katál,* v. 11, n. 2, p. 225-236, 2008.

ROJAQ. *Guide de Médiation.* Montreal: Regroupement des organismes de justice alternative du Quebéc, 2004.

ROMEIRO, Julieta. A Lei Maria da Penha e os desafios da institucionalização da "violência conjugal" no Brasil. In: MORAES, A. F.; SORJ, Bila. *Gênero, violência e direitos na sociedade brasileira.* Rio de Janeiro: 7 Letras, 2009.

ROSE, Nikolas. Government and control. *British Journal of Criminology,* v. 40, p. 321-339, 2000.

SANTOS, Cecília Macdowell dos. Cidadania de gênero contraditória: queixas, crimes e direitos na Delegacia da Mulher de São Paulo. In: AMARAL JÚNIOR, A.; PERRONE-MOISÉS, C. (Orgs.). *O Cinquentenário da Declaração Universal dos Direitos do Homem.* São Paulo: Editora da USP, 1999.

SCOTT, J. *Gênero:* uma categoria útil para análise histórica. Tradução de Christine Rufino Dabat e Maria Betânia Ávila. Recife: SOS Corpo, 1991.

SIMMEL, Georg. *Conflict and the web of group-affiliations.* Washington: The Free Press, 1955.

SINHORETTO, Jacqueline. *Informalização e pluralismo*: a justiça para os pobres. Texto apresentado no Seminário de Gestão em Segurança Pública e Justiça Criminal na Universidade Federal Fluminense, 2006.

SLAKMON, Catherine; OXHORN, Philip. O poder de atuação dos cidadãos e a microgovernança da justiça no Brasil. In: SLAKMON, Catherine; MACHADO, Maíra Rocha; BOTTINI, Pierpaolo Cruz (Org.). *Novas direções na governança da justiça e da segurança.* Brasília: Ministério da Justiça, 2006.

SOARES, Bárbara M. Delegacia de atendimento à mulher: questão de gênero, número e grau. In: SOARES, Luís Eduardo (Org.). *Violência e política no Rio de Janeiro.* Rio de Janeiro: Relume Dumará/ISER, p. 107-124, 1996.

SUARÉZ, M.; BANDEIRA, L. M. (Ed.) *Violência, gênero e crime no Distrito Federal.* Brasília: EDUnB/Ed. Paralelo 15, 1999.

TEIXEIRA, Analba Brazão; RIBEIRO, Maria do Socorro Santos. Legítima defesa da honra: argumentação ainda válida nos julgamentos dos crimes conjugais em Natal 1999-2005. *Coleção Encontros – Gênero, família e gerações:* Juizado especial criminal e Tribunal do Júri. Campinas: PAGU/UNICAMP, 2008.

TELES dos SANTOS, Jocélio. Ação afirmativa. In: *Antropologia e Direito*: temas antropológicos para estudos jurídicos. Coordenação geral de Antonio Carlos de Souza Lima, Rio de Janeiro/Brasília: contracapa/LACED/Associação Brasileira de Antropologia, 2012.

VIANNA, Adriana; LACERDA, Paula. *Direitos e políticas sexuais no Brasil:* o panorama atual. Rio de Janeiro: CEPESC, 2004.

VIANNA, Luiz Werneck et al. *A judicialização da política e das relações sociais no Brasil.* Rio de Janeiro: Revan, 1999.

Pobreza e Relações Jurídicas:

Entre a miséria do direito e o direito do povo pobre

Lucas P. Konzen

Introdução

A pobreza é, sem dúvida, um dos mais graves problemas das sociedades latino-americanas de princípios do século XXI. Estima-se que, em 2014, a pobreza atingia 28,2% da população, percentual equivalente a 168 milhões de pessoas; desse total de seres humanos, cerca de 70 milhões viviam em situação de indigência, o que corresponde a 11,8% dos habitantes da região (CEPAL, 2015a). As estatísticas são desoladoras, mas a situação já foi muito pior. Em 1999, calculava-se a taxa de pobreza em 43,8% e a taxa de indigência em 18,5% (CEPAL, 2001). Os dados indicam que a pobreza vem diminuindo, uma tendência que está relacionada não só à aceleração do crescimento econômico, mas também aos esforços governamentais para reduzir a exclusão social. Mais do que isso, esses progressos sugerem que a América Latina está perto de alcançar a primeira das metas de desenvolvimento traçadas pelas Nações Unidas na virada do milênio: erradicar a pobreza extrema e a fome até 2030 (CEPAL, 2015b).

Oferecer esse tipo de panorama sobre a pobreza em determinado contexto espaçotemporal como o latino-americano é hoje possível devido à experiência de mais de um século acumulada pelas ciências sociais no estudo científico desse fenômeno. Definir o que é a pobreza e quem são as pessoas pobres; descrever, detalhar e dimensionar esse fenômeno social; explicar suas causas e consequências; avaliar o impacto social das políticas públicas voltadas ao seu enfrentamento estão entre os complexos desafios que, há muito tempo, mobilizam uma legião de cientistas sociais. No entanto, menor atenção tem sido conferida historicamente ao estudo das interconexões dessa problemática com o direito. Assim, cabe indagarmos: o que a Sociologia do Direito tem a ensinar sobre a pobreza e as relações jurídicas?

Neste capítulo discutiremos, desde uma perspectiva sociojurídica, a desigualdade econômica, as condições de vida das pessoas pobres e suas interconexões com o fenômeno jurídico, voltando nossa atenção especialmente ao contexto brasileiro contemporâneo. Por meio de uma revisão da literatura sobre a temática no campo das ciências sociais, buscaremos introduzir as principais vertentes de pesquisa sobre o assunto, explicitando alguns conceitos e referências teóricas que entendemos ser pertinentes para a compreensão crítica das instituições e práticas jurídicas. A exposição está dividida em três seções. Inicialmente, incursionaremos nos debates do campo que se tornou conhecido por sociologia da pobreza (1). Na sequência, considerando o caso do Brasil, problematizaremos a pobreza de que trata o direito estatal (2). Por fim,

examinaremos brevemente a questão do direito do povo pobre, a partir da perspectiva do pluralismo jurídico (3).

21.1. O fenômeno da pobreza e o conhecimento sociológico

A pobreza da qual falam os cientistas sociais nem sempre é a mesma. Um aspecto essencial do debate científico gira em torno do conceito sociológico de pobreza. É uma ideia do senso comum que ser pobre é estar destituído do mínimo indispensável para viver uma vida digna. Sociologicamente, entretanto, o que é uma vida digna e no que exatamente consiste esse mínimo indispensável são aspectos controversos e historicamente variáveis, uma vez que a pobreza está vinculada ao contexto social em que se inserem as pessoas. Ser pobre na cidade é uma experiência diferente de ser pobre no campo, assim como caracterizar a pobreza no caso da Europa é descrever uma realidade que guarda pouco em comum com a pobreza no contexto da América Latina.

Uma primeira aproximação ao debate científico remete à tradicional distinção entre pobreza absoluta e pobreza relativa (cf. ROCHA, 2006, p. 9-29). O conceito de pobreza absoluta busca descrever a situação das pessoas carentes dos recursos minimamente suficientes para assegurar sua sobrevivência. Em geral, as noções de "miséria", "pobreza extrema" ou "indigência" funcionam praticamente como sinônimos para fazer referência à vida nessas condições. Sobressaem aqui as preocupações com a problemática da fome e da subnutrição ou, em outras palavras, com a incapacidade dos indivíduos de manter níveis nutricionais e calóricos indispensáveis para o funcionamento saudável de seus organismos.

O conceito de pobreza relativa é normalmente empregado para fazer referência à situação em que se encontram os indivíduos privados da capacidade de acesso a certos bens, serviços e oportunidades que correspondem a determinado padrão de vida digna culturalmente aceitável em certo momento histórico. Ser pobre, nesse sentido, é uma condição que se relaciona aos padrões de desenvolvimento socioeconômico, os quais variam marcadamente de um contexto social para outro. Assumem maior destaque aqui as preocupações com a problemática da distribuição de renda e riqueza patrimonial, isto é, com os níveis de desigualdade econômica.

A tarefa de mensurar a pobreza remete a uma segunda aproximação a esse debate conceitual. Investigar empiricamente a pobreza e produzir informações estatísticas exige que os institutos de pesquisa e as agências internacionais lancem mão de conceitos operacionais para dimensioná-la com maior precisão. Tais estimativas sobre a quantidade de pessoas pobres dependem, é claro, dos parâmetros e indicadores que são utilizados em cada levantamento.

Por exemplo, a Comissão Econômica para a América Latina e o Caribe (CEPAL), fonte das informações que citamos na introdução deste capítulo, calcula duas taxas para medir a pobreza. São traçadas duas linhas que variam de um país para o outro: uma linha de pobreza, abaixo da qual se situam as pessoas consideradas pobres; e uma linha de indigência, abaixo da qual estão as pessoas miseráveis. Para fins desses levantamentos, a linha de indigência é definida como equivalente ao custo estimado de uma cesta básica de alimentos que cobre as necessidades nutricionais dos membros de um domicílio familiar em dado contexto, ao passo que a linha de pobreza é obtida multiplicando-se o valor da linha de indigência por um fator constante que visa abarcar também os gastos não alimentares básicos, como moradia e vestimenta (cf. CEPAL, 2001, p. 39).

Os critérios utilizados pela CEPAL são, certamente, discutíveis. Outras agências internacionais utilizam conceitos operacionais diferentes para mensurar a pobreza. É o caso do Banco Mundial, que atualmente considera extremamente pobre quem vive com renda inferior a US$ 1,90 por dia. Com base nessa linha de pobreza simplificada, estimou-se que, em

1999, a pobreza atingia 14,1% da população da América Latina, percentual equivalente a 72,2 milhões de pessoas; a projeção para 2015 é de que a pobreza alcance uma fatia de 5,6% da população da região, ou 29,7 milhões de pessoas em números absolutos (BANCO MUNDIAL, 2015, p. 6). Ou seja, segundo os cálculos da CEPAL, há hoje cerca de 40 milhões de pessoas em situação de indigência que, nas estimativas do Banco Mundial, simplesmente ficam de fora da contagem! Impressiona o quanto são divergentes os resultados, a depender de como a miséria é calculada. Evidentemente, as estatísticas precisam ser encaradas com bastante cautela.

Se já é um desafio definir e mensurar a pobreza, explicar suas causas e efeitos é uma tarefa ainda mais complicada. Na sociologia clássica, um tanto carente dos levantamentos estatísticos detalhados de que dispomos hoje, a preocupação com o tema da pobreza aparece de forma marginal em sociólogos como Émile Durkheim (1858-1917), expoente da matriz funcionalista, e Max Weber (1864-1920), representante da matriz compreensiva. No entanto, é uma das temáticas que aparece com destaque na obra de fundadores da sociologia de matriz conflitualista, como Karl Marx (1818-1883) e Friedrich Engels (1820-1895). Um dos exemplos dessa literatura é *A situação da classe trabalhadora na Inglaterra* (1845), detalhado relato sobre as precárias condições de vida dos operários nas cidades industriais inglesas (ENGELS, 2008). A sociologia de matriz conflitualista tende a atribuir maior peso às estruturas sociais que à agência individual. É essa perspectiva que, desde então, tem predominado na explicação sociológica desse fenômeno social. Isso significa dizer que, para muitos cientistas sociais contemporâneos, a pobreza é, em grande medida, resultado das estruturas sociais muito mais que das deficiências e escolhas dos indivíduos.

Na perspectiva conflitualista de Marx, a economia é compreendida como a infraestrutura que condiciona a estratificação social própria ao modo de produção capitalista. A pobreza no capitalismo não seria uma questão de escassez de bens, mas de distribuição desigual do capital entre os diversos grupos, aspecto que é constitutivo do antagonismo de classes entre burguesia e proletariado e fonte permanente de conflitos sociais. É nesse sentido que Marx afirma, em *O capital* (1867), que a acumulação de riqueza em um polo da relação social capitalista ocasiona acumulação de miséria no outro polo (MARX, 1996, p. 275). Em *A miséria da filosofia* (1847), conhecida controvérsia protagonizada com o anarquista francês Pierre-Joseph Proudhon (1809-1865), ele já assinalava que "[...] as relações de produção em que a burguesia se move não têm um caráter uno, simples, mas um caráter dúplice; nas mesmas relações em que se produz a riqueza também se produz a miséria [...]" (MARX, 1985, p. 117).

Para solucionar o problema da pobreza, Marx propõe uma revolução socialista, isto é, uma mudança no modo de produção. Tal solução contrasta com as propostas de outros pensadores do campo socialista de sua época que defendiam reformas estruturais que resultassem em uma maior intervenção das estruturas político-jurídicas no funcionamento da economia capitalista. É o caso de Anton Menger (1841-1906), emblemático representante de um pensamento social reformista. Autor do célebre texto crítico "O Direito Civil e os pobres" (1890), o jurista austríaco supunha que o caminho para a derrocada do capitalismo e o enfrentamento da questão social passava por uma transformação do direito estatal, condizente com o desafio de reconhecer as reivindicações dos indivíduos empobrecidos e convertê-las em exigências jurídicas (MENGER, 1898). Foi essa perspectiva de reforma social que se materializou na experiência do Estado Social em vários países da Europa ao longo do século XX.

Em recente estudo que logrou alcançar ampla repercussão, o economista Thomas Piketty renova essa interpretação que explica a pobreza como resultante das estruturas econômicas do capitalismo. Em *O*

capital no século XXI, com base em farta informação estatística sobre as dinâmicas de acúmulo e distribuição do capital em vinte países ao longo de dois séculos, ele sustenta a tese de que o aumento da desigualdade é a tônica das sociedades capitalistas, pois é central ao seu funcionamento a tendência de a taxa de rendimento do capital superar o crescimento econômico. Para o pesquisador francês, em uma economia de mercado e de propriedade privada deixada à sua própria sorte, os empresários tendem a se converter em rentistas e a dominar aqueles que só possuem sua força de trabalho. De acordo com Piketty, a experiência histórica comprova que somente a intervenção do Estado, por meio da tributação progressiva sobre o capital, é capaz de contrabalançar essa tendência. O desafio de nosso tempo seria torná-la viável em escala global por meio da integração regional e da cooperação internacional (PIKETTY, 2014).

Cientistas sociais de corte liberal, como é o caso de Jeffrey Sachs, tendem a ver as causas do fenômeno da pobreza de modo bem distinto. No livro *O fim da pobreza*, ele argumenta que a desigualdade entre ricos e pobres consiste em um fenômeno necessário e até certo ponto saudável, uma vez que impulsiona o desenvolvimento econômico. De acordo com o economista estadunidense, de nada adianta termos antipatia com o capitalismo, pois a dificuldade enfrentada pelas pessoas que vivem em situação de miséria reside justamente no fato de estarem excluídas da possibilidade de participar da economia capitalista. Em sua visão, é possível erradicar em nosso tempo de vida a pobreza extrema que afeta mais de um bilhão de pessoas no mundo todo. Para tanto, o desafio seria ajudá-las a ter chances efetivas de galgar o primeiro degrau da escada do desenvolvimento capitalista, para que a partir daí possam resolver seus problemas sozinhas. O dinheiro para assegurar essa ajuda, acredita Sachs, poderia advir tanto do financiamento público por parte dos países ricos e poderosos como os Estados Unidos quanto da filantropia privada de indivíduos bilionários como Bill Gates, o famoso fundador da Microsoft (SACHS, 2005).

Como podemos perceber, de interpretações diferentes sobre as causas da pobreza resultam soluções bastante distintas para o seu enfrentamento na forma de políticas públicas e, inclusive, para sua definição e mensuração. Isso fica claro na contribuição teórica de Amartya Sen, um dos nomes mais influentes nesse debate global atualmente. O economista indiano tem sistematicamente criticado as tentativas das agências internacionais de estimar a pobreza com base em critérios associados à "baixa renda", sugerindo uma abordagem centrada na "privação de capacida-

des" para compreender o fenômeno. Em sua concepção, uma pessoa em situação de pobreza é alguém que carece de um conjunto de liberdades essenciais no que se refere a ter e fazer escolhas. Essas liberdades não se limitam à esfera de uma renda insuficiente para assegurar os bens indispensáveis à sua subsistência e de sua família (comida, vestimenta, abrigo, medicamentos etc.), mas se estendem a funcionalidades básicas da vida social, como aparecer em público sem se sentir envergonhado, tomar parte das decisões políticas de uma comunidade e ter acesso ao crédito. Na perspectiva por ele defendida, a pobreza extrema aniquila as chances de uma pessoa de poder efetuar escolhas condizentes com suas metas de vida, impedindo-a de desenvolver suas potencialidades e de seguir a trajetória que considera mais valiosa para si. Essa abordagem busca explicar paradoxos como a persistência da pobreza mesmo em países ricos ou ainda a correlação entre pobreza e as desigualdades de gênero e étnico-raciais (SEN, 2000; 2001).

Um aspecto comum às abordagens de Sen, Sachs e Piketty – e muito presente nas mais recentes discussões do campo da sociologia da pobreza – consiste na influência da perspectiva mais ampla da governança. Nesse discurso, reproduzido por agências internacionais de fomento ao desenvolvimento como o Banco Mundial, parte-se da ideia de que as diferenças na distribuição de riqueza ou de capacidades entre os indivíduos estão vinculadas a determinados arranjos institucionais que governam a alocação de recursos e oportunidades na sociedade. A questão é vista como um problema resultante de um esquema inadequado de governança do desenvolvimento. No que se refere especificamente à compreensão das relações entre direito e pobreza, tal perspectiva supõe que o direito estatal e o campo jurídico se resumem a um conjunto de instituições capazes de orientar as condutas virtuosas e inibir as inconvenientes ao desenvolvimento socioeconômico.

Contrapõe-se à governança outra perspectiva, também muito presente nas discussões das ciências sociais na atualidade, que assume que a pobreza é uma questão de violação de direitos humanos, isto é, uma forma de transgressão ao conjunto de direitos reconhecidos internacionalmente como inerentes à condição humana (entre outros, ORTIZ, 2004; POGGE, 2007; COSTA, 2008). Nessa perspectiva, veiculada por órgãos como o Programa das Nações Unidas para o Desenvolvimento (PNUD), parte-se da premissa de que aos direitos das pessoas a um adequado nível de vida corresponderia o dever dos Estados de atuar para erradicar a pobreza em suas formas mais severas. O conceito de "direito a um adequado nível de vida", pre-

visto no Pacto Internacional de Direitos Econômicos, Sociais e Culturais de 1966, abarcaria os direitos à alimentação, saúde, moradia adequada, educação etc.; isto é, o que se conhece por direitos sociais.

Na perspectiva dos direitos humanos, é evidente que a condição de pobreza também dificulta ou mesmo impede que os direitos civis e políticos possam ser exercidos plenamente. Como uma pessoa pobre pode exercer a liberdade de locomoção na cidade, se não tem dinheiro para pagar pelo uso dos transportes públicos? De que forma um morador de rua faz valer o direito à inviolabilidade de seu lugar de moradia? Em que termos uma pessoa analfabeta exerce o direito de voto, se está comprometido seu acesso à informação? São questões que remetem à interdependência, indivisibilidade e complementariedade dos direitos humanos, aspectos ressaltados em diversos documentos do chamado Direito Internacional dos Direitos Humanos. Com uma forte carga moral que gira em torno da ideia de dignidade humana, a perspectiva dos direitos humanos supõe que o propósito do direito estatal e do campo jurídico reside em efetivar determinados valores e não apenas organizar um jogo de interesses.

Certamente, as diferentes vertentes do debate sociológico sobre a pobreza que abordamos – ainda que de maneira um tanto sintética – influenciaram o desenvolvimento do direito estatal. Basta pensarmos, por exemplo, nas dificuldades inerentes à delimitação legal de uma linha de pobreza, abaixo da qual se situariam os potenciais beneficiários da intervenção estatal por meio de políticas públicas; ou ainda no quanto é problemático decidir quem são as pessoas que devem ser dispensadas da obrigação de pagar custas processuais quando recorrem ao Judiciário. Todavia, é importante destacar que nesses debates políticos e jurídicos as categorias teóricas das ciências sociais não se confundem com as definições de pobreza encontradas no direito legislado dos Estados-nação. A pobreza da qual falam os cientistas sociais nem sempre é a mesma a que se referem os juristas.

21.2. A miséria do direito estatal: os pobres na forma da lei

A investigação sobre pobreza e relações jurídicas encontra-se na gênese da Sociologia do Direito. Prova disso é que entre os primeiros artigos publicados pela *Law and Society Review* – o periódico científico de mais alta reputação no âmbito do movimento "direito e sociedade" – está um influente estudo (CARLIN, HOWARD, MESSINGER, 1966) problematizando a forma pela qual os juristas e os tribunais lidam com as pessoas pobres. Embora não se tratasse propriamente de uma investigação empírica, esse artigo

pioneiro suscitou uma série de problemas de grande interesse para a pesquisa sociojurídica, entre os quais o de saber em que medida as pessoas pobres eram efetivamente capazes de acessar o sistema de justiça para buscar a proteção de seus direitos e interesses.

Com o foco na realidade estadunidense dos anos 1960, o trabalho sustentava que as cortes conferiam aos pobres um tratamento diferente daquele oferecido aos ricos e às classes médias. Quando confrontados com litigantes pobres, os magistrados percebiam a si mesmos como "administradores benevolentes" em vez de "adjudicadores imparciais". Além disso, havia um problema recorrente quanto à disponibilidade de advogados para as demandas de direito civil. Quando isso ocorria, o trabalho profissional desenvolvido se mostrava sensivelmente inferior àquele prestado à clientela de posses. O artigo sugeria que franquear serviços de assistência jurídica de qualidade às pessoas pobres por meio do financiamento público era imprescindível para melhorar seu bem-estar, na medida em que lhes permitiria fazer valer seus direitos nos tribunais e, inclusive, ter a possibilidade de ampliá-los por meio da judicialização de determinados conflitos (CARLIN, HOWARD, MESSINGER, 1966).

A defesa em juízo dos interesses das pessoas sem condições de pagar os custos processuais foi, historicamente, uma das questões a exigir que o direito estatal buscasse formas de distinguir os indivíduos pobres dos não pobres. No contexto brasileiro, a Lei da Assistência Judiciária Gratuita (Lei n. 1.060, de fevereiro de 1950) é um marco desse processo. Surge daí a conhecida noção de "pobre na forma da lei", isto é, a pessoa que declara "não poder arcar com as despesas processuais e os honorários advocatícios sem prejuízo de seu sustento e de sua família". O impacto dessa lei em termos de acesso à justiça foi tremendo. Bastava que a pessoa interessada informasse ao juiz a incapacidade de custear o processo por conta de sua hipossuficiência econômica, sem a necessidade de apresentar documentos comprobatórios. Inegavelmente, essa inovação legislativa impulsionou o desenvolvimento de serviços de assistência jurídica gratuita às pessoas pobres vinculados às faculdades de direito, à advocacia pública e à Ordem dos Advogados do Brasil, que se disseminaram País afora. Porém, não tardou para que o deferimento do benefício virasse regra nas demandas submetidas à apreciação do Poder Judiciário. Muitos litigantes passaram a definir a si mesmos como "pobres na forma da lei" sem que fossem pobres na forma da sociologia...

Algo similar ocorreu à medida que se deu o fortalecimento da Defensoria Pública, instituição encarregada de prestar assistência jurídica a quem não tem condições de pagar os serviços de um profissional da advocacia. Por um lado, tem sido alentador o impacto da atuação das Defensorias Públicas Estaduais e da Defensoria Pública da União no que se refere a assegurar às pessoas em situação de vulnerabilidade social melhores condições no acesso à justiça, por meio da orientação jurídica e da propositura de ações judiciais. Por outro lado, despertam inquietações as tendências de excessiva individualização das demandas que são submetidas às autoridades judiciais e de potencial desvirtuamento quanto ao público-alvo prioritário. Estabelecer quem tem direito a ser atendido por um profissional da advocacia pago pelos cofres públicos mostra-se, em muitas situações, matéria controversa. Cabe observar, a propósito, que a "linha de pobreza" estabelecida para as pessoas terem acesso à Defensoria Pública (tipicamente, renda familiar de até três salários mínimos) tende a ser bem mais elástica que os conceitos operacionais de pobreza das ciências sociais. Além disso, o atendimento tem sido progressivamente ampliado a fim de abarcar indivíduos em situação de vulnerabilidade segundo outros critérios que não exclusivamente o econômico (ver, entre outros, VIEIRA, RADOMYSLER, 2015).

As maiores facilidades para o acesso à justiça por parte das pessoas pobres, por si só, estão longe de assegurar que o sistema judicial funcione em prol dos desfavorecidos economicamente. Os estudos no campo da Sociologia do Direito revelam que há razões para mantermos certo ceticismo quanto à possibilidade de os tribunais efetivamente atuarem de modo a direcionar recursos aos segmentos mais pobres da população, reforçando a intervenção estatal em termos de justiça distributiva. Por exemplo, investigações empíricas sobre demandas judiciais envolvendo o fornecimento de medicamentos no Brasil demonstram que, ao atuar garantindo o direito à saúde de forma individualizada, os juízes e os tribunais acabam por reforçar a distribuição de recursos públicos aos mais privilegiados socialmente em detrimento das pessoas pobres e sem voz no processo político (VIEIRA, ZUCCHI, 2007; TERRAZAS, 2010; DA SILVA, TERRAZAS, 2011). Contudo, há também estudos que oferecem suporte para uma avaliação mais otimista dos resultados da judicialização dos direitos sociais, enfatizando as ambivalências do fenômeno (entre outros, ver BRINKS, GAURI, 2012).

Uma das barreiras que se colocam a um maior impacto da atuação do sistema de justiça – Poder Judiciário, Ministério Público, Defensoria Pública etc. – em favor dos interesses das pessoas pobres está na origem social similar dos integrantes de suas elites institucionais, profissionais e intelectuais (ALMEIDA, 2010). O elitismo marca o sistema de justiça brasileiro, apesar de o recrutamento dos membros dessas carreiras predominantemente se dar pela via do concurso público. Essa característica é reforçada pelo volume de recursos dispendidos para o custeio de seu funcionamento, que é altíssimo em comparação aos padrões internacionais (DA ROS, 2015). Esse montante de verbas públicas assegura a manutenção de políticas remuneratórias e privilégios especiais (reajustes periódicos acima da inflação, auxílio-moradia etc.) que elevam magistrados, promotores de justiça e defensores públicos ao patamar mais alto da pirâmide social do País em termos de renda, aprofundando o distanciamento social em relação à maioria da população.

Essas reflexões sobre o sistema de justiça mostram o quanto estamos distantes das ideias sobre o papel dos juristas que emergiram no início da década de 1990, despertando a atenção dos sociólogos do Direito. Era um momento de efervescência do movimento que se tornou conhecido por "uso alternativo do direito" (cf., entre tantos, GUANABARA, 1996). Um de seus líderes, Amílton Bueno de Carvalho, escancarava sem meias-palavras a pretensão de "[...] colocar na prática um saber teórico comprometido com os pobres" (CARVALHO, 1991, p. 53), pondo em xeque a ideologia profissional da neutralidade da magistratura. Em um emblemático artigo sobre a Lei 8.009, de março de 1990 – que tornou impenhorável o imóvel residencial próprio da unidade familiar e bens que o guarnecem –, o então juiz de direito no Rio Grande do Sul defendia sua aplicação extensiva na Justiça Comum, em que "[...] a parte ré, ou seja, a devedora, é o fraco ou o pobre; e o autor ou credor é o forte"; ao mesmo tempo que recomendava restringir sua aplicabilidade na Justiça Trabalhista, na qual "[...] o autor, ou credor, é o pobre (trabalhador); enquanto o réu, ou devedor, é o forte (empregador)" (CARVALHO, 1991, p. 67). Para os juristas alternativos, havia uma ampla margem para interpretar a legislação em favor dos interesses dos oprimidos.

Podemos dizer que, de certa forma, parte dessas preocupações relacionadas à interpretação da legislação e ao papel político dos juristas foi incorporada pela doutrina jurídica de viés neoconstitucionalista. Durante muito tempo, foi nítida a dificuldade por parte dos profissionais do direito de lidar com as normas jurídicas que estabelecem direitos sociais e instrumentalizam políticas públicas para efetivá-los – compreendidas por vezes como normas meramente programáticas, declarações políticas destituídas de justiciabilidade. Atualmente, com muito maior frequência que outrora, juristas de diversos matizes ideológicos aceitam que há lugar

para uma hermenêutica comprometida, ao menos, com a garantia do chamado "mínimo existencial" às pessoas, isto é, voltada a interpretar a legislação de modo a assegurar a satisfação de certas necessidades humanas básicas.

Se a preocupação com o acesso das pessoas pobres à justiça e com o papel do Poder Judiciário surge já no quadro do modelo de Estado Liberal, o desenho e a implementação de políticas sociais explicitamente voltadas ao "combate à pobreza" a serem protagonizadas pelo Poder Executivo passa ao centro das atenções quando se discute a construção de um modelo de Estado Social. Cabe lembrar que, ao incorporar aportes do constitucionalismo social, a Constituição da República Federativa do Brasil de 1988 não só estrutura políticas públicas de caráter universal nas áreas da saúde e da educação, como também prevê como um dos objetivos fundamentais "erradicar a pobreza e a marginalização e reduzir as desigualdades sociais e regionais" (art. 3°, inc. III). Mais adiante, o texto constitucional fixa a competência comum da União Federal, dos Estados, do Distrito Federal e dos Municípios para "combater as causas da pobreza e os fatores da marginalização, promovendo a integração social dos setores desfavorecidos" (art. 23, inc. X).

Nesse sentido, merecem destaque as leis aprovadas posteriormente à promulgação da Constituição Federal dispondo sobre as políticas públicas no campo da assistência social no País. É o caso da Lei Orgânica da Assistência Social (LOAS), Lei n. 8.742, de dezembro de 1993, que assegura uma renda mínima (benefício de prestação continuada) equivalente a um salário mínimo mensal aos idosos e às pessoas com deficiência que não tenham como prover a sua própria manutenção (renda de até 1/4 do salário mínimo por pessoa, no grupo familiar). Vale lembrar que, embora integrem o tripé do sistema de seguridade social ao lado das políticas de saúde e previdência social, as políticas de assistência social seguem uma lógica não contributiva. O amparo assistencial ao idoso e à pessoa com deficiência são prestações positivas que independem da existência de contratos de trabalho de que sejam parte os beneficiários e não exigem o prévio recolhimento de quaisquer valores ao Instituto Nacional de Seguridade Social (INSS).

Ao benefício de prestação continuada da LOAS somou-se, na década passada, outro programa de renda mínima de larga escala em nível federal: o Bolsa Família. Esse programa de assistência social, regulado pela Lei n. 10.836, de janeiro de 2004, consiste na transferência mensal de um benefício em dinheiro pelo governo diretamente às famílias em condição de pobreza e extrema pobreza. O benefício básico, no

valor de R$ 85, é concedido às famílias consideradas extremamente pobres (renda de até R$ 85 mensais por pessoa). Os benefícios variáveis são concedidos às famílias em condição de pobreza (renda de até R$ 170 mensais por pessoa) que sejam compostas por gestantes, crianças e adolescentes. Para receber o complemento de renda (cujo valor total depende das características de cada unidade familiar), além de satisfazer os requisitos de elegibilidade, essas famílias devem cumprir uma série de condicionalidades, que têm por finalidade reforçar a inclusão social a partir de políticas específicas nas áreas de educação e saúde.

O Programa Bolsa Família, por ter sido implementado de forma bastante abrangente no que se refere à cobertura e bem focalizada no que tange ao público-alvo, tem surtido efeitos no sentido de aliviar as difíceis condições de vida de milhões de famílias pobres no Brasil (SOARES et al., 2010). Tal mecanismo de distribuição de renda, entretanto, vem sofrendo uma série de objeções. De um lado, há quem sustente a sua inadequação, pois supostamente interfere nas dinâmicas do processo democrático e aprisiona as famílias em uma espécie de armadilha da pobreza, da qual não conseguem se livrar por temer a perda de benefícios. De outro, há quem sustente a sua insuficiência, enfatizando as modestas quantias transferidas à população pobre e a diferença entre os programas de renda mínima e a garantia de uma renda básica, sem quaisquer condicionantes, como direito social. A despeito das críticas, esse tipo de programa de assistência social inequivocamente contribui para romper com as formas tradicionais de lidar com a pobreza, baseadas na caridade privada, no voluntarismo individual e no paternalismo clientelista, dando lugar a formas inovadoras de construir e gerenciar a pobreza juridicamente.

A passagem de modelos de Estado Liberal para modelos de Estado Social tem despertado o interesse da Sociologia do Direito, em virtude das consideráveis mudanças nas funções do direito estatal que marcam tal transformação. Aponta-se que a função de regular os comportamentos tende a assumir formas diversas daquela própria ao Estado Liberal, que repousa na intimidação por meio de sanções negativas, características de um direito de tipo repressivo. No Estado Social, passa a ser mais frequente a utilização de sanções positivas para encorajar certas condutas, ocorrendo o desenvolvimento de um direito de tipo promocional (BOBBIO, 2007). É o que ocorre em políticas públicas de assistência social com condicionalidades, em que, por exemplo, são transferidos benefícios a uma família sob a condição de que os pais se comprometam a assegurar a frequência regular de seus filhos à escola.

Na experiência brasileira, todavia, o desenvolvimento de um direito promocional para o enfrentamento da miséria, na forma de políticas de assistência social à população pobre, não enfraqueceu o gerenciamento da pobreza majoritariamente por meio dos mecanismos próprios ao direito de tipo repressivo. Ao contrário, verifica-se que há uma tensão crescente entre as demandas pela edificação de um Estado-Providência e as demandas pela radicalização de um Estado Penal que invisibilize e marginalize as consequências da miséria e, sempre que necessário, criminalize e neutralize a população pobre por meio do Código Penal, da polícia e do sistema prisional (WACQUANT, 2003). Ao que tudo indica, o povo pobre continua sendo, por excelência, a "clientela privilegiada" do sistema criminal, e o direito penal, o mais importante instrumento de "combate aos pobres". Se a pobreza não é vista em si mesma como uma ilegalidade pelo direito estatal e pelos agentes e instituições do campo jurídico, as práticas sociais das pessoas pobres muitas vezes o são.

21.3. O direito do povo pobre: a perspectiva do pluralismo jurídico

Da ocupação de terras urbanas para fins de moradia, passando pela catação de resíduos sólidos nas ruas e chegando até o comércio varejista de drogas nas bocas de fumo, as práticas sociais associadas às pessoas pobres nas cidades brasileiras são as mais diversas possíveis. Muitas dessas atividades estão vinculadas ao funcionamento do circuito inferior da economia urbana, em estreita relação com o circuito superior. De acordo com o geógrafo Milton Santos, a presença de um "circuito inferior" é uma especificidade própria dos "países subdesenvolvidos", onde os fenômenos da industrialização e da urbanização transcorreram acompanhados da perpetuação de estratégias de sobrevivência por parte da população empobrecida baseadas em modalidades de "subemprego" e "não emprego", particularmente em atividades econômicas do setor terciário, as quais se articulam com a produção social de espaços urbanos profundamente divididos (SANTOS, 2004). De acordo com essa análise, "pobreza e circuito inferior aparecem com relações de causa e efeito inegáveis" (SANTOS, 2004, p. 196).

No entanto, essas práticas sociais associadas aos pobres, quando vislumbradas sob a perspectiva do direito oficial estatal e dos agentes e instituições do campo jurídico, são frequentemente encaradas como se situando à margem das normas jurídicas. Nessa perspectiva, estaríamos diante de condutas que ocorrem em condições de informalidade ou irregularidade e, até mesmo, em flagrante violação às leis e regulamentos em vigor no País. Tais comportamentos seriam a expressão de um modo de vida desregulado, desordenado e tendencialmente caótico reproduzido por certos grupos sociais, tais como moradores de favelas e vendedores ambulantes de mercadorias. Em suma, as práticas sociais dos pobres consistiriam em uma permanente ameaça à autoridade estatal e à manutenção da ordem social.

A abordagem da Sociologia do Direito, todavia, permite que vislumbremos essas práticas sociais a partir de outras lentes. A investigação sociojurídica contemporânea tem se empenhado em demonstrar teórica e empiricamente que nem todo direito emana do Estado. Em que pese o direito oficial estatal, produto da atividade legislativa formal do parlamento ou do governo, tenha assumido enorme peso na trajetória da modernidade, "circulam na sociedade, não uma, mas várias formas de direito ou modos de juridicidade" (SANTOS, 1988, p. 147). Conceitualmente, o pluralismo jurídico remete à "multiplicidade de manifestações e práticas normativas existentes num mesmo espaço sociopolítico, interagidas por conflitos ou consensos, podendo ser ou não oficiais e tendo sua razão de ser nas necessidades existenciais, materiais e culturais" (WOLKMER, 2015, p. 257). Ao analisar o tema da pobreza e das relações jurídicas a partir dessa premissa, não podemos negligenciar o direito que emana do povo pobre.

No contexto brasileiro, um dos primeiros trabalhos sociojurídicos que se debruçou sobre essa questão foi conduzido por Boaventura de Sousa Santos. Em princípios da década de 1970, o pesquisador português realizou uma investigação empírica acerca do pluralismo jurídico na Favela do Jacarezinho, no Rio de Janeiro. A comunidade surgira à revelia do Estado e em franca violação ao direito de propriedade e às disposições da legislação sobre o uso e a ocupação do solo urbano. Conscientes da condição de ilegalidade coletiva da favela, os moradores da comunidade sabiam que o sistema de justiça oficial era estruturalmente inacessível. A despeito disso, fazia-se imprescindível prevenir e solucionar situações de conflito, pois, do contrário, a própria luta social coletiva por melhores condições habitacionais poderia restar prejudicada. Diante de tal necessidade, a comunidade da favela desenvolvera mecanismos normativos e órgãos decisórios próprios – sejam conflitantes ou inspirados na legalidade estatal – articulados em torno da associação de moradores, que preservavam um mínimo de coesão social interna, ao que Santos denominou "direito de Pasárgada" (cf. SANTOS, 2014, recente tradução para o português da versão completa desse trabalho).

Em anos recentes, a questão do "direito das favelas" retornou ao debate sociológico já em um contexto de transformações no direito urbanístico brasileiro, em que a promoção pelo Estado de políticas públicas de regularização fundiária passou a contar com amplo respaldo. É referência nesse debate uma pesquisa empírica desenvolvida por Alex Magalhães, também no Rio de Janeiro. Ele sustenta que o direito estatal e o direito comunitário da favela não são ordens estanques, inteiramente apartadas entre si, rejeitando uma abordagem dualista da problemática. Ao contrário, estamos diante de situações de "juridificação híbrida", em que os conjuntos de normas e práticas com origem comunitária e estatal condicionam-se reciprocamente (MAGALHÃES, 2013). Isso evidencia que o direito dos pobres é construído, portanto, no embate, no diálogo e na contradição permanente com aquele posto pelo Estado.

Se o direito do povo pobre incorpora elementos do direito estatal, este também está suscetível à incorporação de elementos daquele. É o que já sustentava o "Direito Achado na Rua", movimento que despontou na Universidade de Brasília, em fins da década de 1980, no contexto do processo de redemocratização. O advogado e professor de direito José Geraldo de Sousa Júnior, uma das principais lideranças dessa corrente do pensamento jurídico crítico, observava:

"As migrações forçadas conduzem às cidades contingentes populacionais de forma desordenada e que agravam a qualidade da vida da já depauperada condição de existência da força de trabalho urbana. Também aí surgem formas novas de experimentar a vivência da própria exclusão. Organizam-se associações de moradores, comissões específicas, manifestações e estratégias de luta orientadas para reivindicações autônomas fundadas na convicção de que obedecem à manifestação de um legítimo direito, embora não reconhecido nas leis. A reivindicação do direito de morar emerge da mobilização e da organização das ações comunitárias orientadas em movimentos de resistência contra a ação repressiva configurada na derrubada de 'barracos'" (SOUSA JR., 1987, p. 38).

Independentemente de parecerem justas ou injustas aos nossos olhos, essas formas de juridicidade desempenham um papel central na regulação da vida social. Mais do que isso, a mobilização do povo pobre tem contribuído decisivamente no processo de construção social dos direitos humanos – seja para a afirmação de novos direitos, seja para a efetivação de direitos já reconhecidos. Nessa busca, muitos profissionais do direito têm atuado ao lado dos movimentos populares, por meio da assessoria jurídica popular (para uma revisão da literatura sobre o assunto, ver LUZ, 2007). Conforme nos adverte o respeitado advogado popular Jacques Alfonsin, realizar esse trabalho pressupõe, de um lado, considerar a pobreza uma realidade "inaceitável, injusta e ilegal"; e, de outro, colocar serviços jurídicos à disposição das pessoas pobres com "sincera e profunda indignação ética" (ALFONSIN, 2009, p. 163). Nada disso

pode ser efetivo, porém, sem o conhecimento sociológico: "A desmistificação dos mecanismos econômico-político-jurídicos [...] que mantêm os miseráveis e/ou os pobres, na situação em que sobrevivem, [...] parece dever ser, por elementar imposição ética de justiça, uma prestação de serviço que acompanhe diuturnamente essa assessoria" (ALFONSIN, 2009, p. 182). Eis aí mais uma tarefa para a Sociologia do Direito.

Considerações finais

Ao logo deste capítulo, discutimos a ambiguidade do direito que produz, reproduz e combate a pobreza e o povo pobre. Na primeira seção, incursionamos nos debates do campo da sociologia da pobreza. Mostramos que as categorias teóricas úteis para compreendê-la sociologicamente envolvem uma diferenciação entre os conceitos de pobreza e desigualdade, não se confundindo com as definições encontradas no direito legislado dos Estados-nação. Na segunda seção, problematizamos a pobreza de que trata o direito estatal. Considerando o caso do Brasil, discutimos a ambivalência da atuação estatal, que, por vezes, promete "combater a pobreza" por meio do direito oficial e das instituições do sistema de justiça; ainda que, mais frequentemente, limite-se a gerenciar a desigualdade, marginalizando e invisibilizando as pessoas pobres e suas práticas. Por fim, na terceira seção, examinamos o direito do povo pobre, a partir da perspectiva do pluralismo jurídico, mostrando um pouco do que a pesquisa sociojurídica tem a dizer a respeito das formas de juridicidade que emergem dessas práticas sociais.

Bibliografia

ALFONSIN, Jacques Távora. Do pobre direito dos pobres à assessoria jurídica popular. In: ABRÃO, Paulo; TORELLY, Marcelo (Orgs.). *Assessoria jurídica popular: leituras fundamentais e novos debates.* Porto Alegre: EDIPUCRS, 2009. p. 159-190.

ALMEIDA, Frederico de. *A nobreza togada: as elites jurídicas e a política da justiça no Brasil.* São Paulo. Tese (Doutorado em Ciência Política). Universidade de São Paulo, 2010.

BANCO MUNDIAL. *Ending extreme poverty and sharing prosperity: Progress and policies.* Washington: World Bank, 2015.

BOBBIO, Norberto. A análise funcional do direito: tendências e problemas. In: BOBBIO, Norberto. *Da estrutura à função: novos estudos de teoria do direito.* Tradução de Daniela Versiani. Barueri: Manole, 2007. p. 81-113.

BRINKS, Daniel; GAURI, Varun. *The law's majestic equality? The distributive impact of litigating social and economic rights.* Washington: Word Bank, 2012.

CARLIN, Jerome; HOWARD, Jan; MESSINGER, Sheldon. Civil justice and the poor: issues for sociological research. *Law & Society Review,* v. 1, n. 1, p. 9-90, 1966.

CARVALHO, Amílton Bueno de. Lei n. 8.009/90 e o direito alternativo. In: ARRUDA JR., Edmundo (Org.). *Lições de direito alternativo.* São Paulo: Acadêmica, 1991. p. 53-70.

COMISSÃO ECONÔMICA PARA A AMÉRICA LATINA E O CARIBE (CEPAL). *Panorama Social de América Latina 2000-2001.* Santiago: CEPAL, 2001.

COMISSÃO ECONÔMICA PARA A AMÉRICA LATINA E O CARIBE (CEPAL). *Panorama Social de América Latina 2015.* Santiago: CEPAL, 2015a.

COMISSÃO ECONÔMICA PARA A AMÉRICA LATINA E O CARIBE (CEPAL). *América Latina y el Caribe: una mirada al futuro desde los objetivos de desarrollo del milenio.* Santiago: CEPAL, 2015b.

COSTA, Fernanda Doz. Pobreza e direitos humanos: da mera retórica às obrigações jurídicas – um estudo crítico sobre diferentes modelos conceituais. *Sur – Revista Internacional de Direitos Humanos,* ano 5, n. 9, p. 88-119, 2008.

DA ROS, Luciano. O custo da justiça no Brasil: uma análise comparativa exploratória. *Newsletter do Observatório de Elites Políticas e Sociais do Brasil,* v. 2, n. 9, p. 1-15, 2015.

DA SILVA, Virgílio Afonso; TERRAZAS, Fernanda. Claiming the right to health in Brazilian courts: the exclusion of the already excluded?" *Law & Social Inquiry,* v. 36, n. 4, p. 825-853, 2011.

ENGELS, Friedrich. *A situação da classe trabalhadora na Inglaterra.* Tradução de Bernhardt Schumann. São Paulo: Boitempo, 2008.

GUANABARA, Ricardo. Visões alternativas do direito no Brasil. *Estudos históricos,* v. 9, n. 18, p. 403-416, 1996.

LUZ, Vladimir de Carvalho. *Assessoria jurídica popular no Brasil.* Rio de Janeiro: Lumen Juris, 2007.

MAGALHÃES, Alex Ferreira. *O direito das favelas.* Rio de Janeiro: Letra Capital, 2013.

MARX, Karl. *A miséria da filosofia.* Tradução de José Paulo Netto. São Paulo: Global, 1985.

MARX, Karl. *O capital: crítica da economia política.* Livro I, tomo II. Tradução de Regis Barbosa e Flávio R. Kothe. São Paulo: Abril Cultural, 1996.

MENGER, Anton. *El derecho civil y los pobres.* Tradução de Adolfo Posada. Madrid: Librería General de Victoriano Suárez, 1898.

ORTIZ, Maria Elena Rodríguez. A pobreza desde uma perspectiva de direitos humanos. In: ORTIZ, Maria Elena Rodríguez (Org.). *Justiça social: uma questão de direito.* Rio de Janeiro: DP&A, 2004. p. 143-148.

PIKETTY, Thomas. *O capital no século XXI.* Tradução de Monica B. de Boulle. Rio de Janeiro: Intrínseca, 2014.

POGGE, Thomas (Org.). *Freedom from poverty as a human right. Who owes what to the very poor?* Oxford: Oxford University Press, 2007.

ROCHA, Sônia. *Pobreza no Brasil: afinal, de que se trata?* 3. ed. Rio de Janeiro: FGV, 2006.

SACHS, Jeffrey. *O fim da pobreza: como acabar com a miséria mundial nos próximos 20 anos*. Tradução de Pedro M. Soares. São Paulo: Companhia das Letras, 2005.

SANTOS, Boaventura de Sousa. Uma cartografia simbólica das representações sociais. *Revista Crítica de Ciências Sociais*, n. 24, p. 139-172, 1988.

SANTOS, Boaventura de Sousa. *O direito dos oprimidos*. São Paulo: Cortez, 2014.

SANTOS, Milton. *O espaço dividido: os dois circuitos da economia urbana dos países subdesenvolvidos*. Tradução de Myrna Viana. 2. ed. São Paulo: EDUSP, 2004.

SEN, Amartya. *Desenvolvimento como liberdade*. Tradução de Laura Motta. São Paulo: Companhia das Letras, 2000.

SEN, Amartya. *Desigualdade reexaminada*. Tradução de Ricardo Mendes. Rio de Janeiro: Record, 2001.

SOARES, Sergei et al. Os impactos do benefício do Programa Bolsa Família sobre a desigualdade e a pobreza. In: CASTRO, Jorge; MODESTO, Lúcia (Orgs.). *Bolsa Família 2003-2010: avanços e desafios*. v. 2. Brasília: IPEA, 2010. p. 25-50.

SOUSA JR., José Geraldo de. (Org.) *O direito achado na rua*. Brasília: Editora UnB, 1987.

TERRAZAS, Fernanda. O Poder Judiciário como voz institucional dos pobres: o caso das demandas judiciais de medicamentos. *Revista de Direito Administrativo*, v. 253, p. 79-115, 2010.

VIEIRA, Fabíola; ZUCCHI, Paola. Distorções causadas pelas ações judiciais à política de medicamentos no Brasil. *Revista de Saúde Pública*, v. 41, n. 02, p. 214-222, 2007.

VIEIRA, Vanessa; RADOMYSLER, Clio. A Defensoria Pública e o reconhecimento das diferenças: potencialidades e desafios de suas práticas institucionais em São Paulo. *Revista Direito GV*, v. 11, n. 2, p. 455-478, 2015.

WACQUANT, Loïc. *Punir os pobres: a nova gestão da miséria nos Estados Unidos*. Tradução de Eliana Aguiar. Rio de Janeiro: Revan, 2003.

WOLKMER, Antonio Carlos. *Pluralismo jurídico: fundamentos de uma nova cultura no direito*. 4. ed. São Paulo: Saraiva, 2015.

As Relações entre Estado e Religião no Brasil

Paula Montero
Lilian Sales
Jacqueline Moraes Teixeira

22.1. O Brasil republicano

A instauração do regime republicano em 1889 no Brasil, que definiu constitucionalmente a separação entre o Estado e a Igreja Católica, inaugurou um intenso debate sobre a laicidade do Estado e sobre a liberdade religiosa e seus limites. Segundo Fábio Carvalho Leite, as duas primeiras constituições republicanas, a de 1891 e a de 1934, definem até hoje as grandes linhas que orientam as relações entre Estado e religião quanto a esses dois quesitos (LEITE, 2014, p. 167).

Quanto à laicidade do Estado, ela foi garantida por dispositivos constitucionais que secularizaram os cemitérios, instituíram o ensino laico e o casamento civil.

Quanto à liberdade religiosa, as constituições republicanas garantiram direito ao voto aos religiosos, a elegibilidade dos padres e a liberdade de expressão pública de todo culto *desde que respeitadas a ordem e a moralidade* (diferentemente da Constituição imperial, que, embora reconhecesse a liberdade religiosa, apenas concedia direitos de culto e direitos políticos e civis às comunidades católicas). Talvez esteja nesses qualificativos – ordem e moralidade públicas – a chave de leitura para a compreensão de como a ideia de *liberdade religiosa* variou historicamente em função das mudanças no entendimento daquilo que poderia ser compreendido e aceito como *religião*.

Pode-se afirmar, de forma geral, que o longo processo histórico brasileiro de regulação constitucional das relações entre Estado e religião desenvolveu-se a partir do pressuposto implícito de que o *gênero* religião coincidia com a *espécie* catolicismo apostólico romano. Com efeito, no período pré-republicano, o catolicismo, reconhecido como a religião do Estado, era concebido como "a única religião verdadeira". Por essa razão, só ela tinha direito a exercer publicamente seu culto nas igrejas definidas por seu campanário, torres, sinos e cruz. Já o protestantismo era tratado como uma "seita", algo perigoso, cujos ritos podiam ser tolerados quando exercidos no espaço doméstico ou em templos e capelas construídos sem campanário. Ao longo das constituições republicanas, no entanto, a ideia de liberdade religiosa passou a ampliar o *gênero* religião para incorporar os protestantes como uma confissão religiosa a ter o direito de expressar seu culto em público. A mesma sorte não tiveram as práticas consideradas "mágicas", práticas de cura, reuniões de possessão e sacrifícios de animais, que até meados do século XX enfrentaram a ordem repressiva do Estado, ora porque desafiavam a moralidade pública, ora porque perturbavam o sossego das famílias, ora porque levavam à histeria e outras doenças, ora porque eram simples expressão de incivilidade e "barbárie".

O processo social que organizou essas práticas e as fez serem reconhecidas como religiosas e, consequentemente, como tendo direito à expressão pública foi longo e complexo. O estado republicano se empenhou em produzir um marco jurídico composto de leis penais e sanitárias que constituíssem e disciplinassem o espaço público: proibiu-se a venda de miúdos nas ruas, urinar e cuspir nas calçadas, ordenhar vacas, além das diversões populares. Aos poucos a legislação foi construindo padrões que permitissem discernir o potencial de periculosidade das condutas.

O reconhecimento religioso dado a algumas práticas tidas como mágicas e supersticiosas foi sendo construído ao longo de um lento processo, com idas e vindas, e desenvolveu-se em duas grandes arenas: a da ordem jurídica criminal, que, obrigada a garantir a ordem e a moralidade pública, combateu como crime contra a saúde pública as diferentes formas de "feitiço" e "espiritismo"; a da ordem médico-científica, chamada a descrever, categorizar e explicar os estados mediúnicos e de possessão e avaliar seu risco potencial para a saúde coletiva. Médicos e juristas passaram, progressivamente, a descrever e classificar os crimes em ordem decrescente de periculosidade, tais como: a feitiçaria – atos de ameaça à ordem pública; o curandeirismo – atos de ameaça à saúde pública; o charlatanismo – atos de exploração da credulidade pública (MAGGIE, 1992). Nesse processo, velhos pajés de nações indígenas em processo de desagregação, negros tidos e/ou assumidos como feiticeiros, negros rezadores, benzedeiras e beatos integrados ao catolicismo popular e, ainda, os "gabinetes clínicos" que o espiritismo francês[1] trouxera para o Brasil são reunidos sob o rótulo de praticantes ilegais da medicina.

Os trabalhos de Schritzmeyer (2004) e Giumbelli (1997) mostram como as diferentes ciências em formação nas primeiras décadas do século XX – a Medicina, o Direito, a Psicologia e a Antropologia – ocuparam-se intensamente, no Brasil, com o problema do "transe mediúnico". Era preciso decidir o grau de tolerância para com esses fenômenos generalizados de alteração da consciência, uma vez que a criminalização das práticas de curandeiros e feiticeiros dependia da justa qualificação de sua intenção de praticar o dolo. Apesar das divergências entre diferentes correntes de pensamento, o transe já fora bastante tratado pelas teorias psiquiátricas e psicológicas europeias, que o tinham como fenômeno biopatológico de alteração da consciência a ser tratado no campo do hipnotismo. Como observamos em trabalho

anterior (MONTERO, 2010), a variedade de formas como esses estados se apresentavam no Brasil – mediunidade espírita, psicografia, danças de possessão, xamanismo etc. – impedia a aplicação pura e simples da ciência europeia às especificidades do contexto local. No ambiente intelectual cientificista daquele período, era mais fácil para médicos e juristas aceitarem a "mediunidade" espírita associada às práticas terapêuticas dos "médiuns curadores" dos que as danças de possessão. As primeiras podiam ser assimiladas como resultantes de processos biopsicológicos universais estudados pelas ciências da mente; já as segundas remetiam ao repertório cristão que as tinha como danças demoníacas, sacrifícios de animais, sortilégios e invocações secretas de negros escravos e libertos, práticas que deviam ser controladas e até mesmo suprimidas em nome da ordem pública.

Mas quando os casos de "médiuns receitistas" chegam aos tribunais, no início do século XX, essa distinção que operava sub-repticiamente no senso comum das classes letradas esmorece frente à letra fria da lei, ameaçando indistintamente todos os grupos espíritas existentes. A Federação Espírita Brasileira, fundada em 1884, pede a imediata revisão do Código Penal de 1890 em seus artigos 157 e 158, que se referem especificamente ao espiritismo. Em sua defesa, os espíritas reclamam da associação, no Código Penal, entre essa "nova ciên-

---

[1]. A doutrina espírita teve no Brasil seus primeiros adeptos, em meados do século XIX, entre jornalistas, professores, médicos e comerciantes vindos da França para o Rio de Janeiro. Tratava-se, então, de reunir pequeno círculo de amigos em sessões em torno de "mesas girantes e falantes" e dedicar-se ao estudo psicológico e moral das manifestações de espíritos. As obras de seu fundador, Allan Kardec, herdeiro das ideias progressistas do século XVIII e reformador social, ocuparam-se em demonstrar o caráter "científico" de sua doutrina.

cia" que é o espiritismo e os "sortilégios da velha magia". Argumentam que, ao criminalizar o espiritismo, estariam contrariando dispositivo da Constituição republicana de 1891 que garantia a liberdade de crenças e a liberdade religiosa. Esse argumento constitucional perfeitamente estabelecido e aceito começa, a partir de então, a sensibilizar os juízes. Mas a proteção legal das liberdades religiosas exigia resolver o problema de como diferenciar um "culto religioso" das "práticas mágicas".

Esse problema, os próprios intelectuais espíritas se encarregaram de enfrentar ao longo de um debate que perdurou por muitas décadas. Embora o espiritismo se pretendesse uma "ciência" que combatia, ao mesmo tempo, os dogmas da religião e os erros materialistas da ciência, para seus praticantes não serem perseguidos pela polícia por prática ilegal da medicina, foram obrigados a buscar refúgio nas únicas brechas legais que lhes afiançavam o exercício de sua mediunidade para fins terapêuticos: o artigo 72 da Constituição, que garantia a liberdade de culto. Para descriminalizar a mediunidade era preciso convencer médicos, legisladores, jornalistas e policiais de que as pessoas se curavam nas sessões espíritas em razão de sua fé, e não pelas "falsas promessas de cura"; além disso, a inexistência de ganho pecuniário para os espíritas tornava mais fácil a desqualificação das curas mediúnicas como atos de "subjugação da credulidade pública".

O espiritismo vai, assim, aos poucos se apresentando como a prática de um culto – por oposição ao exercício fraudulento de uma profissão – que pretende prestar um serviço público. É sobre essa estreita e ainda frágil ponte que a Federação Espírita do Brasil pretende abrir caminho para defender seu direito de expandir suas práticas de atendimento aos pobres, necessitados e doentes, até então prerrogativa permitida apenas à igreja católica. Ajustando e procurando padronizar as condutas de seus filiados, foi, paulatinamente, sendo construída uma nova fronteira classificatória, que passa a distinguir um "verdadeiro" e um "falso" espiritismo: o primeiro deixava para o segundo (àqueles que escapavam às regras disciplinadoras da Federação), as acusações de exercício da magia.

Assim, os limites do que podia ser considerado religioso foram aos poucos se alargando, e passaram a incluir estas formas até então consideradas extravagantes de culto: a mediunidade e suas maneiras de se relacionar com os espíritos dos mortos. Se o "alto espiritismo" conquistou aos poucos o reconhecimento social e foi aceito como um "culto religioso", o "baixo espiritismo", tal como a ele se referiam os discursos médicos, jurídicos, jornalísticos e até mesmo dos estudiosos espíritas (muitos deles também médicos, engenheiros, militares), passou a abrigar todas as outras práticas reconhecidas como de origem africana. Dessa maneira, as magias populares que aos poucos vão recebendo diferentes nomes, como "macumba", "umbanda", "candomblé" etc., são progressivamente alocadas nessa categoria genérica, legalmente denotada, de "baixo espiritismo", que sob esse termo, continuaram a ser reprimidas até os anos 1940. Ainda assim, nesse processo, a oposição legal "magia"/"religião" começa a dissolver-se, uma vez que, pelo menos no caso do "alto espiritismo", as práticas mágico-terapêuticas passam a receber as garantias constitucionais conferidas aos cultos religiosos. O reconhecimento do "alto espiritismo" como um culto abre o caminho para um alargamento da ideia de "religião" que começa, a partir da segunda metade do século XX, a abrigar, paulatinamente, diferentes espécies de práticas mediúnicas e de cura.

O tema da religião esteve bastante presente no processo Constituinte de 1988. Segundo Leite (2014), o expressivo comparecimento de representantes evangélicos na sua composição (32, em comparação com apenas um em 1946) contribuiu para a ampliação das pautas religiosas na nova Constituição. A nosso ver, a significativa presença de religiosos não católicos no debate constitucional colocou um problema se não novo, pelo menos até então pouco debatido: a liberdade religiosa e suas normas. Ao tornar-se objeto de disputa no debate constitucional, a questão da liberdade religiosa faz emer-

gir o problema correlato de como regular seus limites na medida em que as diferentes espécies reconhecidas de religião passaram a disputar entre si o direito de se expressar publicamente.

Os constituintes religiosos se ressentiam com o "direito de uma religião criticar a outra". Na impossibilidade de definir constitucionalmente qual a "religião verdadeira", passaram a reconhecer que nenhuma religião ofende a "ordem pública" e que a liberdade religiosa não pode ser limitada pelo critério dos "bons costumes" (expressões, aliás, suprimidas na nova Carta). Nesse debate sobre a regulação do religioso, as ideias de *liberdade de consciência* e *liberdade de crença*, que até então andavam juntas, começam a separar-se e entram até mesmo em contradição. A primeira, mais abrangente, visa garantir a liberdade de expressão e convicções não apenas religiosas mas também filosóficas, ideológicas e políticas; a segunda visa proteger a liberdade de expressão pública dos cultos, sobretudo minoritários, e garantir a possibilidade individual de aderir a qualquer religião (ou nenhuma). Fica definitivamente afastado, nessa formulação, qualquer juízo legal sobre o conteúdo de verdade ou valor de algumas doutrinas religiosas particulares frente a outras e garantido o pluralismo religioso, o ateísmo e o agnosticismo pelo abandono de qualquer tutela legal sobre as crenças. Nesse novo contexto constitucional, os processos de articulação e hierarquização de valores e interesses éticos substantivamente diversos passam a ser disputados na arena pública. Vejamos então, com mais detalhes, a participação dos atores religiosos no processo constituinte de 1988.

22.2. "Irmão vota em irmão": representação política e expansão evangélica

Para entendermos a emergência do "evangélico" como um novo ator na arena política, parece importante descrever brevemente o processo de produção da Constituinte. A Carta Constitucional de 1988 se distingue em muitos aspectos das demais constituições brasileiras. A primeira característica que se pode ressaltar diz respeito à disposição de seus artigos, que enuncia algumas de suas prioridades . As constituições brasileiras anteriores discorriam em primeiro lugar acerca da estrutura do Estado, para depois passarem aos direitos universais, considerados fundamentais pela disciplina moderna do Direito. Já a Constituição de 1988 faz o inverso: consagra inicialmente os direitos e garantias fundamentais – no segundo título, logo depois daquele dedicado aos princípios fundamentais –, para então voltar-se para a disciplina da organização estatal (SARMENTO, 2009). Esse novo formato, que dá prioridade a questões oriundas de

segmentos considerados populares, cujas demandas não encontravam respaldo jurídico de modo a fornecer a proteção do Estado aos cidadãos considerados vulneráveis, faz emergir um novo modelo de negociação e argumentação na esfera pública. Ao reconhecer, por meio da primazia da garantia da igualdade, as especificidades de grupos minoritários como mulheres, consumidores, crianças e adolescentes, idosos, indígenas, afrodescendentes, pessoas com deficiência e presidiários, a Carta Constitucional instituiu a produção de uma retórica política da diferença. Tal modelo de negociação política pode ser mais bem compreendido se considerarmos a importância da participação da sociedade civil no processo constituinte que se tornou um espaço de visibilidade e disputa das demandas dos mais diversos setores sociais. Todo esse processo foi administrado a partir das comissões[2] que se formaram com o intuito de garantir maior abrangência dos temas e participação, bem como formas de representatividade

---

[2]. A Assembleia Constituinte ocorreu entre fevereiro de 1987 e outubro de 1988, mobilizando todos os representantes da Assembleia Legislativa. Foram muitas as comissões para a elaboração do texto constitucional, dentre as quais: Comissão de Soberania e dos Direitos e Garantias do Homem e da Mulher; Comissão da Organização do Estado; Comissão da Organização dos Poderes e Sistema de Governo; Comissão da Organização Eleitoral, Partidária e Garantia das Instituições; Comissão do Sistema Tributário, Orçamento e Finanças; Comissão da Ordem Econômica; Comissão da Ordem Social; Comissão da Família, da Educação, Cultura e Esportes, da Ciência e Tecnologia e da Comunicação (SARMENTO, 2009, p. 18-20).

de associações e grupos minoritários. Nesse ínterim, alguns segmentos ganharam força, dentre eles os de defesa de direitos raciais, dos direitos das mulheres e direitos sexuais e, da mesma maneira, o segmento dos direitos religiosos – que até então vinha sendo liderado por associações e entidades ligadas à Igreja Católica. Com a realização dos fóruns da Constituinte, em 1987, o processo constituinte passa a contar com a participação crescente de agentes do segmento evangélico que disputa palmo a palmo a tradicional hegemonia da Conferência Nacional dos Bispos do Brasil (CNBB). A competição entre Igreja Católica e igrejas evangélicas, tema de extensa produção bibliográfica (GIUMBELLI, 2004; ORO, 2003; GOMES, 2004, entre outros), deveu-se, em parte, ao fortalecimento da representação de políticos evangélicos no Congresso Nacional a partir do final da década de 1980, com o surgimento da chamada "Bancada Constituinte dos Evangélicos" (Revista *Veja*, n. 982, 1º jul. 1987).

A Igreja Assembleia de Deus (AD)[3] é considerada uma das principais protagonistas nesse processo. Em 1986, o jornalista e assessor parlamentar Josué Sylvestre, membro de uma AD (Ministério Madurei-ra) na cidade de Brasília, escreveu, a pedido da Convenção Nacional das Assembleias de Deus (Conamad), um livro cujo título era *Irmão vota em irmão*. Em tom de manifesto, o livro apresentava uma história detalhada da relação dos evangélicos com a política nacional, citando o nome dos parlamentares de origem protestante que exerceram alguma função pública desde o início da República. O manifesto se inicia com uma referência a outro texto de caráter político escrito em 1932:

> "Urge abandonar de vez a atitude de simples observadores, atitude de expectativa, de aparente bem estar, de indiferença e comodidade! Urge procurar ter a visão, clara e nítida, da gravidade indisfarçável desta hora nacional, angustiosa que estamos vivendo! URGE QUE A VOZ DOS EVANGÉLICOS DE TODO O BRASIL SE FAÇA OUVIR POR AQUELES QUE VIEREM A COMPOR A ASSEMBLEIA CONSTITUINTE, que decidirá dos problemas que afetam a vida espiritual e social do Brasil".

Esse primeiro manifesto também conclamava à participação de evangélicos na Constituinte em 1934. Naquela ocasião, Guaracy Nogueira, pastor metodista, foi eleito deputado, tornando-se o primeiro parlamentar de matriz "evangélica" (ver CAMPOS et al., 2010). O Parlamento elegeu, então, apenas quatro parlamentares evangélicos, todos oriundos de igrejas classificadas como protestantes históricas (dois presbiterianos, um batista e um metodista). Desse período até o início da década de 1980, outros foram eleitos, porém, somente

---

[3]. Fundada na cidade de Belém do Pará no ano de 1911 e conhecida dentro do sistema socioantropológico de classificação das religiões brasileiras como denominação pentecostal.

a partir da década de 1990, com o fortalecimento político da igreja AD, o número de parlamentares evangélicos passou a crescer (FRESTON, 1993; BURITY, 2007).

O Memorial de 1986 foi apresentado como o resultado de um encontro ecumênico entre igrejas, realizado na cidade do Rio de Janeiro naquele mesmo ano. Ao texto subscreveram 24 pastores, todos eles pertencentes a igrejas consideradas de tradição protestante histórica, tais como Igreja Presbiteriana do Brasil, Igreja Batista, Congregacional e Metodista. É interessante notar que, mesmo sendo um encontro entre pastores e fiéis de igrejas históricas, a categoria "evangélico" aparece como agregadora denominacional. Outro dado interessante que se pode destacar é o modo como esse documento passou a ser utilizado para a construção de uma identidade dos sentidos do "ser evangélico". O texto também faz referência à oposição ao catolicismo, que, por meio da Liga Eleitoral Católica, organizava suas atividades políticas preparatórias para a Constituinte.

O livro *Irmão vota em irmão* discorre sobre a importância do debate e da participação na Assembleia Constituinte; trazendo um panorama da distribuição populacional das religiões, procurava garantir por meio de cotas uma porcentagem expressiva de delegados evangélicos nas comissões. "[...], se há 50% de católicos no país", argumenta o autor, "eles deveriam eleger 50% de delegados na Constituinte;

se há 10% de espíritas, eles deveriam ter 10% dos parlamentares" (SYLVESTRE, 1986, p. 34). Segundo os dados apresentados no livro, o número de evangélicos na época somava 22 milhões de pessoas, o que correspondia a 18% da população nacional. Levando em conta essa proporção, os evangélicos pretendiam garantir a mesma porcentagem representativa na Constituinte e na Assembleia Legislativa.

Irmão vota em irmão teve duas edições no mesmo ano, e em cada uma delas a tiragem foi de 100 mil exemplares. Além de apresentar uma exegese de algumas passagens bíblicas do Antigo Testamento, o livro lança uma convocatória para o ano de 1986 e um cronograma de plenárias nacionais, convidando os fiéis da AD para a primeira turma do curso intitulado "Irmão vota em irmão: desafios e razões para a defesa do sufrágio evangélico". Tal estratégia pedagógica pode ser considerada primordial no avanço do envolvimento dos evangélicos de tradição pentecostal na política.

É verdade que iniciativas desse tipo já são rotineiras nas igrejas, como apontam as análises sociológicas sobre participação política de agentes religiosos. Todavia, é preciso observar que o livro de Sylvestre pode ser considerado um instrumento seminal na formação de um eleitorado evangélico na década de 1980. Trata-se de uma narrativa modelada pelo projeto de uma pedagogia de constituição

As Relações entre Estado e Religião no Brasil

do "evangélico", num sistema em que a crença religiosa se constrói atrelada ao aprendizado de uma postura civil. O voto e a representatividade política desses agentes emergem no bojo da lógica dos movimentos sociais que se constituíram politicamente com base na fundação de associações de representação pública e no incentivo aos votos identitários. Portanto, a emergência do sufrágio evangélico deu-se alicerçada na produção de uma bandeira identitária que pudesse superar antigas tensões cultivadas na relação entre denominações. A categoria "evangélico" passou a ser, cada vez mais, a marca e a síntese dessa construção que enfrenta o desafio de reunir, sob o mesmo conjunto de interesses, um universo múltiplo e segmentário de igrejas e de correntes teológicas

A incorporação da categoria "evangélico" como classe de reconhecimento identitário de todas as denominações protestantes dependeu do desenvolvimento de algumas estratégias, sinais e discursos de pertencimento. Ao contrário da categoria "protestante" – que, fundamentada no legado teológico da Reforma Protestante, acabava por conferir um estatuto de ilegitimidade aos fiéis das igrejas pentecostais –, a categoria "evangélico", que exigia apenas a experiência de conversão como sinal de pertencimento, foi se tornando, aos poucos, uma categoria mais inclusiva e portanto mais legítima para o reconhecimento de uma identidade de crença.

Se o catolicismo forneceu sua gramática universalizadora para a produção dos direitos civis, a categoria "evangélico", para partilhar dessa arena de produção de sentidos e de leis, teve como desafio reunir, sob um mesmo conjunto de interesses, um universo múltiplo e segmentário de igrejas e de correntes teológicas. Essa foi a dinâmica que colocou no centro do debate sobre a autenticidade do evangélico na política líderes das principais denominações da igreja Assembleia de Deus.

Uma importante estratégia desenvolvida pelos líderes das principais denominações da igreja Assembleia de Deus para construir unidade política foi a criação de ordens interdenominacionais de pastores. Dentre as primeiras, destaca-se a Ordem de Pastores Evangélicos Mundial, que, sediada na cidade do Rio de Janeiro, além de reunir pastores de denominações pentecostais tradicionais como Assembleia de Deus e Igreja do Evangelho Quadrangular, também buscava estabelecer alianças de apoio com lideranças importantes do protestantismo histórico.

Os congressos organizados pelas ordens interdenominacionais pastorais, sediados nos principais templos da igreja Assembleia de Deus em Brasília, no Rio de Janeiro e em São Paulo, tinham uma proposta pedagógica clara: formar cidadãos para o voto. Projetos de alfabetização da população mais velha apresentavam o voto como um instrumento que deveria ser usado a serviço de Deus, a leitura e a escrita como saberes necessários para a instauração do reino dos céus. O foco nesse primeiro momento não foi o de fornecer ou promover candidatos, mas sim de produzir eleitores.

As atividades preparatórias desenvolvidas pela Assembleia de Deus para a participação na Assembleia Constituinte, em 1986, ampliaram substancialmente o número de parlamentares que se autodeclaravam evangélicos pentecostais. A igreja AD, que contava com apenas dois parlamentares, conseguiu, a partir da formulação de uma pedagogia identitária do voto, eleger outros 18 parlamentares, transformando o Brasil no primeiro país declaradamente católico a ter um quadro significativo de parlamentares de tradição protestante (FRESTON, 1993).[4]

Em contrapartida ao trabalho da Assembleia de Deus que se concentrou na formação de eleitores, as igrejas Universal e Internacional da Graça de Deus – a primeira fundada por Edir Macedo em 1977, e a segunda fundada em 1980 por seu cunhado, Romildo Rômulo Soares – foram agências sociais importantes na formação de candidatos evangélicos. No caso da IURD, os esforços depreendidos para a produção de espaços formadores de políticos redundaram na efetiva participação partidária na eleição de 2006 via PRB (Partido Republicano Brasileiro), fundado no ano anterior, que elegeu o pastor Léo Vivas deputado federal.

Em suma, pode-se concluir que, em disputa com a tradicional influência da Igreja Católica na produção do espaço cívico brasileiro, a participação organizada de algumas igrejas evangélicas no processo constituinte de 1986-1988 ampliou significativamente a presença de parlamentares evangélicos nas câmaras legislativas a partir do final da década de 1980. Por via de consequência, os parlamentares evangélicos passam a disputar, de maneira cada vez mais contundente, as pautas sociais e culturais dos movimentos de minorias que se organizam no mesmo processo, tais como o aborto e a homossexualidade. Essa atuação aparece, sobretudo, na produção de discursos e posicionamentos sobre questões controversas mais recentes, como a antecipação do parto para fetos anencéfalos e a pesquisa com células-tronco, que apresentamos a seguir.

22.3. Pluralismo religioso, espaço público e controvérsias

Como vimos acima, a proclamação de um marco legal que pudesse garantir a ex-

---

4. Esse quadro não parou de se expandir. Nas últimas eleições federais, ocorridas no ano de 2014, a bancada evangélica cresceu em 4 deputados com relação à eleição de 2010 e elegeu 3 senadores, totalizando 87 parlamentares. A igreja Assembleia de Deus continua sendo o segmento mais importante, tendo o dobro do número de parlamentares oriundos da Igreja Universal do Reino de Deus (IURD). A Igreja Batista aparece entre as duas, um parlamentar a mais que a IURD.

pressão pública de todas as crenças acabou por conferir especial belicosidade às relações entre os diferentes credos religiosos e destes com os não religiosos, pela influência sobre a política e a opinião públicas. Como consequência, as intervenções das religiões na esfera pública nacional, em questões consideradas de interesse público, têm sido marcadas pelo confronto, ou mesmo pelo conflito. Estudos recentes têm demonstrado que as tentativas de interferência das instituições religiosas em questões políticas ou jurídicas nunca são consensuais, passando sempre, ao contrário, pela via do dissenso.

É relevante observar que esse dissenso não diz respeito apenas ao modo como as religiões disputam poder e influência na cena contemporânea. Representado de forma mais geral, no contexto das democracias pluralistas contemporâneas, pela noção de controvérsias públicas, esse dissenso obriga todos os atores a se comportarem de uma maneira nova, que implica, por um lado, levar em conta a existência de ideias divergentes e, de outro, justificar de forma coerente e persuasiva sua própria posição. Esse novo modo de atuação via debate público tem um impacto particular nas religiões, que, sendo obrigadas a levar em conta convicções divergentes, não podem mais defender valores de maneira doutrinária ou dogmática. No caso da Igreja Católica, que vem testemunhando o declínio de sua hegemonia

tanto pelo crescimento evangélico quanto pela expansão das convicções seculares em setores cada vez mais amplos da população, também é perceptível a mudança no modo como institucionalmente ela vem se engajando na questões políticas e intervindo no debate público.

É claro que, no caso da Igreja Católica, não se trata de uma novidade sua intervenção na política nacional. Embora não tenha desenvolvido, como os protestantes, uma estratégia sistemática de representação parlamentar de seus quadros eclesiásticos, desde a Questão Religiosa no século XIX até a Constituinte de 1988, passando por inúmeros movimentos sociais como os sindicatos rurais e o movimento de Educação de Base dos anos 1950, a Igreja Católica no Brasil participou constantemente das grandes questões políticas nacionais, muitas vezes em parceria com o Estado, algumas em oposição a ele, como no caso do regime autoritário de 1964-1985. Desde os anos 1960, as noções de direitos, especialmente referentes aos direitos humanos, foram incorporadas e transmitidas por agentes e instituições católicos, com especial ênfase nos direitos sociais, nas noções de justiça social e nos direitos individuais. Esses direitos eram invocados como direitos humanos, em um ideário devedor da modernidade ocidental. Além disso, é preciso lembrar que, durante os anos 1960 e 1970, ao longo da ditadura militar, a Igreja Católica assumiu importante papel na defesa de direitos civis e políticos dos brasileiros. Tratava-se de um momento em que parte desses direitos estava suspensa ou não estava sendo respeitada pelo Estado (relatos de atentados ao direito à vida e à dignidade humana dos presos políticos eram recorrentes). Nesse cenário, agentes vinculados ao catolicismo assumiram importante papel na luta pela consolidação desses direitos, que acabam por ser normatizados na Constituição de 1988, levando muitos autores a considerar a Igreja Católica uma instituição central na formação de uma "cultura de direitos" no Brasil. Com efeito, uma visita ao site da Congregação Nacional dos Bispos do Brasil (CNBB) torna perceptível como essa forma de ação dos representantes do catolicismo permanece viva até hoje: diariamente estão ali presentes notícias, discussões e campanhas a respeito de temas relacionados à "política", à "justiça" e aos "direitos sociais".

Lideranças católicas permanecem ativas na formulação de posturas que "esclareçam" e "engajem" a população nas campanhas por elas organizadas. A CNBB é exemplo disso. Ernesto Seidl (2006) demonstra que a CNBB, como instituição, procura sistematicamente intervir nas grandes questões "políticas" e "sociais", produzindo discursos que justifiquem sua posição e conclamando seus fiéis a apoiá-la. Os posicionamentos são produzidos internamente, por meio de conferências e discussões destinadas a informar as lideranças e pensar criticamente "a realidade do País e do mundo". Os temas considerados importantes são debatidos, e a Conferência produz documentos analíticos que posteriormente são colocados em circulação nos debates públicos nacionais. Um exemplo dessa estratégia foi a "Campanha ficha limpa", de 2009, da CNBB, em apoio ao projeto de lei que impede a candidatura de políticos condenados em primeira instância. Todo um trabalho de engajamento dos católicos no projeto foi realizado nas paróquias e pelo site da CNBB, com o objetivo de obter o número necessário de assinaturas para que o projeto fosse votado pelo Poder Legislativo. Outro exemplo foi a orientação dada pela igreja para que os católicos votassem favoravelmente ao referendo sobre o Estatuto do Desarmamento, ocorrido em 2005. Nos dois casos, houve a orientação da conduta dos indivíduos de acordo com as convicções trabalhadas em longos debates internos pela instituição.

Esse mesma estratégia vem sendo utilizada para a intervenção da Igreja Católica nos grandes debates morais que desembocam no Legislativo e no Judiciário para serem regulados. Também em relação a essas questões, a CNBB e outras instituições católicas não têm se furtado a defender e formular suas posições e argumentos nos mais diferentes fóruns de debate público do País. O envolvimento em

As Relações entre Estado e Religião no Brasil

controvérsias públicas relacionadas ao "início da vida", como a questão da liberação do uso de células-tronco embrionárias em pesquisas científicas e também a antecipação do parto de fetos anencéfalos, é exemplo disso. Nos dois casos, o posicionamento contrário da Igreja Católica, especialmente por meio da CNBB, foi realizado com base na ideia de que a vida humana se inicia na fecundação, concepção bastante cara e central ao catolicismo.

Essas duas controvérsias se desenvolveram na arena jurídica, a partir de ações julgadas pelo Supremo Tribunal Federal (STF). A primeira delas diz respeito à Ação Direta de Inconstitucionalidade (ADI) 3.510, realizada pelo procurador-geral da República Cláudio Fonteles, reagindo contra o artigo 5º da Lei de Biossegurança, que permitia o uso de células-tronco embrionárias (CTE) em pesquisas científicas.[5] A ação foi a julgamento no Supremo Tribunal Federal em maio de 2008. A segunda audiência refere-se ao julgamento da ação que permitiu a interrupção da gestação em mulheres grávidas de fetos anencéfalos (Arguição de Descumprimento de Preceito Fundamental, ADPF 54). O ministro Marco Aurélio Mello havia deferido

em 2004 uma liminar que permitia a antecipação terapêutica do parto em casos de anencefalia.[6] Essa liminar foi revogada em menos de quatro meses, e o caso voltou a julgamento no ano de 2012.

Os dois julgamentos foram precedidos por intensos debates públicos, mobilizando agentes de diferentes áreas nos dois polos da discussão: favoráveis e contrários à liberação das pesquisas com células-tronco embrionárias e/ou à antecipação do parto de anencéfalos. Por meio de agentes e instituições, especialmente da Conferência Nacional dos Bispos do Brasil (CNBB), a Igreja Católica fez-se presente nas duas ações, buscando interferir no resultado dos julgamentos.

Assim, em defesa de uma questão moral cara ao catolicismo – a defesa da vida desde a fecundação –, seus agentes aceitaram participar do jogo da "controvérsia", apropriando-se da força legitimadora dos argumentos jurídico e científico a favor de suas convicções em detrimento da imposição de verdades doutrinárias.

Na lógica imposta por esse tipo de jogo, a CNBB, por meio de seus agentes,

---

5. A ação julgava o uso de células de embriões *in vitro*, produzidos pela reprodução assistida, em pesquisas científicas. Apenas os embriões congelados há mais de dois anos, procedentes da fertilização *in vitro* e considerados inviáveis para a implantação no útero materno, poderiam ser utilizados para pesquisas científicas.

6. O diagnóstico de anencefalia do feto é obtido a partir de exames de imagem (ultrassonografias), quando, ainda no início da gestação (a partir da 13ª semana), se observa a ausência total ou quase total do cérebro. Os fetos assim diagnosticados não têm chance de sobreviver fora do útero materno por mais de algumas horas, sendo que a maioria morre ainda durante a gestação ou alguns minutos após o parto.

produziu justificativas contrárias às duas ações e mobilizou pessoas (cientistas, juristas, sacerdotes etc.) em defesa de sua posição. Tendo em vista que o "jogo da controvérsia" só pode desenvolver-se em um espaço político concebido como secular, os argumentos em "defesa da vida desde a fecundação", que representam um valor moral central no catolicismo, só podem ser defendidos a partir de informações e formas de conhecimento retiradas do campo científico e jurídico, por meio de justificativas produzidas por juristas e cientistas (e não por sacerdotes ou teólogos). Os agentes defensores desses argumentos, ao se pronunciarem sobre essas controvérsias públicas, manifestam-se em termos científicos ou jurídicos, sendo também representantes desses campos. Ou seja, são cientistas ou juristas que expressam valores semelhantes àqueles defendidos pela CNBB. Por exemplo, na audiência pública referente à ADI 3.510, apenas cientistas foram autorizados a realizar exposições. Parcela significativa desses cientistas defendeu o início da vida na fecundação, colocando-se contrariamente às pesquisas com células embrionárias. Suas exposições estavam sustentadas em termos e elementos acadêmicos científicos: gráficos, tabelas, citações eram utilizados para demonstrar o início da vida na fecundação. Ou seja, havia um posicionamento semelhante aos adotados pela CNBB (vários desses cientistas expositores foram, inclusive, indicados por essa congregação), porém transmitidos por meio de todo um saber-fazer acadêmico-científico e de pessoas pertencentes a esse campo.

A CNBB não obteve, entretanto, o resultado esperado em nenhuma das ações, ambas aprovadas pelo STF. No caso da ADI 3.510, julgada em 2008, o resultado foi apertado: seis ministros pronunciaram-se permitindo a utilização das células embrionárias congeladas, procedentes da reprodução assistida, em pesquisa científica; e cinco ministros votaram contrariamente ao uso das células. Já no caso da permissão da antecipação do parto de fetos anencéfalos, julgada em 2012, oito dos onze ministros votaram favoravelmente à ação, ao passo que apenas três apresentaram votos contrários.

Quando se observa, no entanto, o conjunto desses posicionamentos, pode-se perceber que, se historicamente a Igreja Católica se posicionou em defesa dos direitos civis, da cidadania e da justiça social, no que se refere aos direitos sexuais e reprodutivos, bem como em algumas questões relacionadas à biotecnologia e bioética, a sua posição foi clara e explicitamente contrária às posições de amplos setores das classes médias letradas e dos movimentos feministas e em defesa dos homossexuais (SALES, 2014).

A Igreja Católica mantém posições institucionais e padronizadas sobre questões de bioética, reprodução assistida e contracepção, nas quais se insere o debate sobre a possibilidade de antecipação do parto de anencéfalos e o uso de células embrionárias em pesquisas. Há publicações oficiais do Vaticano sobre esses temas desde a década de 1960, quando a Igreja Católica se coloca contra a contracepção artificial, sendo que essas publicações oficiais se tornam cada vez mais recorrentes, especialmente a partir da década de 1990, quando temas como as novas tecnologias reprodutivas, o aborto e a eutanásia foram sendo colocados na ordem do dia dos Estados Nacionais.[7]

Seguindo essa tendência da alta hierarquia, a partir da década de 1990, os sacerdotes, especialmente bispos e teólogos, adotaram um verdadeiro ativismo bioético, que se manifestou com maior força nos momentos em que esses temas foram abordados nos diversos países. Na França, esse debate foi estabelecido desde a década de 1990 e, em especial, durante a primeira década do século XXI, quando foi votada, por exemplo, a legislação sobre a bioética, que abrangia a reprodução assistida e o uso de células embrionárias em pesquisa. Já na Itália essa

militância aconteceu um pouco depois, também por conta da votação da legislação bioética (PORTIER, 2012). No Brasil, isso foi observado em torno do julgamento das duas ações mencionadas. Em ambas, a CNBB procurou defender as convicções católicas sobre o início da vida, elaborando estratégias de ação e lançando discursos na esfera pública.

Dessa maneira, se a Igreja Católica ocupou lugar importante no desenvolvimento de uma cultura dos direitos no Brasil, apoiando o desenvolvimento dos direitos sociais e das liberdades individuais, o ideário dos direitos humanos recentemente é invocado para tentar barrar/bloquear legislações relativas ao início/fim da vida, como as duas ações julgadas pelo STF.

Nesse aspecto, o posicionamento "em defesa da vida humana desde a fecundação" é realizado a partir de um instrumental dos direitos humanos. Para a Igreja Católica, desde o momento da fecundação há vida, por isso todas as práticas de interrupção de gestação são consideradas atentados contra a vida humana. Esse entendimento está calcado na doutrina católica, que afirma o início da vida na fecundação, considerando, portanto, o embrião, o feto, ou simplesmente a célula fecundada como *pessoa humana* (RANQUETAT, 2011). Dessa maneira, nas duas controvérsias mencionadas, em torno da ADPF 54 e da ADI 3.510, a convicção de que a vida tem

---

[7.] Nesse contexto, a instituição Católica produz uma série de textos sobre temas que julga essenciais para a sua hierarquia de valores, o primeiro deles em 1968, sobre a contracepção artificial, e o último em 2008, a Instrução *Dignitas Personae*, em que discorre sobre as novas tecnologias reprodutivas. Além disso, possui um rol de especialistas sobre esses temas, composto por teólogos e cientistas.

início na fecundação é defendida publicamente, construindo-se justificativas para defender o "direito à vida e à dignidade humana" de embriões congelados e fetos anencefálicos.

É possível observar, portanto, que os valores expressos nas duas controvérsias vêm de diversas gramáticas: dos direitos humanos (dignidade da pessoa humana), das ciências (justificativas construídas com base em pareceres de cientistas), de uma moralidade de fundo cristão. Os discursos dos agentes, religiosos ou não, nas duas controvérsias se apropriam da gramática da ciência, bem como da gramática governamental e jurídica.

A utilização de códigos das ciências e dos direitos, especialmente dos direitos humanos, tem relação com a arena em que essas disputas se desenvolvem. O afastamento de um discurso religioso/teológico, bem como a utilização de elementos das ciências e dos direitos humanos, é central em controvérsias que se desenrolam na arena jurídica e/ou na arena política envolvendo atores religiosos (LUNA, 2013; CAMPOS MACHADO, 2015; SALES, 2014). Elementos teológicos não apresentam poder de convencimento nessas arenas; para se tornarem verossímeis, os argumentos precisam ser construídos com base nos termos em jogo e em disputa nessa arena, como é o caso da gramática acadêmico-científica e dos direitos humanos.

Considerações finais

A participação dos evangélicos na Constituinte e da CNBB nessas duas controvérsias exemplifica a maneira como tem se dado a intervenção das religiões na esfera pública brasileira contemporaneamente: pela via do dissenso. Levando-se em conta que as formas de dissentir são coletivamente reguladas, o uso do conceito de "controvérsia" tem sido particularmente útil para a compreensão das regras que estão em jogo na dinâmica desse tipo de situação. Esse conceito pode ser, pois, empregado na análise de situações de dissenso, confronto ou disputa, ou seja, na observação de circunstâncias em que o consenso ainda não está estabelecido, ou foi rompido. Nessa abordagem, os processos de disputa são os objetos privilegiados da investigação. Os momentos de confronto conduzem e direcionam a observação, como no caso do julgamento das duas ações.

Cada controvérsia envolve diferentes atores, que defendem seus argumentos nas arenas jurídica, política, jornalística, midiática etc. Ou seja, nas controvérsias, uma multiplicidade de atores, defendendo diferentes posições, entra em cena na esfera pública, produzindo argumentos e colocando ideias, categorias e imagens em circulação. Os atores envolvidos nesses embates (que podem ser pessoas individuais ou instituições coletivas) emitem uma série de opiniões; alianças e disputas são travadas de modo a produzir o abrupto aumento de conflitos.

Para entender a produção dessas controvérsias, é preciso pensar que elas sempre são instituídas em torno de questões colocadas em debate na arena pública. Desse modo, as controvérsias podem ser estabelecidas em torno dos mais variados temas, sendo muitas vezes instituídas quando alterações de leis são colocadas na pauta do Legislativo ou processos são julgados pelo Judiciário, em seus variados níveis. Nesses momentos, os temas dos projetos de lei ou das ações judiciais podem ser questionados, entrando para o debate público. Podemos tomar, por exemplo, a controvérsia sobre a permissão da interrupção da gestação em casos de anencefalia do feto. Essa questão foi colocada em debate desde o momento em que a ADPF 54 foi impetrada no STF, solicitando que a interrupção da gestação fosse permitida no caso do diagnóstico de anencefalia do feto. Até aquele momento, a anencefalia não era um problema debatido publicamente. A possibilidade de que a gestação fosse interrompida sem a necessidade de autorização judicial, apenas com o diagnóstico médico, transformou esse tema em uma controvérsia, um assunto sobre o qual pessoas e instituições contendiam, argumentavam, questionavam, posicionavam-se, mobilizando uma rede de pessoas que passaram a se posicionar publicamente, de forma contrária ou favorável à ação.

Ao longo desse processo de disputa, argumentos, categorias e imagens vão sendo produzidos e mobilizados pelos atores envolvidos.

A análise desse processo permite-nos perceber que sob o aparente caos das mobilizações coletivas e da virulência dos debates e disputas emerge uma configuração relativamente padronizada que associa, articula atores, argumentos, categorias, instituições, acontecimentos. A análise também nos permite compreender como atores e instituições estabelecem alianças e produzem justificativas na defesa de suas posições no jogo de uma controvérsia. As controvérsias são situações dinâmicas de confronto, mas também são momentos de construção ou de reconstrução de determinado ordenamento social. Pessoas e instituições se organizam em torno de argumentos e posições. Nos casos católicos mencionados, o argumento "em defesa da vida desde a fecundação" foi capaz de agregar atores de variadas procedências (juristas, cientistas, teólogos, sacerdotes etc.) no posicionamento contrário à ação. À medida que os evangélicos se tornam mais numerosos no Parlamento, também eles passam a fazer a defesa de suas convicções no campo das regras do jogo da "controvérsia".

Manual de Sociologia Jurídica

Assim, tomar os processos de controvérsia como foco de nossa análise, permite-nos analisar as formas de atuação, mobilização e presença de agentes vinculados às instituições religiosas na arena pública. Por meio de suas formas de participação em controvérsias, como as relacionadas à atuação de eclesiásticos no parlamento e a definição doutrinária do início da vida, as instituições religiosas defendem suas convicções na arena pública não como agentes doutrinadores, mas sim como parte de um processo de construção de uma sociedade secular e plural que produz consensos a partir do dissenso, ainda que parciais e transitórios.

Bibliografia

BURITY, Joanildo A. (2011). Republicanismo e o crescimento do papel público das religiões: comparando Brasil e Argentina. *Contemporânea – Revista de Sociologia da UFSCar*, v. 1, n. 1, p. 199-227.

BURITY, Joanildo A. (2008a). Religião, política, cultura. *Tempo Social* (USP, Impresso), v. 20, n. 2, p. 83-113.

CAMPOS MACHADO, Maria das Dores (2015). Religião e Política no Brasil contemporâneo: uma análise de pentecostais e carismáticos católicos. In: *Religião e sociedade,* Rio de Janeiro, 35(2).

FRESTON, Paul (Ed.) (2008). *Evangelical Christianity and Democracy in Latin America.* Oxford University Press.

FRESTON, Paul (1993). *Protestantes e política no Brasil: da Constituinte ao* Impeachment. Tese de doutorado. Campinas, SP: Universidade Estadual de Campinas.

FRESTON, Paul (1992). Evangélicos na política brasileira. *Religião & Sociedade*, Rio de Janeiro, v. 16, n. 1-2, p. 26-44.

GIUMBELLI, Emerson. *O cuidado com os mortos: uma história da condenação e da legitimação do espiritismo.* Rio de Janeiro: Arquivo Nacional, 1997.

LUNA, Naara (2013). O direito à vida no contexto do aborto e da pesquisa com células-tronco embrionárias: disputas de agentes e valores religiosos em um Estado laico. *Religião & Sociedade*, Rio de Janeiro, v. 33, n. 1, p. 71-97.

MAGGIE, Y. Medo do feitiço: relações entre magia e poder no Brasil. Rio de Janeiro: Arquivo Nacional, 292 p. 1992.

MONTERO, Paula. Religião, magia e feitiçaria. *Sociologia.* Coleção Explorando o Ensino, v. 15, MEC, 2010.

PORTIER, Philippe (2012). *Droit, étique et religion: d'age théologique á l'âge bioétique.* Paris: Bruyant.

RANQUETAT, César Alberto (2011). Ciência e religião: os debates em torno das pesquisas com células-tronco embrionárias no Brasil. *Ciências Sociais e Religião*, v. 12, n. 13, p. 37-56.

SCHRITZMEYER, Ana Lúcia Pastore. Sortilégio de saberes: curandeiros e juízes nos tribunais brasileiros (1900-1990). São Paulo: Instituto Brasileiro de Ciências Criminais, v. 1. 204 p. 2004.

SALES, Lilian (2014). A controvérsia em torno da liberação de pesquisas com células-tronco embrionárias no Brasil: posições e argumentos dos representantes da Igreja Católica. *Revista de Antropologia*, v. 57, n. 1, p. 179-213.

SARMENTO, Daniel (2009). *Filosofia e teoria constitucional contemporânea.* Rio de Janeiro: Lumen Juris.

SEIDL, Ernesto (2007). Um discurso afinado: o episcopado católico frente à "política" e ao "social". *Horizontes Antropológicos*, v. 13, n. 27, p. 145-164.

SYLVESTRE, Josué (1986). *Irmão vota em irmão: os evangélicos, a Constituinte e a Bíblia.* Brasília: Pergaminho.

TEIXEIRA. Jacqueline Moraes (2016). *A mulher universal:* corpo, gênero e pedagogia da prosperidade. Rio de Janeiro: Mar de Ideias.

Junho de 2013 no Brasil e Movimentos Sociais em Rede pelo Mundo

Jonas Medeiros

Introdução

Este capítulo tratará do que Manuel Castells – um dos analistas mais atentos e perspicazes das mobilizações sociais e políticas contemporâneas – chamou de "movimentos sociais em rede" e as suas *lutas por direitos*. Após esta breve introdução, nosso foco passará a ser especificamente o caso brasileiro de junho de 2013. Contudo, as grandes manifestações de rua – que já foram chamadas de "Revoltas de Junho" ou "Jornadas de Junho" – estão inseridas em um contexto mais amplo de protestos que parecem configurar um novo tipo de ação coletiva, na qual as redes sociais digitais desempenham um papel crucial (NUNES, 2014). Em todos os casos a serem apresentados neste capítulo, esses novos movimentos sociais desenvolvem críticas aos sistemas políticos de seus respectivos países, independentemente se eles se configuram como regimes abertamente autoritários – reivindicando, portanto, a sua democratização – ou como regimes democráticos de baixa intensidade – exigindo, dessa forma, um aprofundamento e uma radicalização da democracia.

Segundo Castells (2013), a conjuntura inicial que marca esses movimentos são as consequências sociais da crise econômica de 2008. A Islândia é, provavelmente, o primeiro país onde desponta esse novo ciclo de protesto político: lá, após ser revelado um esquema fraudulento envolvendo um oligopólio dos três maiores bancos islandeses, ocorreu uma intensa retração do PIB. Protestos passaram a ser realizados em uma praça histórica na capital, Reykjavík. Mesmo com o forte inverno, os islandeses foram se manifestar em janeiro de 2009 na frente do parlamento contra a forma pela qual o sistema político estava administrando a crise econômica e a regulação do mercado financeiro, exigindo "a renúncia do governo e a realização de novas eleições", além da "elaboração de uma nova Constituição" (CASTELLS, 2013, p. 40). O protesto ganhou o apelido de "Revolução das Panelas e Frigideiras".

Um segundo caso que antecipa a eclosão de um amplo ciclo de "movimentos sociais em rede" é o da Tunísia. Tendo "uma das mais altas taxas de penetração da internet e de celulares no mundo árabe" (CASTELLS, 2013, p. 34), o levante tunisiano foi iniciado com o suicídio de um vendedor ambulante, em "protesto contra a humilhação que era para ele o repetido confisco de sua banca de frutas e verduras pela polícia local, depois de ele recusar-se a pagar propina" (CASTELLS, 2013, p. 28). Conforme um primo gravou sua autoimolação (ato de atear fogo em seu próprio corpo) em dezembro de 2010, o vídeo passou a circular pela internet e novos suicídios foram cometidos, além de manifestações espontâneas por todo o país já em

janeiro de 2011. Em poucas semanas, mesmo com a repressão selvagem (centenas de feridos e mais de 100 pessoas assassinadas pela polícia), os manifestantes seguiram exigindo mudança do regime político (com o fim da ditadura de Ben Ali), eleições democráticas, liberdade de imprensa e justiça social (CASTELLS, 2013).

O exemplo tunisiano "viralizou", não apenas nas redes sociais da internet, mas também nas ruas de diversos países árabes, iniciando o que se convencionou chamar de "Primavera Árabe". Um país central nesse levante foi o Egito, onde jovens universitários, desempregados, moradores de áreas urbanas e com acesso à internet e celulares – além do protagonismo de mulheres blogueiras – convocaram via Facebook a ocupação da Praça Tahrir, em 25 de janeiro de 2011, reivindicando a renúncia do ditador Hosni Mubarak, eleições democráticas e redistribuição da riqueza. O sucesso dos tunisianos em expulsar o ditador de seu país e exigir a sua democratização instilam esperança nos egípcios e em cidadãos de diversos países árabes (como Líbia, Síria e muitos outros), que também passaram a se mobilizar em nome de dignidade, justiça e democracia (CASTELLS, 2013).

Enquanto essas mobilizações se espraiam pelo mundo árabe, a Europa vivia as consequências da crise econômica, que teve impactos mais profundos nos países do Sul, como Portugal, Espanha e Grécia.

Na Espanha, um grupo de Facebook chamado "Democracia Real Ya" convoca uma grande manifestação para o domingo, 15 de maio de 2011, para denunciar que "os principais partidos políticos estavam a serviço dos banqueiros e não representavam os interesses dos cidadãos" (CASTELLS, 2013, p. 91). Mais de 50 cidades vivenciam protestos com milhares de pessoas: em Madri reúnem-se 50 mil e, em Barcelona, 20 mil. Um grupo menor de pessoas decide acampar na praça Puerta del Sol, na capital espanhola e, em seguida, mais de 100 cidades no país seguem o exemplo de ocupar o espaço urbano para debater e protestar em nome de uma "democracia real". O movimento ficou conhecido pelo nome de "Os Indignados". No início, havia muitos estudantes universitários e pessoas diplomadas, depois se juntaram cidadãos de todas as idades e classes sociais, sem a participação de partidos políticos tradicionais ou sindicatos. A crítica dos manifestantes se voltava, como no caso da Islândia, para a crise da democracia representativa, capturada pelos interesses dos banqueiros, considerados culpados pela crise econômica e social do país (CASTELLS, 2013).

Depois das revoltas árabes e das manifestações europeias, a mobilização chega aos Estados Unidos. Em meados de julho, uma revista chamada *Adbuster* lança uma convocação para ocupar o Zuccotti Park, em Wall Street (o coração do mercado financeiro nos EUA), em 17 de setembro de 2011, dia do aniversário da assinatura da Constituição estadunidense: "a convocação inicial para a ocupação queria restaurar a democracia tornando o sistema político independente do poder do dinheiro" (CASTELLS, 2013, p. 125). Uma proposta que sintetizava essa demanda era a "nomeação de uma comissão presidencial para decretar a independência do governo em relação a Wall Street" (CASTELLS, 2013, p. 147). Cerca de mil pessoas então ocuparam o parque, iniciando um movimento espontâneo e sem lideranças. Nasceu assim o Occupy Wall Street (OWS), que tornou famoso o *slogan* "nós somos os 99%", denunciando a concentração de renda e poder em apenas 1% da população. Mesmo havendo prisões e repressões, já nos primeiros dias de outubro, ocorreram mais de 600 ocupações espontâneas em cidades espalhadas por todos os EUA. Os acampamentos se organizavam de forma complexa, em geral contendo uma assembleia geral – um "encontro aberto horizontal, sem liderança, baseado no consenso" (CASTELLS, 2013, p. 143) – e diversos comitês (como os de mídia, alimentação, ação direta, segurança, serviços sanitários, finanças, jurídico, médico, mídia etc.). Não havia pautas que unificassem as ocupações, mas houve uma prática comum de ampla valorização da democracia direta no dia a dia dos acampamentos (CASTELLS, 2013).

Por fim, logo antes de eclodir Junho de 2013 no Brasil, começou, no final de maio desse mesmo ano, um ciclo de protestos na Turquia, inicialmente motivados por ambientalistas que queriam evitar a derrubada de árvores no parque Taksim Gezi, em Istambul, a capital. Em 2012, já havia ocorrido "uma série de protestos de curdos, mulheres, trabalhadores, indivíduos LGBT, estudantes e alevitas" (YÖRÜK, 2013, p. 58). O "principal detonador do levante" foi "a violência excessiva da polícia" (idem, p. 57), o que levou "as classes médias secularistas" às ruas (idem, p. 59) em oposição ao crescente autoritarismo do governo do primeiro-ministro Erdogan (do conservador Partido da Justiça e Desenvolvimento, AKP, na sigla em turco). Além da preservação do parque, os manifestantes demandavam liberdades civis (de manifestação e de imprensa) e o fim da mercantilização de espaços públicos. Depois da repressão policial e a desocupação forçada (com o uso de gás lacrimogêneo e canhões de água), os cidadãos turcos reocuparam por duas semanas o parque Gezi, organizando um acampamento similar ao OWS, mas também levando a cabo em diversas cidades outras formas de ação coletiva, como passeatas e greves.

Todas essas mobilizações nacionais envolveram, de um jeito ou de outro, o que Castells (2013, p. 20) chamou de "espaço público híbrido" (que seria a característica específica dos movimentos sociais em rede), construído pela articulação do *online* (as redes sociais da internet) com o *offline* (a ocupação de espaços urbanos passou a ser uma forma de desafiar instituições políticas pouco ou nada democráticas, por meio do recurso à desobediência civil). Voltaremos aos desdobramentos de cada uma das manifestações por direitos civis, políticos e sociais ao final do capítulo. Agora vamos nos debruçar sobre o caso brasileiro.

23.1. Brasil e Junho de 2013

Os protestos ocorridos no Brasil no ano de 2013 se orientaram criticamente a vários fenômenos e processos políticos da sociedade brasileira: a má qualidade de vida nas grandes cidades devido à questão urbana; a baixa qualidade dos serviços públicos (começando pelo transporte público – péssimo e caro –, mas depois abarcando também a educação e a saúde públicas); um sistema político pouco democrático e representativo (além de corrupto), que não ouve os cidadãos e quando eles decidem se manifestar são violentamente reprimidos pela Polícia Militar (PM) a mando de governantes pouco legítimos e confiáveis; e, por fim, um modelo econômico desenvolvimentista que desrespeita o meio ambiente, violenta comunidades indígenas e não altera os privilégios das classes mais altas, mesmo quando busca distribuir alguma renda.

Todas essas demandas apresentadas surgiram no decorrer das manifestações de rua, mas originalmente havia um foco claro e concreto: barrar o aumento das tarifas do transporte público. Ao contrário do que pode se imaginar, os atos de rua no Brasil em torno das tarifas não começaram em São Paulo no mês de junho de 2013. A primeira cidade que contou com protestos nesse ano foi, na realidade, Porto Alegre. E a mobilização na capital gaúcha é tributária, como as manifestações em São Paulo e em outras cidades, dos protestos inicialmente realizados em Salvador em 2003 (a "Revolta do Buzu") e em Florianópolis em 2004 (a "Revolta da Tarifa" – cf. LIBERATO, 2005). O Movimento Passe Livre (MPL) é criado como uma federação de coletivos no Fórum Social Mundial de 2005, uma forma de organização inovadora. Cidades como São Paulo, Brasília e Vitória, dentre outras, viveram atos de rua massivos que buscavam barrar o aumento das tarifas de ônibus. O MPL construiu aos poucos uma conexão entre a reivindicação pelo direito ao transporte público e algo mais amplo, em geral nomeado de "*direito à cidade*": quando o MPL de Salvador ocupou a Câmara dos Vereadores em julho de 2013, foi divulgada uma carta segundo a qual eles lutavam "por uma vida sem catracas, onde cidadãos te-

rão direito à cidade e aos serviços públicos de forma universal" (apud TAVOLARI, 2016, p. 93).

Outros antecedentes da luta pelo direito à cidade pré-junho de 2013 podem ser identificados: na Praia da Estação, onde, desde 2010, os belorizontinos ocupam uma praça usando trajes de banho, contra decreto do prefeito que proibia seu uso para lazer (OLIVEIRA, 2012); na Marcha da Liberdade – que reivindicou o direito à liberdade de expressão e manifestação após forte repressão policial contra a Marcha da Maconha em São Paulo; e no "Churrascão da Gente Diferenciada" – um protesto à reação de moradores de um bairro nobre da capital paulista que se posicionaram contra a construção de uma estação de metrô – ambos em 2011 (SAVAZONI, 2016); diferentes acampamentos autônomos e horizontais em diversas cidades, como OcupaBelém, OcupaBH, OcupaPortoAlegre, OcupaRio, OcupaSalvador e OcupaSampa, todos ainda em 2011; no ato Defesa Pública da Alegria, no qual moradores de Porto Alegre protestaram no final de 2012 contra a privatização de uma praça da qual artistas de rua e comerciantes populares foram expulsos para dar lugar a um boneco inflável do mascote da Copa do Mundo, patrocinado pela Coca-Cola (KUNSLER, 2012); e na Farofada no Granito do Batel, quando curitibanos realizaram em maio de 2013 um protesto

Manual de Sociologia Jurídica

bem-humorado contra o gasto excessivo em uma reforma das calçadas (a serem revestidas por granito) de um bairro nobre da cidade (TORINELLI, 2015).

Voltando à luta pelo direito ao transporte, é criado no início de 2013 em Porto Alegre um espaço, o Bloco de Lutas pelo Transporte 100% Público, congregando vários militantes e grupos políticos de esquerda, ideologicamente diversos – como anarquistas, socialistas e comunistas –, mas em acordo com os "princípios de autonomia e horizontalidade" (CASTILLO, 2014, p. 124). Outra característica desse Bloco de Lutas foi a aposta em ações diretas. Com o anúncio do aumento da passagem de ônibus, foi marcada uma manifestação para o dia 27 de março de 2013, tendo sido "duramente reprimida pela guarda municipal e pela Brigada Militar" (CASTILLO, 2014, p. 128). Em reação a essa repressão, mais de 10 mil pessoas protestaram novamente em 1º de abril, associando a luta contra o aumento à defesa da liberdade de manifestação. Três dias depois, a Justiça decide pela revogação do aumento da tarifa. Mais de 5 mil pessoas comemoraram debaixo de chuva. Quando as manifestações de junho e julho vieram, Porto Alegre já tinha alcançado a diminuição da passagem e, portanto, buscaria emplacar outras reivindicações (como o Projeto de Lei do Passe Livre), por outros meios (a ocupação da Câmara dos Vereadores).

Antes de São Paulo, também houve protestos contra o aumento da tarifa em Goiânia, no mês de maio. Assim como em Porto Alegre, também foi constituído um espaço de articulação de diferentes grupos (também ideologicamente diversos, desde marxistas até anarquistas): a Frente de Luta do Transporte Público (FLTP). O primeiro protesto convocado pela FLTP foi em 8 de maio de 2013 e, da mesma forma como ocorreu em Porto Alegre (e como aconteceria em São Paulo), houve repressão policial. No total foram 5 protestos chamados pela FLTP; os outros foram nos dias 16, 21 e 28 de maio e 6 de junho. No 2º ato da FLTP, a ideia era debater com a população os problemas do transporte quando a marcha entrasse em um terminal de ônibus; contudo, o terminal foi esvaziado e isolado com um cordão policial. Houve uso de gás lacrimogêneo, bombas de "efeito moral" e disparos de arma letal, com alguns feridos. O 3º ato foi realizado na frente da sede do governo estadual, onde ocorria uma reunião da Câmara Deliberativa do Transporte Coletivo; três manifestantes foram autorizados a entrar no edifício mas sem acesso à reunião, uma forma de ludibriar quem estava do lado de fora e deliberar pelo aumento da tarifa, ignorando o protesto. O 4º ato tentou novamente, em vão, caminhar em direção a um terminal de ônibus; a repressão policial foi ainda mais forte (com o uso da cavalaria e do pelotão de choque) e os ativistas foram obrigados a se refugiar na Faculdade de Direito da Universidade Federal de Goiás, ficando horas sob cerco policial. Um 5º ato foi marcado já no início de junho, e a tensão com os policiais se repetiu, dessa vez com os manifestantes se refugiando no Instituto Federal de Goiás (TAVARES; RORIZ; OLIVEIRA, 2016). O aumento da passagem de ônibus foi suspenso temporariamente em 10 de junho (JUDENSNAIDER et al., 2013, p. 54) e revisto definitivamente em 19 de junho, quando os protestos iniciados em Porto Alegre e Goiânia já tinham se nacionalizado (TAVARES; RORIZ; OLIVEIRA, 2016).

Ao contrário de outras capitais, que tiveram mudanças nas tarifas do transporte público já em janeiro, o prefeito Fernando Haddad (PT) e o governador Geraldo Alckmin (PSDB) responderam a um apelo da presidente Dilma Rousseff (PT) para postergar para junho os aumentos na capital paulista no intuito de auxiliar o combate à inflação. Assim chegamos aos protestos convocados pelo Movimento Passe Livre de São Paulo (MPL-SP) contra o aumento das tarifas de ônibus, trem e metrô. O primeiro ato centralizado foi realizado em 6 de junho de 2013, mesmo dia do último ato da FLTP em Goiânia. Mas outros atos já haviam ocorrido na região central e na Zona Norte da cidade no final de maio e início de junho. Como um aprendizado da última campanha contra a tarifa, em 2011,

o MPL-SP decidiu realizar atos de rua mais intensos e em vias mais centrais; daí o lema "Se a tarifa não baixar, a cidade vai parar!" (JUDENSNAIDER et al., 2013, p. 26). O ato saiu do Teatro Municipal em direção ao Vale do Anhangabaú e, ao chegar à Av. 23 de Maio, a PM agiu para dispersar os 2 mil manifestantes, utilizando tiros de bala de borracha. Oito pessoas ficaram feridas e quinze foram detidas. No dia seguinte, a imprensa inicia uma campanha de desqualificação e criminalização do movimento social – seriam todos "vândalos" e "baderneiros". O segundo ato ocorreu um dia depois, partindo do Largo da Batata, para bloquear de modo bastante original a Marginal Pinheiros; segundo a PM, o protesto reuniu 5 mil pessoas (JUDENSNAIDER et al., 2013).

O 3º grande ato do MPL-SP é realizado em 11 de junho e reúne 15 mil pessoas, saindo da Praça do Ciclista, na Av. Paulista, e indo até o Terminal Pq. D. Pedro II. A PM ataca os manifestantes, mais de uma dezena de pessoas é presa (incluindo um jornalista da ONG Aprendiz, que foi espancado) e duas são atropeladas por um carro no meio do protesto. A repressão motiva depredações, incluindo um ataque à sede do PT. Há grande repercussão na imprensa de uma imagem na qual um policial com o rosto ensanguentado e que foi "cercado por manifestantes e quase linchado" na frente do Tribunal de Justiça de São Paulo

(JUDENSNAIDER et al., 2013, p. 70). Por um lado, o policial apontou sua arma primeiro em direção aos manifestantes, depois para cima; por outro lado, algumas das pessoas que protestavam fazem um cordão de isolamento para proteger o policial das ameaças e retirá-lo do local. A mídia seguiu condenando a violência dos protestos e deslegitimando o movimento; o comentarista Arnaldo Jabor chega a comparar, no Jornal da Globo, os atos do MPL à organização criminosa PCC/Primeiro Comando da Capital (e, de forma sutil, já insere uma pauta que ganhará destaque nos dias seguintes: a luta contra a PEC 37).

No dia 13 de junho, para quando estava marcado o 4° ato, os editoriais dos jornais *O Estado de S. Paulo* e *Folha de S. Paulo* exigem que a PM aja com uma repressão mais rigorosa. Desde a concentração do protesto, novamente no Teatro Municipal, o "clima predominante é de grande tensão" (JUDENSNAIDER et al., 2013, p. 94). Cerca de 40 manifestantes são detidos antes mesmo de o ato começar, simplesmente por portarem vinagre (que é usado para combater os efeitos do gás lacrimogêneo); por esse motivo, inclusive, um dos primeiros nomes dados para os protestos de junho foi "a Revolta do Vinagre" (ou então "Revolta da Salada"). Vinte mil pessoas seguem pela Av. Ipiranga em direção à R. da Consolação (para tentar chegar à Av. Paulista), quando o Choque

da PM intervém, marcando esse ato de 13 de junho de 2013 "por uma violência policial sem precedentes no período democrático" (JUDENSNAIDER et al., 2013, p. 95). As "balas de borracha e bombas de concussão" atingem não apenas os manifestantes sendo perseguidos, como também transeuntes e jornalistas (7 repórteres da *Folha de S.Paulo* chegam a ser feridos). Aos poucos, relatos sobre a repressão policial brutal são compartilhados nas redes sociais da internet (mais de 200 pessoas são detidas, um fotógrafo é atingido no olho e perde a visão etc.), com a contribuição de meios de comunicação alternativos, como a Mídia Ninja. No Twitter, por exemplo, pessoas passam a mudar o tema dos protestos das passagens do transporte público para o direito e a liberdade de manifestação (JUDENS-NAIDER et al., 2013, p. 102).

A onda de compartilhamento de denúncias e imagens dos abusos policiais (semelhante ao que ocorreu no mundo árabe e na Turquia) atinge outras capitais do Brasil. Muitas pessoas que já eram militantes e ativistas passam a convocar entre 14 e 17 de junho protestos para expressar solidariedade aos manifestantes que sofreram a violência da PM paulista. Em Curitiba, por exemplo, 2 mil pessoas foram às ruas no dia 14, comovidas com a repressão policial (TORINELLI, 2014, p. 69), enquanto em Vitória cerca de 20 mil pessoas se manifestaram, inicialmente motivadas pelo apoio e solidariedade aos paulistanos (LOSEKANN, 2014, p. 4). Já em outras cidades, o sentimento de indignação com a PM se misturou com insatisfações relativas à realização de megaeventos esportivos, como a Copa do Mundo (que só seria realizada em 2014) e as Olimpíadas no Rio de Janeiro (em 2016). No dia 14 de junho, movimentos urbanos queimaram pneus em frente ao Estádio Mané Garrincha (onde depois ocorreria um jogo da Copa das Confederações), e o Exército simplesmente passou a caçar os manifestantes, com helicópteros jogando bombas de gás lacrimogêneo em cima das pessoas (PAGUL, 2014, p. 52-53). E no dia seguinte, em Belo Horizonte, 12 mil pessoas (segundo a PM) participaram de duas passeatas que se juntaram, uma convocada pelo COPAC (Comitê dos Atingidos pela Copa – MG) e outra por militantes feministas e LGBT contra o Estatuto do Nascituro (RICCI; ARLEY, 2014, p. 141-142). Aos poucos vai se consolidando e popularizando uma crítica social que associa os gastos com esses eventos, processos de corrupção (envolvendo um sistema político pouco representativo e as grandes empreiteiras) e o subfinanciamento dos serviços públicos, o que precariza direitos sociais, como a saúde e a educação.

No dia seguinte à grande repressão policial, a sexta-feira dia 14, a cobertura da imprensa indicava mudanças substanciais relevantes: a *Folha de S.Paulo*, por exemplo, reportou criticamente os abusos da PM, inclusive estampando na sua capa a foto de uma jornalista da TV Folha que recebeu uma bala de borracha em seu olho. Já no fim de semana, vai ficando claro o apoio da população à pauta da redução das tarifas (por meio da publicação de uma pesquisa Datafolha), bem como a expectativa de que o novo protesto convocado pelo MPL-SP para segunda-feira, dia 17, tomasse grande proporção; com isso, diversas celebridades passam a declarar apoio aos manifestantes e as redes sociais são tomadas por *hashtags* exaltando a mobilização. Aos poucos ocorre uma "profunda transformação" na "imagem dos manifestantes transmitida pelos meios de comunicação": "eles deixam de ser os vândalos isolados e irresponsáveis dos primeiros dias e passam a ser vistos como um grupo social predominantemente legítimo" (JUDENSNAIDER et al., 2013, p. 150). A imprensa também contribui para começar a "buscar novas motivações para os protestos" (JUDENSNAIDER et al., 2013, p. 141). Um editorial da Revista *Veja* interpreta, por exemplo, que o aumento da tarifa pode ser um elemento secundário da mobilização dos jovens nas ruas diante, por exemplo, da "corrupção e criminalidade" (JUDENSNAIDER et al., 2013, p. 141).

Um importante estudo da Interagentes (PIMENTEL; SILVEIRA, 2013) mapeia essa difusão de pautas nas redes sociais da internet e o surgimento de novos atores políticos, para além do MPL-SP, a partir de uma análise de postagens públicas no Facebook entre 5 e 21 de junho de 2013. Esse artigo descobriu que a página "Passe Livre São Paulo" deixou de figurar entre as 20 principais "autoridades" no Facebook quando chega o 6º ato convocado pelo MPL-SP para comemorar em 20 de junho a revogação do aumento das tarifas; e foram formadas "microlideranças das mobilizações", com o "surgimento de novos grandes nós de autoridade (os diversos coletivos Anonymous; Movimento contra a Corrupção; A Verdade Nua & Crua, entre outros)" (PIMENTEL; SILVEIRA, 2013). Ao mesmo tempo que o MPL-SP vai perdendo o protagonismo, perfis da imprensa tradicional, como o do Estadão, que era a autoridade n. 1 no início de junho, também perde centralidade. Conforme apontam Pimentel e Silveira (2013), a "crise de representação" não era dirigida apenas às instituições democráticas, partidos e sindicatos, mas também se estendeu aos meios de comunicação de massas.

Havia grande expectativa quanto ao 5º ato do MPL-SP, convocado para o fim de tarde da segunda-feira 17 de junho. O governo estadual descartou o uso da Tropa de Choque e de balas de borracha e centenas de milhares haviam confirmado presença no evento do Facebook. A concentração ocorre no Largo da Batata e, após a saída, o protesto se divide em dois, voltan-

do a se encontrar na Ponte Estaiada. Entre 65 e 100 mil pessoas saíram às ruas para se manifestar. Isso em São Paulo, pois outras manifestações se espalham por todo o território nacional nesse mesmo dia 17 (a maior e mais popular de todas deve ter sido a da cidade do Rio de Janeiro). A difusão de pautas é um diferencial com relação aos atos anteriores, todos centrados na questão da tarifa, de barrar o aumento de vinte centavos. Dessa vez, também se protesta pelo direito de manifestação e contra a repressão policial; pela qualidade dos serviços públicos e direitos sociais (simbolizado pela palavra de ordem "Educação/Saúde Padrão FIFA"); a crítica aos gastos com os eventos esportivos; a corrupção; contra o projeto da "Cura Gay" proposto pelo deputado federal e pastor Marco Feliciano, dentre tantas outras questões. Duas alterações importantes nesse ato foram: a presença de símbolos nacionalistas (como a bandeira brasileira, as cores verde e amarelo, além da ideia de que "o gigante acordou") e a ausência da PM e da sua violência repressiva (também não ocorreram "depredações" ou "vandalismo").

A difusão de pautas – de algum modo similar à falta de unidade nas reivindicações do movimento Occupy – implicou, de um lado, grande heterogeneidade político-ideológica; de outro, potenciais conflitos ou, ao menos, separações físicas entre manifestantes "vermelhos" e "verde e amarelos". O ato de 17 de junho em Recife reuniu, por exemplo, mais de 50 mil pessoas, com "pautas heterogêneas": algumas bandeiras pediam "o fim da corrupção" e outras, "o fim dos partidos", com alguns militantes ou simpatizantes de partidos de esquerda sendo hostilizados; outras bandeiras demandavam o direito à cidade e uma "democracia real" (ANDRADE et al., 2014, p. 138). Em Curitiba também ocorreu um crescimento numérico dos atos de rua: muitos manifestantes estavam protestando pela primeira vez em sua vida, até que, no ato de 20 de junho, "a marcha se dividiu em duas: a da 'esquerda' e a dos 'sem-partido' – a primeira vermelha e a segunda verde e amarela" (TORINELLI, 2014, p. 70). Em Florianópolis, no mesmo dia, a manifestação também se dividiu nas mesmas cores (BASTOS NETO, 2014, p. 93). Já em Goiânia, após a Frente de Luta pelo Transporte Público ter barrado com sucesso o aumento da tarifa e ter protagonizado todos os atos de rua anteriores, na comemoração do dia 20 de junho, a pauta e o itinerário tirados pela FLTP não foram seguidos pela multidão; cartazes amplamente contraditórios eram expostos: alguns criticando a homofobia; outro com o escrito machista e transfóbico "Ronaldo, você diz que não se faz copa com hospitais, mas com estádios. Eu te digo: sexo se faz com mulheres, não com travestis". Além disso, militantes de partidos da oposição de esquerda foram agredidos (TAVARES;

RORIZ; OLIVEIRA, 2016, p. 149, n. 15). Como também ocorreu em São Paulo, no mesmo dia, quando militantes da juventude do PT e outras pessoas que simplesmente usavam roupas vermelhas foram hostilizados. Embora houvesse grupos e pessoas simpatizantes da extrema-direita nas ruas e/ou defensoras de uma "intervenção militar" no sistema político (principalmente no dia 20 de junho), nem de longe elas compunham maioria. Segundo pesquisa Datafolha, aliás, o perfil ideológico dos manifestantes (ao menos na cidade de São Paulo) era majoritariamente de centro e esquerda e minoritariamente de direita.

Os protestos em cada capital portavam especificidades locais. Em Brasília, por exemplo, as manifestações foram extremamente plurais. Alguns atos eram convocados por grupos políticos e coletivos – como MPL-DF, Marcha das Vadias-DF, Comitê Popular da Copa-DF ou juventudes partidárias de esquerda – e outras eram marcadas por ativistas independentes, a partir de seus perfis pessoais no Facebook. As pautas de um único ato de rua poderiam ser múltiplas, indefinidas ou específicas (como transporte, violência contra as mulheres, PEC 37, o projeto da "Cura Gay", a Rede Globo ou então uma "Marcha das Crianças"). Segundo um mapeamento não exaustivo, entre 15 e 30 de junho de 2013, foram convocados em Brasília e suas cidades-satélite 17 atos de rua, muitas vezes marcados para um mesmo dia, por organizadores diversos com pautas diferentes (FIDELIS; LOPES, 2015).

Já em Vitória, o apoio ao MPL-SP por conta da repressão policial sofrida foi rapidamente extrapolado para outras bandeiras. Em 20 de junho, 100 mil dos mais de 300 mil habitantes da capital do Espírito Santo (praticamente 1/3 da sua população, portanto) foram às ruas, com pautas diversas, como críticas à corrupção, ao deputado Marco Feliciano, à PEC 37, ao governo estadual etc. Aos poucos o foco das reivindicações passou a ser a questão do pedágio cobrado na ponte que liga Vitória à cidade de Vila Velha. Conforme a resposta da PM capixaba foi dada com balas de borracha e gás lacrimogêneo, a manifestação termina partindo para a ação direta, quebrando cabines e cancelas do pedágio na ponte, o que resultou na liberação do trânsito nos dias seguintes (LOSEKANN, 2014).

Um último exemplo de especificidade local a ser apresentado aqui é Belo Horizonte. Segundo a pesquisa empírica de maior fôlego já conduzida até o momento sobre um estudo de caso, o junho belorizontino foi provavelmente o mais facilmente caracterizado como sendo de esquerda ou progressista. Por um lado, isso se deve às práticas de coletivos anarquistas e autonomistas nos anos anteriores a 2013 e, por outro, à constituição do Comitê de Atingidos pela Copa (COPAC BH), que buscou reunir e articular a resistência de moradores, trabalhadores, comerciantes e cidadãos que foram prejudicados pelas Copas das Confederações (2013) e do Mundo (2014) em Minas Gerais. Depois de um longo trabalho de base anterior desses grupos políticos, Junho de 2013 começa em Belo Horizonte no dia 15, quando 12 mil pessoas caminham até a Praça da Estação. Em 17 de junho, 30 mil pessoas marcham por quase 10 quilômetros; ocorrem atos de rua praticamente diários, até que, no dia 22 de junho, 125 mil pessoas caminham no maior protesto do ano, em direção ao Estádio do Mineirão, onde ocorria um jogo da Copa das Confederações. No dia 26, entre 40 e 50 mil pessoas protestam, quando um jovem metalúrgico cai de um viaduto durante a repressão da PM e acaba por falecer. A diversidade ideológica aumenta conforme mais pessoas compõem os atos, mas grupos de maracatu, organizadores do carnaval de rua da cidade, o Levante Popular da Juventude e o COPAC buscam organizar blocos de percussão para animar os manifestantes e, simultaneamente, "abafar palavras de ordem muito despolitizadas" (RICCI; ARLEY, 2014, p. 143). Outra forma de combater não apenas o que esses grupos viam como "despolitização", mas também grupos neonazistas, coletivos anarquistas propuseram a criação de um "espaço autogestionário" que permitisse a continuidade da luta social e da ação coletiva, pautado pelos princípios da horizontalidade e da autonomia: a Assembleia Popular Horizontal (APH). Inspirados nas experiências dos indignados espanhóis, o Occupy Wall Street e o OcupaBH (um acampamento na frente da Assembleia Legislativa de Minas Gerais, que durou do fim de 2011 até o início de 2012, inspirado no movimento estadunidense), os jovens de Belo Horizonte buscaram criar um "espaço coletivo de decisão horizontal" (RICCI; ARLEY, 2014, p. 175). As sessões da APH eram realizadas quinzenalmente, com a participação de 50-100 pessoas (em outubro de 2013) e mais de 2 mil no ápice do movimento (em junho). Além dessas sessões deliberativas, também foram formados 12 Grupos de Trabalho, entre eles os de Mobilidade Urbana e de Reforma Urbana (RICCI; ARLEY, 2014). Possivelmente, a APH foi o experimento mais inovador que surgiu nas diferentes cidades que participaram, cada uma a sua maneira, do Junho de 2013 brasileiro. Uma experiência em menor escala e descentralizada foi a da Plenária Popular de Favela, no Rio de Janeiro (THÂMARA, 2013).

Uma especificidade da mobilização social em rede no Brasil, em comparação com Egito (praça Tahrir), Espanha (praça Puerta del Sol), EUA (parque Zuccotti) e Turquia (parque Taksim Gezi), foi que a forma de ação coletiva predominantemente utilizada não foi a ocupação de espaços urbanos como praças e parques – o que

Gohn (2014) chamou de "territórios de cidadania" – e sim atos de rua (trancamentos, marchas, passeatas etc.), ao menos se considerarmos os protestos até o mês de junho. Já a partir de julho, passaram a ocorrer várias ocupações de sedes de Poderes Legislativos estaduais e municipais. Em Belo Horizonte, a Câmara dos Vereadores foi ocupada por mais de uma semana com reivindicações relativas ao transporte público (RICCI; ARLEY, 2014, p. 191). Em Vitória, os manifestantes ocuparam a Assembleia Legislativa durante 10 dias no início de julho, depois que um deputado estadual pediu vistas ao projeto que propunha o cancelamento dos contratos com a empresa responsável pela cobrança do pedágio na Terceira Ponte, adiando sua votação; no final dessa nova fase do movimento capixaba, o valor do pedágio foi reduzido pela metade, mas as demais reivindicações não foram atendidas (LOSEKANN, 2014). No meio do mês de julho, é a vez de a Câmara Municipal de Porto Alegre ser ocupada, pelo Bloco de Lutas pelo Transporte Público, com a reivindicação de dois Projetos de Lei: do Passe Livre (para estudantes, desempregados, indígenas e quilombolas) e da transparência das contas das empresas de ônibus (SEGARRA, 2015). Por fim, no final de julho, manifestantes ocupam a Câmara de São Luís com reivindicações que iam desde mobilidade urbana, regularização fundiária de comunidades até a transparência das contas públicas (relativa aos custos das empresas de ônibus e o reajuste salarial de mais de 50% que os vereadores se autoconcederam). A reintegração de posse da Câmara pedida na justiça foi negada, legitimando a ocupação como direito de manifestação. Depois, uma sessão especial foi conquistada pelo movimento para debater suas pautas, mas ela foi interrompida arbitrariamente pelos vereadores e nenhuma reivindicação foi atendida (CASTRO; ROGENS, 2014). Outros exemplos de Câmaras de Vereadores que foram ocupadas foram as do Rio de Janeiro (agosto) e Curitiba (outubro de 2013).

Não há, pelo que foi possível averiguar, uma sistematização de quantas ocupações de legislativos foram realizadas, mas reportagem do final de julho aponta para 23 Câmaras Municipais ocupadas nas 5 regiões do País (*CARTA CAPITAL*, 2013). Levando todas essas informações em consideração, fica ainda mais clara a asserção de que Junho de 2013 trouxe uma crítica ampla e profunda ao sistema político brasileiro, tal como interpretado por Nobre (2013). Outras formas de ação coletiva que são desdobramentos de Junho de 2013 e se aproximaram mais daquele repertório de ocupação do espaço urbano analisado por Castells e utilizado em outros países foram as ocupações do Parque do Cocó, em Fortaleza, entre julho e outubro de

2013 (PINHEIRO, 2014) e do Cais Estelita, já em 2014 (ANDRADE et al., 2014).

Enfim, Junho de 2013 foi um processo político e social complexo, no qual mais de um milhão de pessoas – a maioria jovens e universitários, tanto da classe média quanto trabalhadores (SINGER, 2013) – foram às ruas em centenas de cidades por todo o País, protestando por direitos sociais (transporte público em primeiro lugar, depois educação e saúde públicas de qualidade) e civis (a liberdade de manifestação) e contra a corrupção.

Considerações finais

De maneiras diferentes (e condizentes com a realidade de cada país), os "movimentos sociais em rede" criticam os sistemas políticos, seja pelo caráter antidemocrático de regimes ditatoriais, seja pelo caráter insuficientemente democrático de democracias representativas capturadas pelo sistema econômico. Convém, portanto, comparar brevemente os desdobramentos das mobilizações nos países que foram aqui trazidos, para evidenciar as diferentes configurações e relações entre sistema político, sociedade civil e luta por direitos.

A "Revolução das Panelas", na Islândia, provavelmente foi a mobilização que teve o maior impacto institucional formal: os partidos conservadores que estavam no poder desde 1927 foram substituídos por uma coalizão de social-democratas e verdes, com uma primeira-ministra homossexual e metade do gabinete formado por mulheres; Facebook, Twitter, YouTube e Flickr foram redes sociais utilizadas no processo de reforma constitucional. Além disso, "o governo islandês fez os banqueiros arcarem com os custos da crise, ao mesmo tempo que aliviava, tanto quanto possível, as agruras do povo" (CASTELLS, 2013, p. 46).

Continuando na Europa, o movimento dos Indignados na Espanha tinha como um de seus objetivos uma reforma política e da lei eleitoral, para torná-la proporcional, além de seguir a inspiração islandesa de regular o setor bancário e quebrar a cumplicidade dos partidos políticos tradicionais com o mercado financeiro. O principal impacto imediato do movimento foi impor uma derrota eleitoral ao PSOE, partido de centro-esquerda (CASTELLS, 2013). Já as eleições gerais de 2015 marcaram o fim do sistema bipartidário (PP/PSOE) instaurado desde a redemocratização espanhola (no final da década de 1970), com a entrada em cena de dois novos partidos, ambos tentando representar de alguma forma o legado dos Indignados: o Podemos (esquerda antiausteridade) e o Ciudadanos (centro-direita). Mas, até o momento, nenhuma força política conseguiu formar uma nova

maioria estável, aprofundando a crise da democracia representativa.

O movimento Occupy não teve uma reivindicação unificadora; os alvos eram extraordinariamente diversos: especulação financeira; crise de moradia; direitos sindicais; financiamento de campanhas políticas; racismo, sexismo e xenofobia; sistemas prisional, de saúde e de crédito educativo; aquecimento global; direitos dos animais etc. (CASTELLS, 2013, p. 148-149). Mesmo depois de os acampamentos serem encerrados à força, o movimento continuou vivo nas redes sociais. Segundo Castells (2013), um dos antecedentes do OWS foi a decepção com o Governo Obama por parte de militantes que haviam se engajado em sua inovadora campanha eleitoral de 2008. De certa maneira, essa mesma energia reaparece na candidatura de Bernie Sanders às eleições primárias do Partido Democrata em 2016, candidato que se autodeclara socialista e defendeu pautas como educação e saúde como direitos sociais universais. Embora tenha sido a representante do establishment democrata, Hillary Clinton, quem ganhou a nomeação para disputar a eleição presidencial contra o republicano Donald Trump, é inegável que a campanha de Sanders contribuiu para deslocar o debate público estadunidense em direção a pautas que antes recebiam pouco ou nenhum destaque.

Já a "Primavera Árabe" teve consequências díspares, dependendo do país em questão. Após a fuga do ditador tunisiano, os protestos continuaram contra o governo provisório, até que foram convocadas eleições para uma assembleia constituinte. Em 2014, uma nova Constituição é aprovada e eleições democráticas parlamentares e presidenciais são realizadas. O cenário egípcio é mais complicado: com a queda do ditador Mubarak (de origem militar), quem assumiu foram as Forças Armadas. A continuidade dos protestos forçou eleições democráticas, e o candidato da Irmandade Muçulmana, Mohamed Morsi, foi eleito em 2012. Contudo, o exército egípcio aproveitou novos protestos populares no ano seguinte e realizou um golpe de Estado, sendo o atual presidente do país, novamente, um militar. Em certos países árabes as manifestações em prol da democracia política e da justiça social se tornaram ou foram abafadas por guerras civis (como no caso da Líbia e da Síria).

Os protestos turcos democráticos, iniciados quase ao mesmo tempo dos brasileiros, em 2013, também tiveram como uma de suas consequências o fortalecimento do governo autoritário de Erdogan. Após tentativa de golpe de uma fração das forças armadas, o agora presidente da Turquia iniciou o que pode ser considerado uma espécie de contragolpe, uma vez que dezenas de milhares de pessoas (militares, burocratas, juízes, jornalistas, acadêmicos etc.) foram punidas com a perda de seus cargos e a prisão.

Por fim, no Brasil, cidades por todo o País tiveram suas tarifas do transporte público reduzidas como resultado da pressão popular de 2013. Ainda nessa pauta, o transporte se tornou um direito social previsto na Constituição em 2015, como resultado de uma PEC apresentada dois anos antes pela deputada Luiza Erundina. Por iniciativa da presidente Dilma Rousseff, foi aprovada a destinação dos *royalties* da camada pré-sal do petróleo para a educação (75%) e a saúde (25%), numa tentativa de dialogar com as demandas por melhores serviços públicos. Já a PEC 37, que limitava o poder de investigação do Ministério Público, foi derrubada no final de junho de 2013, logo após o auge das manifestações. E no tocante à corrupção, algumas iniciativas legislativas foram aprovadas, como as Leis n. 12.846 (conhecida como Lei Anticorrupção) e 12.850 (que regulamentou a delação premiada), instrumentos legais que foram determinantes para os desdobramentos posteriores da Operação Lava Jato.

Contudo, para além dessas transformações institucionais mais evidentes, Junho de 2013 também tem um legado repressivo. Muitos manifestantes foram presos para averiguação, um instituto jurídico muito aplicado durante a ditadura militar que teria sido abolido pela Constituição Federal de 1988. Já um caso de arbitrariedade e injustiça flagrantes foi a prisão de Rafael Braga, ex-morador em situação de rua e único condenado pelos protestos de 2013, pelo simples porte de uma garrafa de desinfetante Pinho Sol. Por essas e outras razões, outra herança de Junho foi a criação de um coletivo chamado Advogados Ativistas, que se reuniram para orientar juridicamente manifestantes e tentar proteger seus direitos. As manifestações contra a Copa do Mundo em 2014 foram brutalmente reprimidas, sem que ocorresse comoção social similar à do ano anterior. E um dos últimos atos de Dilma Rousseff foi a aprovação da Lei Antiterrorismo, que pode vir a ser utilizada para reprimir movimentos sociais.

Nesse balanço de conquistas e ameaças aos direitos, certamente a principal consequência de Junho de 2013 não foram impactos institucionais imediatos, mas a abertura da possibilidade de novas (e inesperadas) mobilizações sociais e políticas. As redes sociais, em especial o Facebook, passaram a ganhar protagonismo nas convocações dos protestos, e a direita brasileira, que há muito tempo concentrava suas ações quase que exclusivamente no campo institucional, passou a também se utilizar da rua como espaço de mobilização.

Em 15 de março de 2015 foi realizado o primeiro protesto massivo pró-*impeachment* de Dilma Rousseff, com a participação de um público entre 200 mil e um milhão de manifestantes (segundo o Datafolha e a Polícia Militar, respectivamente). Outras manifestações foram convocadas para abril, agosto e dezembro de 2015 e março e julho de 2016. Dilma teve seu afastamento provisório aprovado pela Câmara em abril de 2016 e o impedimento definitivo (mas sem a cassação de seus direitos políticos) pelo Senado em agosto. Antes do primeiro grande protesto em março do ano anterior, sete atos de rua menores já haviam sido convocados entre outubro e dezembro de 2014 pelas mesmas organizações que ficaram conhecidas em 2015: Vem Pra Rua, Movimento Brasil Livre (MBL) e Revoltados On Line (TATAGIBA; TRINDADE; TEIXEIRA, 2015). Retrocedendo ainda mais, é importante considerar que pautas que circularam em 2015 já estavam de modo minoritário nas ruas em Junho de 2013, desde o "Fora Dilma" e "Fora PT", passando por demandas mais moralistas e genéricas contra a corrupção até pedidos específicos de intervenção militar para combatê-la.

A partir de novembro de 2015, estudantes do Ensino Médio (e, em menor medida, do Ensino Fundamental II) ocuparam escolas públicas paulistas como forma de protestar contra um projeto de reestruturação da rede estadual de ensino conhecido por "reorganização escolar", que privilegiaria escolas de ciclo único e previa o fechamento de quase uma centena de unidades escolares (CAMPOS; MEDEIROS; RIBEIRO, 2016). O plano do governo não foi debatido com as comunidades escolares, tendo sido imposto de forma burocrática e autoritária. Da mesma forma como os atos de rua de 2013 barraram o aumento das tarifas, o movimento dos alunos impediu – ou ao menos suspendeu – o programa. Em seguida, na virada de 2015 para 2016, a ocupação de escolas públicas como forma de ação coletiva se espalha por todo o território nacional e verifica-se movimentos massivos em Goiás, Rio de Janeiro, Ceará, Rio Grande do Sul e Mato Grosso, além de ocupações isoladas em Minas Gerais, Espírito Santo, Pará, Paraná e, por fim, Bahia (cada uma dessas realidades locais apresentando suas reivindicações específicas). Trata-se do surgimento de um novo sujeito político que luta pelo direito social à educação (JANUÁRIO et al., 2016). O novo ciclo político inaugurado em 2013 no Brasil trouxe a ação direta e a desobediência civil para o centro do debate público e político, produzindo novos desafios para o direito e os juristas. Em 2015, ganhou no Tribunal de Justiça de São Paulo a tese de que a ocupação das escolas públicas paulistas era uma questão política – um direito legítimo de manifestação –, e não a interpretação do governo estadual de que seria uma questão de posse, a ser resolvida por meio da ação

reintegradora da Polícia Militar. No ano seguinte, o governo mudou sua estratégia jurídica "para passar ao largo, fugir do Poder Judiciário, com o intuito de realizar reintegrações sem audiências, sem mandado judicial, orientado apenas pelo seu julgamento unilateral de conveniência e oportunidade", um movimento de perversão do Estado de Direito "sem apreço às garantias fundamentais dos cidadãos e cidadãs" (BARBOSA; MEDEIROS; RODRIGUEZ, 2016).

Como é possível ver pela breve comparação internacional, os desafios da democratização social e política são muitos e complexos. Mas as lutas sociais em defesa ou pela criação de direitos estão emergindo de formas inesperadas e essa vitalidade pode servir de base para termos esperanças na construção de dias melhores, por meio do aprofundamento da crítica social e do desenvolvimento de práticas políticas transformadoras.

Bibliografia

ANDRADE, Érico; LINS, Liana Cirne; LEMOS, Frida. Recife – Nem solitárias nem amargas: a luta pelo direito à cidade para e pelas pessoas – O caso do #OcupeEstelita. In: MORAES, Alana et al., (Org.). *Junho*: potência das ruas e das redes. São Paulo: Fundação Friedrich Ebert, 2014. p. 135-155.

BARBOSA, Samuel; MEDEIROS, Jonas; RODRIGUEZ, José Rodrigo. Na contramão da democracia: o Estado e as ocupações de escolas. *JOTA*, 6 jun. 2016. Disponível em: <http://jota.uol.com.br/na-contramao-da-democracia-o-estado-e-ocupacoes-de-escolas>. Acesso em: 5 set. 2016.

Junho de 2013 no Brasil e Movimentos Sociais em Rede pelo Mundo

BASTOS NETO, Fernando C. J. Florianópolis – Das redes às ruas: junho em Florianópolis. In: MORAES, Alana et al. (Org.). *Junho*: potência das ruas e das redes. São Paulo: Fundação Friedrich Ebert, 2014. p. 79-94.

CAMPOS, Antonia Malta; MEDEIROS, Jonas; RIBEIRO, Márcio Moretto. *Escolas de luta*. São Paulo: Veneta, 2016.

CARTA CAPITAL. Ao menos 23 cidades tiveram Câmaras Municipais ocupadas. *Carta Capital*, 25 jul. 2013.

CASTELLS, Manuel. *Redes de indignação e esperança*: movimentos sociais na era da internet. Rio de Janeiro: Zahar, 2013.

CASTILLO, Lorena. Porto Alegre – O antes, o durante e o depois das mobilizações de 2013 em Porto Alegre. In: MORAES, Alana et al. (Org.). *Junho*: potência das ruas e das redes. São Paulo: Fundação Friedrich Ebert, 2014. p. 121-133.

CASTRO, Cláudio; ROGENS, Bruno. São Luís – Jornadas de Junho no Maranhão: as ruas e as redes como espaço da reivindicação. In: MORAES, Alana et al. (Org.). *Junho*: potência das ruas e das redes. São Paulo: Fundação Friedrich Ebert, 2014. p. 177-199.

FIDELIS, Fernanda; LOPES, Flor Marlene. Jornadas de Junho de 2013: Formas de mobilização online e a ação de ativistas em Brasília por meio do Facebook. *Universitas*, Brasília, v. 12, n. 1, p. 37-53, jan./jun. 2015.

GOHN, Maria da Glória. *Manifestações de junho no Brasil e as praças dos indignados no mundo*. Petrópolis: Vozes, 2014.

JANUÁRIO, Adriano; CAMPOS, Antonia Malta; MEDEIROS, Jonas; RIBEIRO, Márcio Moretto. As ocupações de escolas em São Paulo (2015): autoritarismo burocrático, participação democrática e novas formas de luta social. *Revista Fevereiro*, São Paulo, n. 9, abr. 2016.

JUDENSNAIDER, Elena; LIMA, Luciana; ORTELLADO, Pablo; POMAR, Marcelo. *Vinte centavos*: a luta contra o aumento. São Paulo: Veneta, 2013.

KUNSLER, Alexandre. (Des) Governando o espaço público: a experiência dos Ocupa e a resistência cultural em Porto Alegre/RS. Trabalho de conclusão de curso (Graduação em Ciências Sociais) – PUC-RS, Porto Alegre, 2012.

LIBERATO, Leo Vinicius. *A guerra da tarifa*. São Paulo: Faísca, 2005.

LOSEKANN, Cristiana. Os protestos de 2013 na cidade de Vitória/ES: #Resistir, Resistir Até o Pedágio Cair!. *38° Encontro Anual da ANPOCS*, Caxambu, 2014.

MORAES, Alana; GUTIÉRREZ, Bernardo; PARRA, Henrique; ALBUQUERQUE, Hugo; TIBLE, Jean; SCHAVELZON, Salvador (Org.). *Junho*: potência das ruas e das redes. São Paulo: Fundação Friedrich Ebert, 2014. Disponível em: <http://library.fes.de/pdf-files/bueros/brasilien/11177-20150226.pdf>. Acesso em: 2 set. 2016.

NOBRE, Marcos. *Choque de democracia*. São Paulo: Companhia das Letras, 2013.

NUNES, Rodrigo. *Organization of the organizationless*: collective action after networks. London: Mute/PML Books, 2014.

OLIVEIRA, Igor Thiago Moreira. Uma "praia" nas Alterosas, uma "antena parabólica" ativista: configurações contemporâneas da contestação social de jovens em Belo Horizonte. Dissertação (Mestrado em Educação) – UFMG, Belo Horizonte, 2012.

PAGUL, Jul. Brasília – Poéticas públicas. In: MORAES, Alana et al. (Org.). *Junho*: potência das ruas e das redes. São Paulo: Fundação Friedrich Ebert, 2014. p. 45-61.

PIMENTEL, Tiago; SILVEIRA, Sergio Amadeu da. Cartografia de espaços híbridos: as manifestações de Junho de 2013. Disponível em: <http://interagentes. net/?p=62>. Acesso em: 2 set. 2016.

PINHEIRO, Valéria. Fortaleza – #OcupeOCocó. In: MORAES, Alana et al. (Org.). *Junho*: potência das ruas e das redes. São Paulo: Fundação Friedrich Ebert, 2014. p. 97-118.

RICCI, Rudá; ARLEY, Patrick. *Nas ruas*: a outra política que emergiu em junho de 2013. Belo Horizonte: Letramento, 2014.

SAVAZONI, Rodrigo. As redes são as ruas são as redes – o território híbrido da ciberpolítica. *Z Cultural*, ano XI, n. 1, jan./jun. 2016.

SEGARRA, Josep Juan. "Paz entre nós, guerra aos senhores!": uma etnografia sobre o Bloco de Lutas pelo Transporte Público e a ocupação da Câmara de Vereadores de Porto Alegre. Dissertação (Mestrado em Antropologia) – UFRGS, Porto Alegre, 2015.

SINGER, André. Brasil, junho de 2013: classes e ideologias cruzadas. *Novos Estudos Cebrap*, São Paulo, n. 97, p. 23-40, nov. 2013.

TATAGIBA, Luciana; TRINDADE, Thiago; TEIXEIRA, Ana Claudia Chaves. Protestos à direita no Brasil (2007-2015). In: VELASCO E CRUZ, Sebastião; KAYSEL, André; CODAS, Gustavo (Org.). *Direita, volver!*: o retorno da direita e o ciclo político brasileiro. São Paulo: Fundação Perseu Abramo, 2015, p. 197-212.

TAVARES, Francisco Mata Machado; RORIZ, João Henrique Ribeiro; OLIVEIRA, Ian Caetano de. As jornadas de maio em Goiânia: para além de uma visão sudestecêntrica do junho brasileiro em 2013. *Opinião Pública*, Campinas, v. 22, n. 1, p. 140-166, jan./abr. 2016.

TAVOLARI, Bianca. Direito à cidade: uma trajetória conceitual. *Novos Estudos Cebrap*, São Paulo, n. 104, p. 93-109, mar. 2016.

THÂMARA, Thamyra. Rio de Janeiro – Junho preto: favelado ocupando as ruas. In: MORAES, Alana et al. (Org.). *Junho*: potência das ruas e das redes. São Paulo: Fundação Friedrich Ebert, 2014. p. 157-175.

TORINELLI, Michele. Curitiba – Junho de 2013 desde Curitiba: a juventude em rede nas ruas. In: MORAES, Alana et al. (Org.). *Junho*: potência das ruas e das redes. São Paulo: Fundação Friedrich Ebert, 2014. p. 63-77.

TORINELLI, Michele. A máscara e a multidão: enquadramentos dos Anonymous nas manifestações de Junho de 2013 no Brasil. Dissertação (Mestrado em Sociologia) – UFPR, Curitiba, 2015.

YÖRÜK, Erdem. O longo verão da Turquia: entendendo o levante Gezi. *Novos Estudos Cebrap*, São Paulo, n. 97, p. 57-66, nov. 2013.

24

Corrupção e Jeitinho Brasileiro

José Rodrigo Rodriguez

Crítica e não teoria da corrupção

O intenso processo de investigação e combate à corrupção que o Brasil experimenta hoje tem sido acompanhado da circulação de toda a sorte de discursos sobre o tema, elaborados por diversos agentes sociais que disputam a atenção e o convencimento dos participantes da esfera pública. A maior parte desses discursos, como veremos, não está preocupada em refletir sobre as causas e consequências da corrupção, mas sim em apresentar uma série de afirmações fortes sobre seu combate.

A situação de nosso debate público parece marcada por um excesso de certezas e muito poucas dúvidas sobre a corrupção, exatamente o oposto da situação imperante no campo dos estudos acadêmicos sobre o tema. Dizem especialistas no tema (AVRITZER, 2012; HOUGH, 2013; JOHNSTON, 2014; HOLMES, 2015) que a pesquisa sobre corrupção é muito recente e ainda não produziu resultados conclusivos. Não há receitas prontas para combater a corrupção nos diversos países, tampouco há uma definição clara sobre que tipo de ação devemos considerar como corrupção (HOUGH, 2013; JOHNSTON, 2014).

Para ficar apenas em um exemplo, o conceito de corrupção como abuso da função pública para obter fins privados (ROSE-ACKERMANN, 1999) tem sido questionado para que o termo "corrupção" passe a incluir práticas que não se referem ao estado e não envolvem funcionários públicos, por exemplo, práticas consideradas lícitas que buscam influenciar o mercado, como o *lobby* e o financiamento de campanha.

Alguns autores questionam (JOHNSTON, 2014) se a legalização dessas práticas não produziu uma situação na qual interesses econômicos terminam simplesmente reconhecidos pelas leis, em uma verdadeira legalização de práticas antes consideradas corruptas por permitirem a influência privada sobre os agentes públicos.

Além disso, o suposto sucesso de receitas de boa governança contra a corrupção hoje indicadas por organizações internacionais como o Banco Mundial tem sido relativizado por análises qualitativas que apontam para a necessidade de conhecer cada contexto social antes de pensar nas medidas anticorrupção e estratégias destinadas a implementá-las (HOUGH, 2013; JOHNSTON, 2014).

A primeira agenda de pesquisa sobre o tema, que se desenvolveu a partir da década de 1990, depois da queda do muro de Berlim, estava ligada à teoria da modernização e considerava o problema da corrupção como característico de países que passam por intensas transformações sociais. Países em que o peso das tradições se revela nos processos de mudança na direção de um modelo institucional semelhante àquele presente nos países ocidentais. Tais mudanças provocariam um mau funcionamento das instituições, marcadas pela herança de um desenvolvimento atrasado, que inclui oportunidades para que as autoridades se desviassem das normas e servissem a interesses particulares, uma situação típica de países subdesenvolvidos (FILGUEIRAS, 2012).

Essa agenda de pesquisa também discutia o fato de que as diferenças culturais seriam centrais para explicar a corrupção. Por exemplo, imaginava-se que países protestantes tenderiam a ser menos corruptos do que países de tradição católica (FILGUEIRAS, 2012).

O debate atual põe outras questões. Para começar, as discussões de hoje procuram tematizar as diversas maneiras de conceber e experimentar a corrupção nos vários países do mundo (JOHNSTON, 2014), situação que torna difícil identificar o fenômeno com precisão e tentar mensurá-lo (AVRITZER, 2012). Além disso, o debate sobre eventuais fatores culturais cedeu lugar para uma investigação entre a relação entre as características das instituições e os incentivos que elas oferecem aos agentes sociais (FILGUEIRAS, 2012).

Por exemplo, a existência ou não de grandes concentrações de poder sem controle nas mãos de algumas poucas pessoas e a presença de mecanismos de combate à corrupção são fatores que influenciam o comportamento dos agentes públicos e privados na tentativa de obter vantagens individuais em detrimento do interesse público.

Ora, como argumenta Avritzer (2012), não seria possível explicar todo o esforço de aprimoramento institucional realizado pelo Brasil já nos anos 1990, com a criação da lei orgânica dos Tribunais de Contas, a criação da Controladoria-Geral da União, entre outras mudanças, senão afirmando que nossa cultura está em disputa e, portanto, não é completamente tolerante à corrupção. Não é marcada, de forma indelével, por uma espécie de "tara" que nos condenaria a ter de conviver com a corrupção.

É evidente que pode haver tolerância à corrupção entre certos grupos de brasileiros e brasileiras, mas também há pessoas e instituições que se esforçam para combatê-la, como testemunhamos neste exato momento de nossa história. Por isso mesmo, encarar a corrupção no Brasil como um destino inevitável torna inexplicável grande parte de nossa história recente, marcada pelo aprofundamento da democracia e, com ela, dos mecanismos de controle da sociedade sobre os organismos de poder do Estado.

Nesse sentido, a utilização de atalhos epistemológicos como o "jeitinho brasileiro" ou a "cordialidade", que costumam ser tomados como explicações definitivas para todos os nossos problemas, soa cada vez menos plausível. A utilização desse tipo de argumento tem sido feita sem grande rigor, com a finalidade de explicar os mais variados fenômenos, sempre em função dos interesses ocasionais do autor deste ou daquele texto (LAVALLE, 2004).[1]

Por exemplo, o livro *A cabeça do brasileiro*, de Alberto Carlos de Almeida (ALMEIDA, 2007), argumenta que a tolerância à corrupção é maior entre os mais pobres e os menos escolarizados. Esse argumento foi criticado, por exemplo, pela resenha de FIALHO (2008), que aponta para a temeridade do salto interpretativo realizado por ALMEIDA, que por sua vez parte de apenas uma pergunta feita em um *survey* e segue na direção de uma conclusão de ampla magnitude, sem sequer passar pela literatura acadêmica pertinente ao tema.

> "Não, se atenta, por exemplo, para a discussão de Reis e Castro (2001): indivíduos mais escolarizados, que tendem a ser os mais sofisticados, são aqueles que mais lançam mão das 'regras do jogo' a seu favor. Assim, quando se deparam com determinada situação, mobilizam o 'jeitinho' como recurso disponível (e legitimado pelos costumes e hábitos brasileiros em determinadas circunstâncias) para a viabilização de uma

---

[1] LAVALLE, 2004, faz uma crítica sistemática e organizada ao uso indiscriminado dessas categorias, que parecem isentar quem as utiliza do dever de prova. Em RODRIGUEZ, 2013b, apresento uma crítica semelhante.

ação, e conseguem justificar o porquê da utilização deste recurso. Porém, são também os mais propensos a vocalizar opinião contrária à utilização do 'jeitinho' em uma entrevista – que é, ela mesma, uma interação social – e, dessa forma, a expressar adesão a valores *socialmente desejáveis*".

Segue o argumento:

"Ou, ainda, poder-se-ia atentar para o debate sobre falsificação de preferências (cf. Kuran, 1998), segundo o qual, diante de certos constrangimentos externos (como a presença de um entrevistador, por exemplo), certas pessoas podem não vocalizar suas reais preferências (por serem socialmente indesejáveis ou malquistas) mas, sim, expressar aquelas socialmente bem-vistas. Considerando-se de tal possibilidade, seria possível conjeturar se, no Brasil, indivíduos mais escolarizados e/ou sofisticados seriam mais hábeis em identificar situações nas quais tal falsificação pode ser uma opção de ação adequada à situação e assim agir. São os mais escolarizados aqueles que defendem valores considerados mais 'modernos' pelo autor (condenando a prática do 'jeitinho'); mas os comportamentos que declaram contradizem tais valores. A interpretação de Almeida a partir de sua análise, de que o aumento da escolaridade, sobretudo a formação superior, conferiria ao Brasil padrões comportamentais e atitudinais mais 'modernos', sustentar-se-ia mesmo diante de tais proposições de Reis e Castro e de Kuran? Não sabemos, uma vez que o autor não arrisca qualquer interpretação nesta direção" (FIALHO, 2008, p. 198).

Por todas essas razões, depois de uma rápida visita à literatura sobre corrupção, fica claro que a maior parte dos discursos enfáticos sobre as causas e o combate à corrupção atualmente presentes na esfera pública brasileira parece ser mais a expressão de posições político-ideológicas deste ou daquele indivíduo, grupo ou instituição do que afirmações com algum fundamento científico.

Partidários desta ou daquela força política defendem a punição exemplar dos culpados, por coincidência seus adversários políticos, e fazem afirmações enfáticas sobre as dimensões e as medidas supostamente imprescindíveis para combater a corrupção. Representantes deste ou daquele órgão do Estado são enfáticos na necessidade de combater com dureza a corrupção, também com a finalidade de conseguir mais competência, liberdade de ação e recursos públicos.

Ainda, indivíduos e grupos de convicções liberais tendem a defender com toda a ênfase medidas de *compliance* que atribuem ao mercado o dever de prevenir e combater a corrupção, posição que se confunde com a sua visão normativa sobre o papel que o Estado deve ter. De sua parte, indivíduos e grupos de inspiração socialista e social-democrata apostam em aumentar o poder de fiscalização dos estados das mais diversas maneiras, ampliando os mecanismos, os organismos e os recursos destinados a prevenir e combater o problema (GUIMARÃES, 2011).

Todas essas supostas certezas, que se confundem com a posição política, profissional ou social de seus defensores, podem ser explicadas pela situação em que o Brasil está imerso neste momento. Uma situação de indignação e acirramento político em que investigações como a Lava--Jato, levada adiante pelo Ministério Público Federal, têm implicado em atos de corrupção diversas figuras políticas importantes e grandes empresas brasileiras.

Uma situação como a que estamos vivendo, em que a palavra "corrupção" parece designar todas as mazelas do país e não um problema específico entre tantos outros,[2] faz com que a esfera pública exija respostas rápidas e eficazes para seu combate, o que favorece julgamentos apressados, propostas temerárias e o uso retórico e isolado deste ou daquele pedaço de informação. Um ambiente como este abre espaço para que sejam oferecidas receitas mágicas para uma questão altamente complexa, que não se presta a esse tipo de abordagem. Ao menos no que diz respeito ao campo da reflexão acadêmica.

Um bom exemplo disso é a campanha "10 medidas de combate à corrupção", levada adiante pelo Ministério Público Federal (MPF), que atualmente colhe assinaturas para apoiar uma série de projetos de lei defendidos por essa instituição. A maior parte das medidas implica o endurecimento da legislação penal, e nenhuma delas foi debatida com a sociedade brasileira ou, talvez propositadamente, mereceu qualquer análise sobre sua possível eficácia nos documentos relativos à campanha presentes no *site* da instituição.[3] O MPF simplesmente parte do pressuposto de que essas seriam as medidas necessárias para combater a corrupção, deixa de ouvir o que os estudiosos sobre o tema teriam a dizer e aproveita o clamor popular para levar adiante a sua aprovação, que resultaria em uma ampliação evidente do poder de investigação e ação da instituição.

Por isso mesmo, parece urgente adotar um ponto de vista mais crítico para refletir sobre esses problemas, buscando desmontar as supostas verdades do discurso público com a finalidade de esclarecer conceitos, identificar o uso retórico de afirmações sem fundamento conclusivo e identificar relações entre os discursos e os desejos, interesses e projetos deste ou daquele indivíduo, grupo social, corporação profissional ou partido político.

---

[2] "Corrupção adquiriu esses múltiplos sentidos. É como se resumisse as mazelas do país: vira um resumo para um sistema que se fecha, para essa sensação de exclusão política", disse Marcos Nobre para a reportagem: "Internautas do UOL apontam corrupção como o principal problema das prefeituras do país" por Débora Melo, do *UOL*, São Paulo, 12-9-2012 (disponível em: <http://eleicoes. uol.com.br/2012/noticias/2012/09/12/internautas-do--uol-apontam-corrupcao-como-o-principal-problema--das-prefeituras-do-pais.htm>).

[3] Ver <www.combateacorrupcao.mpf.mp.br/10-medidas>.

Para além da pesquisa científica sobre a corrupção, tarefa à qual têm se dedicado, *experts* da ciência política e da ciência econômica, é necessário analisar e refletir sobre o significado das controvérsias públicas sobre as causas e as receitas de combate à corrupção sem partir de uma suposta verdade sobre o fenômeno. Como sabemos há tempos, essa é uma tarefa que cabe aos filósofos, cuja missão é examinar a consistência dos argumentos apresentados na arena pública, com a finalidade de zelar pela racionalidade dos debates na *polis* – mesmo diante das mais intensas paixões políticas e dos mais desvairados desejos de poder e dinheiro. Tudo isso sob o risco de morte, a mesma morte que nos levou Sócrates e que hoje atende pelo nome de especialização disciplinar e exigências de publicação massiva. Mas esse é assunto para outra ocasião.

É tarefa da filosofia, no sentido utilizado neste trabalho, examinar os termos do debate público para identificar e evidenciar estratégias de naturalização conceitual que buscam apresentar uma determinada afirmação sobre o mundo como incontroversa, mesmo que assim não seja, com a finalidade de deixar fora do debate democrático uma determinada distribuição de poder ou implementar um determinado projeto de poder, apresentando-o como inelutável (RODRIGUEZ, 2013b).

Como mostramos logo acima, de fato, as eventuais soluções para o problema da corrupção variam conforme a posição política de seus defensores, mais ou menos favorável à liberdade dos mercados e da intervenção estatal na vida da sociedade, e, por via de consequência, terminam por distribuir responsabilidades e poderes entre os agentes sociais de maneira completamente diferente. Apresentar qualquer uma dessas posições como a suposta verdade sobre o assunto tem como efeito subtrair determinada distribuição de poder do debate democrático.

Tal estratégia de pensamento tem sido praticada pelos representantes da assim denominada Teoria Crítica da Sociedade, cujo texto fundador, "Teoria Tradicional e Teoria Crítica", de Max Horkheimer (HORKHEIMER, 1983), opõe-se a qualquer modelo de pensamento que negue o caráter histórico do pensamento. Nesse sentido específico, a Teoria Crítica da Sociedade guarda muitas semelhanças com outras vertentes do pensamento contemporâneo, por exemplo, o pensamento de Michel Foucault, como o próprio reconheceu em seus escritos no final de sua vida (FOUCAULT, 1991).

Reservo a expressão "teoria crítica" para nomear o pensamento dos autores e autoras que circularam e circulam em torno do Instituto de Pesquisas Sociais de Frankfurt, os quais costumam reivindicar expressamente o texto fundador de

Horkheimer como referência para a construção de sua própria posição. Essa reivindicação normalmente implica um projeto de atualização da obra de Karl Marx com o objetivo de identificar o que ainda está vivo e o que caducou em seu trabalho.

O objetivo final desses autores é construir novos conceitos críticos, capazes de identificar tendências emancipatórias inscritas na realidade de cada momento histórico, acessível por meio da reconstrução de teorias de natureza diversa e por meio da pesquisa empírica das práticas sociais (para o sentido de "reconstrução", ver NOBRE et al., 2012). A Teoria Crítica não possui uma doutrina comum que a caracterize como uma escola. Ao contrário, os autores desse campo trabalham a partir de balizas abstratas, que um espaço amplo para a construção dos mais variados "modelos críticos" (NOBRE, 2004).

Tais modelos críticos são muitas vezes discordantes, podem surgir a partir de estudos de direito, política, economia, psicanálise, arte, literatura entre outros campos do saber e podem variar ao longo da obra de um mesmo autor, sempre em função da necessidade de pôr a teoria em dia com novos diagnósticos do tempo. É essa variedade e liberdade constitutiva da teoria crítica a responsável pela imensa riqueza desse campo do pensamento, capaz de produzir figuras como Leo Lowenthal, Friedrich Pollock, Max Horkheimer, Erich Fromm, Walter Benjamin, Theodor Adorno, Sigfried Krakauer, Franz Neumann, Otto Kirchheimer, Jürgen Habermas, Axel Honneth, Klaus Günther e Rainer Forst.

Uso a expressão "pensamento crítico" para caracterizar, com fundamento no texto de Michel Foucault "O que é a ilustração?" (FOUCAULT, 1991), todos aqueles e aquelas que se deixaram influenciar pela revolução copernicana de Immanuel Kant, ou seja, estudiosos e estudiosas que não consideram a "realidade" como alguma coisa separada e independente de determinadas categorias do pensamento, as quais são as responsáveis por traçar as fronteiras do que se pode pensar, tenham tais categorias natureza transcendental ou histórica. Está incluída no campo do "pensamento crítico" toda a Teoria Crítica; por autodeclaração no mesmo artigo, Michel Foucault e, entre outros e outras, Nietzsche, Heidegger, Derrida e Judith Butler.

Retomando o fio da meada, adotar uma postura crítica parece especialmente importante para a análise do tema que nos ocupa neste texto do ponto de vista de um ou uma jurista que, como veremos, implica a referência a diversos argumentos jurídicos. Os juristas tradicionais costumam falar em nome da suposta verdade de sua interpretação dos textos legais e, assumindo a posição de vanguarda iluminada, veem a si mesmos como uma elite intelectual destinada a orientar o processo de tomada de decisões. Tais juristas pretendem ser capazes de oferecer a palavra final sobre qualquer conflito social mediado pelo Direito e pelo Estado, em nome de uma suposta verdade técnica, obtida por intermédio das ferramentas metodológicas da ciência do direito.

Ao agir dessa maneira, tais juristas procuram seguir as pegadas de alguns filósofos, cientistas sociais e economistas que legitimam sua autoridade na esfera pública ao procurar argumentar para além da política. A habilidade dessa espécie de intelectual é tentar pôr algumas supostas verdades a salvo do vozerio desconexo, emocional e alegadamente ignorante dos debates ocorridos na *polis*.

No entanto, ao defender tal ponto de vista, intelectuais públicos desse jaez colocam em risco a democracia, pois eles e elas tendem a naturalizar, contra a dinâmica incessante dos conflitos sociais, uma certa visão do Direito e do Estado, uma certa visão da Constituição. Ou seja, tendem a tornar imutável determinada distribuição de poder e recursos encarnada no direito posto; uma certa forma de vida e modelo de sociedade desenhada pelo Direito.

Para pensar o Direito em um ambiente democrático, o jurista ou a jurista não pode mais se colocar na posição de juiz ou juíza do debate público. Seu papel passa a ser tomar parte do debate ao lado dos ci-

dadãos e cidadãs, contribuindo para a radicalização da democracia a partir de sua posição específica. Nesse sentido, um jurista democrático tem como tarefa básica desnaturalizar argumentos tidos como autoevidentes ao identificar os agentes sociais, seus desejos e interesses defendidos via direito. Também é sua atribuição aumentar o arsenal argumentativo da sociedade ao procurar dar voz a grupos silenciados e buscar na experiência comparada possibilidades renovadas de regular os conflitos sociais. Finalmente, é seu papel cobrar coerência e realismo dos agentes sociais e dos poderes do Estado, para tornar as demandas sociais e as ações estatais factíveis, encarnadas e racionalmente justificadas.

A democracia é um regime de verdades frágeis e cambiantes, desenhado para acolher a mudança e abrir espaço para o conflito não violento sobre suas consequências desestabilizadoras.[4] Um jurista democrático deve ser capaz de auxiliar na construção de um ambiente que favoreça o florescimento da democracia. Um ambiente de relativa paz, que estimule a transformação social inclusiva, participativa e não violenta, o que implica eximir-se de servir a qualquer forma de naturalização do sentido dos direitos.[5]

---

[4] Sobre esse ponto, ver RODRIGUEZ, 2013a.
[5] Sobre esse ponto, ver RODRIGUEZ, 2014.

Absolvição moral ou pânico moral?

Ao abordar a questão da corrupção da perspectiva crítica como exposta acima, podemos notar que há dois discursos circulando na esfera pública, dentre tantos outros, que merecem a atenção especial dos pesquisadores em Direito, por colocarem em xeque, de maneiras diferentes, o conceito de estado de direito.

O primeiro deles, que podemos ilustrar pela na celebérrima foto de José Dirceu de punho em riste, em posição desafiadora diante das autoridades que iriam efetuar sua prisão, parece sugerir que determinados atos praticados por ele e por outros membros de seu grupo político, mesmo que considerados ilícitos, deveriam ser interpretados como atos heroicos e, portanto, de acordo com a moral.

A ideia subjacente ao gesto de José Dirceu, presente na "Carta aberta ao povo brasileiro" divulgada por ele na ocasião de sua prisão[6] e reproduzida muitas vezes por defensores dos últimos governos Dilma e Lula,[7] parece ser a seguinte: em um ambiente de corrupção generalizada como o que caracterizaria a política brasileira, não seria justo, a despeito de ser lícito, considerar excepcionalmente graves os atos praticados pelos atuais acusados e acusadas. Não foram atos inéditos; atos semelhantes aconteceram muitas outras vezes e, portanto, não foram praticados especificamente apenas pelos atuais governantes e pelos membros de sua base aliada.

Ademais, essa linha de raciocínio sugere que devemos considerar tais atos quase como necessários para realizar os fins perseguidos pelos governos Lula e Dilma, afinal todos os governantes, em maior ou menor grau, os teriam cometido como condição *sine qua non* para serem capazes de governar. A corrupção faria parte, assim, das regras do jogo da política brasileira, o que nos levaria à seguinte conclusão: ou bem toda a classe política deve ser punida ou ninguém deve sê-lo.

Nessa ordem de razões, combater a corrupção punindo indivíduos seria ineficaz e injusto. O objetivo central deveria ser acabar com os mecanismos que teriam transformado a corrupção em elemento essencial do sistema político nacional. Imputar a corrupção brasileira à ação individual de homens e mulheres seria equiva-

---

[6] Carta aberta ao povo brasileiro, *Blog do Zé,* 15-11-2013 (disponível em: <http://www.zedirceu.com.br/carta-aberta-ao-povo-brasileiro/>).

[7] Globo decreta a prisão de Dirceu, *Blog Conversa Afiada,* 13-7-2015, disponível em: http://www.conversaafiada.com.br/pig/2015/07/13/globo-decreta-a-prisao-de-dirceu; José Dirceu, sacrificado ao deus Mercado no altar da Mídia, por Fábio de O. Ribeiro, *Blog Jornal GGN,* 4-8-2015, disponível em: <http://jornalggn.com.br/blog/fabio-de-oliveira-ribeiro/jose-dirceu-sacrificado-ao-deus-mercado-no-altar-da-midia-por-fabio-de-o-ribeiro>; Dirceu: é a segunda vez que serei um preso político, por Miguel do

Rosário, *Blog O Cafezinho*, 15-11-2013, disponível em: <http://www.ocafezinho.com/2013/11/15/dirceu-e-a-segunda-vez-que-serei-um-preso-politico>.

lente a falsear a questão. Mais do que isso, seria equivalente a utilizar determinados indivíduos como bodes expiatórios, deixando impunes todos os demais participantes de um sistema político corrupto. Daí Dirceu afirmar, em sua "Carta...", que se considera um preso político.

É claro que a atitude de José Dirceu e esse *discurso de absolvição moral* causaram e ainda causam perplexidade em muita gente. Essa maneira de encarar as investigações e condenações judiciais recentes acaba funcionando como desculpa para qualquer ato de corrupção praticado no passado e para qualquer ato que venha a ser praticado no futuro. Afinal, não importa o que alguém tenha feito, pouco importa a apuração de sua eventual culpa: seu capital moral e político deve ser preservado e sua eventual responsabilidade deve ser atribuída ao sistema político como um todo.

Ser preso e ir para a cadeia neste caso, mesmo que seja lícito, jurídico, não seria justo. Todo preso ou presa em condições como essa acabaria ocupando, segundo esse ponto de vista, a posição de um verdadeiro herói. Alguém que foi capaz de jogar de acordo com as regras de um sistema corrupto, ou seja, fazer política como todo mundo faz, não para enriquecer individualmente, mas para promover mudanças sociais importantes para nosso país. Os fins justificariam os meios, portanto, e

a legitimidade da punição estatal e do estado de direito como um todo ficaria, assim, em posição de cheque, na iminência de sacrificar um herói.

Alguns elementos nos permitem supor que um segundo discurso significativo está se formando no Brasil, o qual chamarei de *discurso de pânico moral*, o qual caminha no sentido contrário ao anterior. Tal discurso também atribui a corrupção a toda a classe política[8] e a todos os brasileiros e brasileiras, ideia presente na noção de "jeitinho brasileiro". Viveríamos, assim, em uma cultura essencialmente corrupta, marcada pela corrupção generalizada de funcionários e funcionárias públicas, cidadãos e cidadãs, setor público e setor privado.

Ao contrário do discurso anterior, o discurso de pânico moral afirma que, se todos são culpados pela corrupção, todo e qualquer ato que viole uma norma jurídica com a finalidade de obter vantagem pessoal deve ser punido, por mais insignificante que pareça. A permissividade com pequenos atos alimentaria a corrupção em larga escala, uma afirmação que autorizaria o Estado brasileiro a promover uma verdadeira caça às bruxas da qual quase ninguém escaparia.

---

[8] O Ministério Público de Rondônia lançou uma campanha de "Tolerância Zero à Corrupção" voltada para o setor público. Disponível em: <http://www.mpro.mp.br/web/caop-ppa/tolerancia-zero-contra-a-corrupcao>.

O que poderia soar como um pesadelo autoritário e paranoico parece dar sinais de que pode se tornar realidade. O Ministério Público Eleitoral do Rio de Janeiro e o de São Paulo, aparentemente tomados por esse clima de pânico moral, decidiram processar pequenos doadores da campanha eleitoral do PSOL e do PSTU, transformando seus agentes no que parece ser, se me for permitida a ironia, um verdadeiro CCCP, Comando de Caça aos Comunistas Pobres.[9]

O argumento para levar adiante essa ação radical moralizante é o de que doadores e doadoras isentos do imposto de renda não poderiam ceder de 30 a 60 reais para seus partidos. Afinal, esses valores excederiam o teto de dez por cento da renda total da pessoa física para doações eleitorais, limite este estabelecido pela legislação eleitoral. Com efeito, tal fundamentação jurídica soa temerária, pois ser isento do Imposto de Renda não significa ter recebido zero real por ano. Pressupor que 30 ou 60 reais de doação excedem o limite legal é apenas um chute.

Ademais, perseguir pequenos doadores, salvo engano, não parece ser uma prioridade no combate à corrupção eleitoral. Os valores envolvidos são irrisórios, e, por isso mesmo, o apoio desses doadores ao partido, com toda a certeza, não se deu em troca de favores futuros em eventuais licitações ou contratos administrativos, a serem celebrados caso os candidatos do PSOL fossem eleitos.

Seja como for, sob a forma de perdão moral ou sob a figura do pânico moral, o debate sobre a corrupção no Brasil está produzindo problemas jurídicos e morais com consequências práticas muito graves. De um lado, a insistência no perdão moral dos supostos heróis de uma política corrupta pode contribuir para deslegitimar a punição jurídica dos acusados sob o argumento da corrupção generalizada e do bode expiatório. De outro lado, a criação de uma situação de pânico moral pode motivar a adoção de medidas temerárias, draconianas e sem eficácia comprovada no combate à corrupção.

Nossa história recente nos ensina que esse tipo de situação pode minar as bases do estado de direito ao atribuir ao Estado poderes de investigação capazes de criar regimes de exceção que põem em segundo plano uma série de garantias fundamentais. Nesse sentido, fui testemunha ocular de uma palestra do MPF na Escola de Direito da UNISINOS (Universidade do Vale dos Sinos), em São Leopoldo, Rio Grande do Sul, ocorrida em uma quarta-feira, dia 14-10-2015, na qual a Procura-

---

[9] Ver: "Após doar valores como R$ 30 e R$ 60 a partidos, eleitores são processados", Felipe Amorim, do *UOL*, Brasília, 16-10-2015 (disponível em: < http://noticias.uol.com.br/politica/ultimas-noticias/2015/10/16/eleitores-sao-processados-por-doacoes-de-ate-r-30-no-rio-e-em-sp.htm>).

Manual de Sociologia Jurídica

dora-Chefe do Rio Grande do Sul, Dra. Patrícia Maria Núñez Weber, afirmou publicamente que o modelo institucional desejado por essa instituição é um direito penal de três velocidades, defendido por uma série de autores para o combate ao terrorismo, visto aqui como inimigo do Estado.

Nessa forma de direito penal, os acusados de determinados crimes não têm acesso a uma série de direitos e garantias presentes no direito penal de velocidade normal, sempre em nome da maior eficiência em combater certos tipos de crime. Como nos explica SILVA SÁNCHEZ, 2002, o direito penal de primeira velocidade é aquele que respeita as garantias constitucionais clássicas e gira em torno da pena de prisão.

O direito penal de segunda velocidade, o direito penal reparador, busca substituir a pena de prisão por penas alternativas (penas restritivas de direitos, pecuniárias etc.), que impõem limites à vida do infrator e prescrevem obrigações proporcionais ao mal causado, com dispensa de advogado em alguns casos e inexistência de denúncia e de processo, como na lei brasileira dos Juizados Especiais (n. 9.099/95), que cria a possibilidade de transação penal (art. 76).

Enfim, o direito penal de terceira velocidade possui características dos dois tipos expostos acima. Ele estaria centrado na pena de prisão, de um lado, e flexibili-

zaria e suprimiria diversas garantias penais e processuais penais, de outro. Aqui podemos localizar a proposta de um assim denominado "direito penal do inimigo", elaborada por Günther Jakobs, e medidas de combate ao terrorismo, como o "Patriotic Act", legislação aprovada nos Estados Unidos da América durante o governo de Bill Clinton. Nestes dois casos, para combater certos tipos de crime, estaria justificado flexibilizar ou suprimir uma série de garantias legais constitucionalmente previstas (por exemplo, prender suspeitos para interrogatório, fazer escutas telefônicas e quebrar o sigilo de correspondência sem autorização judicial), o que resulta na ampliação do poder de investigação e de punição do Estado diante de seus cidadãos e cidadãs.[10]

Como se vê, os discursos da absolvição moral e o discurso do pânico moral põem problemas centrais para o debate sobre a relação entre combate à corrupção e estado de direito. Nesse sentido, podemos perguntar: em que circunstâncias seria considerado razoável postular exceções ou a suspensão das normas que punem a corrupção sem colocar em risco a legitimidade do estado do direito? Ainda, uma visão interventiva e altamente moralizante do direito, convidado a punir todo e qualquer ato que se pareça com um ato

---

[10] Para mais detalhes, ver SILVA SÁNCHEZ, 2002.

Contra o fanatismo textualista

Na parte final deste texto, com os meios da filosofia e não das poderosas ciências política e econômica, pretendo oferecer algumas respostas para as questões que acabei de propor. Para realizar essa tarefa, começo por comparar os discursos da absolvição moral e do pânico moral para além de suas diferenças, discutidas acima.

Ao fazer isso, fica fácil perceber que ambos guardam uma semelhança importante. Os dois discursos propõem que desconsideremos as peculiaridades dos casos concretos, irrelevantes para a ab-

de corrupção, por mais insignificante que ele pareça, ajuda de fato a combater a corrupção e a consolidar o estado de direito?[11]

solvição de todos os eventuais heróis da pátria acusados de corrupção ou para a condenação indiscriminada de todo e qualquer ato de corrupção, por mais irrelevante que ele seja.

Parece razoável dizer, portanto, que os dois discursos são formas de um mesmo *fanatismo textualista,* que tende a tomar uma determinada regra (moral, ética, jurídica) de forma absoluta e defender sua aplicação a tudo e a todos, doa a quem doer, eliminando completamente um eventual espaço existente entre a formulação abstrata da regra e seu momento de aplicação.

Muitos podem acreditar que o fanatismo textualista é a única posição compatível com ações sérias de combate à corrupção e a tantos outros atos considerados graves. "Tolerância zero" para que nos tornemos, finalmente, um país sério, sem ter pena de ninguém. Mas a filosofia do direito alemã nos traz elementos interessantes para, eventualmente, convencer adeptos dessa posição radical a matizar sua posição e abrir espaço no direito para a complexidade dos casos concretos.

Tomemos um exemplo muito simples oferecido por Klaus Günther em seu livro *Senso de adequação* (GÜNTHER, 1993). Consideremos a seguinte situação: "uma pessoa faz a promessa de comparecer à festa de seu amigo Smith, mas no dia não comparece". Em uma primeira análise, a

---

[11] Em um contexto diferente e com conclusões mais ambiciosas, José Arthur Giannotti manifestava preocupações semelhantes: "Preocupo-me com os ares de moralismo irracional e desvairado que, em nome da moral, nega a legitimidade da política no seu caráter de jogo, pois já sabemos que essa negação leva ao terror. Temo qualquer programa político que se arme centrado na bandeira da moralidade. Nada mais pretendo do que resgatar uma política republicana, em que cada instituição há de agir dentro dos limites que lhe são próprios, respeitando cuidadosamente os limites das outras. Exemplificando: que uma revista não construa uma informação na base do grampo de um telefone celular (procedimento tecnicamente impossível) [NOTA JR: Hoje isso é possível]; que um promotor não inicie um processo a partir da suspeita que ele próprio transformou em notícia; que o Legislativo investigue a corrupção disto ou daquilo, mas nunca a corrupção em geral, que foi de tal forma generalizada que deveria começar investigando alguns corruptos que a requereram. É preciso dar mais exemplos da confusão reinante?" (GIANNOTTI, 2001).

norma pertinente a esse caso é a seguinte: "promessas devem ser cumpridas".

No entanto, afirma Günther, ao examinar as circunstâncias do caso em que a promessa foi feita, podemos chegar à conclusão de que a regra deve ser afastada. Neste caso, pode-se considerar que (1) não foi feita nenhuma promessa a Smith; (2) o que foi dito a Smith não era uma promessa de fato, mas apenas a afirmação de uma possibilidade, ou (3) embora a promessa tenha de fato existido, outro amigo, Jones, estava em sérias dificuldades e precisou de ajuda no exato momento da festa. E todos consideramos correta a norma que afirma: "não devemos negar ajuda a um amigo em sérias dificuldades".

Esse exemplo mostra que a análise completa de um caso concreto pode alterar ou mesmo afastar a aplicação de uma norma, que parece ser aplicável a ele em uma primeira análise. Por isso mesmo, diz Günther, é preciso distinguir, de um lado, a justificação das normas e, de outro, a aplicação das normas. No momento da justificação é necessário considerar em abstrato os interesses de todos os possíveis afetados pela norma que está sendo discutida. Afinal, a legitimidade das normas deriva do fato de que elas sejam capazes de considerar todos os interesses dos afetados por elas.

O problema é que a tentativa de antecipar os efeitos da norma se faz necessariamente em abstrato, a partir dos traços comuns de uma série de situações concretas. E é impossível investigar todas as situações relevantes para a elaboração de uma norma, a menos que dispuséssemos de todo o tempo e de toda a capacidade de conhecimento do mundo, além de todas as informações disponíveis sobre determinadas situações no presente, no passado e no futuro. Afinal, os interesses das pessoas envolvidas na elaboração de uma norma são mutáveis e contextuais.

Ao aplicar uma norma, portanto, é necessário suprir as deficiências do momento da justificação, levando em consideração efeitos não antecipados ou desconsiderados durante sua justificação em abstrato. Diante do caso concreto, pode-se tentar identificar todos os efeitos possíveis de uma norma e verificar se ela é adequada ao caso. Nesse sentido, a aplicação de uma norma deve ser realizada com "senso de adequação", ou seja, de modo a fazer com que a decisão seja aceita como legítima por todos os interessados.

Mas voltemos ao nosso assunto, agora munidos das ideias de Klaus Günther. Parece razoável, assim, tentar distinguir, lembrando dos discursos da absolvição moral e do pânico moral, situações nas quais consideramos que abrir uma exceção às normas em nome de interesses pessoais seja aceitável de situações nas quais fazer algo assim seja considerado claramente reprovável.

Para um fundamentalista textualista, propor essa distinção já significa compactuar com a corrupção. Mas, como nos ensinam a teoria do direito e a filosofia em geral, é preciso zelar pela sanidade da cidade em tempos de paixões violentas. E este parece ser um passo necessário se quisermos preservar a legitimidade das normas e, por via de consequência, do estado de direito.

Talvez seja uma boa ideia começar por desmontar o Comando de Caça aos Comunistas Pobres, cuja temeridade já foi exposta acima, e refletir com cuidado sobre esse acontecimento, para que ele não seja reconhecido no futuro como o primeiro momento de um período de desvario punitivista. Para não ficar apenas nesse exemplo, a construção jurisprudencial do crime de bagatela nos põe diante de um raciocínio semelhante ao que proponho. De acordo com o princípio da insignificância, podemos afastar a tipicidade penal e deixar de considerar crime ações pouco ofensivas, que não revelem nenhuma periculosidade social, que se mostrem pouco reprováveis e provoquem uma lesão jurídica inexpressiva, por exemplo, o furto de um objeto de baixo valor – um alfinete, um bombom, um vidro de xampu, ou seja, uma verdadeira bagatela.[12]

A despeito da originalidade da formulação de Klaus Günther, o debate sobre a indeterminação das normas está presente no campo da teoria do direito e da moral ao menos desde o final do século XIX. Não há novidade alguma em simplesmente dizer, por exemplo, que os juízes criam direito e não se limitam a reafirmar o conteúdo dos textos legais. Mesmo assim, diversas versões de posições fanáticas pelos textos normativos têm surgido no espaço público, inclusive o fanatismo textualista atual. Como tive a oportunidade de mostrar em escritos anteriores (RODRIGUEZ, 2010), o debate científico parece não ser suficiente para impedir o surgimento de posições fanáticas como as que debatemos aqui, sempre que esse tipo de discurso esteja ligado aos interesses de determinados agentes sociais.

É importante lembrar que a pesquisa e a reflexão sobre a visão de direito e de moral dos agentes sociais não se confundem e muitas vezes não se deixam influenciar pelo debate ocorrido no campo da teoria. Da mesma forma, a crítica radical e demolidora feita pela ciência biológica ao conceito de raça, mais especificamente pelos estudos de genética, não teve o condão de impedir que o racismo surja e se manifeste de forma radical e exuberante em diversas sociedades, inclusive a europeia e a norte-americana.

Nesse sentido, juristas críticos que pretendam contribuir para o debate públi-

---

[12] Sobre esse assunto ver, entre outros, LOPES, 2000.

co não podem reduzir a sua tarefa à busca de bons critérios para diferenciar direito e moral e para caracterizar a racionalidade específica do direito em relação às demais esferas de ação humana. É preciso compreender também a origem e a dinâmica das visões de direito e de moral esposada pelos agentes sociais e de estado no contexto das lutas sociais travadas entre si para tentar compreender as razões pelas quais tais agentes adotam este ou aquele curso de ação.

A verdade é inimiga do pensamento

A despeito de todas as advertências feitas por este trabalho no que diz respeito ao tema da corrupção, especialmente sua relação com um suposto "jeitinho brasileiro", não deixa de ser irônico vermos prosperar no Brasil discursos textualistas radicais como aqueles que examinamos aqui. Para combater nosso suposto e atávico "jeitinho", ou seja, para "curar" uma sociedade atavicamente doente de corrupção, estamos vendo nascer posições radicalmente intolerantes com qualquer tipo de exceção às regras. Posições que ameaçam a legitimidade de nosso direito não mais por sua inoperância, mas por seu excesso de iniciativa, que pode levar, como já mencionado, à punição de fatos claramente irrelevantes.

Saudade do "jeitinho", talvez? Saudade de tempos mais cordiais? Saudade da violência e do arbítrio privado que ocupavam o lugar da violência e do poder estatal? Nem uma coisa nem outra, eu ousaria dizer, pois a irracionalidade do fanatismo textualista é o contraponto necessário dos exageros interpretativos do "jeitinho". Explicações ponderadas e bem fundamentadas raramente se traduzem em excessos verbais e cruzadas morais dessa natureza.

O pensamento crítico tem essa característica: tende a ser frio. Ele é capaz de inflamar os ânimos ao revelar as artimanhas do poder, explicitando o uso interessado de supostas verdades e denunciando o caráter arbitrário de diversas instituições que alegam falar em nome do direito. Mas em seu momento positivo, ao lidar com decisões reais de uma política real, assim como n'*As Leis* de Platão, é preciso deixar de lado todo o radicalismo, abandonar os sonhos de uma cidade ideal concebida em abstrato, como em *A República*, e comparar experiências e instituições variadas, sem ter lá muita certeza sobre o melhor caminho a seguir[13].

A política real deve ser racional, mas nunca fundada em verdades definitivas sobre a ética, a moral ou o direito. A verdade, nesse sentido, é a maior inimiga do pensamento crítico.

---

[13] Sobre as diferenças entre *A República* e *As Leis* de Platão, um tópico ainda pouco estudado pela academia, ver, em português, o livro de OLIVEIRA, 2011.

Bibliografia

ALMEIDA, Alberto Carlos. *A cabeça do brasileiro*. Rio de Janeiro, Record, 2007.

AVRITZER, Leonardo et al. (Org.). *Corrupção: ensaios e críticas*. Belo Horizonte: UFMG, 2012.

AVRITZER, Leonardo; BIGNOTTO, Newton; GUIMARÃES, Juarez; STARLING, Heloisa Maria Murgel (Org.). *Corrupção: ensaios e críticas*. Belo Horizonte: UFMG, 2012.

AVRITZER, Leonardo; FILGUEIRAS, Fernando. *Corrupção e sistema político no Brasil*. Rio de Janeiro: Civilização Brasileira, 2011.

FIALHO, Fabrício Mendes. Vicissitudes de uma análise de survey à brasileira. *Revista Brasileira de Ciências Sociais*, v. 23, n. 66, 2008. p. 197-200.

FILGUEIRAS, Fernando. Marcos teóricos para o estudo da corrupção. In: AVRITZER, L.; BIGNOTTO, N. et al. *Corrupção: ensaios e crítica*. Belo Horizonte: Editora UFMG, 2012. p. 299-306.

FOUCAULT, Michel. *Sobre la Ilustración*. Barcelona: Paidós, 1991.

GIANNOTTI, José Arthur. Para a virtuosa Marilena. *Folha de S.Paulo*, 30 maio 2001.

GUIMARÃES, Juarez Rocha. Sociedade civil e corrupção: crítica à razão liberal. In: AVRITZER, Leonardo; FILGUEIRAS, Fernando (Org.). *Corrupção e Sistema Político no Brasil*. Rio de Janeiro: Civilização Brasileira, 2011. p. 83-98.

GÜNTHER, Klaus. *The Sense of Appropriateness. Application Discourses in Morality and Law*. New York: SUNY University Press, 1993.

HOLMES, Leslie. *Corruption: a very short introduction*. Oxford: Oxford University Press, 2015.

HORKHEIMER, Max. Teoria Tradicional e Teoria Crítica. In: BENJAMIN, Walter; HORKHEIMER, Max; ADORNO, Theodor W.; HABERMAS, Jürgen. *Textos escolhidos. (Col. Os Pensadores, v. XLVIII)*. São Paulo, Abril Cultural, 1983. p. 117-161.

HOUGH, Dan. *Corruption, Anti-Corruption and Governance*. Basingtoke: Palgrave Macmillan: 2013.

JOHNSTON, Michael. *Corruption, Contention, and Reform. The Power of Deep Democratization*. Cambridge: Cambridge University Press, 2014.

LAVALLE, Adrián Gurza. *Vida pública e identidade nacional: leituras brasileiras*. São Paulo: Editora Globo, 2004.

LOPES, Maurício Antonio Ribeiro. *Princípio da insignificância no Direito Penal*. São Paulo: RT, 2000.

MACHADO, Marta Rodriguez de Assis. *Sociedade de risco e direito penal: uma avaliação de novas tendências político-criminais*. São Paulo: IBCCRIM, 2005.

NOBRE, M. *A Teoria Crítica*. Rio de Janeiro, Zahar, 2004.

NOBRE, M. et al. (orgs.). *Habermas e a reconstrução: sobre a categoria central da Teoria Crítica Habermasiana*. Campinas: Papirus, 2012.

OLIVEIRA, Richard R. *Demiurgia política: as relações entre a razão e a cidade nas "Leis" de Platão*. São Paulo: Loyola, 2011.

RODRIGUEZ, José Rodrigo. Luta por direitos, rebeliões e democracia no século XXI: algumas tarefas para a pesquisa em Direito. In: STRECK, Lenio; ROCHA, Leonel Severo; ENGELMANN, Wilson (Org.). *Constituição, sistemas sociais e hermenêutica*. Porto Alegre: Livraria do Advogado, 2014. p. 125-156.

RODRIGUEZ, José Rodrigo. A desintegração do *status quo*: direito e lutas sociais. *Novos Estudos – CEBRAP*, n. 96, p. 49-66, 2013.

RODRIGUEZ, José Rodrigo. *Como decidem as cortes: para uma crítica do direito (brasileiro)*. Rio de Janeiro: FGV, 2013b.

RODRIGUEZ, José Rodrigo. The Persistence of Formalism: Towards a Situated Critique beyond the Classic Separation of Powers. *The Law and Development Review*, v. 3, issue 2, p. 41-77, 2010.

ROSE-ACKERMANN, Susan. *Corruption and Government: Causes, Consequences, and Reform*. Cambridge: Cambridge University Press, 1999.

SILVA SÁNCHEZ, Jesús-María. *A expansão do Direito Penal: aspectos da política criminal nas sociedades pós-industriais*. São Paulo: Revista dos Tribunais, 2002.

25

A Política Jurídica da Lava-Jato

José Rodrigo Rodriguez

O direito está nas mãos dos partidos?

O senso comum das críticas à Operação Lava-Jato e diversos de seus analistas, na maior parte das vezes ligados às ciências sociais ou aos políticos investigados, costumam reduzir a atuação de seus agentes, especialmente Juízes e Promotores, à política partidária. O comportamento desses profissionais e suas decisões técnico-jurídicas passam a ser lidos, desse ponto de vista, a partir do metro da política, da qual se revelariam mero instrumento subalterno. Essa seria, afinal, a política partidária, sua verdadeira e oculta natureza.

Entre Promotores peessedebistas, Juízes peemedebistas e Policiais democratas, estaríamos diante de uma verdadeira colonização e consequente programação política da atividade jurídica. Nesse sentido, a racionalidade específica do direito seria mera cortina de fumaça destinada a esconder a sua verdadeira "realidade"; "realidade" esta capaz, com efeito, de explicar o que estaria verdadeiramente acontecendo.

Ao analista caberia então levantar o véu para flagrar a pessoa desses juristas, serviçais do poder, de calças curtas, ou melhor, vestindo a camiseta de seu partido por debaixo da camisa do terno ou sob a blusa de botões oculta sob o *tailleur*. Por exemplo, há insinuações de que Sérgio Moro teria liberado os registros de áudio das conversas entre Lula e Dilma em razão de seu ódio ao PT e sua simpatia ao PSDB, ambos tomados como evidentes. Também é comum dizer que os Ministros do STF estariam a serviço deste ou daquele partido, desta ou daquela liderança política e que tal ligação seria capaz de explicar, completamente, a sua atuação jurídica. Decisões são tomadas, petições elaboradas e interpretações defendidas apenas para salvar ou favorecer este ou aquele personagem do mundo político.

É evidente que a *performance* pública de algumas dessas pessoas, agentes públicos, especialmente Juízas e Promotoras, tem contribuído para alimentar esse tipo de interpretação. O limite entre a ocupação legítima dos canais de mídia pelas autoridades para informar e esclarecer a população e a mera promoção pessoal, a meu ver, tem sido claramente ultrapassado em várias ocasiões. Digo "a meu ver" porque, evidentemente, este não é um assunto fácil. Os contornos mais adequados para a conduta pública dessas pessoas não estão desenhados em regras claras e evidentes, e, ao menos neste momento, ao que tudo indica, as instituições judiciárias estão pouco se importando com o assunto. Na prática, têm ignorado esse tipo de crítica e seguem permitindo que vários de seus profissionais deem vazão à sua evidente "star quality" a qual, me atrevo a dizer, talvez fosse mais útil socialmente se exercida em outro tipo de atividade.

Mas, seja como for, é especialmente inquietante ver Juízes e Promotores comparecerem a eventos públicos e se deixarem fotografar, sorridentes e felizes, na companhia de políticos investigados pela Polícia Federal, além de réus em diversas ações judiciais. Ou dando palpites a torto e a direito na política cotidiana, fazendo reuniões com lideranças partidárias, dando conselhos públicos sobre como o sistema político deve ser organizado e como devemos votar.

Espera-se desses profissionais, salvo melhor juízo, que se comportem de forma a não comprometer a percepção pública de sua neutralidade. Guardadas as devidas proporções, nenhum torcedor de futebol gostaria de saber que o técnico ou algum dos jogadores de seu time passou o dia anterior ao jogo confraternizando com o técnico adversário. Menos ainda de saber que tais encontros foram acompanhados por cartolas e patrocinadores do clube.

Por mais profissionais e corretas que essas pessoas sejam, seja lá o que ocorrer no jogo do dia seguinte, o conhecimento do convescote será fatalmente levado em conta na interpretação de cada lance, ainda mais os lances duvidosos. Imagine-se que, depois de uma reunião como essa, o cobrador oficial de um dos times perca um pênalti nos últimos minutos do segundo tempo. Seria difícil evitar insinuações de manipulação do resultado, e é provável que a hipótese da manipulação se tornasse a interpretação oficial, maculando a reputação de todos os envolvidos, que ficariam com a fama de traíras.

Cabe reconhecer que, ao menos em alguns casos, a política partidária pode determinar o comportamento de agentes do mundo jurídico, o que é imoral e ilegal, diga-se. Mas, além disso, podemos identificar situações em que agentes do mundo político e agentes do mundo jurídico se alinham, mesmo sem uma aliança explícita, negociada face a face, para perseguir agendas próprias, mas de interesse mútuo. Afinal, determinadas ações realizadas no mundo jurídico favorecem certos grupos e não outros e podem ter boa ou má repercussão na opinião pública e render votos na próxima eleição.

Três exemplos: há muitas acusações entre os analistas do STF de que um determinado Ministro, cujo nome não vou declinar, pois ele costuma processar seus críticos, inclusive simpáticas e inteligentes comediantes e atrizes de TV, decide a favor de certos grupos políticos. Não existem provas cabais, é claro, há indícios de conversas e reuniões no curso de processos importantes e antes de decisões cruciais, além de possíveis trocas de favores entre essas lideranças e pessoas ligadas ao Ministro. Mantendo o respeito ao princípio da presunção de inocência, podemos dizer que estamos diante de um Ministro do

STF a respeito de quem se levantam suspeitas de ser mero instrumento subalterno da política partidária.

Mas também há casos de alianças a partir de pautas comuns: recentemente o Ministério Público Federal tentou – até o momento, sem sucesso – propor um projeto de lei de iniciativa popular com uma série de vinte medidas contra a corrupção que ampliavam o poder da corporação para investigar suspeitos da prática desse crime. Além disso, uma série de decisões judiciais ou ações do MP tem sido ou aplaudida ou criticada pelos agentes políticos, sem que elas tenham sido, digamos assim, encomendadas por lideranças políticas. Moro se desculpou publicamente e ao STF pela divulgação dos áudios, afirmando que não tinha a intenção de criar um fato político partidário, mas é claro que seu ato favoreceu as forças que defendiam o impedimento da Presidente Dilma Rousseff. Nestes dois casos, os agentes jurídicos agem em seu âmbito de atuação, conforme uma lógica própria, contando com o apoio ou a crítica dos agentes políticos, podendo haver um alinhamento de interesses que passam a atuar na mesma direção.

Nesse sentido, é importante perceber, para voltar ao meu assunto central, que a Operação Lava-Jato não é mera filial ou mero apêndice da política partidária. As ações dos agentes jurídicos possuem uma racionalidade própria e, se quisermos, encenam uma maneira própria de fazer política, uma "política jurídica", que se explicita, principalmente, na tomada de decisões que implicam, necessariamente, adotar uma certa interpretação das leis e dos casos já decididos.

Lutas pelo direito

Nesse sentido, do ponto de vista da política jurídica, a Lava-Jato pode ser vista como um dos episódios centrais de uma disputa, já relativamente antiga, sobre o que deve ser o nosso Direito Penal e o nosso sistema penal. Tal disputa é protagonizada, de um lado, por um grupo de juristas e advogados garantistas, antigamente hegemônico, e, de outro, por assim dizer, um grupo de juristas de Estado, especialmente situados em carreiras públicas, que pretende reformar o direito brasileiro à luz, principalmente, de determinadas práticas internacionais, defendidas por uma rede global de instituições de combate à corrupção, as quais se comunicam, debatem suas estratégias e as transmitem para funcionários públicos ao redor do globo (SHAFFER, 2011). Simplificando muito, tais práticas apontam para um direito penal mais pragmático, com menos garantias, mais voltado para resultados do que para o respeito a ritos e formalidades e dotado de uma visão menos restritiva do que deve significar o respei-

to aos direitos fundamentais e à interpretação das leis.

Nessa disputa está em jogo muito mais do que mera questão de interesse intelectual. Não se trata de uma divergência acadêmica sobre qual deve ser a melhor forma de desenhar as instituições ou interpretar as leis postas. Está em jogo o poder efetivo das instituições, especialmente MP e Judiciário, e sua busca por mais recursos, mais funcionários, mais influência e mais poder para determinar os rumos do país. E também projetos diferentes de como deve ser a relação entre sociedade e Estado e sobre a função específica do sistema penal.

É claro, diga-se, que membros de cada um dos lados dessa disputa dirão que, sem sombra de dúvida, no tom retórico comum à produção intelectual de grande parte de nossos juristas, todas as dúvidas foram devidamente "espancadas" e os grandes doutrinadores, nacionais e estrangeiros, estão a seu lado, demonstrando que a resposta defendida por este ou por aquele grupo é de uma clareza solar, esgotado o assunto a ponto de ninguém mais ousar escrever uma linha sequer sobre ele.

Evidentemente, há elementos mais moderados, que tentam conciliar as duas posições, mas, seja como for, é importante perceber que o embate também se desdobra no campo da produção de teses, dissertações, manuais e comentários ao Código Penal e ao Código de Processo Penal, procurando, muitas vezes, naturalizar determinadas categorias jurídicas, atribuindo a elas uma suposta verdade inquestionável, com a finalidade de ganhar o debate de uma vez por todas (RODRIGUEZ, 2013). Essa disputa também se desdobra nos concursos e seleções de professores para as universidades públicas e privadas brasileiras, também na fundação de institutos de pesquisa independentes, como o IBCCRIM de São Paulo, uma das principais sedes dos garantistas.

Basta entrar no *site* de uma livraria jurídica para encontrar os livros de vários participantes destacados da Lava-Jato e muitos de seus críticos (por exemplo, DALLAGNOL, 2015; CALABRICH et al., 2015); basta consultar os nomes das pessoas que ensinam Direito Penal nas principais universidades brasileiras, informar-se sobre sua profissão, Advogado, Juiz ou Promotor, e verificar a sua posição no debate. A batalha pelo estabelecimento de um paradigma científico, seguindo a análise de Thomas Kuhn (2011), também passa pela criação e pela ocupação de lugares de poder acadêmico. Não basta pesquisar e propor boas soluções para os problemas enfrentados pelo nosso ordenamento jurídico; é preciso ocupar lugares de fala dotados de autoridade para falar em nome da ciência.

Ainda que de forma muito breve, para uso dos não especialistas, vou esboçar a seguir as ideias mais gerais de cada posição, evitando o jargão técnico, com o perdão dos especialistas pelas imprecisões que irei cometer. Assim, de um lado, temos o garantismo, que procura controlar fortemente o poder de punir do Estado ao criar diversos obstáculos para a prisão das pessoas. Toda a lógica de interpretação das leis e do funcionamento do sistema penal é, neste caso, a de conter o poder estatal de investigar e eventualmente prender a pessoa de seus cidadãos.

A condenação à pena de prisão deve se dar apenas em último caso, apenas como resposta a crimes muitos específicos e depois de uma investigação e de um processo cercado de garantias e prazos muitos estritos, com ampla proteção da privacidade, direito de defesa e sempre partindo do pressuposto de que o acusado é inocente. Para os garantistas, prender é sempre indesejável, pois a pena de prisão deve consistir em uma punição excepcional, a "ultima ratio", como se diz no jargão deste grupo, nunca a regra geral.

Na opinião dos antagonistas desse modo de pensar, e alguns deles se autodenominam "garantistas integrais" (CALABRICH et al., 2015) para disputar o termo "garantismo", essa é uma visão do direito que dificulta muito a punição de certos tipos de crime, especialmente os crimes de colarinho branco, por valorizar demais a proteção do indivíduo em detrimento do poder estatal de investigar e punir. Especialmente no caso dos crimes relacionados à corrupção, que são cometidos com dissimulação, por meio de ações secretas e mediadas pelos chamados "laranjas": para os garantistas integrais, se o garantismo fosse efetivamente adotado, seria quase impossível punir os acusados de corrupção.

Afinal, a pessoa corrupta raramente é pega, por assim dizer, como a boca na botija, por exemplo, com a mão suja de pólvora oriunda da arma que atirou em alguém. As condenações por esse tipo de crime, quando ocorrem, costumam se basear no cruzamento de uma série de informações e documentos, os quais permitam concluir afinal, por exemplo, que a pessoa acusada se encontra em uma situação patrimonial incompatível com a sua renda, ou que ela não consegue explicar com clareza a origem dos bens dos quais usufrui.

Ora, é por isso mesmo, argumentam os garantistas, que, para começar, a pena de prisão não deveria ser utilizada para lidar com esse tipo de ato socialmente reprovável. Afinal, como ficou claro apenas pelo que já foi dito até aqui, o poder dos agentes públicos, de fato, é ampliado, do ponto de vista garantista, até se tornar incontrolável. As condenações passam a depender de avaliações altamente subjetivas, que não se colocam acima de qualquer

dúvida e extrapolam a tarefa jurídica por excelência de encaixar os fatos nas normas jurídicas.

Para o garantismo, no âmbito do Direito Penal, mais do que qualquer outro ramo do direito, o Judiciário deveria se limitar a verificar se determinados fatos correspondem a crimes descritos com a máxima clareza e precisão pelo texto das leis, as quais não deveriam deixar nenhum espaço para interpretação por parte dos agentes públicos. Também o legislador deveria se abster de criar crimes a respeito de assuntos como esse, além de procurar definir, com o máximo de clareza possível, as ações que ele pretende incriminar, as quais devem se referir apenas a alguns bens de alto valor social, como a vida e a propriedade.

A política jurídica da Lava-Jato

Como é possível perceber, eu me recuso enfaticamente a discutir essa disputa nos termos propostos por algumas análises recentes, que afirmam estarmos diante de uma necessária "modernização" de nosso direito, do embate entre uma "dogmática", supostamente atrasada, digna do século XIX, e uma visão "moderna", arrojada, levada adiante por jovens juristas, antenados com o que se passa nos grandes centros do pensamento jurídico norte-americano (FARIA, 2018). Considero que apresentar a questão dessa forma prejudica a análise do problema e parece implicar uma clara tomada de posição, afinal, ninguém irá se propor a defender o "arcaico", o "velho", o "ultrapassado" para impedir que o "moderno", o "jovem", o "contemporâneo", inevitavelmente, prevaleça, não é mesmo? Afinal, "o direito corre atrás dos fatos", como afirma um jargão repetido, quase sem pensar, por praticamente dez entre dez juristas brasileiros.

A meu ver, a eventual "modernização" do direito – e do que quer que seja – não pode ser vista como um processo inexorável, cujo final já é conhecido de antemão. Expor nossas ideias dessa forma significa ocultar, sem intenção ou deliberadamente, os embates, muitas vezes violentos, entre os diversos agentes sociais interessados neste ou naquele desfecho do processo. Pensar e falar assim, em suma, significa ocultar as ações dos protagonistas dos embates que constituem o que estou chamando de política jurídica, responsáveis por construir e destruir, afinal, as instituições de nossa sociedade.

Parece ser muito mais preciso apresentar qualquer setor da vida social como um conjunto de embates e disputas que revelam determinadas tendências, ou seja, como um processo de conflitos alimentado por uma série de divergências sobre o que a vida social deve ser, sujeito a avanços e recuos, mudanças de rumo e estagnações; sempre mantendo a análise rente às ações e justificações dos agentes sociais em conflito. Menos ciência política quantitativa, menos tabelas e gráficos pizza e mais antropologia, mais escuta e análise qualitativa da vida social, poder-se-ia dizer.

As ciências sociais e o Direito deveriam ter aprendido alguma coisa com o fracasso da teoria de secularização, que, em determinado momento, apresentou a evolução histórica como um processo de avanço inexorável da razão em detrimento da religião, hipótese que tem sido desmentida por todas a microfibras de nosso tecido social, como nos tem mostrado Peter Berger (2017) desde a década de 1970 e como os fatos do noticiário cotidiano não cansam de reiterar. Em uma análise mais fina, Deus está em todas as partes; a fé em Deus sempre esteve longe de desaparecer, talvez tenha apenas mudado sua forma de expressão.

O Direito, como qualquer das demais ciências sociais, é composto de uma série de debates e é palco de conflitos dogmáticos (RODRIGUEZ, 2012) no âmbito do funcionamento de suas instituições, por exemplo, quanto às decisões judiciais. Em determinado momento histórico – para ser mais preciso, durante o século XIX – a ciência do direito imaginou, utopicamente, ser capaz de controlar tanto o legislador quanto o juiz, ao construir categorias de análise válidas em todos os lugares e para toda e qualquer situação.

A dogmática jurídica, nesse registro, era vista como a investigação e descoberta de categorias de valor jusnaturalista que quase se confundiam com as formas ideais de Platão, como mostra o engraçadíssimo diálogo entre Deus e um jurista desse jaez, que tudo indica ser Savigny, em um texto satírico escrito por Jhering (1974). Um século antes, por exemplo, durante a Revolução Francesa, a utopia era a de que as leis seriam tão claras e tão precisas que seria possível eliminar as faculdades de Direito e os juízes profissionais: qualquer cidadão seria capaz de resolver qualquer conflito com a mera leitura da legislação e o exame dos fatos (BOBBIO, 1995). O século XX e, ainda que de outra maneira, o século XXI são os séculos do poder dos juízes e do estudo da hermenêutica da decisão judicial. Fica claro que os juízes não podem ser completamente controlados nem pela lei nem pela ciência do direito, como Hans Kelsen nos mostra no genial e ainda pouco compreendido capítulo final de sua *Teoria Pura do Direito* (KELSEN, 2009).

A solução no campo da teoria passa a ser tentar criar padrões de raciocínio com fundamento, principalmente, em reflexões de influência aristotélica e kantiana, para submeter a pessoa dos juízes e o raciocínio jurídico em geral a limites estabelecidos em nome da necessária justificação democrática das decisões jurisdicionais (RODRIGUEZ, 2013).

No campo do desenho das instituições, a solução, antecipada por Franz Neumann (2013) a partir das reflexões de Weber e Kelsen, passa a ser desenhar procedimentos capazes de controlar a decisão dos casos judiciais, como propôs Kelsen ao desenhar para a Áustria a primeira Corte Constitucional no espírito das cortes atuais (KELSEN, 2013). Não é por outra razão, aliás, que a política jurídica ganha cada vez mais espaço e relevância para se compreender o funcionamento das sociedades e do Direito: o debate entre garantistas e garantistas integrais dificilmente se resolverá por um golpe de teoria: não será um grande livro ou uma pesquisa definitiva que irá dirimir, de uma vez só, todas as divergências entre esses campos.

É claro que a pesquisa exerce um papel central nesse processo ao produzir conhecimentos que irão permanecer relativamente incontroversos, ao menos por algum tempo, conhecimentos esses que podem servir como ponto de partida para o debate, por exemplo, as pesquisas em criminologia e o trabalho dos chamados doutrinadores do Direito. Certos fatos a respeito do efeito do encarceramento sobre a criminalidade ou das características do direito brasileiro, muitas vezes, tornam-se relativamente consensuais até que as leis ou a jurisprudência se transformem ou que novas pesquisas empíricas revelem informações inéditas que nos obriguem a mudar nosso modo de pensar.

Mas é preciso lembrar que as duas visões que apresentamos sobre o Direito Penal e sobre nosso sistema de justiça têm implicações diretas sobre a extensão do poder de Juízes e Promotores, sobre a quantidade de recursos que eles poderão solicitar para o Congresso Nacional com a finalidade de contratar mais funcionários e melhorar sua infraestrutura. Tal circunstância pode motivar determinados agentes públicos, inclusive, a defender posições contrárias ao que possa haver de evidências científicas mais ou menos consensuais (RODRIGUEZ, 2010), como as que indicam, por exemplo, que o aumento do encarceramento não tem efeito algum sobre a queda da taxa de crimes em uma sociedade, fato incontroverso no campo da criminologia.

É justamente por essa razão que a inexistência ou irrelevância numérica de um corpo significativo de professores e pesquisadores em tempo integral, cuja consagração e, principalmente, cuja renda, dependa exclusivamente da produção de estudos científicos, pode comprometer gravemente a racionalidade do debate jurídico, transformando a política jurídica numa espécie de guerra de todos contra todos, movida por interesses corporativos e burocráticos. O domínio de Juízes, Advogados e membros do Ministério Público sobre o ensino e a pesquisa em Direito tende a nos privar de uma base mínima de conhecimento capaz de mediar e referenciar as disputas, fato que enfraquece nossa democracia.

Os ventos da mudança

Considero que a Lava-Jato seja um momento-chave em que a balança de poder no âmbito da política jurídica se modificou radicalmente. Durante muitos anos, ao menos no campo da ciência do direito, assistimos a uma clara hegemonia das ideias garantistas, ainda que o mesmo não se possa dizer com segurança sobre o Poder Judiciário e o Ministério Público sem realizar pesquisas empíricas mais detalhadas. No entanto, parece legítimo levantar essa hipótese com base em minha percepção pessoal e na percepção de um dos protagonistas da operação Lava-Jato que conversou comigo em uma entrevista exploratória para um projeto de pesquisa ainda em fase de gestação.

No que se refere ao Ministério Público, já é fato conhecido que um grupo de Procuradores e Procuradoras ligado a Rodrigo Janot, antes do início da Operação Lava-Jato, já havia conquistado a liderança da instituição e estava realizando um trabalho de renovação de suas práticas, que passou pela reforma do currículo da Escola Superior do Ministério Público e mudanças nas câmaras recursais, responsáveis por reexaminar pedidos de arquivamento realizados pelos Procuradores e Procuradoras Federais. É cedo para dizer se essa mudança se consolidou; é preciso ter mais dados para saber se ela está, de fato, disseminada entre a maior parte dos membros do MP Federal e dos demais ramos do MP. Seja como for, para ser incontroverso que esse grupo, em determinado momento, passou a liderar o MP Federal e buscou renovar seu modo de atua.

A ideia do grupo era fazer com que a instituição trabalhasse de forma coordenada, deixando para trás um modo de atuar individualizado em que cada pessoa, membro do Ministério Público, tomava suas decisões isoladamente. Em Curitiba, teatro de uma série de operações frustradas de combate à corrupção, como a operação Satiagraha, anulada em razão de irregularidades formais, havia um conhecimento acumulado sobre a atuação do Poder Judiciário e sobre a forma de operar da corrupção no Brasil.

Quando a Operação Lava-Jato começou, digamos assim, esses dois fatores entraram em regime de colaboração e formaram um círculo virtuoso, que produziu os resultados que conhecemos. O grupo que então liderava o Ministério Público teve a oportunidade de, finalmente, levar adiante com sucesso uma grande operação de combate à corrupção, contando

para isso com um grupo de Procuradores e um Juiz, Sérgio Moro, experimentado nesses assuntos. E tiveram a oportunidade de fazer isso falando diretamente com a esfera pública, dirigindo-se diretamente ao público em geral, sem a mediação da imprensa ou dos políticos. Mesmo determinados fatos controversos da operação, por exemplo, a famigerada divulgação dos áudios de Lula e Dilma, podem ser vistos como uma ação agressiva para garantir o controle da opinião pública pelo sistema de justiça e não como uma ação político-partidária. Trata-se de atos realizados em nome dos embates e dos interesses presentes na política jurídica, com efeitos sobre e com apoio eventual dos agentes da política partidária.

Em Curitiba e em Brasília os agentes do MP passaram a atuar em forma de força-tarefa, a dialogar muito entre si e a trocar informações e experiências. No âmbito do Poder Judiciário, aos olhos de meu entrevistado, uma mudança semelhante ocorreu: um grupo de juízes e juízas, menos identificado com o garantismo e interessado em atuar de forma mais ativa e incisiva, passou a examinar as decisões de Moro em segunda instância e manter seus posicionamentos de forma sistemática. Cabe dizer também que são necessários mais dados para saber se tal mudança é uma tendência ou se estamos diante de um mero acaso.

De qualquer forma, é razoável afirmar que tenha havido um verdadeiro aprendizado institucional e uma renovação no modo de pensar o direito nessas duas instituições, ao menos por parte de determinados grupos, que se tornaram protagonistas da operação, processo alimentado também por uma Polícia Federal muito ativa e estimulada a agir dessa forma, paradoxalmente, pelos governos que abrigaram uma boa parte dos investigados e condenados em razão da operação, os Governos Lula e Dilma.

Mas toda essa história ainda está por ser contada com maior grau de detalhe: no espaço deste texto, posso apenas levantar algumas hipóteses de pesquisa. O que eu gostaria de ressaltar neste momento, no espaço deste ensaio, é que nada disso teria acontecido, a meu ver, sem as rebeliões de junho de 2013, que desestabilizaram o sistema político em suas bases (NOBRE, 2013), contribuíram para a organização da sociedade civil, à direita principalmente, deflagrando uma onda social anticorrupção que teve como protagonistas uma série de grupos organizados, como o Vem Pra Rua e o MBL, mas que se instalou para muito além deles.

O apoio genérico à Operação Lava-Jato sempre foi maciço desde o seu início, a despeito das evidentes resistências do mundo político, inclusive por parte dos meios de comunicação de massa, na esteira do movimento anticorrupção deflagrado em junho. Apenas esse apoio e o enfraquecimento do poder do sistema político, ao que me parece, combinado com as transformações internas ocorridas em cada instituição, é que permitiu que a Operação alcançasse os resultados que alcançou até agora.

As instituições do sistema de Justiça, especialmente o Ministério Público, estão desenvolvendo uma relação própria com a esfera pública, uma relação que não passa pelo processo eleitoral, e aqui há um risco para a democracia, que não está sujeita a procedimentos transparentes, que as coloca na posição de representantes dos interesses da sociedade, mas uma representação que tem pouco a ver com a tradicional representação política.

A "vontade do povo" em zonas de autarquia

Esse parece ser um problema inédito, ao menos se colocado dessa maneira: o Ministério Público e o Poder Judiciário passaram a falar diretamente com a sociedade, no caso do Judiciário, em especial o STF, por meio de instituições específicas, por exemplo, as audiências públicas e os *amici curiae* e, no caso de alguns Ministros, eventos de formação em seus gabinetes, nos quais recebem juristas e *experts*, a exemplo do Ministro Luiz Edson Fachin.

Há notícias de que as Defensorias Públicas e o Ministério Público também realizam audiências públicas com uma certa frequência. No entanto, todas essas inciativas parecem ainda estar situadas em um nível muito baixo de institucionalização. Ao contrário das eleições, que ocorrem periodicamente, são amplamente divulgadas, possuem um procedimento muito claro e abrem espaço para a alternância entre situação e oposição, essas formas de ouvir e de construir a vontade do povo ainda estão entregues à inteligência ou à mera boa vontade dos agentes públicos, que se utilizam de tais mecanismos apenas quando entendem ser necessário. E isso me parece preocupante.

Em um contexto de política jurídica em que há uma disputa constante sobre a interpretação das leis e dos casos, em que há interesses corporativos e sociais em jogo, utilizar a moeda da "vontade popular", jogar com a ideia de que determinado curso de ação é desejado pela ampla maioria da população, pode ter um papel importante no fiel da balança da formação da hegemonia sobre as ideias jurídicas, tantos nos debates internos ao campo jurídico quanto no que se refere ao campo da política, espaço no qual a principal moeda de troca é a quantidade de votos.

O problema é que a "vontade do povo" será exatamente aquilo que os instrumentos destinados a captar a sua voz disserem que ela é. Em uma eleição majoritária, a "vontade do povo" é a maioria dos votos que aprovam um determinado programa partidário; em uma audiência pública, a vontade do povo se configura em uma série de recomendações aos órgãos públicos, como no caso da extensa e complexa audiência sobre temas de saúde, realizada no STF.

Ou seja, a "vontade do povo" pode ser desenhada de diversas maneiras, auferida por meio de *surveys*, audiências públicas, votação por maioria, votação por aclamação ou por uma reunião fechada que defina suas estratégias e a partir da mera percepção subjetiva dos agentes públicos e da consulta à mídia de massa e pesquisas sobre a popularidade destas ou daquelas ideias. Como diz Pierre Bourdieu (1973) em texto sobre o assunto, a opinião pública, ao menos no sentido implicitamente admitido pelos que fazem pesquisas de opinião, não existe. Há diversas maneiras, como mostra o autor, de produzir efeitos de consenso e de fazer as pessoas responderem a perguntas que elas nunca se colocaram, criando situações artificiais que terminam por medir mal a maneira pela qual as opiniões são expressas e se desenvolvem no ambiente social, sempre relacional, encarnadas em determinadas pessoas e grupos.

Insisto neste ponto, que me parece central: o Parlamento e o Executivo são obrigados a escutar a voz do povo periodicamente e de forma altamente regulada, por meio de procedimentos públicos e controláveis judicialmente. Já os órgãos do sistema de justiça, no momento atual, parecem estar livres para dizer que falam "em nome do povo" sob qualquer fundamento, sem regras claras, sem procedimentos detalhados e controláveis judicialmente.

Apenas uma situação como essa pode explicar uma declaração recente de outro Ministro do STF, que afirma ser seu papel atuar como "vanguarda moral da nação", uma frase, para dizer o mínimo, vaga e pretensiosa, mas, pior do que tudo, com altíssimo potencial autoritário. Afinal, o Ministro atribui a "vontade do povo" à sua exclusiva e, certamente, privilegiada, não tenho dúvidas, percepção pessoal, digna de um gênio brasileiro. Há uma linha bastante tênue a separar um legítimo debate entre posições dogmáticas, entre visões diferentes das leis e das instituições, e uma usurpação de sabor aristocrático e mais ou menos arbitrário da "vontade do povo" pelas carreiras de Estado.

A princípio, não há entraves nem legais nem éticos para a expansão dos canais de escuta da população também pelos organismos de Justiça. Não está escrito nas tábuas da lei que a separação de poderes deva funcionar conforme um suposto "modelo clássico" de três poderes, dotados de freios e contrapesos estandardizados.

A característica essencial da separação de poderes, como nos ensina Franz Neumann (1964), é, apenas, que nenhuma decisão do poder reste sem controle por outro poder. No entanto, isso não pode significar que a "vontade do povo" seja construída por dispositivos de escuta variados, estabelecidos ao bel-prazer do poder público e utilizados de forma meramente arbitrária para justificar uma certa visão do direito e toda uma estratégia de ação que irá resultar, afinal, em gasto de dinheiro público para investigar e punir determinadas pessoas e não outras.

É necessário pensar institucionalmente esses canais de escuta popular pelo sistema de justiça e criar procedimentos claros para informar democraticamente a formação dos juízos da burocracia judicial sobre a vontade popular, tema que hoje parece estar fora da agenda da política partidária e dos debates da política judiciária. Tenho utilizado o conceito de "zona de autarquia" para identificar fenômenos de perversão do Direito que consistem na formação de espaços decisórios arbitrários no interior de um determinado órgão ou a criação de todo um regime jurídico autônomo, que toma decisões de forma estritamente unilateral (RODRIGUEZ, 2016a; SILVA, 2018; BARCELLOS, 2016; ZUGMANN, 2014).

Eu diria que, hoje, no que diz respeito à utilização da "vontade do povo" para tomar decisões, o sistema de justiça, regra geral, salvo casos muito bem-sucedidos de audiências públicas no STF e em outros órgãos, decide mergulhado em uma "zona de autarquia". Tenho sido a infeliz testemunha ocular de manifestações públicas e palestras realizadas em universidades, por exemplo, pelos membros da Operação Lava-Jato, profissionais que declaram ser necessário "fazer uma limpeza no país" porque "é isso que a população deseja", com fundamento em sua percepção meramente subjetiva e, muitas vezes, com base em um constrangedor festival de lugares-comuns sobre um suposto "jeitinho brasileiro", ideia que já foi relegada ao esquecimento pela mais recente pesquisa a respeito da corrupção e pela teoria social contemporânea (RODRIGUEZ, 2016b).

Fazer a limpeza do quê, de quem, em que ordem, em que que prazo e com a utilização de quais recursos? É claro que boa parte das decisões do MP, por exemplo, não poderia ser participativa e tornada pública no calor da hora para evitar que os acusados ocultassem provas e frustrassem as investigações. No entanto, eu acredito ter o direito de saber, como cidadão brasileiro, por que o MP de todos os níveis, Estadual e Federal, decide levar adiante certas investigações e não outras, por que ele concentra forças em certos fatos e não em outros. Tal coisa poderia ser feita, sem grande dificuldade, por exemplo, por meio de um relatório produzido *a posteriori* que

permitisse debater os critérios de decisão utilizados e, eventualmente, punir atos reprováveis, destituindo chefias que atuem de forma inadequada. O mesmo pode ser dito sobre determinadas escolhas estratégicas do Judiciário, das Defensorias e de outros organismos do sistema de justiça.

A boca que escarra é a mesma que beija: é preciso tomar cuidado para que uma Operação que fez e ainda fará tanto bem às nossas instituições por expor os mecanismos mais vis de formação das maiorias políticas no Brasil, um processo sistêmico e generalizado que remonta à redemocratização brasileira, não termine por corroer por dentro nossa democracia ao permitir que se formem zonas de autarquia no interior das instituições de nosso sistema de Justiça para fornecer para uma série de pessoas, membros do MP, verdadeiras licenças para matar, como o agente 007. É preciso evitar que o combate à corrupção transforme nosso Estado, no limite, em um dispositivo autoritário, infestado de zonas de autarquia, ainda que mantendo a aparência de legalidade.

Bibliografia

BARCELOS, José Renato. *Controvérsias em torno das sementes e do direito fundamental à proteção do patrimônio genético e cultural.* Dissertação (Mestrado em Direito) – Universidade do Vale do Rio dos Sinos, São Leopoldo, 2016.

BERGER, Peter. *Os múltiplos altares da modernidade*: rumo a um paradigma da religião numa época pluralista. Petrópolis: Vozes, 2017.

BOBBIO, Norberto. *Positivismo jurídico*: lições de filosofia do direito. São Paulo: Ícone, 1995.

BOURDIEU, Pierre. L'opinion publique n'existe pas. *Les Temps modernes*, 29 (318), janv. 1973, p. 1292-1309.

CALABRICH, Bruno; FISCHER, Douglas; PELELLA, Eduardo. *Garantismo penal integral*. 3. ed. São Paulo: Atlas, 2015.

DALLAGNOL, Deltan. *As lógicas das provas no processo*: prova direta, indícios e presunções. Porto Alegre: Livraria do Advogado, 2015.

FARIA, José Eduardo. Há uma mudança no conceito de prova, de processo e de delito: entrevista com José Eduardo Faria, *Blog Estado da Arte*, 6-2-2018. Disponível em: <http://cultura.estadao.com.br/blogs/estado-da-arte/ha-uma-mudanca-no-conceito-de-prova-de-processo-e-de-delito-entrevista-com-jose-eduardo-faria/>. Acesso em: 10 mar. 2018.

JHERING, Rudolf von. En el cielo de los conceptos jurídicos. Una fantasía. In: JHERING, Rudolf von. *Bromas y Veras en la jurisprudencia*: un regalo de Navidad para los lectores de obras jurídicas. Buenos Aires: EJEA, 1974.

KELSEN, Hans. *Jurisdição constitucional*. 3. ed. São Paulo: Saraiva, 2013.

KELSEN, Hans. *Teoria pura do direito*. 8. ed. São Paulo: Martins Fontes, 2009.

KUHN, Thomas. *A estrutura das revoluções científicas*. São Paulo: Perspectiva, 2011.

NEUMANN, Franz. *The democratic and the authoritarian State:* essays in political and legal theory. New York: Free Press, 1964.

NEUMANN, Franz. *O império do direito*. São Paulo: Quartier Latin, 2013.

NOBRE, Marcos. *Imobilismo em movimento: da abertura democrática ao governo Dilma*. São Paulo: Companhia das Letras, 2013.

RODRIGUEZ, José Rodrigo. Contra o fanatismo textualista: corrupção, jeitinho brasileiro e estado de direito. *Novos Estudos CEBRAP*, São Paulo, n. 104, mar. 2016a.

RODRIGUEZ, José Rodrigo. Perversão do direito (e da democracia): seis casos. *Direito e Práxis*, Rio de Janeiro, v. 7, n. 4, 2016b.

RODRIGUEZ, José Rodrigo. *Como decidem as cortes?*: para uma crítica do direito (brasileiro). Rio de Janeiro: FGV, 2013.

RODRIGUEZ, José Rodrigo. Dogmática é conflito: a racionalidade jurídica entre sistema e problema. In: RODRIGUEZ, José Rodrigo; PÜSCHEL, Flavia Portella; MACHADO, Marta Rodriguez de Assis (Org.). *Dogmática é conflito:* uma visão crítica da racionalidade jurídica. São Paulo: Saraiva, 2012.

RODRIGUEZ, José Rodrigo. A persistência do formalismo: uma crítica para além da separação de Poderes. In: RODRIGUEZ, José Rodrigo; COSTA, Carlos Eduardo Batalha da Silva; BARBOSA, Samuel Rodrigues (Org.). *Nas fronteiras do formalismo*: a função social da dogmática jurídica hoje. São Paulo: Saraiva, 2010.

SHAFFER, Gregory. Transnational Legal Process and State Change: Opportunities and Constraints. Minnesota, *University of Minnesota Law School Legal Studies Research Paper Series*, n. 10-28, 2011. Disponível em: <http://ssrn.com/abstract=1901952>. Acesso em: 10 mar. 2018.

SILVA, Simone Schuck da. *Fora da norma?* Conflitos dogmáticos nas demandas por retificação de nome e sexo no registro civil. Dissertação (Mestrado em Direito) – Universidade do Vale do Rio dos Sinos, São Leopoldo, 2018 (no prelo).

ZUGMAN, Daniel. *Processo de concretização normativa e direito tributário*: transparência, justificação e zonas de autarquia do sigilo fiscal. Dissertação (Mestrado em Direito) – Escola de Direito de São Paulo da Fundação Getulio Vargas, São Paulo, 2014.

26

Desenvolvimento da Formação Jurídica no Brasil[1]

Mariana Kuhn de Oliveira

O presente capítulo é um esforço para reconstruir, em largos traços, os quase três séculos de educação jurídica no País. O texto lida com a bibliografia relevante sobre o tema a partir de um eixo específico, o da expansão dos cursos de direito, que se desdobra em duas outras questões principais, que não deixam de estar correlacionadas: a da estratificação dos diplomados e a da democratização das vias de acesso ao diploma e da docência. Considera-se que, com o aumento no número de bacharéis e bacharelas ao longo do tempo, foram criadas duas

classes de juristas: uma elite, da qual fazem parte parlamentares, altos membros do judiciário e sócios de escritórios de prestígio, e o resto, que possui baixa remuneração e nenhum poder político. Essa diferenciação ocorre com a passagem do Império para o Estado Novo, quando a expansão relativa no número de pessoas graduadas, e que se acentua com o tempo, quebra a correspondência entre ter o diploma em direito e pertencer à elite e às classes dirigentes do País.

Essa crescente estratificação das profissões no direito leva alguns a criarem uma imagem nostálgica do passado, projetando, retrospectivamente, uma situação idealizada em que o diploma de bacharel gozava de um prestígio social e representava uma me-

---

[1]. Agradeço aos meus e às minhas colegas do *International Postdoctoral Program,* no Centro Brasileiro de Análise e Planejamento (IPP-CEBRAP), pelas críticas e excelentes sugestões, e ao Ricardo Crissiuma, pela leitura atenta e pelos comentários.

lhor formação jurídica comparativamente ao tempo presente. O texto desafia tal posição de três formas: (i) ao afirmar que os juristas ainda possuem relevância política e social no Brasil; (ii) ao considerar que a formação jurídica sempre foi, ontem e hoje, academicamente muito contestada e contestável; e, mais importante, (iii) ao mostrar que a expansão também permitiu que o diploma e a docência em direito se democratizassem. Assim, além do processo de estratificação, consideram-se a questão da qualidade no ensino e a mudança no perfil de discentes e docentes, que se diversifica.

O capítulo discute esses temas a partir da literatura sobre o período e das mudanças normativas relativas ao ensino, suprindo também algumas lacunas para que se possa pensar de forma crítica a evolução da estratificação e da democratização do ensino. Assim, somam-se a esse aparato inicial a análise de indicadores quantitativos sobre os perfis de discentes retirados dos Anuários Estatísticos do Brasil, do Censo da Educação Superior e dos Relatórios do Exame Nacional de Desempenho dos Estudantes (Enade) e a análise qualitativa das regulações e de documentos históricos do Ministério da Educação (MEC), principalmente do Conselho Federal de Educação (CFE) e da Coordenação de Aperfeiçoamento de Pessoal de Nível Superior (CAPES). O texto está dividido em cinco partes, que acompanham linear-

mente a evolução da formação jurídica, e uma sexta parte, que trata da pós-graduação e da pesquisa em direito de forma mais específica.

26.1. Uma elite de bacharéis

A formação jurídica brasileira começa com a abertura de dois cursos de direito em 1827, um em Olinda (transferido para Recife em 1852 e hoje parte da Universidade Federal de Pernambuco – UFPE) e o outro em São Paulo (hoje parte da Universidade de São Paulo – USP). Enquanto a América espanhola já concedia diplomas de direito há décadas, os filhos da elite brasileira, mesmo passados alguns anos da independência do Brasil, estudavam, em sua maioria, em Coimbra. A abertura de cursos de direito fazia, assim, parte do planejamento da emancipação política e administrativa do país. Não se pode dizer que o plano deu errado. De 1831, ano da primeira turma de formados, a 1883 graduaram-se 2.211 bacharéis na Academia de São Paulo (ADORNO, 1988, p. 157). Na Faculdade de Direito de Olinda/Recife, foram 4.051 pessoas formadas de 1832 a 1889 (FACULDADE, 1931) – 4 eram mulheres (SOUZA, 2021)[2]. Ocorre que, por várias décadas, seu êxito não se deveu à elaboração de um pensamento jurídico brasileiro

---

[2]. A primeira estudante mulher na Academia de São Paulo ingressou em 1898.

Desenvolvimento da Formação Jurídica no Brasil

– isso começaria a ocorrer apenas nos últimos anos do Império, com Tobias Barreto e seus discípulos Clóvis Beviláqua e Silvio Romero. Nesse primeiro momento, elas possibilitaram, mais que tudo, uma reunião dos filhos da elite.

As faculdades de direito durante o Império, conforme mostram Venâncio Filho (1977, 1979), Carvalho (1980) e Adorno (1988, p. 160-162), foram as principais responsáveis pela consagração de uma elite que viria a ser essencial à organização e condução do Estado brasileiro. A situação do ensino é retratada por Joaquim Nabuco (1897) na biografia que escreveu sobre seu pai, Nabuco de Araújo, formado em Olinda nas primeiras turmas: "A pleiade sahida, nos primeiros annos, dos novos cursos juridicos póde-se dizer que não apprendeu n'elles, mas por si mesma, o que mais tarde mostrou saber" (NABUCO, 1897, p. 15). A impressão de Nabuco se torna a hipótese essencial na investigação de Venâncio Filho (1977, cap. 6; 1979) sobre a formação jurídica à época e que é aprofundada por Adorno (1988) em seu estudo sobre a Academia de Direito de São Paulo. São a prática jurídica e a vida acadêmica fora da sala de aula, com os grêmios políticos, os clubes filosóficos e os jornais literários, e não os cursos ou os docentes, que formam os bacharéis nas primeiras décadas desde a instituição das faculdades de direito.

As dificuldades materiais para o estabelecimento das primeiras faculdades eram imensas: não havia professores qualificados, livros apropriados ou salas de aula que não fossem emprestadas. A docência não era a principal atividade dos lentes (os docentes), que eram antes profissionais. Foram eles, contudo, que primeiramente assumiram a função de pensar o direito no Brasil, pois deveriam escolher ou criar os compêndios a serem utilizados nos cursos. A produção acadêmica dos egressos da Academia de São Paulo no período, contudo, conclui Adorno, se dava principalmente para "qualificar o lugar ocupado pelos seus produtores, mediante a atribuição de status" (1989, p. 154).

Os problemas com a qualidade do ensino não eram desconhecidos à época. A esperança para mudar essa situação do ensino estava, para alguns, na reforma do ensino livre – que, contudo, apenas chancelava o formato da educação superior jurídica até o momento. A ideologia liberal que dava fundamento a tal reforma propunha que o ensino superior se desse de forma fragmentada, fora das universidades, onde estudantes e docentes teriam maior liberdade de escolha (VENÂNCIO FILHO, 1977, p. 77-81; ADORNO, 1988, p. 133-134). A concorrência deveria dar conta da seleção dos melhores. A Reforma Leôncio de Carvalho (Decreto n. 7.247/1879), como ficou conhecida por ter sido encampada pelo então lente da Academia de Direito de São Paulo, tornou facultativa a presença (um problema já antigo) nas lições e sabatinas e passou a exigir que os discentes prestassem exames para serem aprovados nas matérias. Buscava-se, sob o pretexto de que os exames exigiriam aprofundamento nos conteúdos, formar profissionais mais capazes.

Contudo, sem professores suficientemente qualificados, os exames dificilmente poderiam ter sido rigorosos: poucos não se formavam e vários conseguiam o diploma em tempo menor que a duração do curso (VENÂNCIO FILHO, 1979; 1977, p. 87-91). Além disso, a reforma não contava que o interesse dos estudantes no ensino superior estava localizado antes no diploma do que na formação. É esse diploma que garante aos bacharéis um cargo público e, portanto, um espaço no estamento burocrático. Ou, nas palavras de Raymundo Faoro, "o alvo seria o emprego e, por via dele, a carruagem do estamento burocrático, num processo de valorização social decorrente do prestígio do mando político" (1958, p. 446). A reforma, além de não atingir seus fins, causou muitos danos à formação jurídica, fortalecendo o individualismo e a indisciplina (ADORNO, 1988, p. 136-139).

A formação nada convencional dos bacharéis brasileiros no Império foi, entretanto, parte essencial da constituição das ideias que levaram à República. Ainda que fortemente marcada por antagonismos, a tradição do jusnaturalismo liberal, norteadora de boa parte da formação jurídica no Largo de São Francisco, foi responsável por introduzir

e popularizar os ideais burgueses da autonomia e da liberdade (ADORNO, 1988, p. 118-119), que influenciaram fortemente também a República. Além disso, os estudantes tiveram contato, a partir de 1876, com o positivismo comtiano, que marcaria a primeira república, principalmente por meio da imprensa acadêmica, com o jornal *A República* (ADORNO, 1988, p. 119).

26.2. As escolas profissionais

Com a República, o pensamento liberal que guiou a política para o ensino superior no final do Império somou-se ao ideário positivista e, em algumas questões, foi por ele substituído. O currículo dos cursos de direito é rapidamente modificado como parte da gestão de Benjamin Constant, de formação positivista, na Secretaria de Estado dos Negócios da Instrução Pública, Correios e Telégrafos. Quase dois meses antes de promulgada a Constituição de 1891, a Reforma Benjamin Constant (Decreto n. 1.232-H) regulamentou as Instituições de Ensino Jurídico, modificando o currículo, que deixou de conter, pela primeira vez, disciplinas de direito natural (de fundo liberal) e de direito eclesiástico[3], e passou a contar com o estudo da história

---

[3]. Para os currículos anteriores, ver a Lei de 11 de agosto de 1827, o Decreto n. 1.386, de maio de 1854, e o Decreto n. 7.247, de abril de 1879 (a Reforma Leôncio de Carvalho).

do direito (de fundo positivista). Ambas as modificações foram mantidas na reforma subsequente do currículo (cf. a Lei n. 314/1895), que obrigou também as Faculdades Livres (art. 6°), novos cursos não oficiais criados na república.

Essa modificação geral do currículo mostrou que o governo pretendia acompanhar a formação jurídica mais de perto: ela reinstitui a frequência (art. 2°), regulamentou o patrimônio das Faculdades Livres (art. 5°) e estabeleceu que elas seriam fiscalizadas (art. 7°). Os exames continuavam, entretanto, a acontecer. Nas palavras de Clóvis Beviláqua, que iniciou a docência na época, permanecia uma "crise do ensino", eram 212 matrículas e 816 exames revelando que "as aulas não atraíam discípulos e [que] os moços ambicionavam, somente, a carta de bacharel para efeitos de ordem prática" (1927, p. 327). Ainda assim, um movimento contrário à oficialização viria com a Lei Rivadávia Corrêa (Decreto n. 8.659/1911), sendo finalmente suprimido pela Reforma Carlos Maximiliano (Decreto n. 11.530/1915)[4].

A manutenção do debate sobre o ensino livre por tanto tempo se deu por uma convergência entre dois projetos, o liberal e o positivista – no caso do segundo, há uma defesa do autodidatismo até que o estado positivo seja alcançado (SAMPAIO, 1991, p. 6). Ambos os ideários defendiam também a descentralização do ensino, recusando a ideia de universidade (TEIXEIRA, 1989, cap. 7). Todos esses debates, entretanto, se davam sob a égide do Estado. Até 1915, por exemplo, não havia possibilidade de se criar universidades. Foi apenas com a Reforma Carlos Maximiliano (art. 6°) que se permitiu a criação de uma universidade no Rio de Janeiro a partir da união das Escolas Politécnica e de Medicina com uma das Faculdades de Direito existentes à época. Assim, nesse momento, as universidades foram resultado da simples união de escolas profissionais.

Apesar de a Reforma Leôncio de Carvalho (1879), em seu art. 21, permitir que particulares se associassem para fundar novos cursos, a República começou com apenas os dois cursos criados em 1827. A situação começa a se modificar já durante esse período. A Reforma Benjamin Constant (Decreto n. 1.232-H/1891, Título II), já visando ao federalismo, estabeleceu que os estados, além dos particulares, poderiam criar instituições de estudo jurídico. A Constituição, no ano seguinte, referendou tal mudança (art. 35, 3°). Entre 1890 e 1907, primeiro ano retratado pelo Anuário Estatístico do

---

4. Sobre as reviravoltas relacionadas ao ensino livre no início da República, ver VENÂNCIO FILHO, 1977, cap. 9.

Brasil, foram criados 8 novos cursos de direito: 3 estaduais e 5 privados. Os cursos privados não eram, entretanto, da forma como entendemos hoje. A Faculdade de Direito de Porto Alegre, hoje pertencente à Universidade Federal do Rio Grande do Sul (UFRGS), por exemplo, foi criada em 1900 como uma faculdade privada. Seus fundadores, entretanto, eram magistrados e líderes do Partido Republicano Rio-Grandense[5] e a iniciativa contava com investimento do Estado.

Em 1912, havia 2 cursos federais, 2 estaduais e 11 privados. O impulso foi para a criação de novos cursos, e não para o aumento de vagas, fortalecendo, conforme já indicado, as escolas profissionais e a descentralização do ensino[6]. Em 1907, havia 25 escolas de ensino superior. Em 1932, dois anos após o fim da Primeira República, eram 328 unidades escolares e 26 cursos de direito. Apesar do aumento expressivo, o número de graduados em direito não aumentou na mesma proporção que os cursos – estes

cresceram 160%, enquanto aqueles aumentaram apenas 53%. Diversos cursos não conseguiam preencher suas vagas.

26.3. Mais estudantes

A situação da procura por uma formação no ensino superior se modificou apenas a partir da década de 1930, quando se iniciou a formação de uma classe média com ensino secundário no país. É nessa época também que se regula o exercício da advocacia, o que provavelmente incrementou a busca pela formação jurídica. A jurisprudência vinha interpretando o art. 72, § 24, da Constituição de 1891, que assegurava o livre exercício de qualquer profissão, de forma a resguardar a exigência do diploma de ensino superior para o exercício da advocacia, mas um controle mais efetivo só foi realizado a partir de 1930 (Decreto n. 19.408, art. 17), com a criação da Ordem dos Advogados do Brasil (OAB), entidade de filiação obrigatória e que determinou as atividades privativas da profissão (ver VANNUCCHI, 2011). Até 1928, o número de matriculados nos cursos de direito não chegava a 3 mil, sendo 8,5 mil em 1934. A maior expansão do período, entretanto, se dá a partir da década de 1950 (ver gráfico 26.1).

---

[5]. O Partido Republicano era de orientação positivista. Nesse caso, o apreço positivista por diplomas se explica pela instrumentalização do ensino para formação de uma elite de base positivista (GRIJÓ, 2017).

[6]. Para um maior detalhamento no caso dos cursos jurídicos, ver VENÂNCIO FILHO, 1977, caps. 7-8.

Gráfico 26.1. Número de graduados nos cursos de direito (1907-1960)[7]

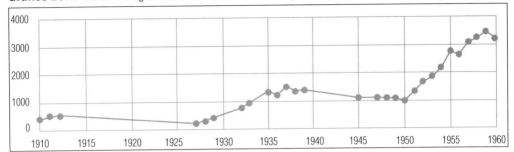

Fonte: Elaborado pela autora a partir de dados do Anuário Estatístico do Brasil.

Se, por um lado, a concorrência, no período, se intensificou com o crescimento do número de graduados e pela diversificação das especializações profissionais no Brasil, levando o diploma a perder valor social, por outro, o Estado também se expandiu e os burocratas, muitos deles juristas, ganharam espaço e poder (MICELI, 1979, p. 35-41 e 132-140). Estava se criando um grupo de elite entre os juristas. No Império, explica Lambert (1967, p. 200-207), o ensino superior era duplamente aristocrático, no espírito e no método: cursava-o quem buscava satisfazer necessidades culturais e podia se manter durante o curso (ou seja, quem não buscava ali ascensão social). Após 1940, para Lambert, ocorreu uma "pseudodemocratização", pois os bacharéis de classes menos abastadas ou com menos contatos que quebraram com a lógica anterior tornaram-se parte de um "proletariado intelectual" desiludido.

Nesse momento, argumenta Lambert (1967), surgem também os intelectuais nostálgicos de um passado em que a formação jurídica era melhor. Odilon Nestor, escritor e professor da Faculdade de Recife, estava nesse grupo. Em 1931, ele afirma que "o estudante de nossos dias [...] não traja sobrecasaca; veste um fardo de linho. Ele possui o que se chama hoje e o que é realmente uma qualidade toda moderna – o senso prático. Perdeu a alegria, a graça, a espontaneidade, a originalidade" (apud VENÂNCIO FILHO, 1977, p. 194). Outros, mais conscientes da situação do ensino anteriormente, discordavam. Américo Jacobina Lacombe, advogado, professor e historiador que ocupou diversos cargos de relevo na administração pública, por exemplo, afirmou: "não é possível falar em decadência do ensino no Brasil. [...] não

---

[7]. Pequenas variações não significam necessariamente mudanças de tendência, pois a metodologia de coleta dos dados se modificou ao longo do tempo. Em alguns casos, são contabilizados os diplomas emitidos e, em outros, os formados. No ano de 1960, por exemplo, foram expedidos 4.916 diplomas, mas graduaram-se apenas 3.228 pessoas. Sempre que possível, foram computados os dados de formados.

consegui ainda encontrar a idade de ouro que deixamos para entrar nessa tão falada degenerescência" (1952, p. 81).

O que parece ter início no momento é um debate com relevo até hoje e que é mais complexo do que uma discussão expansão *versus* qualidade. O fenômeno incorpora pelo menos duas faces. A expansão leva a uma estratificação interna à profissão e também abre espaço para que ela seja mais diversa, democratizando o perfil de discentes e docentes. O direito não perdeu o espaço de poder que conquistou desde o Império, o que parece ter ocorrido é que, a partir da década de 1930, há uma estratificação dos juristas, com poucos ocupando uma posição de elite. Ou, conforme coloca Almeida (2010, 2014), observa-se um subcampo político da justiça no campo jurídico[8]. Ainda, discute o autor que, para participação nesse subcampo, são importantes certos capitais simbólicos, sendo o mais evidente aquele que se origina na instituição de ensino superior (IES) frequentada.

No que concerne à democratização, se vê uma ampliação das classes sociais e também do número de mulheres estudantes (ver gráfico 26.2), além de algumas pioneiras docentes (5 dentre 895 docentes em 1954). Uma asserção da qualidade passa por esses temas, mas não no sentido de que mais estudantes signifique menos qualidade – ou os cursos no Império seriam tidos como de excelência. Voltaremos a esse assunto a seguir.

Na década de 1930, dois fatos ligados à Reforma Francisco Campos merecem ainda atenção: a criação de novas universidades e a mudança de currículo dos cursos de direito. Tal reforma definiu o ensino superior como aquele desenvolvido preferencialmente nas universidades, que

Gráfico 26.2. Percentual de mulheres formadas em direito (1937 a 1958)

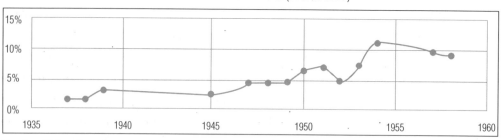

Fonte: Elaborado pela autora a partir de dados do Anuário Estatístico do Brasil.

---

[8]. O referencial teórico que dá suporte à análise de Almeida é a obra de Pierre Bordieu. Sobre esse sociólogo, ver o cap. 5 deste *Manual*, de autoria de Ana Carolina Chasin.

dispunham de autonomia administrativa, didática e disciplinar (art. 9º do Decreto n. 19.851/31). A finalidade das universidades – o que as diferencia das instituições isoladas – "transcende ao exclusivo proposito do ensino, envolvendo preocupações de pira sciencia e de cultura desinteressada" (Exposição de Motivos da Reforma). No quadro geral, persiste, contudo, o modelo das escolas independentes e da universidade como confederação de escolas profissionais (TEIXEIRA, 1989, cap. 8). Como as universidades se formavam pela congregação de três institutos, dentre os quais um poderia ser uma faculdade de direito (cf. art. 5º do Decreto n. 19.851), as faculdades de direito viraram parte da universidade já estruturadas e, portanto, tinham maior autonomia. Assim, mesmo nas universidades, as faculdades de direito permaneciam menos integradas.

Além disso, a Exposição de Motivos que acompanha os decretos relativos à Reforma de 1931 tratou da organização do curso de direito. O modelo é o do curso da Universidade do Rio de Janeiro (atual Universidade Federal do Rio de Janeiro – UFRJ), do qual as outras universidades deveriam se apropriar[9]. Nesse momento, pensa-se que o curso de direito não deveria mais ser responsável por uma formação geral, que ficaria a cargo dos outros institutos universitários. Assim, as disciplinas de "feição puramente doutrinaria ou cul-

tural" seriam consideradas como "aperfeiçoamento ou de alta cultura", devendo fazer parte do doutorado[10], que serviria para a formação de professores, enquanto no bacharelado os estudantes deveriam ter contato com "materias basicas e fundamentaes a uma boa e solida formação profissional" (Exposição de Motivos). A ideia era que assim se teria "mais tempo a ser dedicado ao estudo do direito positivo" (Exposição de Motivos). Tal modelo de ensino era visto por alguns, como San Tiago Dantas (1955), como inadequado, pois o predomínio do valor técnico impedia que se visse o direito como calcado em demandas sociais, ou seja, sobre o valor ético. O então professor da Faculdade Nacional de Direito, entretanto, parece, estava em um campo minoritário entre seus colegas. Quando questionadas sobre modificações curriculares pelo CFE no início da década de 1960, as congregações das faculdades de direito opinaram pela manutenção do currículo de 1931 (CFE, 1962).

26.4. Consagração de um modelo

A educação brasileira se reestruturou no início dos anos 1960 com a Lei de Diretrizes e Bases (LDB – Lei n. 4.024/61). A LDB inovou ao propor um currículo mínimo, permitindo que os cursos decidissem como suplementariam suas grades (arts. 68, pará-

---

[9] Universidades e instituições isoladas são diretamente vinculadas a uma reforma com as mesmas linhas gerais pela Lei n. 114, de novembro de 1935.

[10] Ver a seção 26.6.

grafo único, e 70). O currículo mínimo dos cursos de direito (adotado como currículo máximo por grande parte) tinha a mesma motivação do anterior, de 1931: a profissionalização dos graduados. Assim, o Parecer n. 2.105 da Comissão de Ensino Superior (CES), que estabelece o currículo dos cursos de direito de 1962, afirma que não contém "disciplinas de erudição pura, nem desdobramentos evitáveis". Uma pequena mudança de direção no currículo ocorreu apenas em 1972 (Resolução n. 3 do CFE). O ânimo era o de criar um currículo mais atento às necessidades da sociedade, principalmente naquilo que o mercado esperava dos profissionais formados[11]. Ou seja, o viés profissionalizante permaneceu, mas renovou-se e se abriu a outras perspectivas da experiência jurídica, como a da sociologia, que se tornou matéria obrigatória[12].

Ainda no início da década de 1960, o MEC objetivava controlar a expansão "desordenada" do ensino (DES/MEC, 1962, p. 2).

Dessa forma, o Plano Nacional de Educação (PNE- BRASIL, 1962) tinha como meta a expansão das vagas (e não das instituições) do ensino superior com foco nas áreas de Engenharia, de Medicina e de formação de professores. A avaliação era de que o número de cursos de direito não deveria continuar aumentando na mesma proporção. Tal direcionamento dura, entretanto, apenas até a instauração da ditadura militar, quando se deixa novamente a demanda pela abertura de cursos guiar a expansão[13]. O CFE registrou sua política no Parecer n. 365/67, no qual afirmava ser "impossível a recusa à autorização para funcionamento, quando se trata de um estabelecimento particular e não se comprometam fundos públicos" (*apud* VENÂNCIO FILHO, 1977, p. 317). Foi nesse momento que o ensino do direito que conhecemos hoje, o qual se dá principalmente em instituições privadas e fora das universidades, começou a se desenhar (ver gráficos 26.3 e 26.4). A única tentativa de mudar o tipo de expansão se deu com a reforma universitária de 1968 (Lei n. 5.540/68 e Decreto-Lei n. 464/69), que, apesar de ter reestruturado a administração das instituições com, por exemplo, a extinção da cátedra, não conseguiu tornar efetivo o preceito de valorização das universidades perante os estabelecimentos isolados (Lei n. 5.540/68, art. 2º).

[11.] Nesse ponto, é clara a influência do Centro de Estudos e Pesquisas no Ensino do Direito – Ceped, do qual participaram Caio Tácito Sá Vianna Pereira de Vasconcellos e Alfredo Lamy Filho, membros da equipe que elaborou o currículo. Venâncio Filho (1979), também membro do Ceped, explica que o espírito da iniciativa era de que o Direito deixasse de ser um curso de cultura geral, oferecendo uma formação profissional na área. Sobre o Ceped, ver Lacerda (2012).

[12.] A sociologia jurídica havia começado a ser ensinada em Recife como parte de um movimento iniciado no final dos anos 1950 (ver SOUTO, 2016). É curioso, entretanto, que Souto não conecte tal fato com o período em que Gurvitch esteve em Recife (ver nota 25, a seguir). Sobre o desenvolvimento da disciplina no Brasil até os anos 1990, ver Faria e Campilongo (1991).

[13.] Para uma visão geral do processo de expansão no período, ver Sampaio (2000).

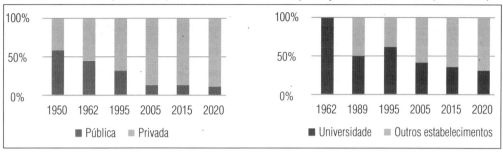

Gráfico 26.3. Cursos de direito por categoria administrativa da IES (1950-2020)

Gráfico 26.4. Cursos de direito por organização acadêmica da IES (1962-2020)

Fonte: Elaborado pela autora a partir de dados do Anuário Estatístico do Brasil e do Censo da Educação Superior.

No final do período ditatorial, a sensação de que havia uma "crise no direito" se acentuou (ARRUDA JR., 1983). Arruda Jr., então professor da Universidade Federal de Santa Catarina (UFSC), creditou tal crise ao modelo de expansão dos cursos e ao número de pessoas então formadas, afinal, "até o início da década de 50 não se constata uma grande defasagem entre as necessidades do mercado e a formação dos licenciados em direito" (1983, p. 31). Uma das consequências da crise era, para ele, a criação de duas classes de juristas. Apesar de a expansão dos cursos na ditadura acentuar tal estratificação, o fenômeno, como já vimos, tem início na época em que Arruda Jr. vê a carreira jurídica como bem estruturada, o que demonstra certa nostalgia por parte do autor.

Durante o processo de estratificação, há alguma perda de poder por parte de juristas, mas isso ocorre devido a uma maior diversificação das profissões. Não se pode afirmar, contudo, que estes perderam relevância. No Império, os juristas foram por volta de metade dos Ministros, Senadores e Deputados[14]. Tal proporção é mantida quase até o final do próximo século: entre 1946 e 1964, 57% dos deputados eram juristas – um número que sobe para 61,3% durante a ditadura militar (SANTOS, 2000). É verdade que com a redemocratização esses índices diminuem, mas o direito ainda é a principal profissão entre as pessoas eleitas no País: são 39,8% de deputados/as de 1987 a 1999 (SANTOS, 2000) e, entre senadores/as, 47% em 1995 e 27% em 2007 (NEIVA, IZUMI, 2012). O que ocorre é que, com a expansão, um percentual cada vez menor dos e das juristas ocupa tais postos, ou seja, a elite se torna cada vez menor em proporção.

A constituição dessa elite parece depender da instituição em que a pessoa se gradua. Conforme mencionado, é isso que

---

[14.] A informação foi calculada a partir de dados de Carvalho (1980, cap. 4).

conclui Almeida (2010, 2014) ao analisar as trajetórias dos membros da elite do judiciário, do Ministério Público e dos grandes escritórios de advocacia brasileiros. A quase totalidade dos Ministros e das Ministras do Superior Tribunal Federal nomeados entre 1930 e 2019 é graduada em instituições públicas, dentre as quais se destacam as da região sudeste (ver gráficos 26.5 e 26.6). O caso da magistratura em geral e do Ministério Público não é tão desigual: em meados dos anos 2000, 52,7% dos membros da magistratura haviam se graduado em IES públicas e 47,3% em IES privadas, e no Ministério Público eram 49,1% e 49,6%, respectivamente – isso, no entanto, nem de longe reflete a distribuição de cursos e vagas entre os dois setores (ALMEIDA, 2010, p. 79-80).

Gráfico 26.5. Categoria administrativa da IES em que se graduaram Ministros/as do STF por década de nomeação

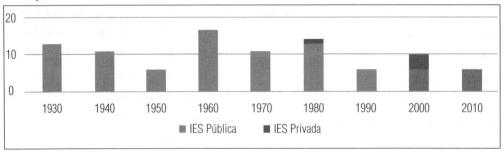

Fonte: Elaborado pela autora a partir de dados do Supremo Tribunal Federal.

Gráfico 26.6. Cinco IES com mais graduados/as que se tornaram integrantes do STF, por data de nomeação no período

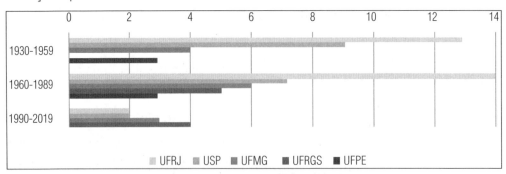

Fonte: Elaborado pela autora a partir de dados do Supremo Tribunal Federal.

Tendo em vista o processo de estratificação, duas perguntas podem ser colocadas. A primeira é sobre a medida em que a formação por determinadas instituições garante um espaço na elite jurídica diante dos laços familiares e sociais das pessoas diplomadas – caso em que as IES teriam pouca participação na construção da elite jurídica. Não temos elementos para responder a essa questão, mas a perspectiva histórica da expansão do ensino destinado à elite imperial também para outras classes reforça a ideia de que há uma continuidade entre a elite brasileira e a elite jurídica.

A segunda pergunta questiona se o diploma tem qualquer valor para as pessoas que estão fora da elite jurídica e se, portanto, não se formam juristas demais, como indica a OAB em diversas oportunidades[15]. Há estudos empíricos sobre a elite jurídica, mas não sobre aquelas pessoas que ficam fora dela, assim, desconhecemos os perfis mais específicos dessas pessoas. Sabemos, contudo, que, quando comparadas com pessoas graduadas em outras áreas, não é verdade que aquelas graduadas em direito não aproveitam seu diploma. O direito não se destaca entre as áreas

com maior sobre-educação, ou seja, com mais pessoas graduadas com ocupações em que elas não necessitam do diploma (REIS, 2021). Em 1980, o nível de sobre--educação para pessoas graduadas em direito era de 25,46%, crescendo para 29,49% em 1991 e mantendo-se mais ou menos estável em 2000 (30,53%) e em 2010 (30,81%) (REIS, 2021). São valores muito próximos aos da média do período, sugerindo que a área acompanha, ao menos desde 1980, o movimento do ensino superior brasileiro. Ou seja, mesmo quem fica fora da elite parece ascender socialmente por meio do ensino superior.

26.5. Democratização

Com a promulgação de uma nova LDB (Lei n. 9.394/96), modifica-se o que se entende por currículo (art. 48). A partir de então, o diploma passa a representar o conjunto de algumas habilidades e não mais uma autorização para o exercício de uma profissão. Não há mais um currículo mínimo, mas Diretrizes Curriculares Nacionais (DCN) para cada curso, que preveem, além de conteúdos, habilidades que egressos e egressas devem adquirir (ver CES, Parecer n. 776/97). Assim, as humanidades e as ciências sociais voltam a fazer parte do currículo dos cursos de direito nas DCN de 2004 (Resolução n. 9 do CNE) e continuam integrando as DCN de 2018 (Resolução n. 5 do CNE). Embora já discutida desde, ao menos, San Tiago

---

15. Vannucchi (2011, p. 103-110) trata dessa pauta já na década de 1950. Mais recentemente, além das notícias de jornais, a OAB tem produzido uma série de livros intitulados *OAB Ensino Jurídico*, nos quais a questão é sempre reforçada (ver, por exemplo, o texto de Pinto na edição comemorativa aos 170 cursos de direito no Brasil em 1997).

Dantas (1955), essa ideia de formação com enfoque no raciocínio jurídico é essencial, principalmente, quando somada ao desenvolvimento de uma maior sensibilidade social, para que juristas possam enfrentar os desafios colocados pela Constituição da República de 1988.

Com essa nova visão da formação universitária, o problema do número excessivo de pessoas atuando na advocacia recorrentemente alegado pela OAB não mais se põe. A questão passa a ser se a sociedade se beneficia de profissionais com o conhecimento e as habilidades que um curso de direito oferece. Isso não significa, é claro, que qualquer modelo de expansão seja válido. Aquela ocorrida no Brasil entre 1996 e 2015 parece ter sido guiada pela expansão do ensino superior em geral somada ao interesse dos ingressantes e não acarretou mudanças na capacidade de absorção de tais profissionais pelo mercado ao menos até 2010, conforme discutido anteriormente. As matrículas em cursos de direito cresceram em proporção bastante parecida com as matrículas em graduações presenciais (260% e 250%, respectivamente) e muito menos do que as matrículas em geral no ensino superior quando se considera o ensino a distância (345%).

Além disso, não se nota diferença significativa no número de autorizações de cursos de direito do governo Fernando Collor até o final do governo Dilma Rousseff (ver gráfico 26.7). Por si só, esses fatos não isentam de críticas a política do MEC, orientando, entretanto, o debate. No caso dos governos de Michel Temer e Jair Bolsonaro,

contudo, os dados indicam uma expansão dos cursos 2,6 vezes maior do que nos governos anteriores (ver gráfico 26.7), sem que as matrículas acompanhem o crescimento[16]. Pelo contrário, no período, as matrículas recuaram 6% nos cursos presenciais em geral e 4% nos cursos de direito, indicando a possibilidade de que o MEC tenha coordenado a expansão a partir da ideia da livre-iniciativa, o que acarreta desregulação do sistema.

A expansão do ensino superior desde o primeiro governo reeleito e as políticas de inclusão, como as cotas raciais e sociais, o Fundo de Financiamento Estudantil (Fies) e o Programa Universidade para Todos (Prouni – Lei 11.096/2005), permitiram que pessoas antes excluídas pudessem se graduar. É nesse momento que vemos com clareza o ensino superior avançando no que concerne à democratização do ensino. Apesar de não termos dados disponíveis sobre todo o tempo em que essa transformação ocorreu[17], sabemos sobre seu período mais importante.

---

[16]. Apesar do período curto, preferiu-se analisar matrículas porque a outra opção, a análise dos ingressos, não reflete a alta desistência de iniciantes.

[17]. Os dados sobre raça e rendimento de estudantes só passam a ser consistentemente coletados na segunda metade dos anos 2000, os primeiros pelo Censo da Educação Superior e ambos pelo Questionário aplicado a estudantes que realizam o Enade. No caso da raça, o Censo consegue retratar bem a realidade devido ao alto número de pessoas matriculadas sem essa informação (anos com melhor informação são 2014 e 2020, com taxas 10,3% e 16,4% de pessoas sem informação, respectivamente). O questionário do Enade, por sua vez, tem altíssima aderência, não chegando a 2% de pessoas sem resposta.

Gráfico 26.7. Expansão dos cursos de direito e média de novos cursos criados por ano nos períodos destacados (1960-2020)

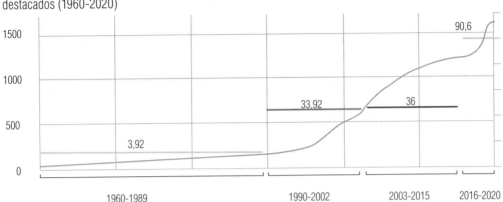

Fonte: Elaborado pela autora a partir de dados do Anuário Estatístico do Brasil e do Censo da Educação Superior.

A conquista feminina foi gradual. Sabemos que em 1970 eram 24% entre discentes, chegando à metade do corpo de estudantes em meados da década de 1990 e passando a ser, em 2020, 55,6% entre estudantes. São as IES privadas que influenciam tal número: em 2020, eram 55,9% de mulheres no setor privados e 52,2% no público. Tal igualdade vista nos cursos de graduação, contudo, não se expressa na pós-graduação nem na docência. Em 2015, segundo dados de Bonelli (2018), quando as mulheres eram 54% entre estudantes de graduação, na pós-graduação, elas eram 41,7% e 39,5% das discentes de mestrado e doutorado, respectivamente. Já as docentes eram, em 2012, 39% do total, um número menor do que a média nacional de 44% de mulheres docentes no ensino superior (GHIRARDI, 2013). Diferentemente do caso da graduação que já havia alcançado patamares de maior igualdade antes da expansão dos anos 1990, na docência o pioneirismo visto nas décadas anteriores foi substituído por um aumento significativo no número de professoras com a expansão (BONELLI, 2017).

Na questão racial, a evolução é bem mais lenta (ver gráfico 26.8)[18]. Apesar da desigualdade persistente, há o que se celebrar. Em 2020, o percentual de pessoas pretas e pardas matriculadas em IES públicas era 42,4% e, nas privadas, 35,5%[19]. Além disso, o ensino superior começou a receber também mais estudantes de classes baixas (ver gráfico 26.9). Essas mudanças se devem principalmente às cotas raciais e sociais e ao Prouni. A Lei de Cotas (Lei n. 12.711) é de 2012, mas as iniciativas relativas a ações afirmativas começam no início dos anos 2000 e foram se expandindo (ver LIMA, CAMPOS, 2020).

[18]. Respondem ao questionário do Enade estudantes com 80% ou mais do curso integralizado e aqueles com previsão de término do curso no período determinado pelo edital (no Enade realizado em novembro de 2022, por exemplo, estudantes com previsão de formatura até julho de 2023 deveriam realizar a prova – ver Edital n. 51 no *DOU* 27-6-2022, Edição 119, Seção 3, p. 62).

[19]. O percentual de matrículas sem informação sobre raça é de 11% e 16,7% nas IES públicas e privadas, respectivamente.

Gráfico 26.8. Raça declarada no Questionário do Estudante aplicado no Enade (2009-2018)

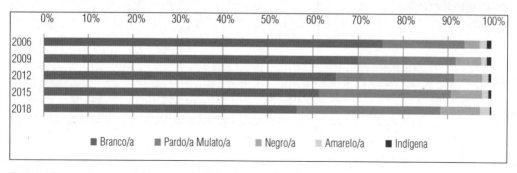

Fonte: Elaborado pela autora a partir de dados do questionário do Enade.

Gráfico 26.9. Faixa de renda mensal em salários mínimos declarada no Questionário do Estudante aplicado no Exame Nacional de Desempenho dos Estudantes (Enade) (2009-2018)

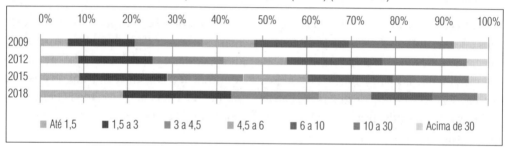

Fonte: Elaborado pela autora a partir de dados do questionário do Enade.

No caso dos e das docentes dos cursos de direito, dentre as pessoas que responderam sua raça (66%), em 2012 eram 78% de brancos, 20% de pardos e 2% de pretos (GHIRARDI, 2013). Dada a baixa proporção de respondentes nas IES públicas (49%), os dados sobre essas IES são pouco confiáveis e os dados das IES privadas, com 70% de respondentes e um número absoluto muito maior, são quase exatamente os mesmos que os gerais. Ao menos para as públicas federais, o caso da Faculdade de Direito da Universidade Federal da Bahia (UFBA), criada em 1891, parece ser emblemático. No curso de direito da UFBA, a primeira professora negra, Tatiana Gomes, iniciou sua carreira em 2016 – o primeiro professor negro, Edvaldo Brito, entrou na carreira em 1974, mas só em 2022 a faculdade obteve seu primeiro professor titular negro, Heron Gordilho[20].

---

20. Ver <aljba.org.br/edvaldo-pereira-brito>, <www.terra.com.br/nos/existe-racismo-por-interesse-diz-1-professora-negra-da-ufba-em-129-anos,e7bed7385de036c6255c29e836abe09c8ror6fbk.html> e <noticiapreta.com.br/faculdade-de-direito-da-ufba-da-posse-ao-primeiro-pro-

No caso das universidades federais, há uma política de cotas colocada em prática em 2018[21] que busca reverter a situação e incluir mais pessoas negras nos quadros docentes – a efetividade da recente política ainda não foi verificada.

O tipo de expansão desde a redemocratização, apesar de tornar mais democrático o acesso ao ensino superior, também instigou críticas. Uma delas aponta problemas para a gestão do ensino superior que reverberam também em questões da representatividade. A perpetuação de cursos privados com fins lucrativos e a política realizada com o Prouni e com o Fies contribuíram com a financeirização da educação (LAVINAS, GENTIL, 2018; FARIA, 2015). Isso fortaleceu a concepção da educação superior como um negócio e a lógica administrativo-gerencial, reforçando, por exemplo, uma mentalidade meritocrática que privilegia na docência homens em detrimento de mulheres (ver BONELLI, 2017).

A crítica mais mencionada é, contudo, sobre a menor qualidade dos cursos privados. Os diversos índices existentes hoje reforçam tal impressão, ainda que não se possa considerar que as IES públicas sejam, em geral, muito bem avaliadas nem que esse seja o único fator para garantir a egressos um lugar na elite jurídica. Os cursos de direito de IES públicas obtiveram, na última avaliação do MEC, em 2018, em média, 2,79 de nota no Conceito Preliminar de Curso (CPC), um índice do MEC para avaliação dos cursos de ensino superior em uma escala de 1 a 5 que considera diversos âmbitos (INEP, 2019). A nota média das IES privadas foi 2,64. Puxam a média dos cursos das IES públicas para baixo fatores como infraestrutura e a avaliação que discentes fazem do curso, e no caso dos cursos das IES privadas, os detratores principais são a nota do Enade e o número de docentes doutores. A nota do Enade teve a média de 3,4 nos cursos em IES públicas e de 2,2 nos cursos nas IES privadas. Ainda, os egressos de IES públicas obtiveram, nos Exames de Ordem realizados entre 2010 e 2019, taxa média de aprovação de 39% e os de IES privadas, de 17% (FGV, 2020, p. 61). O Ranking Universitário da Folha (RUF), que avalia os cursos também a partir de outros fatores, incluindo a nota no exame da OAB e a avaliação do mercado, apresenta nas dez primeiras colocações 8 cursos em IES públicas e nas cem primeiras posições, 51 cursos em IES públicas (FOLHA, 2019).

---

fessor-titular-negro/>.

[21]. A Lei n. 12.990/2014 passou a ser cumprida apenas após a decisão do STF na ADC 41/2017.

26.6. A pós-graduação e a pesquisa

O modelo de doutorado criado no Império, apesar da necessidade de produção de materiais e da formação de docentes, não foi exitoso. Foram poucos os titulados e grande parte nem chegou a se dedicar à docência (ADORNO, 1989 – ver tabela 26.1). Na época de sua criação, o doutorado se tratava da defesa pública de alguns temas aprendidos durante o bacharelado perante a congregação de lentes e era a única forma de um bacharel dar continuidade institucionalmente a seus estudos. O modelo, que só foi substituído pela pós-graduação como a conhecemos hoje no final da década de 1960 (ver Parecer n. 977/65 do CFE), pouco se desenvolveu e nunca chegou a suprir a demanda por docentes (ver tabela 26.1).

Tabela 26.1. Informações existentes sobre a conclusão do doutorado comparado com a conclusão do bacharelado antes de 1970 no Brasil

Local	Período	Bacharéis	Doutores
Academia de São Paulo	1831-1883	2211	106
Academia de Recife	1833-1889	4051	89
Brasil	1950	1037	21
Brasil	1962	3614	56
Brasil	1968	8959[22]	187

Fonte: Dados de (ADORNO, 1989, p. 157-158), (FACULDADE, 1931) e do Anuário Estatístico do Brasil.

Nem mesmo com a criação da Coordenação de Aperfeiçoamento de Pessoal de Nível Superior (CAPES)[23] se vê um maior desenvolvimento da pós-graduação em direito. A CAPES, em um estudo realizado entre 1950 e 1951, concluiu que, para expansão do ensino superior no País, seria recomendável primeiro investir na qualidade dos cursos já existentes (CAPES, 1951, p. 40). Começou-se, então, um movimento de reformulação da pós-graduação, que incluiu diversos intercâmbios com universidades estrangeiras. Os cursos de direito, entretanto, não parecem ter recebido muitos investimentos (CAPES, 1952-1960; CAPES, 1953-1960)[24]. No caso do direito, era mais constante a preocupação com o número de cursos e de formandos e

---

[22.] Dado para o ano de 1970 devido à inexistência de registro para o ano de 1968.

[23.] A CAPES se torna uma Campanha em 1951 e uma Coordenação em 1964.

[24.] Os Boletins Informativos noticiam a presença de alguns professores estrangeiros em cursos de direito no Brasil, mas não como resultado de atividades da CAPES. Menciona-se Georges Gurvitch (Sorbonne) e Marcel Silbert (College de France) na Faculdade de Direito de Recife no ano de 1953 (Boletim 5); Franz Wieacker (Universidade de Göttingen) na Faculdade Nacional de Direito da UB; e Georges Vedel (Sorbonne) na Faculdade de Direito da Universidade de Minas Gerais.

com a falta de um ensino prático na área, tendo os Boletins, inclusive, reproduzido textos de jornais à época sobre a questão[25].

Mesmo após a reestruturação da pós-graduação com a criação dos cursos de mestrado e doutorado a partir de 1965, a pós-graduação *stricto sensu* em direito se desenvolveu bastante lentamente até o final dos anos 1980, quando eram 14 cursos majoritariamente apenas com mestrado. Os cursos começam a se expandir na década seguinte, principalmente a partir de 1998 (ver gráfico 26.10), quando são abertas novas frentes a partir da expansão dos cursos de graduação, do aumento da demanda relativamente ao estudo de novas temáticas e de novos marcos regulatórios da CAPES (ROCHA, LEAL, RIBEIRO, 2021). O impacto de tal expansão na docência é, contudo, ainda insuficiente. De acordo com dados de Ghiradi et al. (2013), em 2012, nas IES públicas, eram 36% de docentes com mestrado, 35% com doutorado e 22% com especialização, contra a média geral para esse setor, de 58% de docentes com doutorado (58%), 27% com mestrado e 15% com especialização. No caso dos cursos de direito nas IES privadas, os números são mais próximos à média geral para o setor: 47% dos docentes em direito com mestrado (46% no geral para o setor), 30% com especialização (também 30% no geral) e 22% com doutorado (24% no geral).

Gráfico 26.10. Número de pessoas tituladas nos programas de pós-graduação em direito por nível de ensino (1998-2021)

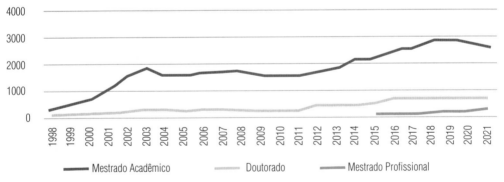

Fonte: Elaborado pela autora a partir de dados do GeoCAPES.

Pareceres tanto do Conselho Nacional de Desenvolvimento Científico e Tecnológico (CNPq), em 1986, quanto da Fundação de Amparo à Pesquisa de São Paulo (FAPESP), em 1987, apontavam déficits na pós-graduação em direito e indicavam a necessidade de se qualificar tanto as

---

[25]. Ver, por exemplo, os Boletins Informativos n. 51 (fev./1957), n. 55 (jun./1957), n. 61 (dez./1957) e n. 62 (jan./1958).

áreas mais teóricas quanto as dogmáticas[26]. No início dos anos 2000 o diagnóstico permanecia. Em texto com repercussão entre juristas, Nobre (2003) avaliou que o atraso relativo da pesquisa em direito se dava pelo isolamento em relação a outras áreas do conhecimento das ciências humanas e à confusão entre as práticas acadêmica e profissional.

O estudo de Sales, Maia e Pimenta Filho (2022) investiga, quase vinte anos depois, se o diagnóstico de Nobre se mantém. Os autores mostram a permanência de uma baixa institucionalização da área do direito quando comparada às outras ciências humanas e sociais aplicadas, a qual se pode ver, de acordo com eles, na mais alta taxa de endogenia entre os principais programas de pós-graduação em direito; na alta proporção de periódicos mal avaliados pelo Qualis (sistema de avaliação da CAPES); na preferência pela publicação de livros; e no baixo número de publicações em idiomas estrangeiros. Não se deve esquecer, entretanto, que há, desde a redemocratização, maior variedade de linhas de pesquisa e áreas de concentração e, a partir de 2010, mais abordagens interdisciplinares (ROCHA, LEAL, RIBEIRO, 2021), que vêm fortalecendo, mesmo que aos poucos, a pesquisa na área.

Considerações finais

Este capítulo buscou acompanhar o desenvolvimento da formação jurídica brasileira desde o Império. Caracterizou-se o ensino jurídico como possuindo papel relevante para a formação da elite no Brasil com posterior estratificação interna ao grupo dos juristas gerada pela expansão dos cursos de direito. Buscou-se mostrar que não há perda de relevância dos juristas em tal processo, mas a criação de uma subclasse que, ainda que não desfrute de posições de poder, também aproveita seu diploma no mercado de trabalho. Discutiu-se, ainda, a diversificação no perfil de discentes e docentes ocorrida com o processo de expansão e, após, com as políticas públicas dos anos 2000 e 2010, que democratizaram as vias de acesso ao diploma. Ressaltou-se que outros estudos são, contudo, necessários para se compreender o peso exercido pela IES cursada e aquele exercido pela origem familiar e social de uma pessoa na sua configuração enquanto parte da elite jurídica.

Além disso, o capítulo pensou os marcos regulatórios e seus objetivos relativamente aos perfis institucional e dos egressos e egressas. Se primeiro o direito é aprendido como parte de uma cultura em cursos públicos, vemos que a formação adquire, com a República, um caráter cada vez mais técnico, começando a ser recebida principalmente em instituições privadas. Na ditadura, tanto o ensino técnico quanto a prevalência das

---

[26]. Ver Faria e Campilongo (1991, p. 28-30) para transcrições de trechos dos pareceres.

IES privadas se consolidam. A perspectiva do ensino se transforma novamente apenas após a redemocratização. O ensino passa a ser pensado a partir de competências que o conectam com o mundo jurídico complexo criado pela Constituição da República de 1988, na qual se valorizam direitos individuais, coletivos e sociais, requerendo de juristas maior contato com as demandas sociais. É também com a redemocratização que se vê um desenvolvimento, mesmo que tímido, da pós-graduação e da pesquisa em direito. Não há dúvidas de que a diversificação do perfil dos egressos para incluir mulheres e pessoas negras e a diversificação da pesquisa jurídica fazem parte do processo mais geral de redemocratização e tem muito a contribuir com ele. Nesse ponto, seria interessante observar, no futuro, se a diversidade dos indivíduos estará refletida também em uma mudança nas abordagens canônicas do ensino do direito e na produção acadêmica na área, de modo a incluir análises sobre o fenômeno jurídico que vão além do perfil masculino e branco dos autores clássicos da área.

Bibliografia[27]

ADORNO, Sérgio. *Os aprendizes do poder*: o bacharelismo liberal na política brasileira. São Paulo: Edusp, 2019 (1988).

ALMEIDA, Frederico. *A nobreza togada*: as elites jurídicas e a política da justiça no Brasil. Tese. Departamento de Ciência Política. Universidade de São Paulo, 2010. Disponível em: <www.teses.usp.br/teses/disponiveis/8/8131/tde-08102010-143600/publico/2010_FredericoNormanha-RibeirodeAlmeida.pdf>.

ALMEIDA, Frederico. As elites da Justiça: instituições, profissões e poder na política da justiça brasileira. *Revista de Sociologia e Política*, v. 22, n. 52, 2014.

ARRUDA JR., Edmundo Lima de. Bacharéis em Direito e crise de mercado de trabalho: algumas reflexões. *Sequência*, v. 4, n. 6, 1983.

BEVILÁQUA, Clóvis. *História da Faculdade de Direito do Recife*. 3. ed. Recife: Editora Universitária da UFPE, 2012 [1927].

BONELLI, Maria da Gloria. Docência do Direito: fragmentação institucional, gênero e interseccionalidade. *Cadernos de Pesquisa*, v. 47, n. 163, p. 94-120, 2017.

BONELLI, Maria da Gloria. Os sentidos da docência do Direito: discursos, identidades e diferenças. *Anais da Associação Brasileira de Pesquisa em Ciências Sociais*. ANPOCS, 2018. Disponível em: <www.anpocs.com/index.php/papers-40-encontro-3/gt-31/gt21-25/11295-os-sentidos-da-docencia-do-direito--discursos-identidades-e-diferencas/file>.

BRASIL. Ministério da Educação (MEC). Plano Nacional de Educação. Referente aos fundos nacionais de ensino primário, médio e superior. *Documenta*. Rio de Janeiro, n. 8, out. 1962. p. 24-31. Disponível em: <www.bvanisioteixeira.ufba.br/artigos/plano1.html>.

CAPES, MEC. *Boletins Informativos*, 1-97 (1952-1960). Memória CAPES. Disponível em: <memoria.capes.gov.br/index.php/boletins-informativos-2>.

CAPES, MEC. *Estudo da sobre as necessidades do Brasil em relação ao pessoal de nível superior*, Documento 1. Rio de Janeiro: Ministério da Educação e Saúde, 1951. Disponível em: <arquivohistorico.inep.gov.br/index.php/codi-m045p01-5>.

CAPES, MEC. GEOCAPES: Sistema de Informações Georreferenciadas. Disponível em: <geocapes.capes.gov.br/geocapes/>.

CAPES, MEC. *Relatórios de Atividades*, 1953-1960. Memória CAPES. Disponível em: <memoria.capes.gov.br/index.php/relatorios-de-atividades>.

CARVALHO, José Murilo de. A construção da Ordem. In: CARVALHO, José Murilo de. *A construção da ordem*: teatro de sombras. Rio de Janeiro: Civilização Brasileira, 2008 [1980].

---

27. A legislação e as decisões e pareceres administrativos não estão citados nas referências. Subsídios para encontrá-los foram adicionados ao próprio texto.

CFE, MEC. Boletim n. 6: Subsídios para reformulação dos currículos mínimos e outros documentos, 1962-1968. Disponível em: <arquivohistorico.inep.gov.br/uploads/r/instituto-nacional-de-estudos-e-pesquisas-educacionais-anisio-teixeira-t-2/e/c/c/ecc072ad4b6acc1a-27480ecc5b9afe4c718e0183fa06b33f7837c03cf946cf6f/CODI-UNIPER_m0206p01_SubsidiosParaReformulacaoDosCurriculosMinimos_.pdf>.

DANTAS, Francisco Clementino de San Tiago. A educação jurídica e a crise brasileira. *Cadernos FGV Direito Rio*, Educação e Direito, v. 3, p. 9-37, 2009 [1980].

DES/MEC. *Relatório sobre a situação e atividades da Diretoria do Ensino Superior, correspondência ao Ministro da Educação e Cultura*. [s.l.], 3 dez. 1962. Disponível em: <arquivohistorico.inep.gov.br/uploads/r/instituto--nacional-de-estudos-e-pesquisas-educacionais-anisio-teixeira-t-2/1/d/2/1d2a26d5f77a77f0a38fe9ceddf663e92aac60ad6a9babf988d15f190d5174db/CODI--UNIPER_m0688p01.pdf>.

FACULDADE de Direito do Recife. Lista Geral dos Bachareis e Doutores que têm obtido o respectivo gráu na Faculdade de Direito do Recife: Desde sua fundação em Olinda, no anno de 1828, até o anno de 1931. *Diário da Manhã*, Recife, 1931. Disponível em: <www.ufpe.br/documents/590249/2934230/Lista+geral+dos+bachar%C3%A9is+e+doutores+nos+anos+de+1828+-+1931.pdf/c0e1c83f-acac-4286-b5af--2fa12482f7b6>.

FAORO, Raymundo. Os donos do poder: formação do patronato político brasileiro. São Paulo: Globo, 2001 [1958].

FARIA, Adriana A. et al. Ensino superior 2013 – Instituições: o financiamento estudantil federal nos cursos jurídicos brasileiros. *Observatório do Ensino do Direito – FGV*, v. 2, n. 2, 2015.

FARIA, José Eduardo; CAMPILONGO, Celso Fernandes. *A sociologia jurídica no Brasil*. Porto Alegre: Sergio Antonio Fabris Editor, 1991.

FGV. *Exame de Ordem em Números*, v. IV. São Paulo: OAB/FGV, 2020. Disponível em: <conhecimento.fgv.br/sites/default/files/oab_emnumeros.pdf>.

FOLHA de São Paulo. Ranking Universitário da Folha (RUF), 2019. Disponível em: <ruf.folha.uol.com.br/2019/>.

GHIRARDI, José Garcez et al. Ensino Superior 2012 – Docentes, Detalhamento Regional da Área de Direito. *Observatório do Ensino do Direito – FGV*, v. 1, n. 1, 2013.

GRIJÓ, Luiz Alberto. *Os nomes de poder:* A Faculdade de Direito de Porto Alegre, o ensino jurídico e política no Brasil (1900-1937). Jundiaí: Paco Editorial, 2017.

IBGE. *Anuário Estatístico do Brasil*, 1962-1993, v. 25-54, Rio de Janeiro, 1964-1994. Disponível em: <seculoxx.ibge.gov.br/populacionais-sociais-politicas-e-culturais/busca-por-temas/educacao>.

INEP. *Censo da Educação Superior*, 1994-2020. Brasília: Inep, 1995-2020. Disponível em: <www.gov.br/inep/pt-br/areas-de-atuacao/pesquisas-estatisticas-e-indicadores/censo-da-educacao-superior/resultados>.

INEP/MEC. *CPC 2018*. Brasília: MEC, 2019. Disponível em: <www.gov.br/inep/pt-br/acesso-a-informacao/dados-abertos/indicadores-educacionais/indicadores-de-qualidade-da-educacao-superior>.

LACERDA, Gabriel. CEPED – Um debate que dura há quase meio século. In: LACERDA, Gabriel; FALCÃO, Joaquim; RANGEL, Tânia. *Aventura e Legado no ensino jurídico*. Rio de Janeiro: FGV Direito Rio, 2012.

LACOMBE, Américo Jacobina. A verdadeira crise do ensino superior. *Digesto Econômico*, v. 82, p. 81-89, 1952. Disponível em: <issuu.com/diario_do_comercio/docs/digesto_economico._s_o_paulo_acsp_v.8_n.86_jan.>.

LAMBERT, Jacques. *Os dois Brasis*. São Paulo: Companhia Editorial Nacional, 1967. (Col. Brasiliana, v. 335).

LAVINAS, Lena; GENTIL, Denise L. Brasil anos 2000: a política social sob regência da financeirização. Dossiê Balanço Crítico da Economia Brasileira (2003-2016). *Novos estudos, CEBRAP*, v. 37, n. 2, p. 191-211, 2018.

LIMA, Márcia; CAMPOS, Luiz Augusto Campos. Apresentação: inclusão racial no ensino superior. Dossiê raça, desigualdades e políticas de inclusão. *Novos estudos*, v. 39, n. 2, p. 245-254, 2020.

MICELI, Sergio. *Intelectuais e classe dirigente no Brasil* (1920-1945). São Paulo: DIFEL, 1979.

NABUCO, Joaquim. *Um estadista do Império*: Nabuco de Araújo: sua vida, suas opiniões, sua época, por seu filho Joaquim Nabuco. Rio de Janeiro: Livraria Garnier, 1897. Disponível em: <www.literaturabrasileira.ufsc.br/documentos/?id=143204>.

NEIVA, Pedro; IZUMI, Maurício. Os "doutores" da federação: formação acadêmica dos senadores brasileiros e variáveis associadas. *Rev. Sociol. Polit.*, v. 20, n. 41, 2012.

NOBRE, Marcos. Apontamentos sobre a pesquisa em Direito no Brasil. *Novos Estudos Cebrap*, n. 66, p. 145-154, 2003.

PINTO, Adriano. A OAB nos 170 anos do ensino jurídico. In: CONSELHO FEDERAL DA OAB. *Ensino Jurídico OAB:* 170 anos de cursos jurídicos no Brasil. Brasília (DF): OAB, Conselho Federal, 1997.

REIS, Maurício Cortez. Educação superior e sobre-educação no Brasil entre 1980 e 2010. *Texto para Discussão 2655*. Brasília: IPEA, 2021.

ROCHA, Décio Vieira da; LEAL, Fernando; RIBEIRO, Leandro Molhano. A expansão da pós-graduação em direito no Brasil (1998-2017): avanço quantitativo e persistências metodológicas. *Revista Eletrônica do Curso de Direito da UFSM*, v. 16, n. 2, p. 1-35, 2021.

SALES, Fernando Romani; MAIA, Gabriel Dantas; PIMENTA FILHO, Luiz Cláudio. Estamos em atraso?: uma análise de dados sobre a institucionalização da pós-graduação do direito e das ciências humanas e sociais aplicadas no Brasil. *Revista Eletrônica Direito e Sociedade*, v. 10, n. 1, p. 159-198, 2022.

SAMPAIO, Helena. *Ensino Superior no Brasil*: o setor privado. São Paulo: Fapesp/Hucitec, 2000.

SAMPAIO, Helena. *Evolução do Ensino Superior Brasileiro*: 1808-1990. Documento de Trabalho NUPES, 8/91. Núcleo de Pesquisa sobre Ensino Superior da Universidade de São Paulo, 1991.

SANTOS, Fabiano. Deputados federais e instituições legislativas no Brasil: 1946-99. In: BOSCHI, Renato; DINIZ, Eli; SANTOS, Fabiano (orgs.). *Elites políticas e econômicas no Brasil contemporâneo*. São Paulo: Fundação Konrad Adenauer, 2000.

SOUTO, Cláudio. Breve histórico da Sociologia Jurídica na Faculdade de Direito do Recife. *Revista Acadêmica – Faculdade de Direito do Recife*, v. 88, n. 1, 2016.

SOUZA, Elivanda. Relatório das quatro primeiras bacharelas que estudaram e se formaram pela Faculdade de Direito do Recife – FDR – 1884-1889. *Arquivo da Faculdade de Direito do Recife*, 2021. Disponível em: <www.ufpe.br/documents/590249/2935856/Relat%C3%B3rio+das+quatro+primeiras+Bacharelas+-+Realizado+por+Elivanda+Souza+-+24+08+2021.pdf/9e0da428-e01c-49e1-a5d7-db8068c4b144>.

STF. *Conheça os ministros do Supremo Tribunal Federal – República*. Disponível em: <portal.stf.jus.br/ostf/ministros/ministro.asp?periodo=STF&consulta=ANTIGUIDADE>.

TEIXEIRA, Anísio. *Ensino superior no Brasil: análise e interpretação de sua evolução até 1969*. Rio de Janeiro: Editora da FGV, 1989. Disponível em: <www.bvanisioteixeira.ufba.br/livros/chama_resumo.htm>.

VANNUCCHI, Marco Aurélio. *Os cruzados da ordem jurídica: a atuação da Ordem dos Advogados do Brasil (OAB), 1945-1964*. Tese. Departamento de História. Universidade de São Paulo, 2010. Disponível em: <www.teses.usp.br/teses/disponiveis/8/8138/tde-06062011-164833/publico/2011_MarcoAurelioVannucchiLemedeMatos.pdf>.

VENÂNCIO FILHO, Alberto. Análise histórica do ensino jurídico no Brasil. *Encontros da UnB: ensino jurídico*. Brasília: Editora UnB, 1979.

VENÂNCIO FILHO, Alberto. *Das arcadas ao bacharelismo*: 150 anos de ensino jurídico no Brasil. São Paulo: Perspectiva, 2011 [1977].

O Direito na Cidade:
Como incorporar o espaço urbano nas análises jurídicas

Bianca Tavolari

27.1. Por que o espaço da cidade importa

Vamos começar por um tema clássico da sociologia jurídica. Como se trata de pensar o direito a partir dos conflitos e da organização da sociedade, discutir quem consegue acessar a justiça se torna central. Perguntar quem está dentro e quem está fora é também mapear grupos sociais específicos que passam pelas barreiras e outros que ficam à margem – ou, ainda, que têm seu acesso à justiça sistematicamente negado. O famoso estudo de Mauro Cappelletti e Bryant Garth (1988) apresenta três ondas de preocupações com o acesso à justiça, indicando os principais entraves que tornam a reivindicação de direitos restrita a poucos. A primeira onda, voltada à assistência a quem não detinha recursos financeiros, identificou a necessidade de criar condições materiais redistributivas para garantir o acesso formal dos pobres ao sistema de justiça. Já a segunda se voltou aos conflitos sociais coletivos, que não ganham representação processual adequada a partir da figura de duas partes individuais antagônicas determinadas, mostrando como, por muito tempo, as portas estiveram fechadas para demandas não individuais. Por fim, a terceira onda se voltou à efetividade dos direitos sociais, com mais uma camada de preocupações redistributivas, mas desta vez direcionadas à noção de igualdade material e ao reconhecimento de assimetrias sociais estruturais, a fim de criar condições concretas para engendrar situações próximas às da "paridade de armas" entre litigantes.

Com esse resumo muito breve do argumento, é possível delinear alguns dos obstáculos ao acesso à justiça. Pobreza, desigualdade material, ausência de políticas públicas que efetivem direitos sociais e não reconhecimento jurídico de coletividades talvez sejam os principais. Vários outros estudos se seguiram ao estudo de Cappelletti e Garth. É possível que você conheça, por exemplo, a concepção de jogadores habituais e jogadores eventuais formulada por Marc Galanter (2008 [1941]). Aqui, a frequência e a familiaridade dos litigantes com o sistema de justiça ajudam a explicar uma nova clivagem de quem está dentro e quem está fora – ou quem é favorecido pelas regras do jogo e quem não é. Mas talvez você esteja um pouco confusa[1] – este capítulo que você está lendo agora não é sobre acesso à justiça, pelo menos não é isso que o título indica. Se você tiver interesse específico sobre esse tema, recomendo fortemente que volte ao Capítulo 13, de Carmen Silvia Fullin, neste *Manual*. Minha ideia aqui não é te confundir, mas antes te mostrar o que acontece quando passamos a adotar uma perspectiva em que o espaço – especialmente o espaço urbano (e já te conto as razões para isso) – passa a fazer parte da análise.

Instituições do sistema de justiça não existem no vazio. Essa afirmação pode parecer uma grande obviedade e provavelmente ninguém defenderia a ideia de que elas são castelos que pairam no ar. No entanto, não são poucas as vezes que pensamos e agimos como se fossem. Instituições do sistema de justiça têm materialização no espaço. Mas por que isso importa? Vamos continuar a usar o tema clássico do acesso à justiça como exemplo. A principal porta de entrada das pessoas mais vulneráveis à escuta e tratamento jurídico de suas reivindicações é a Defensoria Pública. Ainda que exista atendimento digital, na maioria dos casos a pessoa atendida terá que se locomover pela cidade para conversar com um defensor ou uma defensora. Ela precisa ser capaz de acessar um prédio que abriga o funcionamento de uma instituição pública. A primeira condição é que esse prédio de fato exista na cidade em que a pessoa mora.

Essa é uma das questões colocadas, por exemplo, pela pesquisa *Para uma nova cartografia da justiça no Brasil* (CESAL; Observatório da Justiça Brasileira, 2011; AVRITZER, MARONA, GOMES, 2014), ao examinar, entre outros aspectos, que nem todos os municípios do estado de

---

[1]. Neste texto será adotado o feminino universal em todas as flexões de gênero.

Minas Gerais que são sede de comarcas tiveram a instalação da Defensoria Pública, como prevê a legislação. A pergunta subjacente é: até onde a Defensoria Pública chega? Como é a territorialização dos serviços de acesso à justiça aos mais vulneráveis? Quais são os padrões espaciais que emergem quando visualizamos, em um mapa, os municípios que contam com a instalação de Defensorias Públicas e quais não são? Veja que, aqui, "mapear" não é utilizado no sentido figurado, como metáfora, mas no sentido específico de geolocalização de municípios que dispõem desse serviço fundamental ao acesso à justiça.

Mas podemos dar muitos passos a mais. Saindo da escala do município e de um olhar de sobrevoo, é possível olhar para o espaço urbano de maneira mais detida, ao nível da rua. Em uma cidade em que há serviços gratuitos de atendimento e acesso à justiça e na qual é possível encontrar instituições no espaço construído, quão longe está esse prédio específico do lugar onde a pessoa mora? Ter mobilidade no espaço urbano é fundamental para que o atendimento possa ocorrer. Se o serviço estiver perto da casa ou do trabalho e for possível ir a pé, seu acesso é facilitado – o custo é apenas o tempo de deslocamento. Mas, se for distante, provavelmente a locomoção terá de ser por meio de transporte público ou carro privado, o que aumenta os custos – e também os bloqueios ao acesso à justiça.

Seria possível, por exemplo, representar em um mapa as distâncias entre prédios públicos de atendimento da Defensoria e áreas periféricas mais vulneráveis. É possível fazer isso de modo abstrato, traçando linhas retas entre um ponto e outro para obter as distâncias e, quem sabe, compará-las para indicar potenciais desigualdades a partir do território. Mas você se locomove pela cidade todos os dias e sabe que nossos trajetos não são em linha reta. Para além de um espaço físico e geográfico, há um espaço social, construído pelas pessoas no cotidiano. E os trajetos que fazemos de ida e volta são um exemplo muito claro disso.

Poderíamos dar ainda mais passos e desdobrar diversos aspectos de levar o espaço urbano a sério quando se trata de pensar potenciais obstáculos ao acesso à justiça. Mas espero que, a esse ponto, eu já tenha te convencido de que pensar dessa maneira não só faz sentido como também pode abrir caminhos muito férteis para compreender questões que nos movem e nos preocupam, seja do ponto de vista da produção de conhecimento ou do nosso posicionamento em relação ao mundo.

No momento em que escrevo, acabamos de passar por uma eleição presidencial em que o passe livre em ônibus, metrôs e trens foi uma pauta importante, tanto no primeiro quanto no segundo turnos. A mobilização foi tão expressiva que o

Supremo Tribunal Federal aprovou, por maioria, a liberação de passe livre no dia da votação, no âmbito da Ação de Descumprimento de Preceito Fundamental 1.013. Se eu de fato te convenci, você já está conectando os pontos: o exercício efetivo do direito ao voto não depende apenas da garantia de eleições transparentes e justas, o que é certamente indispensável. A forma como nossos centros urbanos estão estruturados precisa ser levada em conta, seja para pensar o acesso à justiça ou o direito político ao voto e a abstenção de quem é penalizado por morar longe das centralidades urbanas. E, veja, se isso é de fato tão evidente, também parece ser igualmente impressionante que liberar as barreiras – ou as catracas – para se locomover pela cidade para exercer o direito ao voto tenha ganhado reconhecimento e acolhida institucional apenas agora[2].

Este capítulo está estruturado em três partes. Além desta introdução, a próxima seção discute o que a literatura tem chamado de "virada espacial" – ou *spatial turn*, em inglês. A ideia aqui é mostrar que pensar espacialmente não é um raciocínio restrito aos campos disciplinares da arquitetura e urbanismo ou da geografia. Há uma movimentação, talvez ainda tímida,

das ciências humanas de incorporar a dimensão espacial em suas análises. O principal ponto aqui é entender como isso vem sendo feito e as diferentes maneiras que há de compreender o espaço como parte estruturante da análise. Compreender essas implicações é importante para nós. A terceira e última parte discute o que podemos ganhar em termos analíticos e metodológicos com essa virada no direito.

27.2. A virada espacial

O espaço urbano é uma ausência nas análises de Cappelletti, Garth e Galanter. Isso faz com que eles vejam alguns obstáculos ao acesso à justiça, mas não outros, que seriam visíveis se a perspectiva de territorialização estivesse presente. Mas, veja, não é exatamente culpa desses autores. Boa parte das ciências sociais começou a levar o espaço a sério há pouco tempo. Mas o que exatamente isso quer dizer?

A socióloga alemã Martina Löw (2013, p. 17) nos ajuda a entender como essa movimentação está acontecendo nas ciências sociais[3]:

> "A percepção de que a mudança social não pode ser explicada satisfatoriamente sem uma reconceituação das categorias relativas à componente espacial da vida social é cha-

---

[2.] Se você se interessa pelas mobilizações sociais em torno da bandeira do passe livre no Brasil, há alguns lançamentos recentes sobre o tema: SANTINI, 2020; GREGORI, WHITAKER, VAROLI, ZILBOVICIUS, GREGORI, 2021.

[3.] Para uma visão do *spatial turn* a partir dos campos disciplinares da história e da geografia, ver WITHERS, 2009. Para a discussão na ciência política, ver MAGNUSSON, 2011.

mada de *spatial turn*. Vigora cada vez mais a noção de que "ser e tempo' não encerram toda a dimensão da existência humana', e de que o espaço é não apenas um contêiner ou uma realidade apriorística da natureza; diferentemente, ele precisa ser pensado e investigado como condição e resultado de processos sociais".

Vamos olhar para essas afirmações com um pouco mais de calma. O primeiro ponto endereça o diagnóstico de que as dimensões do tempo e da existência subjetiva precisam ser complementadas com a perspectiva espacial para dar conta de transformações recentes. Löw indica que essa percepção se acentuou com os processos de globalização. Para além de ter sido necessário abandonar compreensões tradicionais e geograficamente limitadas, a aceleração do tempo da vida social é acompanhada por mudanças estruturais do que entendemos por proximidade e distância – e, portanto, o espaço. Seguindo o raciocínio, foram as transformações do mundo que apontaram para a necessidade de dar centralidade ao espaço sem reduzi-lo à dimensão temporal. É fato que tempo e espaço estão completamente imbricados. Você provavelmente usa, cotidianamente, marcadores de tempo para também marcar o espaço. Quando você diz que chegará em dez minutos, essa é uma unidade de tempo, mas também está pressuposto um trajeto pela cidade. E não é qualquer trajeto – é o caminho específico que você elaborou para chegar de um ponto a outro. A variável de tempo se altera a partir das suas escolhas situadas no espaço: se você decide virar uma esquina ou continuar reto, se decide fazer um percurso mais longo para contornar um parque ou se vai de bicicleta ou táxi. Esse movimento vai dos elementos mais triviais do nosso dia a dia até análises complexas sobre o nosso tempo. Algumas autoras diagnosticam, por exemplo, que estamos vivendo uma compressão espaçotemporal com a aceleração das relações sociais e de produção. David Harvey (2006) usa, por exemplo, a noção de aniquilação do espaço pelo tempo, a partir de uma leitura do pensamento de Marx, como chave de leitura do mundo atual. Podemos ir longe apenas neste ponto, mas vamos voltar ao trecho de Martina Löw.

A autora continua e nos diz o que o espaço *não* é. Não é um contêiner, ou seja, não é um repositório em que coisas são depositadas, como um invólucro. Não pode ser contêiner, porque isso seria atribuir uma forma fixa e imutável ao espaço, além de atribuir a ele o poder de transformar o conteúdo sem ser transformado. Vamos pensar num copo d'água. É um repositório, é fixo e não muda de forma se colocamos muita água, pouca água ou suco de laranja. Se quisermos levar o espaço a sério, ele não pode ser entendido como parte de uma relação simplista e fixa entre forma e conteúdo. O espaço também não é uma "realidade apriorística da natureza", o que significa que não é dado de antemão, um *a priori* imutável que sempre vai permanecer na essência das coisas. E a autora dá mais um passo no argumento: o espaço deve ser pensado e investigado como condição e resultado de processos sociais. Isso significa que, se não é imutável, o espaço *se forma*, é construído e transformado. Processos sociais criam espaço e são condicionados pelo espaço.

Geralmente o espaço aparece nas nossas análises como pano de fundo para o desenrolar de relações e conflitos sociais. Uma paisagem, como se fosse um quadro para dar contexto. E isso não só é muito pouco como pode nos levar a compreensões redutoras. O espaço não é só a natureza e o meio ambiente construído que nos cercam. Quando andamos numa cidade, certamente o espaço urbano é formado por ruas, calçadas, avenidas, prédios, parques. O espaço não é apenas material, mas também social. E há vários componentes aqui. Uma mesma cidade pode ter praças com edificações idênticas, mas apropriações e usos muito distintos. Dificilmente diríamos que uma praça sem ninguém e outra com pessoas sentadas em bancos, andando de bicicleta, dançando e conversando em grupos são o mesmo espaço, ainda que a dimensão construída possa ser idêntica ou muito parecida. Há

também percepções espaciais. Quantas vezes você já não percebeu barreiras para entrar em algum lugar da cidade, apesar de não ter nenhum muro ou grade física que impedisse sua passagem? Há também, certamente, bairros e lugares associados a determinados estigmas na cidade em que você mora e isso orienta espacialmente as pessoas que partilham da mesma percepção. Os espaços não são apenas sentidos com o corpo, mas também operam retroativamente sobre os corpos, guiando as ações (LÖW, 2013, p. 25). Quantos trajetos compõem a sua própria cartografia afetiva de uma cidade, ou seja, aqueles lugares por onde você gosta de passar, a calçada da rua que você escolhe em detrimento do outro lado, pontos que te servem de referência para orientação e localização? Ao falar de cidades em *Construir e habitar*, o sociólogo Richard Sennett (2018) faz uma diferenciação entre *ville* e *cité* para dar conta desta distinção:

> "Cidade é tanto espaço construído, com prédios, ruas, parques, pontes e passagens, quanto um modo de viver. É um lugar físico e concreto – *ville* –, mas também uma experiência, uma consciência coletiva, uma cultura – *cité*. Para evocar o título do livro, construir, por um lado, e habitar, por outro. *Cité* também faz referência à cidadania, ao lugar da democracia e de uma esfera de sociabilidade, ao vivido no cotidiano. *Ville*, por sua vez, associa-se à técnica e à tecnologia, aos modos de configurar a forma urbana. Em português, "cidade" é palavra polissêmica: abarca todos esses sentidos sem anunciar a diferenciação, de maneira muito

semelhante à memória, que já vincula, de saída, aquela esquina específica com os encontros que tivemos nela, consolidando espaço construído e modos de vida numa coisa só" (TAVOLARI, 2018, p. 18).

Eu não esqueci que tinha prometido contar as razões para falarmos em espaço *urbano* – e não espaço em geral. Mas aqui você já percebe algumas das razões: se espaço não é imutável, mas é condição e resultado de processos sociais, então campo e cidade têm formações distintas. E a cidade tem, historicamente, essa dimensão política de lugar da cidadania, do direito a ter direitos. E agora você também consegue entender o porquê de termos começado com a discussão do acesso à justiça que, para Boaventura de Sousa Santos (1986, p. 125), é um "direito charneira", ou seja, funciona como uma espécie de dobradiça de porta, que conecta as duas pontas, é "um direito cuja denegação acarretaria a todos os demais". No contexto das lutas urbanas, esses direitos de cidadania são organizados sob a rubrica do direito à cidade (TAVOLARI, 2016), que talvez você já tenha ouvido falar.

Agora entendemos um pouco melhor o que quer dizer adotar uma perspectiva espacial que não reduz o espaço a mero pano de fundo, considerando o espaço condição e resultado dos processos sociais e, portanto, passível de transformação. Esse é o núcleo da "virada espacial" por

que passaram – e estão passando – as ciências sociais. Também entendemos que faz sentido falar de espaço urbano de maneira específica, para além do fato de que todos os meus exemplos são de cidades. Agora passo a discutir como podemos incorporar essa virada no direito.

27.3. A virada espacial no direito

Antes de mais nada, é preciso indicar que a aproximação entre direito e espaço já vem sendo feita por uma corrente importante da literatura sociojurídica, majoritariamente de língua inglesa (BLOMLEY, DELANEY, FORD, 2001; SARAT, DOUGLAS, UMPHREY, 2003; VALVERDE, 2011; BRAVERMAN, BLOMLEY, DELANEY, KEDAR, 2014). Um fio condutor entre as diferentes perspectivas é justamente a recusa de um espaço abstrato, sem particularidades sociais e geográficas, que permeia as análises jurídicas. Uma maneira de colocar o direito e o espaço juntos, de uma perspectiva interna ao direito, é a noção de jurisdição (PHILIPPOPOULOS-MIHALOPOULOS, 2010, p. 4). A função de dizer o direito está intimamente vinculada a um território, mas ele é entendido como fixo e burocrático, com limites definidos de maneira administrativa. Para as autoras que estão promovendo uma guinada em direção ao espaço urbano em meio ao direito, reduzir a análise espacial à jurisdição e competência é muito limitado e, além disso, cristaliza a noção não espacial do espaço.

Existem inúmeras avenidas para serem abertas e trilhadas quando se trata de pensar o espaço urbano no direito. A literatura de língua inglesa tem se dedicado às questões sobre a regulação da propriedade privada e dos bens públicos que conformam as cidades (BRAVERMAN, BLOLEY, DELANEY, KEDAR, 2014). Mas, para além dos temas mais imediatamente conectados com o espaço urbano, como habitação, transporte, espaços urbanos públicos, instrumentos de planejamento urbano, dimensões de cumprimento da função social da propriedade, todo e qualquer tema sociojurídico pode ganhar complexidade e colocar novas perguntas para o campo se adotar uma perspectiva espacial. E aqui eu peço permissão para usar uma pesquisa em andamento como exemplo, desenvolvida por Maíra Rocha Machado, Vitor Nisida e por mim. O projeto de pesquisa conecta o campo das discussões da segurança pública com o planejamento urbano. Em outras palavras, é uma articulação entre presídio e cidade – ou a proposta de uma "virada espacial" nos estudos institucionais sobre prisão (TAVOLARI, MACHADO, NISIDA, 2022).

Instituições prisionais são parte integrante da cidade. Essa afirmação pode parecer evidente: prisões existem materialmente no mundo, são constituídas por edificações territorializadas, muitas delas no espaço urbano. Mas as consequências de compreender presídios como pertencentes às cidades não são nada triviais (TAVOLARI, MACHADO, NISIDA, 2022a). O que ganhamos com uma perspectiva que leva o espaço urbano a sério ao pensar em presídios?

Em primeiro lugar, adotar a perspectiva espacial para pensar problemas entre direito e sociedade nos faz *formular novas perguntas*. No caso específico da nossa pesquisa, há uma série de novas indagações, que não vemos respondidas pela literatura. Se instituições prisionais são parte da cidade, como são reguladas do ponto de vista do direito urbanístico, ou seja, quais são os parâmetros construtivos e de zoneamento previstos para as prisões em São Paulo? Os instrumentos jurídicos de planejamento urbano, como plano diretor e lei de uso e ocupação do solo, reconhecem prisões como parte integrante do tecido urbano? Prisões não podem estar isoladas da malha de transporte público, sob pena de comprometer o acesso de familiares em dias de visita às pessoas em privação de liberdade. Além disso, unidades prisionais criam dinâmicas urbanas específicas em seu entorno, com alojamentos temporários – e por vezes precários – para parentes e amigas que assumem o papel de porta-vozes de reivindicações e demandas das pessoas encarceradas. Ademais, quais são os critérios para escolha da localização de novas unidades prisionais no espaço urbano? Por outro lado, quais são os critérios jurídicos para a desativação de presídios? Em outras palavras, como nasce e morre um presídio do ponto de vista jurídico? A pergunta está intimamente relacionada com o espaço urbano. Desativações pressupõem, necessariamente, um novo uso para o território e para o espaço construído que antes exercia a função prisional. No caso do Complexo Penitenciário do Carandiru, as muitas décadas de discussão sobre a desativação da Casa de Detenção foram acompanhadas de propostas urbanas para a área em Santana, com diferentes projetos de lei apresentados na Câmara de Vereadores para transformar o terreno em torres residenciais, torres de garagem, para transformar a área parcial e inteiramente em parque e até mesmo para a implantação de uma universidade popular (TAVOLARI, MACHADO, NISIDA, 2022a). Se a noção de que o espaço urbano é condição e resultado de processos sociais não estivesse colocada nesta pesquisa, dificilmente abriríamos tantas frentes de investigação.

Uma pergunta específica de pesquisa sintetiza, a meu ver, os ganhos de expansão de horizontes ao adotar uma perspectiva espacial. É possível que você não conheça a cidade de São Paulo ou mesmo que a história do Massacre do Carandiru seja uma lembrança muito vaga e apagada na sua memória. Vou então te contar algumas coisas. O Massacre do Carandiru aconteceu no dia 2 de outubro de 1992. Ao menos 111 pessoas foram assassinadas pela violência de Estado. Dezenas de pessoas em privação de liberdade foram gravemente feridas. Passados trinta anos, apenas 25 famílias foram indenizadas e não há condenação judicial definitiva dos policiais militares envolvidos na operação (MACHADO, MACHADO, 2015). O Massacre aconteceu no Pavilhão 9 – e pode ser que você já tenha ouvido *Diário de um detento* dos Racionais MC's. O Pavilhão 9 foi demolido em dezembro de 2002, em conjunto com os pavilhões 6 e 8. Apesar das diferentes propostas para a área após a demolição, o lugar se tornou um parque, o Parque da Juventude (TAVOLARI, MACHADO, NISIDA, 2022b).

Se você já visitou ou caso decida visitar o Parque da Juventude – e a visita pode ser por meio do Google Earth, se você não estiver em São Paulo –, é possível que você se sinta um pouco perdida se estiver buscando vestígios da memória do Massacre. Como saber onde ficava o Pavilhão 9 que foi demolido? Se você estiver muito interessada, terá que procurar um mapa antigo e tentar imaginar o contorno onde hoje não há indicações claras de localização. Tendo essa preocupação em mente, decidimos, na nossa pesquisa, georreferenciar o perímetro do Pavilhão 9 e sobrepor, com coordenadas de latitude e longitude, a área atual do parque. Se você não está familiarizada com a produção de dados espaciais e mapas, pode achar que essa é uma operação muito complexa. Ela não é tecnicamente difícil para quem trabalha com esse tipo de metodologia de pesquisa e análise. O ponto aqui é: sem a pergunta que articulava espaço urbano e prisão, especificamente colocada para o Massacre do Carandiru, essa sobreposição não teria sido feita de maneira sistemática. O desenho geolocalizado do contorno do Pavilhão 9 serviu de base para uma intervenção artística que corporificou seu perímetro, para mostrar que o Carandiru não é coisa do passado, mas chaga viva no território da cidade[4]. Ele também nos permitiu ampliar conhecimento, uma vez que só com a marcação territorial foi possível realizar essa análise:

> "A unidade espacial do Pavilhão 9 foi desfeita com a implosão do prédio e com as decisões de projeto que a seguiram. O local de sua implantação nem sequer é percebido como a área remanescente de um edifício demolido, já que sua extensão original se encontra fragmentada por espaços e usos desconexos entre si. O perímetro do pavilhão, com cerca de 2,7 mil metros quadrados, já não é mais perceptível. Hoje, essa área é ocupada por parte do estacionamento das Etecs,

um trecho arborizado, o calçamento que delineia a passagem principal do parque e mais um fragmento de grama que termina em uma grade: uma nova configuração territorial que ajuda a apagar os vestígios e a memória do que, um dia, foi o Pavilhão 9. O monumento de homenagem que menciona o edifício e busca sugerir ou indicar sua localização original está fora desse perímetro, a sessenta metros dali, no gramado do parque" (TAVOLARI, MACHADO, NISIDA, 2022).

Mas você poderia se perguntar, legitimamente, por que isso tudo importa para o direito. A dimensão mais evidente é a chave para pensar políticas de memória e reparação. Efetivar direitos humanos não passa apenas pelo âmbito judicial, que é certamente fundamental, mas também por como comunicamos e vivemos as marcas da violência de Estado. Elaborar coletivamente as violações de direitos fundamentais é decisivo para uma sociedade que não quer que elas se repitam. Mas há ainda outras dimensões. Se pensarmos que a edificação era patrimônio público e que havia um processo de tombamento em andamento, temos muitas perguntas a fazer do ponto de vista do direito administrativo e do direito urbanístico. Qual foi o valor reconhecido no processo de tombamento das edificações do Complexo Penitenciário do Carandiru que permitiu que justamente o Pavilhão 9, onde ocorreu o Massacre, fosse um dos primeiros a ser demolido? Quais as implicações jurídicas em termos de patrimônio e propriedade pública?

[4.] O ato performático foi realizado no dia 8 de outubro de 2022 como testemunho e homenagem às mais de 111 vítimas fatais do Massacre. Você pode assistir ao vídeo da intervenção artística aqui: <https://www.massacrecarandiru.org.br/post/massacre-do-carandiru-30-anos-corporificacao-do-perimetro-do-pavilhao-9>. Acesso em: 15 nov. 2022.

Eu poderia continuar com diversos desdobramentos jurídicos. Mas quero explicitar pontos que já estão indicados indiretamente no relato da pesquisa sobre prisão e cidade que eu fiz até agora. E eles apontam para outros ganhos em incorporar a dimensão do espaço urbano nas nossas análises. Para além de nos permitir formular novas perguntas, o espaço urbano pode ser um *fator de integração das questões dogmáticas que permeiam conflitos sociojurídicos.* O Massacre do Carandiru tem sido estudado especialmente do ponto de vista penal, com interfaces importantes com a dimensão indenizatória do direito civil (MACHADO, MACHADO, 2015). Mas, quando incorporamos o espaço urbano, passamos a discutir com outros campos dogmáticos, como o direito urbanístico e o direito administrativo, que estavam inicialmente fora do radar. Além disso, é possível se valer do espaço urbano para incorporar a *dimensão das políticas públicas urbanas ao direito.* Determinar uma localização no espaço para instalar uma nova unidade prisional ou a decisão por desativá-la, como aconteceu no caso da Casa de Detenção, envolve decisões de planejamento urbano. Planos diretores e leis de zoneamento, para ficar apenas nos principais instrumentos, podem ou não reconhecer as instituições prisionais como equipamentos públicos pertencentes ao restante da cidade, em um processo de tomada de decisão que envol-

ve diferentes atores sociais e institucionais. Em uma análise triangulada entre políticas públicas, espaço urbano e direito, as perguntas se voltam para dentro da administração pública e do legislativo para perguntar como uma determinada decisão foi tomada e por quem.

Em quarto e último lugar, o *uso de dados espaciais permite a expansão do conhecimento,* não apenas a ilustração de argumentos já desenvolvidos em outra linguagem. Mapas não são a única maneira de representar dados espaciais, mas talvez sejam a que nos é mais próxima. É possível se valer da cartografia para traduzir uma ideia que é articulada por meio de palavras, por exemplo. No entanto, quero mostrar aqui que é uma metodologia de ampliação do conhecimento, para além da tradução. O exemplo do Pavilhão 9 nos mostrou que foi possível ampliar o conhecimento apenas por meio da sobreposição de um retângulo que representa o perímetro acima de uma imagem de satélite. Mas mapas também podem nos ajudar a descobrir padrões espaciais que não são evidentes à primeira vista, como a concentração territorial do atendimento prestado pelas Defensorias Públicas, que comentei quando estávamos usando o exemplo do tema do acesso à justiça. Como afirma Martina Löw (2013, p. 25), em uma frase-síntese, os padrões espaciais "são tão relevantes para a análise quanto o processo de sua criação". Padrões territoriais não são dados, mas produzidos socialmente. E quando agrupamos no espaço urbano o que podem ser apenas pontos fragmentados na nossa experiência, temos também uma ferramenta para a descoberta[5].

* * *

Se eu fui bem-sucedida, você chega ao final deste capítulo olhando para as relações entre direito e sociedade de outra forma, territorialmente situada. Mas, para além da sociologia jurídica, espero ter te instigado a olhar para o mundo à sua volta – e, especialmente, para a cidade em que você vive – de outra forma. Desigualdades têm expressão espacial e operam retroativamente sobre os nossos corpos na cidade. O modo como moramos, nos locomovemos e temos ou não oportunidade de desfrutar dos espaços públicos e privados diz muito sobre os desafios e os horizontes agrupados na bandeira do direito à cidade.

---

[5]. Para dois exemplos mais específicos sobre como o georreferenciamento pode ampliar o conhecimento jurídico, ver TAVOLARI, NISIDA, 2020, em que decisões judiciais acerca da possibilidade de condomínios proibirem proprietárias de alugar suas unidades na plataforma Airbnb foram mapeadas. A partir dos nomes dos condomínios, foi possível cruzar os endereços com o zoneamento da área em que cada imóvel se situa, indicando problemas e tensões com a legislação de uso e ocupação do solo. Outro exemplo pode ser encontrado em INSPER, Instituto Pólis, 2021, em que conflitos fundiários urbanos na cidade de São Paulo foram georreferenciados a partir de dados de decisões judiciais. Com os endereços, foi possível cruzar casos de remoções situados em Zonas Especiais de Interesse Social – ZEIS.

Bibliografia

AVRITZER, Leonardo; MARONA, Marjorie; GOMES, Lilian. *Cartografia da justiça no Brasil: uma análise a partir de atores e territórios*. São Paulo: Saraiva, 2014.

BLOMLEY, Nicholas; DELANEY, David; FORD, Richard T. (orgs.). *The legal geographies reader: Law, Power and Space*. Oxford: Blackwell Publishers, 2001.

BRAVERMAN, Irus; BLOMLEY, Nicholas; DELANEY, David; KEDAR, Alexandre (orgs.). *The expanding spaces of law: A timely legal geography*. Stanford: Stanford Law Books, 2014.

CAPPELLETTI, Mauro; GARTH, Bryant. *Acesso à justiça*. Tradução e revisão de Ellen Gracie Northfleet. Porto Alegre: Sergio Antonio Fabris Editor, 1988.

CESAL, Observatório da Justiça Brasileira. *Para uma nova cartografia da justiça no Brasil: relatório de pesquisa*. Belo Horizonte: Ministério da Justiça/Secretaria de Reforma do Judiciário, 2011.

GALANTER, Marc. *Por que "quem tem" sai na frente: especulações sobre os limites da transformação no direito*. Organização e tradução de Ana Carolina Chasin. São Paulo: FGV Direito SP, 2008 [1941].

GREGORI, Lucio; WHITAKER, Chico; VAROLI, José Jairo; ZILBOVICIUS, Mauro; GREGORI, Márcia Sandoval. *Tarifa zero: a cidade sem catracas*. São Paulo: Autonomia Literária, 2021.

HARVEY, David. Space as a keyword. In: CASTREE, Noel; GREGORY, Derek (orgs.). *David Harvey: A critical reader*. Malden/Oxford: Blackwell, 2006.

INSPER, Instituto Pólis. *Conflitos fundiários coletivos urbanos e rurais: uma visão das ações possessórias de acordo com o impacto do Novo Código de Processo Civil*. Brasília: Conselho Nacional de Justiça, 2021.

LÖW, Martina. O *spatial turn*: para uma sociologia do espaço. *Tempo social: revista de sociologia da USP*, v. 25, n. 2, 2013.

MACHADO, Maíra Rocha; MACHADO, Marta Rodriguez de Assis (orgs.). *Carandiru não é coisa do passado: um balanço sobre os processos, as instituições e as narrativas 23 anos após o Massacre*. São Paulo: FGV Direito SP, 2015.

MAGNUSSON, Warren. *Politics of Urbanism: Seeing like a city*. Oxon: Routledge, 2011.

PHILIPPOPOULOS-MIHALOPOULOS, Andreas. Law's Spatial Turn: Geography, Justice and a certain fear of space. *Law, Culture and the Humanities*, v. 7, n. 2, 2010.

SANTINI, Daniel. *Passe livre: as possibilidades da tarifa zero contra a distopia da uberização*. São Paulo: Autonomia Literária, 2020.

SANTOS, Boaventura de Sousa. Introdução à sociologia da administração da justiça. *Revista Crítica de Ciências Sociais*, n. 21, 1986.

SARAT, Austin; DOUGLAS, Lawrence; UMPHREY, Martha Merril. *The place of law*. Michigan: The University of Michigan Press, 2003.

SENNETT, Richard. *Construir e habitar: ética para uma cidade aberta*. Tradução de Clóvis Morris. Rio de Janeiro: Record, 2018.

TAVOLARI, Bianca. Direito à cidade: uma trajetória conceitual. *Novos Estudos CEBRAP*, n. 35, 2016.

TAVOLARI, Bianca. Cidade aberta. *Quatro Cinco Um*, out. 2018.

TAVOLARI, Bianca; MACHADO, Maíra Rocha; NISIDA, Vitor. Cemitério dos direitos. Desativar, demolir, cimentar, transformar em parque: os trinta anos do Massacre do Carandiru. *Quatro Cinco Um*, set. 2022.

TAVOLARI, Bianca; MACHADO, Maíra Rocha; NISIDA, Vitor. 30 anos do Massacre do Carandiru: as disputas urbanas. *Exame*, nov. 2022a.

TAVOLARI, Bianca; MACHADO, Maíra Rocha; NISIDA, Vitor. Desativar é demolir: a disputa urbana pelo Complexo Penitenciário do Carandiru de 1987 a 1992. *Working Paper*, mimeo, 2022b.

TAVOLARI, Bianca; NISIDA, Vitor. Entre o hotel e a locação: análise jurídica e territorial das decisões do Tribunal de Justiça de São Paulo sobre o Airbnb. *Internet&Sociedade*, v. 1, n. 2, 2020.

VALVERDE, Mariana. Seeing Like a City: The Dialectic of Modern and Premodern Ways of Seeing in Urban Governance. *Law and Society Review*, v. 45, n. 2, 2011.

WITHERS, Charles W. J. Place and the "spatial turn" in Geography and in History. *Journal of the History of Ideas*, v. 70, n. 4, 2009.

Para Além da Legalidade:

Direito e antilegalismo na teoria crítica recente

Felipe Gonçalves Silva

Em seu artigo "Recent Frankfurt Critical Theory: Down on Law?", de 2016, William Scheuerman busca combater tendências antilegalistas na teoria crítica contemporânea encontradas em dois de seus mais notáveis representantes: Nancy Fraser e Axel Honneth. Contra um suposto menosprezo pelo direito e pelo Estado constitucional, Scheuerman defende o modelo habermasiano como aquele que, com maior força e eficácia, "desafiou o antilegalismo precipitado e a orientação contrária ao direito que se apresentava como lugar-comum da esquerda radical, especialmente dentro do legado marxista" (2017, p. 11 [41]). Para o autor, Habermas seria responsável por uma mudança de postura significativa em relação ao direito e à democracia constitucional, passando a considerá-los não como instrumento destinado à dominação de classe, mas como o terreno dentro do qual as próprias lutas emancipatórias teriam de ser travadas. Na contramão desse movimento, que ofereceria tanto uma compreensão mais aprofundada do direito moderno quanto formas de justificação mais sólidas às lutas emancipatórias, Axel Honneth e Nancy Fraser representam para ele tendências regressivas que colocariam em risco o marco jurídico-democrático como campo de enraizamento da própria crítica social.

Honneth compartilharia com Fraser a compreensão de que "a teoria crítica contemporânea estaria sucumbindo a preocupações legalistas ou jurídicas que distorcem a natureza da realidade social ao mesmo tempo que traem os fundamentos hegelianos e marxistas da Escola de Frankfurt inicial, fundamentos que ambos trabalharam de maneira bastante impressionante para reconstruir" (SCHEUERMAN, 2017, p. 1 [3]). Estaria claro para Scheuerman que esse movimento faria oposição sobretudo a Habermas, "cujo livro *Facticidade e validade* – a contribuição individual mais impressionante da teoria crítica recente à teoria política e jurídica – sintetizou de maneira ambiciosa a ética do discurso neokantiana com a teoria do direito e a literatura jurídica de mais alto nível" (SCHEUERMAN, 2017, p. 1 [3]). A partir de *Facticidade e validade*, segundo ele, poderíamos acompanhar uma produtiva "virada jurídica" no interior dessa herança intelectual, com a recuperação de importantes contribuições até então subvalorizadas (como as de O. Kirchheimer e F. Neumann) e uma quantidade significativa de novos trabalhos sendo dirigidos aos terrenos desafiadores da literatura jurídica e constitucional. Para Scheuerman, que enxerga a si próprio como alvo implícito dos ataques a essa virada jurídica, o enlace produtivo entre teoria crítica e direito estaria sob o risco de ser desfeito:

> "Temo que a atual crítica ao legalismo encoraje recusas descuidadas do que hoje é – e esperamos que continue a ser – um conjunto importante da literatura crítica, uma literatura que tem profundas raízes no trabalho de pen-

sadores da política e do direito da primeira e da segunda gerações da Escola de Frankfurt, como Neumann, Kirchheimer e Habermas. [...] Receio que a atual preocupação com os perigos do 'legalismo' impeça a busca contínua dessa agenda valiosa, mas ainda incompleta" (2017, p. 11 [40]).

No artigo "Beyond the Law: a response to William Scheuerman", Honneth busca responder às críticas a ele dirigidas, salientando principalmente que as objeções apresentadas expressariam interpretações equivocadas de sua própria obra (2017, p. 127). Sem perder de vista os esclarecimentos e as correções feitas ali, gostaria de oferecer uma resposta às preocupações de Scheuerman a partir de uma estratégia distinta, enfatizando motivos para um compromisso mais claro e justificado com o antilegalismo. Se entendermos essa expressão não como o completo abandono do direito, mas como uma postura que combate a redução da crítica social a uma gramática jurídica institucionalizada, então o próprio projeto fundado em *Facticidade e validade* possui um núcleo antilegalista incontornável. Procuro inicialmente defender que as tendências antilegalistas encontradas por Scheuerman na teoria crítica pós-habermasiana devem ser consideradas não propriamente uma ruptura com o modelo teórico apresentado por Habermas em 1992, mas desenvolvimentos originais de alguns de seus aspectos mais elementares. Sobretudo, buscarei destacar componentes centrais dos trabalhos de Axel Honneth que pretendem aprofundar uma compreensão do direito e dos processos democráticos que encontra suas bases na infraestrutura comunicativa da vida social. Na sequência, busco assinalar certos problemas autênticos que merecem ser computados ao desenvolvimento teórico de Axel Honneth sob o ponto de vista de uma análise não legalista do direito e da democracia, os quais, entretanto, diferem significativamente das preocupações apresentadas em "Recent Frankfurt Critical Theory: Down on Law?". Por fim, defendo que certas intuições antilegalistas poderiam auxiliar Scheuerman no desenvolvimento de algumas de suas questões teóricas mais centrais, dando especial atenção a sua produção recente sobre a desobediência civil. Admitindo nesse conceito a referência necessária a uma normatividade que se encontra para além do direito positivo, a conclusão busca mostrar que a cruzada antilegalista de Scheuerman encontra-se em descompasso com os próprios referenciais teóricos defendidos em sua obra *Civil Disobedience* (2018), gerando sobretudo dificuldades à pretendida atualização dessa categoria à luz da experiência política recente.

I

Facticidade e validade não tem início com a reconstrução discursiva do sistema de direitos, nem com análises sobre os fundamentos e desafios da *rule of law*, da separação de poderes ou da jurisprudência constitucional. Embora venha a tratar dessas e de outras questões vinculadas à literatura jurídica especializada, Habermas se dedica, antes disso, a uma longa apreciação sobre a estrutura da ação comunicativa, remetendo-nos a uma tensão entre facticidade e validade inscrita nos pressupostos pragmáticos da comunicação cotidiana, bem como ao modo com que essa tensão altera as condições de integração social ao longo dos processos históricos de modernização. Ainda que não possamos retomar esse longo percurso levado a cabo no primeiro capítulo, cabe nele frisar alguns pontos decisivos para toda a obra. Em primeiro lugar, é importante destacar que a escolha do direito como objeto de análise e seu próprio modo de investigação são justificados a partir de um problema tipicamente sociológico, qual seja, a necessidade de se compreender as condições de integração social no contexto da modernidade. Essa questão, por sua vez, é acessada a partir de uma tensão encontrada na infraestrutura comunicativa da vida social; mais especificamente, a partir de um contraste entre a facticidade das condições concretas de comunicações atuais e a idealidade de pressupostos pragmáticos vinculados à expectativa de uma "comunicação livre de dominação" (HABERMAS, 1992, p. 42 e s. [p. 57]). Em

Manual de Sociologia Jurídica

segundo lugar, é importante lembrar que Habermas enxerga a modernização como um processo caracterizado pela ampliação dos aspectos da vida cotidiana submetidos ao questionamento comunicativo; isto é, a uma crítica intramundana portadora de "caráter explosivo" e potencialmente capaz de reconfigurar pontualmente o estoque de saberes culturais, das instituições sociais e das estruturas de personalidade segundo os termos do entendimento comunicativo. Ao mesmo tempo, a modernização seria marcada por uma crescente diferenciação sistêmica, a qual passa a promover a coordenação social através de um tipo novo de imunização discursiva: não mais a autoridade impositiva do sagrado, mas os meios deslinguistificados do dinheiro e do poder burocrático (HABERMAS, 1992, p. 44-45 [p. 61-62]). Por último, cabe insistir no modo muito particular como o direito é inserido nessa exposição: para Habermas, o direito moderno incorpora a referida tensão entre facticidade e validade de modo a permanecer vinculado tanto ao tipo de solidariedade própria do entendimento comunicativo quanto a recursos tipicamente sistêmicos, mostrando-se dependente de ambos. Essa ambivalência do direito, por sua vez, explica seu papel privilegiado nas condições históricas de integração da sociedade moderna, já que permite estabilizar expectativas de conduta por meios coercitivos sem impedir por princípio a circulação da força crítico-transformadora do poder comunicativo (HABERMAS, 1992, p. 56-57 [p. 73-74]). Com isso, apesar de toda sua importância na resposta dada por Habermas ao problema da integração social, o sistema jurídico não oferece um dispositivo isolado e autossuficiente para a compreensão das dinâmicas complexas da sociedade moderna: ele merece ser visto como um meio de integração social entre outros, além de depender profundamente de recursos que não produz por si mesmo.

> "O direito moderno se alimenta de uma solidariedade que se concentra no papel de cidadão e que, em última instância, tem origem na ação comunicativa. Como veremos, a liberdade comunicativa dos cidadãos pode assumir a forma de uma práxis organizada de autodeterminação mediada por instituições e procedimentos jurídicos; entretanto, ela não pode ser completamente substituída pelo direito coercitivo" (HABERMAS, 1992, p. 52 [p. 69]).

Mais importante para Habermas, entretanto, é afirmar a profunda ambiguidade do direito de um ponto de vista crítico: sua dualidade o permite servir tanto à estruturação de formas comunicativas necessárias à autodeterminação individual e coletiva, quanto à institucionalização de imperativos sistêmicos segundo o manto da legitimação jurídica (HABERMAS, 1992, p. 59 [p. 76]). Desse modo, a avaliação de suas possibilidades e riscos exige uma abordagem do direito que não oculte a ambivalência de seus aspectos de validade.

Isso marcará profundamente as duas dimensões reconstrutivas operadas ao longo da obra: na primeira parte, dedicada à tensão entre facticidade e validade *interna* ao direito, somos conduzidos a uma crítica dos diferentes modos de compreensão do direito que reduzem a validade jurídica tanto a fontes normativas substanciais (vinculada ao direito natural, à *rule of law* ou a valores políticos compartilhados) quando à facticidade de sua positivação legal. Nesse último sentido, o positivismo jurídico é duramente combatido por reduzir a base de validade do direito a um procedimento autorreferencial depurado de qualquer exigência de justiça ou correção normativa, acabando por simplesmente endossar o ato de vontade do legislador político. Com o intuito de neutralizar o direito contra determinações exteriores, o positivismo assumiria a posição legalista de encerrar artificialmente o sistema jurídico em si mesmo e abandonar as fontes que alimentam sua normatividade própria – dissolvendo, ironicamente, as fronteiras entre direito e política:

> "A redução das normas jurídicas a ordens do legislador político significaria que o direito moderno se dissolve em política [...] Na medida em que a validade do direito é desligada de qualquer referência aos aspectos da justiça ou correção normativa, os quais transcendem as decisões do legislador, a identidade do direito torna-se extremamente difusa. Pois desse modo desapareceriam, nomeadamente, os pontos de vista legitimadores sob os

quais o sistema jurídico torna-se comprometido a manter a estrutura do *medium* do direito" (HABERMAS, 1992, p. 587 [p. 610]).

Um problema similar é encontrado também nas práticas de *aplicação* normativa. Nesse ponto, a posição positivista atribuiria a juízes um grande espaço para o exercício de um juízo pessoal discursivamente não controlado, seja desonerando decisões tomadas no interior de uma "moldura interpretativa" vaga, seja autorizando o arbítrio judicial nos casos de "penumbra" ou indeterminação de sentido. Mais uma vez, tentando resguardar a neutralidade do direito em relação a exigências normativas extrajurídicas, a postura positivista faz com que o direito se dilua em formas variadas de *decisionismo*, agora não mais do legislador político, mas de juízes e aplicadores do direito.

> "[Kelsen e Hart] enfatizam o fechamento e a autonomia de um sistema jurídico impermeável a princípios extrajurídicos. O problema da racionalidade é com isso resolvido em favor da primazia de uma história institucional delimitada estritamente e purificada de qualquer fundamento de validade suprapositivo. [...] A interpretação positivista da prática das decisões judiciais faz com que a segurança jurídica obscureça a garantia de correção normativa. [...] Hart atribui a necessidade de interpretação das normas jurídicas à estrutura fundamentalmente aberta das linguagens naturais e chega a uma conclusão decisionista. Na medida em que o direito válido não apresenta uma determinação suficientemente precisa de um estado de coisas, o juiz se vê obrigado a decidir segundo sua própria dis-

cricionariedade" (HABERMAS, 1992, p. 247-248 [p. 262]).

Para Habermas, ainda que estruturada por procedimentos legalmente previstos, a legitimidade do direito teria de se alimentar de fontes comunicativas irredutíveis ao conhecimento técnico dos juristas e que perpassa todos os âmbitos da criação e aplicação normativa. Em outras palavras, a legitimidade do direito exige que os procedimentos jurídicos, em seus diferentes níveis de institucionalização, encontrem-se submetidos às constrições racionalizadoras de um discurso racional prático, cujas exigências extrapolam o saber técnico e a linguagem especializada dos operadores do direito. Nesse sentido, a chamada "reconstrução interna" é perpassada por críticas a tentativas de ocultamento da ambivalência própria do direito, encontradas naquilo que poderíamos chamar de "absolutizações" unilaterais de um dos componentes da tensão entre entre facticidade e validade – as quais ofereceriam não apenas compreensões inadequadas do direito como, sobretudo, bases justificatórias para práticas jurídicas autoritárias.

Na segunda dimensão reconstrutiva, o direito é lido em sua função de mediação entre sociedade civil e sistema político, sendo apresentado como estruturação formal de esferas comunicativas que geram condições necessárias à circulação dos fluxos comunicativos que emergem da so-

ciedade civil. Sua concepção de democracia deliberativa exigirá que a legitimidade do Estado Democrático de Direito seja pensada como um processo de formação coletiva da opinião e da vontade que encontra suas fontes em comunicações espontâneas enraizadas na sociedade civil. Portanto, esse segundo momento *como um todo* pode ser considerado exigência de uma análise antilegalista, já que salienta a necessidade de se verificar uma tensão entre facticidade e validade *externa* ao direito (isto é, entre expectativas democráticas que habitam a sociedade civil e o caráter tendencialmente hermético do sistema político). Mas a tese antilegalista central que acompanha todo o livro, isto é, a incapacidade do direito cumprir suas exigências tanto normativas quanto funcionais segundo recursos próprios, recebe aqui uma formulação nova e específica: ela se traduz em um modo de apresentação da "esfera pública" – um dos conceitos mais centrais do pensamento político habermasiano – que ressalta seu caráter fluido, espontâneo, não completamente organizável e, sobretudo, incapaz de ser produzido ou plenamente assegurado em termos estritamente jurídicos. Nesse sentido mesmo, Habermas escreve que sua teoria possui um cerne "anárquico":

> "Aquele potencial das liberdades *comunicativas* desencadeadas possui certamente um cerne anárquico, do qual as instituições do

Estado democrático de direito precisam se alimentar caso queiram efetivamente garantir liberdades *subjetivas* iguais" (HABERMAS, 1992, p. 10 [27]).

"As garantias dos direitos fundamentais não são capazes de proteger sozinhas a esfera pública e a sociedade civil contra deformações. Muito antes disso, as estruturas comunicativas da esfera pública precisam ser mantidas intactas por uma sociedade civil ativa. Na medida em que a esfera pública política precisa em certo sentido estabilizar a si mesma, revela-se a notável *autorreferencialidade da práxis comunicativa da sociedade civil*" (HABERMAS, 1992, p. 447 [p. 469]).

II

No artigo "Beyond the Law: a response to William Scheuerman", Honneth lamenta a "ênfase exagerada" dada às estruturas jurídicas desde o início dos anos 1990 tanto pela teoria crítica quanto por outras importantes heranças intelectuais dedicadas ao problema da justiça social (HONNETH, 2017, p. 126). Para ele, entretanto, essa transformação possuiria um impacto mais destrutivo na teoria crítica, já que representa um abandono de seu comprometimento originário com a interdisciplinaridade e com a expectativa de apreender a diversidade dos traços elementares que marcam a vida social em um determinado período histórico. Um sintoma desse abandono seria o afastamento de disciplinas anteriormente importantes na cooperação interdisciplinar, como a psicanálise e a estética, bem como a negligência

em relação a temas centrais de nosso presente, como "a transformação estrutural do trabalho social, o crescimento imperceptível da exclusão social, o papel de afetos inconscientes no processo de integração política, as rápidas transformações no formato da indústria cultural, a passagem da acumulação capitalista à esfera financeira e a crescente importância do mercado para a produção artística" (HONNETH, 2017, p. 126). Desse modo, em vez de buscar desfazer a impressão gerada em autores como Scheuerman, Honneth insiste que sua obra expressa, sim, um descontentamento com a "fixação unilateral" da teoria crítica recente a questões estritamente jurídicas, o que cumpriria um efeito excludente ou de clivagem: "os únicos [problemas sociais] remanescentes parecem ser aqueles que podem ser tratados pela perspectiva do sistema jurídico-democrático" (HONNETH, 2017, p. 126).

Honneth atribui essa fixação unilateral não a Habermas ele mesmo, mas às interterpretações habermasianas prevalecentes desde o início dos anos 1990. Diferentemente disso, ele chama atenção para a necessidade de se compreender os estudos de Habermas sobre o direito e a democracia como contribuições conectadas ao quadro anterior de sua teoria da ação comunicativa, o que, segundo ele, afasta a referida unilateralidade e vincula o sistema jurídico ao funcionamento mais amplo da reprodução social:

"Esse tipo de unilateralidade certamente não pode ser atribuído a *Facticidade e validade*, de Jürgen Habermas. [...] Este estudo de teoria jurídica guarda em si os resultados de sua monumental *Teoria da Ação Comunicativa*. [...] Eu não vejo qualquer razão para pensar que Habermas pretendia que a teoria jurídica deste livro simplesmente substituísse sua análise social anterior mais abrangente. Mas isso parece ter sido justamente aquilo que alguns de meus colegas acreditavam quando decidiram limitar as preocupações da teoria crítica à resolução dos problemas com os quais o sistema jurídico se vê confrontado" (HONNETH, 2017, p. 127).

Desse modo, muito embora já tenha contestado a excessiva centralidade dada por Habermas à reconstrução do Estado Democrático de Direito (HONNETH, 2011, p. 111; HONNETH, 2007), Honneth o exime aqui da responsabilidade pelos direcionamentos legalistas que encontra no interior da teoria crítica recente. Estes seriam fruto de desenvolvimentos posteriores, próprios de uma interpretação limitadora de *Facticidade e validade* que desfaz o vínculo entre análise jurídica e crítica social. Nesse sentido, como veremos, o plano de repostas privilegiado por Honneth em "Beyond the Law: a response to William Scheuerman" salienta aproximações significativas de sua abordagem jurídica com alguns dos elementos mais centrais de *Facticidade e validade*. À luz de suas respostas às críticas dirigidas por Scheuerman, gostaria de destacar o papel atribuído ao direito tanto em *Luta por reconhecimento*

(1992) quanto em *O direito da liberdade* (2011), salientando duas estratégias distintas de inserir a gramática jurídica como um elemento constitutivo, embora não exclusivo (e tampouco autossuficiente) das fontes normativas da vida social.

Em *Luta por reconhecimento. A gramática moral dos conflitos sociais* (1992), o direito é tratado como uma das dimensões fundamentais do reconhecimento, figurando, assim, como um importante elemento das estruturas de personalidade que compõem a autocompreensão normativa do sujeito moderno. Isso não significa que o direito não possua uma realidade objetiva como parte das regras e estruturas que constituem a vida social. No entanto, na tentativa de desenvolver uma "fenomenologia empiricamente controlada", a ênfase das análises sobre o direito moderno é colocada em seu papel exercido nos processos de formação de sujeitos autônomos e individuados: de um ponto de vista fenomenológico, o direito ampliaria o circuito social do reconhecimento para além das relações amorosas, inserindo uma expectativa intersubjetiva baseada no respeito recíproco entre pessoas jurídicas anônimas. Quer dizer, o reconhecimento jurídico promove uma forma de respeito igualitário entre todos os membros da sociedade, o qual independe das relações de afeto ou predileção que marcam os círculos restritos entre biografias singularizadas que compartilham laços afetivos fortes, dirigindo-se a "propriedades universais" atribuídas a todo ser humano indistintamente (HONNETH, 2003, p. 187). Essas propriedades, por sua vez, possuem alargamentos históricos substanciais que partem da autonomia decisória requerida para a celebração de acordos racionais, são ampliados com a capacidade de participação em processos públicos de formação da vontade e alcançam, enfim, a exigência de condições de formação cultural e segurança econômica necessárias ao exercício igualitário das liberdades jurídicas formalmente asseguradas (HONNETH, 2003, p. 193). Para Honneth, a internalização das expectativas de respeito jurídico é vista como condição mesma ao desenvolvimento de uma forma particular de autorrelação prática, a partir da qual o próprio sujeito aprende a identificar em si as mesmas capacidades racionais reconhecidas nos demais membros da sociedade (HONNETH, 2003, p. 194).

É importante sobretudo destacar que esse modo próprio de apreensão do desenvolvimento histórico do direito, vinculado à ampliação das expectativas que alimentam a autocompreensão normativa do sujeito moderno, encontra-se situada no interior de uma teoria da luta social normativamente motivada. Vale dizer, Honneth não pretende elaborar uma teoria do direito em sentido amplo; suas considerações jurídicas são inteiramente dedicadas ao objetivo estrito de demonstrar o papel cumprido pelo direito moderno na formação da gramática moral dos conflitos sociais – o que é feito por meio de um circuito que combina a *formação* da identidade pessoal por meio da internalização das expectativas normativas de respeito igualitário, o *sofrimento* gerado por formas sistemáticas de seu desrespeito e a *luta* motivada pela ampliação das estruturas de reconhecimento factualmente existentes (HONNETH, 2003, p. 257 e s.). Em uma formulação posterior, esse circuito é visto não como uma completa ruptura em relação ao modelo habermasiano, mas como o aprofundamento do tipo de experiência pré-científica capaz de fundar normativamente uma "transcendência intramundana": não as "condições racionais de um processo de entendimento livre de dominação", mas as "condições intersubjetivas do desenvolvimento da identidade humana", as quais poderiam ser encontradas nas "formas sociais de comunicação em que o indivíduo cresce, adquire uma identidade social e, em última instância, precisa aprender a conceber a si mesmo como um membro igual e único da sociedade" (HONNETH, 2007b, p. 74).

Para Honneth, entretanto, apesar desse papel importante atribuído ao reconhecimento jurídico na dinâmica das lutas sociais, ele é incapaz de oferecer sozinho a gramática do reconhecimento em sua completude. Isso porque as bases normativas da formação da identidade (e da resistência contra seu desrespeito social) trazem dupla exigência de igualdade e individuação. O direito reconhece capacidades racionais igualmente atribuídas a todo ser humano, podendo mesmo oferecer condições de possibilidade para práticas sociais pautadas na singularidade dos agentes. Mas apenas a estima social é vista como capaz de oferecer um tipo de reconhecimento voltado à particularidade dos sujeitos envolvidos, dirigido às realizações de cada um e suas respectivas contribuições à cooperação social (HONNETH, 2003, p. 199).

A especificidade do tratamento jurídico aqui empreendido, isto é, sua delimitação segundo os contornos de uma teoria da luta social, está longe de ser levada plenamente em consideração pela leitura de Scheuerman, que exige o posicionamento de Honneth acerca de uma extensa lista de tópicos que compõem uma teoria do direito em sentido amplo (sistema de direitos, divisão de poderes, *rule of law* etc.). Além disso, Scheuerman encontra em *Luta por reconhecimento* uma oscilação entre a consideração do direito como um "modo de reconhecimento" abrangente que perpassa toda a vida social e como uma "esfera social" independente e espacialmente delimitada. Para ele, as principais debilidades do tratamento jurídico nesta obra seriam derivadas de seu apego ao segundo desses sentidos específicos: Scheuerman atribui a Honneth uma visão "compartimentalizada" do direito, isto é, uma compreensão do direito como "uma esfera social específica, ocupando um lugar social separado e, em aspectos cruciais, um lugar qualitativamente distinguível de esferas sociais alternativas que, ao menos em princípio, seriam mal atendidas se, de alguma maneira, a legalização invadisse essas esferas ou suas lógicas autônomas independentes" (SCHEUERMAN, 2017, p. 3 [10]).

Para Scheuerman, essa visão compartimentalizada do direito não apenas distorce seu papel em diferentes áreas da experiência social como o coloca perigosamente em "quarentena", exigindo que seja isolado das demais esferas sob pena da destruição de suas respectivas lógicas próprias. Desse modo, o apego de Honneth a uma versão compartimentalizada do direito seria responsável pelo reavivamento de intuições equivocadas vinculadas à "crítica da juridificação"[1], modelo de crítica social

---

1. Para Scheuerman, embora Honneth utilize explicitamente o termo "juridificação" apenas em *O direito da liberdade*, já encontraríamos em *Luta por reconhecimento* a premissa de que "precisamos resguardar a autonomia das esferas sociais e dos tipos de reconhecimento não jurídicos contra invasões 'legalistas' potencialmente perigosas e inapropriadas" (SCHEUERMAN, 2017, p. 3 [10]).

utilizado por Habermas em sua *Teoria da ação comunicativa* (1981) e, segundo Scheuerman, abandonado por bons motivos em *Facticidade e validade*. Independentemente do mérito de sua rejeição absoluta à crítica da juridificação (para a qual não apresenta argumentos substanciais que fossem além da indicação de obras clássicas, porém não analisadas), não parece plausível que ela seja de fato aplicada em *Luta por reconhecimento*. Ainda que faça uso da expressão "esferas sociais", a embocadura fenomenológica não tem seu foco na reconstrução de estruturas objetivas, delimitáveis espacialmente ou segundo lógicas próprias, mas, como vimos, em formações subjetivas e suas potenciais lesões proeminentes. Além disso, o direito é considerado legitimamente inscrito nas esferas do amor e da estima social, respectivamente, como proteções necessárias à integridade pessoal e às condições intersubjetivas de solidariedade pós-tradicional (HONNETH, 2003, p. 278).

A respeito dos limites atribuídos por Honneth à gramática jurídica, Scheuerman apresenta ainda o argumento de que a *materialização do direito* faria com que o sistema jurídico passasse a reconhecer em seu interior a especificidade de grupos e condições sociais. Com isso, não seria necessária outra forma de reconhecimento para cumprir a exigência de respeito à particularidade do sujeito, uma vez que o direito material cumpriria de modo satisfatório este papel: ele teria como característica precípua reconhecer a especificidade das condições particulares de exercício da autonomia (SCHEUERMAN, 2017, p. 10 [37]). Mais uma vez, essa objeção parece negligenciar detalhes importantes da teoria do reconhecimento. A materialização tem o papel importante de incorporar a exigência de igualdade de condições no exercício das competências asseguradas pelo direito formal. Ainda assim, trata-se de assegurar a igualdade de exercício do direito entre todos, não a especificidade de indivíduos em suas contribuições sociais e formas de vida particulares. Além disso, o direito material é especialmente focado na superação de *carências* particulares que impedem o exercício igualitário da autonomia jurídica. A especificidade reconhecida aqui é a das carências, não a das qualidades e realizações particulares de cada um. Nesse sentido, uma vez mais, o direito material busca assegurar as condições universais de autonomia, e não o reconhecimento de contribuições particulares já cumpridas, mas subvalorizadas no interior de uma hierarquia particular de valores.

Em *O direito da liberdade: fundamentos de uma eticidade democrática* (2011), encontramos um projeto teórico bastante distinto, o qual pretende oferecer as bases para uma teoria da justiça dirigida às instituições e suas correspondentes práticas sociais. Nesse projeto, o direito (*das Recht*) nos é apresentado como "tudo aquilo que, na realidade social, possui durabilidade moral e legitimidade por servir à possibilidade geral e efetivação da liberdade individual" (HONNETH, 2011, p. 16). A partir desse conceito amplo, que distingue "possibilidade geral" e "efetivação" da liberdade, o direito positivo é submetido a um tratamento mais complexo e diversificado, como um componente situado no interior de uma malha abrangente e descentralizada de fontes normativas corporificadas institucionalmente. Sua reconstrução do ordenamento jurídico tem início com a configuração da "liberdade jurídica" por meio de direitos subjetivos privados, apreendida então como a liberdade negativa para se retirar voluntariamente dos contextos comunicativos de modo a permitir ao sujeito definir e repensar suas orientações de valor individuais segundo uma autorreflexão aliviada dos deveres e laços sociais (HONNETH, 2011, p. 132 e s.). Sua reconstrução avança à análise dos direitos sociais como tentativas de garantir condições materiais necessárias ao exercício igualitário da liberdade jurídica (HONNETH, 2011, p. 143) e, posteriormente, passa a considerações dos direitos subjetivos públicos que estruturam a possibilidade de cooperação dos cidadãos em processos deliberativos dirigidos à formação coletiva da vonta-

de (HONNETH, 2011, p. 474 e s). Na seção final do livro, Honneth nos diz que o direito positivo é capaz de recobrir *todos* os âmbitos de liberdade social com garantias institucionais supervenientes, as quais denotam o comprometimento da comunidade jurídica com as transformações decorridas no interior das esferas de relações pessoais, do mercado e da formação democrática da vontade – as quais, enquanto esferas da eticidade, promovem a "liberdade social" através da cooperação entre subjetividades que se formam e interagem por seu meio (HONNETH, 2011, p. 613).

Desse modo, a reconstrução do ordenamento jurídico é marcada por uma polaridade já mencionada no conceito mais abrangente de direito, na medida em que serve aos papéis distintos de possibilidade geral e efetivação da liberdade individual (HONNETH, 2011, p. 16). No primeiro desses polos, o direito possibilita a liberdade individual na medida em que permite ao indivíduo suspender sua adesão a contextos particulares da vida ética e promove condições institucionais para um tipo de reflexão autocentrada. No entanto, a obra é perpassada pela tese de que, embora a liberdade individual deva ser admitida como bem supremo na modernidade, sua efetivação exige relações de *cooperação* travadas no interior das instituições da eticidade, por meio das quais "os fins das partes envolvidas se complementam de modo a buscarem satisfação por meio de sua execução complementar" (HONNETH, 2011, p. 92). Em função disso, para Honneth, a figura inicial da liberdade jurídica deve ser considerada limitada, já que "é incapaz de gerar e manter as condições de sua própria existência"; vale dizer, promove a liberdade individual em um sentido meramente disruptivo, permitindo o distanciamento momentâneo de interações éticas sem as quais não possui "sustentabilidade" e "razão de existência" (HONNETH, 2011, p. 156). E, nesse sentido mesmo, não deve ser "absolutizada" nem como padrão único de liberdade nem como imagem da vida social. Para Honneth, esse tipo de unilateralização seria responsável por patologias sociais significativas vinculadas à postergação contínua dos deveres intersubjetivos e dos laços de cooperação, levando a deformações no modo como os indivíduos se relacionam consigo mesmos e com o mundo social (HONNETH, 2011, p. 157-159).

Pode parecer inconsistente o fato de Honneth trabalhar a liberdade jurídica de forma negativa e potencialmente patológica no início de sua reconstrução e posteriormente, na seção final do livro, vincular o direito à dimensão "mais elevada" da liberdade social (SCHEUERMAN, 2016, p. 5 e s. [17]). Segundo a dinâmica interna da obra, entretanto, não haveria nisso inconsistência, mas um modo intencional de apresentação teórica que se inicia com a forma mais abstrata e negativa da liberdade (a "liberdade jurídica") para posteriormente apreendê-la de modo "substancial" ou "efetivo" – isto é, mostrando suas relações progressivamente mais densas com a eticidade. Nesse sentido, por exemplo, os direitos políticos irão cumprir um papel fundamental na institucionalização da vida pública democrática, a qual exige práticas de cooperação deliberativa que pressupõem, mas não podem ser reduzidas à atitude autorreflexiva do sujeito individual. Nos próprios termos da obra, portanto, o direito não estaria limitado estritamente à configuração da liberdade jurídica, mas também possui um papel constitutivo na promoção da liberdade social (HONNETH, 2011, p. 613). O vínculo necessário entre essas duas formas de liberdade, entretanto, não é *fundamentado* ele mesmo a partir de um princípio normativo independente (como no caso do "Princípio do Discurso" habermasiano), mas defendido através de um longo percurso de *exposição* das bases histórico-sociais de efetivação da liberdade, apreendidas como desenvolvimento do conjunto das instituições que compõem a eticidade democrática. Nesse sentido, ao ver seu modo próprio de compreensão do direito contrastado com aquele desenvolvido em *Facticidade e validade*, Honneth afirma que ambos coincidem em dois pontos elementares: na consideração da autonomia privada como núcleo estrutural da liberdade jurídica e na necessidade de ser complementada por uma forma de liberdade baseada em práticas coletivas de formação pública da vontade (HONNETH, 2017, p. 128-129). Com isso, a polaridade entre os dois sentidos da liberdade promovida juridicamente coincidiria com a tese habermasiana da *cooriginaridade* em seus termos centrais, com a diferença significativa de que em *O direito da liberdade* vemos salientada a necessidade de uma mediação social mais contundente entre essas formas de autonomia, o que justificaria seu distanciamento na ordem expositiva:

> "Assim, como sua [Habermas] famosa formulação, a autonomia individual e coletiva são 'equiprimordiais' no sentido de que tanto o direito à legislação democrática quanto à autonomia privada podem ser constituídos apenas conjuntamente. Eu busquei, por princípio, proceder de modo semelhante em *O direito da liberdade*, com a exceção de que minha metodologia, seguindo Hegel, separa os dois aspectos da autonomia, colocando autonomia privada – a *Willkuerfreiheit* de Kant, ou liberdade de escolha – no início de toda a minha reconstrução da eticidade democrática, enquanto que a autonomia coletiva, ou seja, a determinação coletiva do conteúdo dos direitos subjetivos, é apresentada apenas no final do capítulo sobre a esfera pública democrática" (HONNETH, 2017, p. 129).

Em virtude de sua vinculação a esses dois sentidos de liberdade, a leitura "compartimentalizada" do direito (que representa a objeção mais central de Scheuerman)

parece aqui mais uma vez pouco convincente ou impactante. Enquanto institucionalização da liberdade jurídica, o direito é visto como uma dimensão não substancial da vida social, vale dizer, como a possibilidade de suspender momentaneamente os laços intersubjetivos sem determinar, por si mesmo, novos padrões positivos para a orientação do comportamento. Por outro lado, enquanto institucionalização da liberdade social, o direito é visto como um recurso disponível ao longo de *toda* a extensão da eticidade – muito embora não esgote o conteúdo de práticas e valores próprios de cada esfera de ação. Com isso, poderíamos dizer que, no primeiro caso, a liberdade jurídica não possui "substancialidade ética" para determinar uma esfera social espacialmente delimitada e, no segundo, que ao direito é atribuída uma vinculação substancial com a eticidade potencialmente dispersa ao longo de toda a sociedade, muito embora ela seja dependente dos valores corporificados nas esferas de ação particulares. Em nenhum desses casos, ao que parece, poderíamos falar do direito como uma esfera social compartimentalizada. Nesse sentido, Honneth escreve:

> "Longe de pensar no direito como algum tipo de espaço cercado, eu o trato como um elemento onipresente em nossas sociedades, disponível a qualquer momento como recurso prático e meio compartilhado para rejeitar demandas irracionais, justificar reformas so-

ciais ou dar força institucional a mudanças sociais recém-alcançadas. [...] Mas, principalmente, o que eu pretendi mostrar em *O direito da liberdade*, com base na filosofia hegeliana, é que se compreende mal as interações entre os participantes dessas várias esferas ao assimilá-las ao modelo de obediência às normas jurídicas. As relações de reconhecimento alcançadas entre os sujeitos são geralmente governadas pelos valores que, segundo concepções compartilhadas, fornecem a essas esferas seu objetivo e propósito. [...] Os limites do direito (e portanto, de qualquer análise social baseada nele) consiste na fato de que ele é incapaz de determinar quais tipos de relacionamento os membros de uma sociedade devem pôr em movimento nas diferentes esferas de ação (HONNETH, 2017, p. 128).

Em decorrência disso, o direito tampouco seria capaz de "colonizar" outras esferas de ação em sentido próprio. Como dito anteriormente, o tipo de patologia específica do direito se dá com a generalização unilateral da liberdade jurídica (enquanto liberdade negativa) e o consequente desaparecimento dos modos de cooperação necessários à liberdade social, gerando duas modalidades de distorções no âmbito da eticidade: na primeira delas, a ação deixa de ser conduzida segundo valores, significados e costumes compartilhados, passando a ser estrategicamente calculada em vista do aumento das chances de êxito em um possível litígio futuro; com isso, os sujeitos seriam reduzidos de forma objetivadora ao "somatório de suas reivindicações jurídicas" (HONNETH, 2011, p. 161-166). Na se-

gunda, a própria capacidade de ação se vê comprometida pela manutenção prolongada da atitude suspensiva da liberdade negativa, impedindo a formação da própria vontade e conduzindo a um estado de "postergação de toda decisão profunda" (HONNETH, 2011, p. 167-172). Aquilo que Honneth chama de "juridificação" (*Verrechtlichung*) refere-se ao primeiro desses dois tipos de distorções patológicas da liberdade jurídica (HONNETH, 2011, p. 162), sendo que nenhuma das duas modalidades possui o mesmo significado de uma "colonização sistêmica". De acordo com o diagnóstico desenvolvido em *O direito da liberdade,* se alguma esfera social é explicitamente apresentada como propensa a colonizar as demais, essa é a esfera econômica do mercado – com recursos que podem certamente incluir instrumentos jurídicos, ainda que não derive daí sua lógica de funcionamento (HONNETH, 2011, p. 276; TEIXEIRA, 2019, p. 189-194).

É importante dizer que boa parte das objeções de Scheuerman ao modo controverso como Honneth interpreta o sistema de direitos são bastante pertinentes – por exemplo, quando questiona o núcleo "hiper-privatista" de sua concepção de direitos subjetivos, o caráter exclusivamente atomizado e estratégico atribuído às competências do direito privado e a subsunção dos direitos sociais a esse mesmo feixe de competências (SCHEUERMAN, 2017, p. 5 e s. [26]).

Entretanto, ainda que bastante plausíveis, tais objeções representam uma disputa de interpretações do próprio campo jurídico e dificilmente podem ser convertidas em argumentos contundentes contra o suposto "abandono", "negligência" ou "atitude contrária" ao direito. Scheuerman também parece estar correto ao afirmar que Honneth nunca nos ofereceu contribuições à literatura jurídica especializada tão complexas e abrangentes como Habermas. Ainda assim, por mais sofisticadas que sejam as contribuições da teoria do discurso ao direito e ao Estado constitucional, elas tampouco deixaram de ser fortemente criticadas por limites, lacunas e simplificações notáveis (ROSENFELD, ARATO, 1998; DEFLEM, 2013). Apesar de toda a abrangência e complexidade encontradas por Scheuerman nas análises jurídicas de Habermas, estas se mostram quase que exclusivamente circunscritas a questões de direito constitucional, deixando de lado um número significativo de disciplinas tradicionais e uma infinidade de questões e tópicos do debate jurídico contemporâneo. Desse modo, quando o modelo tomado por Scheuerman como exemplar mostra-se ele próprio bastante seletivo, seus critérios implícitos de abrangência e complexidade técnica perdem impacto significativamente.

Perante o imenso volume e a profunda especialização da literatura jurídica, bem como os processos políticos contínuos e, por princípio, nunca completamente exauríveis de "interpretação constitucional", parece justificável que a apreensão do fenômeno jurídico pela teoria crítica seja seletiva, orientando-se por objetivos delineados no quadro interdisciplinar de problemas sociais prementes em um momento histórico particular (HONNETH, 2017, p. 126-127). Em contraposição a isso, as críticas de Scheuerman a um suposto empobrecimento dos estudos jurídicos pela vertente antilegalista não nos mostram claramente qualquer critério de seletividade, qualquer objetivo específico que justificasse o estudo do direito para fins de crítica e transformação social. O estudo e a aplicação do direito parecem configurar um fim em si mesmo, sendo defendidos como o objetivo maior a subordinar normativa e temporalmente qualquer outro propósito prático-investigativo: "Vamos primeiro criar um planeta em que os direitos fundamentais, a *rule of law* e o constitucionalismo estejam assegurados. Depois podemos ter uma conversa mais produtiva sobre suas possíveis patologias" (SCHEUERMAN, 2017, p. 11 [43]).

III

Pelo exposto, o antilegalismo de Honneth não pode ser tomado como uma atitude contrária ao direito, mas contrária, sim, à "fixação unilateral" das teorias normativas contemporâneas em questões estritamente jurídicas e, sobretudo, a seu efeito de clivagem na agenda de problemas sociais submetidos à avaliação crítica (HONNETH, 2017, p. 126). Essa postura, como vimos, não caracteriza uma ruptura com as contribuições da teoria do discurso ao estudo do direito e da democracia constitucional, mas compartilha com ela alguns traços elementares, tais como a atenção constante aos *limites* próprios do medium direito (salientando sua dependência em relação a uma infraestrutura comunicativa que lhe serve de base e que não pode ser produzida por instrumentos legais), bem como a denúncia de suas *ambivalências* constitutivas, podendo tanto reforçar como reprimir a liberdade por meio, por exemplo, da institucionalização de privilégios sociais, do isolamento e da segregação legalizada, de regulações paternalistas e de processos de tomada de decisão sem suficiente participação coletiva. O modo particular como esses componentes são articulados em *O direito da liberdade* busca inserir o direito em um quadro mais amplo de crítica social baseado na ideia de eticidade democrática, promovendo um tipo de avaliação da história institucional atenta à multiplicidade de fontes normativas corporificadas em esferas de ação descentradas e, sobretudo, focada nas tendências de degeneração de suas estruturas

de cooperação reflexiva. O direito, nesse sentido, pode servir tanto à institucionalização quanto à desinstitucionalização da liberdade social, corroborando, neste último caso, tendências ideológicas que a consideram "desnecessária, impossível ou perigosa" (ANDERSON, 2013, p. 19).

Porém, se as objeções aqui mencionadas ao antilegalismo de Honneth não parecem atingir a especificidade de sua crítica social, elas também tendem a obscurecer alguns de seus aspectos mais problemáticos. Gostaria de indicar apenas três das questões que merecem ser levantadas do ponto de vista de uma crítica social focada na ideia de eticidade democrática. Inicialmente, nada parece favorecer a limitação da eticidade às três esferas sociais consideradas por Honneth em *O direito da liberdade*. Suas tentativas mais ousadas de atualização preservam ainda um apego insuficientemente justificado à estrutura geral da *Sitlichkeit* tal como apresentada na filosofia do direito hegeliana. Os critérios anunciados por Honneth para selecionar as esferas sociais como dimensões da vida ética (HONNETH, 2011, p. 18-29) certamente exigiriam o reconhecimento de um conjunto maior e mais diversificado de esferas de ação, incluindo, por exemplo, escolas, universidades, igrejas, instituições artísticas, esportivas e midiáticas. Nesse sentido, a realização do projeto teórico vinculado à eticidade democrática parece exigir a superação da estrutura institucional da *Filosofia do direito* de Hegel e, por princípio, qualquer sistema fechado de esferas institucionais. A ideia de liberdade social parece mais rica quando operada a partir não de uma imagem totalizante da sociedade (ou das esferas de valor institucionalizadas), mas como um programa de pesquisa aberto às fontes múltiplas e transitórias da normatividade social.

Em segundo lugar, no final de *O direito da liberdade*, Honneth apresenta as lutas sociais como o "motor e o meio de realizar princípios institucionalizados de liberdade" (HONNETH, 2011, p. 613). Quer dizer, como o impulso social responsável pelas transformações institucionais de acordo com as reivindicações por liberdade, dando ao conjunto das esferas da eticidade uma qualidade dinâmica e não conservadora. No entanto, essa afirmação parece não se encaixar facilmente no conjunto do livro. A categoria de luta social não foi substancialmente evocada durante a maior parte da reconstrução das diferentes esferas da liberdade social. Em muitos casos, suas transformações parecem creditadas a processos objetivos de diferenciação funcional sem uma intencionalidade política clara. Além disso, a obra não apresenta propriamente uma teoria da luta social e não é evidente se ela oferece-

ria espaço para tanto. Isso porque o conceito de "instituição" utilizado é significativamente robusto para a formação de subjetividades de acordo com a modulação social de seus objetivos e desejos (HONNETH, 2011, p. 92-93), de modo que os motivos da luta se tornam menos claros ou inesperados. Esse tipo de construção no mínimo deixa fora de foco os conflitos sociais imanentes a cada esfera institucional, conduzindo a um "déficit político" inédito em sua obra (MELO, 2014). E, por consequência, o próprio qualificativo "democrático" acoplado à noção de eticidade se mostra bastante enfraquecido: a democratização é avaliada a partir de critérios que apenas acrescentam às esferas institucionais a exigência de maior "inclusão" e "reflexividade" em suas formas de cooperação preexistentes, sem que as respectivas transformações sejam enfaticamente vinculadas a processos de contestação e justificação pública. Embora a noção de "liberdade social" nos apresente contribuições significativas para uma interpretação não individualista da liberdade individual, as análises levadas a cabo em *O direito da liberdade* abarcam de forma apenas marginal o valor específico que uma cooperação igualitária e participativa deve assumir em processos de justificação pública das diferentes esferas institucionais.

Quando nos deparamos com a declaração contundente sobre o papel das lutas sociais nas páginas finais do livro, somos imediatamente levados a ligá-lo a seus trabalhos anteriores. Em realidade, espera-se que essa lacuna possa vir a ser superada por algum tipo de integração com a teoria da luta social desenvolvida ao longo da década de 1990. Uma integração mais direta, entretanto, não parece autorizada pelos novos termos de sua teoria: Honneth não faz uma relação explícita entre os dois conceitos de luta, de modo que seu projeto centrado na elaboração de uma teoria da justiça pareça substituir o anterior. Para além das diferenças de conteúdo, a harmonização entre as duas ideias de luta social encontra dificuldades em suas notáveis diferenças metodológicas, uma vez que a "reconstrução normativa" da eticidade democrática não coincide com as dimensões do reconhecimento apreendidas anteriormente mediante a "fenomenologia empiricamente controlada" (GARCIA, 2020).

E isso nos conduz a um último ponto. Honneth nega explicitamente a continuidade de seu modelo anterior: na tentativa de evitar uma antropologia filosófica naturalista e normativamente exigente, seu projeto fenomenológico parece inteiramente abandonado em favor de uma reconstrução normativa das estruturas institucionais da eticidade (HONNETH, 2002). E, como consequência, parece se distanciar também de sua pretensão inicial de acessar as experiências intramundanas de desrespeito decorrentes de lesões sociais à identidade pessoal – com as quais pretendia aprofundar os fundamentos sociais de uma teoria crítica baseada na possibilidade de transcendência intramundana. Com este passo, torna-se menos claro ou inexistente não apenas o nexo da teoria com uma práxis transformadora (que a categoria da luta social teria por função introduzir), mas também sua relação com a experiência pré-teórica de subjetividades socialmente enraizadas. Quando comparado aos desafios produzidos por objeções semelhantes ao projeto de uma fenomenologia política, autoras como Iris Young mostram maior capacidade de combinar a experiência subjetiva de sofrimento e resistência política com elementos de justiça institucional segundo os termos de uma "visão binocular" (LIMA E SILVA, SILVA, 2017). Na ausência dessa conexão, uma teoria da justiça que busque ir além da gramática jurídica perde acesso a uma diversidade ampla de questões normativas que não alçaram ainda o plano das disputas institucionais, mas se mostram perceptíveis na forma de experiências subjetivas institucionalmente situadas (YOUNG, 2000, p. 7).

IV

Por fim, gostaria de chamar atenção para certos desenvolvimentos de Scheuerman em seu novo livro sobre *Desobediên-*

cia civil (2018) – uma obra que, para além da rica exposição do debate já sedimentado sobre o tema, assume um caráter diretamente propositivo, oferecendo-nos teses originais dirigidas a suas formas de continuidade no debate político contemporâneo. Em conclusão, busco defender que a cruzada antilegalista de Scheuerman encontra-se em descompasso com os próprios referenciais teóricos valorizados nesta obra, gerando sobretudo dificuldades à pretendida atualização do conceito à luz da experiência política recente.

Como o próprio Scheuerman admite, a desobediência civil nos coloca sempre em contato com uma normatividade que não se exaure plenamente na positividade do direito, remetendo-nos, em seus próprios termos, a um desrespeito publicamente justificado a leis ou ordens estatais em nome de um "direito superior". Na primeira parte da obra, dedicada ao desenvolvimento teórico do conceito, Scheuerman nos apresenta os quatro principais modelos de desobediência civil: religioso, liberal, democrático e anarquista. Para o autor, poderíamos encontrar um "processo de aprendizagem" positivo no desenvolvimento dos três primeiros, partindo da consolidação dessa forma de protesto com base em uma normatividade de fundo espiritual, seguindo com a depuração e decorrente substituição da lei divina por princípios de justiça constitucionalmente

assegurados para, enfim, alcançar exigências mais amplas de um procedimento democrático igualitário e inclusivo. Diferentemente do modelo liberal, que transformaria a desobediência civil em um mecanismo para a recomposição de garantias constitucionais violadas, Scheuerman encontra em Arendt e Habermas um modelo proeminentemente político, transformativo, dedicado à denúncia de procedimentos democráticos falhos e, sobretudo, ao "aprofundamento da democracia" (SCHEUERMAN, 2018, cap. 3). Para Scheuerman, entretanto, esse processo de aprendizado contínuo, com ganhos cumulativos no desenvolvimento de sua normatividade própria, seria substancialmente ameaçado pela vertente anarquista: seu antilegalismo militante desvincularia a desobediência civil de qualquer comprometimento claro com o Estado Democrático de Direito, conduzindo a uma "desdiferenciação conceitual" em relação a outras formas de protesto e, fundamentalmente, a "consequências políticas desagradáveis", por abrir mão de seu apelo simbólico e sua reconhecida capacidade de justificação pública. Na segunda parte da obra, Scheuerman aborda o ressurgimento da desobediência civil como categoria crescentemente reivindicada por protestos políticos nas últimas décadas, salientando diferenças significativas em seu formato e novos desafios gerados a sua avaliação teórica. Dentre as características mais marcantes no novo contexto, Scheuerman salienta a "pós-nacionalização e privatização" – isto é, a inserção da desobediência civil no cenário de protestos globais dirigidos prioritariamente não a autoridades políticas tradicionais do Estado-nação, mas a agentes e instituições econômicas internacionais – bem como uma adesão recorrente e, segundo o autor, "perigosa" à linguagem e autocompreensão anarquista.

Independentemente dos muitos méritos da obra, é necessário inicialmente perceber que ambos os autores aos quais Scheuerman atribui o desenvolvimento de seu modelo privilegiado – vale dizer, o modelo *democrático* de desobediência civil – não compartilham o mesmo tipo de recusa ao antilegalismo; muito pelo contrário, arrolam entre seus principais adversários as posições legalistas encontradas nos respectivos contextos de análise. No ensaio "On Civil Disobedience", de 1970, Arendt explicitamente se opõe às compreensões morais e legalistas desse conceito, as quais encontrariam suas bases, respectivamente, na consciência individual ou no grau hierárquico superior da lei constitucional (ARENDT, 2010, p. 52-55). Para a autora, uma compreensão política de desobediência civil a considera baseada não em uma lei escrita qualquer, mesmo que de estrato superior, mas sim no "espírito das leis", o que nos remeteria às condições histórico-sociais do pacto político e aos princípios

subjacentes a uma "sociedade do consentimento" (ARENDT, 2010, p. 75 e s.); Habermas, por sua vez, combate a posição legalista como contraditória e potencialmente autoritária: a desobediência à lei não poderia ser autorizada por lei – se o fosse, não seria propriamente uma desobediência; além disso, ela transforma aquele que protesta contra leis e atos governamentais ilegítimos em criminoso comum, colocando-o fora do jogo político. E, contrariamente à tese de que a desobediência civil não seria aceita no Estado de direito alemão por não se encontrar formalmente reconhecida via legislação ou jurisprudência constitucional, Habermas encontra seu enraizamento não propriamente no texto escrito de normas e decisões judiciais, mas em uma "cultura política democraticamente desenvolvida" (HABERMAS, 2015, p. 144).

Ainda assim, ambos os autores permanecem presos ao quadro de pressupostos westfalianos, sendo incapazes de abarcar satisfatoriamente o deslocamento histórico das experiências concretas de protesto contra instâncias do poder econômico de estrutura transnacional. Scheuerman parece estar atento a essa dificuldade. Embora defenda Arendt e Habermas no plano teórico, o autor não faz uso do referido modelo democrático quando se dedica às novas práticas de desobediência civil. Em vez disso, reclama a centralidade de uma interpretação universalista e moralmente carregada da *rule of law*, inspirada sobretudo na obra de Lon Fuller. Segundo ele, o Estado de direito expressa o "compromisso normativo de tratar aqueles aos quais nos encontramos vinculados de maneira minimamente respeitosa e digna", ao passo que seu enfraquecimento "ameaça destruir os elementos básicos de nossa personalidade moral" (SCHEUERMAN, 2018, p. 128-129). Além de contrastar com posicionamentos explícitos dos autores aos quais atribui o modelo dedicado ao "aprofundamento democrático", a inscrição desse componente moral substancialista da *rule of law* nos capítulos finais do livro possui caráter *ad hoc*, sem qualquer relação com as reconstruções iniciais sobre as "bases normativas imanentes" à desobediência civil.

Muito embora Honneth não faça uso direto do conceito, uma visitação a sua crítica social poderia ajudar neste ponto. Por um lado, a relação feita entre reconhecimento jurídico e personalidade moral, como vimos, é bastante explorada pelo autor. Entretanto, essa relação não é vista como decorrência de uma concepção ideal da *rule of law* (defendida por Scheuerman sem um ancoramento empírico explícito, de forma historicamente negligente e tendencialmente apolítica). Em Honneth, esse vínculo entre reconhecimento jurídi-

co e personalidade moral é estabelecido por meio de processos históricos de lutas por direitos que ampliam as qualidades morais a serem reciprocamente atribuídas a todos os membros de uma comunidade jurídica, denunciando tanto a insuficiência do conteúdo de direitos compartilhados quanto a exclusão injustificada de indivíduos e grupos como membros plenos da comunidade jurídica. Nesse sentido, é importante notar que o maior exemplo de luta por reconhecimento jurídico utilizado por Honneth em 1992 refere-se ao movimento por direitos civis nos EUA (HONNETH, 2001, p. 198), um dos casos históricos mais emblemáticos de utilização da desobediência civil como categoria nativa em processos políticos concretos.

Além disso, a ampliação do foco da desobediência civil em direção a instâncias econômicas, principalmente relacionadas a agentes e instituições transnacionais do mercado financeiro, parece se beneficiar heuristicamente da tese honnethiana que defende a impregnação normativa da economia, trabalhada por ele de diferentes formas ao longo de sua obra (HONNETH, 2001; HONNETH, 2011). Vale dizer que Nancy Fraser, considerada por Scheuerman uma das maiores representante das tendências antilegalistas na teoria crítica contemporânea, também assume uma versão particular desta tese, voltando-se às demandas por novos *frames* de representação política no plano da justiça transnacional (FRASER, 2010). Cabe admitir que os modos como essa tese geral é delineada por Honneth e Fraser não são idênticos ou incontroversos; ainda assim, em face da "privatização e pós-nacionalização" das autoridades contestadas (identificadas por Scheuerman como características centrais das novas dinâmicas de protesto), parece produtivo trabalhá-la como uma hipótese de sentido aberto, voltada a compreender os modos como a suposta normatividade impregnada no mercado tem sido mobilizada em protestos dirigidos contra organizações do capitalismo financeiro, bem como o tipo de exigências democratizantes que podem ser ali encontradas.

Para finalizar, cabe dizer que a cruzada antilegalista de Scheuerman o faz negligenciar transformações significativas na autocompreensão de agentes políticos que reivindicam a desobediência civil como categoria tanto explicativa quanto justificatória. Como o próprio autor admite, o ressurgimento recente do debate teórico sobre o tema se deve, em grande medida, à notoriedade dessa forma de ação política em protestos globais desencadeados pela crise financeira de 2008, sobretudo vinculados a uma gramática de ocupação de espaços públicos que se difundiu em diferentes partes do mundo. Em razão de sua retórica antilegalista, entretanto, Scheuerman qualifica tais movimentos como regressivos,

potencialmente violentos e politicamente irresponsáveis, abandonando, assim, qualquer abertura epistêmica para *novos processos de aprendizagem* à luz da experiência política recente. Com isso, o autor não apenas negligencia a autocompreensão produzida por ativistas, como busca oferecer a eles recomendações ou direcionamentos pautados em um modelo teórico moralmente exigente – incitando-os sobretudo a demostrar publicamente maior "fidelidade à lei" (SCHEUERMAN, 2018, p. 132-137). Como já salientou Gabriel Buch de Brito, a obra, neste ponto, acaba recaindo em uma "sobreposição da teoria em relação à prática muito problemática para um projeto que se compreende como pertencente ao campo da teoria crítica" (BRITO, 2019, p. 5). E, em função mesmo da referida sobreposição teórica, Scheuerman torna seu projeto de atualização impermeável à autocompreensão e justificação normativa de agentes que reclamam a desobediência civil no registro dos chamados "novos anarquismos" (GERBALDO, 2017; BRAY, 2013; GRAEBER, 2002). Em um texto intitulado "The new anarchists", intencionalmente dedicado ao combate de preconceitos e mal-entendidos em relação à dinâmica interna de *Occupy Wall Street*, David Graeber nos remete explicitamente à tentativa conjunta de estabelecer uma "nova linguagem à desobediência civil", a qual seria "não violenta, ainda que em sentido distinto do autossacrifício de Gandhi", e vinculada sobretudo à produção de formas não hierárquicas de uma "democracia do consenso":

> "[E]sse é um movimento que se propõe de reinventar a democracia. Ele não se opõe à organização. Trata-se, ao contrário, de criar novas formas de organização. E isso não significa também ausência de ideologia. Essas novas formas de organização são sua ideologia. Trata-se de criar e promulgar redes horizontais ao invés de estruturas organizativas de cima para baixo, como Estados, partidos ou corporações; redes baseadas em princípios descentralizados, em uma democracia consensual não hierárquica" (GRAEBER, 2002, p. 70).

Esse tipo de posicionamento, caso não seja considerado um esforço isolado, confere-nos bons indícios de que a autorreflexão anarquista pode não apenas ser compatível com o chamado "modelo democrático" da desobediência civil, mas contribuir em seu desenvolvimento para além do estado deixado por Habermas – desvelando seu admitido "cerne anárquico" e combinando o componente deliberativo até então predominante com práticas espontâneas de participação não hierárquica, cooperação igualitária e resistência pacífica, embora não sacrificial.

Bibliografia

ANDERSON, J. The fragile accomplishment of social freedom. *Krisis*, n. 1, 2013.

BRAY, M. *Translating Anarchy*: The Anarchism of Occupy Wall Street. Winchester: Zero Books, 2013.

BRITO, G. B. Desobediência civil entre pós-nacionalização e digitalização. *Dissonância: Revista de Teoria Crítica*, AOP (Advance Online Publication), 2020.

DEFLEM, M. The legal theory of Jürgen Habermas. In: BANAKAR, R.; TRAVERS, M. *Law and Social Theory*. Oxford: Hartman Publishing, 2013.

FRASER, N. *Scales of Justice*: reimagining political space in a globalizing world. New York: Columbia University Press, 2010.

GARCIA, R. *Reconstrução Normativa em Axel Honneth*. Dissertação (Mestrado em Filosofia) – UFRGS, Porto Alegre, 2020.

GERBALDO, P. *The mask and the flag*. Populism, citizenism and global protest. Oxford: Oxford University Press, 2017.

GRAEBER, D. The new anarchists. *New Left Review*, n. 13, 2002.

HABERMAS, J. *Faktizität un Geltung*. Beiträge zur Diskurstheorie des Rechts und des demokratischen Rechtsstaats. Frankfurt a. M.: Suhrkamp, 1992.

HABERMAS, J. *Facticidade e validade*. Trad. Felipe Silva e Rúrion Melo. São Paulo: Ed. Unesp, 2020.

HABERMAS, J. *A nova obscuridade*. Pequenos escritos políticos V. São Paulo: Ed. Unesp, 2015.

HONNETH, Axel. *Luta por reconhecimento*: a gramática moral do conflitos sociais. São Paulo: Editora 34, 2003.

HONNETH, Axel. Redistribution as recognition: a response to Nancy Fraser. In: FRASER, N.; HONNETH, A. *Redistribution or recognition*. A political-philosophical exchange. London: Verso, 2001.

HONNETH, Axel. Grounding recognition: a rejoinder to critical questions. *Inquiry: An Interdisciplinary Journal of Philosophy*, v. 45, n. 4, p. 499-519, 2002.

HONNETH, Axel. Democracy as reflexive cooperation: John Dewey and the theory of democracy today. In: HONNETH, Axel. *Disrespect*: the normative foundations of critical theory. Cambridge: Polity Press, 2007a.

HONNETH, Axel. The social dynamics of disrespect: on the location of critical theory today. In: HONNETH, Axel. *Disrespect*: the normative foundations of critical theory. Cambridge: Polity Press, 2007b.

HONNETH, Axel. *Das Recht der Freiheit: Grundriss einer demokratischen Sittlichkeit*. Suhrkamp, Frankfurt/A, 2011.

HONNETH, Axel. Beyond the Law: a response to William Scheuerman. *Constellations*, v. 24, n. 1, 2017.

LIMA E SILVA, G.; SILVA, F. G. Between experience and structure: Social suffering, collective identities and justice in Iris Marion Young. In: BUENO, A.; TEIXEIRA, M. (orgs.). On the politics of social suffering. *Digithum*, n. 23, Barcelona, 2017.

MELO, R. S. Da teoria à práxis? Axel Honneth e as lutas por reconhecimento na teoria política contemporânea. *Revista Brasileira de Ciência Política*, n. 15, 2014.

ROSENFELD, M.; ARATO, A. *Habermas on law and democracy : critical exchanges*. Berkeley: University of California Press, 1998.

SCHEUERMAN, W. Recent Frankfurt Critical Theory: Down on Law? *Constellations*, v. 24, n. 1, 2017.

SCHEUERMAN, W. A teoria crítica frankfurtiana recente: avessa ao direito? Trad. Bianca Tavolari. *Dissonância: Revista de Teoria Crítica*, 2018.

SCHEUERMAN, W. *Civil disobedience*. Malden: Polity Press, 2018.

TEIXEIRA, M. Can Honneth's Theory Account for a Critique of Instrumental Reason? Capitalism and the Pathologies of Negative Freedom. In: SCHMITZ, V. (ed.). *Axel Honneth and the Critical Theory of Recognition*. London: Palgrave Macmillan, 2019.

YOUNG, I. *Inclusion and democracy*. Oxford: Oxford University Press, 2000.

Para uma Filosofia do Direito (Sociologicamente) Sensível:
Utopias institucionais e lutas por direitos[1]

José Rodrigo Rodriguez

29.1. Introdução

Demandas sociais novas necessariamente ameaçam o *status quo* político e jurídico: isso é normal em uma democracia. Afinal, tais demandas tendem a exigir uma nova distribuição de recursos materiais e modificam as hierarquias de prestígio social (RODRIGUEZ, 2020). Por exemplo, demandas por direitos nascidas na comunidade LGBTQIAP+ exigem não apenas novas interpretações das leis e a criação de novos direitos e políticas públicas (SILVA, 2021). Tais demandas também exigem que o Estado, o uso oficial do direito, reconheça que estas pessoas são titulares, por exemplo, da faculdade de se casarem, um reconhecimento que não é moralmente neutro. Explico.

O reconhecimento de uma demanda social pelo direito oficial confere a ela um *status* moralmente superior às demais, ao menos aos olhos de parte da sociedade. Por isso mesmo, podemos dizer que o direito possui uma "moralidade substantiva mínima", temporária e instável, que consiste no fato de que suas normas podem ser exigidas de qualquer pessoa, mesmo

---

[1]. Este texto reaproveita trechos de dois outros artigos escritos entre 2021 e 2022 ("Multinormatividade como (uma) Filosofia do Direito" e "O Papel dos Juristas em Face de Ameaças Autoritárias") para explicitar minha concepção de direito e situá-la na tradição da Filosofia e da Teoria do Direito contemporânea com fins didáticos e de prestação de contas de minha atividade de pesquisa no Anuário de Pesquisas da UNISINOS.

que ela não concorde com elas, mesmo contra a sua vontade. Nesse sentido, as normas jurídicas gozam de primazia sobre as demais normas que regulam a vida social a respeito daquele mesmo assunto.

Em razão da histórica centralização do poder de criar normas jurídicas e de perseguir sua efetivação nas mãos dos Estados nacionais, que se utilizam, para esse fim, do sistema policial e do sistema de justiça, uma demanda reconhecida pelo uso oficial do direito torna-se, por assim dizer, universal, ainda que para aquele contexto. Ela deve ser respeitada por toda a sociedade, mesmo pelas pessoas e grupos que discordam dela.

Tal fato não impede que o debate público siga questionando as normas jurídicas que reconheceram tal demanda, o que pode resultar em sua modificação futura pelo Parlamento. No entanto, ao menos enquanto tal lei existir, ela seguirá revestida da "moralidade mínima" – conferida pelos procedimentos de criação de normas jurídicas de um estado democrático de direito –, que faz com que suas normas sejam obrigatórias mesmo contra a vontade individual das pessoas, fato que permite que o aparelho estatal deixe de aplicar normas que uma série de grupos e indivíduos considera como morais e que deveriam gozar do *status* jurídico.

Nesse sentido, cada norma jurídica marca a vitória moral temporária de determinados grupos sobre outros. A criação de direitos é sempre jurispática (COVER, 1983). Por isso mesmo, parece razoável imaginar que o *status* especial que o direito confere a certas demandas sociais que expressam visões morais de determinados indivíduos ou grupos possa provocar incômodo em parte dos agentes sociais. Esta é uma das razões pelas quais o direito, em sua forma estatal e centralizada, foi apontado por Judith Butler como potencialmente patológico para a vida social (BUTLER, 2003).

Para utilizar outra terminologia, em vez de negociarem entre si as normas que devem regular a vida em sociedade, ou simplesmente ignorarem o Estado para autorregular as suas vidas, os agentes sociais podem passar a perseguir a *autenticação oficial* de suas demandas (RODRIGUEZ, 2020; KIRCHHEIMER, 1961), em razão da força simbólica e distributiva da moralidade mínima do Direito.

Tal movimento na direção da autenticação, segundo Butler, confere ao Estado um poder que ele não deveria ter; o poder de reconhecer certos discursos como aceitáveis e outros como não aceitáveis. Um poder que põe nas mãos de Juízes e Juízas questões que poderiam ser mais bem resolvidas pela livre negociação do sentido entre os agentes sociais.

Sob o domínio de uma *política de autenticação*, em vez de dialogarem entre si, os agentes sociais passam a disputar o Estado como se ele fosse responsável por reconhecer a sua forma de vida como valiosa em si mesma, esvaziando o debate moral social. Nesse registro, a autenticação oficial pode passar a funcionar como uma espécie de autorização simbólica para que as pessoas vivam a vida que pretendem viver.

Ademais, como já apontado pela literatura sobre jurisdicização (FRIEDMANN & BELLEY, 1999), esse movimento pode esvaziar a deliberação pública, que passa a ocorrer apenas nos termos da gramática oficial e sob o poder dos funcionários do Estado.

29.2. Utopias radicais e utopias institucionais

Como se vê, a disputa social por direitos em seu estado normal produz problemas e críticas em relação ao que vou passar a chamar de *luta por direitos* em diálogo com o pensamento de Hans Kelsen. Kelsen afirma que a interpretação e o debate que procura influenciar a interpretação é um "problema jurídico-político", ou seja, é um debate indeterminado que, no limite, depende da decisão subjetiva do juiz. O máximo que o jurista pode fazer, para Kelsen, é identificar as diversas possibilidades de interpretação que estão em jogo em determinado momento (KELSEN, 2021, p. 88-89).

Uma das tarefas do jurista segue sendo identificar as possibilidades de inter-

pretação em jogo, tanto no que se refere ao uso oficial do direito quanto no campo do uso social do direito. Não apenas os juristas disputam a interpretação dos textos normativos, os agentes sociais também defendem interpretações da Constituição e de outras leis e lutam para que elas sejam adotadas pelos demais membros da sociedade e pelas autoridades do Estado, com ou sem a mediação de advogados, fenômeno que eu chamo de *uso social do direito* (RODRIGUEZ, 2019).

A disputa social por direitos, a luta pela criação de novos direitos e por sua intepretação, tematiza e desestabiliza a aceitação social e as justificativas plausíveis para distribuir recursos econômicos e simbólicos via direito oficial, via *uso oficial do direito*. Um processo que se desdobra, a partir da criação das leis, em sua interpretação e aplicação pelo sistema de Justiça, passando pela discussão na esfera pública especializada e não especializada. Ou seja, uma disputa que envolve os cidadãos e cidadãs em geral, partidos, organizações, movimentos sociais e seus advogados e advogadas, além dos membros do Sistema de Justiça: Polícia, Defensorias, Procuradorias, Ministério Público e Poder Judiciário.

A luta por direitos também põe problemas no campo do que eu vou chamar de "utopias radicais" e "utopias institucionais". Explico. Os agentes sociais têm questionado historicamente se a atual gramática da luta por direitos seria ou não a melhor forma de organizar as disputas sociais e quais seriam as alternativas disponíveis no acervo do pensamento institucional ocidental. E, eventualmente, não ocidental: há tentativas interessantes de construção de conceitos e instituições novas a partir da herança ocidental, mas com inspiração no pensamento indígena e africano, por exemplo (ACOSTA, 2016; METZ, 2019; KASHINDI, 2019;MALOMALO, 2020; SODRÉ, 2017).

Uma mudança institucional radical, não é preciso dizer, pode vir a instaurar uma nova normalidade institucional de luta por direitos, fundada em uma nova concepção de direito; ou mesmo a supressão do direito como esfera autônoma.

Nesse sentido, os dois maiores problemas enfrentados pelo pensamento jurídico crítico – além, é claro, do problema da justificação de um critério a partir do qual se possa criticar as instituições, que foi enfrentado em outro lugar (RODRIGUEZ, 2009, 2020) – são: (a) os riscos de realizar mudanças institucionais radicais ignorando a luta por direitos, social e oficial; (b) a possibilidade efetiva de superar a gramática institucional vigente e instaurar, por assim dizer, um direito e uma política completamente diferente. No fundo, esses dois problemas, um teórico e um empírico, podem ser compreendidos como manifestações da tensão entre a luta por direitos e a defesa de utopias radicais ou institucionais.

As reflexões a respeito da possibilidade e dos riscos de realizar mudanças radicais, ignorando ou passando por cima da dinâmica institucional vigente e de sua gramática, tem como marco analítico importante, na modernidade, as reflexões de Hegel a respeito do terror durante a Revolução Francesa na *Fenomenologia do espírito* (HEGEL, 2014). Tais reflexões também podem ser lidas como uma crítica radical a qualquer concepção substantiva, a-histórica e apolítica de direito natural.

Hegel sustenta que demandas por mudança social impostas na forma de princípios abstratos, sem qualquer mediação, a uma realidade que funciona de acordo com certos padrões de racionalidade podem resultar em práticas de violência e extermínio em massa de pessoas. Um pensamento moral e jurídico abstrato, sociologicamente insensível, é potencialmente violento. Explico.

É razoável dizer que a ação de "enforcar o Rei" é o testemunho mais acabado de um diagnóstico de tempo que considera todo diálogo e toda a negociação sobre o sentido do direito impossíveis. Apenas exterminando os nobres e, por assim dizer, sua gramática institucional marcada por práticas constituídas por certas categorias mentais, seria possível reconstruir a vida social a partir do zero, ilusão que Robert Darton denominou, muito apropriadamente, de era dos "possibilismos" (DARTON, 1990). Uma era na qual ocorreram episódios incríveis, como o desenterrar de mortos em Paris e a tentativa de mudar totalmente os relógios e as cartas do baralho, tudo em nome de uma revolução que chegou a imaginar ser capaz de transformar tudo.

A este propósito, cabe lembrar a frase do revolucionário francês e protagonista da fase do terror, Saint-Just, que justificou a Revolução Francesa afirmando que as instituições monárquicas estariam "nadando em sangue", ou seja, inapelavelmente condenadas.

> "As revoluções são menos um acidente das armas que um acidente das leis. Há muitos séculos a monarquia nadava no sangue e não se dissolvia. Mas há uma época na ordem política em que tudo se decompõe por um germe secreto de consunção, tudo se deprava e degenera; as leis perdem a sua substância natural e se enfraquecem; então se algum povo bárbaro se apresenta, tudo cede ao seu furor e o Estado é regenerado pela conquista. Se não é atacado pelos estrangeiros, sua corrupção o devora e o reproduz" (SAINT-JUST, 1989, p. 17).

Este é um problema ainda muito debatido, a começar pelos escritos de Edmund Burke, contemporâneo das revoluções burguesas, e escritos conservadores mais contemporâneos, um problema que ajuda a diferenciar, com suas nuances, posições políticas conservadoras e progressistas (BURKE, 2017; OAKESHOTT, 2018).

Mas teria sido mesmo possível implementar mudanças institucionais radicais na França sem a utilização de tanta violência? A solução inglesa, que também incluiu momentos sangrentos, mas que se deu de forma menos imediata e menos concentrada no tempo, como mostra Edward Thompson, não poderia ter sido tentada na França?

Insisto, se, do ponto de vista da análise histórica, questões como essa não fazem muito sentido, do ponto de vista normativo elas são centrais. Afinal, o modelo de transformação institucional francês, supostamente rápido e concentrado no tempo – uma utopia radical proposta contra a dinâmica institucional então em funcionamento –, é muitas vezes apresentado como sinônimo de revolução. Ao contrário do modelo inglês, que parece mais comprometido em transformar o enquadramento por meio das instituições, ainda que também tenha contribuído para instaurar uma sociedade individualista e o modo de produção capitalista.

Franz Neumann foi o primeiro jurista crítico a apontar com clareza para esta tensão em seu livro *O Império do Direito*, escrito em 1936, ainda que em outros termos (2013a). Neumann dirige uma crítica não a Kant, mas ao que ele chamou de "kantismo", que, em sua avaliação, dominava a reflexão jurídica e política de seu tempo. Na linguagem contemporânea, podemos dizer que Neumann criticou a separação entre "Teoria da Justiça", "Teoria do Direito" e "Sociologia do Direito", uma divisão disciplinar que separa, de um lado, os conceitos, os raciocínios jurídicos e a gramática institucional vigente e, de outro, os princípios morais que informaram a sua construção e constituem o seu sentido.

A separação analítica e prática de conceitos jurídicos e princípios morais, no limite, abre espaço mental para o terror (e para o etnocentrismo, como veremos adiante), ao criar a ilusão de que "princípios de justiça" façam sentido e possam funcionar em abstrato, como justificação para projetos políticos, desligados de qualquer contexto. Projetos que deixam de levar em conta as práticas e categorias mentais dos agentes sociais em determinado tempo e espaço.

A separação analítica e geográfica de conceitos jurídicos e princípios de justiça de sua gênese social conflitiva não é, evidentemente, impossível, e pode ser até mesmo desejável. As ideias podem se deslocar e adquirir novos sentidos, inclusive emancipatórios. Por exemplo, importar com adaptações as ideias de um teórico alemão marginal e quase esquecido, como se pode ler em *Fuga do Direito* de José Rodrigo Rodriguez (2009), foi produtivo em um país sem nenhuma tradição no campo da reflexão teórica sobre a relação direito e democracia.

Não é porque uma ideia é nacional ou nativa que ela também é necessariamente boa. Uma das principais obsessões do pensamento e da política nazista era eliminar qualquer ideia estrangeira, ideias que não correspondessem ao "espírito do povo alemão". Não por acaso, Franz Neumann filiou explicitamente sua reflexão à tradição da *rule of law* anglo-saxônica, deixando de lado a tradição alemã do "Rechtsstaat" por considerar que o conceito de "Rechtsstaat" prescindia da tensão entre Estado e sociedade (NEUMANN, 2013a).

No entanto, tais deslocamentos teórico-críticos devem ser tematizados explicitamente e submetidos a uma reflexão que não pressuponha ou naturalize seu sentido, avaliando as consequências dessa "deslocalização", como nos tem mostrado há muito tempo no Brasil a obra de Roberto Schwarz (2014).

Um exemplo brasileiro nos ajuda a compreender o que estou falando: no Brasil, o conceito de liberal de direito foi, por assim dizer, importado, sob a égide da escravidão, instituição que conviveu com as ideias liberais ao longo de muitos anos, a exemplo do que também ocorreu nos Estados Unidos. Da perspectiva das elites escravocratas, portanto, a defesa do estado de direito no Brasil soava como engodo, por deixar de tematizar as contradições entre o liberalismo brasileiro e o valor de face de seus ideais (SCHWARZ, 2014).

Da perspectiva dos grupos abolicionistas e de agentes sociais de grupos subalternizados, a importação do discurso liberal forneceu materiais preciosos para combater a escravidão em nome da denúncia e do desmonte, justamente, de suas próprias contradições. Emblemática nesse campo é a atuação do jurisconsulto leigo e negro, Luiz Gama, figura que, de uma certa forma, mostra que o suposto engodo, denunciado por Roberto Schwarz, pôde se revelar também emancipatório ao ser apropriado pelos grupos subalternos (GAMA, 2020).

A leitura dos artigos de Luiz Gama, compilados apenas recentemente, deixa claro como sua estratégia era disputar os termos da luta por direitos, razão pela qual a leitura de seus textos é certamente penosa para alguém que não seja versado em direito. Seus textos publicados na imprensa contêm raciocínios jurídicos complexos que não podem ser bem compreendidos sem o domínio do direito da época.

Por exemplo, no texto "Questão forense", publicado no jornal *A Província de São Paulo* em 14 de outubro de 1880 (GAMA, 2020, p. 242-251), Luiz Gama compara o escravo fugido, cujo senhor se ignora, a uma coisa perdida que deve se considerar abandonada para fins jurídicos. Tal estratégia argumentativa, que pode soar chocante para um leitor leigo, tem como função evitar que esses escravos fossem capturados e vendidos para benefício dos cofres públicos.

Trata-se, nesse caso, de estabelecer uma analogia entre coisa abandonada e escravo abandonado para dizer não que qualquer um poderia se apropriar dele ou dela – esta seria a consequência jurídica, por assim dizer, normal da analogia –, mas que ele ou ela deveriam permanecer livres em face da intrincada legislação da época, já influenciada por princípios abolicionistas.

Ainda, da perspectiva dos povos originários, a importação da gramática dos direitos significou uma violência epistêmica evidente, por exemplo, em razão das diferenças entre o conceito de propriedade individualista, liberal burguês, e a maneira pela qual esses povos pensavam e regulavam a relação do homem com a terra.

Foi justamente essa violência inaugural que permitiu que os europeus considerassem as terras brasileiras como passíveis de apropriação jurídica, afinal, aos olhos do direito europeu, tratava-se de *res nullius* – coisa de ninguém. Não é verdade que havia um vazio de regulação em terras americanas. Os povos originários adotavam uma disciplina própria do uso da terra que impedia, justamente, a sua apropriação privada individual, submetendo-a a outro enquadramento, a outro regime jurídico, fundado em outra concepção de direito (NICHOLS, 2019).

A falta da tematização dessa violência, que só foi juridicamente reconhecida e propriamente traduzida para os termos do direito ocidental – com a ampla participação de lideranças indígenas – com a Constituição de 1988, texto legal que elevou ao nível constitucional as práticas indígenas e quilombolas de uso da terra, evidencia o potencial etnocêntrico da separação não reflexiva e naturalização do sentido dos conceitos de sua gênese social.

Processo análogo correu no assim chamado "novo constitucionalismo latino-americano", que transformou em lei concepções de propriedade e a visão da relação entre terra e seres humanos praticadas pelos povos originários (AVRITZER et al., 2017; WOLKMER et al., 2017).

29.3. Para uma filosofia sensível

Franz Neumann afirmou que pretendia praticar uma Ciência do Direito que fosse, ao mesmo tempo, ciência dos fatos e ciência das normas (NEUMANN, 2013a, p. 49). Afinal, uma ciência que se preocupe apenas com as normas (jurídicas e morais, pouco importa) abre espaço para a ilusão normativista, potencialmente terrorista e etnocêntrica, de que os valores existem ou podem ser pensados para além de qualquer contexto.

De outro lado, uma ciência jurídica radicalmente realista, composta de meros fatos, padeceria da ilusão de um positivismo ingênuo que exclui do campo da reflexão rigorosa, relegando ao subjetivismo político qualquer projeto de transformação social racional, inclusive projetos nascidos da deliberação democrática entre cidadãos. Na linguagem de Neumann, esse modo de pensar transforma o poder político em dado ontológico, um fato natural, e as teorias políticas em meros instrumentos, técnicas de manipulação, avaliadas em sua eficácia ou não de conquistar e manter o poder (NEUMANN, 2013b, p. 107-108).

O direito e a democracia, a partir desse ponto de vista, passam a ser vistos apenas como técnicas de manipulação. Mas Neumann não admite que a mera manipulação esgote empiricamente o estudo do poder. Há quem dispute o poder com o objetivo de representar os interesses das pessoas e buscar soluções universais. Não há apenas manipuladores atuando no campo político e uma boa descrição empírica da política deve incluir esse outro modo de pensar, praticado tanto por cidadãos comuns quanto por agentes políticos:

> "Mas essas concepções repelem o homem comum. Por distinguir a promoção de uma ideia da propaganda para a venda de um sabão, o homem comum se recusa a aceitar o ponto de vista de que a legitimação do poder político é uma questão de preferência individual. Como homem político, ele sente profundamente que sua preferência deve ser parte de um sistema de valores universalmente válido, um sistema de direito natural ou de justiça, de interesse nacional ou mesmo de humanidade" (NEUMANN, 2013b, p. 109).

Esse efeito naturalizante de uma suposta descrição objetiva, sociologicamente insensível da realidade, também está presente no positivismo jurídico na formulação original de Hart e Kelsen, que vem sendo evidenciada e criticada por diversos autores (WARAT, 1983; PAULSON, 1992; TAMANAHA, 2001, 2017; GALLIGAN, 2007). Hart, por exemplo, pretendia ter identificado "o" conceito de direito e não "uma" teoria a respeito de "um" conceito de direito, o conceito ocidental em uma formulação que não situa sua análise. Esse proceder contribui para transformar a atividade intelectual na mera reafirmação do que supostamente existe, deixando de levar em conta os conflitos e deslocamentos da interpretação de uma suposta "realidade do direito" identificável de um ponto de vista arquimediano.

Ainda que Hart afirme expressamente que pretende levar até o fim o objetivo de descrever o direito, Tamanaha e Galligan mostraram como tal pretensão fracassa, especialmente quando o autor aborda o direito internacional e o direito de povos não ocidentais (TAMANAHA, 2001, 2017; GALLIGAN, 2007).

Importante deixar claro que nada do que afirmamos aqui pretende negar a importância de se buscar uma descrição objetiva do direito ou de qualquer outro fenômeno. A discussão que se propõe refere-se a uma ideia de objetividade e qualquer conceito de direito que se considere universal e imune à disputa política democrática.

O efeito naturalizante de uma descrição supostamente objetiva e universal do direito fica claro quando se procura construir um conceito "objetivo" de direito que leve em conta apenas a experiência ocidental, que abstraia as lutas pelo sentido do direito, sociais e acadêmicas, lutas que também incluem disputas sobre qual deve ser a melhor descrição do direito, especialmente em países que abrigam povos originários que agem movidos por outras concepções de legalidade.

O potencial violento desse modo de pensar pode ficar mais claro com a seguinte analogia. Em sua monumental *Gramática Pedagógica do Português Brasileiro*, Marcos Bagno (2012) nos ensina, com simplicidade, que a gramática tradicional é a formalização em forma de regras da experiência de um grupo social muito restrito de falantes do português e escritores. Ao construir uma gramática incluindo a experiência de mais pessoas, as regras gramaticais resultantes dessa nova formalização, que evidentemente poderá ser questionada e disputada em novos estudos científicos, são muito diferentes (há um raciocínio semelhante a esse em POSSENDI, 1996).

Ora, todos sabemos que as regras gramaticais servem para corrigir erros e dizer quem fala e escreve certo ou errado.

Analogamente, as regras da gramática jurídica servem para se dizer os povos que possuem ou não um "direito", o que induz a raciocínios hierarquizantes, explícitos em Hart quando fala de povos não ocidentais e do direito internacional (GALLIGAN, 2007).

Em seu livro *A Realistic Theory of Law*, Brian Z. Tamanaha (2017) propõe que recuperemos uma terceira via de reflexão a respeito do direito que ele chama de *teoria social do direito* com alternativa ao jusnaturalismo e ao positivismo jurídico. Para essa maneira de pensar, que tem como origem a escola histórica do direito, o direito deve ser considerado um fenômeno histórico. Ele pode e deve ser objeto de uma análise conceitual, mas sua definição e racionalidade devem se transformar conforme o contexto e o momento histórico.

Em obra anterior, o brilhante *Beyond the Formalist-Realist Divide* Tamanaha (2009) demonstrou que a visão corrente a respeito do debate entre realismo e formalismo nos EUA é equivocada e deve ser superada. Os autores clássicos estadunidenses, tanto os realistas quanto os formalistas, praticavam análises conceituais e, ao mesmo tempo, eram sensíveis à história. Tal constatação leva Tamanaha a propor que essas duas escolas devem ser transformadas em momentos de um mesmo modelo de análise jurídica, cuja tarefa é construir e reconstruir seus conceitos em função do contexto e da história.

Esse modo de ver o direito, até onde posso compreender, tem grande semelhança com a escola do "novo realismo jurídico" proposta por autores ligados ao campo do *Law & Society*, como Victoria Nourse e Gregory Shaffer:

> "Este novo realismo jurídico ressalta a importância das instituições não como essências, mas como influências mediadoras, e busca explicar a variação das manifestações do direito pelo estudo e teorização de tais forças mediadoras. Este novo realismo jurídico enfatiza a importância do engajamento empírico, incluindo as análises emergentes de baixo para cima que destacamos, mas não aceita que a ciência social seja sempre imparcial. Toda ciência social é parcial e não pode deixar de ser assim; esse é o dilema da ciência social. Um novo realismo, no entanto, adota o estudo empírico porque (novamente) não há escolha se quisermos tomar decisões mais informadas" (NOURSE & SCHAFFER, 2009, p. 137).

Em todos esses casos, inclusive o de Franz Neumann, trata-se de situar a experiência jurídica e trabalhar os conceitos em função dessa experiência, sem universalizar as análises para além dos limites do material analisado. No caso de Neumann, trata-se também de mostrar que um pensamento conceitual sensível tem potencial democrático ao ser capaz de incluir novas demandas sociais, novas experiencias humanas.

Tal modo de pensar não anula as pretensões de construir uma teoria do direito de alcance universal, uma teoria que pretenda construir conceitos válidos para o mundo inteiro. Mas exige que projetos dessa natureza prestem contas o tempo todo à sua base sociológica, ou seja, que se apresentem como situados, sem deixar nas entrelinhas o seu alcance explicativo.

Nesse sentido, é interessante notar que, em sua já clássica exposição da tradição analítica, Brian Bix afirma que "Não fica claro porque Hart não pôde simplesmente responder a esse desafio [*Nota Minha*: o desafio das críticas de Simon Roberts a respeito da validade de sua análise para outras comunidades, especialmente indígenas] dizendo que, para seus propósitos, ele optou por uma análise que dizia respeito apenas a sociedades ocidentais" (2020, p. 47).

Falando da perspectiva do Sul, pode-se dizer, de fato, que tal coisa não fica nada clara, ao menos não antes das críticas explícitas de autores como Brian Z. Tamanaha e Denis Galligan (GALLIGAN, 2006). A tradição do pluralismo jurídico parece ser aquela que, de fato, se apresenta como situada e abre espaço para um diálogo igualitário com o pensamento jurídico praticado a partir de outras experiências sociais.

Em suma, uma análise sociologicamente sensível do direito preocupada com a democracia, além de situar sua análise conceitual, estará também preocupada com o exercício da imaginação institucional. Afinal, é papel de normatividades democráticas reconhecer e lidar com as mais variadas demandas sociais, construindo, se necessário, novos conceitos e desenhos institucionais.

Nesse sentido, ao contrário da tradição do pensamento jurídico brasileiro, até hoje muito influenciada pela tradição civilística europeia e, até onde posso compreender, ao contrário da tradição analítica, cada vez mais influente no Brasil, a reflexão jurídica também deve adotar a perspectiva do "vir a ser", para usar a expressão de Robert Cover, ou seja, ela também pode se propor a inventar o direito necessário para manter e aprofundar a democracia.

Um dos grandes desafios do pensamento jurídico brasileiro, diga-se, ainda é deixar de lado seu olhar tradicionalmente voltado para o passado, ou seja, o procedimento dogmático clássico de lidar com novos conflitos reinterpretando categorias antigas, tomadas como dogmas inquestionáveis, para adotar uma perspectiva criativa, voltada para o futuro (FERRAZ JR., 2014).

Tal perspectiva não deve estar apenas preocupada com os objetivos que a sociedade pretende realizar por intermédio do direito, mas também seu caráter democrático, que exige a inclusão da experiência de todas as formas de vida presentes e que ainda irão surgir, as quais devem ser formalizadas em novas categorias jurídicas e arranjos institucionais. Em nome da democracia, trata-se de evitar, mesmo no nível da análise conceitual mais abstrata, um *formalismo autárquico* que naturalize categorias e raciocínios jurídicos, tornando-os imunes aos conflitos sociais.

Nesse sentido, a tarefa central de um estado e de uma teoria democrática do direito é garantir que todas as pessoas sejam de fato consideradas iguais perante a lei, o que exige constante transformação das instituições. Como diz Luís Robert Warat, em um texto tardio, "Por que não aceitar que também a dogmática pode indagar, descobrir, criar?" (1997). Por que não pesquisar e ensinar o direito como uma tarefa eminentemente criativa, fazendo com que o trabalho conceitual seja continuamente sensível a cada situação e caso concreto?

Esse objetivo não elimina necessariamente o caráter coercitivo ou mesmo violento do Direito, que nem sempre será capaz de abarcar todas as demandas e experiências jurídicas sob a égide dos mesmos conceitos e instituições. No entanto, e aqui reside o núcleo normativo, filosófico, de toda teoria do direito comprometida com uma democracia multinormativa, não parece razoável deixar de lado ou permanecer moralmente indiferente ao objetivo de tornar o Direito cada vez menos violento, ou seja, progressivamente mais inclusivo e, portanto, no sentido de Franz L. Neumann, cada vez mais racional (RODRIGUEZ, 2019).

29.4. Conclusão

Os efeitos políticos potencialmente violentos da ilusão objetivista (e normativista) mostraram-se com toda a clareza após o momento mais radical da Revolução Francesa, época em que foi restaurada uma série de instituições antigas, não apenas em razão da derrota dos revolucionários do terror, mas também pelos limites impostos à imaginação institucional pelas práticas sociais. No que diz respeito ao direito, nem o Código Civil francês escapou da necessidade de aproveitar materiais jurídicos da tradição, promovendo um rearranjo de materiais romanos, canônicos e medievais (ANDRADE, 1997, p. 72, 84; DELGADO, 2012, p. 136-203; CABRILLAC, 2002; OPHÈLE & REMY, 2005).

Os axiomas fundamentais que deveriam fundar a construção da estrutura dos Códigos, nas versões mais radicais desse modo de pensar o direito, tinham a pretensão de expressar verdades autoevidentes a respeito da natureza humana das quais poderiam derivar soluções para

Para uma Filosofia do Direito (Sociologicamente) Sensível

qualquer problema social por mera dedução lógico-formal (BERMEJO, 2006, p. 29-98). Nesse sentido, eles seriam a expressão de um "direito natural racional" estático. No entanto, criação dos Códigos, de fato, abandonou a ideia de construir um sistema jurídico a partir do zero e passou pela ressignificação e reordenação dos materiais jurídicos antigos, vigentes em cada um desses países.

Sobre esse ponto, qual seja, a transformação institucional radical por meio da reinterpretação e reordenação de materiais da tradição jurídica, o trabalho de Karl Renner, *Instituições de Direito Privado* (1981), ainda é fundamental. Renner mostrou que, mesmo antes da codificação austríaca e alemã, mudanças institucionais profundas foram implementadas paulatinamente por meio da política jurídica. O conceito jurídico burguês de propriedade privada foi sendo construído gradativamente com a ressignificação e rearticulação dos materiais jurídicos da tradição romana e medieval (RENNER, 1981).

Muito recentemente, diga-se, partindo de uma afirmação inusitada de Gilles Deleuze em uma entrevista, "a jurisprudência é a verdadeira filosofia", uma série de teóricos tem aproximado o modelo teórico de Deleuze do padrão de transformação institucional descentralizado e incremental que caracteriza a prática jurídica ocidental (LEFEBVRE, 2008), no que parece ser mais uma tentativa de solucionar a tensão entre luta por direitos, utopias radicais e utopias institucionais.

Algo semelhante pode ser dito em relação a visões do direito fundadas no pensamento de Jacques Derrida, que também propõe uma visão conflitiva, descentralizada e incremental das disputas pelo sentido (ROSENFELD, 1990). Por exemplo, veja-se a ideia de "iteração democrática" proposta por Seyla Benhabib, que oferece uma boa solução para a tensão entre política jurídica e lutas por enquadramento (BENHABIB, 2006).

Não é por acaso que o pensamento de Derrida também inspirou teorias pós-coloniais, como a de Gayatri Chakravorty Spivak, que propõe disputas e reinterpretações para descolonizar termos legados pela herança ocidental (SPIVAK, 1999; sobre a importância do conceito de "herança", v. BENNINGTON, 2004), caminho que também foi seguido, a partir de outra matriz conceitual, pelo já clássico *Provincializing Europe* de Dipesh Chakrabarty (2009).

A reflexão contemporânea sobre a assim chamada "path-dependence" estudada no direito pelos juristas no campo denominado "Direito e Desenvolvimento", contribui para esta discussão com uma série de evidências empíricas. O precursor dessa ideia – muitas vezes atribuída equivocadamente apenas ao trabalho de Douglas North –, Albert O. Hirschmann, já mostrava, em seu livro de 1958, *A Estratégia do Desenvolvimento Econômico,* a respeito de sua experiência com projetos de desenvolvimento na América Latina, que toda tentativa de transformação de um ambiente institucional que pretenda partir do zero gera mais desarticulação do que desenvolvimento econômico (HIRCHMANN, 1961).

Isso porque reformas a partir do zero desorganizam o que já existia e raramente conseguem instaurar, em um só golpe, uma nova racionalidade institucional. Para conseguir implementar algo assim, seria necessária uma transformação cultural rápida e radical de todos os cidadãos e cidadãs, algo altamente improvável. Tentativas de transformação com tais características privam as pessoas das categorias mentais e das práticas institucionais com as quais elas figuravam sua existência, sem que elas sejam substituídas, imediatamente, por categorias e práticas novas.

No mesmo sentido, Franz Neumann, em resenha a respeito dos livros de juristas oficiais do regime soviético, argumentou que o assim chamado "direito revolucionário" da Revolução Russa seguia utilizando todas as categorias jurídicas burguesas, sendo incapaz de inventar um "direito novo" a partir do zero (NEUMANN, 1949).

Tudo o que dissemos até aqui não sugere que mudanças institucionais radicais sejam impossíveis, mas sim que é improvável que elas ocorram de forma rápida, localizada no tempo e mediante a destruição total das instituições. Mesmo que seja utilizada violência contra uma institucionalidade que, de fato, esteja coberta de sangue.

Assim, parece razoável dizer que o derramamento de sangue ou será desnecessário ou se mostrará pouco produtivo por ser incapaz de destruir completamente a racionalidade institucional vigente. Por isso mesmo, sustento que projetos de transformação radical não precisam e muito provavelmente não devam se orgulhar ou considerar inevitável ter cheiro e gosto de sangue.

Tudo o que foi dito aqui, diga-se, evidencia a dimensão assustadora da violência praticada contra os povos originários brasileiros, um processo genocida que incluiu e ainda inclui – pois o extermínio segue em curso – a desaparição de centenas de línguas, um fenômeno que me parece ainda mais radical do que a destruição de uma determinada racionalidade institucional. No limite, portanto, toda luta por uma utopia radical pode evoluir para um projeto terrorista e genocida.

Daí os riscos de propor visões abstratas de uma transformação social radical sem levar em conta as mediações da luta por direitos. Visões assim, desde que não se tornem projetos políticos efetivos, podem ser úteis para estimular os agentes sociais a transformar os seus conceitos e práticas com a finalidade de construir uma utopia institucional futura. Porém, considero que propostas assim devem ser reprimidas e desencorajadas se partirem do pressuposto de que a racionalidade institucional vigente deve ser totalmente descartada.

Bibliografia

ANDRADE, Fábio Siebeneicher. *Da codificação: crônica de um conceito*. Porto Alegre: Livraria do Advogado, 1997.

AVRITZER, Leonardo; GOMES, Lilian Cristina Bernado; MARONA, Marjorie Corrêa; DANTAS, Fernando Antônio de Carvalho (orgs.). *O constitucionalismo democrático latino-americano em debate*. Belo Horizonte: Autêntica, 2017.

ACOSTA, Alberto. *O bem viver: uma oportunidade para imaginar novos mundos*. São Paulo: Autonomia Literária/Elefante, 2016.

BAGNO, Marcos. *Gramática pedagógica do português brasileiro*. São Paulo: Parábola Editorial, 2012.

BERMAN, Paul Schiff. *Global legal pluralism: a jurisprudence of law beyond borders*. Cambridge MA: Cambridge University Press, 2012.

BENHABIB, Seyla. *Another cosmopolitanism*. Oxford: Oxford University Press, 2006

BENNINGTON, Geoffrey. Desconstrução e ética. In: DUQUE-ESTRADA, Paulo Cesar. *Desconstrução e ética. Ecos de Jacques Derrida*. Rio de Janeiro: PUC-RIO-Loyola, 2004.

BERMEJO, J. M. Pérez. *Coherencia y sistema jurídico*. Madrid: Marcial Pons, 2006.

BURKE. Edmund. *Reflexões sobre a Revolução na França*. Campinas: Vide, 2017.

BUTLER, Judith. *Quadros de guerra: quando a vida é passível de luto?* Rio de Janeiro: Civilização Brasileira, 2015.

BUTLER, Judith. O parentesco é sempre tido como heterossexual? *Cadernos Pagu*, n. 21, volume único, p. 219-260, 2003.

CABRILLAC, Rémy. *Les codifications*. Paris: Puf, 2002.

CHAKRABARTY, Dipesh. *Provincializing Europe: postcolonial thought and historical difference*. Princeton: Princeton University Press, 2009.

COVER, Robert. The Supreme Court, 1982 Term – Foreword: nomos and narrative. *Harvard Law Review*, Cambridge, v. 97, n. 1, p. 4-68, 1983.

DARTON, Robert. *O beijo de Lamourette*. São Paulo: Cia das Letras, 1990.

DELGADO, Mário Luiz. *Codificação, descodificação, recodificação do direito civil brasileiro*. São Paulo: Saraiva, 2012.

DERRIDA, Jacques. *A religião*. São Paulo: Estação Liberdade, 2018.

FRIEDMANN, Lawrence M.; BELLEY, Jean-Guy. Jurisdicização. *Dicionário enciclopédico de Teoria e Sociologia do Direito*. Rio de Janeiro: Renovar, 1999.

GALLIGAN, D. J. *Law in modern society*. Oxford: Oxford University Press, 2007.

HART, Herbert. *O conceito de direito*. São Paulo: Martins Fontes, 2009.

HEGEL, G. W. F. *Fenomenologia do espírito*. Rio de Janeiro: Vozes, 2014.

HIRSCHMAN, Albert O. *Estratégia do desenvolvimento econômico*. Rio de Janeiro: Fundo de Cultura, 1961.

KELSEN, Hans. *Teoria pura do direito: introdução à problemática jurídico-científica*. Rio de Janeiro: Forense Universitária, 2021.

KIRCHHEIMER, Otto. *Political justice: the use of legal procedure for political ends*. Princeton, N. J.: Princeton University Press, 1961.

KASHINDI, Joao Bosco Kakosi. Ubuntu como crítica descolonial aos Direitos Humanos: uma visão cruzada contra o racism. *Ensaios Filosóficos*, v. XIX, p. 8-21, 2019.

LEFEBVRE, A. *The image of law*: Deleuze, Bergson, Spinoza. Stanford: Stanford University Press, 2008.

MALOMALO, Basilele. F*ilosofia do Ubuntu: valores civilizatórios das ações afirmativas para o desenvolvimento*. Curitiba: CRV, 2020.

METZ, Thaddeus. Ubuntu como uma teoria moral e os direitos humanos na África do Sul. *Revista Culturas Jurídicas*, v. 3, n. 5, p. 1-33, 2016.

NEUMANN, Franz L. *O império do Direito*. São Paulo: Quartier Latin, 2013a.

NEUMANN, Franz L. O conceito de liberdade política. *Cadernos de Filosofia Alemã: Crítica e Modernidade*, v. 22, p. 107-154, 2013b.

NEUMANN, Franz L. Review of *The Law of the Soviet State* by Andrei Y. Vyshinsky. *Political Science Quarterly*, v. 64, n. 1, p. 127-131, 1949.

NICHOLS, Robert. *Theft is Property! Dispossession and Critical Theory*. Durham: Duke University Press, 2019.

NOURSE, Victoria Nourse; SHAFFER, Gregory. Varieties of New Legal Realism: Can a New World Order Prompt a New Legal Theory? *Cornell Law Review*, v. 95, n. 61, 2009.

OAKESHOTT, Michael. *A política da fé e a política do ceticismo*. São Paulo: É Realizações, 2018.

OPHÈLE, Claude; REMY, Philippe (orgs.). *Traditions savantes et codification*. Paris: LGDJ, 2005.

PAULSON, Stanley L. The Neo-Kantian Dimension of Kelsen's Pure Theory of Law. *Oxford Journal of Legal Studies*, v. 12, n. 3, p. 311-332, 1992.

POSSENDI, Sírio. *Porque (não) ensinar gramática na escola*. Campinas: Mercado das Letras, 1996.

RENNER, Karl. *Gli Instituti del Diritto Privato e la loro Funzione Giuridica*. Bolonha: Il Mulino, 1981.

RODRIGUEZ, José Rodrigo. *Direito das lutas: democracia, diversidade, multinormatividade*. São Paulo: LiberArs, 2020.

RODRIGUEZ, José Rodrigo. *Fuga do Direito: um estudo sobre o direito contemporâneo a partir de Franz Neumann*. São Paulo: Saraiva, 2009.

RODRIGUEZ, José Rodrigo. Teoria, sociologia e dogmática jurídicas: em busca de convergências. In: STRECK, Lênio Luiz; ROCHA, Leonel Severo; ENGELMANN, Wilson (org.). *Constituição, sistemas sociais e hermenêutica: anuário do Programa de Pós-graduação em Direito da UNISINOS: mestrado e doutorado: n. 16*. Porto Alegre: Livraria do Advogado, 2017.

RODRIGUEZ, José Rodrigo. "Utopias" institucionais antidiscriminação. As ambiguidades do direito e da política no debate feminista brasileiro. *Cadernos Pagu*, n. 45, volume único, p. 297-329, 2015.

ROSENFELD, Michel. Deconstruction and legal interpretation: conflict, indetermination and the temptations of the new legal formalism. *Cardoso Law Review*, v. 14, n. 5-6, p. 1.211 e 1.267, 1990.

SAINT-JUST, Louis Antoine Léon. *O espírito da revolução e da constituição na França*. São Paulo: Editora Universidade Estadual Paulista, 1989.

SCHWARZ, Roberto. *As ideias fora do lugar*. São Paulo: Cia das Letras, 2014.

SHAFFER, Gregory. New Legal Realism's Rejoinder. *Leiden Journal of International Law*, v. 28, n. 3, p. 479-486, September 2015.

SILVA, Simone Schuck. *Fora da norma? A construção do "direito à identidade" de pessoas trans e travestis*. Curitiba: Appris, 2021.

SODRÉ, Muniz. *Pensar Nagô*. Rio de Janeiro: Vozes, 2017.

SPIVAK, Gayatri Chakravorty. *A Critique of Postcolonial Reason: Toward a History of the Vanishing Present*. Cambridge MA: Harvard University Press, 1999.

TAMANAHA, Brian Z. *A general jurisprudence of law and society*. Oxford: Oxford University Press, 2001.

TAMANAHA, Brian Z. *A realistic theory of law*. Cambridge MA: Cambridge University Press, 2017.

TAMANAHA, Brian Z. *Beyond the formalist-realist divide: the role of politics in judging*. Princeton: Princeton University Press, 2009.

TAMANAHA, Brian Z. *Law as Means to an End*: Threat to the Rule of Law. Cambridge MA: Cambridge University Press, 2006.

THOMPSON, E. P. *As peculiaridades dos ingleses e outros artigos*. Campinas: Unicamp, 2012.

WARAT, Luis Alberto. *A pureza do poder*. Florianópolis: Editora da UFSC, 1983.

WOLKMER, Antonio Carlos; OLIVEIRA, Frederico Antonio Lima de; BACELAR, Jeferson Antonio Fernandes (orgs.). *Direito à diferença e constitucionalismo latino-americano*. Rio de Janeiro: Lumen Juris, 2017.